Marie-Bernadette Dupuy

L'Enfant des neiges

ÉDITIONS FRANCE LOISIRS

Édition du Club France Loisirs,
avec l'autorisation des Éditions JCL.

Éditions France Loisirs,
123, boulevard de Grenelle, Paris.
www.franceloisirs.com

Édition originale : septembre 2008.
ISBN : 978-2-298-02312-1

Je tiens à dédier cet ouvrage à Jean-Claude Larouche, un homme de cœur, un éditeur très proche de ses auteurs, dont l'enfance s'est déroulée au bord du lac Saint-Jean, à Roberval. Qu'il considère ces quelques lignes pleines de gratitude et d'amitié comme un petit cadeau, lui qui m'a permis de découvrir le Québec et qui a su guider mes pas dans le monde passionnant de l'écriture.

Avant-propos de l'éditeur

En écrivant ce roman, la généreuse Marie-Bernadette Dupuy, résidante d'Angoulême, a voulu me faire un cadeau personnel. Elle savait que j'étais né à Roberval et que, adolescent, je parcourais les ruines de Val-Jalbert, endroit pourtant interdit aux visiteurs.

Les quelques heures passées dans ce village fantôme l'ont fortement impressionnée et les murs silencieux de ces maisons alignées lui ont sûrement parlé à l'oreille. Happée par l'histoire dramatique des lieux, elle m'écrivait : *De retour en France, l'esprit plein d'images fortes, tombée en amour avec Val-Jalbert, j'ai décidé d'écrire un roman ayant pour décor ce petit coin du Québec, avec son imposant couvent-école, son magasin général, son bureau de poste, sa fabrique désaffectée, le tout au beau milieu d'un paysage unique.*

Bien sûr, le lecteur québécois sourira à maints endroits, car l'auteure, véritable spécialiste des romans du terroir français, inconsciemment, nous fait chevaucher entre la vie en Charente et celle du Lac-Saint-Jean, à cette époque, imaginée par une Européenne. Il aurait été facile pour nous de « traduire » ou d'adapter son roman pour le lecteur québécois, mais nous avons opté pour le contraire. Ainsi, l'imaginaire français restera intact.

Même si la trame amoureuse nous rappelle celle du roman *Maria Chapdelaine*, Marie-Bernadette a réussi, à travers une belle histoire fictive, à très bien nous transmettre l'esprit des dernières années de ce village industriel qu'on a dû, hélas, fermer d'une façon définitive.

À une prochaine visite, si l'on écoute bien le fracas de cette chute majestueuse et le bruissement des feuilles d'érable, peut-être réussirons-nous à percevoir la voix d'or de son héroïne...

Jean-Claude Larouche

Table des matières

1

L'enfant

Village de Val-Jalbert, 7 janvier 1916

L'homme observait l'imposante bâtisse qui abritait le couvent-école placé sous le patronage de saint Georges. Il fixait d'un air hagard la croix en fer surplombant un clocheton gracile. Sous sa toque de laine brune, l'inconnu semblait indifférent au vent froid, ainsi qu'à la neige lourde et humide qui trempait ses bottes. Plusieurs fois, une silhouette de religieuse, en robe noire et cornette blanche, s'était approchée d'une des fenêtres brillamment éclairées, mais elle ne pouvait pas le voir. Il faisait bien trop sombre sous le couvert des sapins où l'étranger s'était mis à l'abri des regards.

Il n'était pas d'ici, mais il aurait bien aimé appartenir à ce village. Les gens de Val-Jalbert disposaient de maisons confortables. On racontait même qu'ils bénéficiaient d'un chauffage moderne et de l'électricité. La belle structure du couvent ne démentait pas ces rumeurs, ni les lampes qui jetaient des halos jaunes dans la rue Saint-Georges.

« Il y en a, des vitres, de la planche neuve, et le toit, c'est du bon ouvrage, pensa-t-il. Il s'en dépense, des sous, dans le coin. »

De chaudes odeurs de sucre ou de viande rôtie, renforcées par l'air glacé, venaient le torturer. Le ventre creux, il ferma les yeux un court instant. Il imagina de belles tartes brunes, nappées de sirop d'érable, des volailles luisantes de graisse.

« Ce n'est pas pour moi, tout ça ! » se dit-il très bas.

Il jeta un regard inquiet vers les maisons alignées plus loin, le long d'une rue interminable changée en une étroite piste glacée, tracée par les nombreux véhicules qui devaient circuler du matin au soir.

De là où il se tenait, l'homme était tout proche du perron du couvent, flanqué de quatre colonnes en beau bois et protégé par l'avancée d'un grand balcon. Maintenant, il se balançait d'un pied sur l'autre, serrant contre lui un ballot encombrant. Cela avait tout l'air d'un paquet de fourrures. Il n'était pas rare de voir passer à Val-Jalbert des trappeurs qui proposaient des peaux de bêtes aux gens.

Mais ces gars-là ne berçaient jamais leur marchandise.

Sœur Sainte-Lucie approcha de nouveau son visage poupin de la fenêtre. Elle avait vérifié l'état de la salle de classe attribuée aux élèves du cours moyen, les plus grands, souvent chahuteurs et indisciplinés. La religieuse s'inquiétait, du retard de sœur Sainte-Madeleine, partie au magasin général acheter de la farine.

— Quand même ! Elle devrait être de retour ! ronchonna-t-elle en tirant le rideau. Quelle idée de ne pas chausser la paire de raquettes que monsieur le maire a eu la bonté de nous donner ! Si elle se casse une jambe, nous serons bien avancées.

Elle se retourna afin de s'assurer de la propreté de la pièce. Le plancher, les cloisons en larges planches, les pupitres, tout embaumait encore une douce odeur de sève, de forêt sauvage. Tout était neuf, flambant neuf ; le couvent-école, comme le nommaient les villageois, avait été construit pendant l'été. Les sœurs de Notre-Dame-du-Bon-Conseil, de Chicoutimi, s'étaient installées le 10 décembre, soit presque un mois plus tôt, avec pour mission d'enseigner aux enfants de Val-Jalbert. La population ne cessait de croître, les salaires avantageux offerts par l'usine de pâte à papier attirant nombre de familles au bord de la rivière Ouiatchouan.

La religieuse éteignit le plafonnier en actionnant avec une sorte de respect le commutateur en bakélite brune qui coupait le courant électrique avec un petit bruit sec caractéristique. C'était tout nouveau pour elle.

— Si jamais il était arrivé malheur à notre étourdie ! dit-elle tout bas.

Sœur Sainte-Madeleine ignorait qu'on lui prêtait la réputation d'oublier à la minute les consignes et les conseils, et de s'égarer facilement, d'où les inquiétudes légitimes de sœur Sainte-Lucie. Pourtant, la jeune religieuse marchait d'un bon pas vers le couvent. On l'avait retenue au magasin général situé au rez-de-chaussée de l'hôtel du village, mais elle ne le regrettait pas. Elle avait passé un agréable moment à détailler toutes les marchandises présentées. Cela composait un ensemble de couleurs plaisantes à l'œil, un spectacle qui flattait son âme d'artiste. De plus, une alléchante odeur de ragoût brûlant flottait dans l'air et la faisait saliver. Bien des habitants de Val-Jalbert souhaitaient discuter avec les sœurs qui venaient de prendre leurs fonctions d'enseignantes. Ces saintes personnes veilleraient désormais sur l'éducation des enfants et, à chaque rencontre, les présentations n'en finissaient pas.

Tout en longeant la rue Saint-Georges, sœur Sainte-Madeleine croyait encore entendre les deux clientes qui, devant le comptoir du magasin, lui avaient adressé la parole.

« Je suis la mère du petit Ovide, un brun aux yeux verts, ma sœur ! Soyez ferme avec lui, c'est un sacripant !

— Ma fille, Rose, est chez les grandes ! Elle s'occupe de ses petits frères, le soir. C'est une bonne enfant ! »

Un attelage déboula au grand trot. Sœur Sainte-Madeleine n'eut que le temps de se réfugier sur le tas de neige qui formait un talus de chaque côté du passage dégagé et durci par les allées et venues quotidiennes des charrettes et des camions. Le cheval, une grande bête rousse, fit un écart. Le conducteur salua la religieuse d'un geste.

Sœur Sainte-Madeleine ajusta sa cape en drap de laine. Le vent était glacé. Il s'y mêlait de minuscules cristaux coupants comme du verre pilé. La jeune femme se pencha en avant et continua à avancer tête baissée pour se protéger le visage. La silhouette massive du couvent se dressait à quelques pieds seulement, tel un havre miraculeux posé là par la main de Dieu. L'hiver commençait à peine, le froid empirerait, mais il y aurait toujours cet asile cossu, baigné d'une bonne chaleur, où il ferait bon se réfugier.

— Je suis transie ! soupira-t-elle. Sœur Sainte-Lucie fera bien de surveiller ses réserves. Quand le thermomètre descendra plus bas, je n'irai pas courir au magasin. Manquer de farine, quelle sottise !

Un cri plaintif s'éleva soudain, tout proche. Cela

pouvait être aussi bien l'appel d'un rapace que le glapissement d'un renard. La frêle religieuse prit peur. Elle lança un regard affolé vers le clocher de l'église et se signa. Malgré l'éclairage public mis en place par les gérants de l'usine, malgré la vue rassurante des maisons, alentour s'étendaient des milliers d'acres de forêt, domaine des bêtes sauvages.

— Je manque vraiment de courage ! constata-t-elle à mi-voix, soulagée d'atteindre enfin le perron.

Cette fois, des pleurs étouffés résonnèrent à ses pieds. Sœur Sainte-Madeleine buta dans un ballot de peaux, ficelé à deux endroits, posé contre la porte. Les battements de son cœur s'accélérèrent, tandis qu'elle se penchait pour examiner de près l'étrange colis. Une lanterne rivée sous le balcon servant d'auvent dispensait une vague clarté jaunâtre.

— Un bébé ! Un tout petit bébé, s'exclama-t-elle.

Au milieu d'un nid de fourrures, un petit visage rageur se devinait. Il n'y avait pas d'erreur possible.

— Doux Jésus ! gémit la religieuse, stupéfaite.

Elle souleva le paquet et, du coup, laissa tomber le sac de farine. Sœur Sainte-Lucie ouvrit au même instant.

— Regardez, c'est un bébé ! lui cria sœur Sainte-Madeleine. Qui est assez cruel pour abandonner un tout petit enfant par ce froid ? On voulait sa mort ! Vite, vite, laissez-moi entrer !

La mère supérieure, sœur Sainte-Apolline, se trouvait également au rez-de-chaussée. Elle s'approcha, les sourcils froncés. Après avoir ajusté ses lunettes sur son nez, elle écarta d'un geste sec les fourrures enroulées autour du bébé dont les cris redoublaient.

— Pourquoi avez-vous ramené cet enfant ici ? la

questionna-t-elle. Sœur Sainte-Madeleine, expliquez-vous !

— Mais, ma mère, je viens de le dire. Il était sur notre perron. Quelqu'un l'aura déposé pendant mon absence.

Sœur Sainte-Apolline en resta muette.

— Ma mère, voyez comme il est rouge ! renchérit sœur Sainte-Lucie. Touchez donc son front, il est brûlant. Cet enfant est malade.

— Un bébé est souvent rouge quand il pleure aussi fort ! coupa la supérieure. Pauvre petit, il faut le monter à l'étage. Donnez-le-moi.

La jeune sœur Sainte-Madeleine hésitait ; à vingt-trois ans, elle avait gardé une sensibilité exacerbée d'adolescente. Le poids du ballot de fourrures, son étonnant contenu, surtout, lui causaient une violente émotion. La mère supérieure se saisit du paquet et, dans un vif mouvement de sa robe noire, tourna les talons. Le bébé reprenait son souffle, bouche bée. Deux prunelles très bleues, embuées de larmes, se rivèrent aux yeux bruns de la religieuse en montant l'escalier.

— Quelle pitié ! se désola-t-elle.

Sœur Victorienne, la converse[1], surveillait la cuisson de la soupe. Elle poussa un cri de surprise en voyant entrer la supérieure et son fardeau.

— Une mère serait-elle morte au village ? balbutia-t-elle. Le curé nous aurait prévenues, quand même !

— Nous tirerons cette affaire au clair plus tard, répliqua un peu sèchement sœur Sainte-Apolline. Un enfant vient d'être confié à notre bienveillance. D'où qu'il vienne, nous ne pouvons pas le laisser dehors.

1. Sœur préposée aux travaux domestiques.

Le premier étage abritait les chambres des religieuses, une salle paroissiale, ainsi qu'une grande cuisine où elles aimaient séjourner jusqu'à l'heure du coucher. L'aménagement de la pièce se composait d'une table entourée de chaises et de deux vaisseliers en vis-à-vis. Un gros poêle en fonte aux flancs émaillés dispensait une agréable chaleur, mais tout le reste du bâtiment bénéficiait d'un chauffage central. Dans une région où la température pouvait descendre à moins quarante, c'était un luxe dont les sœurs avaient pleinement conscience.

Les quatre femmes se penchèrent sur l'enfant que la supérieure venait d'allonger sur la table, un torchon roulé en guise d'oreiller. Une fois extirpé de son nid de fourrures, le petit personnage dégagea une odeur désagréable.

— Il a sali ses langes, si toutefois il en porte ! bougonna sœur Sainte-Apolline. Je lui donnerais dix mois, à ce petit, ou bien un an, puisqu'il a beaucoup de dents.

— Comment allons-nous le changer ? s'écria la converse. Nous ne sommes pas équipées, ici. Et que lui faire manger ? Il faudrait un biberon. Je peux préparer du lait chaud.

Sœur Sainte-Apolline leva les yeux au ciel.

— Notre potage conviendra. Le plus important pour l'instant est de le laver. Allons, dépêchons-nous.

Les religieuses conjuguèrent leurs efforts. L'une dénicha une bassine en zinc, l'autre y versa de l'eau bouillante. La converse prépara le pain de savon et des linges propres. Se rapprochant, elle examina les fourrures.

— Ma mère, ces pelages coûtent cher. Il y a des

peaux de martres et de castors. La plus grande, c'est du renard argenté. Mon père était trappeur. Je m'y connais.

— Peu m'importe, je ne vais pas faire du troc sur la place publique ! déclara la supérieure. Il y a peu de chances que cet enfant soit de Val-Jalbert. Cependant, je ferai mon enquête. Si personne ne l'identifie, nous serons obligées de le confier à un orphelinat.

Les religieuses, envahies par une sincère compassion, hochèrent la tête. Les garçons étaient recueillis par l'Orphelinat agricole des frères de Saint-François-Régis, situé sur les terres de Vauvert, à Péribonka. Les filles se retrouvaient à l'Hôtel-Dieu Saint-Vallier, à Chicoutimi, fondé par les Augustines de la miséricorde de Jésus.

La jeune sœur Sainte-Madeleine eut un sourire très doux en caressant le front du bébé.

— Nous pourrions peut-être la garder, si c'est une fillette, ma mère ! dit-elle d'une voix bouleversée.

Sœur Sainte-Apolline ne répondit pas. Elle commença à déshabiller l'enfant avec dextérité. Sous le bonnet en laine se cachait une courte toison bouclée couleur châtain. Les vêtements grossiers révélèrent un corps dodu, mais marbré de taches rouges.

— Mon Dieu ! se lamenta la sœur converse, c'est peut-être la picote !

— La picote ! répéta la mère supérieure. Dieu nous protège !

Les religieuses se regardèrent avec anxiété et se signèrent d'un même élan. Seule sœur Sainte-Lucie releva ses manches et plongea un carré de tissu dans l'eau chaude.

— J'ai eu la maladie à vingt ans ! lança-t-elle. Le docteur qui m'a soignée, à Québec, disait qu'on ne l'attrape qu'une fois. Mes joues en gardent la marque, mais le Seigneur m'a accordé la guérison. Alors, je ne me suis jamais plainte.

En un tour de main, elle débarrassa le bébé des langes qui entouraient ses fesses et son ventre, et entreprit de le nettoyer.

— Ah, c'est une petite fille ! annonça-t-elle. Ma mère, voyez comme elle cligne les yeux, la lumière la dérange. Sa peau est brûlante. Sans doute, ses parents espéraient que nous saurions la soigner. Ces pauvres gens ont dû se tromper et confondre le couvent avec un hôpital. Ils devaient être bien malheureux pour en arriver à une telle extrémité.

— Dans ce cas, ils auraient frappé à la porte et se seraient présentés ! répliqua sœur Sainte-Apolline. Ce ne sont pas des manières de bons chrétiens d'abandonner un enfant à la nuit tombée, par ce froid.

Sœur Sainte-Madeleine essuya discrètement les larmes qui perlaient à ses yeux. La vue du bébé malade lui causait une vive émotion. Elle aurait voulu s'en occuper, le prendre à nouveau dans ses bras, mais elle redoutait la maladie, surtout la variole qui marquait les chairs de profondes cicatrices, si l'on en réchappait. Le visage de sœur Sainte-Lucie en était la preuve. Elle n'osait même plus toucher les habits du bébé. Pourtant, en prenant le voile, elle savait ce qui l'attendait, comme le dévouement à tous, petits et adultes. La supérieure ne fut pas dupe.

— Lavez-vous les mains et le visage à l'eau froide et au savon, sœur Sainte-Madeleine ! lui dit-elle. Et ne vous affolez pas, la petite n'a peut-être qu'une rougeole !

Pendant ce temps, la converse secouait les fourrures

et les soupesait. Un bout de papier tomba à ses pieds. Elle s'empressa de le ramasser et lut à voix haute :

« Notre fille s'appelle Marie-Hermine. Elle a eu un an le mois dernier, avant Noël. Nous la remettons entre vos mains, à la grâce de Dieu. Les fourrures sont une avance sur sa pension. »

— Ce n'est pas signé ! ajouta-t-elle. Marie-Hermine ! Quel joli prénom !

Sœur Sainte-Lucie examina à son tour le message. Elle fit la moue, en disant :

— Ce sont des gens instruits, il n'y a aucune faute et le style est correct.

— Oh, ils ont pu dicter ça à une tierce personne ! répliqua la sœur converse. En tout cas, Hermine est un prénom catholique et cela me rassure.

— Ce n'est guère le moment de bavarder ! coupa la mère supérieure. L'enfant a une forte fièvre et il n'y a ni docteur ni infirmière à Val-Jalbert. Les gens ont tout le confort moderne, l'électricité, le téléphone, une pension avec vingt chambres, un barbier, un boucher, mais pas de médecin ! Pas de médecin, a-t-on idée ? Qui va soigner cette malheureuse petite ? Voyez, elle somnole, à présent. Sœur Sainte-Lucie, je crois qu'il faut prévenir le curé. Je crains que notre protégée ne passe pas la nuit !

La menace contenue dans ces mots sema la consternation. Marie-Hermine poussa une plainte et mordilla son poing fermé.

— Elle a surtout faim, on dirait ! avança la sœur converse. Je laverai ses hardes plus tard. Le mieux à faire est de l'envelopper dans un drap propre.

La supérieure s'en chargea. Elle s'assit, le bébé sur les genoux.

— La fièvre assoiffe ! dit-elle. Sœur Victorienne, nous avons de l'écorce de saule. Faites-lui une infusion, c'est fébrifuge et désaltérant. Et vous, sœur Sainte-Lucie, courez chercher le curé. Vous toquerez aussi chez notre voisine, madame Marois. Son fils a dix-huit mois, elle pourra sans doute nous céder de quoi habiller la petite.

Ces ordres distribués, sœur Sainte-Apolline berça l'enfant. Ses lèvres s'agitaient. Les religieuses comprirent qu'elle priait.

*
* *

L'homme ne se décidait pas à partir. Tout s'était passé comme il l'avait espéré, mais cela ne l'empêchait pas de sangloter, transi malgré ses vêtements épais. Il tentait de se réconforter en imaginant ce qui se passait à l'intérieur de la grande bâtisse confortable. La sœur qu'il avait vue s'éloigner une demi-heure plus tôt venait de trouver l'enfant. La petite, bien protégée par les fourrures, n'avait pas eu le temps de souffrir du froid. Il ne lui avait fallu que deux minutes pour courir poser sa fille contre la porte, après avoir estimé que la religieuse ne tarderait plus. Maintenant, son sacrifice accompli, il devait tourner le dos au village et disparaître. Cela lui coûtait. Au fond de son cœur, il avait la certitude que jamais, il ne reverrait la fillette qu'il adorait, car c'était un bon père et il souffrait au plus profond de son être.

Il jeta un dernier regard sur le couvent, observant aussi les alentours. Il neigeait dru, à présent, mais pas assez pour voiler les lumières réparties le long de la rue Saint-Georges. Un long frisson de chagrin le secoua.

Il se baissa et chaussa ses raquettes, avant d'allumer une lanterne à pétrole.

« J'aurais pu me faire embaucher comme ouvrier, mais voilà, c'est réservé aux honnêtes gens, pensa-t-il. Je te demande pardon, ma petite chérie, mon petit amour ! Marie-Hermine, c'est bien joli, ce nom-là. Tu n'auras pas longtemps entendu tes parents le prononcer. »

Il s'enfonça sous le couvert dense des épinettes. La neige effacerait ses empreintes bien avant l'aube. Chaque enjambée l'éloignait de son enfant et il avait envie de hurler son désespoir.

« Pourvu que les sœurs puissent la sauver. Elle, au moins, elle aura une vie meilleure que la nôtre. »

L'homme s'enfonça dans les profondeurs de la forêt qui s'étendait, obscure, infinie. Le grondement de la chute d'eau de la rivière Ouiatchouan semblait le poursuivre. La gigantesque cascade rugissait tel un animal furieux. Ceux qui vivaient à Val-Jalbert n'y prêtaient plus attention. C'était l'heure paisible où les villageois s'enfermaient dans la bonne chaleur de leur cuisine. La femme servait la soupe ou du ragoût. Affamés, le mari et les enfants, attablés ne bronchaient pas. Les bêtes étaient nourries, à l'abri des bâtiments qui leur étaient dévolus. Il n'y avait guère de monde dehors.

« Comme elle avait chaud, la petite ! C'était la fièvre. Elle pleurait, elle voulait que je la prenne à mon cou, songea encore l'homme. Mon Dieu, si elle avait été en âge de m'appeler papa, je n'aurais jamais eu le courage de me séparer d'elle. »

Ses pensées, ses regrets et l'épine douloureuse du remords le torturaient. Gêné par la neige encore molle et les branches basses qui fouettaient son visage, il allongea ses pas. Il marcha ainsi jusqu'à une cabane de bûcheron. Des chiens aux yeux obliques et à la fourrure épaisse blanche de neige l'accueillirent en jappant. Ils étaient attelés à un traîneau.

— Paix, mes lascars, paix ! On ne s'en ira pas avant demain.

Il devinait une faible clarté à l'intérieur. Un instant, il eut la tentation de s'enfuir. Laura était peut-être morte. Honteux de sa lâcheté, il entra. Le feu allumé dans un vieux bidon en fer était réduit à un lit de braises. La chandelle brûlait encore, mais la mèche crachotait, à demi noyée dans une flaque de cire.

Une voix fluette s'éleva d'une couchette sommaire accolée au mur de rondins.

— Jocelyn ?

— Oui, mon amour, je suis de retour.

Il s'agenouilla lourdement et passa une main rugueuse sur les joues empourprées de sa compagne. Laura haletait, le regard voilé par la même fièvre qui consumait leur petite fille.

— Notre petite Hermine est en sécurité. Les sœurs l'ont prise. Ces saintes femmes la soigneront. Elles lui donneront une bonne éducation.

— Oh, je peux mourir, maintenant, soupira la jeune femme dont les traits fins se détendirent. Mais j'ai soif, tellement soif.

Jocelyn la fit boire. Il accomplissait le moindre geste sans cesser d'épier les bruits de la forêt. Si un des chiens grognait, il se raidissait, lançant un coup d'œil noir vers son fusil. C'était un homme traqué, qui s'apprêtait à porter le deuil de son unique amour.

***

Élisabeth Marois avait fait souper son mari très tôt. Joseph prenait son quart de travail à onze heures du soir et il avait l'habitude de dormir après le repas, afin d'être d'attaque pour se rendre à l'usine. Leur fils Simon était couché lui aussi, repu d'une solide bouillie d'orge sucrée au sirop d'érable.

La bouilloire sifflait sur le poêle. Élisabeth avait dix-neuf ans. Elle tenait sa maison avec soin. La vie à Val-Jalbert la comblait. La paye était bonne et le logement, douillet. Elle dénoua ses cheveux, une masse de frisettes d'un blond foncé, et les brossa. Mince, bien faite, la jeune femme s'accordait chaque soir un peu de temps pour sa toilette. En chemisette, les bras nus, elle lorgnait gaiement de ses yeux verts le baquet d'eau chaude qui l'attendait. Mais on frappa à sa porte.

Vite, elle enfila son corsage en cotonnade sans le fermer tout à fait et se drapa d'un châle.

« Qui est-ce ? se demanda-t-elle. Si Annette vient encore m'emprunter du sucre, je lui dirai ma façon de penser. »

Annette Dupré, une robuste personne de trente-deux ans, avait quatre enfants et l'art de puiser dans les réserves de ses voisines. Élisabeth ouvrit en affichant une mine méfiante. Sœur Sainte-Lucie, vêtue d'une pèlerine semée de flocons, lui apparut. La jeune femme fut rassurée dès qu'elle aperçut le voile blanc sous la capuche.

— Entrez, ma sœur, je vous en prie ! Qu'est-ce qui vous fait sortir par un temps pareil ?

— Oh, j'en ai vu d'autres ! répliqua la religieuse en tapant ses grosses chaussures sur le seuil. Je préfère la neige à ces jours où le gel vous pétrifie le sang et même la cervelle.

Sœur Sainte-Lucie considérait les lieux avec une curiosité discrète. Elle n'avait pas encore eu l'occasion de visiter une des maisons du village. Les cloisons peintes en blanc, les plinthes d'un beige clair, tout était impeccable. Une odeur de cire montait du plancher fait de larges planches peintes en jaune.

— Il nous arrive un grand malheur, madame Marois ! s'exclama-t-elle en admirant les rideaux en lin, ourlés d'un rang de dentelle.

— Au couvent ? s'étonna Élisabeth.

— Oui ! Nous avons trouvé un enfant d'un an devant notre porte, empaqueté dans des fourrures. Une fillette bien malade. Notre supérieure m'a envoyée chez le curé Bordereau pour qu'il vienne donner l'extrême-onction. Souvent, ce sacrement fait des miracles. Et il nous faudrait également des vêtements, et sœur Sainte-Apolline a pensé à vous, puisque votre fils n'a que six mois de plus que la petite. Quelques langes, aussi...

— Bien sûr ! s'écria la jeune femme. Pauvre fillette ! Je vais vous chercher ce qu'il faut. C'est à l'étage, dans la chambre de Simon. Asseyez-vous, ma sœur.

Élisabeth tourna le dos à la visiteuse afin de boutonner son corsage. Elle en profita pour tenter de se remémorer l'identité des quatre religieuses.

« Voyons, sœur Sainte-Apolline, ce doit être la mère supérieure, celle qui porte des lunettes et enseigne aux plus grands. La converse se nomme sœur Victorienne et s'occupe des petits. Ensuite il y a cette jeune fille si belle, sœur Sainte-Madeleine, je crois, qui a un sourire d'ange. Là, je reçois la quatrième, sœur Sainte, sœur Sainte... »

Elle ne parvenait pas à se rappeler le nom. Ce fut le

dernier de ses soucis lorsque sœur Sainte-Lucie ajouta, d'un ton alarmiste :

— Nous craignons la picote ! L'enfant est fiévreuse et couverte de plaques rouges.

Élisabeth recula immédiatement, se heurtant au buffet. Elle n'avait aucune envie d'être contaminée et s'effrayait déjà pour son fils.

— La variole est très contagieuse, ma sœur ! s'affola-t-elle. Il faudra fermer votre école.

— Il faudra surtout prier ! répondit avec conviction la religieuse.

« Mon Dieu, est-elle inconsciente ? s'interrogea Élisabeth qui grimpait à vive allure jusqu'au premier étage. Je suis pieuse, mais les prières ne feront pas reculer la picote ! »

Les maisons pour les ouvriers de l'usine de pâte à papier étaient toutes construites sur le même modèle. Au rez-de-chaussée, une pièce servant de cuisine et un salon, en haut, deux chambres séparées par un couloir. Un logis identique à celui des Marois se dressait à une trentaine de pieds. C'était là qu'habitait la fameuse Annette Dupré.

— Joseph, réveille-toi, c'est grave ! implora la jeune femme en secouant son mari.

Il entrouvrit les yeux en rabattant drap et couverture de laine. C'était un bel homme de vingt-huit ans, très fier de son épouse qu'il surnommait Betty dans l'intimité. Il se redressa en frottant ses yeux, les cheveux bruns en bataille. Son gilet de corps révélait sa puissante musculature.

— Joseph, les sœurs ont recueilli un bébé atteint de la picote ! Si le mal se répand, ce sera terrible. Notre Simon pourrait en mourir ou finir ses jours défiguré.

— Comment le sais-tu ? maugréa-t-il.

— Une des religieuses est en bas, elle m'a demandé des habits pour l'enfant qu'on a déposé à leur porte. Joseph, j'ai peur.

Élisabeth alluma leur lampe de chevet. Une clarté dorée se répandit sur les frisettes qui couronnaient son front. Son mari l'embrassa sur les lèvres et lui caressa la joue.

— Ne te fais pas de bile, le curé saura quoi faire ! Quand les gars sauront la nouvelle, à l'usine, ça va jaser ! Betty, donne-lui ce qu'elle veut et après n'ouvre plus à personne.

— Comment veux-tu ? gémit la jeune femme. Qui va traire la vache demain matin et nourrir les poules ?

— Tu sortiras par-derrière et tu n'iras pas plus loin que notre cour, d'accord ? J'irai au magasin si tu as besoin de quelque chose.

Élisabeth approuva d'un signe de tête. Elle ne comprenait pas bien en quoi ces mesures les mettraient à l'abri de la picote.

— Tu peux l'attraper, toi aussi ! déclara-t-elle.

— Les hommes sont plus résistants, Betty ! coupa-t-il.

Joseph s'étira. Il serait bien resté au lit encore une heure ou deux, mais il se leva et se rhabilla. Élisabeth entra à pas de loup dans la chambre de leur fils. Simon dormait tranquille. Son petit lit en bois, fabriqué par son père, était peint en bleu ciel.

— Mon trésor, mon mignon ! murmura-t-elle tendrement en se penchant sur le garçonnet.

Elle eut vite fait de rassembler de quoi vêtir un bébé d'un an. Non sans regret, car elle les avait cousus elle-même avec grand soin, elle sortit de l'armoire six langes de coton, doublés d'un tissu éponge.

Sœur Sainte-Lucie la remercia avec douceur, intimidée par la présence de Joseph, un gaillard de plus de six pieds qui la toisait sans grande amabilité. L'homme était descendu avant Élisabeth et s'était contenté de la saluer à distance. Dans un souci de politesse, la religieuse s'exclama gentiment :

— Je crois avoir entendu notre maire vous citer, monsieur Marois ! L'année dernière, vous avez remporté le concours du plus joli jardin, n'est-ce pas ? J'ai hâte de voir Val-Jalbert en toilette d'été, tout fleuri. Ce doit être pimpant.

— Hum ! fit-il. Si la picote tue nos enfants, il n'y aura pas beaucoup de monde pour jardiner.

La sœur n'osa pas répliquer. Elle quitta le couple le cœur lourd. Les paroles de Joseph Marois pesaient sur ses épaules. L'ouvrier n'avait pas tort. Elle se dirigea vers le presbytère. Comme sœur Sainte-Madeleine, elle avait renoncé à chausser des raquettes. Le froid lui parut plus vif. Sous ses pieds, la neige tassée crissait.

— Mon Dieu, le thermomètre descend. Il gèle dur !

Elle traversa la rue Saint-Georges le regard rivé à la croix fichée au sommet du clocher de l'église. C'était une imposante construction en bois, à laquelle s'adossait le presbytère, de belle dimension lui aussi.

Le père Alphonse Bordereau[1] veillait sur ses paroissiens avec un zèle remarquable. Il se couchait tard au cas où l'on aurait besoin de ses services. C'était le premier curé résidant à Val-Jalbert. Cinq ans plus tôt,

1. C'était dans la réalité l'abbé Joseph-Edmond Tremblay qui fut le premier curé de Val-Jalbert. Il occupa la fonction de 1911 à 1927.

en octobre 1911, il avait été accueilli avec enthousiasme, par toute la population heureuse de lui présenter la nouvelle église juste bâtie, succédant à la modeste chapelle érigée en face de l'usine quelques années auparavant.

La religieuse frappa, réconfortée par la lumière qui filtrait au travers des rideaux.

— Sœur Sainte-Lucie ! Que se passe-t-il ? s'inquiéta le curé en l'invitant à entrer.

La religieuse le mit au courant de la situation en quelques mots.

Le couvent-école, qui avait si peu servi encore, abritait peut-être les germes d'un mal redoutable. Une mise en quarantaine serait indispensable. C'était à peu près ce que pensait le curé Bordereau au moment d'en franchir le seuil. Il avait la charge de faire régner à Val-Jalbert un mode de vie exemplaire, si bien que les candidats à l'embauche étaient sélectionnés au moyen d'un questionnaire rigoureux. On ne voulait pas d'ivrognes ni de mauvais sujets à l'usine, ni dans le village modèle rêvé et réalisé par son fondateur Damase Jalbert. Les salaires attiraient une main-d'œuvre de plus en plus nombreuse, et il fallait loger tout le monde. De nouvelles maisons seraient bâties l'été prochain. On parlait de créer une troisième rue, sans doute une quatrième, même, qui figuraient déjà sur les plans du cadastre.

— Saviez-vous, ma sœur, dit-il soudain, que la deuxième rue du village, la rue Saint-Joseph, a été tracée en 1913, l'année où monsieur Dubuc, le directeur de la compagnie, a rebaptisé Ouiatchouan Falls du nom de Val-Jalbert, en hommage au fondateur de la fabrique ? Notre municipalité se porte à merveille, la fabrique nourrit de façon honorable chaque famille. Ce serait un grand malheur si une épidémie se déclarait. Prions pour que ce ne soit pas la variole.

— Je prie, mon père, je ne fais que prier.

La mère supérieure n'avait pas bougé de sa chaise. Le bébé somnolait sur ses genoux. Elle salua le curé Bordereau d'un clignement de paupières.

— Je vous remercie d'être venu, mon père ! affirma-t-elle. Mais je déplore qu'un endroit aussi civilisé que Val-Jalbert soit dépourvu de poste médical. Cette enfant souffre d'une forte fièvre. Je crains pour sa vie.

— Voyons, ma sœur, en cas de problème, les malades ou les blessés sont transportés en train à Roberval. Le trajet est court, vous avez pu le constater pendant votre voyage jusqu'ici. Laissez-moi examiner la petite. J'ai vu de nombreux cas de picote quand j'étais jeune séminariste. Ce mal décimait les Indiens, mais les Blancs y résistent mieux.

— J'en ai guéri ! ajouta vite sœur Sainte-Lucie.

Le curé comprit enfin pourquoi la religieuse avait le visage grêlé. Il opina et se pencha sur la fillette.

— Je crois qu'il s'agit plutôt d'une rougeole ! conclut-il après un examen minutieux. La picote se manifeste par des pustules et non des plaques. Pour suppléer à l'absence d'un docteur, j'ai étudié un peu la médecine. L'éruption qui vous a effrayées annonce le paroxysme de la maladie. La fièvre demeure préoccupante, mais elle devrait baisser dès demain. Qui d'autre est au courant ?

— Joseph et Élisabeth Marois ! répondit sœur Sainte-Lucie. Je suis allée chez eux avant de frapper au presbytère. Nous manquions de langes et de vêtements appropriés.

Le curé Bordereau esquissa une grimace de contrariété.

— Joseph est un excellent ouvrier, un brave garçon, mais c'est un meneur. Il travaille de nuit à l'usine. Avant le chant du coq, la moitié de la population sera en proie à la panique, si ce n'est plus. Je téléphonerai au docteur Demilles[1], à Roberval. Son diagnostic me paraît nécessaire pour rassurer mes paroissiens.

Les religieuses se préparaient à souper, excepté la supérieure qui jeûnait souvent et continuait à bercer le bébé.

— C'est étrange, mon père, dit-elle, qu'à peine installées dans ce couvent, nous trouvions à la porte une enfant abandonnée. La providence aurait-elle guidé ses parents vers nous ? D'où vient Marie-Hermine ? Et où échouera-t-elle une fois guérie, si Dieu lui accorde ce bienfait ?

— J'avoue être surpris et navré par ce drame ! répliqua le curé. Une famille respectable ne laisse pas en chemin une petite fille de cet âge. Je mènerai une enquête, bien sûr. Et, dès que possible, je conduirai votre protégée à l'orphelinat de Notre-Dame-de-Saint-Vallier. En attendant, je lui trouverai une nourrice, car vous ne pourrez pas la garder au couvent. Une quarantaine s'impose, sœur Sainte-Apolline. C'est regrettable, car vous aviez pris vos fonctions quelques jours avant Noël seulement. Les élèves n'ont pas eu le temps de s'accoutumer à vous.

1. De son vrai nom le docteur Delisle.

— Mais qui fera la classe, mon père ? s'étonna sœur Sainte-Madeleine.

— Avant votre arrivée, ma sœur, l'école se tenait dans le bâtiment proche de l'église. Je me sens capable d'enseigner le temps voulu. Sœur Sainte-Lucie me secondera, puisqu'elle a déjà eu la variole. Même si c'est une rougeole, les mesures seront identiques. Le mal est contagieux. Il provoque fréquemment des migraines en plus de la fièvre, et il peut laisser des séquelles en s'attaquant à la vue. Nous ne devons faire courir aucun risque aux enfants de Val-Jalbert.

La mère supérieure approuva d'un léger signe de tête. La toute petite Marie-Hermine dormait blottie sur sa poitrine. C'était plus la femme que la religieuse qui guettait le bruit ténu de sa respiration, avec l'angoisse de l'entendre s'arrêter brusquement.

— Elle me semble moins chaude ! dit-elle enfin à la converse. La tisane de saule lui a fait du bien.

Le curé Bordereau esquissa une moue réprobatrice.

— Ne vous attachez pas trop, ma mère ! recommanda-t-il. Dieu nous a confié cette fillette, mais sa place n'est pas chez nous. Encore moins ici, au couvent.

Sœur Sainte-Apolline eut l'impression d'être démasquée. Depuis qu'elle berçait le bébé, brûlant, lourd d'une courte existence menacée, son austérité fondait. Soudain, elle considéra avec soulagement la quarantaine qui l'enfermerait entre ces murs, auprès de Marie-Hermine.

— Faites au mieux, mon père ! déclara-t-elle. Le programme scolaire que nous avions établi comporte de l'arithmétique, du catéchisme, du français et de la géographie.

— Il y a aussi l'histoire du Canada et l'histoire sainte ! ajouta sœur Sainte-Madeleine.

— J'en tiendrai compte, assura le curé. Bonsoir, mes sœurs, je reviendrai demain en compagnie du docteur Demilles.

Il esquissa un signe de croix à quatre pouces du front de Marie-Hermine.

*
* *

Élisabeth regardait s'éloigner son mari. Il portait une veste fourrée et une casquette à oreillettes. Chaque fois qu'il retournait à l'usine, elle demeurait sur le perron de la maison, par n'importe quel temps. Il ne neigeait plus ; le ciel s'était dégagé. Le semis d'étoiles dévoilé par les nuages en fuite laissait présager une journée glaciale, le lendemain. L'emprise du gel sur la nature était presque perceptible à la jeune femme. Elle croyait deviner d'infimes craquements, une qualité de silence différente. Le froid l'oppressait. Pourtant, c'était une fille du pays, née au bord du lac Saint-Jean que l'hiver transformait en une vaste étendue blanche.

— Mon pauvre Joseph ! Il avait du regret de me quitter. Son équipe nettoie les presses, ce soir.

Elle n'avait jamais mis les pieds à l'usine, ce n'était pas le domaine des femmes du village. Mais les discussions au magasin général avaient souvent pour sujet les conditions pénibles de travail. Les salles de la fabrique de pâte à papier étaient toujours détrempées, trop proches de la gigantesque chute d'eau pour ne pas être imprégnées d'humidité. Les sols glissaient, et le fracas des machines, meules, métiers, presses hydrauliques, était terrifiant.

— Je lui ferai des beignes pour le goûter ! se promit Élisabeth.

Les bonnes épouses avaient à cœur, comme elle, d'être aux petits soins pour leur homme. Chacun trouvait au retour du linge tiède et propre, du café chaud, des pâtisseries. Élisabeth aimait Joseph de toute son âme. Ils s'étaient mariés trois ans plus tôt et, tout de suite, Dieu leur avait accordé un bébé, un fils.

La jeune femme jeta un coup d'œil inquiet dans la direction du couvent. L'histoire de la fillette abandonnée, atteinte de la picote, la tracassait. L'ordre, la discipline, la franche camaraderie et des mœurs exemplaires régnaient à Val-Jalbert. Joseph lui avait dit en l'embrassant que cette enfant malade causerait des ennuis. Élisabeth rentra et s'enferma à double tour.

***

Sœur Sainte-Apolline luttait contre le sommeil. Elle avait couché Marie-Hermine dans son propre lit. Le bébé était langé, mais il ne portait qu'une petite brassière de coton. La supérieure pensait que la fièvre baisserait plus vite si la petite n'était pas trop couverte. Pendant son noviciat, elle avait soigné beaucoup de malades à l'Hôtel-Dieu Saint-Vallier de Chicoutimi et en avait tiré des enseignements.

L'enfant s'agitait et geignait. La veilleuse posée sur la table de chevet éclairait son visage empourpré.

— Pauvre angelot ! soupira la religieuse.

Elle se remit à prier, son chapelet entre les doigts. Malgré sa profonde piété, sœur Sainte-Apolline, née Thérèse Bouchard, s'interrogeait.

« Faut-il croire à la destinée de chaque individu ? J'ai

hésité à accepter ce poste à Val-Jalbert. Qu'est-ce que je craignais ? C'est une noble tâche d'éduquer des enfants, de leur montrer la voie à suivre, celle de l'honnêteté et du labeur récompensé. Le village présente tous les avantages modernes, et cette maison me paraît parfois trop confortable. »

La mère supérieure s'adressa des reproches. Si les gérants de l'usine avaient décidé de construire un si bel édifice, elle ne devait éprouver qu'une sincère reconnaissance pour ce geste et non douter de son bien-fondé. Le jour de son arrivée, elle avait tressailli de joie en découvrant les classes et leur mobilier, l'étage fort bien aménagé avec une cuisine dotée d'un fourneau neuf et un dortoir très pratique. Des parois coulissantes délimitaient un espace pour chaque religieuse, avec un lit et une table de nuit.

Quelque chose grattait son poignet. Marie-Hermine était réveillée. Le bébé avait changé de position et c'étaient ses doigts minuscules qui l'effleuraient, comme pour l'appeler. La religieuse subit de nouveau l'éclat des prunelles de saphir. Ce fut très bref. Soudain la fillette se cambra, secouée de violentes convulsions, les yeux révulsés ne montrant que du blanc.

— Doux Jésus ! Elle s'étouffe !

Sœur Sainte-Apolline avait crié si fort que la sœur converse accourut, suivie de sœur Sainte-Lucie. Elles étaient toutes les deux en chemise de nuit, les cheveux coupés au ras de la nuque.

— Ce sont des convulsions. Elle suffoque ! s'affola la supérieure. Nous allons la perdre ! Mon Dieu, ayez pitié de ce petit ange !

Pendant d'interminables minutes, le bébé continua à se convulser. Les religieuses se sentaient impuissantes et priaient à voix haute sans quitter du regard le corps menu secoué de spasmes. Puis un grand calme se fit. Marie-Hermine gisait en travers du lit, inerte.

Sœur Sainte-Madeleine entra dans la chambre à ce moment-là. Elle se signa avant d'éclater en sanglots.

— C'est la volonté de Notre-Seigneur ! prononça la mère supérieure d'une voix éteinte. Dieu donne, Dieu reprend. Combien de fois ai-je dit ces mots à des malheureuses qui voyaient leur enfant mourir. Mais qu'ils sont cruels !

Les nerfs de sœur Sainte-Lucie cédèrent. Elle se mit à pleurer bruyamment, en se détournant pour ne plus voir le bébé inanimé.

Seule la sœur converse osa s'approcher de l'enfant et l'observer : de la salive coulait de la bouche entrouverte. Une des mains remuait.

— Elle vit encore, Dieu merci ! Ma mère, elle respire.

Marie-Hermine passa de bras en bras, avec une expression étonnée. Une fois revenue au cou de la supérieure, elle suça son pouce avec avidité.

— Peut-être qu'elle a faim, avança sœur Sainte-Lucie. Du pain trempé dans du lait lui ferait du bien. Je crois qu'elle va un peu mieux.

— Dieu vous entende ! répondit la supérieure.

Les quatre femmes regardèrent du même œil attendri la fillette qui semblait apprécier ce repas de fortune. Sans doute rassasiée, elle battit bientôt des paupières.

— Je suis sûre qu'au matin, notre Marie-Hermine sera en meilleure forme, affirma sœur Sainte-Lucie. Le père Bordereau avait raison : c'est peut-être une rougeole.

— Il y aura une quarantaine malgré tout ! trancha la supérieure.

— Les parents ont dû s'affoler, la croire condamnée, hasarda la converse. Pourquoi ne l'ont-ils pas conduite chez le docteur à Roberval ?

— Dieu seul le sait, soupira sœur Sainte-Madeleine avec une sincère tristesse.

Les religieuses se recouchèrent. Marie-Hermine était au cœur de leurs pensées. Chacune guettait le moindre bruit en provenance du compartiment de la supérieure. La converse songeait aux fourrures qui avaient protégé la petite fille du froid.

« Son père est trappeur, comme l'était le mien, ou bien il a volé ces peaux pour nous les offrir. Il faudrait les revendre au magasin général. L'argent sera utile au couvent. »

Sœur Victorienne essuya une larme. Elle était orpheline depuis son adolescence et s'était consacrée à la religion. Mais ce devait être doux de donner naissance à un bébé et de le chérir.

Allongée sur le dos, les mains croisées entre sa poitrine et son ventre, sœur Sainte-Lucie réfléchissait au moyen de garder la fillette au couvent. Pour avoir passé des années à l'orphelinat de Chicoutimi, parmi des enfants privés de toute famille, elle se voyait déjà jouant les grands-mères auprès de Marie-Hermine.

« D'ici quatre ans, elle irait dans la classe des petits. Nous pourrions lui dresser un lit près du mien. Elle nous a été confiée, ce serait cruel de la rejeter. Et si ses parents revenaient la chercher l'été prochain ? Que leur dire ? »

La décision ne lui appartenait pas, mais elle se promit d'en discuter avec la mère supérieure dès le lendemain.

Quant à sœur Sainte-Madeleine, elle était assise, le dos calé contre un oreiller, un miroir entre les doigts. Sa veilleuse jetait une faible clarté latérale sur un visage d'une joliesse exquise.

« Mes beaux cheveux que j'ai sacrifiés, ainsi que tous mes rêves de bonheur. Mais, sans lui, à quoi bon vivre dans le monde ? »

La jeune religieuse lissa les courtes mèches d'un blond pâle, fort raides, qui couvraient son crâne.

« Plus jamais un homme ne me verra sans mon voile, plus jamais un homme n'embrassera ma bouche. Il me reste l'amour de Dieu, de Notre-Seigneur Jésus. Mais que c'était bon de tenir le bébé contre moi. Que c'était doux. »

Elle pleurait en silence, honteuse de sa faiblesse. Son fiancé, Eugène, était mort d'une pleurésie en 1912. Il avait hanté ses rêves plusieurs mois, tel qu'il était avant de succomber. Un jeune homme mince, des boucles noires autour du front. Eugène, si vite emporté par la maladie, alors qu'ils avaient fait ensemble tant de projets. Afin de ne pas le trahir, elle avait préféré prendre le voile. Enseigner à Val-Jalbert répondait à son secret désir de maternité. Sœur Sainte-Madeleine avait des trésors de tendresse à offrir. Elle espérait contre toute logique que Marie-Hermine grandirait au couvent.

Redoutant de nouvelles convulsions, la mère supérieure avait choisi de veiller l'enfant et la contemplait, suspendue à son souffle léger. Elle avait bu un café bien fort et se sentait prête à attendre l'aube. La vision de la fillette, sa tête bouclée nichée au creux du traversin, l'attendrissait. Sœur Sainte-Apolline, à soixante et un ans, cédait rarement à la mélancolie. Au long de son existence vouée à Dieu et à son prochain, elle avait côtoyé la misère, le chagrin, la violence... Elle se surprit à prier pour ne pas être séparée de ce petit être qui luttait si vaillamment contre la maladie.

— Seigneur, accordez-moi le bonheur de l'éduquer, de la voir marcher et rire. Seigneur, j'ignorais qu'en si peu d'heures, on pouvait céder à l'amour que les mères éprouvent pour leurs enfants. Je m'en remets à vous, mon Dieu ! Que votre volonté soit faite, sur la terre comme au ciel...

*
* *

Le jour se levait sur un ciel mauve d'une pureté redoutable. La nature entière semblait pétrifiée. Jocelyn siffla ses chiens. Ils émergèrent d'une couche de neige gelée, en se secouant et en sautant sur place pour se réchauffer.

— Il doit faire moins trente, ce matin ! pesta l'homme en distribuant des poissons gelés à ses bêtes.

Armé d'une hachette, il cogna dur sur les patins du traîneau, collés au sol par le froid intense de la nuit.

— Cette fois, on se met en route, les gars ! Faudra pas faiblir ! T'as compris, toi ! Hein, mon vieux Bali ?

Jocelyn parlait au chien de tête, le plus sûr, le plus obéissant, un animal énorme à la fourrure grise et aux yeux de loup. Une voix s'éleva de l'intérieur de la cabane :

— Est-ce qu'il y a quelqu'un, Jocelyn ? Je t'ai entendu discuter.

— Je causais à Bali ! lança-t-il. Personne ne vient.

Il se demandait parfois si Laura ne souhaitait pas, au fond, la fin de leur voyage.

— Tu serais soulagée si on m'emmenait en prison,

et toi à l'hospice ! grommela-t-il en vérifiant les courroies de l'attelage.

Il n'attendait pas de réponse, sa femme n'avait pas pu l'entendre. La vérité se disait le plus bas possible quand elle vous brisait le cœur.

L'instant suivant, Jocelyn entrait sous le toit de rondins. Il renversa la truie où restaient quelques braises, qu'il écrasa du talon. Avec soin, il prépara leur ballot, s'assurant que rien ne trahirait leur séjour.

Laura était toujours rouge et fébrile. Il lui toucha le front et laissa glisser sa main à la naissance du cou.

— Il faut partir, ma douce. As-tu la force de marcher ?

— Je n'ai plus la force de rien, Jocelyn. Je voudrais mon bébé, ma petite. Elle me manque tant. Nous aurions dû la garder ! Même si elle devait mourir ! Au moins, elle se serait éteinte contre mon sein, dans les bras de sa mère !

— C'est vraiment ce que tu voulais ? La voir mourir ? Réfléchis un peu, Laura ! Nous lui avons donné une chance de survivre ! C'était notre devoir de parents. Nous n'avions pas à lui imposer le froid, la faim. Elle me manque, à moi aussi, si tu savais combien elle me manque... mais j'ai la conscience tranquille. Viens, je vais te porter.

Il la prit délicatement dans ses bras. Elle s'accrocha à ses épaules en gémissant. Jocelyn l'installa dans le traîneau. La jeune femme fut bientôt ensevelie dans un nid de couvertures et de fourrures.

— Je ne suis pas morte cette nuit ! soupira-t-elle. Peut-être que notre fille va mieux, elle aussi ? Dis, Jocelyn, tu n'as pas oublié de mettre le morceau de papier dans son bonnet ? Je voudrais que les sœurs lui donnent son prénom. Marie-Hermine, c'est si beau.

Il répondit d'un sourire tremblant et ajusta une toque en castor sur la chevelure brune de sa femme.

— Peut-être qu'un jour, ma douce, on pourra lui demander pardon, à notre petite, lui dire qu'on n'avait pas d'autre choix.

Les grands yeux bleus de Laura se voilèrent de larmes. Elle se recroquevilla dans le traîneau. Jocelyn posa un pied sur chaque extrémité du patin s'adressa à ses chiens :

— Allez, Bali, allez, mon chien, file, file. Droit vers le nord.

Le ciel virait du mauve au rose. Le soleil pointa derrière les troncs d'épinettes, et tout de suite, la neige glacée s'illumina d'un scintillement doré.

Les chiens couraient, le dos arqué par l'effort, même si la charge n'était guère lourde. L'homme fixait l'horizon, loin, très loin vers les solitudes glacées des régions du Nord. Il comptait contourner le lac Saint-Jean pour remonter ensuite le cours de la rivière Péribonka et gagner les contreforts des monts Otish. Qui oserait les suivre là-bas, alors que l'hiver déployait ses ailes de mort d'un bout à l'autre du Québec ? Personne de raisonnable.

À la même heure, Marie-Hermine se réveillait, après une bonne nuit de sommeil, entre les murs du couvent-école de Val-Jalbert. La fièvre avait baissé. Sœur Sainte-Apolline constatait que les plaques rouges s'étaient un peu estompées.

Ses prières eurent la ferveur de la plus sincère gratitude.

2

La quarantaine

Usine de pâte à papier de Val-Jalbert
15 janvier 1916, vingt-deux heures

L'hiver resserrait son étreinte sur tout le pays du lac Saint-Jean, pris par les glaces. Après quelques jours de grand froid sec, il neigeait de nouveau. Le vent soufflait de plus en plus fort, laissant présager une tempête.

L'usine de Val-Jalbert, toute illuminée, se voyait de loin dans la nuit. Joseph Marois, qui venait prendre son quart de travail, jeta un regard soucieux aux alentours. La neige déjà épaisse couvrait le toit des wagons de la compagnie et l'énorme monticule de débris de bois où se servaient les employés.

« Si ça se remet au gel, il faudra tout dégager à la pioche et à la pelle ! » songea-t-il.

Sa casquette à oreillettes enfoncée sur le crâne, il entra dans la salle des presses. Son voisin, Amédée Dupré, le salua d'un grand geste amical.

— Eh, Joseph, tu es en retard ! Encore ta Betty qui ne te lâchait pas ?

Les hommes de l'équipe de nuit aimaient bien le harceler de taquineries sans méchanceté.

— Alors, Jo, ce n'est pas encore cet hiver que tu

monteras au bois ? claironna Marcel Thibaut, un quadragénaire plutôt chétif qui graissait les rouages d'une presse hydraulique. Tu as peur de laisser ta jolie Betty toute seule ? Pourtant, la vie de bûcheron a du bon. Pas besoin de se laver tous les quatre matins sur le chantier, pas d'épouse à supporter...

— Penses-tu ! renchérit Amédée. Joseph n'ira jamais plus loin que la rue Saint-Georges. Il a même dit à sa petite femme de s'enfermer à clef. Il ne veut pas que sa belle attrape la picote, je vous le dis, moi ! Je suis son voisin, j'ai l'œil sur eux !

Un adolescent de quatorze ans, Herménégilde, sifflota le refrain de *Auprès de ma blonde*. Sa mère l'avait baptisé ainsi en hommage à Herménégilde Morin, son oncle, qui avait dirigé les travaux de construction de l'usine, quinze ans plus tôt.

C'était le plus jeune employé de la compagnie, mais il savait lire et écrire, sinon il n'aurait pas eu le droit d'être embauché, comme le voulait la loi en vigueur.

— Arrête ta chanson, Néné ! cria Joseph. Figure-toi que je préférerais dormir près de ma femme plutôt que de trimer jusqu'à l'aube. Avec ça, nous allons avoir une tempête, je vous le dis.

Grand pour son âge, fin et rieur, la face tavelée de taches de rousseur, Herménégilde, dit plus couramment Néné, distrayait souvent ses collègues avec ses chansons et ses blagues. Tout le monde l'aimait.

— En parlant de la picote, reprit Joseph, tu ne serais pas beau à voir, la mine grêlée. Hé, mon gamin, parce que tu l'es déjà, grêlé.

L'adolescent cracha par terre et se percha sur une autre presse. Le grondement de la chute d'eau obligeait les hommes à hurler.

— Le curé nous a dit que c'était la rougeole, pas la picote, brailla Marcel. Et le docteur de Roberval l'a confirmé. Tu peux laisser ta Betty prendre l'air, Jo.

— Vous êtes tous jaloux, répliqua celui-ci. Fallait être aussi malin que moi. Les bals sont interdits par le père Bordereau, ici. Je suis donc allé danser à Chambord où j'ai rencontré ma jolie petite Élisabeth. Je logeais à la pension, à cette époque, mais, à peine mariés, on a eu droit à une maison.

Ses camarades imitèrent le geste de tourner une manivelle invisible. Joseph Marois leur avait raconté l'histoire une bonne vingtaine de fois.

— N'empêche, tu devrais monter aux coupes de bois, un hiver ! insista Amédée. Un costaud comme toi, les épinettes n'auraient qu'à bien se tenir.

— Et tu ne mettrais pas un deuxième petit en route ! ajouta Marcel, père de six enfants. Je ne vaux rien au chantier, moi, sinon j'y serais dès le premier décembre.

Joseph haussa les épaules sans répliquer. Il aimait sa Betty. Il l'imagina allongée dans leur lit, en jaquette blanche, celle qui s'ouvrait jusqu'au nombril. Son sang circula plus vite. Il enfila la salopette en grosse toile que la compagnie attribuait à chaque ouvrier.

— Après la quarantaine, elles en feront quoi, de l'enfant, les sœurs ? demanda Herménégilde. D'abord, on sait même pas si c'est vrai, tout ça ! Personne ne l'a vu, le bébé, depuis une semaine qu'il est là !

— Crétin, les sœurs ne sont pas des menteuses ! s'égosilla Amédée. Une chose est bizarre. Il paraît que la fillette était comme emballée dans des fourrures. La converse en a discuté avec le boulanger par une des fenêtres. Le brave Sauveur a passé le pain sans trop s'approcher, mais la religieuse avait envie de bavarder.

Il y aurait du castor, de la martre et même du renard argenté.

Les yeux des hommes se mirent à briller. Les fourrures restaient une valeur sûre. Jadis, leurs ancêtres couraient les bois pour piéger les bêtes dont la peau se marchandait à prix d'or.

— En tout cas, ceux qui l'ont abandonnée, cette gamine, ils n'avaient pas de cœur ni de tripes ! décréta Amédée. Quand j'en discute avec ma femme, elle en pleure de pitié. Aussi, Annette, elle est trop charitable !

Un silence significatif suivit la déclaration de l'ouvrier. Annette Dupré était une vraie calamité, mais son mari l'adorait et l'aurait défendue contre vents et marées. Au même instant, elle frappait à la porte des Marois malgré l'heure tardive.

Élisabeth descendit l'escalier en tremblant de froid. La sirène de l'usine n'avait pas sonné, mais la jeune femme craignait toujours un accident. Elle traversa la cuisine et demanda, d'une petite voix ensommeillée :

— Qui est-ce ?

— C'est moi, Annette. Sabin, mon petit dernier, a la fièvre. Il est tout rouge. Le mal se répand, Betty !

— Tu ferais mieux de réveiller le curé ! cria Élisabeth. Si ton fils a attrapé la rougeole, je n'ouvre pas.

— Entre voisins, on doit se tenir les coudes, s'offusqua Annette. Je me disais que tu aurais peut-être du thé et un peu de miel à me donner, ça le soulagerait, mon pauvre Sabin. Le vent est glacé, il neige à ne rien voir à six pieds, veux-tu ma mort ?

— Tu n'as qu'à rentrer chez toi, rétorqua la jeune femme. Joseph m'a recommandé de ne pas recevoir de visites. Et il est tard. Je dormais.

Furieuse, Élisabeth attendit une réponse, mais elle ne vint pas. Sa voisine avait lâché prise.

« Je suis sûre que son fils n'a rien du tout, pensa-t-elle. Elle voulait encore m'emprunter du thé ! Le curé Bordereau a bien dit au contremaître qu'il n'y avait aucun cas de rougeole dans la région, que l'enfant devait venir de loin. Le docteur Demilles a dit la même chose. Les sœurs sont en quarantaine avec le bébé. Je ne vois pas comment Sabin aurait attrapé la maladie. De toute façon, elle ne sait que mentir, Annette. »

Élisabeth s'installa dans la chaise berçante que Joseph lui avait achetée en cadeau de mariage. Deux grosses tresses blondes encadraient son ravissant visage. Elle se balança un long moment, agacée. Le mouvement régulier du siège finit par la calmer. Un sourire très doux la transfigura, alors que ses mains menues se posaient sur son ventre. Elle se savait enceinte, mais patientait encore avant d'apprendre l'heureux événement à son mari.

« Je voudrais une petite fille, cette fois. Annette sera jalouse, elle n'a eu que des garçons. Une jolie petite fille blonde. »

La jeune femme tourna la tête dans la direction du couvent. Que faisaient les sœurs ? Elle les plaignait d'avoir sacrifié les joies de la maternité pour servir Dieu. C'était si bon d'être couchée près d'un homme ou de bercer un nouveau-né sur son sein.

— Je me demande si elles savent s'occuper d'un petit enfant, demanda-t-elle tout haut avec un petit sourire, amusée à l'idée des religieuses changées en nourrices.

Elle se ravisa.

— Les sœurs ont peut-être l'habitude. Enfin, je ne

crois pas. Ce ne sont pas des sœurs hospitalières, mais des enseignantes. Je saurais mieux m'occuper de cette petite.

Élisabeth s'endormit en s'interrogeant sur la mystérieuse fillette que personne à Val-Jalbert ne verrait avant plusieurs jours. Quant à Annette Dupré, elle ne décolérait pas. Maintenant qu'elle avait raconté à sa jeune voisine que son fils avait la rougeole, elle n'en obtiendrait plus rien. Et elle rêvait de miel pour cuire un pain d'épice.

*
* *

Couvent-école de Val-Jalbert
Le lendemain

Sœur Sainte-Apolline contemplait Marie-Hermine, assise dans le lit, sous la protection du crucifix que chaque religieuse accrochait au-dessus de sa couche. La petite fille était en bonne voie de guérison. La fièvre était tombée depuis trois jours.

— Dieu aime cette enfant ! dit sœur Sainte-Lucie en joignant les mains. Regardez comme elle nous sourit, ma mère.

— Oui, elle est gracieuse et gentille. Mais elle ne mange guère ; je la trouve bien pâlotte.

— J'ai téléphoné au magasin général, affirma sœur Sainte-Lucie. Un commis viendra nous livrer du lait en poudre et des flocons d'avoine en début d'après-midi. Ce sera meilleur pour la petite que de la soupe. Ce midi, elle n'en a pas voulu, je lui ai donné du lait caillé et des biscuits.

La supérieure approuva d'un air songeur. Leur isolement forcé bouleversait l'ordre des choses.

— Nous devrions être dans les salles de classes, à faire mieux connaissance avec nos élèves, mais nous sommes toutes les quatre au chevet de ce petit ange, à tour de rôle, soupira-t-elle.

— C'était assurément la volonté de Dieu, ma mère.

Sœur Sainte-Madeleine entra dans le dortoir. La jeune religieuse s'avança vers le lit, la tête penchée de côté comme pour mieux admirer l'enfant.

— Mon Dieu ! s'écria-t-elle. Marie-Hermine a un teint de lys, ce matin. Quel grand bonheur de la voir rétablie !

Au son de sa voix, flûtée et chantante, la fillette gazouilla. Vêtue d'un pantalon en lainage bleu et d'un gilet assorti, les vêtements de Simon Marois, elle aurait pu passer pour un garçonnet, mais la finesse de ses traits révélait son appartenance au sexe féminin.

— Sœur Victorienne voudrait lui couper une robe dans une de nos nappes, annonça sœur Sainte-Madeleine comme si c'était de la plus haute importance.

— Ce ne sera pas la peine ! se récria la supérieure. Elle a plus chaud en pantalon. Je suppose que cette demoiselle fera bientôt ses premiers pas.

Marie-Hermine bascula soudain en arrière, se roulant dans les oreillers disposés autour d'elle. Sa menotte agita le rond de serviette sculpté que la converse lui avait donné en guise de jouet.

— Mais qu'elle est amusante ! s'esclaffa sœur Sainte-Madeleine. J'étais fille unique, je n'ai pas souvent vu de petits enfants. Dieu nous a comblées avec cet angelot. Croyez-vous que ses yeux resteront aussi bleus ? C'est le bleu de l'azur en été.

La sœur converse eut un geste d'ignorance. La mère supérieure jeta un regard soucieux à la jeune religieuse qui faisait trop souvent montre d'une exaltation peu en accord avec son engagement religieux. De plus, elle était très belle, ce qui avait intrigué bien des gens le jour de leur arrivée à Val-Jalbert.

« L'opinion générale n'admet pas une religieuse dotée d'attraits physiques, songea-t-elle. On croit souvent que seuls les laiderons prennent le voile, parce qu'aucun homme ne les veut pour épouses. Sœur Sainte-Madeleine prouve le contraire, même si je doute parfois de sa vocation. »

On frappa à la porte double du rez-de-chaussée. La converse descendit s'informer de l'identité du visiteur. Elle revint le plus vite possible.

— Ma mère, c'est monsieur le curé. Je l'ai accompagné jusqu'à la cuisine. Il vous attend.

— Je garde la petite, déclara d'un ton ravi sœur Sainte-Madeleine en s'asseyant au bord du lit.

Le curé se chauffait les mains au-dessus du large fourneau. Il semblait d'excellente humeur.

— Bonjour, mon père, dit aimablement sœur Sainte-Apolline. Vous ne craignez plus d'attraper la rougeole ?

Il y avait un brin d'ironie dans la question. Le curé le sentit et répondit du même ton.

— J'ai su ce matin par un courrier de ma mère qui est une alerte nonagénaire que j'avais eu la maladie à l'âge de deux ans. Je lui avais posé la question dans ma dernière lettre, à toutes fins utiles. Je me considère donc immunisé et j'ai décidé de vous rendre visite. Cet après-midi, je n'aurai pas besoin des services de sœur

Sainte-Lucie, j'ai donné congé à nos élèves. La tempête menace et je préfère savoir les enfants chez eux.

La supérieure lança un coup d'œil inquiet vers la fenêtre la plus proche. Elle ne vit que des rideaux de flocons. Sœur Sainte-Apolline avait subi bien des tempêtes depuis son enfance. Cela ne l'impressionnait pas. En voyant le curé sortir un calepin de sa soutane, elle se souvint qu'il était le secrétaire en titre du couvent-école.

— Venez-vous pour consulter le livre de comptes ? demanda-t-elle sur le ton de la confidence.

— Mais non, ma mère, je suis passé en ami.

La sœur converse préparait du café. Elle avait aussi pétri des galettes de farine de maïs qui cuisaient dans le four.

— Nous pouvons vous offrir une collation, mon père ! dit-elle avec un bon sourire.

Le curé accepta. Il s'assit à la table et consulta le fameux calepin relié en carton rouge.

— J'ai recopié là le texte exact du message concernant votre protégée, dit-il soudain. Une phrase me préoccupe, la dernière : *Les fourrures sont une avance sur sa pension.* Je l'ai lue au maire et il est de mon avis. Ces mots laissent supposer que les parents verseront une pension par la suite. On ne peut pas estimer la fillette abandonnée, dans ce cas. Ces gens peuvent se présenter on ne sait quand et la réclamer.

— Pourquoi avoir choisi Val-Jalbert et notre couvent ? demanda la mère supérieure.

— Cela demeure une énigme. Si, comme nous le pensons, il s'agissait d'étrangers de passage dans la région, ils ont vu la croix sur le clocheton ainsi qu'un bâtiment de grande taille et ils ont cru à une sorte d'hospice, d'école religieuse, ce qui n'est pas faux.

— Dans ce cas, ils auraient pu se conduire en personnes civilisées et s'expliquer ! coupa sœur Victorienne.

Le regard noir de la mère supérieure remit la converse à sa place. Elle n'avait pas à se mêler à la discussion.

— Mon père, la saison ne se prête guère aux voyages, encore moins avec un tout-petit, fit remarquer sœur Sainte-Apolline. Avez-vous mené votre enquête ? La population du village connaît peut-être les parents de cette enfant ?

— Depuis une semaine, j'interroge chaque famille, assura le curé. Les ouvriers célibataires, ceux qui logent à la pension ou dans ces affreux baraquements qui seront bientôt démolis, n'ont pas entendu parler d'un couple ayant un bébé de un an. Pourtant, ils vont souvent jusqu'à Chambord ou Roberval. Pour l'instant, votre Marie-Hermine a un toit, de la nourriture et des soins. C'est le principal.

Pendant le bref silence qui suivit, un rire très joyeux retentit dans la chambre voisine. Un autre rire y fit écho, plus grave.

— Sœur Sainte-Madeleine s'amuse avec la fillette, dit la mère supérieure en guise d'excuse.

— Les rires sont plus doux à entendre que les pleurs, répliqua le curé d'un air bonhomme. Cependant, quand votre école rouvrira, il faudra trouver une solution. Une femme en mal d'enfant pourrait garder Marie-Hermine. Madame Garraud se plaint de la solitude, son fils unique a vingt ans et son mari est parti au bois. C'est un des meilleurs bûcherons de Val-Jalbert. Le roi du papier l'a félicité en personne, il y a trois ans, alors qu'il inspectait l'usine.

— Le roi du papier ! répéta la supérieure. Vous parlez de ce cher monsieur Dubuc à qui nous devons tant.

— Lui-même, renchérit le curé. S'il n'avait pas racheté les actions de la compagnie, l'usine aurait fermé ses portes. Un véritable drame pour les employés qui se sont établis chez nous. Des travailleurs choisis par mes soins en respectant la règle d'or de Val-Jalbert : pas d'ivrognes ni de blasphémateurs. Mais il n'est pas toujours facile de lutter contre la consommation d'alcool.

La conversation continua autour de la cafetière et d'une assiette garnie de galettes croustillantes. La sœur converse vérifiait les réserves tout en écoutant le père Bordereau. Il évoquait maintenant la guerre en Europe, une poudrière à son avis, prête à enflammer le monde entier.

— Notre premier ministre, Sir Robert Laird Borden, soutient la France. Des milliers d'hommes de chez nous sont partis sur le front et ce n'est pas fini.

La mère supérieure poussa un profond soupir.

— Tout est si calme, ici. Avec l'hiver qui commence, nous aurons peu d'information et nous avons du mal, n'est-ce pas, à concevoir la réalité atroce des combats. Mes sœurs et moi-même, nous prions beaucoup pour nos soldats. Mais, au fait, cette dame Garraud dont vous me parliez, croyez-vous qu'elle gardera un enfant si jeune sans une rétribution ? Où habite-t-elle ?

Le curé fut un peu surpris. Apparemment, la religieuse pensait surtout à la fillette qu'elle hébergeait.

— Madame Garraud loge près de l'usine, dans les premières maisons bâties en face de l'esplanade. Vous découvrirez mieux Val-Jalbert au mois de juin. Les époux Garraud ont un potager remarquable. Ils possèdent deux vaches et vendent du lait au magasin général.

— Nous aviserons après la quarantaine, répondit la mère supérieure. Déjà, si vous pouviez faire une quête auprès des femmes du village, pour obtenir quelques jouets qui ne servent plus, cela occuperait la petite. Voulez-vous la voir, mon père ?

— Volontiers ! s'écria le curé.

Sur un signe de sœur Sainte-Apolline, la converse sortit. Elle revint accompagnée de sœur Sainte-Madeleine, les joues un peu rouges, qui portait l'enfant.

Il contempla Marie-Hermine en silence.

— Quelle ravissante fillette ! déclara-t-il enfin. Dieu soit loué ! Nous avons échappé à la menace de la picote.

Le curé Bordereau se leva et chatouilla le menton de la petite. Elle se cacha contre l'épaule de sœur Sainte-Madeleine qui lui embrassa le front du bout des lèvres.

— Bien, je vous laisse, mes sœurs. Soyez tranquilles, les bonnes âmes de Val-Jalbert dénicheront sûrement de quoi distraire votre protégée.

La supérieure accompagna le visiteur jusqu'au rez-de-chaussée. Avant d'ouvrir la porte, après avoir repris sa lourde pèlerine en drap de laine sur une des patères du couloir, le curé fixa avec insistance sœur Sainte-Apolline.

— Ma mère, la jeune sœur Sainte-Madeleine ne serait-elle pas d'une nature un peu trop émotive ? Je lui ai trouvé une expression de joie sans commune mesure avec le fait de tenir un bébé dans ses bras. Je conçois que votre engagement auprès des démunis et des orphelins vous confronte souvent à des enfants, mais on peut leur témoigner de l'affection et de la compassion sans montrer une telle exubérance.

— Vous dites vrai, mon père, concéda-t-elle. Je veillerai à tempérer l'enthousiasme somme toute juvénile de notre sœur Sainte-Madeleine.

Le curé enfonça un bonnet sur son crâne dégarni et s'emmitoufla dans sa pèlerine. Dès qu'il entrebâilla un des battants de la porte, un vent âpre, glacial, s'engouffra dans le bâtiment. La religieuse recula, salua d'un léger signe de tête et referma avec soulagement.

La mise en garde du père Bordereau la tracassait. Un cri de surprise et des éclats de rire retentirent à l'étage. Sœur Victorienne dévala quelques marches :

— Ma mère, montez vite ! Marie-Hermine a fait deux pas. Nous la tenions par la main, sœur Sainte-Madeleine et moi. La petite a même tapé du pied.

— Du calme, sœur Victorienne ! ordonna la supérieure. Ce n'est pas un miracle, quand même ! Il faut rétablir un semblant de discipline ici. Ces cris, ces rires sont excessifs.

Sœur Sainte-Apolline prit son temps pour parvenir sur le palier. La converse avait disparu, mais des chuchotements se devinaient dans la cuisine.

« Dieu exige-t-il vraiment l'austérité que l'on me conseille de faire régner ? s'interrogea-t-elle. De la décence, oui, mais à quoi bon interdire des moments de joie ? »

Elle entra dans la pièce et aperçut Marie-Hermine, debout. La petite fille se tenait appuyée à une des chaises et lui souriait de toutes ses dents minuscules.

« Seigneur, que d'innocence ! pensa-t-elle. Laissez venir à moi les petits enfants ! »

La phrase des Évangiles lui était venue à l'esprit.

Devant les mines gênées des sœurs réunies autour de la fillette, la supérieure poussa un léger soupir.

— Quand le père Bordereau nous rendra visite, je vous demande d'être plus discrète, sœur Sainte-Madeleine, et vous aussi sœur Victorienne.

La vieille religieuse se retira dans sa chambre pour prier. Une migraine martelait ses tempes.

« La tempête qui approche ! » songea-t-elle.

Élisabeth Marois se tenait à sa fenêtre de cuisine. Son mari se berçait dans le fauteuil à bascule, une pipe au coin de la bouche. Joseph avait ses habitudes. Quand il travaillait la nuit, il aimait passer une partie de la matinée à paresser, après un solide petit déjeuner. Il dormait ensuite de midi à sept heures du soir.

La jeune femme observait une silhouette sombre qui marchait dans la rue. Elle fronça les sourcils et colla son nez au carreau.

— Je crois que c'est monsieur le curé, Joseph, dit-elle à voix basse. Il revient sans doute du couvent-école. Oui, c'est lui. Il monte chez nous, à présent.

Joseph expira une longue volute de fumée. D'un bond, il fut sur pied et se précipita vers la porte, en prenant au passage sa veste fourrée.

— Reste ici, Betty ! recommanda-t-il.

Son mari sortit. Elle tendit l'oreille. La discussion avait lieu sous l'auvent de la maison.

— Bonjour, mon père. Cette fois, nous avons droit à la première vraie tempête de neige, annonça Joseph.

— Bah, pas de quoi s'effrayer, répliqua le curé avec bonhomie. Nous en avons vu d'autres. Dites-moi, mon ami, je commence une collecte. N'auriez-vous pas un jouet à donner pour la petite fille que nos sœurs ont recueillie ?

L'ouvrier fit semblant de réfléchir. Il secoua la tête.

— Désolé, mon père, Simon n'a qu'un cheval en bois que je lui ai taillé moi-même dans un billot d'érable. Vous comprenez que je ne peux pas l'en priver.

Élisabeth pinça les lèvres. Elle songeait à un ballon en baudruche colorée qui renfermait un grelot. Leur fils ne s'y intéressait plus.

« Joseph manque de charité, se dit-elle. Cette fillette a le droit de s'amuser. »

S'enveloppant d'un châle, la jeune femme ouvrit la fenêtre. Le froid l'oppressa aussitôt.

— Et le ballon rouge et vert, Joseph ! s'écria-t-elle. Simon ne s'en sert plus. Il est dans sa chambre. Je peux aller le chercher.

— Betty ! soupira l'homme. Tu sais bien qu'il est crevé, ce ballon. Ferme donc, tu perds de la chaleur.

Le curé savait peser l'âme de ses paroissiens. Joseph Marois, honnête travailleur, se montrait souvent pingre et ne prêtait pas volontiers ce qu'il avait acquis ou fabriqué. Il économisait sur son salaire dans l'espoir d'acheter le logement où il vivait. Sa jeune épouse filait doux, par amour et sans doute en raison de leur différence d'âge. En bien des choses, Élisabeth se conformait aux décisions de son mari, mais sa nature féminine l'inclinait à la générosité.

— Voyons, un bon geste vous sera compté, Joseph, insista le père Bordereau. Je réparerai ce jouet. Dieu a écarté de nous la menace de la picote, puisqu'il s'avère évident que l'enfant avait une rougeole. Les mois d'hiver sont pénibles, vous le savez comme moi. Marie-Hermine ne tardera pas à s'ennuyer.

Élisabeth ignorait le prénom de la petite fille. Depuis qu'elle se trouvait à Val-Jalbert, Joseph l'obligeait à un isolement dont elle souffrait.

« Toutes les femmes du village doivent le connaître, son nom, sauf moi. Marie-Hermine, que c'est beau ! pensa-t-elle avec une pointe d'envie. Si j'accouche d'une fille, comment l'appeler ? »

Joseph tapota au carreau de la fenêtre qu'elle avait vite crochetée.

— Betty, monte prendre le ballon. Si monsieur le curé sait le raccommoder, je veux bien le donner, déclara-t-il à travers la vitre en décochant un regard noir à son épouse.

Elle s'exécuta, craignant une querelle dès le départ du père Bordereau. Cela ne manqua pas. Joseph se planta devant elle, la mine fâchée.

— Quel besoin avais-tu de parler de ce ballon ? maugréa-t-il. Si nous avons un autre bébé, je n'en rachèterai pas un neuf, je te préviens.

Élisabeth se jeta dans les bras de son mari.

— Ce grand bonheur nous arrive, Joseph, avoua-t-elle en rougissant. Je suis enceinte. Je voulais en être certaine avant de te l'annoncer. Le bébé devrait naître début juillet.

Il recula pour la saisir par les épaules. Son expression avait changé. La colère cédait la place à la fierté.

— Tu attends un petit ? Ma Betty, tu ne pouvais pas me faire plus plaisir. Ce sera un garçon, tu verras. Nous aurons deux beaux gaillards qui, à quatorze ans, seront embauchés à l'usine. Et, avec trois salaires, nous aurons de quoi acheter la maison et une voiture.

La joie rendait Joseph si séduisant que la jeune femme n'osa pas protester. Il l'embrassa sur la bouche, ce qui la surprit. Son mari lui témoignait rarement son amour au milieu de la journée. Comme ses compatriotes, d'ailleurs, rigides dans leur autorité paternelle et facilement culpabilisés par tout ce qui pouvait procurer du plaisir, Joseph n'était guère porté sur les effusions. Elle en conclut qu'il était très ému.

— J'en ai de la chance de t'avoir ! affirma-t-il. Mais tu aurais dû te taire, devant le curé. Betty chérie, il fallait garder le ballon pour notre deuxième fils.

— Dieu nous en saura gré, Joseph ! se récria-t-elle. J'avais honte de ne rien donner, comprends-tu ? Simon est réveillé. Va le lever, je te sers un café. Il reste une part de tarte aux bleuets, tu la partageras avec lui.

C'était le régal de l'ouvrier. Chaque année, Élisabeth partait en compagnie de ses voisines les plus proches dans les sous-bois entourant le village. Elles ramassaient des bleuets en grande quantité, qu'elles mettaient ensuite en conserve dans du sirop de sucre pour agrémenter les pâtisseries durant l'hiver.

« Moi, je préfère avoir une fille, se disait-elle, penchée sur le fourneau. Joseph se tracasse trop pour l'argent. Il gagne quatre-vingt-dix dollars par mois, la compagnie prélève les dix dollars pour le loyer et de petites sommes pour le courant électrique et l'eau. Nous dépensons si peu, en plus. »

Les parents de la jeune femme lui avaient assez répété à quel point il était avantageux d'être mariée à un ouvrier de Val-Jalbert. Lorsqu'ils venaient dîner certains dimanches, sa mère lui enviait l'eau courante, le système d'égout et les commodités modernes. Élisabeth appréciait tout ce confort, mais elle rêvait d'être plus élégante. Joseph jugeait cela stupide.

— Tu es très belle, ce n'est pas utile de te mettre en valeur. Et les épouses sérieuses n'ont pas à être coquettes.

Le curé, à chaque messe, tenait à peu près le même langage.

« Après la naissance, je me coudrai une robe neuve, en percale fleurie. Je l'aurai bien méritée », décida Élisabeth alors que son mari entrait dans la cuisine, leur fils sur le bras.

La journée parut bien courte à la jeune femme. Le ciel était si chargé de nuages que la nuit s'abattit dès quatre heures. Joseph, en se levant, jeta un coup d'œil par une des fenêtres de l'étage. Il continuait à neiger. La couche atteignait maintenant douze pouces. Il descendit dans la cuisine. Élisabeth faisait manger de la purée à son fils.

Un grondement sourd résonna au même instant sur le village. Les murs en planches des maisons de la rue Saint-Georges furent secoués par un souffle dément.

— La tempête ! dit Joseph. Je ferais bien de filer à l'usine. J'ai changé de quart avec Eugène, Betty. Je rentrerai avant minuit.

Tout de suite, la jeune femme s'inquiéta. Les tempêtes pouvaient durer deux jours et le vent devenir si violent qu'un homme robuste avait du mal à marcher.

— Sois prudent ! dit-elle.

— Toi aussi, Betty ! Je te remplis le poêle.

Dix minutes plus tard, Joseph était parti. Des régions septentrionales déferlaient à une allure folle de nouvelles bourrasques de neige.

*
* *

Bord de la rivière Péribonka, même jour

Jocelyn arrêta ses chiens. Les bêtes n'en pouvaient plus. Il leur imposait une allure forcenée depuis une semaine, en traçant sa propre piste entre les troncs ou le long de la rivière dont les eaux vives grondaient sous la glace. Le couple n'avait pas croisé âme qui vive. Ils dormaient dans le traîneau après l'avoir bâché. La nuit précédente, le froid avait été tel que Jocelyn avait allumé un feu. L'état de santé de Laura le tracassait. Elle ne faisait que pleurer et paraissait très faible. Aussi, l'apparition d'une cabane en plein désert blanc lui semblait-elle providentielle.

— La cheminée fume, dit-il à sa femme en se retournant. Ces gens n'ont aucune raison de se méfier de nous. J'ai encore des fourrures à troquer. Il nous faut de la nourriture pour les chiens. Et une nuit de repos au chaud te fera du bien.

— Si tu penses qu'il n'y a pas de danger ! répondit sa compagne d'une voix faible.

— Nous n'avons pas le choix. Bali n'ira pas plus loin ce soir. Le blizzard se lève. Écoute comme ça siffle. Une tempête approche. Laura, ne parle pas de notre fille. C'est plus prudent. La police doit rechercher un couple avec un enfant.

Un bref sanglot fit écho à ces derniers mots. Jocelyn crispa les mâchoires. Il guida ses bêtes vers la cabane. On avait dû les voir venir. Un homme taillé en colosse, tête nue, ouvrit la porte et se campa sur le seuil. Il semblait amical. Un petit garçon apparut à son tour.

— Pouvez-vous nous abriter pour la nuit ? demanda Jocelyn. Mon épouse relève d'une mauvaise fièvre.

— Qui laisserait des voyageurs dehors, dans ce pays ? s'exclama le maître des lieux. Détachez vos chiens, ils m'ont l'air épuisés. Clément, montre l'appentis à notre invité. Ouvre un baril de harengs, ces bêtes sont affamées.

L'homme se pencha sur le traîneau. Il découvrit une forme recroquevillée surmontée par un visage émacié d'une pâleur inquiétante.

— Venez, madame ! déclara-t-il avec douceur.

— Je n'ai pas la force de marcher, geignit Laura.

Il la souleva et la conduisit à l'intérieur.

Des rafales de plus en plus puissantes courbaient les sapins et les bouleaux. Jocelyn aida l'enfant à défaire les harnais et à nourrir les chiens. Tout devenait simple. Il suffisait de peu pour signer un nouveau pacte avec la vie ordinaire : des murs de rondins, un toit de bardeaux, un baril de poissons fumés, la promesse d'un feu et d'une soupe.

— Merci, Clément ! dit-il à l'enfant brun de peau et de cheveux. Nous nous sommes égarés, ma femme et moi.

Le petit garçon resta silencieux. Jocelyn le suivit dans la cabane. La chaleur qui y régnait le suffoqua. Il ôta ses moufles et sa toque. L'homme vint lui serrer la main.

— Henri Delbeau ! dit-il.

— Jocelyn Chardin ! Je suis trappeur.

L'habitation se composait d'une première pièce où se dressait une cheminée en galets. L'unique cloison percée d'une fenêtre était agrémentée d'étagères garnies de conserves et de sachets. Jocelyn vit Laura allongée sur une banquette rudimentaire, près de l'âtre. Une jeune femme se tenait accroupie à son chevet. Elle avait de longs cheveux noirs et la peau cuivrée.

— Mon épouse, précisa Henri Delbeau. C'est une Indienne baptisée, une Montagnaise. Notre fils Clément aura bientôt huit ans, en avril. Lui aussi, je l'ai fait baptiser, mais ne soyez pas surpris si sa mère l'appelle Toshan. Elle tenait à ce qu'il porte un nom de sa tribu.

Rien ne fut ajouté de part et d'autre. Les deux hommes et l'enfant partagèrent un grand plat de pommes de terre fricassées, cuites dans de la graisse de lard salé. Jocelyn, affamé, assura que c'était son meilleur repas depuis longtemps. L'Indienne fit boire du bouillon à Laura. Elle s'affaira ensuite dans la chambre située à l'arrière de la cabane, ébranlée par les assauts de la tempête.

— Vous nous avez trouvés à temps, dit Henri.

Une lampe à pétrole archaïque les éclairait. Laura en fixait la flamme d'un air absent.

— Je ne connais pas bien la région, répliqua Jocelyn qui luttait contre des pensées indignes de lui.

Il y avait là tout le nécessaire pour passer l'hiver. Des couvertures et de la nourriture. Il songea à son fusil rangé dans le traîneau. En se débarrassant de ses hôtes, il gagnerait un endroit où attendre le printemps. Il baissa le nez, honteux. « Je serai bientôt pire qu'une bête fauve ! » se dit-il.

— Vous allez loin, comme ça ? demanda Henri.

— Je me dirige vers le nord, rétorqua-t-il.

— Au nord, il n'y a rien, trancha le colosse en grattant sa barbe blonde. Moi, j'ai acheté ce bout de terrain. Je cherche de l'or pendant l'été. L'hiver, je chasse, je pose des pièges. La fourrure se vend bien.

— De l'or ? répéta Jocelyn.

— Ouais, de l'or. Clément, va te coucher.

Le garçonnet et sa mère, toujours silencieux, disparurent dans la seconde pièce. Laura s'était endormie. Elle n'avait pas connu depuis bien longtemps une aussi bonne chaleur, une telle sensation de sécurité. Ses rêves lui rendirent sa fille. Marie-Hermine riait et gazouillait, assise dans la prairie en fleurs. C'était l'été précédent, du côté de Tadoussac.

Henri tendit sa blague à tabac à Jocelyn qui se roula une cigarette. En l'allumant, il eut un sourire plein d'amertume. Jamais il ne ferait de tort à ces gens. Sans leur hospitalité, la tempête les aurait broyés, gelés, Laura et lui. Il préféra se confier pour garder un peu de dignité.

— Je préfère vous dire la vérité, Henri. La police me recherche. Nous partirons demain, pour ne pas vous causer d'embarras.

Les deux hommes s'observèrent. Jocelyn présentait à son hôte un visage durci par la peur et le chagrin, aux traits anguleux. Seuls les yeux bruns gardaient un peu de douceur.

— Je m'en doutais, concéda Henri Delbeau. Peu d'hommes filent droit vers le nord avec une femme en cette saison.

— J'espérais trouver une cabane abandonnée pour nous y installer. J'ai des munitions.

Cela ressemblait à une menace. Jocelyn eut honte à nouveau des pensées qu'il avait eues. Il rectifia :

— Je suis bon tireur et le gibier ne manque pas dans la forêt. On ne mourra pas de faim. C'est ce que je voulais dire, rien d'autre.

— Il y a un baraquement, à six milles en direction de l'est. Je vous y conduirai quand la tempête sera calmée. Mais ce n'est pas une existence correcte pour elle.

Henri désignait Laura d'un signe de tête.

— Nous n'avons pas le choix... J'ai tué un homme, avoua Jocelyn. C'était un accident, une querelle qui a mal tourné. Mais personne ne m'aurait cru. Si seulement j'avais eu un témoin ! Laura n'a rien vu, elle était évanouie. Cette nuit-là, j'ai tout perdu.

— Vous feriez mieux de dormir ! rétorqua Henri sans marquer de l'intérêt ou du mépris, encore moins de la peur.

Il déplia son grand corps musculeux. Quand l'homme était debout, le sommet de son crâne effleurait presque le plafond de la cabane.

— Je vais vous donner un conseil, Jocelyn. Demain, vous feriez mieux de retourner en arrière et de vous livrer à la police. La vérité se saura un jour ou l'autre. Vous avez l'air d'un animal en fuite. Vous n'irez pas loin.

Henri prit une couverture dans une caisse et la jeta sur les genoux de son invité. Il le salua et entra à son tour dans la chambre voisine.

Une fois seul, Jocelyn se mit à prier. Il revoyait la croix fichée au sommet du couvent-école, il revivait l'instant déchirant où il avait posé sa toute petite fille à l'abri de l'auvent.

« Sans cet article dans le journal, Marie-Hermine serait encore avec nous, se dit-il. Quand j'ai su que les sœurs de Notre-Dame-du-Bon-Conseil avaient pris leurs fonctions d'enseignantes au village de Val-Jalbert qui était sur notre route, j'ai pensé à un signe que Dieu m'envoyait. Et Laura délirait, elle se plaignait de douleurs intolérables à la tête. On n'emmène pas une enfant si jeune dans les bois, non. »

Il contempla sa compagne qui dormait paisiblement.

« Si je me livre à la police, que deviendra-t-elle, ma Laura ? Je ne les verrai plus jamais, ma femme, ma fille... »

Jocelyn remit une bûche dans la cheminée. Il s'allongea sur la couverture et roula sa veste en guise d'oreiller. Le sol était propre. Incapable de trouver le sommeil, il écouta les rugissements de la tempête en imaginant sa course nébuleuse, glaciale, à travers le pays. Des arbres s'abattaient sans doute, des congères de neige se formaient contre les talus. L'enfer sur la terre. Il pleura sans bruit, soudain faible comme un enfant.

***

Couvent-école de Val-Jalbert, même soir

Sœur Sainte-Madeleine caressait la joue de Marie-Hermine. La petite venait de s'asseoir dans le lit et scrutait la flamme mourante de la chandelle, les yeux grands ouverts.

— La tempête t'a réveillée, petit trésor ! N'aie pas peur, tu ne risques rien ici !

Souffrant d'une terrible migraine, la mère supérieure lui avait confié l'enfant pour la nuit. Le tapage mené par le vent et les coups sourds qui secouaient le toit avaient déjà empêché la fillette de s'endormir. Au bout de trois heures à peine de sommeil, elle venait de se redresser et babillait.

— Marie-Hermine, mon angelot, recouche-toi.

Sœur Sainte-Madeleine l'allongea contre elle et l'embrassa sur le front et les joues.

— Dieu nous protège, ma mignonne ! Moi aussi, j'ai peur, mais je sais qu'il ne nous arrivera rien. Ce bruit, c'est le père hiver qui se fâche, ce gros bonhomme tout blanc, couvert de givre. Il toque à la porte, et même aux murs du couvent avec ses poings, tout blancs, eux aussi.

La religieuse racontait une histoire que sa propre mère avait inventée quand elle était petite. Marie-Hermine n'en comprenait pas le sens, mais la voix douce de la religieuse et la tendresse de ses gestes la rassuraient. Elle mit son pouce dans sa bouche et se lova plus étroitement sur l'épaule de la jeune femme.

— Dors, mon trésor. Que tu es gentille, tu me fais un câlin !

Un gazouillis lui répondit. Sœur Sainte-Madeleine poussa un soupir de joie. Elle savourait la tiédeur des draps, la présence du bébé niché contre ses seins.

— J'ai l'impression que tu es près de nous depuis toujours, dit-elle encore très bas. Pourtant, tu n'as qu'un an. Un an ! Où es-tu née, mon ange ? D'où viens-tu ? Tu dois tellement manquer à ta maman, si elle est en vie.

Elle s'interrogeait souvent sur les parents de Marie-Hermine, pour qui elle ressentait une profonde pitié.

— Comment ont-ils pu te laisser en arrière ? Si j'avais épousé Eugène, si j'avais eu un enfant, je n'aurais pas pu m'en séparer. J'espère que tu resteras avec nous longtemps, très longtemps.

Des ondes d'amour infini firent tressaillir sœur Sainte-Madeleine. Elle ferma les yeux et versa quelques larmes. Les paroles de la mère supérieure pendant le souper lui revinrent, cruelles mais tristement raisonnables.

— Vous la gardez cette nuit, sœur Sainte-Madeleine, mais ne lui témoignez pas trop d'affection. Cette enfant ne doit pas s'attacher à l'une d'entre nous et aucune d'entre nous ne doit s'y attacher. Est-ce clair ? Après la quarantaine, une femme du village la prendra en pension. Et cet été, peut-être même avant, Marie-Hermine sera conduite à l'orphelinat. Si ses parents reviennent la chercher un jour, nous les enverrons là-bas.

La jeune religieuse, le cœur serré à cette idée, essaya de prier, mais la respiration ténue de la fillette la distrayait. Les mots prononcés en silence des milliers de fois du *Je vous salue, Marie* et du *Notre Père* se heurtaient aux images de son passé. Sœur Sainte-Madeleine abritait une autre personne, baptisée Angélique par ses parents, des commerçants aisés de Chicoutimi. Rien ne la destinait à prendre le voile. Elle avait été une écolière rieuse qui dessinait des fleurs et des papillons dans la marge de ses cahiers.

« Ensuite, j'ai travaillé au magasin. Je cousais mon trousseau le soir, mes cheveux dénoués dans le dos, mes longs cheveux que mon Eugène aimait tant », songeait-elle.

Sans la mort précoce du jeune homme, il n'y aurait pas eu de sœur Sainte-Madeleine. Préserver sa chasteté, nier sa beauté radieuse en la dissimulant sous une tenue austère, ça avait été pour elle un moyen de rester fidèle à son fiancé.

Non loin du couvent, Élisabeth Marois veillait également. Assise près du poêle de la cuisine, elle tricotait.

Une lampe à pied de porcelaine et à abat-jour de papier ciré éclairait son ouvrage.

« Je bénis l'électricité ! » se dit la jeune femme avec un regard amical à l'ampoule à filaments qui jetait une lumière appréciable sur ses mailles.

Elle attendait son mari. Il serait affamé. Comme bien d'autres soirs, il mangerait du pain et du beurre en lui racontant les blagues de Néné. Après, ils iraient se coucher.

Élisabeth devint rose de plaisir anticipé. Elle profitait de l'ordre et de la propreté de la pièce. Le carton ciré tapissant les planches posées à l'horizontale resplendissait, car, à la fin de l'été, Joseph y avait appliqué une nouvelle couche de peinture blanc crème. Les plinthes et les boiseries, lessivées une fois par mois, offraient le même éclat.

— Joseph aime prouver à quel point il est soigneux et travailleur, confia-t-elle à son tricot en souriant de fierté. Il a déjà acheté des graines de fleurs pour le jardin.

Les soirées en solitaire lui paraissaient interminables. Simon se couchait tôt. Les sifflements du vent et les craquements du toit lui blessaient les nerfs. Élisabeth tendit l'oreille. Malgré le vacarme des éléments déchaînés, elle crut percevoir le mugissement de la sirène de l'usine.

« Un accident ? Mon Dieu, il y a eu un accident ! Ce n'est pas étonnant, aussi. Cette année, ils veulent entretenir le matériel parce qu'il y a des commandes, encore des commandes, à cause de cette maudite guerre en Europe. »

D'une nature anxieuse depuis son mariage, la jeune femme rangea son ouvrage et courut dans la cuisine.

Elle ne se trompait pas, la sirène continuait à lancer sa sinistre plainte.

« Faites que Joseph arrive ! Mon Dieu, faites qu'il arrive tout de suite. »

Les mains jointes, au bord des larmes, Élisabeth colla son nez à la fenêtre. Elle distinguait les lampes de la rue, voilées par les traits obliques de la neige qui tombait dru. Un chien hurlait. Cela acheva de l'effrayer. Leur maison n'était pas équipée du téléphone, dont seuls bénéficiaient le couvent-école, la mairie, le magasin général et le logement du contremaître. La jeune femme eut l'idée d'aller frapper chez ses voisins.

— Amédée ne travaillait pas ce soir. Joseph me l'a dit. Il pourrait monter à l'usine se renseigner.

Elle enfila ses bottillons fourrés et son manteau, et noua un foulard en laine sur sa tête. Son cœur battait à grands coups sourds ; elle en perdait le souffle. Sa vie ne signifierait plus rien sans son mari. Il était son unique pôle, son amant, le père de Simon.

— Mon Joseph, reviens ! implora-t-elle.

Élisabeth se retrouva sous l'auvent abritant le large perron où, les beaux jours d'été, ils s'asseyaient après le souper. Le vent la bouscula, lui frappant le visage de mille cristaux coupants. Elle n'avait que trois marches à descendre pour se rendre ensuite jusqu'à l'escalier des Dupré. La sirène s'était tue, mais le village fut brusquement plongé dans l'obscurité. Les turbines de l'usine alimentaient en courant électrique tous les habitants de Val-Jalbert, mais voilà qu'elles ne remplissaient plus leur fonction.

« Il y a eu une panne grave ! s'alarma la jeune femme, pétrifiée par l'assaut soudain des ténèbres. Une panne ou un terrible accident. »

Son imagination lui renvoya des images atroces, le corps d'un ouvrier pris dans les mâchoires d'une machine ou broyé sous une presse. Elle crut voir du sang se mêler à l'eau qui détrempait le sol de la fabrique. Et, bien sûr, il s'agissait de Joseph.

— Non, je ne veux pas ! Mon Dieu, rendez-moi mon mari ! s'écria-t-elle.

Le paysage enneigé dégageait cependant une vague luminosité bleuâtre. Sans les rafales de flocons, Élisabeth aurait pu se déplacer sans trop de problèmes, mais la tempête paraissait décuplée. La jeune femme se cramponna au pilier de l'auvent. Du bout du pied, elle chercha le contact de la première marche. Joseph les avait dégagées, mais il neigeait tant qu'elles étaient déjà ensevelies. Elle ne renonça pas. Le besoin subit de parler à quelqu'un la dominait. Amédée, son voisin, était un brave homme, bien plus secourable que son épouse Annette. Le couple saurait la réconforter.

« Ils auront eu le temps d'allumer une lampe à pétrole. Je leur expliquerai que j'ai entendu la sirène. Mais non, je suis sotte, ils ont dû l'entendre, eux aussi. »

Elle trébucha et tomba lourdement en avant, dans une épaisse couche de neige glacée.

« J'ai manqué une des marches ! » se dit-elle après s'être relevée non sans peine.

Le vent était si violent que la jeune femme devait lutter pour se maintenir debout. Elle avança vers le perron de ses voisins avec la sensation d'être sans cesse repoussée en arrière. Il n'y avait aucune lumière derrière les fenêtres. Faisant appel à toute sa volonté, Élisabeth se retrouva contre la porte des Dupré et tambourina à poings fermés. Personne ne lui répondit.

— Annette ! Amédée ! s'égosilla-t-elle, complètement affolée.

Sa voix était couverte par le grondement des éléments déchaînés.

« Mais où sont-ils ? s'interrogea-t-elle. Ils doivent dormir, ou bien Annette défend à son mari de m'ouvrir ! Elle le mène par le bout du nez et j'ai refusé de la laisser entrer, l'autre fois. »

Élisabeth éprouvait une colère teintée de détresse. Joseph lui recommandait d'entretenir de bonnes relations avec Annette Dupré. Elle comprenait soudain pourquoi.

— Et si j'allais chez les Thibaut ! décréta-t-elle avec conviction. Ce n'est pas très loin.

C'était une famille de six enfants. La mère, Céline, âgée de quarante ans, était une femme pieuse et douce. Son mari, Marcel, travaillait souvent dans l'équipe de Joseph.

Des vagues floconneuses aveuglaient Élisabeth. Elle se trompa de direction sans en avoir conscience, si bien qu'elle continua à marcher. Chaque pas lui coûtait un effort, la neige amassée ralentissant ses mouvements.

— Voyons, c'est ridicule ! cria-t-elle. J'ai dû passer devant la maison des Thibaut. Je ferais mieux de rentrer, je ne sais plus où je suis, maintenant.

Les mains tendues en avant, transie de froid, Élisabeth cherchait en vain à s'orienter. Il neigeait si fort qu'elle ne distinguait rien à trois pieds. Des craquements funestes retentissaient alentour. Elle pouvait recevoir une branche brisée en plein visage, ou une planche arrachée à un bâtiment. Fille de ce pays où les hivers se montraient souvent redoutables, elle avait écouté, enfant, bien des récits de tempête. Au matin, on déplorait les dégâts et c'était parfois le corps d'un malheureux ou d'une malheureuse, recouvert de neige, que l'on découvrait.

— Au secours ! hurla-t-elle en cédant à la panique. Aidez-moi !

Sa voix lui parut fluette, presque inaudible. Elle eut l'impression angoissante d'être la seule créature vivante dans ce monde obscur et glacial. Dix fois, elle glissa, s'écroula, se redressa. Terrifiée, elle sanglotait et appelait encore. Soudain, un liquide chaud trempa ses cuisses, tandis qu'une douleur intolérable s'élevait dans le bas de son ventre.

— Mon bébé, je perds mon bébé ! hoqueta Élisabeth en cherchant désespérément où se réfugier.

Elle heurta une masse dure. Ses doigts identifièrent un mur en planches.

— Au secours ! appela-t-elle de toutes ses forces en cognant la cloison.

Comme si des instances divines la prenaient en pitié, les lampes de l'éclairage public grésillèrent avant de se rallumer, mais elle ne les vit pas. La jeune femme, à bout de forces, avait perdu connaissance et s'était effondrée.

Un linge imbibé d'eau fraîche sur le front, sœur Sainte-Apolline essayait en vain de s'endormir. Sa migraine ne lâchait pas prise. Elle avait cru distinguer une voix mêlée aux grondements de la tempête, après avoir entendu la sirène de l'usine.

— Mon Dieu ! soupira-t-elle. Quelle nuit ! Est-il possible qu'il y ait quelqu'un dehors ?

Au même instant, sœur Sainte-Lucie apparut, un bougeoir à la main.

— Ma mère, il n'y a plus d'électricité et je crois qu'une personne est en mauvaise posture, près de chez nous.

— Eh bien, qu'est-ce que vous attendez ? Il faut vous couvrir, sortir et la trouver. Je viens avec vous. Faisons vite.

Le couloir de l'étage s'illumina tout à coup. Les deux religieuses sursautèrent.

— J'avais actionné le commutateur, expliqua sœur Sainte-Lucie, mais ça ne fonctionnait plus.

La mère supérieure haussa les épaules.

— Dépêchons-nous ! s'exclama-t-elle.

Il leur fallut cinq minutes pour s'équiper de manteaux et de godillots. Une fois sous l'avancée du grand balcon qui servait d'auvent, elles eurent à affronter le froid et la fureur du vent. La neige ruisselait. D'abord, elles ne virent rien d'anormal. Sœur Sainte-Lucie se hasarda en bas du perron. Elle scruta le sol alentour. Un pan de tissu sombre, dans une sorte de creux, l'intrigua. Elle s'avança, n'écoutant plus que son sens du devoir.

— Ma mère, il y a un corps allongé. Seigneur Dieu, c'est une femme. La malheureuse !

En entendant ces mots, la supérieure tressaillit. Elle songea aussitôt à la mère de Marie-Hermine. Bouleversée, elle descendit à son tour les marches et s'aventura jusqu'à la forme étendue, dont les vêtements se couvraient d'un blanc duveteux. Fébrilement, elle examina la face livide aux lèvres bleuies.

— Mais c'est notre voisine, la jeune madame Marois ! cria-t-elle. Vite, il faut la porter à l'intérieur. Que fait-elle ici, Seigneur ?

Les deux religieuses réussirent à soulever la jeune

femme, l'une la tenant sous les bras, l'autre par les chevilles. Elles titubaient, empêtrées dans leurs longues chemises de nuit, les pieds déjà gelés.

— Je crois que je peux marcher ! dit soudain Élisabeth qui avait retrouvé ses esprits.

— Dans ce cas, nous vous soutiendrons, répliqua sœur Sainte-Apolline, rassurée. Posez un pied, puis l'autre.

Avec l'aide des sœurs, Élisabeth se redressa. Toutes trois gravirent le perron et entrèrent dans le couloir. La mère supérieure poussa un soupir de soulagement.

— Dieu merci, nous sommes à l'abri. Chère madame, que faisiez-vous dehors en pleine tempête ? Vous cherchiez de l'aide ?

— C'est à cause de la sirène, j'ai craint pour mon mari ! J'allais chez mes voisins, les Dupré, mais les lumières se sont éteintes. Je me suis égarée, on n'y voyait pas à trois pieds.

Sœur Sainte-Lucie observa mieux Élisabeth qui grimaçait de douleur.

— Est-ce que vous êtes blessée ? lui demanda-t-elle.

La jeune femme n'osait pas confier aux religieuses ce qui lui arrivait. La mère supérieure vit alors des traces de sang sur le parquet.

— Mon Dieu ! Mais qu'avez-vous, madame ?

— Je perds mon bébé ! gémit Élisabeth. Je suis tombée plusieurs fois et j'ai mal au ventre, très mal.

La converse, sanglée dans une robe de chambre, dévalait les marches.

— Sœur Victorienne, il faudrait installer madame Marois dans un de nos lits et prévenir la sage-femme ! lui cria la mère supérieure. Téléphonez chez monsieur le maire, il saura quoi faire.

Habituées à dispenser des soins aux malades les plus miséreux, les religieuses prirent Élisabeth en charge avec efficacité. Elle fut bientôt couchée, une bouillotte en grès aux pieds. Sœur Sainte-Lucie entreprit une toilette intime, malgré les protestations embarrassées de la jeune femme.

— J'en ai vu d'autres, à l'hospice, ma chère madame, disait la religieuse. Nous sommes toutes soumises à des incommodités passagères... Et j'ai même mis des enfants au monde.

Cela ne consolait pas Élisabeth. Elle se sentait honteuse et, surtout, terriblement triste.

— J'étais si heureuse d'avoir un bébé, j'espérais une fille. Mon mari sera déçu, lui aussi. Il était si content.

— Dieu est bon, affirma sœur Sainte-Lucie. Il vous donnera la joie d'être maman à nouveau.

— Et mon fils, mon petit Simon ? cria tout à coup Élisabeth. Je l'ai laissé seul. Ma sœur, s'il se réveillait !

— Soyez sans crainte, je m'en occupe. Je vais demander à la converse d'aller chez vous. Où est votre époux ?

Élisabeth éclata en sanglots. Maintenant sa conduite lui semblait stupide, totalement irraisonnée.

— Il est peut-être déjà rentré à la maison, hoqueta-t-elle. Comme il doit se tracasser !

La religieuse tapota le drap qu'elle venait de remonter jusqu'à la poitrine de sa malade.

— Chère madame, reposez-vous. Je vais prendre conseil auprès de notre supérieure.

Sœur Sainte-Madeleine avait entendu des discussions et des plaintes, ainsi que le tintement d'une cuvette. Alarmée, elle se leva le plus délicatement possible pour ne pas réveiller Marie-Hermine, mais, dès qu'elle s'éloigna, le bébé poussa un cri déchirant.

— Seigneur ! Que cette petite a le sommeil léger !

La jeune religieuse revint sur ses pas. Elle drapa la fillette d'un carré de laine et se dirigea vers le compartiment d'où venaient les bruits. Elle aperçut Élisabeth qui, allongée dans le lit de sœur Sainte-Lucie, pleurait à fendre l'âme.

— Madame, s'inquiéta-t-elle, il vous est arrivé malheur ?

Envahie d'une sincère compassion, elle s'approcha davantage, car elle n'avait pas obtenu de réponse.

— Vous êtes madame Marois, n'est-ce pas ? Je vous ai croisée le lendemain de Noël, devant le magasin général. Que se passe-t-il ?

Élisabeth reprit sa respiration et regarda d'un air hébété la nouvelle venue. Sœur Sainte-Madeleine portait un bonnet de nuit en lin blanc qui rehaussait la pureté de son beau visage. Une jolie petite fille était blottie contre elle.

— C'est elle, l'enfant abandonnée ? interrogea la jeune femme en essuyant ses larmes.

— Oui, bien sûr, répondit doucement la religieuse. Elle dort mal, ce soir, à cause de la tempête.

Marie-Hermine, son pouce dans la bouche, fixait Élisabeth de ses larges prunelles bleues.

— Qu'elle est mignonne ! soupira celle-ci.

L'amertume la brisait. Elle prêta au bébé qu'elle venait de perdre les traits charmants de la fillette et ses bouclettes couleur noisette. La mère supérieure mit fin à leur première rencontre.

— Sœur Sainte-Madeleine, que faites-vous ici ? Avec la petite, en plus ? Retournez vous coucher, nous n'avons pas besoin de vous. Madame Marois est souffrante. Son mari et son voisin sont en bas. Ils vont la reconduire chez elle.

La jeune religieuse s'empressa d'obéir tout en adressant à Élisabeth un sourire très doux.

Joseph et Amédée Dupré patientaient dans le couloir sur lequel s'ouvraient les salles de classe. Ils n'avaient jamais eu l'occasion d'entrer dans le couvent-école.

Les deux hommes n'étaient pas à l'aise. Leur casquette entre les mains, ils jetaient des coups d'œil curieux autour d'eux, confus de piétiner les parquets cirés en bottillons.

— Mes gamins m'avaient dit que c'était bien beau, à l'intérieur ! dit Amédée doucement.

Ses deux aînés avaient suivi les quelques journées de cours avant Noël. La converse descendit l'escalier. Elle s'était rhabillée pour recevoir les visiteurs.

— Monsieur Marois peut monter ! dit-elle. Vous avez fait vite malgré le mauvais temps.

Joseph hocha la tête. Le lieu et la religieuse l'intimidaient. Il suivit sœur Victorienne à l'étage sans dire un mot. La mère supérieure le reçut au chevet de la jeune femme. Après un bref salut, elle laissa le couple seul.

Élisabeth pleura de plus belle en voyant son mari. Il restait debout, n'osant pas s'asseoir au bord du lit.

— Et, alors, ma Betty ? Tu m'en fais voir, dis donc ! Le choc que j'ai eu en trouvant la maison vide. Simon hurlait comme un damné. Et, avant que j'aie le temps de partir à ta recherche, voilà que le maire en personne arrive pour me dire que tu étais au couvent, bien malade, que la sage-femme était prévenue. Tu as perdu notre petit ?

— Oui ! Si tu savais comme je suis malheureuse, Joseph !

Il enferma ses deux mains frêles, encore très froides, entre les siennes, chaudes et calleuses.

— Je vais te ramener à la maison ! répondit-il en parlant tout bas. Si le bébé n'a pas tenu, c'est sûrement qu'il n'était pas bien solide. Tu venais juste de me l'annoncer et c'est déjà fini. Ne pleure pas, ce n'est que partie remise. La sage-femme doit être chez nous, à se languir. J'ai confié Simon à Annette, et Amédée m'a accompagné. Ce n'est pas bien loin, on te portera si tu te sens trop faible.

Élisabeth tentait d'ordonner ses idées. Joseph la considérait avec tendresse, mais elle se méfiait de ses soudaines colères.

— J'avais peur que tu sois fâché, dit-elle d'un ton humble. Je me morfondais toute seule à la maison, avec le chahut de la tempête qui me rongeait les nerfs. Et puis il y a eu la sirène. Je ne sais pas ce qui m'a pris, j'étais sûre que tu avais eu un accident. J'étais comme folle d'inquiétude et là, tout à coup, j'ai senti du sang couler. J'avais si mal au ventre ! J'ai voulu demander de l'aide chez les Dupré, quand tout est devenu noir dans la rue. Je me suis égarée.

— Tiens, évidemment, répliqua son mari. On devait couper le courant une quinzaine de minutes pour réparer une pièce de la dynamo. Le contremaître a lancé la sirène pour prévenir de la chose. Tu n'as pas fait attention : c'était l'alerte qui signale les pannes, pas les accidents. Tu n'aurais pas dû partir de la maison.

— Je ne serais pas sortie si je n'avais pas saigné autant ! mentit la jeune femme. Je ne supportais plus d'être seule. Ce que je souffre, Joseph !

Il l'embrassa sur le front. Élisabeth s'accrocha à lui :

— Nous aurons un autre bébé bientôt, dis ?

Joseph approuva d'un signe de tête. Il avait hâte de rentrer chez lui, de pouvoir parler fort et marcher à sa guise, de fumer sa pipe.

Après le départ du couple et de leur voisin, le couvent-école retrouva son calme. Les religieuses se recouchèrent, encore tout émues par l'incident.

Sœur Sainte-Apolline pria longtemps. Elle avait vu mourir sa sœur aînée après un accouchement difficile.

« Les femmes sont prêtes à se sacrifier pour donner la vie, songeait la supérieure entre deux prières. Mon Dieu, veillez sur notre voisine Élisabeth et sur toutes les mères. Qu'elles soient en votre sainte garde. »

Elle écoutait les derniers soubresauts venteux de la tempête, et sa compassion alla soudain vers celle qui s'était séparée de Marie-Hermine, sans doute au prix d'un cruel déchirement.

« Pauvre femme, comme elle doit souffrir d'être privée de son enfant. »

*
* *

Très loin de Val-Jalbert, Laura s'était réveillée. Jocelyn dormait sur le plancher, tout près d'elle. La cabane plongée dans la pénombre paraissait étrangement silencieuse. La jeune femme reprenait pied dans leur situation désespérée et cela achevait de la briser. Il lui paraissait injuste et cruel de se réveiller sans sa fille, de ne pas sentir le satin de sa peau, de ne pas pouvoir l'embrasser comme elle l'avait fait en rêve.

« Ma petite chérie, mon trésor, je te tenais bien fort et tu t'accrochais à mon cou. Nous étions toutes les deux, tu riais ! Oh, si je pouvais faire marche arrière, entrer dans le couvent et te serrer contre moi, t'emmener ! » pensait-elle en étouffant le bruit de ses pleurs.

Elle sanglota jusqu'à l'aube en appelant la mort qui n'avait pas voulu d'elle.

3

La chanson de l'érable

Val-Jalbert, mardi gras 1916

Il neigeait depuis la veille. Le village de Val-Jalbert semblait vivre au ralenti sous les averses incessantes de gros flocons duveteux. Personne n'aurait songé à s'en plaindre, car il faisait beaucoup moins froid. Dans les maisons, les chaudières ronflaient et la plupart des femmes, en ce début d'après-midi, graissaient leurs poêles pour faire sauter des crêpes à l'occasion du mardi gras.

Élisabeth Marois patientait sur le perron du couvent-école. Elle avait frappé déjà trois fois et commençait à croire que les sœurs s'étaient absentées. Enfin, un bruit de pas résonna dans le couloir.

— Madame Marois ! s'écria la converse en ouvrant un des battants de la porte double. Entrez vite, chère madame.

La jeune femme tenait un panier à couvercle à la main. Elle le désigna d'un signe de tête.

— Je vous apporte des beignes encore chauds. Je n'ai pas eu l'occasion de vous remercier. Comme la quarantaine est levée, je suis vite venue.

Élisabeth parlait bas, de façon un peu confuse. En fait, elle était intimidée, et surtout, elle craignait de ne pas obtenir satisfaction à la demande qu'elle voulait formuler.

— Les classes reprennent demain, précisa la sœur converse, nous sommes donc très occupées. Désirez-vous voir notre supérieure ?

— Oui, si cela ne la dérange pas, bien sûr.

La converse accompagna la visiteuse à l'étage. Élisabeth tendit l'oreille dans l'espoir d'entendre un rire d'enfant, mais le couvent-école semblait plongé dans le plus profond silence.

Sœur Victorienne frappa à une porte en expliquant, sur le ton de la confidence :

— C'est notre salle paroissiale. Sœur Sainte-Apolline s'y retire souvent pour écrire son courrier ou faire les comptes.

La mère supérieure accueillit Élisabeth avec un bon sourire. La sœur converse se retira.

— Eh bien, chère madame Marois, vous semblez tout à fait rétablie. Je vous en prie, asseyez-vous.

La jeune femme prit place sur une chaise en observant d'un bref coup d'œil la vaste pièce peinte en gris. Il n'y avait comme meubles qu'une table, trois bancs et une bibliothèque. Un grand crucifix ornait un des murs.

— Ce sera plus animé quand la jeunesse du village donnera un spectacle ici, dit la supérieure. Une pièce de théâtre, d'après notre cher curé. C'est une aimable tradition à Val-Jalbert, et j'ai proposé que nous prêtions pour l'occasion la salle paroissiale.

Élisabeth approuva d'un signe de tête.

— Je tenais à vous remercier, ma mère. Vous m'avez sauvé la vie la nuit de la tempête. Vous et les autres sœurs. Je me languissais de vous témoigner ma reconnaissance. Aussi, mon mari étant à la maison, je lui ai laissé notre fils et je suis venue. Nous sommes voisines, je dirais même que notre maison est la plus proche du couvent. Quand je pense que j'ai réussi à m'égarer, ce soir-là ! J'ai honte de m'être affolée. Je pleure encore l'enfant que j'ai perdu par ma faute.

Sœur Sainte-Apolline étudiait le joli visage d'Élisabeth Marois. La jeune femme paraissait gênée. Compatissante, elle la rassura :

— Dieu, dans sa grande bonté, vous donnera bientôt la joie d'être mère à nouveau. Mais nous n'avons fait que notre devoir en vous secourant.

— Je vous ai apporté des beignes, répliqua Élisabeth tout bas. Mon mari les préfère aux crêpes.

— C'est très aimable, chère madame.

La supérieure se tut, les mains jointes sur la table qui la séparait de la visiteuse.

— Je voulais aussi vous proposer mes services, déclara tout de go Élisabeth, les joues en feu. J'ai su par une voisine que vous cherchiez quelqu'un, une femme de bonne moralité, pour garder la petite fille pendant les heures d'école. J'habite à côté et j'ai l'habitude. Mon fils a six mois de plus que Marie-Hermine. Ils joueront ensemble. Il était question de la confier à madame Garraud, mais cela fait une trotte, jusqu'à l'usine, et c'est bruyant. Joseph m'a raconté que les hommes employés au défibrage du bois sont vite durs d'oreille, tellement il y a du bruit.

Sœur Sainte-Apolline perçut dans le discours véhément de la jeune femme une véritable supplique. Sous le regard gris de la vieille religieuse, Élisabeth se sentit mise à nu.

— Je n'ai eu que des petits frères, expliqua-t-elle,

et un fils bien turbulent. J'aurais plaisir à prendre soin d'une fillette.

— Je n'en doute pas, chère madame Marois, répondit enfin la mère supérieure. J'accepte votre offre qui témoigne de votre bon cœur. La petite risquait en effet de nous poser problème pendant la classe, même si la sœur converse, qui surveille les plus jeunes élèves, pouvait se charger de notre protégée. Et votre mari, est-il d'accord ?

— Oui, évidemment, bredouilla Élisabeth de plus en plus rouge. Je n'aurais jamais fait cette demande, sinon.

Sœur Sainte-Apolline retint un soupir. Le père Bordereau lui avait dressé un tableau pittoresque des familles de Val-Jalbert. Le couple Marois y figurait en bonne place. Joseph passait pour un homme âpre au gain, qui tenait sa très jeune épouse sous sa coupe. La religieuse ajouta, d'un ton adouci :

— Bien sûr, vous recevrez une petite rétribution. Si vous pouviez venir chercher Marie-Hermine demain matin à huit heures et nous la ramener à seize heures, puisque la classe se termine à ce moment-là.

Élisabeth s'interrogeait. Qui verserait la petite rétribution ? Elle savait par son mari que la fréquentation de l'école coûtait aux parents un demi-dollar par mois pour chaque enfant. Il y avait plus de quatre-vingts élèves cette année-là. Elle fit un rapide calcul mental, comme l'aurait fait Joseph et se le reprocha aussitôt. Seule la présence de la petite comptait pour elle.

— Je vous préviens, madame, reprit la supérieure, Marie-Hermine est une enfant sage et rieuse, mais elle a un mauvais sommeil. Je ne pense pas qu'elle dormira l'après-midi. Cela vous causera peut-être du souci.

— Oh non, ma mère ! assura la jeune femme. Puis-je la voir ?

— Bien sûr ! Suivez-moi, chère madame.

Un instant plus tard, Élisabeth entrait dans la cuisine. Les trois autres sœurs étaient assises autour de la table. Un vaisselier présentait des assiettes décorées de motifs floraux et des tasses en porcelaine. Le poêle ronflait.

— Madame Marois ! s'écria sœur Sainte-Lucie. Quel plaisir de vous voir une meilleure mine !

Après un échange de politesses, Élisabeth offrit ses beignes poudrés de sucre fin, disposés au creux d'un récipient en fer. Sœur Sainte-Madeleine, Marie-Hermine sur les genoux, les goûta la première. Elle en donna un morceau à l'enfant.

— Qu'elle est mignonne ! affirma la visiteuse. Ces grands yeux bleus qu'elle a ! On dirait une poupée. J'ai hâte de m'en occuper.

— Madame Marois gardera notre protégée pendant les heures d'école ! annonça la mère supérieure. Ce sera plus pratique que chez madame Garraud.

Élisabeth caressa les cheveux châtain clair de la fillette, d'une douceur de soie. La petite leva la tête et lui adressa un sourire confiant.

— Je vous ferai la même recommandation qu'à sœur Sainte-Madeleine, madame, ajouta la supérieure. Ne vous attachez pas trop à Marie-Hermine. Nous l'emmènerons à l'orphelinat à la fin du mois de juin, quand nous retournerons à Chicoutimi pour les vacances.

Les religieuses se signèrent, le visage assombri. Aucune n'avait envie de se séparer de l'enfant abandonnée à leur porte. Sœur Sainte-Madeleine battit des paupières, prête à pleurer.

— Et si ses parents reviennent ? hasarda-t-elle.

— Nous aviserons, conclut la vieille femme. Chicoutimi n'est pas au bout du monde. Des gens déterminés à récupérer leur fille peuvent faire le voyage.

À compter de ce jour, Élisabeth garda Marie-Hermine pendant les heures de classe. En dépit des conseils de sœur Sainte-Apolline, elle dorlotait la fillette et elle se laissa rapidement gagner par une tendre affection que la petite lui rendit spontanément. Certains jours, elle la coiffait avec une houppette au sommet du crâne, dans le seul but de nouer un ruban rose autour de la mèche de cheveux d'un châtain très clair. Marie-Hermine était jolie, avec ses grands yeux bleus et sa bouche rose, délicate comme une fleur à peine éclose.

Au début, Simon bouda, montrant plus de jalousie que d'intérêt pour la nouvelle venue. Au bout d'une semaine, il la réclamait à peine réveillé. Joseph se laissa attendrir, lui aussi. La petite avait une façon charmante de frapper des mains dès qu'elle était contente, et son rire s'achevant sur des notes aiguës était irrésistible.

— Elle est amusante, reconnaissait-il. Et futée.

Un soir de paie, il ramena du magasin général une mallette en bois contenant des cubes dont chaque face portait un fragment d'image. Le jeu consistait à les assembler pour découvrir le dessin complet. Élisabeth était ravie. Le lendemain, elle recomposa toutes les illustrations devant les deux enfants en admiration.

« Mon Dieu, faites que Marie-Hermine reste longtemps au couvent ! » priait-elle avant de s'endormir.

Non loin de là, sœur Sainte-Madeleine implorait avec plus de ferveur encore les instances divines. Des quatre religieuses, c'était elle qui faisait le plus souvent souper l'enfant et qui veillait à sa toilette. Marie-Hermine dormait près de sa couchette, dans un petit lit en bois prêté par une famille du village. Tous les soirs, la jeune sœur se penchait sur la fillette dont les prunelles d'azur la fixaient avec insistance.

— Il faut dormir, ma mignonne ! Ferme tes beaux yeux.

Elle fredonnait alors, autant de fois qu'il le fallait la chanson de l'érable.

... Mais Jésus, qu'on ne voyait pas,
Intervint d'un cœur secourable,
S'en alla choisir dans le tas,
Offrit une feuille d'érable.
Et c'est depuis ce beau jour-là,
Qu'un peu partout dans la campagne,
Dans la plaine et sur la montagne,
L'érable croît au Canada...

La voix était douce, les mots murmurés. L'enfant bâillait en se recroquevillant sous son édredon. Heureuse de la voir assoupie, la religieuse ôtait son voile et touchait ses cheveux courts. La présence de Marie-Hermine agissait comme un baume miraculeux sur le chagrin de la jeune fille.

— Comment ne pas s'attacher à toi ? disait-elle très bas. Tu es l'enfant de la neige, un trésor que j'ai eu la chance de trouver. Et je t'aime, je t'aime très fort.

Sœur Sainte-Madeleine revivait fréquemment le moment crucial où elle avait vu le ballot de fourrures, où elle avait perçu un cri plaintif. Ce souvenir ne la quitterait jamais.

— C'était peut-être un signe de Notre-Seigneur ! se

plaisait-elle à penser. Quelle est ma voie ? Pourquoi devrais-je renoncer à la joie d'élever cette petite ?

Sœur Sainte-Madeleine appréhendait déjà l'été. Il lui semblait injuste de confier Marie-Hermine à l'orphelinat. Aussi se prit-elle à aimer l'hiver qui maintenait son emprise aux serres de glace. Le lac Saint-Jean restait semblable à un immense désert blanc, le pays entier disparaissait sous un épais manteau neigeux.

*
* *

Au bord de la rivière Péribonka

Henri Delbeau chaussait ses raquettes sous l'œil réprobateur de sa femme. L'Indienne, emmitouflée dans une lourde veste en peau de castor, s'était assise sur le seuil de la cabane.

— Clément, va chercher mon fusil ! dit-il sèchement à son fils. Du gibier serait le bienvenu. L'hiver n'est pas fini. De la viande fraîche, c'est ce qu'il nous faut.

Le petit garçon courut décrocher l'arme et revint en courant. Il la tendit à son père.

— Je serai là d'ici deux jours au plus tard, affirma Henri. Rolande, ne boude pas ! C'est bien normal que j'aille rendre visite à Jocelyn et à sa malheureuse épouse.

Il ajusta une besace bosselée sur son épaule. Il emportait du café, du sucre et de la farine, un acte de pure générosité qui agaçait sa compagne. Cependant, elle n'osait pas l'exprimer à haute voix, de crainte de provoquer la colère de son mari.

— Veille sur ta mère, Clément, ajouta Henri. J'ai

entendu les loups, cette nuit et la nuit dernière aussi. Ils ont faim.

L'Indienne se leva avec souplesse et, entraînant son fils, elle s'enferma dans la cabane. Delbeau ricana et se mit en route. Il était accoutumé aux sautes d'humeur de Rolande.

Jocelyn et Laura étaient restés plus de quinze jours chez le chercheur d'or. Les deux hommes avaient sympathisé. Entre les parties de dés, des confidences s'étaient égrenées à mi-voix, alors que les femmes dormaient.

« Ce gars-là, il n'a pas eu de chance, songeait-il. Il aurait mieux fait de rester penché sur ses livres de comptes. Quand on a de l'instruction comme lui ! »

Henri avançait à longues enjambées, attentif aux chuintements de ses raquettes sur la neige. Il connaissait l'essentiel du drame qui avait frappé le couple, hormis un détail d'importance, l'abandon d'une petite fille d'un an à la porte du couvent-école de Val-Jalbert.

Jocelyn Chardin n'avait pas toujours été trappeur. Pendant cinq ans, il avait travaillé comme comptable dans un magasin de Trois-Rivières. Un jour, le magasin avait brûlé. Les incendies étaient fréquents durant l'hiver. Le froid se faisait si rude, bien souvent, qu'on alimentait chaudières et poêles d'une main trop lourde. Le feu prenait vite et dévastait tout. Jocelyn avait économisé. Il pouvait patienter avant de trouver un autre emploi, même s'il venait d'épouser Laura, une immigrée belge.

La jeune femme avait quitté la Flandre de ses ancêtres après le décès de son père et de sa mère. Elle s'était embarquée pour le Québec, encouragée en cela par son frère aîné, Rémi, établi à Trois-Rivières, sur le

Saint-Laurent. Mais il ne l'avait pas accueillie comme il le promettait dans ses lettres. Rémi avait été broyé par une machine des forges du Saint-Maurice où il travaillait, quelques jours avant l'arrivée de sa sœur. Quel désespoir cela avait été pour Laura d'apprendre, à peine le pied posé au Québec, la mort de son frère. Pour survivre, elle avait dû accepter une place de serveuse dans un hôtel de la ville, en pleine urbanisation.

Une chose avait surpris Henri. Avec l'argent qu'il possédait, Jocelyn aurait pu ouvrir un commerce. Non, il avait préféré acheter un traîneau, des chiens et tout le matériel de piégeage.

Le chercheur d'or fit une halte. Il se repérait à des encoches qu'il avait lui-même faites à la hache sur le tronc des arbres, de même qu'aux méandres de la rivière aussi blanche que le reste du paysage.

« Trappeur, c'est pas une mince affaire. Ceci dit, ça rapporte gros. Faut croire qu'il voulait tenir sa belle Laura à l'écart du monde. Il n'avait pas tort. »

Jocelyn s'était un peu embrouillé dans ses explications quant à la tragédie qui avait fait de lui un criminel. Il avait affirmé à Henri que tout le mal venait d'un homme, épris de Laura, furieux d'apprendre qu'elle avait épousé Chardin.

— Nous étions revenus à Trois-Rivières, proposer nos fourrures à un marchand qui les expédiait en Europe et payait bien, lui avait raconté Jocelyn. J'avais installé Laura à l'hôtel, mais elle guettait mon retour de la fenêtre. Cet homme, il l'a vue. Le soir, comme nous étions allés souper, il s'est jeté sur elle. Il l'a prise par les cheveux, l'a giflée et l'a embrassée à pleine bouche. Elle a poussé un long cri de révolte en se débattant. Il l'a secouée fort par les épaules avant de la jeter au sol.

Elle s'est évanouie. J'ai vu rouge, Henri. Une rage que je n'avais jamais ressentie de ma vie. Nous étions dans une ruelle tranquille. Je me suis précipité sur cet homme et nous nous sommes battus. Peut-être qu'il était ivre, affaibli par l'alcool. Dès qu'il a reçu un coup au menton, il est tombé en arrière sur les pavés. Il a dû se fendre le crâne. Je n'ai pas voulu ça ! Je l'ai secoué, mais il était mort. J'ai vite soulevé Laura à bout de bras et j'ai couru jusqu'à la remise de l'hôtel pour atteler mes chiens au traîneau. Je n'avais plus que trois ballots de fourrures et un peu d'argent courant. Le reste de mon capital, je l'avais déposé dans une banque. Il y est toujours.

Henri se remit en chemin. La voix grave de Jocelyn résonnait en lui. L'homme avait-il menti ? Son récit sonnait un peu faux, parfois.

« Je me demande pourquoi il ne s'est pas livré à la police, plutôt que de s'enfuir avec Laura. C'était un accident, de la légitime défense, en somme, se dit encore le chercheur d'or. Peut-être que j'en saurai davantage ce soir. Tiens, qu'est-ce qui l'a rendue si faible, Laura ? Une fièvre, paraît-il. »

Il anticipait le repas autour du feu, dans la cabane où il avait conduit le couple dix-huit jours auparavant. Il offrirait le café, le sucre et deux boîtes de lait concentré. Au fond, il espérait un sourire de Laura qu'il n'avait vue qu'en larmes. Pleurait-elle autant parce que son mari avait commis un crime ?

Des hurlements vrillèrent l'air glacé. Henri distingua des silhouettes grises au loin.

— Maudits loups ! jura-t-il. L'hiver leur creuse le ventre.

Il arma son fusil. Mieux valait être prudent quand les

loups se regroupaient en bandes, même s'ils ne s'attaquaient que très rarement à l'homme qu'ils craignaient plutôt. Il parcourut encore un mille. Enfin le baraquement lui apparut.

— Il n'y a pas de fumée, pesta-t-il, soudain très inquiet.

Henri se hâta. Des corbeaux survolaient la clairière. Il distingua une masse sombre au pied d'un érable, puis une autre plus menue. Malgré la distance, il avait reconnu le corps d'un homme et celui d'un animal, chien ou loup. La bouche sèche, il se rua sur les lieux du carnage. La neige était souillée de sang et martelée d'empreintes.

— Mon Dieu ! gémit-il.

De Jocelyn, il ne restait pas grand-chose de reconnaissable, excepté sa veste et ses bottes. Quant à la bête, Henri crut identifier Bali, le plus beau chien du trappeur.

— Qu'est-ce qui s'est passé ici ? balbutia le chercheur d'or. Les chairs sont gelées. Ça ne date pas d'aujourd'hui. Hier, peut-être ?

Bien que malade d'angoisse au sujet de Laura, Henri prit le temps de mieux examiner le cadavre du trappeur. La cage thoracique était ouverte. Les bêtes avaient mangé le foie et les poumons. Malgré sa répugnance, il observa le visage et poussa un juron.

— Ce ne sont pas les loups qui ont fait ça ! Il a pris une balle en pleine face.

De plus en plus anxieux, il se dirigea d'un pas pesant vers le baraquement. La porte était fermée. Il frappa, en appelant :

— Laura ! Laura !

Personne ne répondit. Il appuya l'épaule contre le

battant qui céda. L'endroit paraissait vide. La truie était froide.

« Elle se sera sauvée, prise de frayeur, supposa-t-il. Elle est sûrement morte aussi, à cette heure. »

Soudain, il crut percevoir un bruit ténu. Cela ressemblait à un léger choc régulier contre une planche. Intrigué, il tendit l'oreille.

— Laura ?

Un cri étouffé s'éleva, tout proche. Henri ploya sa grande carcasse musculeuse et jeta un œil sous la couchette rudimentaire. La jeune femme était recroquevillée contre la cloison, dans la pénombre. Elle tremblait de tous ses membres.

— Venez donc, dit-il dans une tentative pour la rassurer. Il n'y a plus de danger. Allons, n'ayez pas peur. Je suis Henri Delbeau, le chercheur d'or. Je vous ai conduits ici avec votre mari, Jocelyn. Vous vous souvenez ?

Il allongea le bras sous le lit pour lui tendre la main. Laura poussa une plainte terrifiée. Ils se regardèrent. Les beaux yeux bleus de Laura n'exprimaient qu'une peur viscérale.

« La malheureuse, elle a perdu l'esprit ! » se dit-il.

— Madame, je ne vous veux pas de mal, ajouta-t-il d'une voix plus douce. Je vais allumer du feu et préparcr du café.

Henri s'affaira, glacé intérieurement. La mort de Jocelyn et l'état navrant de sa femme le bouleversaient. Le pétillement des flammes et l'arôme du café vinrent à bout des craintes de Laura. Elle rampa vers la truie avec un sourire halluciné.

— Venez vous chauffer, madame Chardin, conseilla Henri, envahi de pitié.

La jeune femme était très maigre, livide et échevelée. Ses doigts portaient des signes d'engelure, et ses lèvres craquelées saignaient. Elle s'installa à même le plancher, près du poêle, avec l'attitude d'un animal craintif.

— Vous me reconnaissez, à présent ? demanda-t-il.

Laura ne l'écoutait pas, fascinée par la clarté orange du feu. Un instant, Henri se cacha le visage entre ses mains. Il devait ensevelir le corps de Jocelyn, mais cela pouvait attendre le lendemain. Son premier souci était de rendre plus confortable la misérable cabane rafistolée par d'anciens occupants à l'aide de tôles et de rondins. Il balaya et nettoya deux tasses avec de la cendre et du papier. Laura but du café bien sucré.

— Merci, monsieur, dit-elle, hébétée.

— Ah ! Cette fois, vous m'avez reconnu ! s'écria-t-il, soulagé.

Elle garda le silence, étonnamment distraite. La précoce nuit d'hiver vint bleuir l'unique fenêtre. Henri ouvrit une boîte de haricots en conserve et en proposa à Laura. Elle mangea avec avidité.

« Dieu ! se dit-il. Où sont les autres chiens ? Qu'est-ce qu'ils ont fichu pour se retrouver dans un tel pétrin ? »

Le chercheur d'or échafaudait hypothèse sur hypothèse sans parvenir à imaginer un scénario satisfaisant. En cherchant où était rangée la boîte à sel qu'il avait lui-même donnée au couple, il trouva une enveloppe, posée sur une petite étagère. Son nom était inscrit dessus.

— Me voilà bien ! grommela-t-il.

Il n'était guère bon lecteur. Déchiffrer le texte lui coûta de gros efforts.

Pour mon ami, Henri Delbeau,

Je laisse ce message si vous passiez par là. Laura est devenue folle. Elle ne me reconnaît plus. Les loups ont tué trois de mes chiens. Le froid et la faim nous rongent. Je n'ai pas eu le courage de tuer ma femme bien-aimée, mais je préfère en finir avec la vie. Je ne peux plus lutter. Je suis à bout. Si vous trouvez Laura vivante, conduisez-la dans un hôpital. Je vous lègue le traîneau et, par la présente, tout l'argent qui me reste en banque.

Jocelyn Chardin

Il mit une heure à étudier l'ordonnance des lettres, à se répéter les mots qu'il ne comprenait pas tout de suite. Il rangea soigneusement le papier dans la poche intérieure de sa veste.

« Mon Dieu, pensa-t-il, je me serais décidé à venir il y a deux ou trois jours, j'aurais pu empêcher ça ! Il en avait gros sur le cœur pour en arriver à se détruire. Mais abandonner sa femme, ce n'est pas bien. »

Terrassé par l'horreur de la situation, Henri se gratta la barbe avec frénésie. Il en voulait à Jocelyn.

« Ce n'était qu'un lâche, ce gars. Comment a-t-il pu laisser sa femme seule, sans nourriture, sans feu ? Et si je n'étais pas venu, elle serait morte dans d'horribles souffrances. »

Le poids d'un regard le fit se retourner. Laura le fixait d'un air étrange.

— J'ai eu très peur d'un homme, dit-elle d'une voix plaintive. Il était là, avec moi. Il me secouait, il criait. L'autre matin, il a pointé son fusil là, sur ma poitrine. J'ai appelé au secours et je me suis cachée sous le lit. Il est parti, mais j'ai entendu un coup de feu.

La jeune femme s'exprimait dans un français correct,

teinté d'un accent traînant. Henri n'était pas médecin. Le cas de Laura le dépassait. Elle semblait avoir oublié une partie de sa vie récente, mais ses propos n'étaient pas ceux d'une démente.

« Diablerie ! songea-t-il. Elle ne sait plus qui je suis, comme elle ne savait plus qui était Jocelyn. »

Il hocha la tête, déconcerté par le rôle dont il héritait.

— Demain, je vous emmènerai chez moi, déclara-t-il d'un ton amical. Ma femme Rolande vous soignera.

— Vous êtes gentil, monsieur, répondit Laura.

Henri l'enveloppa d'une couverture. Il alluma une chandelle.

— Après une bonne nuit de repos, affirma-t-il, nous partirons. Dormez tranquille, je veille sur le feu.

Le chercheur d'or se demandait quelle conduite adopter. Il aurait pu raconter à Laura comment elle avait échoué au bord de la rivière Péribonka, lui expliquer que l'homme qui l'avait effrayée était en fait son mari. Mais il éprouvait une grande pitié pour elle.

« Cela servirait à quoi ? se disait-il. Elle paraît rassurée, elle a meilleure mine. Si je lui apprends que Jocelyn est mort, ça peut lui causer un gros choc. Pour le moment, elle est dans l'ignorance de tout et ça la repose. »

Henri se leva à l'aube. Il trima dur pour ensevelir le trappeur. D'abord, il creusa la couche de neige gelée pour déposer sur la terre la dépouille mise en pièces par les loups. Il prit ensuite des pierres dans la remise de la cabane et protégea le corps. Quand ce fut fini, il noua ensemble deux planches en forme de croix.

— Repose en paix, Jocelyn Chardin ! dit-il en se signant. Tes ennuis sont terminés, les miens commencent.

Il dissimula les restes du chien sous des branches de

sapin. Laura ne devait rien voir quand ils partiraient. Le traîneau était abrité sous une sorte de petit hangar. Henri décida de garder le fusil. C'était une belle arme qui valait cher. Il la cacherait sous les couvertures.

La jeune femme était réveillée quand il entra dans la cabane. Elle semblait l'attendre sagement, assise au bord de la couchette.

— Est-ce que nous sommes au Québec, monsieur ? s'enquit-elle.

— Eh oui ! répliqua-t-il, bien embarrassé.

— Mon frère Rémi doit s'inquiéter. Il travaille dans une ville qui se nomme Trois-Rivières. J'aimerais m'y rendre.

— C'est loin d'ici, madame.

Il n'osait plus l'appeler Laura. Pourtant, quelques minutes plus tard, le prénom lui échappa, alors qu'il l'engageait à se couvrir chaudement pour le trajet en traîneau. Elle eut un sourire timide, mais n'émit aucune protestation. Il en conclut qu'elle n'avait pas oublié son propre prénom.

Henri renonça à se creuser la cervelle. Il allait ramener Laura chez lui, et Rolande aurait intérêt à la traiter avec douceur. L'été venu, il conduirait la malheureuse dans un hôpital. Le chercheur d'or avait entendu parler de l'amnésie, mais il en ignorait le mécanisme.

« Elle a quelque chose de détraqué dans l'esprit, conclut-il. En tout cas, elle ne pleure plus. »

Laura Chardin, délivrée de la sensation de peur et de froid, accordait sa confiance à l'homme qui lui avait donné du café sucré et qui avait allumé le feu dans la sinistre cabane. Elle avait oublié l'amour passionné qu'elle vouait à Jocelyn, et même la petite fille baptisée Marie-Hermine, fruit de leur union.

La jeune femme s'installa dans le traîneau. Henri s'y attela à la place des chiens. Malgré le froid, il fut vite en sueur, mais il avait une telle hâte de s'éloigner de la vieille cabane qu'il fut de retour chez lui à la tombée de la nuit.

Il raconta ce qui s'était produit à Rolande dans la langue des Indiens montagnais. Son épouse promit de veiller sur la veuve. Le petit Clément n'eut droit à aucune explication, ses parents le jugeant trop jeune pour savoir le fin mot de l'histoire. La présence de Laura le mettait mal à l'aise.

Jusqu'au retour du printemps et jusqu'à l'été, elle passa la majeure partie de son temps assise près de la fenêtre, à fredonner la chanson de l'érable.

*
* *

Val-Jalbert, printemps 1916

Au début du mois de mai, Élisabeth Marois fit une autre fausse couche. Elle pleura toutes les larmes de son corps pendant deux jours entiers, en cuisinant, en repassant son linge et même la nuit. Joseph ne savait plus comment la consoler.

— Allons, ma Betty, la prochaine fois, ça tiendra, lui dit-il un soir qu'ils étaient couchés.

— J'ai l'impression d'être punie, mais je ne sais pas de quelle faute, gémit-elle. Bientôt on me montrera du doigt quand j'irai au magasin général. Annette Dupré ne se gêne pas pour jaser. Elle raconte que je le fais exprès.

— Peut-être que tu devrais te ménager un peu, répondit-il, très inquiet en vérité. Tu es toujours en train de soulever Hermine, de la porter. Ta mère t'avait prévenue. Ce n'est pas bon de faire des efforts le premier mois.

L'ouvrier avait pris l'habitude d'appeler la fillette Hermine, le prénom composé lui paraissant trop long. Élisabeth l'imitait, mais pas devant sœur Sainte-Madeleine, qui leur amenait la petite le matin et venait la chercher en fin d'après-midi.

La jeune femme essuya ses joues ruisselantes. Elle craignait ce que pourrait ajouter son mari et déclara vite, comme pour le contrer :

— Ne me demande pas de ne plus garder Hermine, Joseph. Je te préviens, je me suis attachée à elle. J'ai même pensé à une chose...

— Quoi ? questionna-t-il.

— Je voudrais proposer aux sœurs de la prendre chez nous tout l'été, pendant qu'elles séjourneront à Chicoutimi. Hermine n'a que dix-sept mois, elle sera malheureuse, à l'orphelinat. Sœur Sainte-Madeleine est de mon avis. Nous lui servons de mère, à cette petite.

— Qui, nous ? soupira son mari.

— Ces saintes femmes et moi, répliqua Élisabeth en reniflant. La mère supérieure, sœur Sainte-Apolline, a promis d'y réfléchir.

— Quand même, bientôt tu parleras de l'adopter ! s'écria Joseph. Hermine est gentille et plus sage que notre fils, mais si j'élève un enfant, il sera de mon sang.

Le couple se tut. Par la fenêtre de la chambre ouverte sur le crépuscule entrait un délicat parfum d'herbe humide et de fleurs sauvages. Des éclats de voix et des rires leur provenaient des maisons voisines et, assourdi par la distance, le vacarme de l'usine évoquait le grondement d'une créature affamée. La fabrique tournait à plein rendement. En Europe, la guerre continuait et la Ouiatchouan Falls Paper Company croulait sous les commandes.

Plusieurs wagons chargés de ballots de pulpe partiraient à l'aube en direction de Roberval, d'où ils seraient acheminés vers le port de Chicoutimi, puis vers Québec. Cela troublait Joseph. En manipulant les fibres de bois arrachées aux épinettes de son pays, en pressant les amas spongieux de la future pâte à papier, il songeait à leur destination. La matière qu'il brassait traverserait l'océan, deviendrait outre-Atlantique des journaux que des étrangers toucheraient, liraient. La presse connaissait un essor phénoménal. L'ouvrier s'en réjouissait. Il tenait à son poste et à son salaire.

— Si tu gardes Hermine jusqu'au mois de septembre, cela risque de te fatiguer, Betty, protesta-t-il. Je veux un autre fils, comprends-tu ?

— Les sœurs me verseront une pension pour l'entretien de la petite, assura-t-elle.

C'était la dernière carte dont Élisabeth disposait.

— Dans ce cas, insiste, ma Betty, dit Joseph en bâillant. Mais tu ne la porteras plus à ton cou.

La jeune femme promit, satisfaite.

Quelques dizaines de mètres plus loin, le couvent-école, ses nombreuses fenêtres ouvertes, se gorgeait aussi de l'air tiède et embaumé qu'exhalait la terre. Assise au bord de son lit, sœur Sainte-Madeleine contemplait le ciel mauve piqueté d'étoiles. La beauté de Val-Jalbert, en ce mois de mai chaud et radieux, l'avait éblouie. Il n'y avait plus aucune trace de neige. Les feuillages, les mille fleurettes des prairies, la jeune herbe bordant routes et sentiers transfiguraient le village.

La jeune religieuse tendit l'oreille. Elle perçut enfin la rumeur de la chute d'eau et, paupières mi-closes, elle imagina la violence du courant et les éclats argentés de la rivière Ouiatchouan à l'instant où elle se fracassait de rocher en rocher. Il y avait tant d'énergie et de vitalité dans cette course inlassable vers le lac Saint-Jean.

Marie-Hermine poussa un frêle soupir dans son sommeil. Sœur Sainte-Madeleine observa la fillette.

« Est-ce qu'il y a quelque chose de plus beau, de plus innocent qu'un petit enfant endormi ? » s'interrogea-t-elle.

La montée des sèves au cœur des arbres et des plantes, la puissance du renouveau, la religieuse croyait les ressentir dans sa chair vierge. Comme si elle était atteinte d'une maladie honteuse, elle cachait de son mieux les doutes qui la hantaient.

« Si on me prend Marie-Hermine que j'aime tant, je romprai mes vœux. Je peux encore me marier, avoir un bébé bien à moi. »

Devenue écarlate, sœur Sainte-Madeleine prit son chapelet. Dans une ou deux semaines, la mère supérieure ferait connaître sa réponse en ce qui concernait la petite fille.

« Mon Dieu, faites que notre chère sœur Sainte-Apolline consente à confier Marie-Hermine à notre voisine. Mon Dieu, ne m'enlevez pas cette enfant que j'aime de tout mon cœur. Elle m'a redonné l'espoir, l'envie d'être heureuse à nouveau. »

Ce fut la romanesque Angélique, qui s'abritait sous

le voile de sœur Sainte-Madeleine, qui eut l'idée de forcer la main du destin.

Un matin du mois de juin, la converse qui se levait avec le jour ramassa un papier plié en quatre, glissé sous la porte du couvent-école, pendant la nuit de toute évidence. Le message était adressé aux sœurs, sans précision. La mère supérieure en prit connaissance après avoir nettoyé ses lunettes.

— Eh bien, dit-elle en fronçant les sourcils, Dieu a écouté nos prières. Ce sont les parents de Marie-Hermine qui ont déposé ce message. Ils viendront la chercher durant l'été. Ces gens ont des manières un peu particulières à mon goût. Je les qualifierais d'excentriques.

Les religieuses échangèrent des regards surpris. Même sœur Sainte-Madeleine, dont le teint avait légèrement rosi. Prévenu, le curé conseilla de laisser l'enfant chez les Marois.

— Je me chargerai de sermonner le père et la mère de votre protégée ! déclara-t-il. Et je réclamerai un dédommagement pour les frais que leur fille vous a occasionnés.

Élisabeth guetta chaque jour l'arrivée d'un couple inconnu à Val-Jalbert. Plus que jamais, elle noua des rubans dans les bouclettes de Marie-Hermine et la câlina, désolée de la perdre bientôt. La jeune femme se promenait de sa maison à l'usine en tenant par la main son fils et la fillette. C'était l'époque bénie du concours du plus beau jardin potager, le temps des robes claires et des réunions à la terrasse de l'hôtel.

La prospérité régnait à Val-Jalbert, une sérénité que nul ne vint troubler. Quand sœur Sainte-Madeleine revit le clocheton du couvent-école et la maison des Marois, elle était sûre de retrouver sa chère Marie-Hermine.

***

Couvent-école, fin septembre 1918

Plus de deux ans s'étaient écoulés. La guerre n'en finissait pas. Des Canadiens étaient morts loin de leur pays, mais d'autres revenaient d'Europe, blessés ou valides. Ils racontaient les atrocités des combats sur le front, déplorant les pertes humaines qui se comptaient par millions.

Hormis l'activité incessante de l'usine de pulpe, à Val-Jalbert le quotidien suivait son cours paisible. Les érables se paraient déjà de pourpre, les bouleaux d'or tendre. L'automne dispensait ses derniers petits fruits sauvages, ainsi que des floraisons d'asters mauves en bas des perrons et le long des clôtures.

Sœur Sainte-Apolline, chargée d'enseigner aux élèves les plus âgés, pointa sa règle en direction de Jeanne, une adolescente de treize ans, l'aînée des enfants Thibaut. Celle-ci se leva en lissant d'un geste machinal son tablier bien repassé et amidonné. Ses cheveux blonds nattés étaient relevés en couronne autour de son front.

— Jeanne, votre leçon d'histoire, je vous prie. Trois lignes seulement, ensuite ce sera le tour de Marthe.

La supérieure encouragea son élève d'un sourire. Elle entamait son ultime année d'enseignement avant de céder la place à une nouvelle directrice.

— La colonisation de la Nouvelle-France, récita Jeanne, a commencé avec l'explorateur français Samuel de Champlain. En 1608, il fonde une colonie européenne à Stadaconé, future ville de Québec.

— Très bien. C'est à vous maintenant, Marthe.

On frappa à la porte. La converse entra et salua à la hâte.

— Ma mère, je dois vous parler.

La vieille religieuse retint un soupir de contrariété et suivit sœur Victorienne dans le couloir.

— Que se passe-t-il ? lui demanda-t-elle.

— Les douleurs de madame Marois ont commencé, trois semaines avant le terme. Sa voisine, madame Dupré, est venue nous avertir. Marie-Hermine a encore disparu. Sans doute, ce sont les cris de sa nourrice qui l'ont effrayée.

— Marie-Hermine n'a pas pu aller bien loin. Il faudra la punir, cette fois. Prévenez sœur Sainte-Madeleine, elle connaît la petite mieux que nous. Dites-lui d'envoyer ses élèves dans ma classe et de ramener l'enfant.

Marie-Hermine n'avait pas vraiment eu peur des plaintes et des cris de sa nourrice qu'elle appelait Betty, comme Joseph. Mais Simon l'avait taquinée et pincée. La fillette lui avait tiré la langue avant de sortir par la porte donnant sur la cour. Une semaine plus tôt, elle s'était enfuie de la même façon du couvent-école parce que la converse l'avait grondée.

C'était une enfant observatrice et avide d'espace. Le spectacle de la nature la fascinait. Elle aimait cueillir des marguerites, jouer avec le chat des Dupré et surtout chanter.

Les paroissiens du père Bordereau avaient pu le constater pendant la messe de minuit de Noël 1917. La petite fille, âgée de trois ans, avait écouté les chants entonnés par la chorale en se balançant d'un air extatique, mais de plus en plus vite. Les réprimandes de sœur Sainte-Lucie n'avaient servi à rien. Le bout de chou, en robe de lainage rose, coiffé d'un bonnet bordé de dentelle, se laissait dominer par les notes harmonieuses qui résonnaient dans l'église.

Les religieuses se remémoraient souvent la scène lorsqu'elles étaient attablées ou le soir à la veillée.

— Je la reverrai toujours, aussi longtemps que je vivrai, disait sœur Victorienne. Elle agitait un pied dans le vide, assise sur le banc, et se penchait d'un côté et de l'autre.

— La chorale interprétait *Il est né le divin enfant*[1], précisait alors avec fierté sœur Sainte-Madeleine. Dès que le chant a été terminé, malgré le bruit de fond que faisait l'assistance, tout le monde a entendu notre chère Marie-Hermine qui lançait des vocalises, bouche bée et les yeux mi-clos. Elle imitait les chanteurs. Oh ! Qu'elle était touchante !

La mère supérieure avait jugé l'incident embarrassant, car certaines dames de Val-Jalbert s'étaient offusquées. Cela avait tout de même fait rire ou sourire la grande majorité. Depuis, sœur Sainte-Madeleine apprenait des comptines à l'enfant. La jeune religieuse avait remarqué que la petite retenait mieux les mots s'ils étaient en musique.

Élisabeth Marois ne manquait pas une occasion de dire à son mari que Marie-Hermine s'exprimait déjà

---

1. Chanson publiée pour la première fois en 1874 dans un recueil d'airs de Noëls lorrains rassemblés par l'organiste de la cathédrale de Saint-Dié, R. Grosjean. La mélodie dérive d'un air de chasse du XVIIe siècle.

plus correctement que leur fils Simon. Quand elle gardait la fillette, elle lui demandait de chantonner *Alouette, gentille alouette*. Malgré un léger zézaiement, l'enfant entonnait le refrain en frappant des mains. Joseph était sous le charme. Il en oubliait même d'être bougon, selon son habitude.

Ainsi, en cette fin d'été, Marie-Hermine, fière de son escapade, suivait en fredonnant un sentier au milieu des prés qui reliait le bas du village à la gare de l'usine. Les sœurs interdisaient à leurs élèves d'emprunter ce chemin, leur recommandant de venir en classe ou de rentrer chez eux par la rue Saint-Georges. Elles estimaient qu'un itinéraire hors de la vue des adultes, flanqué de buissons, glissant l'hiver et boueux au printemps, comportait trop de dangers éventuels.

— Pomme de reinette et pomme d'api, api rouge, api rouge ! gazouillait-elle, ivre de liberté et de grand air.

Jock, le vieux chien terrier du cordonnier, avait suivi Marie-Hermine. Ce compagnon imprévu, d'aussi petite taille qu'elle, la poussait à gambader au même rythme. Si l'animal courait derrière une belette, elle courait également.

À quatre ans ou presque, Marie-Hermine était encore très menue. Des cheveux châtain-blond, soyeux et ondulés, frôlaient ses épaules. Le teint rose, elle ouvrait sur la nature en parure d'automne d'immenses prunelles bleues. On ne voyait qu'eux dans son visage de chaton à la bouche rieuse.

Les sœurs fêtaient son anniversaire le jour de l'Épiphanie, puisqu'elles ignoraient la date exacte de sa naissance. La petite recevait une image pieuse et un personnage en sucre. Elle se montrait affectueuse et très précoce. La converse affirmait que l'enfant, qui assistait à certaines occasions aux leçons dans une ou l'autre des classes, apprenait sans s'en rendre compte grand nombre de choses.

Le chien se mit à aboyer. La vache blanche des Dupré barrait le passage. La grosse bête divaguait à son aise, ni Annette ni Amédée ne prenant la peine de la parquer. Marie-Hermine s'immobilisa, impressionnée par l'animal.

— Ne bouge pas ! cria une voix de femme. Je t'en prie, ne bouge surtout pas.

La fillette avait reconnu le timbre cristallin de sœur Sainte-Madeleine. La jeune religieuse accourait, mince et vive dans la robe noire de son ordre. Elle saisit la petite et la serra contre son cœur.

— Mon petit ange ! Quelle peur j'ai eue ! Comme ça, tu t'es enfuie de chez ta nourrice. C'est la deuxième fois. Tu as déjà été grondée et tu recommences.

— Simon est méchant, il m'a pincée, expliqua Marie-Hermine. Et Betty pleurait.

— Tu ne vas pas te sauver dans la campagne chaque fois que Simon te pince ou te tire les cheveux ! sermonna doucement la sœur en l'embrassant sur le front. Tu aurais dû attendre que je vienne. Heureusement, je t'ai vue du perron et j'ai entendu le vieux Jock aboyer. Mais tu marches vite, coquine.

Marie-Hermine noua ses bras autour du cou de la religieuse qui recula jusqu'à une souche pour s'asseoir et la prendre sur ses genoux. La vache s'éloignait.

— Mon trésor, tu te souviens de ce que je t'ai dit, dimanche soir après la messe ?

— Oui ! Tu vas être ma maman.

Sœur Sainte-Madeleine tressaillit d'émotion. Depuis

des mois, elle correspondait avec ses parents et les autorités ecclésiastiques. La jeune fille reprendrait la vie civile et son identité au nouvel an 1919. Sa famille s'en réjouissait.

— Je serai ta tutrice légale, confia-t-elle à l'enfant qui l'écoutait tout en guettant le vol d'un pigeon. Tu deviendras ma fille jusqu'à ta majorité. Oh ! ce sont des mots bien compliqués, n'est-ce pas ? Mais peu importent les mots, nous serons ensemble. Personne ne nous séparera.

Marie-Hermine couvrit de baisers sonores les joues de la religieuse. Elle l'aimait de tout son cœur d'enfant. Sœur Sainte-Madeleine était douce et affectueuse. Depuis bientôt trois ans, elle servait de mère à la fillette.

Sa décision de quitter le voile avait germé un an auparavant, quand Simon Marois appelait Élisabeth « maman » avec la frénésie joyeuse des petits qui découvrent le langage. Marie-Hermine avait aussitôt fait de même, mais sa nourrice l'avait reprise.

— Je ne suis pas ta maman, hélas !

Sœur Sainte-Madeleine avait eu droit le soir au doux vocable et s'était forcée à répondre :

— Tu ne peux pas me dire maman.

Cela lui avait semblé cruel. Des liens si forts l'unissaient à Marie-Hermine que la jeune religieuse n'envisageait pas de la perdre. Cette seule idée lui donnait des sueurs froides. Pour l'enfant, elle n'avait pas hésité à rédiger un faux message deux ans auparavant, imitant l'écriture de celui que la converse avait trouvé caché dans les fourrures. Mais le mensonge lui avait pesé. Elle s'était confessée au curé. Le père Bordereau, tenu au secret, lui avait néanmoins interdit de recommencer de telles pratiques peu en accord avec son statut religieux.

Ainsi, sans perdre sa foi qui était profonde, sœur Sainte-Madeleine s'apprêtait, en paix avec sa conscience, à renoncer à ses vœux. Seule la mère supérieure était au courant de ses projets.

— Votre vocation, née d'un grand chagrin, m'a souvent paru hésitante, voire faible, ma sœur, avait-elle dit. J'espère que vous ne regretterez pas votre choix et que Dieu saura vous guider. Vous pourriez continuer à enseigner dans une école laïque, si vous le désirez. Il reste le problème des parents de Marie-Hermine. Je doute que ces gens se présenteront un jour, malgré ce message glissé sous notre porte. Si cela arrivait, cependant, monsieur le curé saura les adresser à vous.

Sœur Sainte-Apolline s'était montrée bienveillante. Le sort de Marie-Hermine la préoccupait souvent, et de la savoir confiée à une famille aisée de commerçants la réconfortait.

— Il faut rentrer maintenant, Hermine, soupira sœur Sainte-Madeleine. Nous prierons toutes les deux pour notre chère Élisabeth.

La petite fille releva la tête et demanda :

— Est-ce que je pourrai voir le bébé, demain ? Annette a dit qu'un bébé arrivait chez Betty.

La religieuse ajusta le ruban rose qui ornait les cheveux de l'enfant. Elle l'embrassa encore, attendrie.

— Bien sûr que nous irons. Mais peut-être pas demain, dans une semaine, plutôt. Tu resteras avec moi ces jours-ci et, pendant la classe, sœur Victorienne te gardera.

Il n'était pas convenable d'évoquer la grossesse ou les détails de la maternité devant une fillette de cet âge. Bien qu'Élisabeth se vêtît de robes amples dans le but de cacher son état, Marie-Hermine avait déjà posé beaucoup de questions sur le ventre arrondi de sa nourrice. Elle n'avait obtenu aucune explication.

La sœur prit la main de la petite. Elles rentrèrent d'un pas tranquille au couvent-école. Le vent était frais et doux à la fois. Dominant l'alignement des maisons, la chute d'eau resplendissait au soleil, tel un bijou fantasque rivé au flanc de la colline.

Sœur Sainte-Madeleine songea que Val-Jalbert ressemblait à un lieu béni de Dieu, quand l'été des Indiens enflammait les érables, les ormes et les hêtres.

En passant près de la maison des Marois, toutes les deux entendirent des hurlements déchirants. La fenêtre de la chambre, à l'étage, était grande ouverte.

— Betty a mal ! gémit Marie-Hermine.

— Oui, mais elle sera vite guérie, répliqua la religieuse en se hâtant vers le perron du couvent.

Joseph prenait son quart de travail à sept heures du soir. Il tournait en rond dans la cuisine, sa pipe à la bouche. Les cris stridents d'Élisabeth l'affolaient. Parfois, elle poussait juste un appel rauque, presque bestial, et c'était encore plus inquiétant.

« Betty, tiens bon ! se répétait-il. Elle n'a pas souffert autant à la naissance de Simon. Quelque chose va de travers. »

La sage-femme se trouvait auprès de son épouse. Annette Dupré avait emmené Simon, lui aussi terrifié par l'état de sa mère. La voisine avait accouché l'année précédente d'une fille de six livres, son cinquième enfant.

Devant la mine défaite de Joseph, Annette n'avait pas pu retenir son fiel en sortant de la maison.

— Moi, mes petits ne me donnent aucun mal pour venir au monde. Votre Betty, elle n'est pas bien conformée, à l'intérieur.

L'heure tournait. Élisabeth continuait à se lamenter et à gémir. L'aimable Céline Thibaut, enceinte de son septième, était venue soutenir le futur père. Joseph appréciait cette personne discrète et serviable.

— Je voudrais bien que l'enfant naisse avant ce soir, lui confia-t-il. Je n'aurai pas le cœur à l'ouvrage, si je laisse Betty dans les douleurs.

— Je vais monter voir ce qui se passe, proposa Céline.

Dans la chambre, tout était prêt. Une bassine en zinc remplie d'eau chaude, trônait sur une table montée pour l'occasion du rez-de-chaussée. Des linges propres étaient empilés à côté, ainsi que la layette. Élisabeth, blême et moite de sueur, poussait de toutes ses forces, cramponnée à pleines mains au bras de la sage-femme.

— Ah ! madame Thibaut ! s'écria celle-ci. Venez donc m'aider. Placez-vous derrière madame Marois et bloquez son dos. Le bébé est paresseux, et gros avec ça. Je dois l'attraper, sinon ça durera encore longtemps et la pauvre n'en peut plus. Le travail s'est déclenché d'un coup. Elle avait perdu les eaux ce matin. Je croyais que ce serait vite fait.

Envahie par la compassion, Céline caressa les cheveux d'Élisabeth.

— Je voudrais que Joseph vienne ! supplia-t-elle.

— Doux Jésus, rétorqua la sage-femme, ce n'est pas la place d'un homme. Allez, du courage, forcez encore !

La tête de l'enfant apparut enfin, puis les épaules. La jeune mère lança une clameur d'agonie. Un faible vagissement y répondit. Joseph fit irruption, la face crispée.

— Alors ?

— Vous avez un beau petit gars, monsieur Marois, déclara la sage-femme. Blond comme sa maman.

Épuisée, Élisabeth éclata en sanglots. Dieu ne lui accorderait pas la joie d'avoir une fille bien à elle. Mais son mari exultait, comblé. Cela la consolait. Dès qu'elle put tenir son bébé, un bonheur infini balaya sa déception.

— Comment l'appellerez-vous ? interrogea Céline Thibaut.

— Armand, le prénom de mon père, répondit Joseph avec fierté. Quand je vais annoncer la nouvelle à l'usine !

L'ouvrier félicita son épouse, admira encore une fois son fils et descendit. Il devait se présenter au travail dans vingt minutes. Tout le long de la rue Saint-Georges, il s'arrêta chez les uns et les autres pour parler de la naissance. Des clients étaient attablés sur la terrasse de l'hôtel-restaurant jouxtant le magasin général. Joseph aperçut Marcel, le mari de Céline, en discussion avec un gars de Roberval.

— Hé ! Marcel, j'ai eu un garçon, un beau poupon qui pèse au moins huit livres.

Son collègue le félicita, mais sans la jovialité qu'il affichait habituellement. Joseph prit conscience que les conversations environnantes, tenues à voix basse, composaient une rumeur empreinte de gravité.

— Qu'est-ce qui se passe ? demanda-t-il tout bas à Amédée.

Son voisin et ami lui tapota le bras en murmurant :

— C'est la grippe espagnole. Il y a eu plusieurs cas

à Québec et à Montréal. Nos soldats ont ramené la maladie d'Europe. Là-bas, on parle de milliers de morts, déjà.

Une angoisse sourde brisa l'euphorie de Joseph.

— Crois-tu que cette saleté peut se répandre jusque chez nous ?

Amédée fit la moue.

— Faut pas être devin, Jo ! Si le diable s'en mêle, tout peut arriver. Pense à tous les bateaux qui accostent à Chicoutimi.

Les deux hommes se turent. Un nuage voila le soleil, comme par ironie. Quinze jours plus tard, début octobre, l'épidémie frappait toute la région du Lac-Saint-Jean.

4

La colère de Dieu

Couvent-école de Val-Jalbert, 20 octobre 1918

Comme chaque jour, sœur Sainte-Apolline se leva avant l'aube pour prier. Son chapelet entre les mains, elle commença à dire un premier *Je vous salue, Marie, pleine de grâce*... Le cœur serré, l'esprit plein d'une affreuse inquiétude, elle s'en remettait à Dieu de toute sa foi que rien n'avait su altérer depuis des années. Après le *Notre Père*, elle fondit en sanglots.

— Seigneur, protégez-nous, épargnez les enfants. Par pitié ! implora-t-elle.

Le mal se répandait. La population du Québec succombait à la grippe espagnole, que certains appelaient l'influenza. La presse faisait état de millions de morts dans le monde. La vieille religieuse avait l'impression qu'un cercle empoisonné se resserrait autour de Val-Jalbert. On comptait déjà des victimes à Roberval, dont le protonotaire de la cour, Achille Tremblay[1]. La veille, Jeanne, une des élèves de sœur Sainte-Apolline, avait dû s'aliter.

— Ce n'est peut-être pas la grippe, dit-elle tout haut

1. Fait authentique, personnage réel.

en essayant de se rassurer. Jeanne souffre beaucoup à l'époque de ses règles.

Une clarté grise filtrait par la fenêtre. Un chien aboya au loin, et des coqs lancèrent leur salut au soleil levant. La supérieure sécha ses larmes et sortit du dortoir. Une odeur de café chaud l'assaillit dès le couloir.

« Sœur Victorienne est debout », songea-t-elle.

La menace qui pesait sur le village la poussait à reconsidérer son existence quotidienne.

« Nous vivons en paix ici, dans l'ordre et le goût du travail. Par l'enseignement dispensé, nous sommes utiles. J'ai rarement connu un lieu plus tranquille que Val-Jalbert, où les foyers prospèrent, où chacun peut profiter des bienfaits de la nature. Je n'avais pas pris conscience de la douceur de cette existence. »

Sœur Sainte-Apolline lisait les journaux. L'épidémie de grippe espagnole endeuillait plusieurs pays. Un journaliste de la région avait écrit : « Il est évident que la colère de Dieu s'est abattue sur le monde[1]. »

« Pourquoi Dieu nous punirait-il ? se demanda-t-elle en entrant dans la cuisine. Est-ce sa réponse aux horreurs de la guerre ? »

La converse était assise près du fourneau, un châle serré sur sa robe noire.

— Sœur Victorienne, êtes-vous souffrante ? s'alarma aussitôt la supérieure. Avez-vous des maux de tête, des frissons, des douleurs musculaires, de la fièvre ? Ce sont les symptômes de cette grippe meurtrière.

— Mais non, ma mère, j'avais juste un peu froid, puisque le chauffage central n'est pas encore allumé. Prenez vite du café, il est à point comme vous l'aimez,

1. *Le Progrès du Saguenay*, octobre 1918.

ni brûlant ni tiède. J'ai coupé des tartines de pain, celui d'hier.

— Je vous remercie, mais je n'ai pas faim du tout, avoua sœur Sainte-Apolline. Hier soir, quand j'ai reçu monsieur le curé, il m'a dit que, si des cas de grippe se déclaraient, les maisons infestées porteraient un écriteau à leur porte. Il pense aussi que nous serons obligées de fermer l'école. Il est préférable que les enfants restent chez eux pour éviter la propagation du fléau.

Le mot fit tressaillir la converse qui se signa.

Sœur Sainte-Madeleine apparut à son tour, la petite Marie-Hermine accrochée à son cou.

— Notre demoiselle réclame son dîner. Elle a bon appétit en ce moment. Bonjour, mes sœurs.

Le spectacle familier de la fillette attablée devant un bol de lait les réjouissait toujours. Ce matin-là le charme n'opéra pas. Sœur Sainte-Apolline considéra l'enfant d'un air anxieux et soupira :

— Si Jeanne ne vient pas en classe aujourd'hui, il vaudrait mieux tenir Marie-Hermine à l'écart de nos élèves.

— Que craignez-vous, ma mère ? demanda sœur Sainte-Madeleine d'un air anxieux.

— Notre pauvre Jeanne a pu être contaminée, répliqua la supérieure. Il n'y a aucune raison que l'épidémie ne touche pas le village. La prudence s'impose. Oh, écoutez !

L'église sonnait le tocsin. Les trois religieuses échangèrent un regard apeuré.

*
* *

Élisabeth Marois donnait le sein à son bébé. Elle releva la tête et écouta également la cloche aux résonances sinistres.

— Joseph ! appela-t-elle aussitôt. Joseph !

Son mari rangeait dans l'appentis le bois qu'il récupérait à l'usine. Les ouvriers avaient le droit d'utiliser les innombrables débris qui jonchaient l'arrière de la fabrique. Il entra dans la cuisine par la porte donnant sur la cour, suivi de Simon. Le garçonnet, qui aurait bientôt cinq ans, aidait son père dans de menus travaux. C'était un enfant robuste, grand pour son âge.

— On sonne le tocsin, Joseph ! gémit la jeune femme.

— Eh ! Je ne suis pas sourd, Betty, grommela son mari. Depuis plus de quinze jours, je m'y attendais. C'est notre tour. Il y a eu une dizaine de décès dans la région. Cela ne fait que commencer, hélas !

— Mon Dieu, quel malheur ! bredouilla-t-elle. Et nos petits ? Je deviendrai folle, s'ils tombent malade.

— Personne n'est à l'abri ! coupa l'ouvrier. Et il n'y a pas de remèdes connus. Peut-être dans les grandes villes, chez ceux qui ont les moyens d'aller à l'hôpital ou de se payer un bon docteur. Des gars qui étaient montés au bois sont revenus hier dans un piètre état.

Joseph Marois prenait son quart de travail à vingt-trois heures. Comme bien souvent, il préférait les horaires de nuit, pour passer le maximum de temps à la maison auprès de sa famille. Il s'approcha du fauteuil où son épouse était assise, tenant dans ses bras le bébé endormi, le mamelon entre les lèvres.

— Il a fini de téter, Betty, couvre-toi, voyons ! Si quelqu'un entrait ! Et même, ce n'est pas convenable devant Simon.

Élisabeth reboutonna son vêtement. Elle se pencha sur le petit Armand qui souriait de béatitude, rassasié de lait.

— Je vais aux nouvelles, déclara Joseph. Quelqu'un est mort, je voudrais savoir qui. Toi, Betty, je te conseille de ne pas recevoir de visites et de rester cloîtrée, comme pendant la quarantaine, tu te souviens ?

— Oui, Joseph, je me souviens.

Son mari sortit. Elle berça le nourrisson dans ses bras. Simon jouait avec son cheval de bois à qui il manquait une patte arrière. L'objet résistait mal à l'énergie du garçon.

— Est-ce que tu te sens bien, Simon ? interrogea la jeune mère. Tu n'as pas trop chaud, dis ?

— Non, maman. Moi, je veux qu'elle revienne, Hermine.

Le jeune garçon portait une amitié sincère à la fillette, malgré quelques petites chamailleries. Son absence lui était dure à supporter.

— Je ne peux pas la garder en ce moment, avec le bébé.

— Je retourne dans la cour, claironna le petit.

— Reste ici, ton père va revenir. Joue donc.

Le tocsin s'était tu. Élisabeth monta coucher Armand dans son berceau. Elle redescendit sur la pointe des pieds. Simon faisait galoper son cheval sur le plancher. La jeune femme crut percevoir des éclats de voix affolés et des bruits de sabots. Un attelage approchait. Joseph déboula dans la pièce, sa casquette à la main, le visage déformé par une expression proche de la terreur.

— Jeanne Thibaut est morte à l'aube ! marmonna-t-il en s'affalant sur une chaise. Une gosse de treize ans. Mon pauvre Marcel m'a saisi au col, il était en larmes.

J'ai eu le temps de comprendre que sa fille avait eu une fièvre de cheval la nuit précédente et cette nuit-ci. Tu penses, elle n'était pas solide. Chétive comme son père ! J'en suis tout remué. Je l'ai vue grandir, Jeanne, faire ses premiers pas devant l'église.

Joseph se releva et se servit un verre de caribou, une boisson qui se fabriquait dans le pays, un mélange de sherry et d'alcool de qualité moyenne. Pendant les grands froids ou en cas de baisse de moral, cela donnait un rude coup de fouet. Cependant, la consommation en demeurait exceptionnelle, surtout lorsque ce n'était pas fête. Le curé prônait l'abstinence de toute boisson alcoolisée.

— J'ai repoussé Marcel, un de mes meilleurs amis, parce qu'il s'accrochait à moi. Pas question que je vous rapporte la maladie.

Élisabeth avait écouté bouche bée, les yeux écarquillés. Elle ne parvenait pas à croire que Jeanne Thibaut était morte.

— Si vite ! gémit-elle, les larmes aux yeux. Dimanche, elle m'a porté une bouteille de sirop d'érable de la part de sa mère. Je n'en avais plus de l'année précédente. Oh ! mon Dieu, Jeanne était si jeune, si gentille !

— Eh oui, ça ne pardonne pas, cette saleté de grippe espagnole, trancha Joseph. Le maire va placarder leur maison. Le curé était là. Ils vont enterrer Jeanne vite fait, aussi vite qu'elle a rendu l'âme, pour éviter la contagion.

Quelqu'un frappa. Élisabeth courut ouvrir. Sœur Sainte-Madeleine se tenait sur le perron, les mains jointes à la hauteur de la croix qui ornait sa robe noire. La jeune religieuse entretenait de bonnes relations avec la nourrice de Marie-Hermine. Elle eut un élan vers elle, mais la voix rauque de Joseph l'arrêta net.

— D'où venez-vous, ma sœur ? aboya-t-il.

— De l'église, où l'on m'a appris le décès de Jeanne. La mère supérieure m'a envoyée aux nouvelles, répliqua-t-elle. C'est affreux, n'est-ce pas ? Vos petits vont bien ?

Élisabeth recula sans inviter la religieuse à entrer.

— Nous sommes désolés pour Jeanne, dit tristement la jeune femme, mais nous devons suivre les consignes des journaux. Il vaut mieux que chaque famille se tienne loin des malades.

Sœur Sainte-Madeleine hocha la tête. En quittant le presbytère, elle n'avait pu s'empêcher de courir au chevet de l'adolescente. Il lui semblait indispensable de réconforter les malheureux parents et d'embrasser Jeanne une dernière fois, sur son front innocent.

— Excusez-moi, dit-elle. Je ne vous importunerai pas plus longtemps. Que Dieu vous ait tous en sa sainte garde.

*
* *

Cinq jours plus tard, Céline Thibaut décédait à son tour, alors qu'elle approchait de son terme. C'était une des femmes les plus aimées du village. Elle s'était éteinte après quelques heures d'une sorte de coma causé par l'élévation de la fièvre. Atteint lui aussi, Marcel n'avait même pas pu assister à la mise en bière de son épouse, la quatrième victime de la grippe. Le père Bordereau et le maire préconisaient un enterrement immédiat, se conformant en cela aux pratiques des paroisses voisines.

Les proches parents encore valides, aux côtés du curé, récitaient à la hâte une prière devant l'église, et cela suffisait comme funérailles. Plusieurs familles étaient touchées par la grippe et l'on se préparait au pire.

— La colère de Dieu ! déclara la mère supérieure en quittant le cimetière de la paroisse au bras de sœur Sainte-Lucie.

La vieille religieuse avait tenu à accompagner jusqu'à sa dernière demeure le corps de Céline Thibaut, qui reposerait près de sa fille Jeanne.

— Cette personne si pieuse, si dévouée, laisse cinq orphelins, confia-t-elle à sa sœur en religion. Nous devons prier de toute notre âme pour que monsieur Thibaut guérisse et, à ce propos, j'ai décidé d'héberger les enfants au couvent-école, dans la classe des petits. Nous leur dresserons des lits de fortune, ils ne verront pas leur père mourir, si cela arrivait.

— Bien, ma mère. Mais il apparaît, au vu des rapports que nous a faits monsieur le maire, que les hommes en pleine force de l'âge résistent mieux à la maladie, ainsi que les personnes âgées qui ont déjà été affectées par la grippe.

— C'est vrai, il semble que les femmes et les enfants succombent les premiers, concéda la supérieure d'un ton accablé. Cependant, Marcel Thibaut n'est pas d'une constitution très robuste. J'espère que le médecin de Roberval va pouvoir se déplacer. Nous avons besoin de ses conseils, à défaut de médicaments.

Les sœurs regagnèrent le couvent-école. Le vaste bâtiment, déserté par la centaine d'élèves qui le fréquentaient avec plus ou moins de régularité, était étrangement silencieux en ce milieu de matinée.

— Mon Dieu, que j'ai hâte de revoir les classes remplies ! soupira sœur Sainte-Lucie. Combien reviendront ?

Elles montèrent à la cuisine. La converse faisait dîner Marie-Hermine. La fillette reniflait, de grosses larmes prêtes à couler au coin des yeux.

— Quelle est la raison de ce chagrin ? interrogea la mère supérieure.

— Sœur Sainte-Madeleine vient de s'aliter. Elle m'a suppliée de garder Marie-Hermine ici, en interdisant bien à la petite de lui rendre visite, répondit sœur Victorienne d'un ton inquiet. La pauvre petite ne comprend pas ce qui se passe.

— Seigneur tout-puissant ! s'écria la vieille religieuse en se signant. Elle a dû sentir les premières atteintes de la grippe. Mais je la soignerai et elle se rétablira. Marie-Hermine, écoute-moi. Notre sœur Sainte-Madeleine agit pour ton bien. Tu vas donc obéir et ne pas chercher à la voir. Tu dormiras près de sœur Victorienne, ce soir. Nous allons déplacer ton lit. Sois très sage, ma chère enfant, et prie Dieu de veiller sur ta future maman.

Ces derniers mots surprirent les deux autres religieuses qui n'étaient pas au courant des projets de la jeune sœur.

— J'allais vous annoncer la décision de sœur Sainte-Madeleine avant Noël, expliqua la supérieure. Elle a choisi de rompre ses vœux pour reprendre sa place dans le monde. Grâce au soutien de ses parents, notre sœur a pu obtenir la tutelle de Marie-Hermine qu'elle élèvera comme sa propre enfant. Je l'ai encouragée, sa vocation religieuse n'étant pas assez forte, à mon avis.

La sœur converse caressa le front de Marie-Hermine avec tendresse.

— Notre petit ange habitera donc Chicoutimi. Elle aura une famille qui la chérira, et une maman.

— Et nous pourrons la voir pendant l'été, ajouta sœur Sainte-Lucie. Pour être franche, je me doutais de quelque chose. Il y a une semaine environ, j'avais aperçu sœur Sainte-Madeleine sans son voile, et ses cheveux étaient plus longs que d'habitude. Je l'entendais parfois parler à la petite et cela ressemblait à des promesses de distractions peu compatibles avec notre mode de vie.

La mère supérieure eut un sourire triste.

— De belles et douces promesses, sûrement, soupira-t-elle en s'éloignant à pas feutrés.

Marie-Hermine repoussa son assiette de lentilles et tritura sa serviette. Rien ne lui avait échappé de la discussion. Elle joignit soudain ses menottes et commença à réciter ses prières. Mais, pendant qu'elle prononçait à mi-voix le *Notre Père* qu'elle savait par cœur, des sanglots la suffoquèrent. Pleines de compassion, les religieuses s'évertuèrent à la consoler. Rien n'y fit.

— Je veux sœur Sainte-Madeleine, se mit-elle à gémir. Je veux voir ma maman. Elle l'a dit, que c'était elle, ma maman.

La peine de la fillette vint à bout des nerfs de la converse. Elle prit, Marie-Hermine sur ses genoux et pleura en silence.

— Nous allons prier, ma chérie, calme-toi ! répétait-elle. Sœur Sainte-Madeleine est souffrante, elle doit se reposer.

La mère supérieure hésita un court instant avant d'entrer dans le dortoir. Elle redoutait de trouver la jeune religieuse à l'agonie ou d'attraper la grippe. Son propre sort lui était indifférent, mais si elle contractait la maladie, elle ne serait plus d'aucun secours aux villageois ni aux enfants Thibaut qu'elle espérait ramener le soir même.

« Je vais juger de son état et je ferai l'inventaire de notre pharmacie. Nous avons peut-être de quoi faire baisser la fièvre », songea-t-elle en se décidant à franchir la porte.

Sœur Sainte-Madeleine était allongée sur son lit, vêtue d'une longue jaquette blanche plaquée sur ses formes graciles de façon indécente. Elle se tourna tout de suite vers la supérieure.

— Ma mère, il ne fallait pas venir !

— Enfin, ma chère fille, je ne fais que mon devoir. Vous pensez être atteinte, n'est-ce pas ?

La supérieure s'approcha. Elle constata que la jaquette de sœur Sainte-Madeleine était entièrement mouillée.

— Doux Jésus ! s'écria-t-elle. Transpirez-vous autant ?

— Non, ma mère, j'ai trempé mon linge dans un seau d'eau fraîche, bredouilla-t-elle. Cela aide à abaisser la température. J'ai eu des frissons, ce matin, et des douleurs aux jambes. Là, je sentais monter la fièvre. Reculez, je ne voudrais pas vous contaminer.

Le regard de sœur Sainte-Madeleine exprimait une poignante détresse. Elle claquait des dents.

— Il vous faut une couverture, protesta la mère supérieure. Mon enfant, votre méthode me paraît dangereuse. Soyez raisonnable. Vous êtes jeune et solide. Monsieur le curé m'a affirmé que, passé un cap, on se remet rapidement de la grippe espagnole. Vous allez tenir bon pour Marie-Hermine qui se désole d'être séparée de vous.

— Je serai vaillante, assura la malade. Mais je souffre beaucoup, ma tête est lourde, ça cogne là, derrière le front.

Sœur Sainte-Apolline parvint à la convaincre de se couvrir et d'ôter le vêtement humide.

— Je vais vous préparer de la tisane, ma chère petite.

La jeune sœur répondit d'un mouvement de paupières avant de sombrer dans une somnolence agitée. La supérieure admira la finesse des traits et la chevelure blonde qui effleurait la nuque. C'était une autre personne, qu'elle contemplait.

— Angélique ! dit-elle tout bas. La fille des anges. Espérons que ce n'est pas un mauvais présage.

***

Val-Jalbert, 26 octobre 1918

Élisabeth Marois s'éloigna de la fenêtre. Le tocsin avait encore sonné ce matin. Elle venait d'apprendre par son mari qu'une femme enceinte de la rue Dubuc, une voie ouverte l'année précédente sur le plateau proche de l'usine, était morte durant la nuit, ainsi que son petit garçon de huit ans.

— Joseph, c'est terrible ! Cela fait six décès à ce jour.

L'ouvrier se servit du café sans lui répondre. Il renversa la tasse. Le liquide fumant se répandit sur le plancher. La jeune femme s'empressa de nettoyer les dégâts.

— Joseph ! Qu'est-ce que tu as ?

Le grand gaillard tremblait de tout son corps. Elle le vit porter une main à son front.

— Sept morts, Betty, balbutia-t-il. Le vieux Gédéon, le meunier du moulin à farine, a trépassé hier soir. Le boulanger qui se servait là-bas, il l'a annoncé tout à l'heure au magasin général. Je me sens fatigué. Je monte me coucher un peu. Tu ferais bien de t'installer dans la chambre des garçons. La grippe ne m'aura pas.

Il prit la bouteille de caribou rangée dans le buffet et se dirigea vers l'escalier. Élisabeth poussa un cri de terreur :

— Nous allons tous mourir, toi, moi, les petits ! Joseph, je t'en supplie, laisse-moi te soigner.

— Le curé l'a dit, les hommes jeunes et en bonne santé ont toutes leurs chances, marmonna-t-il. Ne m'approche plus, Betty.

Elle éclata en sanglots, bouleversée. Simon se pendit à ses jupes, inquiet de la voir pleurer. La journée s'écoula avec lenteur, baignée d'une atmosphère de catastrophe. Élisabeth allaita le petit Armand, puis elle dressa un lit pliant qu'elle utilisait pour un de ses cousins quand il leur rendait visite.

Juste avant la tombée de la nuit, Annette Dupré frappa à la porte.

— Qu'est-ce que tu veux ? demanda la jeune femme, plaquée contre le battant, la main sur le verrou.

— Sabin est mort, mon petit Sabin, à six ans ! Amédée est à l'usine. Viens m'aider, je t'en prie.

Le timbre aigu, si souvent railleur de sa voisine, avait pris des accents désespérés trahissant une totale incompréhension. Sa voix devenue plus grave chevrotait.

— Élisabeth, aide-moi, je n'ose pas le toucher ni lui faire la toilette.

— Va chercher monsieur le curé, Annette ! répondit-elle en frémissant d'horreur. Je dois protéger mes enfants. Les consignes du maire sont formelles. Chacun chez soi avec ses malades. Mon mari est atteint.

— Chacun chez soi avec ses morts ! hurla la voisine.

Un profond silence suivit cette clameur de rage impuissante. Élisabeth se mit à prier. Sabin était un beau petit garçon aux boucles brunes.

Les religieuses n'arrêtaient pas de prier, elles aussi, quand elles en trouvaient le temps. Promues infirmières de leur plein gré, elles se donnaient beaucoup de mal pour secourir les gens du village. Les enfants Thibaut étaient logés comme prévu dans la classe des petits. Le décès brutal de leur sœur aînée et de leur mère les plongeait dans un état proche de l'hébétude.

La mère supérieure venait de rendre visite à une famille dont tous les membres étaient alités. Le père Bordereau l'avait raccompagnée jusqu'au couvent-école. Tous deux dressaient un constat alarmant.

— Les symptômes sont fidèles à la description que j'ai lue, disait le curé. Maux de tête violents, courbatures, fièvre élevée, souvent une toux épuisante et un enrouement de la voix. Tous les foyers de Val-Jalbert sont atteints, c'est une calamité. Le docteur Demilles arrive demain par le train. Prions Dieu qu'il puisse endiguer l'épidémie. Savez-vous qu'à Port-Alfred le mal fait tant de ravages que l'on a envoyé des médecins militaires au secours des médecins locaux[1] ? Aux Bergeronnes, il y a eu douze décès. Des mesures sont

1. Fait authentique.

prises, les restaurants et les salles de réunion sont fermés pour éviter la propagation de la grippe.

Le curé poussa un soupir navré. Sœur Sainte-Apolline ajouta, sur le ton de la confidence :

— Notre jeune sœur Sainte-Madeleine garde la chambre. Elle montre un grand courage. Aujourd'hui, elle m'a paru mieux.

— Dieu merci, à son âge on peut se rétablir de façon rapide.

Le père Bordereau voulait dispenser des paroles de consolation aux enfants Thibaut. La supérieure le fit entrer dans la salle. Elle chuchota, en restant en arrière :

— Nous leur avons prêté des livres usagés que je brûlerai plus tard si un cas se déclare parmi eux. Ils ne m'ont pas l'air atteints, pour le moment. Mais les pauvres, ils pleurent beaucoup.

— J'ai de bonnes nouvelles ! déclara à haute voix le curé. Mes chers enfants, votre père est en voie de guérison.

Les trois garçons, entre dix et six ans, s'approchèrent en tenant par la main leurs petites sœurs, des jumelles de quatre ans.

— Ce n'est pas amusant de rester enfermé ainsi, dit encore le curé, mais votre santé en dépend. Continuez à être bien sages et à obéir aux sœurs. Notre communauté traverse une sombre période, mais il faut garder espoir.

La mère supérieure, du seuil de la pièce, écouta les réponses timides des enfants. Elle éprouvait tant de pitié pour eux que les larmes lui vinrent aux yeux.

Marie-Hermine, elle, ne pleurait pas. Assise contre la porte du dortoir où se trouvait sœur Sainte-Madeleine, la fillette se balançait de droite à gauche et de gauche à droite, les bras noués autour de ses genoux. La pénombre envahissait le couloir de l'étage où régnait toujours ce silence oppressant qui troublait la petite. Elle avait grandi parmi le bruit et l'agitation propres à une école. Même disciplinés, les élèves des religieuses ne pouvaient pas contrôler le martèlement de leurs chaussures sur les planchers. Pendant les récréations, au printemps, ils s'amusaient dehors, riant et chantant. Chez sa nourrice Betty, il y avait la grosse voix de Joseph et les babillages de Simon, son camarade de jeux.

Le déroulement rassurant des heures et des jours avait volé en éclats. On s'occupait à peine d'elle. Sœur Victorienne ne s'était pas aperçue que la fillette avait quitté la cuisine, parce qu'elle préparait des sachets de tisane contre la fièvre. Sœur Sainte-Lucie était au chevet de l'épouse du contremaître de l'usine. Marie-Hermine en entendait, des paroles, des prières. Elle n'en comprenait pas toujours le sens exact, mais certains mots l'effrayaient, comme « le petit Sabin Dupré est mort ». La converse les avait soufflés une heure plus tôt en se signant plusieurs fois.

La fillette connaissait Sabin et, de la mort, elle pressentait le côté implacable depuis qu'elle avait trouvé un oiseau sans vie au pied d'un arbre. Sabin était devenu comme l'oiseau. Elle s'était enfuie et avait tambouriné à la porte du dortoir. Sœur Sainte-Madeleine lui manquait trop.

— Je veux te voir ! avait-elle gémi sans obtenir de réponse.

La jeune femme, à demi inconsciente, avait cru percevoir un appel, une voix fluette et bien-aimée mais, sans force, elle s'était contentée de geindre.

La mère supérieure et le curé montèrent à la cuisine, le lieu le plus accueillant. Ils ne virent pas Marie-Hermine, recroquevillée sur le plancher. Quand la converse chercha la petite, elle la trouva dormant à même le sol.

— Pauvre enfant ! soupira sœur Victorienne en la soulevant.

Elle la déposa dans le lit d'enfant qui avait été déplacé par mesure de prudence. Marie-Hermine couchait désormais dans la cuisine. Le père Bordereau et la mère supérieure échangèrent un regard soucieux.

— Cette malheureuse fillette doit être bien triste, déclara le curé. Elle s'est beaucoup attachée à sœur Sainte-Madeleine.

— Hélas, oui, renchérit la converse.

Sœur Sainte-Lucie apparut peu de temps après.

— Ma mère, le postier m'a remis un télégramme adressé à sœur Sainte-Madeleine. Je n'ai pas osé le lire, il vient de Chicoutimi.

— Notre sœur n'est pas en état d'en prendre connaissance, murmura la vieille religieuse. Voyons ça.

Elle ajusta ses lunettes et parcourut le pli bleu, si souvent porteur de mauvaises nouvelles.

— Mon Dieu ! Les parents de sœur Sainte-Madeleine sont morts la nuit dernière. Quel grand malheur !

Sœur Sainte-Apolline prit congé du curé et se rendit au chevet de la jeune femme. Elle sommeillait, une expression paisible sur le visage. Des visions hantaient son esprit en pleine torpeur. Marie-Hermine gambadait sur un sentier bordé de fleurs, des renoncules et des marguerites. La fillette portait la jolie robe en coton bleu qu'elle avait mise durant l'été. Le soleil illuminait ses cheveux clairs. La petite riait en répétant : maman,

maman. Elle chantait de sa voix cristalline : *Pomme de rainette et pomme d'api*. Eugène, le fiancé perdu, était là lui aussi. Il lui disait tendrement « ma chère Angélique », en lui embrassant les doigts un par un.

— Sœur Sainte-Madeleine, réveillez-vous. Seigneur, qu'elle est chaude !

La voix tremblante d'émotion de la supérieure arracha la malade à ses rêves bienheureux. Elle ouvrit les yeux.

— Ma mère ? Oh, je me sens lasse, tellement lasse. Comment va Marie-Hermine ? Je suis sûre qu'elle pleure, toute seule dans le noir.

La jeune femme se redressa, le front constellé de gouttes de sueur. Elle toussa à plusieurs reprises avant d'ajouter, haletante :

— Ma poitrine est en feu, ma mère. Il me faut de l'eau, de l'eau glacée.

— Calmez-vous, ma chère enfant. Je vais vous chercher à boire.

— Non, je me sens mieux, à part cette toux. Je peux me lever.

Sœur Sainte-Madeleine rejeta sa literie, se mit debout et voulut s'élancer vers la porte. Affolée, la supérieure la retint au passage.

— Recouchez-vous, par pitié. Je vous croyais lucide, mais vous délirez.

La vieille religieuse dut soutenir la malade jusqu'au lit, la forcer à s'allonger à nouveau.

— Ma mère, pardonnez-moi. Je ne veux pas mourir, je suis trop jeune. J'ai droit au bonheur sur cette terre et, mon bonheur, c'est Marie-Hermine. Je lui ai promis d'être sa maman. Que deviendra-t-elle sans moi ? Ma mère, pardonnez-moi.

Le regard dilaté, elle s'accrochait avec force aux bras de la supérieure.

— Je dois vous faire un aveu, balbutia-t-elle. Ma mère, je vous ai trompée. Les parents de Marie-Hermine n'ont jamais glissé de courrier sous notre porte. C'était moi qui l'avais écrit, pour qu'elle n'aille pas à l'orphelinat, mon ange, mon petit trésor. Elle est toute ma vie, ma joie, mon enfant chérie. Je vous en prie, si jamais il m'arrivait malheur, promettez-moi de ne pas la confier à l'orphelinat. Elle serait trop triste, ayez pitié d'elle, de notre petite. Promettez, ma mère !

Confrontée à ce déferlement hoquetant de mots à peine audibles, sœur Sainte-Apolline tenta de rassurer la malheureuse qui toussait de plus belle.

— Je vous pardonne, ma sœur, reposez-vous. Cela vous épuise de tant parler. Il vous faut guérir maintenant, pour la fillette que vous aimez.

— Promettez, ma mère ! Vous la garderez...

— Je vous le promets. Devant Dieu, je vous le promets.

Oubliant les consignes de prudence, elle caressa le front de la jeune femme qui peu à peu cessa de s'agiter. La supérieure renonça à lui apprendre la mort de ses parents.

« Elle le saura bien assez tôt. Dans son état, le choc pourrait l'achever », songea-t-elle.

Le lendemain, le docteur Demilles arriva à Val-Jalbert. Il put constater deux autres décès, une adolescente de quatorze ans et l'épouse d'un ouvrier lui aussi mal en point. Les enfants du couple, quatre fils déjà mariés, travaillaient à la fabrique. Le médecin visita toutes les maisons infestées par la grippe. Il ne pouvait que distribuer des conseils d'hygiène et recommander des tisanes et l'alitement.

— Nous ne disposons d'aucun remède efficace, expliqua-t-il au maire. Il reste les prières, le repos et la providence. Certaines personnes sont épargnées, Dieu seul sait pourquoi !

En fin de journée, le docteur se rendit au couvent-école à la demande du père Bordereau, très inquiet pour la jeune sœur Sainte-Madeleine. Demilles diagnostiqua une pneumonie.

— Il s'agit d'une complication de la grippe ! affirma-t-il au curé qu'il rejoignit dans le couloir. Si vous la faisiez transporter dans un hôpital, elle aurait une mince chance de guérir, mais vu la situation dans le pays, ce serait un déplacement inutile. Cela dit, un miracle est toujours possible.

Les trois religieuses s'étaient approchées. Après avoir remercié le médecin, elles se réunirent dans la salle paroissiale et décidèrent de prier toute la nuit pour la malade dès que les enfants dont elles avaient la charge dormiraient.

Marie-Hermine fut couchée à sept heures du soir. La converse éteignit la lumière électrique en recommandant à la fillette de ne pas quitter son lit.

— Sous aucun prétexte ! As-tu compris ?

La petite hocha la tête, mais, dès qu'elle se retrouva seule, elle se releva, pieds nus, et trottina le long du couloir obscur. Son idée fixe était de s'asseoir contre la porte du dortoir. Elle avait ainsi l'impression d'être le plus près possible de sœur Sainte-Madeleine. Mais le battant était resté à demi béant, à cause de l'étourderie du curé. Marie-Hermine fut incapable de résister. On lui avait interdit d'entrer, elle le savait. Son besoin de voir la jeune religieuse la poussa à désobéir.

— Maman ? appela-t-elle tout bas.

C'était leur secret. Une fois seules toutes les deux, il n'y avait plus de sœur Sainte-Madeleine. Marie-Hermine avait le droit de dire maman à la jeune femme.

— Tu dors ? demanda-t-elle en arrivant près du lit.

Tout était tranquille. L'enfant caressa la main qui reposait sur le drap. Elle percevait le bruit ténu d'une respiration. Infiniment soulagée, elle oubliait déjà l'incompréhensible séparation dont elle avait tant souffert.

Avec précaution, elle se hissa près de la malade et se coucha contre elle, le visage blotti au creux de son épaule.

— Tu es ma maman, dit-elle doucement, alors, je dors là, avec toi.

Envahie par une joie immense, Marie-Hermine ferma les yeux. Elle se souvenait des promesses que lui avait faites la religieuse, mais, si elle se les remémorait, c'était plus pour rêver que par hâte de les voir se concrétiser. Sœur Sainte-Madeleine avait parlé d'une belle poupée en porcelaine qu'elles achèteraient ensemble dans un magasin de Chicoutimi et d'une promenade sur le lac Saint-Jean en bateau, l'été prochain. Il était aussi question de robes brodées, de chaussures vernies, de livres d'images et d'un piano aux touches d'ivoire dans un salon. Mais ce que désirait la fillette, surtout, c'était d'avoir une maman qui ne la quitterait jamais.

— Tu as chaud, très chaud, murmura-t-elle.

La malade laissa échapper un gémissement. Marie-Hermine lui caressa la joue. Dans son raisonnement naïf d'enfant de quatre ans, la jeune femme avait du mal à dormir. Elle entonna très bas une berceuse. C'était celle que lui avait apprise sœur Sainte-Madeleine.

— Tu pourras la chanter au bébé d'Élisabeth s'il pleure, disait la religieuse en riant.

— Fais dodo, Colas mon petit frère, fais dodo... fredonnait la petite, au comble du bonheur.

Elle s'endormit, confiante.

Vers minuit, le docteur Demilles, qui avait pris une chambre à l'hôtel, vint, toujours accompagné du père Bordereau, frapper au couvent-école. Les trois religieuses descendirent, alarmées. Une femme de la rue Tremblay venait de mourir, laissant deux enfants en bas âge. Son mari, à demi fou de chagrin, était incapable de s'occuper des petits. Sœur Sainte-Lucie et sœur Sainte-Apolline suivirent le docteur et le curé afin de ramener les orphelins. La converse prépara deux lits de fortune dans une autre classe avant de remonter dans la cuisine pour faire bouillir le lait qu'un cultivateur du voisinage avait apporté. Ayant pris soin de s'éclairer à la chandelle pour ne pas réveiller Marie-Hermine, elle ne regarda même pas dans son lit, persuadée que la petite dormait sous l'édredon en satin bleu.

Au point du jour, la mère supérieure trouva le temps de se rendre au chevet de sœur Sainte-Madeleine. La nuit avait été éprouvante. Il lui avait fallu servir d'infirmière au docteur Demilles, l'épidémie atteignant son apogée à Val-Jalbert. Sœur Sainte-Lucie venait de repartir prêter secours à Élisabeth dont le mari, consumé par la fièvre, délirait.

— Mon Dieu ! Quand verrons-nous la fin de nos tourments ? soupira-t-elle en longeant le couloir.

Elle pensait, le cœur serré, aux deux tout petits

enfants qui grandiraient sans leur mère. Ils étaient couchés au rez-de-chaussée.

— Un an et deux ans et demi ! se lamenta-t-elle. Seigneur, donnez à leur père le courage d'affronter son deuil.

Dans la clarté blafarde de l'aube, elle vit tout de suite que la jeune religieuse était morte. Le teint cireux, les traits sereins, elle gisait, parfaitement immobile. Elle devina avec stupéfaction une forme recroquevillée à ses côtés.

— Mon Dieu, non ! gémit-elle en rabaissant le pan de drap qui dissimulait en partie Marie-Hermine.

L'exclamation réveilla la fillette qui cligna des paupières et esquissa un sourire encore chargé de doux rêves. Elle se tourna vers sœur Sainte-Madeleine.

— Viens avec moi, vite ! ordonna la supérieure. Tu ne peux pas rester là.

Mais l'enfant se redressa et toucha du bout des doigts le visage bien-aimé de celle qui lui avait servi de mère pendant presque trois ans. La froideur de la peau la surprit et, l'instant d'après, la terrifia. L'image de l'oiseau mort, tout raide, lui revint. Elle prit peur.

— Pourquoi elle dort toujours ? demanda-t-elle d'une voix suraiguë. Maman ! maman, réveille-toi !

La converse entra à son tour, alertée par les cris. Sœur Sainte-Apolline saisit la petite fille par la taille et essaya de la prendre dans ses bras.

— Non ! hurla-t-elle. Non ! Je veux rester avec maman.

Bouleversée, sœur Victorienne n'osait pas s'approcher. Marie-Hermine se cramponnait au cou de la morte et se plaquait sur son corps en agitant ses petites jambes comme si elle voulait courir sur place.

— Aidez-moi, supplia la supérieure. Il faut l'emmener.

— Oui, bien sûr, répondit la converse.

Les plaintes et les sanglots de la fillette les blessaient au plus profond de leur cœur de femmes. Elles mesuraient soudain à quel point sœur Sainte-Madeleine comptait pour leur protégée.

— Viens, ma chérie, viens, implora la converse en tentant de détacher la petite du cadavre.

— Non, non ! s'égosillait l'enfant.

— Notre sœur est au ciel parmi les anges, dit doucement la mère supérieure. Son âme s'est envolée comme un oiseau. Elle veillera sur toi du paradis, Marie-Hermine.

— Elle est morte ? interrogea soudain la fillette.

— Oui... soupira la converse. Et elle aurait de la peine de te voir pleurer et crier comme ça.

Tout en parlant, les deux religieuses s'efforçaient de lui faire lâcher prise. Marie-Hermine céda d'un seul coup, avec un gros sanglot de désespoir. La supérieure la prit dans ses bras et sortit en courant du dortoir. Malgré toute leur compassion et le chagrin qu'elles ressentaient, les sœurs ne pouvaient pas accorder trop de temps à Marie-Hermine.

La converse la conduisit dans la cuisine et la sermonna :

— Tous les gens du village sont très malades, comprends-tu ? Je sais que tu aimais sœur Sainte-Madeleine comme si elle était ta maman, mais tu m'as désobéi. Maintenant tu risques d'avoir la grippe à ton tour. Tu dois me promettre de rester sagement dans ton lit. Récite tes prières, j'ai beaucoup de travail.

Marie-Hermine ne répondit pas. Muette, le regard

absent, elle suivit sœur Victorienne des yeux tandis que la converse préparait de la soupe et des tisanes. Quand elle lui apporta un bol de lait et du pain, la petite fille refusa de s'y intéresser. Elle se cacha sous ses draps et se mit à pleurer, perdue au sein d'un monde devenu menaçant parce que privé de la lumière de sœur Sainte-Madeleine, de ses sourires et de ses baisers.

— Allons, ma mignonne, sois courageuse. Si tu pries de tout ton cœur, Dieu te consolera.

Les mots n'avaient aucun sens pour l'enfant. Elle sanglota plus fort dès que la converse fut sortie de la pièce.

Sœur Sainte-Madeleine fut enterrée avant midi, avec la même hâte que les précédentes victimes. La mère supérieure se rendit au cimetière malgré la fatigue qui la courbait et la faisait paraître plus âgée. Sur le chemin du retour, elle s'arrêta un instant, une main à la hauteur de la poitrine.

— Chère petite Angélique ! dit-elle en regardant le ciel. Je n'aurais jamais pensé que vous reposeriez ici, à Val-Jalbert. Mon Dieu, donnez-nous la force de lutter contre ce mal impitoyable.

Le curé, livide, venait à sa rencontre.

— Sœur Sainte-Apolline, je vous vois bien affligée.

— Affligée mais en bonne santé, soupira-t-elle. La grippe espagnole ne veut pas de moi. Elle fauche les plus jeunes, les plus fragiles.

— La colère de Dieu... marmonna le père Bordereau. Combien serons-nous quand l'épidémie se terminera ? En tout cas, ma sœur, il faudra remettre Marie-Hermine à l'orphelinat de Chicoutimi cet été. Elle est en âge d'être confiée à cette sainte institution.

La vieille religieuse ôta ses lunettes. Elle avait prévu céder son poste à la rentrée de 1919, mais le destin bousculait ses projets.

— Je désire garder la fillette avec nous, mon père. Je l'ai promis à sœur Sainte-Madeleine. Je solliciterai sa tutelle et, vu les circonstances actuelles, j'ai espoir de l'obtenir. Les orphelins seront nombreux l'année prochaine. Une pensionnaire en moins ne peut qu'arranger l'administration de l'Hôtel-Dieu.

— Sans doute, concéda-t-il. Mais il faudra un jour ou l'autre trouver une solution pour Marie-Hermine.

— J'y veillerai, mon père, répliqua la supérieure.

Un vol d'outardes traversa l'azur semé de nuages gris. Leur départ vers le sud annonçait les premiers grands froids. Sœur Sainte-Apolline se signa et salua le curé. Elle regagna le couvent-école et monta directement dans la cuisine.

— Comment va la petite ? demanda-t-elle à la converse qui coupait du pain.

— Elle n'arrête pas de pleurer. Cela me fend le cœur !

La supérieure se pencha sur le lit et rabattit le drap. Marie-Hermine lui adressa un regard pitoyable.

— Viens près de moi, dit la sœur en s'asseyant sur une chaise. Je sais que tu as de la peine. J'ai un cadeau pour toi.

La petite fille, en jaquette rose et pieds nus, se réfugia dans les bras de la religieuse. Elle avait tellement besoin de tendresse, elle avait tant besoin d'être rassurée. Sœur Sainte-Apolline tenait un cadre. Sous le verre resplendissait le beau visage de sœur Sainte-Madeleine, telle que Marie-Hermine l'avait vue le plus souvent, avec son voile noir bordé de blanc.

— Je te le donne. Tu pourras lui parler et l'admirer, prier pour elle, aussi. C'est une photographie prise le matin de notre arrivée à Val-Jalbert. Quand tu seras plus grande, il y aura ici une autre mère supérieure, sûrement, mais elle saura t'expliquer que nous sommes de faibles créatures face à la maladie. Même le docteur n'a rien pu faire.

Marie-Hermine avait écouté attentivement. Elle se laissa habiller et coiffer. Le portrait la fascinait tant qu'elle cessa bientôt de pleurer.

— Tu vas rester avec nous, ma chère enfant. Élisabeth sera contente de te garder quand tout sera rentré dans l'ordre.

Sœur Sainte-Apolline prévoyait d'autres décès, d'autres heures sombres, mais, après seize jours, l'épidémie reflua. On dénombra quatorze victimes, surtout des femmes et des enfants. Joseph Marois s'était rétabli après une semaine de forte fièvre. Marcel Thibaut, bien que chétif, fut vite sur pied. Le pauvre homme reprit son travail à l'usine. Il avait cinq enfants à nourrir.

La grippe espagnole, dont on prononçait le nom sur un ton effrayé, comme s'il s'agissait d'une entité jaillie des enfers, céda la place aux premières gelées, puis à la première neige. Les tombes disparurent sous un épais tapis blanc. Le grand froid achèverait de purifier Val-Jalbert.

Marie-Hermine vit passer l'hiver avec résignation. Ses jours se partageaient entre la maison d'Élisabeth et le couvent-école. La jeune femme se montrait douce et affectueuse dans l'espoir de consoler la fillette qui ne souriait plus et mangeait à peine. Joseph avait beau lui demander de chanter *Alouette, gentille alouette*, l'enfant refusait d'un signe de tête. Confusément, elle associait les gais refrains des comptines à une époque heureuse où tout allait bien, où sœur Sainte-Madeleine était vivante et rieuse, toujours prête à l'embrasser sur les joues et à la cajoler.

Au fil des jours et des semaines, elle retrouva cependant le goût de s'amuser grâce au nourrisson des Marois. Observer Armand la distrayait. Elle agitait un hochet sous son nez ou prenait ses menottes dans les siennes. Un matin, le bébé lui fit un beau sourire. Marie-Hermine y répondit timidement. Témoin de la scène, Élisabeth remercia Dieu en silence.

« Faites qu'elle oublie vite son chagrin », pensa-t-elle en attirant la petite fille sur ses genoux.

Sœur Sainte-Lucie avait décidé de remplacer de son mieux sœur Sainte-Madeleine. La religieuse accueillait Marie-Hermine dans sa classe, où l'on apprenait l'alphabet et les chiffres. L'enfant, contente de se faire des camarades, écoutait et retenait les leçons. Pendant les récréations, elle participait de bon cœur aux rondes, aux jeux. Le vendredi après-midi, une heure était consacrée à la musique. Quand les élèves entonnaient les premiers mots de la chanson populaire *À la claire fontaine*, sœur Sainte-Lucie tendait l'oreille.

— La voix de Marie-Hermine domine toutes les autres, confiait-elle chaque samedi matin à la mère supérieure. Elle est plus puissante, plus limpide, bien timbrée. Notre chère enfant a reçu un don du ciel. Et chanter la rend heureuse, cela se lit sur son visage.

— Dans ce cas, il faut l'encourager, conclut sœur Sainte-Apolline avec une expression songeuse.

*
* *

Val-Jalbert, Noël 1923

Des saisons s'étaient écoulées. Sœur Sainte-Bénédicte avait succédé à sœur Sainte-Apolline. La nouvelle supérieure du couvent-école se révéla très vite sévère et peu patiente avec ses élèves.

Marie-Hermine, qui fêterait ses huit ans après les fêtes de Noël, s'était attachée à la converse toujours fidèle à son poste, dont elle partageait le compartiment. Sœur Victorienne sollicitait souvent son aide pour une tâche ou une autre.

— Comme ça, tu te rends utile, mon enfant, lui disait-elle. Il faudra bien que tu travailles, plus tard. Je te conseille de prendre le voile et de me succéder.

Deux choses ne furent jamais remises en question par la supérieure : la présence de Marie-Hermine au couvent-école, dont elle était devenue une élève à titre gracieux, et l'emplacement du portrait de la défunte sœur Sainte-Madeleine. La fillette l'avait posé sur sa table de chevet. La photographie représentait le centre de son petit univers. C'était son amie, sa confidente et la maman idéale qui lui manquait tant.

Chaque soir, à l'heure de dire sa prière, Marie-Hermine lui racontait les drames du village ou les menus événements qui ponctuaient son quotidien.

— Simon m'a tiré les cheveux, maman. Il est dans ma classe, mais, lui, il apprend mal. Armand frappe des mains quand je lui chante *Nous n'irons plus au bois.* Il m'appelle Mine, c'est gentil. J'ai eu un dix en calcul, maman.

En septembre, une grève déclenchée par les ouvriers

de l'usine de pulpe avait secoué l'ordre bien établi qui régnait au village. La fillette en parla vite au portrait de sœur Sainte-Madeleine.

— Maman, quand je vais faire les courses pour sœur Victorienne au magasin général, je n'entends plus le bruit de l'usine. Ils ont arrêté les machines, toutes les machines.

Intelligente, curieuse et discrète, Marie-Hermine savait écouter et tirer parti des discussions glanées ici et là.

— Les ouvriers ne sont pas contents, maman, parce que la compagnie a réduit les salaires. Ils se sont mis en grève. Tu comprends, ils n'avaient plus de travail depuis un mois parce que les barrages sur les lacs ne fonctionnaient plus et que l'eau avait beaucoup baissé. Joseph appartient au syndicat des ouvriers catholiques.

La fillette articulait soigneusement, certains mots lui étant inconnus avant ce jour.

— Il a dit à monsieur le curé que cela ne pouvait pas continuer. Je crois que monsieur Dubuc va redonner de bons salaires. Je voudrais bien ! Betty a beaucoup pleuré. Elle avait peur que son mari perde son poste. J'ai bien vu qu'elle attend un autre bébé. Sœur Victorienne prétend que les bébés naissent dans les choux ou les roses, mais moi je sais qu'ils poussent dans le ventre de leur mère. Betty est toute ronde et parfois, elle murmure : « Oh ! Il a bougé ! »

La veille du 24 décembre, Marie-Hermine confia à sa maman de papier un grand secret.

— Demain soir, je vais chanter *Douce nuit*[1] à

1. Paroles de Joseph Mohr et musique de Franz Gruber, créée en 1818.

l'église. Sœur Victorienne me fait répéter depuis une semaine. J'espère que je n'oublierai pas les paroles. Tu sais, j'ai un peu peur, maman.

Les religieuses s'étaient longuement concertées avant de prendre cette décision. Une fois d'accord, elles avaient demandé son avis au père Bordereau. Le curé avait déjà écouté chanter la fillette. Il ne fit aucune objection.

— Elle a beaucoup travaillé, avait précisé la mère supérieure. En quelque sorte, cette enfant vit de la charité publique, puisque certaines personnes lui offrent des vêtements ou des livres. Ce sera sa façon à elle de les dédommager.

Au moment de partir pour la première messe, la converse était dans tous ses états. Marie-Hermine aussi. Elle avait faim, mais ne pouvait rien avaler.

— Tu mangeras mieux ensuite ! trancha sœur Victorienne. Mets ton manteau et ton bonnet, il se remet à neiger.

La petite fille se souviendrait sa vie durant de la courte marche jusqu'à l'église, sous une pluie de flocons duveteux. Les sœurs l'entouraient, quatre silhouettes sombres dont l'impatience et l'angoisse lui étaient palpables.

— Ne nous déçois pas, Marie-Hermine, disait la supérieure. Il y aura beaucoup de monde, mais rien ne doit te distraire.

Élisabeth et Joseph, avec leurs trois garçons, avaient pu s'asseoir sur un banc du premier rang. Ils étaient très émus, ayant eux aussi encouragé de leur mieux la fillette à bien apprendre la chanson.

— Jo, je suis malade d'appréhension, avoua la jeune

femme à son mari. Voilà notre chérie, regarde, elle se tient bien droite.

Pour l'occasion, elle avait confectionné une robe à sa protégée dans une de ses anciennes toilettes en velours bleu nuit. La couleur, proche d'un beau ciel nocturne, rehaussait le teint pâle de Marie-Hermine en assombrissant un peu l'azur de ses yeux. Deux tresses ornées d'un ruban blanc reposaient sur ses épaules.

— Ce sera à toi après le prêche de monsieur le curé, chuchota la converse. Tu te souviens de l'endroit où tu dois te placer ?

— Oui, oui ! bégaya la petite fille. Mais j'ai mal au ventre.

— Tu es anxieuse, lui expliqua sœur Victorienne. Ne fais pas trop attention à la foule ; pense que tu chantes pour Dieu et pour tous les anges du ciel. Je suis sûre que sœur Sainte-Madeleine t'entendra et se réjouira que tu aies une si jolie voix.

Marie-Hermine fut apaisée par ces paroles. Elle pria tout bas, suppliant les puissances divines de l'aider. L'assistance, fort nombreuse, l'impressionnait.

Les minutes s'égrenaient, interminables pour l'enfant. Enfin, la mère supérieure l'emmena vers l'autel en lui tenant la main. La religieuse annonça, dans un parfait silence :

— Une de nos élèves va vous interpréter *Douce nuit*, en l'honneur de la naissance de Notre-Seigneur Jésus. Soyez indulgents, je crois qu'elle est très intimidée.

Élisabeth serra le bras de son mari si fort qu'il retint un cri de surprise.

— Calme-toi, Betty ! Au fond, elle ne risque rien.

Mais il était nerveux lui aussi.

Le père Bordereau avait demandé à un homme de

Val-Jalbert d'accompagner la fillette au violon. C'était un des contremaîtres de l'usine, musicien à ses heures de loisir. Dès que la première note s'éleva, Marie-Hermine commença à chanter.

Douce nuit, sainte nuit !
Dans les cieux
L'astre luit.
Le mystère annoncé s'accomplit
Cet enfant sur la paille endormi,
C'est l'amour infini...

Chacun retenait sa respiration. Sœur Victorienne avait joint les mains et suivait la musique en hochant la tête. La voix de la petite fille, amplifiée par la hauteur et les dimensions de l'édifice, paraissait d'une limpidité irréelle, tout en étant forte et modulée. Marie-Hermine n'avait plus peur. Elle mettait toute sa jeune âme encore naïve dans les mots qui lui servaient à pousser les notes de plus en plus.

Les paroissiens de Val-Jalbert écoutaient, médusés, aux anges. Tous connaissaient ce chant de Noël, mais la charmante enfant debout près de l'autel le transformait, lui offrait un sens nouveau. La pureté de son timbre stupéfia toute l'assemblée.

Lorsque Marie-Hermine se tut, il y eut un étrange moment de flottement. Des enfants applaudirent, car les adultes n'osaient pas le faire dans l'église, trop habitués qu'ils étaient à faire silence dans ces lieux.

Le père Bordereau s'avança vers la fillette en souriant.

— Je te félicite, dit-il tout bas.

Puis, bien haut, il improvisa un bref discours qui resta gravé dans la mémoire des villageois.

— Mes chers paroissiens, ce soir, Marie-Hermine nous a comblés. Et je suis fort ému, car il y aura bientôt sept ans que la providence nous a confié cette douce enfant, à nous, gens de Val-Jalbert. Peu importe dans quelles circonstances, le doigt de Dieu a guidé jusqu'ici un frêle rossignol qui maintenant chante pour nous remercier. Oui, un rossignol, l'oiseau le plus doué en matière de gammes, trilles et vocalises : j'ai eu la chance, dans mon jeune âge, d'écouter son chant lors d'un voyage en France. Marie-Hermine, je vous l'assure, a une voix aussi belle qu'un rossignol. Je vous autorise à l'applaudir.

De timides claquements retentirent. Élisabeth pleurait en silence.

— Dis, monsieur le curé est en veine, ce soir. Le petit rossignol de Val-Jalbert, c'est bien vu, ça ! s'enthousiasma Joseph.

La mère supérieure alla chercher la fillette pressée d'échapper à la centaine de regards rivés sur elle. La converse l'attira dans ses bras.

— Tu as chanté mieux que jamais, mignonne, affirma-t-elle.

— Je vous en prie, ma sœur, ne la rendez pas vaniteuse, ajouta sœur Sainte-Bénédicte.

Après cette première prestation, Marie-Hermine fut souvent sollicitée. Ses camarades de classe l'imploraient de chanter pendant la récréation.

— Je ne peux pas, la mère supérieure me gronderait, répliquait-elle. J'ai le droit seulement le vendredi, pendant le cours de musique.

Chez les Marois, on passait outre à l'interdiction.

Joseph exigeait en riant d'entendre Nous *n'irons plus au bois* ou *Aux marches du palais*[1]. Il promettait toujours un caramel ou une pièce de monnaie à la petite chanteuse. L'habitude fut vite prise de percher Marie-Hermine sur un tabouret. Simon et Armand s'asseyaient à même le plancher. Élisabeth s'installait dans la chaise berçante. Enceinte de quatre mois, elle racontait à son mari, quand ils étaient seuls, que le bébé s'agitait dès le premier couplet.

Au couvent-école, les religieuses s'évertuaient à dénicher des partitions de chansons. Elles pensaient sincèrement que le don de la fillette était une bénédiction. Elles lui apprirent l'*Ave Maria* de Schubert[2] en prévision du prochain Noël.

Mais un tragique incendie faillit changer le cours des choses. Le 10 février 1924, l'église prit feu. Les flammes ravagèrent aussi le presbytère. La population assista, impuissante, à la destruction du lieu de culte. Le portrait de sœur Sainte-Madeleine reçut les confidences de Marie-Hermine.

— C'était affreux, ma petite maman ! Beaucoup de dames pleuraient. Les hommes essayaient d'éteindre le feu, mais c'était impossible. Tout a brûlé. Monsieur le curé a promis que nous aurons une église toute neuve. Je ne sais pas si elle sera aussi belle que l'ancienne[3]. En attendant, la salle paroissiale du couvent va servir de chapelle. Sœur Victorienne m'a dit qu'il y aurait des statues, des bancs et un petit autel.

1. Vieilles chansons françaises du XVIIIe siècle, très populaires.
2. Schubert, Franz (1797-1828), compositeur autrichien.
3. L'église et le presbytère de Val-Jalbert ont été détruits par un incendie le 10 février 1924. Les travaux de reconstruction coûteront 30 000 dollars et s'achèveront en novembre de la même année.

Ainsi s'écoulaient les semaines et les mois.

Un dimanche soir, Hermine raconta à la photographie le déroulement de sa première communion.

— Je portais une jolie robe blanche, avec un voile. C'est Betty qui l'a cousue et brodée. Joseph a payé le tissu. Il est gentil, il me dit souvent que je suis la fille qu'il n'a pas eue. Simon faisait le fier devant l'église ; il voulait m'arracher mon missel. Pourtant, je crois qu'il m'aime bien. Betty dit qu'il est jaloux de moi. C'est un peu mon frère, quand même. Un soir, l'hiver dernier, Simon m'a emmenée voir les loups. On avait entendu des hurlements dans les bois, du côté du moulin Ouellet. On est partis en cachette de la maison à la tombée de la nuit avec une lanterne. Il y en avait deux, ils trottaient entre les arbres. Simon croyait que j'aurais peur, mais je les ai trouvés très beaux ; ils avaient une fourrure grise épaisse, et leurs yeux brillaient. Heureusement que Joseph ne l'a pas su. Il aurait puni Simon à coups de ceinturon, et Betty aurait pleuré.

Sœur Sainte-Madeleine continuait à sourire sur le portrait, malgré le récit de ses menus déboires.

— Tu es tellement belle, maman, déclarait la fillette en embrassant le verre du cadre. Monsieur le curé m'a demandé de chanter l'*Ave Maria* à la fin de la messe. J'espère que tu m'as entendue et que tu étais fière de moi. Il m'a dit que j'avais une voix d'ange. Mais c'est toi, mon ange. Chaque fois que je chante, c'est pour toi, maman.

Plus le temps passait, plus Marie-Hermine se confiait à la jeune religieuse, tenaillée par le besoin de prononcer sans cesse ce mot si doux qui lui était interdit : maman. Un matin, avant même de se lever, l'enfant fixa le doux visage de sœur Sainte-Madeleine et lui raconta, d'un ton plaintif :

— Maman, j'ai fait un rêve, cette nuit. Je crois que j'ai vu ma vraie mère. Il neigeait, il y avait un traîneau tiré par des chiens et un monsieur tout barbu. J'avais peur, mais une jolie dame me consolait, elle m'embrassait. Et j'étais si contente. Mais je me suis réveillée...

La fillette devait faire le même rêve bien souvent. Elle n'osait pas en parler à la converse, à cause de l'impression pénible que lui laissaient ces images. Cela la rendait heureuse, mais aussi très triste, comme si on lui montrait quelque chose de merveilleux qui toujours la fuyait.

Un aveu bien différent des autres fut confié au portrait, d'un ton gêné, trois ans plus tard.

— Ce matin, j'ai eu très mal au ventre, maman. Après, j'ai perdu du sang, entre les cuisses. J'avais peur de mourir, mais sœur Victorienne m'a assuré que c'était normal, que je n'étais pas malade. Elle a dit que j'étais en train de devenir une jeune fille et que je devais me méfier des garçons.

Marie-Hermine avait douze ans et demi. Hormis les religieuses, tout le monde l'appelait Hermine, ce qui paraissait plus court, donc plus pratique. La nouvelle mère supérieure qui remplaçait sœur Sainte-Bénédicte exigeait d'elle des heures de ménage au couvent-école et chez les familles nombreuses, qui étaient loin d'être l'exception à Val-Jalbert.

Ce fut à cette époque qu'Élisabeth Marois supplia son mari d'adopter l'enfant qu'ils avaient pratiquement élevée. Il demanda à réfléchir. Le mois de juillet 1927 s'achevait.

5

Le cœur éteint

Val-Jalbert, 5 août 1927

L'été à Val-Jalbert, bien que souvent frais et humide, avait un parfum de paradis perdu. Devant les maisons, des massifs de fleurs jetaient toute une gamme de couleurs vives, que rehaussait le vert des étendues d'herbe bordant les rues. Les arbres plantés dès la création du village déployaient la variété de leurs feuillages qui abritaient des nuées d'oiseaux.

C'était l'époque bénie des robes légères aux teintes pastel, des cols de dentelle amidonnés, des chapeaux de paille sur les cheveux irisés de soleil. Alentour, dans les prairies, chevaux, vaches et moutons pâturaient. Les familles de cultivateurs établies aux environs se rendaient volontiers à Val-Jalbert afin de profiter de l'animation qui y régnait. Comme chaque année avaient lieu un spectacle de théâtre, le concours du plus beau jardin et des tournois de baseball.

En toile de fond, la grande chute d'eau faisait entendre la rumeur grondeuse de sa folle cavalcade vers le lac Saint-Jean.

Les enfants étaient en vacances. Ils profitaient pleinement de ces semaines de liberté, leurs mères les encourageant à jouer dehors, quand il ne s'agissait pas de participer aux travaux ménagers.

Après l'hiver, il fallait fréquemment réparer les dégâts dus aux tempêtes et à l'accumulation de la neige. Les appentis des cours demandaient des planches neuves, un auvent exigeait quelques clous ou bien une clôture avait besoin d'être relevée et consolidée.

Ce matin-là, Hermine avait conduit la vache des Marois dans un champ de trèfle bien tendre. Assise sur un talus à l'ombre d'un érable, elle surveillait les déplacements de la grosse bête blanche aux flancs tachetés de roux. Cela permettait de donner à l'herbe de l'enclos le temps de repousser. L'adolescente savourait elle aussi les mois d'été qui apaisaient sa soif d'indépendance. Les religieuses du couvent-école séjournaient à Chicoutimi et ne reviendraient qu'en septembre.

Malgré l'attachement qu'elle éprouvait pour sœur Victorienne, elle préférait la compagnie d'Élisabeth, beaucoup moins sévère que la nouvelle supérieure.

— Hermine, si on allait jusqu'au vieux moulin à farine[1] ? lui cria Simon, perché dans un pommier voisin. On peut laisser la vache ici, elle ne bougera pas.

— Non, c'est trop loin, et ta mère ne serait pas contente. Je dois aller au magasin général, tout à l'heure. Où est passé Armand ? Tu le vois ? Il ne pense qu'à faire des bêtises.

— Je crois qu'il s'est caché, répliqua Simon en dégringolant de l'arbre.

1. Moulin à farine construit en 1866 sur la rivière Ouellet, baptisée du nom d'un des premiers occupants du lieu. Ce moulin était proche du site de Val-Jalbert, mais il avait été inclus jusqu'en 1871 dans la municipalité de Roberval.

C'était maintenant un grand gaillard de treize ans, brun et mat de peau comme son père Joseph.

L'adolescente poussa un soupir agacé. Elle avait beau gronder Armand et le sermonner, il se montrait désobéissant et intrépide. Le garçon aurait bientôt neuf ans. Mauvais élève, blagueur, il donnait du fil à retordre à ses parents.

— Ne t'inquiète pas, dit Simon en la rejoignant, je suis sûr qu'Armand a filé vers l'usine. Il adore observer les wagons et la locomotive.

— Et monter sur les ballots déjà chargés, ajouta-t-elle. L'année dernière, ton père a dû le récupérer à la gare de Roberval.

L'anecdote avait fait bien rire à Val-Jalbert. Dissimulé dans une cargaison de pulpe, le garçonnet s'était ensuite débrouillé pour prévenir le contremaître de la fabrique. Mais Joseph Marois n'avait pas apprécié la chose. Le soir, Armand avait goûté de la ceinture en cuir de l'ouvrier.

— Je n'ai pas envie qu'il soit puni ! lança-t-elle. Je t'en prie, va le chercher, Simon, moi, je ramène la vache. Elle a assez mangé.

L'adolescent s'éloigna en sifflotant. Hermine reprit la direction du village. Un bâton à la main, elle frappait de petits coups la croupe de la bête pour la guider dans le bon chemin.

— Allez, allez, on rentre à la maison, l'encourageait-elle.

Elle aimait être seule, ce qui lui permettait d'admirer le paysage dont elle connaissait les moindres détails. De Val-Jalbert, rien ne lui échappait, au gré de ses sorties.

Vêtue d'une robe en cotonnade fleurie, ses cheveux d'un châtain très clair nattés dans le dos, Hermine se sentait en accord avec la douceur du jour et la suavité de l'air. Ses grands yeux d'un bleu limpide se posaient de-ci de-là, sur le clocher de l'église, ou sur le gros tube métallique longeant la cascade et qui canalisait l'eau du barrage vers les turbines de l'usine. Elle était très jolie sans en avoir conscience ; elle avait un visage à l'ovale parfait, aux traits délicats et harmonieux. D'imperceptibles taches de rousseur ornaient ses pommettes et son nez au dessin ravissant. Sœur Victorienne prétendait qu'elle ne grandirait pas beaucoup plus, car l'adolescente avait déjà des formes, une poitrine bien ronde et la taille fine.

Debout sous l'auvent de son perron, Élisabeth guettait son retour.

— Hermine, rentre vite la vache à l'étable et cours au bureau de poste. Il paraît que la compagnie a affiché un avis qui annonce la fermeture de l'usine. Je ne peux pas le croire. Cours, ma mignonne, et tu me diras ce qu'il y a d'écrit exactement. J'y serais bien allée moi-même, mais Edmond fait sa sieste et j'ai ma confiture de framboises sur le feu.

Edmond avait deux ans. Élisabeth avait fait quatre fausses couches entre la naissance d'Armand et l'arrivée de ce troisième fils.

— Je me dépêche, Betty ! s'écria Hermine.

Quelques minutes plus tard, elle remontait la rue Saint-Georges. Le bureau de poste était situé presque en face du magasin général, flanqué de l'hôtel-restaurant. Un véritable attroupement lui barra le passage. L'adolescente dut jouer des coudes et se faufiler entre les personnes regroupées là pour apercevoir enfin le fameux avis. Elle s'approcha avec difficulté et le déchiffra. Autour d'elle, les commentaires allaient bon train.

— Je l'ai vu venir, disait un homme grisonnant, sa casquette rejetée en arrière. Il fallait fabriquer le papier journal nous-mêmes, puisqu'il y a une forte demande aux États-Unis. Maintenant on est tous au chômage, les gars !

— Moi, l'autre dimanche, j'ai croisé un des contremaîtres de l'usine d'aluminium d'Arvida. Il a promis de m'embaucher, claironna un jeune ouvrier.

— On peut plier bagage et partir pour Alma ; il y a du travail, là-bas, affirma une femme, rouge de colère.

Hermine ne traîna pas. Elle retourna prévenir Élisabeth.

— Betty, s'écria-t-elle, haletante, tu avais raison ! Ils vont fermer la pulperie. Si tu avais vu tous ces gens devant le bureau de poste !

Une délicieuse odeur de framboises confites lui flatta les narines. Élisabeth mettait sa confiture en pots. Elle reposa la louche contre le bord de la bassine en métal nappée d'une écume pourpre et s'essuya les mains à son tablier.

— Joseph avait raison. Il m'assurait que la rumeur courait depuis quelques mois. Lui non plus, il n'y croyait pas.

La jeune femme jeta un regard désespéré sur les murs de sa cuisine repeints au printemps, sur les meubles, sur ce décor familier et bien-aimé où elle comptait vivre longtemps encore. Elle fondit en larmes.

— Ne pleure pas, Betty, supplia Hermine. Peut-être que vous pourrez rester ici !

Quelqu'un tapait ses chaussures sur le seuil. La haute silhouette de Joseph Marois obscurcit la porte.

— Pourquoi pleures-tu, ma Betty ? demanda-t-il. Veux-tu saler nos confitures ?

Il souriait, l'air fier de lui. Élisabeth le dévisagea comme s'il était devenu fou.

— L'usine va fermer, Jo ! hurla-t-elle. Je ne veux pas quitter Val-Jalbert, moi. Et le bon salaire que tu touchais, qui nous le paiera, dis ?

L'ouvrier, en gilet de corps, s'assit sur une chaise. Il fixa son épouse avec tendresse.

— Ton mari a plus d'un tour dans son sac, Betty ! J'avais senti le vent tourner et ça fait un bout de temps que je rends visite au contremaître, dans sa belle maison de la rue Sainte-Anne, en face de la fabrique. On trinquait, on causait. Bref, il s'est pris d'amitié pour moi et je fais partie de la douzaine d'employés qui gardent leur travail pendant un an. Hé ! Il faut continuer à entretenir le matériel, veiller au bon fonctionnement de la dynamo pour l'électricité. Même qu'il reste de la pâte à presser et des ballots à expédier. Un an de gagné, ce n'est pas si mal. Avec mes économies, que j'ai placées à la Caisse populaire, je pourrai acheter la maison. La compagnie se montrera accommodante.

Joseph Marois se releva. Il ouvrit le buffet et se servit un verre de sherry. Élisabeth, stupéfaite, s'inquiétait encore.

— Un an, ça passe vite ! gémit-elle.

— Une chose est sûre, il faudra compter le moindre sou, répliqua son mari.

Hermine sortit de la pièce sur la pointe des pieds. Elle comprenait trop bien ce que cela signifiait. Les Marois ne l'adopteraient jamais. Le cœur lourd, l'adolescente se dirigea vers le couvent-école. La magnifique construction résistait à la neige, à la pluie, au soleil.

— Je voudrais tant avoir une famille, une vraie famille ! se lamenta-t-elle.

Sœur Victorienne lui avait confié la clef. Hermine était chargée d'aérer les salles de classe une fois par semaine. Mais elle n'avait pas envie d'entrer. Elle s'appuya à une des colonnes en bois massif qui supportait le balcon.

« Où sont mes parents ? se demanda-t-elle. Je suis sûre qu'ils ne sont pas morts. Je les vois en rêve. Ils doivent vivre très loin, peut-être plus au nord. Pourquoi ils ne viennent pas me chercher ? Tout le monde a un père et une mère. Même moi. »

Ces questions la tourmentaient. Personne ne voulait lui donner de réponses.

— Tu es orpheline, disait sœur Victorienne, nous t'avons élevée. Ne te plains pas, le couvent t'a servi de foyer. Tu aurais pu grandir à l'Hôtel-Dieu de Chicoutimi.

— Quand tu seras une grande, tu sauras ce qui est arrivé ! lui répondait toujours Élisabeth.

Les sœurs, surtout la première mère supérieure, l'avait priée de ne pas révéler à la fillette les détails de son abandon.

— Ce serait cruel de lui dire la vérité, répétait sœur Sainte-Apolline. Il vaut mieux attendre qu'elle soit adulte.

Curieusement, les gens de Val-Jalbert s'étaient montrés discrets. Ils avaient d'autres chats à fouetter, comme disait Joseph. Les hommes étaient accaparés par leur travail à l'usine, et ceux qui tenaient un commerce ne perdaient pas de temps à discuter avec une enfant. Quant aux femmes, elles avaient une nombreuse progéniture à élever, la plupart accouchant presque chaque année, et les origines de la petite fille trouvée sur le perron du couvent étaient le dernier de leur souci. Cela concernait les sœurs. La bienséance et la charité les inclinaient au silence. Seuls les enfants l'interrogeaient parfois, sans penser à mal :

— Dis, Hermine, c'est qui, ta maman ?

La fillette baissait alors la tête tristement et se contentait de répondre :

— Je ne le sais pas. Mais elle viendra me chercher un jour.

Simon et Armand apparurent sous le couvert des arbres entourant le bâtiment. Hermine se précipita vers eux.

— Vous savez la nouvelle ? L'usine va fermer ! déclara-t-elle. Mais Joseph continuera à travailler.

— Bien sûr que je le sais, coupa Simon. J'ai lu l'avis.

Armand portait une estafilade à la joue. Son pantalon était déchiré au genou.

— Te voilà propre ! soupira Hermine.

— Je jouais sur la voie ferrée, claironna le garçon. Regarde, j'ai ramassé un boulon.

L'adolescente haussa les épaules. Armand collectionnait divers objets inutiles qu'il cachait dans une boîte en carton.

— Venez, c'est l'heure de goûter ! leur dit-elle.

Elle avait soudain hâte de revoir Betty, toujours douce et câline avec elle, et aussi de s'isoler dans le salon où était dressé son lit. Là, sur une petite table, trônait le portrait de sœur Sainte-Madeleine. Hermine ne l'oubliait pas. Elle ne l'oublierait jamais.

*
* *

Val-Jalbert, 13 août 1927

La sirène de l'usine de Val-Jalbert fit entendre son cri. Depuis des années, elle rythmait l'existence quotidienne du village modèle créé par Damase Jalbert. Du plus jeune enfant au plus vieil ouvrier, des fillettes aux femmes déjà grands-mères, tous connaissaient son appel lancinant, d'abord timide, puis prenant de l'ampleur pour résonner d'un bout à l'autre du vallon. Mais ce soir-là, beaucoup eurent l'impression d'entendre un long cri déchirant, une interminable plainte aux échos sinistres. Il était minuit.

Joseph Marois serra fort la main de sa femme. Ils veillaient, attablés dans la cuisine. Même si l'ouvrier avait la chance de garder son emploi pendant un an, il ne pouvait cacher son chagrin.

— Betty, écoute ça ! Notre fabrique de pulpe ferme pour toujours. J'étais prévenu qu'ils feraient l'annonce avec la sirène. J'en ai la chair de poule, quand même. Plus de quatre-vingts familles qui sont sans travail, maintenant. Le village va se vider comme un seau percé. Ils détaleront tous et je les comprends. La centrale hydroélectrique, près d'Alma, embauche, et le moulin à papier de Riverbend aussi.

Bouleversée, Élisabeth retenait ses larmes. La sirène ne se taisait pas. La jeune femme imagina le vaste bâtiment, que beaucoup surnommaient la pulperie, plongé dans les ténèbres, abandonné par les ouvriers accablés.

— Joseph, c'est affreux. Pourquoi ferment-ils, ces messieurs de la compagnie ?

— Il y a une surproduction de pâte à papier, et la pâte chimique se vend mieux. Notre pulpe fabriquée à l'eau pure, ce n'est plus rentable. Tu ne sais pas ce que ça coûte, le fonctionnement d'une usine. Quand je pense à toutes les maisons neuves construites sur le plateau ! Elles n'auront pas servi longtemps, si on fait le compte.

Dans leur chambre à l'étage, Simon et Armand avaient été réveillés par la sirène. Ils parlaient tout bas, car leur petit frère Edmond dormait paisiblement.

— Papa m'avait averti qu'ils feraient l'annonce de la fermeture à minuit, chuchotait Simon. C'est dommage ! Comme je sais bien lire et écrire, l'année prochaine j'aurais pu travailler à l'usine.

— Dis, quand elle sera vraiment fermée, la fabrique, murmura Armand, je voudrais bien y entrer, voir les machines, les presses, la dynamo.

— Idiot, tu n'as qu'à demander à papa de t'emmener !

— Non, il me surveillera tout le temps.

— C'est comme tu veux ! conclut Simon. Tu vas encore t'attirer des ennuis.

Hermine s'était levée sans bruit. Le nez à la moustiquaire, elle respirait l'air frais de la nuit. Des rumeurs lui parvenaient du haut de la rue Saint-Georges. Les gens devaient parler de la sirène à la terrasse de l'hôtel. Du salon, elle avait perçu les paroles amères de Joseph et de Betty.

« Si le village se vide, les enfants vont partir avec leurs parents. Le couvent-école n'aura plus d'élèves : Est-ce que les sœurs s'en iront pour toujours ? » s'interrogeait-elle.

De grosses larmes mouillèrent ses joues. Sœur Victorienne lui manquerait beaucoup. La converse était la seule religieuse à l'avoir vue grandir.

« Peut-être que je devrais les suivre à Chicoutimi, se dit encore Hermine. Dans ce cas, je serai séparée de Betty et de Simon. Oh ! non, je ne veux pas. »

Soudain, elle crut entendre son prénom. Tout doucement elle s'approcha de la porte donnant sur la cuisine.

— Oui, je me fais du souci pour Hermine ! disait Élisabeth. Que va-t-elle devenir ? Toi aussi tu l'aimes comme ta propre fille, Jo, je le sais. C'est une enfant tellement intelligente, dévouée et affectueuse. Tu es le premier à te vanter de ses prouesses en chant, à te glorifier de son talent.

— Peut-être, mais nous ne pouvons pas l'adopter, ni demander sa tutelle, Betty. L'avenir n'est pas sûr. Tu me brouilles les idées. Je me suis emballé, l'autre jour, au sujet de la maison. On ne peut pas l'acheter si dans un an je dois accepter un travail à Alma ou à Arvida. D'autant que Simon est bientôt en âge de trouver un job. Je crois que la municipalité tiendra bon. Des familles vont rester ici, donc des commerçants et des artisans. Ne me force pas à prendre une décision ce soir. Il est tard, je monte me coucher.

Élisabeth rangeait de la vaisselle. Le cœur battant, Hermine guetta les pas de Joseph qui ébranlaient les marches de l'escalier. Dès qu'il fut sur le palier, elle se glissa par la porte entrebâillée.

— Betty, je n'arrive pas à dormir.

— Oh, tu m'as fait peur, chuchota la jeune femme.

Elle tendit les bras à Hermine qui s'y réfugia. Élisabeth avait peu changé malgré ses trois maternités.

Mince, la poitrine ferme, mais un peu alourdie, elle avait coupé ses cheveux blonds le jour de ses trente et un an, au mois de mai dernier. Assez coquette, elle se parfumait et mettait de la poudre.

— Tu sens bon ! remarqua Hermine.

— Toi aussi, ma mignonne, tu embaumes les fleurs des prés et le vent du lac Saint-Jean. Va vite te recoucher, c'est une triste nuit.

Élisabeth raccompagna l'adolescente jusqu'à son lit.

— Betty, qui sont mes parents ? Tu peux bien me le dire, je suis grande. J'ai fait quelque chose de mal, j'ai écouté à la porte. Joseph ne veut pas m'adopter. J'aurais bien aimé que tu sois ma mère.

Hermine avait la voix tremblante. Elle luttait pour ne pas pleurer.

— Ma chérie, j'ai promis de garder le secret, répondit sa nourrice.

— Pourquoi ? En plus, je les vois en rêve, mes parents. Enfin, je crois. Je ne l'ai pas dit aux sœurs, parce qu'elles m'auraient grondée. Elles prétendent que j'ai trop d'imagination. Mais je t'assure, Betty, je fais un rêve, depuis longtemps, où une jolie dame me berce dans ses bras ; et il y a un homme dans un traîneau. Quand je me réveille et que je me souviens de ce rêve, j'ai envie de pleurer. Tu peux bien me le dire, le secret. Je suis la première concernée, non ? Que je ne sache rien, ça n'est pas juste !

C'était une exclamation qui échappait souvent à Hermine. Elle avait horreur de l'injustice dont la plus cruelle, à ses yeux, serait toujours la mort brutale d'un être jeune et bon. Élisabeth la borda en lui caressant le front. La tragédie qui frappait le village la poussa à parler, sans doute par lassitude ou en raison d'un trop-plein d'émotion. Elle s'assit au bord du lit et dit, tout bas :

— Que Dieu me pardonne, je trahis un engagement. Hermine, si les sœurs fêtaient ton anniversaire le jour de Noël, c'est pour une bonne raison. Tes parents t'ont abandonnée le 6 janvier 1916. C'était l'Épiphanie, il neigeait, mais le froid était vif. Sœur Sainte-Madeleine, ta chère protectrice, revenait du magasin général. Elle a entendu un cri de bébé et elle t'a trouvée sur le perron du couvent. Il paraît que tu étais enfouie dans un ballot de fourrures. Je n'en sais pas plus, mais sœur Victorienne pourrait mieux te décrire tout ce qui s'est passé ensuite. Tu avais un an à peu près. Je m'en souviens très bien. Sœur Sainte-Lucie est venue aussitôt chez nous, elle avait besoin de langes. Je suppose que les sœurs t'ont lavée et changée.

Hermine osait à peine respirer, captivée par le récit qui dévoilait enfin une page de son histoire.

— Moi, j'avais pitié de ce pauvre bébé, mais sœur Sainte-Lucie m'annonce qu'il est atteint de la picote ! Là, j'ai eu très peur pour Simon. C'est une terrible maladie qui peut laisser défigurés ceux que la mort épargne.

— La variole, répliqua l'adolescente.

— Oui. Comment sais-tu ça ? s'étonna Élisabeth.

— La mère supérieure possède un dictionnaire médical. Je l'emprunte en cachette et je le lis, expliqua Hermine. Je déteste les maladies. Je voudrais être docteur, plus tard.

— Une femme docteur, ça n'existe pas. Tu pourrais être infirmière, mais il faut étudier des années.

— Je suis la meilleure de la classe, j'y arriverai. Raconte encore, Betty.

— Monsieur le curé, le père Bordereau, a enquêté pour retrouver tes parents, en vain. Par peur de la contagion, il a ordonné une quarantaine. Joseph l'a imité. Je n'avais pas le droit de sortir, sauf dans la cour pour traire la vache et nourrir le cochon et les poules. J'étais curieuse de te voir, ça oui. Et quand je t'ai vue, un autre soir de neige, j'ai eu comme un pressentiment. J'étais certaine que je t'aimerais de tout mon cœur. Je me suis même arrangée pour être ta nourrice.

Songeuse, Hermine se redressa. Après un temps de réflexion, elle demanda, d'un ton anxieux :

— Pourquoi mes parents ne m'ont pas gardée avec eux ?

— Je l'ignore, mais ce prénom que tu portais petite, Marie-Hermine, ils l'avaient choisi pour toi. Tu étais baptisée.

Élisabeth s'apprêtait à se lever. Hermine la retint par la main.

— Qui te l'a dit ? Les sœurs ? Comment l'ont-elles su ?

— Ah oui, ça me revient, se souvint la jeune femme. Il y avait un bout de papier caché dans les fourrures. Sœur Sainte-Madeleine m'en a parlé une des premières fois où elle t'amenait chez moi. Tes parents avaient écrit un message.

— Je voudrais tant le lire, le toucher, ce papier ! s'écria l'adolescente avec exaltation. Et si j'étais cachée dans des fourrures, ça prouve que mon père est trappeur, comme dans mon rêve. Les trappeurs, ils se déplacent l'hiver en traîneau tiré par des chiens.

Sous la clarté ténue de la chandelle qu'Élisabeth avait

apportée de la cuisine, son regard d'un bleu pur paraissait étincelant, plein d'un espoir insensé.

— Calme-toi, Hermine ! J'ai eu tort de te céder. Repose-toi, nous en discuterons demain.

— Tu me le promets, Betty chérie ?

— Oui, si tu dors sans t'agiter.

Une fois seule, Hermine scruta la pénombre comme si ses parents allaient lui apparaître. Elle oscillait entre la joie de savoir enfin la vérité et le chagrin d'avoir été abandonnée.

« Quand sœur Victorienne sera de retour, je la supplierai de me montrer le message. Mes parents sont sûrement vivants. Si je les cherche partout, je les retrouverai », pensa-t-elle.

L'idée la soulageait d'un poids pesant. Il y avait bien sur terre un homme et une femme qu'elle pourrait appeler papa et maman.

« Même s'ils ne veulent pas de moi, je serai si gentille et si douce qu'ils me reprendront. Et je chanterai pour eux. Ils seront fiers de moi, comme Betty et Joseph. »

Elle s'endormit après avoir échafaudé plusieurs plans d'expéditions aventureuses dans le monde entier, par n'importe quel moyen de transport.

Le lendemain, Joseph et Élisabeth reçurent la visite de leur voisin Amédée Dupré. Jadis blagueur et jovial, l'homme s'était aigri au fil des ans. La grippe espagnole lui avait pris un fils de six ans. Son épouse Annette tenait mal leur intérieur. Dépensière et vindicative, elle l'exhortait depuis la veille à quitter Val-Jalbert sans tarder.

— Je suis venu te demander conseil, mon vieux Jo, dit Amédée, le regard dans le vague. Toi, tu tires toujours les bonnes cartes. Betty est une femme sérieuse, jolie avec ça. Tu vas continuer à travailler ici un an au moins. Je n'ai pas eu ta chance. Annette ne m'a jamais laissé l'occasion de mettre des sous de côté. Il paraît qu'on embauche dans les usines à papier de Price Brothers, à Kénogami. Mais on devra se loger et je ne sais pas si les conditions seront aussi intéressantes que chez nous.

Le chez-nous signifiait beaucoup. Amédée était un des ouvriers de la première heure. Il avait été engagé en 1904, soit vingt-trois ans auparavant. De la pulpe mécanique tirée des machines du moulin de Val-Jalbert, où il n'entrait aucun composant chimique, que de l'eau pure et du bois, l'homme en avait vu se fabriquer des tonnes et des tonnes. Il avait trimé sur les presses, les meules et même la dalle de la chute Maligne, d'où l'on expédiait les troncs débités jusqu'à la salle des écorceurs.

— Si j'étais à ta place, répondit Joseph, j'irais me renseigner à Kénogami, ou encore à Jonquière, ils embauchent aussi. Notre compagnie propose des arrangements. Tu n'as pas lu l'avis du onze de ce mois ? C'est signé par notre surintendant, monsieur Bélanger. Ceux qui souhaitent continuer à vivre à Val-Jalbert sans y travailler peuvent bénéficier d'une réduction de loyer de 50 %. Même si tu pars avec ta femme et tes enfants, tu as le droit de garder ta maison un certain temps, d'y laisser tes meubles, et ça te coûtera un demi-dollar. Profites-en, ça te donne un peu de répit.

Amédée parut soulagé.

— Tu devrais faire de la politique, Jo. Quelle

andouille je fais ! Je n'ai même pas lu l'avis du surintendant.

— Et, un dernier conseil, Amédée, commence à lui mener la vie dure à Annette. Betty et moi, on endure ses cris et ses visites depuis une quinzaine d'années et ça m'a souvent démangé de la calmer à ma façon.

Joseph Marois tapota sa ceinture en cuir en faisant un clin d'œil.

— Jamais je ne frapperai une femme, se récria Amédée, même pas la mienne.

Il s'accorda un sourire égayé. Élisabeth lui servit du thé, accompagné d'une pointe de tarte aux bleuets.

— Cela vous réconfortera, voisin ! dit-elle gentiment.

Les sœurs étaient revenues le 31 août afin de préparer la rentrée des classes. Elles avaient appris par le journal de Chicoutimi la fermeture définitive de l'usine. Le successeur du père Bordereau, un jeune abbé de trente-quatre ans, Auguste Degagnon[1], leur avait rendu visite le jour même de leur retour. Il s'était longuement entretenu avec sœur Sainte-Eulalie, la mère supérieure.

— Plus de soixante-dix personnes sont parties, déjà ! lui confia le curé. Le nombre de vos élèves a baissé en conséquence, mais il reste bien suffisant. Il faut cependant prévoir l'abandon progressif de notre belle paroisse. Le père Bordereau m'a écrit pour déplorer cette catastrophe, car c'en est une sur le plan social.

1. De son vrai nom l'abbé Joseph Audet, de Saint-Alexis-de-Grande-Baie. Originaire des Éboulements, le curé Audet n'a que 33 ans lorsqu'il prend charge de la paroisse Saint-Georges-de-Val-Jalbert.

— Je vous l'accorde, mon père, répondit la supérieure. Mais, tant que des parents inscriront leurs enfants chez nous, qu'ils verseront la participation raisonnable que nous leur demandons, nous demeurerons à notre poste. L'enseignement est notre vocation seconde, après le service de Dieu.

La religieuse avait raccompagné le père Degagnon et s'était ensuite consacrée au tri des manuels scolaires. Quant à Hermine, elle avait retrouvé sœur Victorienne avec joie, et une impatience qu'elle maîtrisait mal. L'adolescente cherchait le meilleur moment pour interroger la converse sur son passé.

— Qu'est-ce que tu as, s'étonnait celle-ci, à virer autour de moi depuis ce matin ? Je dois faire la liste des provisions qui nous manquent. Tu iras porter la commande au magasin général.

Hermine se résigna et attendit le soir. Elle partageait à nouveau le compartiment de sœur Victorienne, malgré son envie de posséder une pièce bien à elle.

Lorsqu'elles furent couchées, Hermine murmura :

— Sœur Victorienne, j'ai deux choses à vous demander.

— Je t'écoute, mon enfant. Après ce sera à moi de te faire une remarque.

La religieuse avait ôté son voile. Pour la nuit, elle nouait un foulard sur ses cheveux ras qui grisonnaient. Elle avait quarante-huit ans.

— Cet été, commença Hermine, j'ai appris que mes parents m'avaient abandonnée sur le perron du couvent-école, dans un ballot de fourrures, le soir de l'Épiphanie. Je sais aussi qu'ils avaient laissé un message. Ma sœur, je voudrais le voir, ce papier.

— Doux Jésus ! soupira la converse. Je suppose que

cela devait arriver. Tu as dû être bien triste, mais j'ai toujours pensé que tes parents ne pouvaient pas faire autrement. Ils devaient avoir de gros soucis. En plus, tu étais malade. Ils ont espéré que nous te soignerions, et ce fut le cas en effet. Tu avais la rougeole et une forte fièvre.

— Vous avez cru que c'était la variole, ajouta Hermine.

— Tu es au courant de ça également ? Cette personne qui t'a renseignée en sait des choses.

Sœur Victorienne souffla la chandelle qui servait de veilleuse. Elle prétendait que l'ampoule électrique du plafond lui donnait des migraines, la lumière étant trop vive.

— Voulez-vous bien me raconter, ma sœur ? insista l'adolescente.

— Je suis en train de réfléchir ! Où a pu passer ce papier, le message de tes parents ? Cela dit, je le connais par cœur. Il y avait écrit : *Notre fille s'appelle Marie-Hermine. Elle a eu un an le mois dernier, avant Noël. Nous la remettons entre vos mains, à la grâce de Dieu. Les fourrures sont une avance sur sa pension.* Ce n'était pas signé, évidemment.

— Pourquoi dites-vous ça, évidemment ?

— Parce que des gens qui font une mauvaise action ou une action dont ils ont honte ne donnent pas leur nom.

Assise dans son lit, Hermine se répétait chaque mot avec fébrilité.

— Ce n'est pas méchant, ce qu'ils ont dit, ma sœur. Ils me confiaient à vous, à la grâce de Dieu. Et les fourrures, vous les avez conservées ?

— Marie-Hermine, ne parle pas si vite, c'est inconvenant. Je me suis chargée de les vendre, puisqu'elles représentaient une avance sur ta pension. Mon père était trappeur ; j'étais la seule du couvent à pouvoir négocier un bon prix.

— Mon père aussi est un trappeur ! s'écria la jeune fille. Maintenant que vous m'avez récité le texte du message, je suis certaine que mes parents reviendront ici. Oui, ils viendront me chercher. Peut-être qu'ils ne pouvaient pas s'encombrer d'un bébé malade, qu'ils pensaient me sauver en me laissant à vos bons soins. Je sais que ma mère m'aimait, je le sais parce que dans mes rêves, elle vient m'embrasser. Je vois son visage de près ; elle est belle.

Sœur Victorienne hocha la tête.

— Mon Dieu, c'est bien de leur pardonner, ma chère petite, mais, par pitié, ne te fie pas à tes rêves. Ce sont des illusions, rien de plus.

— Je prie si souvent que je pratiquerai toujours le pardon des offenses. Dieu aussi nous pardonne. Et Dieu nous aime. C'est sûrement lui qui m'envoie ces rêves.

La religieuse ralluma la chandelle à l'aide d'un briquet et se leva. D'un pas glissant, elle alla ouvrir une petite commode sous un crucifix en bois noir.

— C'est moi qui, à l'époque, ai lavé tes vêtements et ton linge de corps. Ils sont rangés là.

Hermine se rua vers le meuble. La converse déplia un carré de cotonnade qui renfermait de minuscules habits en tricot. La laine, de couleur beige, dégageait une odeur de naphtaline. Il y avait aussi une brassière en coton épais et une culotte longue du même tissu. Sœur Victorienne exhiba un bonnet en feutrine blanche.

— Tu portais ça, enfoncé jusqu'aux sourcils, précisa-t-elle. Tu ne risquais pas de souffrir du froid. Les peaux, de la martre et du renard argenté, te protégeaient.

— Et il n'y avait pas de fourrures d'hermine ? demanda l'adolescente, avide de détails. J'ai lu dans le dictionnaire que c'est un petit carnassier qui devient blanc l'hiver. Le bout de sa queue est noir.

— Tu ne m'apprends rien ! coupa la converse. Non, il n'y avait pas de peaux d'hermine. Mais ton père a sans doute pensé à cette jolie fourrure immaculée pour choisir ton prénom. Cela me permet de te sermonner à ce propos. Quand Élisabeth Marois t'a raccompagnée hier, avec ses fils, j'ai pu constater qu'ils t'appellent tous Hermine. Ton prénom est Marie-Hermine, ce qui te place sous la protection de la Sainte Vierge, mère de Notre-Seigneur Jésus.

— Je m'en moque ! affirma l'intéressée.

— Dis donc, en voici des manières ! s'offusqua la sœur. Je te défends de me répondre sur ce ton.

— Ce n'était pas méchant ! protesta l'adolescente. Je me moque que l'on m'appelle Marie-Hermine ou Hermine. Ce que j'aimerais, c'est un vrai nom de famille. Tous les gens ont un patronyme, Joseph me l'a expliqué. Moi, c'est Trouvé ! Il n'y a rien de plus vilain.

La première directrice du couvent-école, sœur Sainte-Apolline, l'avait fait inscrire sur les registres de la paroisse avec le patronyme de Trouvé, une idée du père Bordereau.

La converse comprenait trop bien le désarroi de leur protégée. Elle aimait tendrement cette enfant qui avait grandi sous le toit du couvent-école.

— Ma pauvre petite, comment savoir qui étaient tes parents ? Ils ne se sont jamais manifestés. Je ne veux pas te faire de peine, mais ils ont pu mourir pendant l'épidémie de grippe espagnole. Ne te berce pas d'illusions : s'ils avaient dû revenir, ce serait déjà fait.

Hermine examina ses vêtements de bébé et les palpa. Elle n'avait aucune autre piste que ces bouts de tissu... autant dire rien du tout. Elle se recoucha, au bord des larmes. Sœur Victorienne s'allongea aussi.

— Tu nous as donné beaucoup de bonheur, affirma-t-elle en guise de consolation. Un bébé d'un an, une jolie fillette aux beaux yeux bleus, pour nous c'était un don du ciel. Il y a eu une collecte de jouets, que le père Bordereau a menée tambour battant. Les premiers jours, je te nourrissais de potage et tu plissais le nez parce que tu n'aimais pas ça. Ensuite, j'ai pu te proposer de la bouillie, du lait et des biscuits. Je peux t'assurer que tu étais mieux soignée ici que dans un orphelinat.

— Sœur Sainte-Madeleine avait obtenu ma tutelle, dit Hermine. Sans l'épidémie de grippe, j'aurais porté son nom, j'aurais grandi dans une maison de Chicoutimi.

— Dieu en a décidé autrement, bâilla la converse. Dors vite, demain nous devons lessiver les parquets et cirer les pupitres. Il faut bien que tu paies ta scolarité.

Cela coupait court à toute discussion. Sœur Victorienne souffla la chandelle. L'adolescente fut longue à trouver le sommeil. Elle essayait de donner un visage à ses parents. Des trappeurs passaient à la fin de l'hiver au village. Ils s'arrêtaient devant le magasin général et montraient leur marchandise au gérant. Cela distrayait la population de voir le traîneau où s'entassaient de gros ballots de fourrure, les chiens harnachés, de belles bêtes qui ressemblaient à des loups.

« Mon père doit être grand et costaud, c'est l'homme

en noir de mon rêve, avec sa barbe qui couvre la moitié du visage. Et ma mère ? » s'interrogeait-elle dans la pénombre.

Hermine lui prêta quelques-uns de ses traits auxquels elle ajouta ceux de la femme qu'elle voyait de tout près en songe.

« Elle a des yeux bleus, j'en suis sûre. Elle est belle, aussi belle que sœur Sainte-Madeleine. Et elle a dû beaucoup souffrir de m'abandonner, ça, c'est obligé. Betty mourrait de chagrin si elle était séparée de son petit Edmond. Moi, quand j'aurai des enfants, je m'en occuperai bien, jamais je ne les quitterai. »

Quatre jours plus tard, les sœurs accueillaient écoliers et écolières. Il manquait une dizaine d'enfants seulement. La mère supérieure prenait en charge les plus âgés, dont Hermine. Son cas posait un problème à la directrice du couvent-école. L'orpheline avait bénéficié très tôt de l'enseignement dispensé dans l'établissement. Quand les religieuses la gardaient, la fillette passait la journée dans l'une ou l'autre des classes. Attentive aux leçons, elle avait brûlé les étapes.

— Marie-Hermine aurait pu suivre des études supérieures si elle avait eu une famille pour en assurer les frais ! avoua-t-elle à sœur Victorienne. Mais nous ne pouvons pas l'aider davantage. Ce qui pourrait lui arriver de meilleur, ce serait d'entrer en religion et d'être institutrice pour les petits.

La converse était du même avis. Consultée, Élisabeth Marois jugea que c'était une bonne solution.

Un mois après la rentrée, pendant le cours de français, la mère supérieure annonça qu'elle allait lire la rédaction d'une des élèves.

— Ce devoir m'a beaucoup touchée ! annonça-t-elle en tenant un cahier entre ses mains. Vous vous souvenez du sujet ? Je vous avais demandé de rendre hommage à votre village. Depuis la fermeture de l'usine, nombreux sont ceux qui s'en vont, surtout des familles. Pourtant, la vie était douce à Val-Jalbert. Je fais donc cette lecture pour vous inciter à réfléchir au drame qui nous touche tous. Et je félicite Marie-Hermine pour son travail. Elle a obtenu neuf sur dix.

Hermine, assise à son pupitre, rougit violemment. Ses camarades la dévisageaient avec un peu d'envie. Elle piqua du nez dans son livre de grammaire. La voix grave et harmonieuse de la supérieure s'éleva. Un profond silence se fit.

Mon cher village

Je ne peux même pas dire comme bien des enfants de Val-Jalbert, anciennement nommé Ouiatchouan, que je suis née dans une des jolies et confortables maisons construites au bord de la rivière ou le long de la rue Saint-Georges. On m'a appris il n'y a pas longtemps que j'étais une enfant trouvée. Mais par chance, j'ai grandi dans ce beau village que nous envient les paroisses environnantes.

Un triste jour du mois d'août de cette année 1927, l'usine de pâte à papier, souvent appelée la pulperie, nous a dit adieu après le long cri de chagrin poussé par la sirène. Ce soir-là, j'ai eu l'impression que le cœur même du village s'arrêtait de battre. Ce sentiment ne me quitte pas et, chaque fois que je regarde dans la direction de la chute d'eau, vers les vastes bâtiments de l'usine, je me dis : « Son cœur est éteint. »

Pour ne pas être trop triste, je me promène dans Val-Jalbert en imagination, car je connais bien mon cher village.

La rue Saint-Georges s'enorgueillit d'un bureau de poste, du magasin général et de l'hôtel-restaurant, une pension où bien des ouvriers célibataires ont logé. Près de l'hôtel se trouve un bel entrepôt où monsieur Léonidas Paradis[1] *tient un étal de boucherie, qui donne toute satisfaction aux ménagères.*

Mais il y a aussi la rue Dubuc, la rue Tremblay, la rue Saint-Joseph et la rue Labrecque. Le nom de ces rues rend hommage aux hommes de bien qui ont veillé sur notre village, comme monseigneur Labrecque, évêque de Chicoutimi[2]*.*

Ce que je préfère, à Val-Jalbert, ce sont les jardins potagers que chaque famille entretient avec soin. Comme c'est beau, à la fin de l'été, de voir tant de couleurs, fleurs et légumes mêlés !

De grands arbres bordent nos rues, dont certains servent à l'éclairage public. Des fontaines sont disposées à une distance régulière. Personne ne s'est jamais ennuyé, grâce à tous les divertissements proposés par la compagnie et par monsieur le curé.

Des pique-niques, du théâtre, des spectacles, des tournois de baseball, des compétitions de hockey sur glace sur la patinoire, l'hiver, divertissent tout le monde.

---

1. Personnage réel, il a ouvert sa boucherie en 1920.

2. Personnage réel, monseigneur Michel-Thomas Labrecque, évêque de Chicoutimi, avait béni et inauguré en 1902 la nouvelle usine de la compagnie de pulpe de Ouiatchouan, devant plus de 2 000 personnes. Il avait eu soin, dans son discours d'inauguration, d'implorer le ciel d'éloigner de ses lieux blasphémateurs et ivrognes.

Dans mon cher village, qui a manqué d'eau fraîche ? Qui a manqué de lumière les sombres nuits d'hiver ? Personne !

De nombreux artisans se sont établis à Val-Jalbert pour faciliter la vie de ses habitants : un boucher, un cordonnier, un charron. Un boulanger vient de Roberval dans sa berline rouge, tirée par un fort cheval. Il faudrait le remercier, ce jeune monsieur Cossette[1] *qui succède à son père et fait vaillamment sa tournée. Nous espérons qu'il continuera à nous distribuer du bon pain frais.*

Je n'ai qu'un rêve, habiter jusqu'à la fin de mes jours mon cher village.

La mère supérieure avait la gorge nouée. Son regard brun fixait Hermine d'un air attendri.

— Mon enfant ! ajouta-t-elle, je vous aurais volontiers donné un dix sur dix, mais je vous ai ôté un point en raison de trois fautes d'orthographe. Cela n'enlève rien à la qualité de l'évocation ni à la sincérité du texte. Vous vous êtes vraiment appliquée, même si certaines remarques, notamment au sujet des rues, manquent de détails, de précisions.

— Oui, ma mère ! répondit calmement l'adolescente.

Sœur Sainte-Eulalie retint Hermine à la fin du cours. Elle lui tendit son cahier.

— Vous me recopierez votre rédaction en corrigeant les fautes, car j'ai l'intention de l'envoyer à notre bon ami, le père Bordereau. Chère enfant, je déplore la

---

1. Maurice Cossette, personnage réel, membre de la Société Historique du Saguenay, auteur notamment de *J'ai vécu Val-Jalbert en passant le pain.*

cruauté de votre sort, mais je vous encourage à réfléchir à votre avenir. Si vous envisagiez d'entrer dans les ordres, vous pourriez devenir enseignante. Nos sœurs de Notre-Dame-du-Bon-Conseil vous accueilleront avec joie.

Hermine fixa la supérieure de ses grands yeux bleus. Elle répondit tout bas, d'un ton ferme cependant :

— Je ne veux pas être religieuse, ma mère. J'aimerais étudier la médecine. Et j'espère bien me marier et avoir des bébés.

La réplique embarrassa sœur Sainte-Eulalie. C'était franc et innocent, mais elle en fut agacée.

— La médecine ! s'écria-t-elle. Marie-Hermine, je dois vous prévenir, c'est impossible. Quant au mariage, vous êtes trop jeune pour en comprendre les obligations. Mais on me serine du matin au soir que vous possédez une très belle voix, que vous avez l'oreille musicale. Travaillez davantage et, en plus d'une fonction d'institutrice, vous pourrez donner des leçons de chant. Réfléchissez et ne tenez plus de propos déplacés, je vous prie.

Elle congédia l'adolescente d'un geste de la main. Hermine rejoignit les autres élèves en récréation devant le couvent-école, entouré d'une étendue d'herbe rase. L'automne enflammait les frondaisons de Val-Jalbert. Ormes, frênes, bouleaux et trembles se paraient d'or, de pourpre, de jaune et de roux. Les érables ponctuaient la somptuosité du paysage de leurs feuillages d'un rouge profond. Le vent était frais.

— Tu viens faire la ronde ? claironna une fillette.

L'adolescente fit non de la tête. Chaque fois qu'elle voyait les marches du perron, la porte double à l'ombre du balcon, elle se disait que ses parents étaient venus jusqu'ici, l'avaient posée comme un fardeau pesant et s'étaient enfuis dans la nuit.

Simon, qui était dans sa classe, s'approcha.

— Moi, je l'ai trouvée un peu bête, ta rédaction ! lança-t-il d'un ton railleur. Je n'ai eu que sept ; c'est pas juste. J'ai décrit tout le fonctionnement de l'usine et l'incendie de l'église, en 1924. Mon père m'avait dit le nom de l'architecte qui s'est occupé de tout reconstruire : Lamontagne[1].

— C'est une bonne note, sept sur dix ! protesta Hermine. Tu es jaloux, voilà.

— Oh oui ! reconnut Simon, moqueur. Je suis jaloux du rossignol de Val-Jalbert ! Cui-cui !

Elle se retint de lui tirer la langue. Le garçon avait changé. Une ombre de moustache soulignait sa lèvre supérieure et sa voix était plus grave. Parfois il observait Hermine d'un air étrange qui lui déplaisait, comme ce matin-là. Vite, elle s'éloigna et se glissa dans la ronde.

Le soir même, avec la permission de sœur Victorienne, Hermine courut chez Élisabeth et Joseph. Elle voulait leur montrer son cahier de rédaction et la note obtenue.

— Fais voir ça, dit l'ouvrier.

Il parcourut les lignes en hochant la tête à plusieurs reprises. Il toussa et se frotta le nez.

— Lis donc, Betty !

La jeune femme n'avait jamais vu son mari aussi ému. Elle prit connaissance du devoir et, vite, sortit son mouchoir.

— C'est très beau, Hermine, bredouilla-t-elle. Cette

1. Personnage réel.

idée que tu as eue, de comparer l'usine à un cœur éteint... Où vas-tu chercher ça ? Si les messieurs de la compagnie lisaient ta rédaction, ils auraient du regret, eux aussi.

L'adolescente rougit à nouveau. Elle venait de découvrir le pouvoir des mots, après avoir pressenti celui de sa voix. Joseph fouilla sa poche de pantalon et en extirpa de la menue monnaie.

— Tiens, Hermine, tu l'as bien mérité. Tu t'achèteras un ruban pour tes cheveux ou des bonbons à l'anis. Douée comme tu l'es, tu vas me faire le plaisir de devenir institutrice. Mais, au fait, depuis quand tu sais que tu es une enfant trouvée ?

Élisabeth se détourna prestement pour prendre des assiettes dans le buffet.

— Sœur Victorienne me l'a raconté, dit Hermine. J'avais l'âge de le savoir, à son avis. Bonsoir, Joseph, bonsoir Betty.

Elle les embrassa et fila dehors. Le crépuscule noyait d'ombres mauves le village. Des lueurs orangées enflammaient le ciel, à l'ouest. Les fenêtres du couvent-école s'allumèrent, ainsi que les lampes de la rue Saint-Georges.

Hermine marcha sans hâte vers la grande bâtisse où l'attendaient sœur Victorienne et les quatre autres religieuses en poste cette année. Elle croisa Pierre, le fils aîné de Marcel Thibaut. C'était un jeune homme, à présent, de taille moyenne et blond comme son père. Il travaillait à l'usine depuis trois ans.

— Bonsoir, Hermine ! s'exclama-t-il. Je suis content de te rencontrer. Comme ça, je peux te dire adieu.

— Pourquoi ? s'étonna-t-elle.

— C'est décidé, nous partons demain, tous. Papa, mon frère et mes sœurs. On a trouvé un job à Alma.

Les enfants Thibaut, orphelins de mère depuis l'épidémie de grippe espagnole, avaient toujours témoigné de l'amitié à Hermine. Leur départ la peinait.

— Si tout le monde quitte le village, je n'aurai plus d'amis, soupira-t-elle. Vous me manquerez.

— Toi aussi, tu me manqueras, déclara-t-il. Tu es rudement jolie, une vraie jeune fille.

Troublée par le compliment, Hermine lui répondit d'un sourire radieux. Pierre l'avait plus souvent vue songeuse et triste. Cédant à une impulsion irraisonnée, il se pencha et l'embrassa sur la bouche.

— Adieu ! souffla-t-il.

Sa silhouette disparut derrière le presbytère. Hermine venait, à l'aube de ses treize ans, de recevoir son premier baiser. Elle rentra dans le couvent-école l'esprit plein de rêves confus. Durant les longs mois d'hiver, le souvenir de Pierre Thibaut lui tint compagnie. Quand elle se retrouvait seule, dans la cuisine du couvent-école ou dans la rue, l'adolescente fredonnait tout bas un passage bien précis de la chanson *À la claire fontaine*.

« Il y a longtemps que je t'aime, jamais je ne t'oublierai ! »

Elle dédiait d'abord ces mots au jeune homme, comme si elle était amoureuse de lui, et à sœur Sainte-Madeleine. Mais Hermine n'osait plus appeler maman la jeune religieuse morte neuf ans auparavant, même en pensée. Elle était persuadée que sa véritable mère vivait encore, que sans doute elle reviendrait à Val-Jalbert, avec son père.

Le jour de l'Épiphanie 1928, l'adolescente scruta l'allée creusée dans la neige, qui reliait la rue Saint-Georges au couvent-école. Des rideaux de flocons duveteux voilaient les alentours du bâtiment. Contre toute logique, Hermine espérait un miracle. Ses parents surgiraient de la nuit glacée et ils frapperaient à la porte.

Personne ne vint. Il en fut de même un an plus tard, le 6 janvier 1929. Deux cents personnes avaient quitté le village. Des rumeurs circulaient. Bientôt, Val-Jalbert serait désert et les sœurs s'en iraient, elles aussi.

« Moi, je resterai, se promettait Hermine. J'attendrai mes parents ici le temps qu'il faudra. Quand ils viendront, forcément, il neigera comme dans mes rêves, et ma mère m'embrassera, elle me serrera fort. Oh ! J'ai tellement hâte ! »

6

Le patineur

Val-Jalbert, 13 mars 1929

— L'hiver refuse de plier bagage, répétait chaque jour sœur Victorienne.

Après une courte période de redoux, le froid pétrifiait à nouveau le village enfoui sous une épaisse couche de neige. Ce soir-là, bas et sombre, le ciel semblait écraser les maisons vides du plateau, ce quartier que l'on avait surnommé la haute-ville au temps de la prospérité.

« Avant, c'était l'heure où les femmes allumaient les lampes, songea Hermine qui remontait la rue Saint-Georges. Mais cela n'arrivera plus jamais, ils ont même coupé la ligne électrique, là-haut. Que c'est triste, ces fenêtres toutes noires. »

Âgée de quatorze ans, l'adolescente établissait souvent ce genre de comparaisons qui commençaient par le mélancolique « avant » que bien des gens à Val-Jalbert serinaient aussi. Tout avait changé depuis qu'un grand silence entourait les bâtiments de l'usine de pulpe.

« Un cœur éteint ! » pensa-t-elle en se souvenant des mots de sa rédaction écrite un an et demi plus tôt.

Elle aurait tant voulu entendre à nouveau le ronflement des turbines et le vacarme qui résonnait au-delà des salles où l'on écorçait les troncs, où l'on défibrait le bois.

« Heureusement, il nous reste la cascade ! » se dit Hermine.

Elle vouait une amitié respectueuse à la bruyante chute d'eau de la rivière Ouiatchouan. Aucune compagnie dirigée par de riches messieurs n'aurait le pouvoir de faire taire son grondement rageur, son souffle humide et puissant. Cela rassurait la jeune fille qui en admirait davantage les invincibles forces de la nature. Le gel n'avait pas de prise sur le débit furieux de la cascade, mais ses abords étaient constellés de givre et de cristallisations somptueuses, la moindre goutte projetée sur une branche, un arbrisseau ou un rocher se figeant aussitôt. Au fil des jours d'hiver, le décor se faisait féerique, si l'on avait le cœur et l'envie de l'admirer un matin de grand soleil et de grand froid, ce qui allait ensemble dans le pays.

Hermine frappa chez Mélanie Douné, une respectable sexagénaire. La vieille femme ouvrit tout de suite, comme si elle guettait son arrivée.

— Ah ! Voici ma jolie commissionnaire, notre petit rossignol ! s'écria-t-elle d'une voix tremblante. Je brodais une housse de coussin pour l'offrir aux sœurs. Entre vite.

— Bonsoir, madame Mélanie. Je parie que la soupe est encore chaude. Sœur Victorienne l'a versée brûlante dans la gamelle, et moi, j'ai marché le plus vite possible.

Depuis une semaine, la converse envoyait Hermine porter un bouillon de légumes à celle que tout le monde appelait la veuve Douné. Son mari, un ouvrier de la fabrique, avait pu acheter leur maison avant de mourir, foudroyé par une crise cardiaque. Le couple avait eu six enfants, tous établis dans des paroisses voisines. Mélanie refusait de quitter Val-Jalbert, mais, quand le froid était trop vif et que les rues étaient difficilement praticables, la vieille femme n'osait pas sortir.

— Tant que nous sommes ici, il nous faut aider ceux qui sont dans l'embarras, avait décrété la mère supérieure. Cette pauvre veuve se laisse dépérir.

Hermine ne demandait pas mieux. Elle aimait parcourir Val-Jalbert, surtout par temps de grosse neige. Sœur Victorienne avait récupéré des godillots à sa taille, équipés de crampons en fer. La jeune fille, chaudement vêtue, rendait volontiers service.

— Tu es bien gentille, ajouta Mélanie Douné en reprenant place près de son poêle. Je vais te donner une petite pièce. Ce n'est pas grand-chose, mais si tu mets de côté les quelques sous que tu gagnes, tu auras de belles économies un jour. Enlève donc ta veste, qu'on jase un peu, nous deux. Et tu me chanteras bien un petit air, celui que mon défunt mari aimait tant, *Un Canadien errant*. Quand on a une voix pareille, on ne se fait pas prier.

Hermine était habituée à ce genre de demandes. Elle ne refusait jamais, surtout s'il s'agissait d'une vieille personne comme la veuve Douné.

— Hier soir, je vous ai chanté l'*Ave Maria*, madame Mélanie. Là, je n'ai pas trop le temps, je dois passer au magasin général. Sinon, sœur Victorienne manquera de café pour demain matin.

La vieille femme leva les bras au ciel.

— Du café ! J'en ai un sachet à te donner, je n'en bois plus. Ce sera en échange du bouillon.

Il faisait très chaud dans la cuisine. Hermine dénoua son écharpe et ôta ses gants.

— Je m'assieds cinq minutes, dans ce cas, dit l'adolescente, qui avait très bon cœur.

Elle ressentait avec acuité la détresse de la veuve, condamnée à de longues journées de solitude.

— Ouvre ta veste, tu vas cuire ! déclara Mélanie.

Avec une sorte de jubilation, la vieille femme se remit à broder. Hermine admira en silence le jeu habile de ses doigts qui maniaient une aiguille recourbée, garnie de fil vert. L'ouvrage représentait un bouquet de fleurs entouré de larges feuilles. Sur la table toute proche, une corbeille en vannerie débordait de pelotes de fil de coton, dans toutes les gammes de teintes.

— Quand il fait sombre comme aujourd'hui, cela me console de voir toutes ces couleurs, dit la veuve.

— C'est ravissant, les sœurs seront enchantées, madame Douné, affirma l'adolescente.

— Je marche mal, mais je peux encore me servir de mes mains. Alors, qu'est-ce que tu attends pour chanter ?

— Bon, rien qu'un petit air, dans ce cas, madame Mélanie. Mais pas *Un Canadien errant*, parce que vous voulez toujours l'entendre, et ça vous fait pleurer. Je n'aime pas vous rendre triste, moi !

Hermine chercha ce qui plairait à la vieille femme. Après un temps de réflexion, elle se décida pour un air d'opéra français qu'aimait beaucoup Élisabeth Marois.

Ô Magali, ma bien-aimée,
Fuyons tous deux
Sous la ramée,
Au fond des bois silencieux[1]...

Mélanie Douné cessa tout net de broder pour mieux écouter. La jeune fille répéta le refrain et se tut.

— Que c'était beau ! Mais, dis-moi, les paroles sont un peu coquines. Ce ne sont pas les sœurs qui t'apprennent des chansons pareilles ?

Hermine eut un sourire malicieux.

— Je l'ai apprise pour faire plaisir à Betty. Son père la lui chantait souvent quand elle était enfant.

La veuve approuva en la dévisageant. Satisfaite, elle changea de sujet.

— Au fait, petite, as-tu un amoureux ? Gracieuse comme tu es, tu n'auras pas de mal à te marier. Il te faut un brave homme, un bon travailleur. Il sera bien content d'avoir un rossignol à la maison.

Ce surnom lancé jadis par le père Bordereau amusait les gens. La question, quant à elle, embarrassa Hermine qui devint très rouge.

— Je suis bien trop jeune pour penser au mariage, répliqua-t-elle timidement.

— En voilà des sottises ! J'ai épousé Théodore à quinze ans, et Élisabeth Marois a eu son premier enfant à seize. Au moins, une fois mariée, tu auras ton foyer bien à toi, Mais les sœurs ont dû te mettre en garde contre les garçons ?

— Oui, madame Mélanie, ça oui !

---

1. Chanson extraite de l'opéra *Mireille*, composé par Charles Gounod en 1864.

Les religieuses lui rappelaient quotidiennement les dangers de la coquetterie en l'exhortant à fuir toute compagnie masculine. Hermine eut un petit sourire malicieux. Elle pensait aussi à Pierre Thibaut, ce garçon de vingt ans qui, à la veille de quitter Val-Jalbert, lui avait donné son premier baiser. Mais c'était son secret, elle n'en aurait parlé pour rien au monde à la veuve Douné.

— Et sais-tu si les religieuses vont rester encore longtemps ? demanda celle-ci, concentrée sur le choix d'une nouvelle couleur de fil. Combien ont-elles d'élèves en ce moment ?

— Une soixantaine, précisa la jeune fille. Mais, après Pâques, le nombre baissera. Trois autres familles ont annoncé leur départ.

— Il y a eu un trop-plein d'ambitions à Val-Jalbert, gémit la vieille femme. Cette grande bâtisse, le couvent-école, elle ne servira bientôt plus à rien, comme l'usine, la banque et le reste. Tout sera fermé. J'espère mourir avant de voir ça. Mon mari était si fier de travailler à la pulperie. Tout de suite, ça nous a changé la vie. Penses-tu ! L'eau courante, les sanitaires dans la maison. J'avais déjà mes quatre aînés. J'ai mis sans crainte le cinquième en route. J'ai connu le meilleur de la vie ici, petite. Si le village meurt, j'en mourrai aussi.

Hermine se leva. Le pessimisme de Mélanie l'oppressait. Elle n'avait pas envie d'être triste.

— Il vaut mieux que je rentre, sœur Victorienne risque de s'inquiéter. Prenez vite votre bouillon, il refroidit.

— Ne t'inquiète pas, je le remettrai sur le feu. De toute façon, je ne mange presque plus rien de bon. Les poules ne pondent plus. Tiens, prends le café sur l'étagère de droite.

L'adolescente s'exécuta et se hâta de sortir après avoir pris congé. Dehors, elle respira avec soulagement l'âpre vent du nord.

— Toi, le vent, tu viens de loin, de très loin, des régions où il fait plus froid que chez nous, où les glaces ne fondent jamais ! lança-t-elle, le visage tendu vers le ciel qui s'assombrissait. Mère supérieure prétend qu'il y a là-bas des ours blancs comme neige et des colonies de phoques.

Des illustrations de l'encyclopédie lui revinrent en mémoire. La jeune fille se vit partant à l'aventure, dans un traîneau tiré par six chiens à la fourrure drue et aux yeux de loup.

Les sœurs lui reprochaient d'être une rêveuse, de se laisser emporter par son imagination, mais elle ne cherchait pas à se corriger. La jeune fille se nourrissait d'espérance, de songeries où le cours des choses basculait dans le sens qui lui plaisait.

« Un soir, le vent poussera mes parents vers Val-Jalbert, ou bien il ramènera Pierre Thibaut », songea-t-elle en marchant à pas lents en direction du magasin général.

Elle n'avait rien à y acheter. C'était pour le plaisir de contempler à travers la vitrine l'alignement des produits, les conserves, les bocaux de confiserie, les pièces de tissu, les ustensiles de cuisine en métal brillant suspendus à des crochets.

De l'hôtel-restaurant adjacent lui parvenaient des voix d'hommes, des rires et la rumeur des discussions. Les lampes étincelaient derrière les rideaux. Une odeur de sucre chaud, exaltée par l'air glacé de la rue, lui donna faim.

Hermine s'attarda, ravie par le brouhaha et la lumière.

« Un jour, j'aimerais manger ici, aussi élégante que les dames qui viennent parfois de Roberval », songea-t-elle.

Soudain, un sifflement mélodieux qui s'élevait à proximité l'intrigua. Cela venait de l'extérieur, des environs du magasin. Elle tendit l'oreille, attentive à la mélodie digne des trilles d'un merle, et elle reconnut l'air. C'était, sur un rythme endiablé, *À la claire fontaine*, une chanson chère aux gens du Québec.

Hermine continua à avancer. Elle escalada une congère pour rejoindre l'esplanade qui avait servi de patinoire durant des années. Joseph et Betty les emmenaient, Simon et elle, assister aux matchs de hockey qui se déroulaient là, près de l'hôtel. Cet hiver, faute de participants, il n'y avait eu aucune compétition.

Pourtant, quelqu'un patinait. L'adolescente observa la haute silhouette du personnage sans réussir à l'identifier. Il s'agissait sans aucun doute d'un jeune homme, car ses évolutions avaient beaucoup d'agilité et d'énergie. La piste n'était pas éclairée, si bien qu'elle ne pouvait pas distinguer ses traits.

« Qui est-ce ? s'interrogea-t-elle. Un étranger ? un visiteur ? Je suis sûre qu'il n'habite pas Val-Jalbert ! »

La curiosité la retenait.

« Je dois m'en aller. Sœur Victorienne me grondera. Oh ! Tant pis ! » se dit-elle, fascinée par le spectacle.

Elle connaissait si bien la chanson que sa bouche, sans qu'elle en ait conscience, articulait les paroles correspondant à la musique. Le patineur siffla de plus belle.

Il s'élança les bras écartés, tourna sur lui-même, tenta et réussit de petits sauts aériens. En admiration, Hermine se retenait d'applaudir, quand il amorça une pirouette hasardeuse et tomba avec rudesse sur le dos. Il demeura allongé.

« Il s'est peut-être fait mal ! » pensa-t-elle sans oser bouger.

Elle fut rassurée de le voir se relever. Il ôta sa casquette et la secoua. Elle découvrit, stupéfaite, qu'il avait des cheveux longs jusqu'aux épaules.

— Vous avez le droit de rire, mademoiselle, lui cria-t-il tout à coup.

Jamais elle ne s'était sentie aussi gênée. Elle avait eu tort de se croire presque invisible, dissimulée dans la zone de pénombre bleutée que jetait le mur de l'hôtel sur la neige.

Le patineur se dirigea droit vers elle.

— J'ai voulu vous épater et je me suis couvert de ridicule, dit-il en la regardant. Bonsoir, je ne connais personne dans la région. Je cherche un job.

Hermine se répétait qu'un étranger l'approchait, chose formellement interdite par la mère supérieure. Elle le dévisagea sans répondre.

— Dites, vous êtes muette ou je vous fais peur ? ironisa-t-il.

— Mais non ! protesta Hermine. Je n'ai pas le droit d'adresser la parole aux étrangers.

C'était une réplique enfantine dont elle eut honte. Il la fixa d'un regard noir.

— Vous n'êtes pas accueillants à Val-Jalbert, soupira-t-il. J'ai dû montrer mon argent pour obtenir une chambre à l'hôtel.

Elle pouvait voir son visage, maintenant, à la faveur

d'une des lampes de l'éclairage public, rivée dans le tronc d'un vieil orme.

« C'est un métis, il a du sang indien », remarqua-t-elle.

Elle comprenait mieux ce qu'il voulait dire. Les gens du village ne considéraient pas ces individus-là d'un bon œil, même si beaucoup de rivières, de fleuves, et de lieux portaient toujours les noms que leur avaient attribués les tribus montagnaises.

— L'usine de pulpe est fermée depuis plus d'un an, expliqua-t-elle en guise d'excuse. Les chantiers de coupe aussi, dans la forêt, bien entendu. Personne ne vous embauchera ici.

— J'irai donc ailleurs, mademoiselle, déclara l'inconnu. J'ai déjà travaillé comme bûcheron.

Il avait une voix grave et profonde. Troublée, Hermine approuva. Elle désigna le lac Saint-Jean d'un geste.

— Allez à Roberval, à Chambord ou à Alma. Il y a des centrales hydroélectriques autour du lac, ajouta-t-elle.

La jeune fille était incapable de détacher ses grands yeux bleus des prunelles sombres du garçon. Son cœur battait à une vitesse folle. Elle se souvint de la question que la veuve Douné lui avait posée un quart d'heure plus tôt.

« Je n'ai pas d'amoureux, mais, si j'en avais un, je voudrais qu'il lui ressemble. »

L'étranger venait de chasser le souvenir de Pierre Thibaut, déjà bien émoussé. Elle demanda, tout bas :

— Comment faisiez-vous pour glisser si vite, sans patins ?

Il parut étudier ses traits avec une attention nouvelle.

Hermine subit l'examen comme si les mains de l'inconnu effleuraient sa bouche, son nez et ses joues.

— Vous êtes une petite fille, conclut-il en souriant.

— Pas du tout, j'aurai quinze ans à Noël prochain !

Au mépris de toutes les recommandations dont l'accablaient les sœurs et Élisabeth Marois, elle avait envie de parler à l'inconnu, et même de lui confier ce qui composait la trame de sa vie : le couvent-école, les heures de classe, de ménage, de cuisine, les courses d'un bout à l'autre de Val-Jalbert.

— C'est bien ce que je disais, vous êtes une petite fille. Je m'en vais, je ne veux pas d'ennuis.

— Pourquoi auriez-vous des ennuis ? interrogea-t-elle.

— Rentrez donc chez vos parents, rétorqua l'étranger en ramassant un sac à bandoulière qu'il avait dû poser près de la patinoire et qu'elle n'avait pas vu.

Vexée, la jeune fille rejeta en arrière son bonnet en laine rouge. Le vent souleva ses cheveux soyeux, d'un châtain de plus en plus clair.

— Apprenez, monsieur, que je n'ai pas de parents. Enfin, je ne connais pas ma vraie famille. Je vis chez les sœurs qui tiennent l'école.

— Moi, mon père est mort au printemps dernier. Si je cherche un job, c'est pour envoyer de l'argent à ma mère, expliqua l'inconnu.

Sur ces mots, il enfonça sa casquette à oreillettes jusqu'aux sourcils et releva le col de sa veste en peau. Hermine recula à regret. Elle se sentait en confiance près de lui.

— Au revoir, mademoiselle, finit-il par dire. Peut-être que je reviendrai par ici l'année prochaine. Dites, je vous remercie, c'est la première fois qu'on m'appelle monsieur.

Il semblait hésiter à partir, comme retenu sur place par les traits ravissants de l'adolescente. Elle avait une carnation très pâle, du rose aux joues, une bouche au dessin séduisant.

— Oui, je crois bien que je reviendrai ! assura-t-il en lui adressant un clin d'œil.

Déconcertée par ce signe de complicité un brin équivoque, Hermine tourna les talons. Elle s'efforça de ne pas courir, malgré l'impression étrange qui la tenaillait d'avoir frôlé un être totalement différent de tous ceux qu'elle connaissait. Dans cette différence sommeillaient les germes d'une vie aventureuse, et aussi l'essence même de la liberté.

Le patineur se dirigea vers l'entrée de l'hôtel. Il lança un regard derrière lui. La jeune fille s'éloignait d'un bon pas en marchant au milieu de la rue Saint-Georges.

En passant devant la maison des Marois, Hermine vit Joseph qui grattait les marches à coups de pelle pour les débarrasser de la neige durcie.

— Tu en as, une drôle de figure ! lui dit-il. On dirait que tu as croisé le diable. Les sœurs ne devraient pas t'envoyer faire des courses si tard.

L'adolescente avait les yeux brillants et les joues en feu. Joseph ne fut pas dupe. Hermine n'était pas dans son état normal.

— Il ne t'est rien arrivé de fâcheux ? insista-t-il d'un ton méfiant.

— Non, la veuve Douné voulait jaser et je n'ai pas osé refuser. Il faisait une chaleur chez elle ! Je me dépêche de rentrer.

— Couche-toi de bonne heure, Hermine. N'oublie pas qu'on t'emmène à la cabane à sucre demain.

— Je serai prête ! dit-elle en pressant le pas.

Hermine se réjouissait d'accompagner les Marois à la cabane où ils fabriquaient leur sirop d'érable. C'était la première fois qu'ils lui proposaient de venir. Elle se promit de profiter au maximum d'une longue journée dans la forêt.

Sœur Victorienne l'accueillit assez sèchement, avec le même regard soupçonneux que Joseph.

— J'avais besoin de toi, Marie-Hermine. Tu en as mis du temps, chez madame Douné !

— Pas plus que d'habitude, protesta la jeune fille en quittant ses vêtements chauds. Madame Mélanie me retient toujours. Tenez, elle m'a offert un sachet de café.

La sœur poussa un soupir exaspéré. Elle étalait de la pâte sur la table à l'aide d'un rouleau en bois. Ses mains déformées par les travaux ménagers étaient blanches de farine.

— Je vais vous remplacer, proposa Hermine. Vous comptez servir la tarte au dessert ? Elle ne sera jamais cuite.

Les religieuses dînaient à huit heures du soir, et de façon plutôt frugale en cette fin de carême.

— Doux Jésus, où as-tu la tête ? s'écria la converse. Qui a décidé de faire une tarte aux noix de pacane pour l'offrir aux Marois demain ?

— C'est moi, ma sœur, je n'y pensais plus.

— En voilà une façon de récompenser ces braves gens ! Dépêche-toi de la mettre au four que je nettoie la table.

Confuse, la jeune fille termina d'étaler la pâte d'un beau jaune or. Certaines familles d'ouvriers qui n'avaient pas quitté le village s'étaient établies sur une terre. Le cheptel de vaches laitières perdurait. Sœur Victorienne, soucieuse de la qualité de sa cuisine, achetait chaque semaine du beurre et de la crème.

— Madame Mélanie me fait de la peine. Elle doit s'ennuyer, toute seule, déclara Hermine en garnissant de la pâte un moule rond en fer-blanc. Elle me supplie de chanter quelque chose tous les soirs.

Elle avait des gestes rapides et précis. Vite, elle répandit les noix de pacane qu'il fallait répartir régulièrement.

— Betty se régalera, le petit Edmond aussi. Vous savez, ma sœur, j'ai hâte de savoir comment on fabrique le sirop d'érable. Il sert à préparer tellement de bons plats !

— Mon père avait son érablière, lui aussi, soupira la converse. Mes frères l'aidaient. Moi, je nettoyais les récipients après la récolte.

Hermine approuva en silence. Sœur Victorienne se plaignait de plus en plus souvent de sa condition passée et présente. L'adolescente se concentra sur le mélange de crème fraîche et de sirop d'érable qu'elle brassait au creux d'un saladier. L'épais liquide ambré serait la promesse d'une saveur sucrée au parfum exquis, une fois caramélisé. Hermine enfourna la pâtisserie avant de se mettre à frotter la table.

— Je m'occupe du couvert, ma sœur, dit-elle sans regarder la converse.

— Tu ne me caches rien, au moins ? interrogea celle-ci. Je ne suis pas tranquille à ton sujet. Figure-toi que Joseph Marois s'est plaint à la mère supérieure que nous t'accordions trop de liberté. Il prétend que tu cours un grave danger en sortant à la tombée de la nuit. Il est venu tout à l'heure.

La jeune fille soupira, contrariée. Ainsi Joseph n'était pas dehors par hasard. Il rentrait du couvent-école et, s'il grattait ses marches, c'était pour guetter son retour de chez la veuve Douné.

— Je te fais confiance, moi, assura sœur Victorienne. Tu es une brave enfant, bien éduquée, pieuse, mais...

— Mais quoi ? coupa l'adolescente.

— J'aimerais que tu prennes ta décision bientôt, ma petite. Si tu acceptais de devenir religieuse, ta voie serait toute tracée, à l'écart du péché et des souffrances qu'endurent les femmes et les mères. Et tu ferais une excellente enseignante.

Hermine entendait ce genre de propos un soir sur deux. Elle répondit, plus vivement que d'ordinaire :

— Je n'ai pas eu de famille. Je veux fonder un foyer, tenir mon ménage, avoir des bébés.

Le visage altier du patineur s'imposa à elle. Soudain écarlate, elle dut se détourner. Sœur Victorienne s'assit sur une chaise après avoir enlevé son tablier.

— Il y a un moment que je comptais te parler... J'étais laide, à ton âge. J'ai pris le voile parce que je savais que personne ne m'épouserait. À l'époque, cela arrangeait mes parents. Ils étaient pauvres et ils se tracassaient pour moi.

— Vous n'aviez pas la foi ? s'exclama Hermine.

— Bien sûr que si, et je n'ai jamais regretté d'être entrée au service de Dieu. Jésus nous aime, que l'on soit beau ou laid. Mais les garçons préfèrent les jolies filles. Ma chère enfant, n'accorde rien à un homme hors des sacrements du mariage. Tu ne récolterais que le déshonneur, la honte et le chagrin. Nous ne te serions d'aucun secours, dans ce cas. Comprends-tu ?

— Je crois, ma sœur. Betty m'a dit la même chose le jour du mardi gras.

— Ah, c'est une honnête femme. Tu es prévenue, tâche de t'en souvenir.

Hermine prit quatre assiettes à potage dans le vaisselier et sortit les couverts du tiroir. Sœur Sainte-Eulalie et sœur Sainte-Adèle vinrent s'attabler. Le nombre réduit d'élèves avait provoqué le départ d'une religieuse à la rentrée précédente. Le souper fut assez silencieux. La jeune fille mangea sans pouvoir détacher ses pensées du patineur.

« S'il trouvait un job a Val-Jalbert, je le verrais souvent. J'aurais préféré le rencontrer pendant l'été. Là, j'étais emmitouflée, pire qu'un garçon. Non, c'est mieux qu'il quitte la région, puisque les gens ne sont pas aimables avec lui. Et il doit être beaucoup plus âgé que moi. La preuve, il m'a traitée de petite fille. »

La mère supérieure toussota. Hermine redressa le nez.

— Mon enfant, vous êtes très discrète ce soir. J'aurais aimé avoir des nouvelles de madame Douné.

— Madame Mélanie m'a paru en bonne forme, ma mère. Elle vous remercie pour le bouillon.

— Bien. Je dois aussi vous annoncer que, désormais, en raison des remarques de monsieur Marois, je ne vous autoriserai plus à déambuler dans le village après quatre heures de l'après-midi. Cet homme se conduit en père à votre égard. Il m'a mise en garde contre les rôdeurs qui viennent à Val-Jalbert en quête de mauvais coups. Les maisons vides attirent la convoitise ; on s'imagine que les locataires ont pu oublier des outils ou d'autres objets.

La jeune fille écoutait attentivement. Son cœur se serra.

« Mon patineur serait un voleur ? Mais non, il veut travailler pour envoyer de l'argent à sa mère », songeait-elle.

— Je crois qu'il y a un autre oubli manifeste, décréta sœur Sainte-Adèle de sa voix nasillarde. Sentez cette odeur de brûlé !

— La tarte ! gémit la converse.

Hermine bondit jusqu'au fourneau. Elle tira la porte. Une fumée rousse montait de la plaque en fonte. Le mélange crème et sirop d'érable avait débordé et se consumait en répandant une senteur âcre. Sœur Victorienne vint constater les dégâts.

— Mais où avais-tu la tête, Hermine ? grommela-t-elle. Tu as trop mis de crème. Regarde ça, les noix de pacane seront desséchées. Tu connais pourtant la recette !

Devant ce petit désastre, la jeune fille fondit en larmes. Tout allait de travers depuis qu'elle avait croisé le chemin de l'étrange patineur. Pour un peu, cela l'aurait persuadée que le diable tirait les ficelles et lui causait des ennuis. Elle sortit de la cuisine. Depuis que les religieuses n'étaient plus que trois au couvent-école, Hermine avait hérité d'un des compartiments. Suffoquée par de gros sanglots, elle s'assit au bord de son lit. Presque à tâtons, tant elle pleurait, elle attrapa le cadre qui trônait sur sa table de nuit.

— Sœur Sainte-Madeleine, maman, mon Angélique chérie, aide-moi ! bredouilla-t-elle.

Elle avait appris par la converse le véritable prénom de la belle religieuse morte de la grippe espagnole. Hermine y avait vu un signe divin.

— Tu étais mon ange gardien, hoqueta-t-elle. Je voudrais que tu reviennes. Qu'est-ce que je vais devenir ?

Une peur insidieuse la terrassait. Les Marois ne l'avaient pas adoptée. La mère supérieure était sa tutrice légale, une responsabilité que chaque directrice du couvent assumait à son tour avec plus ou moins de bonté.

— Je ne veux pas qu'elles m'emmènent, les sœurs ! chuchota-t-elle encore dans la pénombre de la grande pièce.

Hermine s'allongea. Une fois calmée, elle s'étonna d'avoir été si malheureuse sans cause sérieuse. La tarte serait moins bonne, mais les Marois la dégusteraient quand même en se moquant de son étourderie. Elle ne pourrait plus se promener dans le village le soir ? Soit ! Il n'y avait pas de quoi sangloter.

« C'est le patineur ! songea-t-elle. J'aimais l'entendre siffler. Et comme il glissait vite ! J'aurais voulu parler plus longtemps avec lui. Je n'ai débité que des sottises. »

La jeune fille conclut qu'elle était tombée en amour en quelques minutes. Sans effort, elle pouvait revoir le visage à la peau mate de l'étranger et son regard noir, plus doux que ses paroles.

« Il a dit qu'il reviendrait l'année prochaine, se consola-t-elle. Je ne serai plus une petite fille. Je n'en suis même pas une du tout. S'il revient en été, il me faudra une nouvelle robe, coupée à mi-mollet comme celles de Betty. »

De telles perspectives dissipèrent sa tristesse. Elle se perdit en rêveries enchanteresses. Il lui fallut aussi chercher comment s'appelait le patineur. Des dizaines de noms furent égrenés, qui ne la satisfaisaient jamais.

Hermine s'endormit, émerveillée d'être amoureuse et pressée de voir s'écouler mois et semaines.

*
* *

Val-Jalbert, le lendemain

Joseph Marois s'estimait comblé par la vie, en ce beau matin où le soleil brillait dans un ciel limpide. La neige scintillait, et chaque rameau était nappé de glace. Il grimpa sur le siège du traîneau où l'attendait son fils aîné, Simon.

— En voiture, mesdames ! dit-il joyeusement.

Élisabeth et Hermine s'installèrent dans l'habitacle garni de couvertures bien chaudes. L'adolescente cala le petit Edmond sur ses genoux. Le garçonnet avait quatre ans et trépignait de joie à l'idée de la longue promenade promise par ses parents.

— Papa, je peux monter avec toi ? demanda Armand, le cadet.

— Non ! coupa son père. Il n'y a pas de place pour trois. Ne va pas me gâcher la journée avec tes jérémiades. Il fait un temps superbe, nous avons un bon repas pour midi, sois sage pour une fois.

L'ouvrier savait se faire obéir. Déçu, Armand s'assit à côté de sa mère.

— En route ! cria Joseph. Allez, au travail, les gars !

Il s'adressait aux deux chevaux de trait qu'un cultivateur lui avait prêtés pour tirer le traîneau. Avec l'aide de son ancien voisin Amédée, Joseph avait bricolé quatre ans plus tôt une ancienne carriole dont les roues avaient été remplacées par une paire de longs patins en bois. Il l'utilisait surtout pour se rendre à la cabane à sucre que son oncle Boniface lui avait léguée sur son lit de mort, trois ans auparavant.

L'attelage s'ébranla dans un bruit de neige crissante et de cliquetis métalliques. Hermine avait retrouvé toute sa bonne humeur. Rien ne pouvait la combler plus que cette promenade jusqu'à l'érablière des Marois. Elle n'avait jamais l'occasion de quitter le périmètre du village. Avec une expression de pur bonheur, elle contemplait la forêt encore en toilette hivernale, mais déjà soumise au sourd labeur du printemps.

— Ah ! le temps des sucres, le plus joli temps de l'année ! s'exclama Joseph.

L'ouvrier renouait, pour son propre compte, avec une activité qu'il pratiquait déjà adolescent, en compagnie de son père et de ses oncles. Bien des familles produisaient leur sirop d'érable pour l'année, après avoir acheté ou fabriqué le matériel nécessaire, assez rudimentaire. L'oncle Boniface Marois avait souvent fait appel à son neveu pendant l'époque des sucres, comme on disait au Québec. Désormais, Joseph exploiterait seul l'érablière dont il était devenu propriétaire.

Élisabeth appréciait aussi la balade. Elle jetait des sourires en coin à Hermine, dont les joues s'ornaient d'une nuée rose fort seyante sous l'effet de l'air vif.

— Es-tu contente, mignonne ? demanda-t-elle. L'année dernière, je voulais que tu nous accompagnes, mais la mère supérieure avait refusé.

— Je m'en souviens, j'étais très déçue, affirma la jeune fille.

— Tu deviens grande. Je m'arrangerai avec les sœurs pour que tu puisses passer plus de temps chez nous, ajouta Élisabeth. Regarde notre Jo : il jubile à l'idée de la récolte. Il sera encore plus content, quand nous aurons rempli les bidons de sirop, ce soir. Tu sais qu'il est monté à la cabane deux fois, la semaine dernière avec Simon, pour entailler les érables. Et il surveillait la glace du baquet dans la cour pour noter la date des nuits de dégel et de gel. C'est essentiel, cela indique que les érables sont soumis aux bonnes conditions. Le pied de l'arbre dans la neige, mais de longues journées de soleil. Enfin, Jo t'expliquera.

Élisabeth semblait émerveillée par les moindres faits et gestes de son mari, qu'elle décrivait d'une voix respectueuse. Armand crut bon de se vanter :

— Moi, je m'y connais autant que papa. Je t'expliquerai aussi, Hermine.

— Ne fanfaronne pas, Armand, coupa sa mère. Tu ne saurais même pas remplir un bidon sans en répandre à côté. Tu verras, Hermine, ce n'est pas très compliqué. Et nous ferons de la tire sur la neige ; j'ai préparé des bâtonnets.

— De quoi s'agit-il, Betty ? s'étonna l'adolescente.

— C'est une surprise ! répliqua la jeune femme.

Le traîneau continuait sa route. Les chevaux s'ébrouaient, renâclant dans les côtes. De leurs corps massifs échauffés par l'effort s'élevait une odeur caractéristique un peu écœurante, mais cela ne gênait pas Joseph Marois.

— Dis donc, Hermine, tu es bien silencieuse, ce

matin ! Si tu chantais un peu, pour saluer cette belle journée de soleil ! Tiens, chante-moi *Ô Canada*[1].

C'était une des chansons les plus populaires du pays. La jeune fille se redressa et aspira une grande bouffée d'air froid. Sa voix s'éleva soudain, claire et joyeuse.

Ô Canada, terre de nos aïeux,
Ton front est ceint de fleurons glorieux !
Car ton bras sait porter l'épée,
Il sait porter la croix !

Armand voulut se joindre à Hermine, Élisabeth lui fit les gros yeux.

« Je n'ai pas à me plaindre », pensait Joseph, ravi. Il disait vrai. Il avait pu garder un emploi à Val-Jalbert, et Simon travaillait avec lui. Le père et le fils veillaient au bon fonctionnement des turbines et de la dynamo fournissant toujours de l'électricité au village. Tant qu'il resterait des habitants, et ils étaient encore environ cinq cents. Son épouse, à trente-deux ans, demeurait belle et affectueuse. Il faisait les louanges de sa Betty dès qu'il en avait l'occasion. C'était, selon ses propos, une excellente ménagère, une cuisinière hors pair et une bonne mère. En homme avisé, Joseph venait d'acheter leur maison à la municipalité. Et Hermine avait la plus belle voix du monde, à son avis.

Le rire cristallin de l'adolescente, qui venait de

---

1. Musique du compositeur québécois Calixa Lavallée (1842-1891), texte de sir Adolphe-Basile Routhier (1839-1920), *Ô Canada* est chanté pour la première fois en 1880 lors des festivités de la Saint-Jean dans la province de Québec. Cette chanson très populaire, souvent adaptée en anglais, est devenue l'hymne national canadien le 1er juillet 1980.

terminer la chanson, le fit se retourner. Elle chahutait avec Edmond, le benjamin.

— Alors, les enfants, c'est fête aujourd'hui ! s'exclama-t-il.

Il englobait dans ce vocable chaleureux l'orpheline qu'il avait quasiment élevée. S'il lui avait paru trop compliqué de l'adopter, Joseph avait une autre idée. Pour cette raison, il se montrait vigilant et jouait de plus en plus les pères vis-à-vis de la jeune fille dont il appréciait l'instruction et la gentillesse.

« Si je la mariais à Simon, elle porterait notre nom et elle habiterait avec nous. Il faudrait les fiancer dans un an ou deux et, après, on célèbre la noce. Comme ça, à défaut d'être ses parents, nous serons ses beaux-parents ! »

Hermine était loin d'imaginer ce qui trottait dans l'esprit de Joseph. Elle guettait les étendues de neige brillante entre les troncs d'épinettes et de bouleaux, en espérant apercevoir un orignal ou une autre bête sauvage. La mère supérieure, férue de sciences naturelles, lui avait décrit les nombreuses espèces animales peuplant les forêts du Canada.

Soudain Armand s'agita :

— On approche de la cabane. Moi, je descends et j'y monte à pied.

— Si tu veux, garnement, dit Joseph. Tu as la permission, file !

Le garçon sauta en marche et roula par terre en poussant des cris de joie. Il arriverait le premier, car l'attelage devrait suivre encore deux boucles de la piste.

Hermine avait coiffé ses cheveux en chignon, afin de paraître plus âgée. Après son petit déjeuner, elle s'était longuement observée dans le miroir rond de sa chambre. Son reflet lui avait plu. Malgré le froid ambiant, elle dénoua le foulard en lainage qui protégeait sa tête. À voix basse, elle demanda à Élisabeth :

— Quand tu as rencontré Joseph, tu as su tout de suite que tu l'aimerais ?

— En voilà, une question ! s'étonna la jeune femme. Tu es bien curieuse.

— Excuse-moi, je ne pensais pas à mal, affirma Hermine.

Élisabeth n'était pas sotte. Elle comprit que l'adolescente s'intéressait aux mystères de l'amour, un sujet difficilement abordable avec les sœurs du couvent-école.

— Ne t'inquiète pas, répondit-elle sur un ton de confidence. Je le sais bien, que tu ne pensais pas à mal. Je te taquinais. Tu seras bientôt en âge de te marier. Figure-toi que je rêvais de Joseph alors que lui, il n'avait même pas fait attention à moi. Je le croisais dans la rue, à Roberval. Il était beau, costaud, arrogant. Dès que j'ai pu aller au bal de la Saint-Jean, chaperonnée par une cousine, je me suis arrangée pour qu'il m'invite à danser. Ensuite, de fil en aiguille, nous nous sommes fiancés. J'avais eu celui que je voulais.

— Pas de messes basses ! gronda Joseph de son siège. Qu'est-ce que tu lui racontes, Betty ?

— Des histoires que tu n'as pas besoin d'entendre, Jo.

Il éclata de rire avant d'ordonner aux chevaux de s'arrêter avec un « ho » retentissant à l'orée d'une clairière. Hermine lança un coup d'œil plein de curiosité à la modeste cabane qui se dressait dans le sous-bois. La construction ne différait guère de celles où logeaient les bûcherons sur les chantiers : des planches mal équarries pour les cloisons, délavées par les intempéries, un toit en tôle, une seule fenêtre.

— Nous sommes arrivés, déclara Joseph.

La jeune fille aida Edmond à descendre du véhicule et lui prit la main. Emmitouflée dans un manteau en drap écossais, Élisabeth alla ouvrir la porte. C'était son rôle et elle y mettait un côté solennel qui amusait son mari.

— Viens, Hermine, que je te fasse visiter ! s'écria-t-elle.

Il faisait assez sombre à l'intérieur. Joseph entra à son tour. Devant la mine intéressée de l'adolescente, il s'empressa de prendre la parole.

— Tu as ici le matériel de mon cher oncle Boniface, tout ce qui est indispensable à la fabrication du sirop. Voici les deux grands chaudrons en cuivre et le poêle. Quand je suis venu la semaine dernière avec Simon, nous avons stocké vingt-cinq gallons d'eau d'érable dans la cuve, là, à ta droite.

Hermine suivit le regard de Joseph et aperçut la cuve en question, soigneusement fermée par un couvercle.

— Qui sait ce que nous réserve l'avenir ? dit-il encore d'un air mystérieux. Je vais t'expliquer toute la fabrication du début à la fin, d'accord ?

— Oui, je veux bien. Ça m'intéresse, reconnut-elle.

— Armand, aide ta mère à allumer le feu, ordonna l'ouvrier avant de sortir.

Hermine le suivit. Elle vit Simon qui inspectait le contenu de gros récipients en zinc, fixés le long des troncs.

— Première étape, décréta Joseph, recueillir l'eau d'érable, la précieuse eau d'érable. Il faut entailler l'écorce entre trois et six pieds du sol, et enfoncer dans l'arbre une goutterelle. Tiens, c'est ce petit goulet en métal, pointu d'un côté, évasé de l'autre, comme un entonnoir.

Il tapotait l'ustensile d'où gouttait un liquide transparent qui tombait dans le récipient.

— Cette eau est très riche en sucre, précisa-t-il. Mais ce n'est pas de la sève. La sève qui montera dans l'arbre le mois prochain contient des sucres aussi, mais elle est trop amère. Et sache qu'il faut dix gallons environ d'eau d'érable pour obtenir une pinte de sirop.

— Et comment faites-vous pour extraire le sucre ? interrogea-t-elle.

— Par l'ébullition ! Les deux chaudrons que tu as vus dans la cabane servent à ça. Toute l'eau d'érable récoltée la semaine passée et aujourd'hui, nous allons la mettre à bouillir. Il faut un feu modéré, mais constant. Peu à peu, la quantité de liquide diminue, grâce à l'évaporation, et il reste du bon sirop couleur de miel. Mais attention ! Si on ne l'ôte pas du fourneau à temps, cela peut caraméliser ou cristalliser. Viens, nous allons aider Simon.

Joseph exultait. Il rejoignit son fils aîné qui transvasait l'eau d'érable des récipients dans des seaux d'une contenance plus modeste. Hermine s'était rarement sentie aussi heureuse. Elle aimait s'instruire, et le paysage lui semblait magnifique. Les grands érables lui firent l'effet de géants généreux, qui offraient aux Marois une manne délicieuse. Elle avait souvent débouché une bouteille de sirop d'érable pour la pâtisserie du dimanche, sans savoir d'où provenait le beau liquide doré.

Il y avait des siècles que les Indiens de la région recueillaient l'eau d'érable pour la mettre à bouillir jusqu'à l'obtention d'une pâte sucrée et granuleuse qui leur servait à assaisonner les aliments. Les colons, lorsqu'ils s'étaient installés au Québec, s'étaient empressés de faire de même. Les femmes à leur tour avaient trouvé de nombreux usages à cette gâterie. Ils en faisaient des caramels et des bonbons, aussi bien qu'ils pouvaient en assaisonner les crêpes ou les gelées de fruits.

Un panache de fumée grise s'élevait au-dessus du toit de la cabane, par le tuyau du poêle.

— Le feu est lancé, dit Joseph en revenant sur ses pas, chargé de deux seaux. Tu vas rester avec ma femme, Hermine. Simon et moi, nous devons faire le tour de tous les arbres entaillés.

Élisabeth s'affairait dans l'espace réduit où régnait une température agréable, tant le fourneau ronflait. Armand était chargé de remettre du bois au besoin.

— Est-ce que je peux t'aider, Betty ? demanda la jeune fille.

— Tout à l'heure, nous préparerons le dîner. Pour le moment, je surveille les chaudrons. L'ébullition est longue à démarrer. Par la suite, il suffit d'entretenir le feu. Garde un œil sur Edmond, qu'il ne se fasse pas mal.

Midi fut vite là. L'eau d'érable bouillonnait avec des bruits sourds dans les chaudrons. Des volutes de vapeur emplissaient la petite cabane. Élisabeth et Hermine dressèrent une table de fortune, à quelques pas du seuil de la cabane, en posant des planches sur des tréteaux. Elles disposèrent la nourriture au milieu.

— Je suis désolée, Betty, avoua l'adolescente, hier soir j'ai oublié la tarte aux noix de pacane dans le four. Elle est trop cuite.

— Ce n'est pas grave, ma jolie, j'ai fait des crêpes

que je réchaufferai sur un coin du poêle. Il y a deux tourtes à la viande et une salade de haricots rouges. Prépare du thé, dans la grande cruche, que ça tienne jusqu'au dessert.

Chacun mangea de bon appétit. Joseph se levait toutes les dix minutes pour aller s'assurer que l'évaporation continuait à un rythme régulier.

— Je préfère être vigilant, dit-il au moment du dessert. J'ai horreur du gaspillage, tout le monde le sait. Gâcher une chaudronnée de sirop, cela me ferait mal au cœur.

Élisabeth quitta la table discrètement. Armand bondit du banc à son tour. Il prit son petit frère par la taille et le conduisit devant un gros tas de neige que les deux garçons avaient amassé au cours de la matinée.

— C'est l'heure de la surprise, annonça Joseph, hilare.

Simon riait, alors qu'Armand dansait d'un pied sur l'autre et qu'Edmond frappait dans ses mains. Hermine se demandait ce qui se tramait, mais elle éprouvait aussi une vague tristesse de se trouver mêlée à cette famille sans vraiment lui appartenir.

— Voilà ma Betty avec sa casserole magique, ajouta l'ouvrier.

La jeune femme portait effectivement une casserole, noircie par des années de service, d'où montait une exquise odeur de sucre brûlant.

— C'est la coutume, Hermine, déclara Élisabeth. Je mets de côté du sirop, une fois qu'il est prêt. Approche, tu vas voir comme c'est amusant. Et délicieux.

Sous le regard impatient des garçons et de l'adolescente de plus en plus intriguée, elle fit couler le sirop d'érable dans la neige, en plusieurs fois. La matière visqueuse se figeait rapidement, mais Simon avait le coup de main. Il plantait aussitôt un bâtonnet dans le caramel en formation.

— Le meilleur dessert ! déclara Joseph.

Hermine put déguster la confiserie tiède presque tout de suite.

— C'est vraiment excellent, reconnut-elle.

Edmond croquait sa sucette dans l'espoir d'en avoir une autre le plus vite possible. Comblé, Joseph attira son épouse contre lui et l'embrassa sur la joue.

— Nous sommes bien heureux, tous ensemble, chuchota-t-il à son oreille.

— Tu dis vrai, mon Jo, approuva-t-elle.

Hermine débarrassa la table. Élisabeth et Joseph continuèrent à officier dans la cabane, où il faisait très chaud maintenant. Dès que le sirop était prêt, ils le versaient dans des bidons d'un gallon en métal émaillé. Simon remplissait ensuite des bouteilles en verre de moindre contenance.

L'après-midi s'écoulait tranquillement. Armand bricolait une vieille paire de raquettes qu'il avait dénichée dans la remise jouxtant la cabane. Hermine se promenait avec le petit Edmond. Il fallait le surveiller, car il était toujours prêt à faire une bêtise ou à rôder près des chevaux. Le garçonnet l'entraîna vers une souche de sapin sur laquelle il se percha.

— C'est mon bateau ! dit-il. Je m'en vais sur l'eau.

La jeune fille le laissa s'asseoir et prendre une branche morte en guise de rame. L'été précédent, l'enfant avait fait une promenade en bateau sur le lac Saint-Jean avec ses grands-parents. Depuis, il jouait à naviguer sur n'importe quoi, chaise, tabouret, et même son lit à barreaux.

— Hermine, appela soudain Élisabeth, tu peux venir quelques minutes ? Ne t'inquiète pas pour Edmond, on gardera un œil sur lui.

L'adolescente accourut. Elle eut un élan affectueux envers la douce jeune femme dont la bienveillance à son égard ne s'était jamais démentie.

— Betty, tu es si gentille ! dit-elle en déposant un léger baiser sur sa joue, comme l'avait fait Joseph.

Élisabeth éclata de rire, ravie.

— Je suis peut-être gentille, mais j'ai un travail pour toi. Il faut garnir les crêpes du goûter de sirop d'érable. J'ai examiné la tarte aux noix de pacane, elle est fichue. On ne peut même pas la découper.

— Oh, je suis tellement désolée, avoua Hermine.

— Je suppose que tu avais de beaux rêves en tête ! répliqua Élisabeth d'un air entendu.

Elles se turent soudain, car Joseph sermonnait Simon. Les gargouillis permanents de l'eau d'érable en ébullition couvraient en partie le bruit de la discussion, mais Élisabeth et Hermine en saisirent des bribes.

— Quand tu prendras la relève, Simon, respecte davantage les arbres. Qu'est-ce qui t'a pris d'entailler un érable aussi jeune ? Tu aurais dû me demander conseil ! On ne récolte jamais l'eau d'un érable dont le tronc fait moins de huit pouces de diamètre, mets-toi ça dans le crâne. Je te montrerai comment mesurer. Cela dit, tu peux estimer ça d'un coup d'œil. Bref, l'érable doit avoir au moins quarante-cinq ans. Et un érable à sucre vit souvent trois siècles.

Hermine fronça les sourcils, stupéfaite.

— Je ne savais pas que certains arbres étaient si

vieux, confia-t-elle à Élisabeth. Ça veut dire qu'il y en a qui ont germé en 1629, à l'époque des premiers colons ?

— Eh, oui, Hermine ! Les Indiens connaissaient déjà les vertus de l'eau d'érable, affirma la jeune femme.

— Je suis encore bien ignorante, soupira l'adolescente. Si seulement j'avais pu continuer à étudier.

— Toi, tu te fais du souci, ces temps-ci ! Qu'est-ce que tu as ?

Élisabeth la prit par l'épaule.

— Tu peux me parler, j'ai eu ton âge, moi aussi. Je parie que ce ne sont pas tes études qui te tourmentent. Il s'agirait plutôt d'un garçon. Tant que tu restes sérieuse, il n'y a pas de mal.

Hermine devint toute rouge. Cela l'exaspérait d'être aussi émotive. Vite, elle protesta :

— Non, Betty, ce n'est pas ça. Hier soir, sœur Victorienne m'a encore dit que je ferais mieux d'être religieuse, et moi, je ne veux pas. Je préfère me marier. Elle n'avait pas l'air contente.

La jeune femme allait répondre, mais elle s'élança tout à coup dans la pente. Edmond avait disparu. Hermine se rua à son tour vers la souche où jouait l'enfant.

— Edmond ! Edmond ! hurlait Élisabeth.

Joseph et Simon sortirent de la cabane, alertés par les cris. Armand jaillit de la remise.

— Va les aider ! ordonna son père. Je les entendais jacasser et je me disais : le petit va se sauver.

La famille avait l'habitude. Edmond succédait à Armand dans l'art de s'esquiver en quête de trouvailles fabuleuses. Pourtant, l'incident eut des conséquences inattendues.

Hermine appelait elle aussi, sans être vraiment

inquiète. Le terrain n'offrait guère de cachettes, des zones de neige s'étendant entre les troncs.

« Edmond a dû se coucher derrière un banc de neige ; il nous écoute et guette le bon moment pour se montrer ! » pensait-elle.

Élisabeth tenait le même raisonnement. Elle revenait sur ses pas afin de fouiller le traîneau où le garçonnet avait pu se dissimuler dans les couvertures.

— Comment fait-il pour filer ainsi, sans se faire voir ? cria-t-elle à l'adolescente. Il est plus malin qu'un renard.

Armand, lui, avec l'agilité de ses onze ans, grimpait dans la ramure vert sombre d'une épinette. Il put très vite scruter un pan tout proche de la colline qui échappait aux regards de sa mère et d'Hermine.

— Papa ! Maman ! clama-t-il d'une voix affolée. Edmond est là-bas, sur le chemin. Quelqu'un le tient de force.

Ce fut une vraie cavalcade. Joseph s'était armé d'une hache, Simon, d'un marteau. Apeurés par la panique ambiante, les chevaux commencèrent à hennir.

Hermine distança Élisabeth. Lorsqu'elle fut à quelques pas de l'homme, elle s'arrêta net, pétrifiée : celui qui essayait de porter Edmond dans ses bras, c'était son patineur. Elle avait reconnu en une seconde sa haute silhouette et ses cheveux noirs coupés à la hauteur des épaules.

— Posez mon fils ! rugit Joseph, la hache brandie. Posez-le ou je vous fends le crâne !

— Je voulais le ramener à la cabane, répondit l'étranger. Je ne lui faisais aucun mal. Il courait le long de la piste. Je l'ai empêché d'aller trop loin.

Le son de sa voix fit trembler Hermine. D'instinct,

elle le croyait. Il était sincère. Avec délicatesse, il venait de lâcher Edmond qui pleurait à fendre l'âme. Élisabeth l'attrapa et le souleva. Joseph ne décolérait pas. Chez lui, la peur se changeait vite en fureur.

— Calme-toi, Jo ! s'écria sa femme. Sans ce monsieur, Edmond aurait pu s'égarer.

— Un monsieur ! persifla l'ouvrier. Quelle blague !

La scène avait quelque chose de fantastique pour Hermine. Celui qui occupait ses pensées depuis la veille était confronté en pleine lumière à la famille Marois. Elle le trouvait encore plus beau, le teint cuivré, le regard pétillant d'une sérénité moqueuse.

— Qui êtes-vous ? interrogea Joseph. Je ne vous ai jamais vu dans le pays. Je vous conseille de ne pas traîner chez moi. La cabane à sucre m'appartient et le terrain alentour.

— Jo ! protesta Élisabeth. Il n'y a rien de grave. Edmond a fait la bêtise de s'éloigner. C'est ma faute, je l'ai mal surveillé.

Elle se doutait de ce qui rendait son mari méfiant. L'étranger était un Indien métis. Simon tourna les talons. Il ne se mêlait jamais des affaires de son père. En passant près d'Hermine, il remarqua cependant son extrême pâleur.

— N'aie pas peur, lui souffla-t-il. Ces gens sont comme nous, il n'aurait pas mangé Edmond.

— Je le sais bien, répliqua-t-elle en haussant les épaules. Je ne suis pas si sotte.

Elle ne pouvait pas quitter des yeux son patineur. Joseph non plus, mais pour une autre raison. Devant la mine outrée de l'ouvrier, le jeune homme recula d'un pas.

— Navré de vous avoir causé une belle frayeur,

déclara-t-il. Je cherchais un job dans la région, on m'avait dit qu'il y avait peut-être de l'embauche à Val-Jalbert, mais il n'y a rien par ici. Je reprenais simplement ma route.

— Tu as cherché au mauvais endroit, coupa Joseph en baissant sa hache. Passe ton chemin, ça vaudra mieux.

— Vous êtes trop aimable, monsieur ! s'écria l'inconnu d'un ton ironique.

Hermine se désolait. Le patineur ne l'avait pas regardée une seule fois. Elle espérait capter son attention tout en le redoutant.

« S'il m'adresse la parole, Joseph et Betty comprendront que ce n'est pas la première fois. Et je lui ai dit que je n'avais pas de famille. Il va me prendre pour une menteuse », songeait-elle, effarée.

Au même instant, l'étranger aperçut Hermine, un peu en retrait, son joli visage empreint d'émotion, illuminé par ses larges prunelles d'un bleu limpide. L'adolescente semblait le supplier avec une expression éblouie. Il parut comprendre le message qu'elle lui adressait et s'éloigna encore d'une démarche souple. Quand il fut à une distance suffisante de Joseph, il se retourna et cria :

— Je m'appelle Clément Toshan Delbeau ! Clément, c'est le prénom que mon père m'a donné, Toshan, celui que ma mère a choisi. Dans sa langue, cela signifie *satisfaction*. Et je suis aussi bon catholique que vous, monsieur. Peut-être même meilleur, parce que je ne juge pas mon prochain sur la couleur de sa peau.

— Blasphémateur ! répliqua l'ouvrier en montrant le poing.

Élisabeth se dirigeait vers la cabane avec Edmond dans les bras. Elle croisa la jeune fille, toujours immobile, la bouche entrouverte, qui se répétait en silence le nom de son patineur, reçu en cadeau par le plus grand des hasards.

— Viens donc goûter, Hermine, dit-elle d'une voix douce. Tu es toute blanche. Jo s'est donné en spectacle. Je ne le ferai pas changer à son âge. Il se méfie des étrangers, encore plus des Indiens métis.

— Oui, Betty, je viens.

« Clément Toshan Delbeau, moi je l'appellerai Toshan... pensait encore l'adolescente, le cœur en fête. Quel beau nom, un nom indien, choisi par sa mère. Toshan ! »

Elle était loin d'imaginer que son patineur avait vu ses parents, des années auparavant, sur le bord de la rivière Péribonka.

7

Le rossignol des neiges

Couvent-école de Val-Jalbert, 18 décembre 1929

Hermine regardait sœur Victorienne boucler sa modeste valise en carton brun. La converse n'arrêtait pas de parler, comme pour lutter contre l'émotion qui la submergeait.

— Que veux-tu, ma petite, nous ne pouvons pas rester, puisque le nombre d'élèves ne nécessite plus notre présence. Une époque bénie s'achève. Le beau village modèle de Val-Jalbert sera bientôt désert. Tous les efforts de la compagnie n'auront servi à rien. Je n'arrive pas à y croire. Cette année, quatre cents habitants sont partis. Quatre cents ! Il ne reste qu'une dizaine de familles. Qui aurait imaginé ça ? Monsieur le maire se compare au capitaine qui se tient à la barre même si le bateau sombre. J'en ai pleuré, en l'écoutant. Enfin, c'est bien affligeant. Mais la chose qui me blesse le plus, c'est ta décision. Tu aurais eu plus de chance d'apprendre un métier à Chicoutimi. Et tu vas me manquer !

— Ma sœur, je vous en prie, il ne faut pas m'en vouloir, dit la jeune fille.

— J'espère que tu ne le regretteras pas, ajouta la

religieuse. Joseph Marois a obtenu ta tutelle. Tu es en bonnes mains. C'est un homme de confiance.

Sœur Victorienne se moucha en tournant le dos à Hermine, qui s'écria :

— Oh non ! Ne pleurez pas ! Je ne pouvais pas vous suivre à Chicoutimi. J'ai la certitude que je dois attendre mes parents ou autre chose. Ici, pas ailleurs... Vous vous souvenez ? Le soir où vous m'avez montré mes vêtements de bébé, je vous ai parlé de ce rêve que j'ai fait des dizaines, des centaines de fois depuis que je suis petite. Ma mère est près de moi et elle veille sur moi avec amour. Je suis certaine de la revoir un jour. Ici, à Val-Jalbert. Je ne peux pas m'en aller. Il m'arrivera quelque chose de merveilleux si j'attends patiemment...

La jeune fille ne termina pas sa phrase. Elle pensait aussi à Toshan, le beau métis au regard tendre et moqueur qui hantait ses rêves. Mais, cette pensée, elle ne pouvait l'avouer à la converse.

— Je t'ai élevée, ma mignonne, reprit sœur Victorienne. Tous les matins depuis des années, je t'ai vue te réveiller, boire ton bol de lait avec des mines de chaton gourmand. J'ai raccommodé tes robes et tes bas, je t'ai appris à le faire toi-même. Je suis de la première heure, petite. Je suis entrée en fonction en décembre 1916 et je m'en vais en décembre 1929. Je ne ferai pas ton gâteau d'anniversaire, le jour de l'Épiphanie, pour tes quinze ans. Tu orientes ta vie sur des rêves, des impressions, de fausses espérances. Ce n'est pas très sérieux. Je crains que les Marois te laissent agir à ta guise. Surtout Élisabeth.

La converse fit face à Hermine, lui présentant des paupières rougies, des yeux embués de larmes.

— Mon Dieu ! Tous ces souvenirs ne s'effaceront

pas d'un seul coup, déclara-t-elle, très émue. Je me suis trop attachée à toi. Tu es comme ma fille.

— Betty dit cela aussi, avoua l'adolescente. Je vous remercie d'avoir veillé sur moi. Vous me manquerez aussi, ma sœur. Je vous écrirai à Chicoutimi, je vous raconterai tout ce qui se passe au village.

— Si le bureau de poste ne ferme pas...

— Tant qu'il y aura des familles à Val-Jalbert, le courrier sera distribué, affirma Hermine. Le magasin demeure ouvert, et une institutrice laïque fera la classe après les vacances de Noël. Le village ne mourra pas.

La jeune fille voulait s'en persuader. Elle savait que Joseph Marois gardait son emploi, puisque la municipalité avait besoin d'électricité. Elle-même aurait un travail. Le maire consentait à lui verser une petite somme pour l'entretien du couvent-école. Elle ferait le ménage et surveillerait les plus jeunes enfants pendant les récréations.

— Je crois que tout le monde est réuni dans la salle paroissiale, ma sœur, déclara-t-elle avec déférence. Je vais porter votre valise dans le couloir.

Il était trois heures de l'après-midi. Une neige fluide et légère qui allait de pair avec un froid raisonnable coulait sur les toits de Val-Jalbert. Les sœurs du Bon-Conseil quittaient définitivement le village. Elles avaient instruit des centaines d'enfants du pays. On avait coutume de voir leurs silhouettes noires chapeautées du voile blanc dans les rues du village. Le maire et son épouse avaient décidé d'offrir un goûter en l'honneur des trois religieuses, dont le départ définitif attristait les dernières familles demeurant à Val-Jalbert.

Élisabeth Marois avait apporté des gâteaux aux fruits confits ainsi qu'une tarte aux pommes. Les pâtisseries trônaient sur une table entre différents jus de fruits. D'autres douceurs, pâtes de fruits jaunes et rouges, biscuits poudrés de sucre, étaient servies dans des assiettes en porcelaine. Comme boisson, la mère supérieure avait proscrit résolument la bière pour donner la préférence au thé et au café, les enfants ayant droit à du lait chaud.

Saluées par des exclamations amicales, sœur Victorienne et Hermine firent leur apparition. La veuve Mélanie Douné était là, assise sur un des bancs. Deux adolescents l'avaient escortée le long de la rue Saint-Georges.

— Mes chers paroissiens, commença l'abbé Degagnon, voici le moment venu de faire nos adieux à nos sœurs. J'aimerais leur exprimer au nom de notre communauté, désormais bien amoindrie, toute notre reconnaissance. Grâce à leur patience et à leur dévouement, les enfants de Val-Jalbert ont quitté les bancs du couvent-école avec l'instruction indispensable à une vie de labeur et d'honnêteté. Je sais que beaucoup se désolent, car le village qu'ils aiment tant connaît des heures sombres. La plupart des maisons sont vides, maintenant, les commerces ferment, mais il faut avoir foi en Dieu et en sa bonté. Tous ceux qui sont avec nous ce soir n'ont aucune intention d'abandonner Val-Jalbert. Je vois monsieur Ovila Boulanger, qui exploite de bonnes terres près du ruisseau Ouellet, son épouse et leurs six enfants, je vois monsieur Potvin, dont les vaches fournissent du lait et du beurre, et monsieur Joseph Marois, propriétaire de son logement, qui veille au fonctionnement de la centrale électrique. Je vous dis : courage ! Nous aurons encore de beaux jours ici.

Élisabeth ne put s'empêcher d'applaudir. D'autres

femmes l'imitèrent. La mère supérieure remercia l'abbé d'un signe de tête, avant de regarder l'heure à la pendule murale. Le maire devait les conduire en voiture jusqu'à Chambord d'où un train les ramènerait à Chicoutimi.

Les discussions et les chuchotements se mêlaient aux rires des enfants. Les gens ne boudaient pas le goûter, loin de là.

— Quand on a le cœur gros, disait Joseph à son fils Simon, il faut se consoler avec des sucreries. J'étais tellement habitué à mes saintes voisines. J'avais l'impression que leur présence nous rendait meilleurs.

L'ouvrier avait pris du poids et ses tempes grisonnaient. Il n'était pas le plus fervent catholique du village, mais le départ des religieuses le peinait sincèrement.

Hermine se promenait parmi l'assistance afin de s'assurer que chacun avait eu de quoi goûter. Elle portait une jolie robe en lainage bleu que lui avait donnée Élisabeth. Le vêtement fluide moulait ses formes graciles d'une féminité incontestable : une poitrine menue, une taille très fine, des hanches aux courbes parfaites.

Le vêtement déplaisait à sœur Victorienne qui le jugeait indécent, malgré un col de dentelle blanche au ras du cou.

« Mon Dieu ! songeait-elle. Que deviendra notre chère Marie-Hermine, privée de notre protection ? Les Marois la pousseront à se marier bien vite, comme ils l'encouragent à chanter des sottises et à jouer les coquettes. »

Le regard rivé à l'adolescente, la converse la vit discuter tout bas avec l'abbé Degagnon qui, l'instant suivant, frappa des mains pour réclamer l'attention générale.

— Mes amis, un peu de silence, je vous prie ! cria le prêtre. Marie-Hermine, notre rossignol, pour reprendre le terme cher à mon prédécesseur le père Bordereau, aimerait dire quelques mots.

La jeune fille rose d'émotion jeta des coups d'œil intimidés autour d'elle. L'abbé lui tapota le dos en guise d'encouragement.

— Allez-y, mon enfant.

Tout le monde perçut son hésitation. Hermine aspira une goulée d'air et redressa la tête. Ses cheveux châtains, aux reflets dorés, étaient retenus en arrière par un ruban bleu, ce qui dégageait son clair visage à l'ovale parfait.

— Chers habitants de Val-Jalbert, dit-elle enfin d'un ton plus ferme que le laissait présager son attitude, en ce jour proche de Noël, je voulais tous vous remercier de m'avoir considérée comme une enfant du village depuis des années. Je n'ai pas le souvenir de mon arrivée ici, mais je sais qu'on m'a donné des jouets, des vêtements, de l'amitié.

Élisabeth serra la main de Joseph, en chuchotant :

— Elle avait très peur de prendre la parole, mais elle se débrouille bien.

— Tiens, ça, je l'aurais parié. Elle est faite pour charmer les foules, répondit son mari. Je le répète, Hermine a de l'or dans la voix.

Simon leur intima de se taire d'un regard noir. La jeune fille poursuivit :

— Je dois aussi remercier les sœurs du Bon-Conseil qui m'ont offert un toit, un foyer plein d'amour et de sécurité. Si certains se rappellent sœur Sainte-Madeleine, qui avait un poste quand je n'étais qu'un bébé, ils pourront comprendre que moi-même je ne l'ai jamais oubliée. Je prie pour elle chaque jour, car je crois qu'elle est devenue mon ange gardien. J'aurais pu partir moi aussi à Chicoutimi, mais mon cœur appartient à Val-Jalbert.

Joseph Marois se mit à applaudir bruyamment, Simon, la veuve Douné et d'autres hommes firent de même. Hermine attendit le retour au calme. Sa détermination, perceptible à tous, contrastait avec sa silhouette fine et sa petite taille.

— Et maintenant, je vais interpréter pour nos chères sœurs *Le Chant des adieux*, que je me suis autorisée à changer un petit peu[1].

Cette fois, plus personne n'osa faire le moindre bruit. La perspective d'écouter le petit rossignol du village semait un courant de joie impatiente. Élisabeth sortit son mouchoir, certaine qu'elle allait pleurer comme la sœur Victorienne déjà en larmes.

Faut-il nous quitter sans espoir
Sans espoir de retour
Faut-il nous quitter sans espoir
De nous revoir un jour ?
Ce n'est qu'un au revoir, mes sœurs,
Ce n'est qu'un au revoir !
Oui, nous nous reverrons, mes sœurs
Ce n'est qu'un au revoir.

1. Écrit sur une vieille mélodie écossaise, le texte de 1920 est attribué au père Jacques Sevin, fondateur du scoutisme français.

Hermine était partie d'une note un peu trop haute. On aurait pu craindre que cela la gênerait, mais, sans difficulté, elle poussa davantage sa voix, dont les accents cristallins donnaient le frisson. Il y avait une telle ampleur, une telle aisance dans sa façon de chanter que son public en était frappé de ravissement. Ceux qui connaissaient la chanson lui trouvaient une force nouvelle, une poignante poésie dont ils n'avaient pas eu conscience avant ce jour.

Les hommes les plus rudes, comme le cultivateur Ovila Boulanger, se sentirent touchés en plein cœur.

« Quel don extraordinaire ! pensait la mère supérieure. Dieu aime cette enfant pour lui avoir fait un cadeau pareil. Une voix digne des chœurs célestes. »

Les vieux amis du temps passé,
Se sont-ils oubliés ?
Alors que nos cœurs ont gardé
L'amour du temps passé ?
Ce n'est qu'un au revoir, mes sœur,
Ce n'est qu'un au revoir...

Un tonnerre d'applaudissements salua la prestation de la jeune chanteuse qui avait terminé sur des notes basses et modulées. L'abbé Degagnon en oublia sa réserve naturelle et lança un bravo retentissant. Il venait de vivre un moment unique qui lui avait inspiré une nostalgie douloureuse, un bonheur enfantin, des rêves de paix universelle. Il fixait Hermine d'un air surpris.

« Comment une frêle adolescente peut-elle produire des sons d'une telle puissance ? » se demandait-il.

Son regard se perdit vers la fenêtre. Derrière les vitres, des flocons tombaient mollement, annonçant d'interminables journées de neige qui forceraient ses derniers paroissiens à se calfeutrer dans le village déserté.

— Je crois qu'il faut féliciter encore notre rossignol, déclara-t-il, notre rossignol des neiges. Je suis heureux que vous restiez à Val-Jalbert, mademoiselle.

Hermine répondit par un sourire gêné. L'abbé Degagnon ne lui avait jamais donné du « mademoiselle ». Flattée de cette marque de respect, elle s'inclina avec grâce. Joseph se rua à ses côtés et la prit par l'épaule.

— C'était magnifique, Hermine ! lui dit-il. Je suis fier de toi et bien content de t'avoir préparé une belle surprise, à la maison.

Ce fut au tour des trois religieuses de remercier l'adolescente pour son initiative. Bouleversée, la converse l'étreignit.

— Ma chère petite, quelle gentille attention ! Sois bien prudente, à l'avenir.

— Nous la remettons à monsieur Marois et à son épouse, coupa la supérieure. Ayez confiance, ma sœur.

Une demi-heure plus tard, la grosse voiture noire du maire s'éloignait du couvent-école. Les pneus crissaient dans la neige fraîche et les essuie-glaces balayaient le pare-brise dans un cliquetis qui marquait chaque extrémité de leur course. Blottie contre Élisabeth, Hermine se tenait sur le perron du bâtiment.

— C'était bien joli, ma petite, s'écria la veuve Douné, encapuchonnée et soutenue par les mêmes garçons qui l'avaient aidée à se déplacer. Passe me rendre visite autant de fois que tu voudras. Si tu me chantes ça, tu auras une pièce.

— Merci, madame Mélanie ! répondit la jeune fille.

Les gens rentraient chez eux. Flanqué de ses trois fils, Joseph interrogea son épouse et Hermine d'un signe du menton, avant de grommeler :

— Vous comptez prendre racine ou vous venez ?

— Vas-y, Betty, proposa l'adolescente. Je dois ranger la salle paroissiale et vérifier les salles de classe.

— Mais non, tu t'occuperas de ça plus tard, protesta Élisabeth. Ce sera triste d'être toute seule dans cette grande bâtisse.

— Pas du tout, ma Betty ! Je me sens chez moi, ici. Ne vous inquiétez pas, je me dépêche.

Les Marois partirent en discutant gaiement. Hermine passa le seuil du couvent-école et, dès qu'elle se retrouva à l'intérieur, elle s'enferma à clef. Elle était partagée entre l'envie de pleurer et celle de rire. Sœur Victorienne faisait partie de sa vie et lui manquerait, mais dans le même temps, son départ libérait la jeune fille. Son âme avide d'aventure, d'amour idéal déployait ses ailes. Elle était prête à endurer les tourments délicieux que devaient connaître les adultes.

— Tout peut m'arriver à présent, chantonna-t-elle en esquissant un pas de danse dans le vaste couloir. L'été prochain, Toshan m'apparaîtra peut-être au détour d'un chemin.

Elle gardait intact le souvenir de sa rencontre avec le jeune homme au teint cuivré, son patineur, comme elle le nommait dans le secret de son cœur.

— Il reviendra, il reviendra ! fredonna-t-elle.

Hermine courut à l'étage et continua à tournoyer au centre de la salle où avait eu lieu le goûter.

« Il y a longtemps que je t'aime, jamais je ne

t'oublierai... À la claire fontaine, m'en allant promener, j'ai trouvé l'eau si belle que je m'y suis baignée ! »

Sa voix résonnait, limpide, harmonieuse. Hermine commençait à débarrasser la table, sans cesser de chanter, quand un bruit de verre brisé l'intrigua. Cela venait du dortoir des sœurs.

« Mais il n'y a plus personne ! » se dit-elle.

Il faisait presque nuit. Hermine ressentit une crainte imprécise. Elle fut prompte à imaginer un rôdeur qui se serait introduit dans le couvent-école à la faveur du goûter.

— Il y a quelqu'un ? demanda-t-elle en longeant le couloir.

Au moment de pénétrer dans le dortoir, elle actionna le commutateur du plafonnier électrique. La scène qu'elle découvrit dans le compartiment réservé à sœur Victorienne la cloua sur place, de stupeur et de contrariété. Une fillette d'une huitaine d'années, appuyée au mur, gémissait. Du sang coulait de sa main droite. Sur le plancher gisait le portrait de sœur Sainte-Madeleine. Le verre en était brisé.

— Mais qu'est-ce que tu fais là, toi ? s'écria-t-elle.

— Je vous demande pardon, mademoiselle ! bredouilla l'enfant avec des sanglots de peur.

— Pourquoi as-tu touché à mon cadre ? interrogea Hermine plus gentiment. Ce n'est pas bien grave, la photo n'a rien. J'y tiens beaucoup, tu sais.

La jeune fille se pencha et observa le visage de la petite, à demi dissimulé par des boucles très noires. Ses habits élimés étaient d'une propreté douteuse. Elle fut vite certaine de ne jamais l'avoir vue à Val-Jalbert.

— D'où viens-tu ? Ne crains rien, je ne vais pas te

gronder. Tes parents ne t'ont pas oubliée ici, quand même ?

Hermine trouvait étrange l'attitude de la fillette. Elle gardait la tête basse en clignant des paupières.

— C'est mon grand frère. Il m'a dit de l'attendre, mais il ne revient pas. J'avais envie d'aller au petit coin, mais je ne savais pas où c'était.

— Tu veux que je t'y emmène ? proposa Hermine. Il faut laver ta plaie, aussi. Tu t'es coupée en voulant ramasser les bouts de verre ?

— Oui, mademoiselle.

— Suis-moi, soupira l'adolescente. Comment t'appelles-tu ?

— Charlotte Lapointe.

— Lapointe ? Tu es de la famille d'Alexis Lapointe, cet homme qui courait si vite ? Plus vite que tout le monde[1] ?

— Non, mademoiselle. On s'appelle pareil, mais on n'est pas de sa famille. Les gens, ils demandent toujours ça à mon père.

Hermine fut un peu déçue.

— Il paraît aussi qu'il pouvait danser des heures sans se fatiguer, cet Alexis Lapointe, soupira-t-elle en se dirigeant vers la porte donnant sur le couloir. On parlait de lui dans le journal, quand il est mort, il y a cinq ans. J'aime bien lire la presse, moi. Même à ton âge, je la lisais déjà. Est-ce que tu sais lire, Charlotte ?

— Non, mademoiselle.

---

1. Personnage réel. Alexis Lapointe (1860-1924) dit le Trotteur, est une célèbre figure du Saguenay-Lac-Saint-Jean. Il courait plus vite que les champions de l'époque et épuisait les violonistes qui l'accompagnaient pendant ses danses. Ses ossements sont exposés au Musée du Saguenay-Lac-Saint-Jean, à Chicoutimi.

L'enfant fit quelques pas à ses côtés, mais elle se cogna au battant de la porte du dortoir restée ouverte. Étonnée, Hermine fut prise d'un doute.

— Est-ce que tu y vois bien ? interrogea-t-elle.

— Non ! confia la petite fille tristement. Le docteur a dit que je finirai aveugle.

Apitoyée, Hermine saisit le poignet de Charlotte et la conduisit ainsi jusqu'aux commodités où elle la laissa se soulager. Elle la ramena dans la cuisine, où la converse gardait une boîte à pharmacie.

— Maintenant, tu vas m'expliquer qui sont tes parents et où tu habites. Ton frère n'est pas très sérieux, de t'abandonner comme ça.

— Il avait rendez-vous avec sa blonde, expliqua la fillette. On est là depuis une semaine et mon frère, Onésime, il a déjà une fiancée. Maman et papa ont loué une maison au bord de la route régionale.

— Tu parles d'une fiancée, au bout d'une semaine ! ironisa Hermine. Elle, je la connais sûrement si elle est de Val-Jalbert. Tu sais son prénom ?

— Je dois rien dire, souffla Charlotte.

— Je ne le répéterai pas, sois tranquille. Ce sera notre secret.

— Yvette !

Hermine en fut sidérée. L'unique Yvette du village avait vingt-deux ans. C'était la fille du charron, dont l'atelier restait ouvert. Les colons de la région et les cultivateurs avaient encore recours à ses services, les charrettes et les carrioles étant plus nombreuses que les véhicules à moteur. Mais l'homme gagnait à peine de quoi se nourrir. Élisabeth et Joseph parlaient à mots couverts de la façon dont la dénommée Yvette se procurait un peu d'argent. Simon, moins discret, avait expliqué à Hermine que cette fille, fardée et rieuse, était une créature perdue.

— Voilà, j'ai nettoyé ta coupure et tu as un joli pansement, dit-elle à Charlotte. Si ton frère tarde, je serai obligée de te raccompagner chez toi et ça ne m'arrange pas, car j'ai du travail.

Elle éprouvait beaucoup de compassion pour l'enfant, condamnée à devenir aveugle.

« Je me suis crue bien malheureuse de ne pas avoir une vraie famille, mais les sœurs et les Marois m'ont élevée et choyée. Tout le monde admire ma voix. Je ne suis pas tellement à plaindre, au fond. Tandis que Charlotte se cogne aux portes et dépend de la bonté d'autrui pour se déplacer. En plus, ses parents semblent très pauvres. La petite est mal habillée et pas très propre. »

Hermine avait installé l'enfant dans la salle paroissiale, sur un des bancs. Tout à ses réflexions, elle débarrassait la table et empilait les bouteilles dans un casier en bois. Elle balayait le parquet quand des coups sourds retentirent à la porte double, au rez-de-chaussée.

— C'est vrai que j'avais donné un tour de clef. Viens, Charlotte, je crois que ton frère est en bas.

Onésime Lapointe, un robuste gaillard d'une vingtaine d'années, trépignait sous l'auvent du perron. Un bonnet en grosse laine noire au ras des sourcils, la face cramoisie, il jeta un coup d'œil méfiant à la jeune fille. Sa veste en cuir épaississait encore une stature de colosse. Il attrapa sa sœur par le col de son manteau usé jusqu'à la trame.

— Elle ne vous a pas causé de souci ? aboya-t-il. Le père m'avait demandé de la conduire au goûter donné pour les sœurs. Charlotte viendra en classe après les vacances de Noël. Elle écoutera les leçons, à défaut de pouvoir regarder dans les livres.

— Le goûter ne durait pas si longtemps ! protesta Hermine. Il n'y a plus personne. Votre petite sœur aurait pu passer la nuit ici enfermée si je n'avais pas décidé de faire le ménage ce soir même.

L'adolescente s'exprimait avec soin, arborant l'air autoritaire qu'aurait pris la mère supérieure. Déconcerté, Onésime Lapointe haussa les épaules.

— Charlotte, c'est une enfant de vieux. Je peux pas m'occuper d'elle toutes les minutes de la journée. Navré du dérangement, mademoiselle.

Hermine se pencha à nouveau sur la fillette et l'embrassa.

— Nous nous reverrons à la rentrée, Charlotte, lui dit-elle gentiment.

L'étrange couple se fondit dans le paysage enneigé. La fillette paraissait minuscule à côté de son frère. Hermine monta récupérer la photographie de sœur Sainte-Madeleine. Une goutte de sang était tombée sur le cliché, à la hauteur de la croix qui ornait la robe noire de la religieuse.

— Zut ! pesta l'adolescente. Ma pauvre maman, tu as reçu le sang d'une petite innocente qui m'a l'air bien malheureuse. Je suis sûre que cela ne te dérange pas.

Il y avait des mois qu'elle ne parlait plus au portrait.

— Je t'emmène chez les Marois, lui confia-t-elle encore. Je ne dormirai plus au couvent-école, plus jamais. Les sœurs sont parties pour de bon.

Sa voix résonnait dans un profond silence. Hermine étala un carré de linge sur le lit de la converse pour y déposer ses affaires personnelles : sa brosse à cheveux, ses peignes en écaille et le missel que lui avait offert la mère supérieure. Le livre saint servit de protection à la photographie. La jeune fille prit également les vêtements qu'elle portait bébé ; ils avaient été emballés dans un sac en tissu par sœur Victorienne. Ils représentaient le lien dérisoire qui la rattachait à ses parents. Elle fit un ballot de tout ça et se hâta de quitter le vaste bâtiment.

« C'est quand même plus gai de vivre avec Betty et Jo ! » se disait-elle en marchant vers la maison de ses tuteurs aux fenêtres illuminées.

Elle savait qu'il ferait bien chaud dans la cuisine de Betty, que le petit Edmond lui sauterait au cou et que Joseph fumerait sa pipe assis près du poêle.

« J'ai une famille, voilà ! » décida-t-elle en tendant son visage vers le ciel, pour le simple plaisir de sentir les flocons de neige effleurer ses joues et son front, telle une caresse légère et fluide dont elle savourait la douceur.

— Neige de Noël, je t'aime ! s'écria-t-elle, prise d'une gaîté soudaine.

Le nez au carreau, Élisabeth guettait son arrivée. Malgré le chahut que faisaient Armand et Edmond, la jeune femme perçut le cri passionné de l'adolescente. Elle la vit aussi gambader en utilisant son ballot de linge comme un partenaire de danse, serré entre ses bras.

« Mon Dieu ! pensa-t-elle. Il faudra bien la surveiller. Hermine est à l'âge des premières amours. Mais je saurai la raisonner. Elle n'a aucun intérêt à se compromettre. »

Son mari avait évoqué le problème. Joseph prétendait qu'ils ignoraient tout des origines de leur protégée et que la sévérité serait de mise.

— Bonsoir, claironna Hermine en entrant. Je suis désolée d'être en retard, j'ai trouvé une fillette dans le dortoir des sœurs.

Elle raconta ce qui s'était passé en détail. Joseph posa sa pipe et se gratta la barbe.

— Ah ! fit-il. J'avais entendu parler de ces gens. Il en viendra d'autres, avec la crise économique. Le chômage sévit partout aux États-Unis et au Québec. Nous allons hériter de miséreux en quête d'un toit bon marché. Monsieur le maire tient à sauver le village ; il louera les maisons vides à n'importe qui. Les Lapointe ne m'ont pas l'air très recommandables. Le père a cinquante ans, il compte bûcher dans les chantiers, mais il est chétif et souffreteux. La mère était ouvrière à Arvida. Quant au fils, cet Onésime, il vit aux crochets de ses parents.

— Tu es bien renseigné, Jo ! s'étonna Élisabeth.

— Il suffit de boire une bière au bar de l'hôtel, ça jase toujours, là-bas.

— En tout cas, la petite Charlotte m'a fait de la peine, assura Hermine.

— Je remplacerai le verre de ton cadre, déclara Joseph.

— La surprise, la surprise ! s'égosilla Edmond.

— Veux-tu te taire ! gronda Simon.

Les Marois avaient l'air de conspirateurs. Élisabeth s'arma d'un foulard qu'elle noua sur les yeux de l'adolescente.

— En route ! pouffa-t-elle.

Poussée par les épaules, Hermine fut conduite jusqu'au salon. Elle s'en doutait, car, familière des lieux comme elle l'était, chaque grincement du plancher la renseignait sur la direction qu'on lui faisait prendre.

Quelqu'un actionna le commutateur. Elle le sut au bref déclic qui retentit à sa gauche. Élisabeth retira le foulard.

— Tu peux regarder ! hurla Armand.

La jeune fille crut rêver. La pièce où elle dormait pendant l'été depuis des années était entièrement repeinte en beige et rose. Couvert d'une belle courtepointe en patchwork, un vrai lit aux montants de bois sculpté occupait un des angles.

— Mais c'est magnifique ! balbutia-t-elle, la gorge nouée par l'émotion. Vous avez fait tout ça pour moi ?

Les salons, à Val-Jalbert, servaient surtout à recevoir la famille les dimanches et les jours de fête. C'était la pièce où l'on disposait un meuble plus rare que les autres, la vaisselle des grandes occasions ou les portraits des aïeux. Les Marois, fidèles à la règle, n'avaient jamais déplacé une chaise depuis qu'ils hébergeaient Hermine. La transformation qu'elle découvrait la stupéfiait. Une lampe de chevet trônait sur une table de nuit en bois blanc. Les rideaux étaient assortis au motif de l'abat-jour. Mais le plus beau, c'était un petit sapin décoré de boules brillantes et de guirlandes dorées. La chaleur du poêle exaltait son parfum de forêt.

— Si je m'attendais à une aussi belle surprise ! dit-elle en retenant des larmes de joie.

Les Marois venaient de lui prouver qu'elle comptait beaucoup pour eux, qu'ils se souciaient de son bien-être et qu'ils voulaient la rendre heureuse.

— Ne te mets pas à pleurer, Mimine ! On espérait seulement te voir bien contente ! déclara Joseph. Et tu n'as pas vu le plus beau. Ce n'est pas encore Noël, mais tant pis, je ne pouvais pas attendre. J'ai un cadeau pour nous tous qui te sera bien utile pour apprendre d'autres chansons.

Quand l'ouvrier l'appelait Mimine, la jeune fille savait qu'il était ému. Simon désigna du doigt un carton enrubanné, posé au pied de l'arbre.

— Qu'est-ce que c'est ? interrogea-t-elle.

— Ouvre donc ! s'écria Élisabeth.

Hermine se mit à genoux et déballa une sorte de mallette en faux cuir. Avant même de l'ouvrir, elle comprit.

— Un électrophone[1], celui qui était en vente au magasin général !

— Papa a acheté un disque de La Bolduc[2], précisa Simon. Vite, il faut brancher l'appareil, qu'on l'écoute.

— Mais cela a dû coûter très cher ! s'inquiéta Hermine.

— J'ai pioché dans mes économies. Je suis de moins en moins pingre en vieillissant, rétorqua Joseph. Figure-toi, Mimine, que La Bolduc gagne bien sa vie avec ses chansons. Le patron de l'hôtel, qui écoute la radio, est au courant. La Bolduc a vendu 12 000 disques, de quoi couler des jours tranquilles. Mais, avec la crise économique, l'industrie du 78 tours est en chute libre, comme bien d'autres. J'ai eu l'électrophone pour un prix modéré. Et la pointe de lecture est en diamant, pas en saphir.

Radieuse, Élisabeth montra à Hermine trois disques dans leur pochette en papier fin.

1. En 1925, l'Américain Maxfield lança sur le marché l'électrophone qui reproduisait les sons électroniquement. Sa découverte connut un grand succès et sonna le glas du gramophone, moins performant.

2. De son vrai nom Mary Rose Anna Travers, ce fut une des premières vedettes de la chanson au Québec.

— Jo a choisi. Regarde : une opérette viennoise et un opéra chanté par Caruso, le célèbre ténor italien[1]. Et celui-ci, c'est l'enregistrement de La Bolduc.

La jeune femme manipulait les 78 tours avec un infini respect, comme s'ils pouvaient se briser au moindre mouvement. Joseph lui prit des mains.

— Je tenais à te faire plaisir, Hermine, ajouta-t-il. Le départ des sœurs doit te chagriner, mais je voulais que tu le saches, tu es chez toi dans ma maison. Il te fallait une vraie chambre, tu l'as.

L'adolescente réprima un sanglot de bonheur. Le témoignage d'affection qu'elle recevait dépassait ses espérances.

— C'est si gentil ! bredouilla-t-elle, les yeux brillants.

— Ne pleure pas, Hermine, supplia Élisabeth.

— Et ce n'est pas si gentil que ça, plaisanta Joseph. C'est histoire de te faire travailler de nouvelles chansons. Avec de la volonté et du courage, tu pourrais chanter devant un public, sur une vraie scène.

Hermine le regarda, surprise. Chanter en public ! Personne au Québec n'admettait que les femmes puissent avoir un métier. Les jeunes filles devaient se marier, avoir des enfants et les élever. Elles pouvaient travailler un peu auparavant, à condition de ne pas faire de trop longues études, mais on trouvait plus convenable qu'une femme reste à la maison.

Joseph pensait de même et l'adolescente le savait. Elle en fut d'autant plus surprise.

Élisabeth se détourna pour cacher sa gêne. Elle était

1. Enrico Caruso (1873-1921) ténor italien qui interpréta notamment *Ô sole mio* et l'opéra *Paillasse* de Ruggero Leoncavallo.

au courant des projets grandioses de son mari et les désapprouvait. Joseph, bien connu à Val-Jalbert pour son avarice, n'aurait jamais dépensé son argent sans espérer des bénéfices. Il comptait marier Simon et Hermine, laquelle, selon lui, pouvait gagner une fortune grâce à sa voix. Et cette fortune devait rester dans la famille. La veille, alors qu'ils se couchaient, Joseph lui avait exposé un plan bien établi.

— Je vais rendre visite aux patrons des établissements chic, autour du lac Saint-Jean. En premier, j'irai au grand hôtel de Roberval, ils ne désemplissent pas durant l'été. Si Hermine apprend des airs connus, elle pourra se produire à la fin des repas. On dit ça, se produire. Je l'ai lu dans le journal. Elle est trop jeune pour garder ses gains. Je les mettrai de côté. De toute façon, il faut bien qu'elle paie sa pension chez nous.

— Mais elle m'aide beaucoup, Jo, avait faiblement protesté Élisabeth.

— Laisse-moi faire, je sais où est notre intérêt.

C'était sans discussion. L'ouvrier depuis qu'il comptait secrètement sur le succès de la jeune fille, consacrait son temps libre à la lecture des journaux. Il écoutait assidûment la radio quand il buvait une bière au bar de l'hôtel. Les temps changeaient. De plus en plus de femmes travaillaient. Il n'aurait pas aimé voir Élisabeth se lancer dans une activité quelconque, mais, pour Hermine, même si elle devenait sa belle-fille, il se sentait prêt à envisager les choses sous un autre angle.

— C'est prêt ! clama Simon. Papa, passe-moi le disque de La Bolduc.

Le fils aîné de la famille avait installé l'électrophone

sur le buffet. Hermine s'en approcha, intriguée. L'intérieur de la mallette renfermait un haut-parleur recouvert d'une fine grille en métal. Armand souleva le bras de lecture d'un geste brusque.

— Attention, petit malheureux ! rugit Joseph. C'est fragile, ce matériel. Je t'interdis d'y toucher.

Tous retinrent leur respiration quand l'électrophone, avec un faible ronronnement, se mit en marche. Simon avait calé le diamant à l'endroit voulu.

— Je sais m'en servir ! expliqua-t-il fièrement. Tante Caroline en a acheté un l'année dernière. Chaque fois que je vais en vacances chez elle, il y a de nouveaux disques.

Pour Hermine, l'appareil était un objet magique. Lorsque la voix de La Bolduc s'éleva dans le salon, elle recula, émerveillée.

La chanteuse, qui jouissait d'une énorme popularité dans tout le Québec, interprétait une de ses compositions à succès, *La Cuisinière*, sans se départir de l'accent caractéristique du pays. Son timbre parut un peu fluet à la jeune fille, malgré ses maigres connaissances en la matière. Joseph, lui, riait de bon cœur ; les paroles l'amusaient au plus haut point.

Élisabeth s'était assise, les mains jointes sur ses genoux.

« Je préfère la façon de chanter de notre Hermine », songeait-elle.

Excité, Armand se lança dans une pantomime effrénée. Simon le calma d'une claque au sommet du crâne.

— Tu fais trembler le parquet, le buffet et l'appareil,

dit-il à son frère. Si le disque est rayé, on ne pourra plus en profiter.

Ils écoutèrent ensuite deux airs de *La Veuve joyeuse*[1]. Joseph déclara qu'il était temps de passer à table.

— Et la deuxième surprise, papa ? demanda Edmond.

— Oh, c'est plus de l'embarras, celle-là, marmonna l'ouvrier. Mais j'allais l'oublier. Il faudrait la nourrir.

— La nourrir ? répéta Hermine.

— Eh oui, dans l'étable. Notre vache a un camarade, figure-toi.

Ce fut une ruée vers la porte de la cour, après la traditionnelle cérémonie des chaussons à ôter et des bottes en caoutchouc à enfiler. Simon portait Edmond, alors qu'Armand tenait la main de la jeune fille. Élisabeth n'avait pas suivi le mouvement ; elle mettait le couvert.

Joseph ouvrit le premier le bâtiment en planches qui abritait la vache. Un superbe cheval était attaché au râtelier et mâchonnait du foin. L'animal se retourna et s'ébroua. Hermine l'admira sans comprendre. Il était plus fin que les chevaux de trait qui les avaient emmenés à la cabane à sucre. L'animal était de couleur rousse, mais la crinière et la queue prenaient une teinte plus sombre. Sa belle tête racée s'ornait d'une longue tache blanche, allant des oreilles au bout des naseaux. Cette coquetterie charma la jeune fille. Elle pensa très vite qu'il semblait paré d'une traînée de neige.

— Dites, il s'en passe, des choses, chez vous ! s'écria Hermine, ravie. Les sœurs m'ont gardée trois

1. De Franz Lehár (1870-1948), compositeur austro-hongrois, un des maîtres de l'opérette viennoise.

jours et, quand je reviens, tout est changé et il y a le plus beau cheval du monde. Quelqu'un vous l'a prêté ?

— Pas du tout, il m'appartient, s'enorgueillit Joseph. Tu peux le caresser, son ancien propriétaire m'a assuré que c'est une bête docile et dressée pour l'attelage. J'ai même récupéré la calèche. Je ne suis pas mécontent. Voyez-vous, les enfants, les gens quittent Val-Jalbert. Ils vont se loger en ville dans l'espoir de trouver du travail. J'ai eu Chinook[1] et la carriole en état de marche pour une bouchée de pain.

— Dommage que tu n'aies pas pu acheter une automobile, papa, ronchonna Simon.

— Une automobile ! s'esclaffa son père. Veux-tu ma ruine ? Les voitures consomment de l'essence, ça coûte cher. Un cheval a besoin de foin, de grain et d'herbe. Ce printemps, nous aurons le choix des prairies, autour du village. J'en connais dans le pays qui n'arrêtent pas de se lamenter parce que notre village n'est plus ce qu'il était, que les commerces ont fermé pour la plupart. Moi je dis qu'il faut tirer profit de la situation. J'ai acheté la maison à temps, personne ne me verra plier bagage. Et j'investis.

Sur ces mots, Joseph tira sur ses bretelles et cracha par terre. Simon pinça les lèvres.

— Tu tires profit du malheur des autres qui n'ont pas ta chance, maugréa l'adolescent.

— Tais-toi donc, menaça son père. Grâce à moi, tu touches une paie pour garder l'œil sur la dynamo et nettoyer l'usine qui ne se salit même plus.

Hermine ne les écoutait pas. Fascinée par Chinook,

1. Nom d'un vent chaud et doux des montagnes Rocheuses, lui-même calqué sur le nom d'Amérindiens et de leur langue, le chinook.

elle s'était avancée dans la stalle. Elle respirait l'odeur un peu forte du splendide animal, liée au souvenir de sa journée à la cabane à sucre, quand les deux puissants chevaux de trait menaient le traîneau sur la piste enneigée. Ses doigts lissaient la crinière brune et la démêlaient.

— Nous serons amis, nous deux, murmurait-elle. Tu verras, je te soignerai bien. Tu auras de l'eau fraîche et du bon foin.

Le cheval frotta son front blanc contre sa hanche. Il redressa la tête et la regarda attentivement. Ses yeux bruns paraissaient pleins de douceur et de confiance. La jeune fille s'enhardit à le caresser.

Le petit Edmond l'imita, mais il ne pouvait pas atteindre la tête de Chinook et il dut se contenter de lui flatter le ventre.

— Maintenant nous disposons d'un moyen de transport pour aller à Roberval ou à Chambord, déclara Joseph. Je t'apprendrai à mener la calèche, Hermine. C'est un jeu d'enfant. Chinook obéit à la voix et à la moindre pression des doigts sur les cordeaux.

— Cela me plairait ! s'écria-t-elle. Les chevaux de trait me faisaient peur, souvent, mais Chinook est tellement doux. Regardez, il demande d'autres caresses.

Toutes ces nouveautés, aussi bien que la bonhomie de Joseph, d'ordinaire grognon, l'exaltaient. L'adolescente se crut au seuil d'une délicieuse existence, faite de liberté et de chansons.

— Je donnerai à manger à Chinook, annonça-t-elle. Tous les matins et tous les soirs. Et cet été, je l'emmènerai brouter.

Élisabeth les appela. Ce fut un repas très animé.

Hermine riait et bavardait. Elle ne semblait guère affectée par le départ de sœur Victorienne, ce qui finit par intriguer Joseph.

— Quand même, la converse était comme une mère pour toi, avança-t-il au dessert. Je pensais que tu serais triste toute la soirée. J'avais dit à Betty que tu serais inconsolable.

La jeune fille vira au rouge écarlate. Elle se sentait accusée d'ingratitude.

— Je n'ai pas eu le temps d'y penser, répondit-elle tout bas. Les sœurs étaient à peine parties que j'ai trouvé la petite Charlotte dans le dortoir. Ensuite j'ai dû tout ranger.

— C'est vrai, ça. Là, tu exagères, Jo, coupa Élisabeth. Nous avons fait en sorte de distraire Mimine pour l'empêcher d'avoir de la peine et tu lui reproches d'être gaie, à présent.

— Tant mieux si nous avons réussi à la distraire, dans ce cas, répliqua son mari, l'air penaud.

Cette fois, Hermine pleurait sans pouvoir se contrôler. Elle avait l'impression que Joseph regrettait sa générosité et ses surprises.

— C'est que je suis plus à mon aise chez vous, avec vous, hoqueta-t-elle. J'aime tant Betty. J'ai toujours voulu l'appeler maman, mais je n'avais pas le droit. Sœur Victorienne n'avait qu'une idée, faire de moi une religieuse. Il fallait toujours prier, le matin, le midi, le soir, même la nuit certaines veilles de fête.

Edmond descendit de sa chaise et vint blottir sa joue contre l'épaule de la jeune fille. Élisabeth se leva à son tour et courut enlacer Hermine.

— Tu es content, Jo ? dit-elle. Voilà, elle a du

chagrin. Quel maladroit tu fais ! Simon, passe-moi la bouteille de sherry. Mimine a besoin d'un remontant, elle tremble.

Joseph jugea bizarre de donner de l'alcool à une adolescente, mais il ne s'y opposa pas.

— Si l'abbé Degagnon voyait ça ! grommela-t-il. Déjà qu'il nous promet les flammes de l'enfer au moindre verre de vin !

— Cela lui fera du bien, affirma sa femme. Juste une goutte.

Après une brève discussion, l'incident fut clos. Simon alla dans le salon et mit le disque de La Bolduc. La musique guillerette de l'harmonica et la voix gouailleuse de la chanteuse interprétant *La Cuisinière* firent leur effet.

Je vais vous dire quelques mots
D'une belle cuisinière,
Elle soigne ses troupeaux
Comme une belle bergère
Pas bien loin dans les environs
On verra passer des garçons
Des grands et des p'tits, des gros
Et des courts,
Des noirs et des blonds
Hourra pour la cuisinière !

— Je comprends à peine ce qu'elle dit ! s'étonna Hermine.

— Tant mieux ! répliqua Élisabeth. Et puis toi, grâce à l'éducation des sœurs, tu as beaucoup moins d'accent qu'elle. C'est un peu osé, Jo, les paroles de la chanson.

— Oh ! Betty, y a pas de quoi fouetter un chat, dit son mari, le regard pétillant de malice. Au moins, c'est joyeux. Voilà ce que les gens ont envie d'écouter. Je les comprends... *Pis le sien pour le mien, pis le mien pour le sien*, fredonna-t-il en adressant un clin d'œil à son épouse.

Une heure plus tard, la famille se couchait. Hermine prit possession de sa chambre. Le sherry et la crise de larmes l'avaient épuisée.

« Joseph a parlé sans réfléchir, songea-t-elle, assise au bord de son lit. Mais il a peut-être raison : je suis soulagée d'être restée à Val-Jalbert. C'était pénible, de toujours obéir aux sœurs. »

Elle effleura du dos de la main la courtepointe en patchwork et contempla un long moment le sapin décoré. Baignée de la clarté dorée de la lampe de chevet, la pièce aux couleurs pastel lui parut superbe.

« J'en ai de la chance ! » constata-t-elle.

La figure émaciée de la petite Charlotte lui traversa l'esprit. Ce soir-là, Hermine se promit de ne jamais se plaindre.

« Je serais si triste de ne plus pouvoir admirer les érables au début de l'automne, quand ils deviennent d'un magnifique rouge. Ce serait terrible de ne pas voir le ciel d'été ou les dessins du givre sur les vitres. Merci, mon Dieu, de m'offrir le spectacle de la nature », pensa-t-elle une fois nichée entre des draps fleurant bon le savon.

Le sommeil ne venait pas. Hermine se posa beaucoup de questions.

« Pourquoi Dieu, s'il est d'une infinie bonté, s'Il nous aime comme ses enfants, décide-t-il de semer des maladies sur le monde. Sœur Sainte-Madeleine était belle et généreuse. Pourquoi est-elle morte si jeune ? Et Charlotte ? Elle ne mérite pas de perdre la vue. »

Très loin, peut-être au sommet de la colline surplombant le village, du côté du barrage de la Ouiatchouan, un loup hurla. La jeune fille se pelotonna davantage dans son lit.

« Les loups n'approchent pas du village, se rassura-t-elle. Ce sont plutôt des chiens de traîneau. Les chiens d'un trappeur égaré. »

Elle s'endormit et fit ce même rêve qui hantait ses nuits depuis des années. C'était un rêve noyé de neige. Elle revit l'homme brun et barbu aux traits rudes. Il encourageait son attelage à pleine voix. Les bêtes au poil gris et aux yeux obliques et jaunes galopaient à travers une plaine immense, gelée. La femme apparut, très jeune et très jolie, le regard bleu ciel. Hermine était minuscule dans ses bras.

— Maman ! maman ! hurla l'adolescente avant de se réveiller brusquement.

Élisabeth était penchée sur elle et lui caressait la joue.

— Tu criais très fort, Mimine. Tu appelais ta mère. Pauvre chaton.

Hermine attira la main de la jeune femme contre ses lèvres et la couvrit de baisers.

— J'ai encore fait ce rêve. Je suis désolée, Betty.

— Tu as eu trop d'émotions aujourd'hui. Rendors-toi vite, ma chérie.

Élisabeth quitta le salon sans bruit. Hermine garda les yeux ouverts le plus longtemps possible. Avec la certitude qu'il s'agissait de sa mère, elle s'acharnait à bien fixer dans sa mémoire le visage de la femme vue en rêve. Mais, le lendemain matin, le souvenir lui parut flou, comme effacé par le quotidien.

L'hiver s'abattit sur Val-Jalbert le jour même. Le thermomètre descendit à moins trente en quelques heures. Le gel pétrifia le paysage et les eaux du lac Saint-Jean.

Joseph et Simon travaillèrent tard le soir de la veillée de Noël. Préposés au bon fonctionnement de la dynamo fournissant l'électricité au village, ils rentrèrent harassés et transis. Élisabeth avait préparé leurs vêtements du dimanche et un savoureux repas.

— Nous sommes allées à la première messe, expliqua-t-elle à son mari. L'abbé Degagnon m'a assuré qu'il ne vous tiendrait pas rigueur de rester au chaud.

Des odeurs de viande rôtie et de pâtisseries tièdes emplissaient la maison rutilante de propreté. Du salon s'élevaient des voix harmonieuses qui chantaient, sur fond d'orchestre :

Les anges dans nos campagnes
Ont entonné des chants joyeux
Et l'écho de nos montagnes
Redit ce chant mélodieux
Gloria, gloria...

— Je n'ai pas acheté ce disque-là ? s'étonna Joseph.

— Moi si, répliqua son épouse. Sur ma cagnotte personnelle. Nous l'écoutons depuis une heure. Hermine est ravie : elle va apprendre tous les airs qu'elle ne connaissait pas.

— Bien, bien ! se réjouit l'ouvrier malgré son épuisement.

La jeune fille était assise au pied du sapin, Edmond lové contre elle. Le garçonnet de cinq ans l'adorait à l'égal d'une grande sœur. Tous deux tournaient les pages d'un livre cartonné à la reliure dorée.

— Tu me relis l'histoire de saint Nick, Mimine ? implora le petit.

— Encore une fois ? dit-elle en riant.

— Oui, encore.

C'était le premier Noël qu'elle passait chez les Marois, et un bonheur inouï la submergeait. Les années précédentes, elle assistait à la messe en compagnie des religieuses. Dès leur retour au couvent-école, il fallait prier dans la salle paroissiale et se coucher tôt pour la messe du matin.

Se retrouver dans la chambre-salon où résonnaient des chants pleins d'allégresse et de rythme, dans le parfum de l'arbre scintillant de jolies choses, semblait presque irréel à l'adolescente. Élisabeth lui avait prêté une jupe en laine verte et un corsage de satin blanc. Elle s'était aussi amusée à la coiffer, divisant ses cheveux en deux nattes que des épingles fixaient en couronne autour de son front.

— Tu es belle, comme ça, avait déclaré Edmond.

La présence confiante du benjamin de la famille achevait de la combler. Elle chercha la page où commençait le conte de Noël[1].

— *Une visite de saint Nicolas*, par Clément Moore.

Hermine marqua un silence. Toshan se prénommait aussi Clément, même si elle y pensait rarement. Son cœur se mit à battre plus vite. Elle s'interrogea. « Je ne

1. Conte rédigé en 1823 par un pasteur américain, Clément Moore, qui connut un grand succès et rendit célèbre saint Nicolas aux États-Unis. Saint Nicolas, que l'auteur surnomme familièrement saint Nick, deviendra le père Noël, Santa Claus.

peux pas oublier mon patineur. Que je suis sotte ! J'espère le revoir, mais il ne reviendra sûrement jamais, comme mes parents. Je ferais mieux de penser très fort à ceux qui m'aiment vraiment et qui font tout pour me rendre heureuse. »

— Mimine, lis ! supplia Edmond.

— Oui, pardon. Je te fais languir, dit-elle à l'enfant en l'embrassant sur le front.

La nuit de Noël, dans toute la maison,
Nul être ne bougeait, pas même une souris ;
Les chaussettes pendaient, près de la cheminée,
Espérant la venue du bon saint Nicolas...

— Venez à table, claironna Simon.

— Et vite, ajouta Joseph, j'ai faim, moi, une faim de loup !

— Je te le relirai plus tard, après le gâteau, promit Hermine au petit garçon.

Tous firent honneur au repas, élaboré avec soin par la maîtresse de maison. Après des tranches de saumon cuites au four et nappées d'une sauce à la crème, Élisabeth servit un civet de lièvre. Le jus brun et luisant laissait en bouche un subtil goût de miel, dû à une grosse cuillérée de sirop d'érable. Une fricassée de pommes de terre accompagnait la viande.

— Hermine a fait le dessert, annonça Armand.

— J'ai essayé une recette spéciale, précisa la jeune fille.

— Avec beaucoup de chocolat, renchérit Élisabeth, et ça n'avait pas l'air simple, la pâte à choux. Sers tes éclairs, Mimine.

— Des éclairs ? clama Joseph. Mais c'est ma pâtisserie préférée.

L'ouvrier déclara bientôt qu'il n'avait jamais mangé de si bons éclairs au chocolat. Il jeta un regard attendri à l'adolescente, toute rose de satisfaction.

— Si tu nous chantais quelque chose, à présent ! s'écria-t-il.

Hermine se leva de table et prit appui au dossier de sa chaise. Elle savait déjà ce qu'elle interpréterait.

Trois anges sont venus ce soir,
M'apporter de bien belles choses,
L'un d'eux tenait un encensoir,
Le deuxième, un bouquet de roses,
Noël, Noël,
Nous venons du ciel[1]*...*

Sa voix pure aux accents cristallins résonnait dans toute la maison. Lorsqu'elle répéta *Noël*, sur des notes encore plus hautes, Élisabeth ferma les yeux, bouleversée. Le cantique terminé, la jeune fille salua d'un léger signe de tête. Joseph l'observait, tel un pirate inquiet pour son trésor.

— J'ai une surprise moi aussi, murmura Hermine. Armand, Edmond, venez là.

Ils la rejoignirent avec des mines gênées. Elle leur prit la main et compta tout bas jusqu'à trois.

— Allez, souffla-t-elle.

Les deux garçons se mirent à chanter le premier couplet d'un autre cantique français, célébrant la naissance de Jésus-Christ.

---

1. Cantique de Noël du XIXe siècle, de l'Irlandaise Augusta Holme.

Il est né le divin enfant !
Jouez hautbois, résonnez musettes !
Il est né le divin enfant...

La jeune fille battait la mesure, ravie. Enfin elle chanta avec eux. Élisabeth pleurait, ivre de joie et de fierté.

— Mais quand as-tu pu les faire répéter ? demanda-t-elle.

— Chaque fois que je les emmenais nourrir le cheval, répondit Hermine. Chinook adore les chansons.

— C'est mon plus beau Noël, affirma Joseph.

Edmond, lui, attendait la suite du conte. Il apporta le livre à Hermine.

— Toi, tu ne perds pas le nord ! pouffa-t-elle. Viens près du sapin. Je lis un peu ; après, tu iras vite te coucher.

Elle s'installa sur le tapis, l'enfant assis dans le cercle de ses bras.

... Maman sous son fichu, et moi sous mon bonnet,
Préparions nos cerveaux au long sommeil d'hiver,
Quand de notre pelouse monta un tel fracas
Que je sautai du lit voir ce qui se passait,
Volant à la fenêtre, aussi prompt que l'éclair,
Repoussant les volets, relevant le châssis.
La lune qui jouait sur la neige récente
Donnait à chaque objet le lustre de midi,
Quand, à mes yeux ravis, devinez qui parut,
Un tout petit traîneau, huit rennes minuscules.
Un petit vieux gaillard les menait prestement,
Je reconnus saint Nick dès le premier moment.
Plus rapides que l'aigle bondissaient ses coursiers,

Il sifflait et criait, interpellant chacun :
Allez, Fougueux ! Danseur ! Allez, Fringant ! Rusé !
Comète ! Cupidon ! Vite, Élégant ! Éclair !
Sautez en haut du porche ! Et vite en haut du mur !
Galopez, galopez ! Filez à toute allure !

— Quand je monterai sur Chinook, dit soudain Hermine, je lui crierai ça : Galope, galope, file à toute allure !

— Et tu tomberas, parce que les filles savent pas monter à cheval ! cria Armand, un peu jaloux de la situation privilégiée de son petit frère.

Edmond bâillait, paupières mi-closes. Élisabeth le souleva.

— Au lit, mon chéri. Hermine a beaucoup lu, elle a sommeil, elle aussi.

— Bonne nuit, Ed, dit gentiment la jeune fille. Je te lirai la suite demain soir. Promis !

Un peu plus tard, la tempête déferla. Un vent glacial aux rugissements déments secoua chaque maison de Val-Jalbert, vide ou encore habitée. Un des grands ormes de la rue Saint-Georges se brisa et s'effondra en frôlant le toit du bureau de poste.

Dans son lit douillet, Hermine écoutait le déchaînement des éléments. Des rafales furieuses ébranlaient les murs, secouaient les cheminées. L'adolescente imagina le spectacle de fin du monde qui devait se jouer dehors. Elle eut pitié des arbres en proie au blizzard ainsi que des bêtes sauvages obligées de se terrer dans un trou de neige gelée. Enfin, elle pensa à Charlotte : la petite fille avait-elle passé un bon Noël ?

« Peut-être qu'ils n'ont pas grand-chose à manger,

ces pauvres gens. Joseph n'arrête pas de dire que c'est une crise très grave qui frappe le pays, et même l'Amérique. Demain, je pourrais leur rendre visite, aux Lapointe, et leur apporter des pets[1]. Betty a préparé une pleine jatte de pâte. Et madame Mélanie ? Ses enfants ne viennent jamais la voir. Si la tempête s'est calmée, j'irai avec Edmond. Je lui chanterai l'*Ave Maria* qu'elle aime tant. »

Son existence auprès des sœurs lui avait enseigné la charité et le sens du partage.

« Hélas ! songea-t-elle encore. Je ne peux pas aider ceux qui sont loin de Val-Jalbert. Et Toshan ! Où est-il, en ce moment ? Il m'a dit que son père était mort, qu'il cherchait un job pour envoyer de l'argent à sa mère. Cela prouve que c'est un bon fils, qu'il a du cœur. J'espère qu'il dort à l'abri, qu'il a pu fêter Noël, lui aussi. Mon Dieu, protégez Toshan, protégez tous les miséreux, les errants, les orphelins. Et si vraiment ils sont vivants, protégez bien mes parents, protégez ma petite maman. »

Ces derniers mots la firent sangloter tout bas. Chaque soir, en se couchant, Hermine quémandait aux puissances divines un autre rêve qui lui offrirait le doux visage maternel dont les traits précis se dissipaient trop vite à son réveil. Elle était sûre d'une chose, cependant, c'était le visage d'une très jolie femme.

---

1. Petites crêpes de sarrasin cuites directement sur le poêle, que l'on sert nappées de sirop d'érable.

8

Au nom de l'amour

Val-Jalbert, 10 juillet 1930

L'été déployait ses couleurs et sa chaleur si douce après un hiver plus rude que de coutume. Autour des maisons désertées du village croissaient en désordre les fleurs et les plants de légumes semés là pendant des années. Plus personne n'endiguait leur exubérance. Des liserons escaladaient les barrières en bois ou les piliers des auvents, déployant leurs corolles pareilles à des cornets de satin blanc. Dans les prés s'épanouissaient les marguerites et les renoncules.

Le quartier bâti sur le plateau voisin de la chute d'eau n'accueillait plus âme qui-vive. Les derniers habitants de Val-Jalbert étaient regroupés près de la route conduisant à Roberval et au lac Saint-Jean. La municipalité tenait bon. L'institutrice laïque, mademoiselle Alice Paget, âgée de dix-sept ans, avait eu son contingent d'élèves, la plupart enfants de cultivateurs et de bûcherons, excepté la petite Charlotte Lapointe, Armand et Edmond Marois.

Quant à l'hôtel-restaurant, il restait ouvert malgré une baisse de clientèle considérable. En cette période de vacances, quelques pensionnaires y séjournaient.

— Mon Dieu, que le soleil est chaud ! constata Élisabeth qui étendait sa lessive.

La jeune femme secoua ses cheveux blonds coupés au ras de la nuque, dont les boucles la chatouillaient. Elle portait un vieux corsage sans manches et une jupe en coton beige.

— Mon linge sera sec avant la nuit, se réjouit-elle en jetant un œil satisfait à l'alignement des gilets de corps et des jaquettes.

Elle rentra dans la cuisine et se servit de l'eau fraîche. En esquissant un pas de danse, elle se glissa dans le salon et brancha l'électrophone. Armand et Edmond étaient invités chez leurs grands-parents de Chambord et Simon coupait du bois du côté de la chute Maligne, en amont du barrage. Joseph et Hermine étaient partis lui porter son casse-croûte en carriole. Ils ramèneraient le jeune homme au crépuscule.

— Tant que je suis tranquille, j'en profite, déclara Élisabeth.

Hermine lui avait appris à utiliser l'appareil. Bientôt, la voix de La Bolduc s'éleva, accompagnée d'un air d'harmonica. Le succès de la chanteuse ne faisait que croître, à mesure que la crise économique s'aggravait[1]. D'un bout à l'autre du Québec, tous ceux qui se démenaient contre le chômage et la misère écoutaient ses chansons pour oublier leurs soucis. C'était une façon de déjouer le malheur et de se forcer à croire que tout allait s'arranger.

Joseph avait acheté un second disque de La Bolduc

1. La crise économique sévit surtout pendant les années 1929 et 1930, au Canada et aux États-Unis. Elle ne devait se résorber tout à fait qu'avec le début de la Seconde Guerre mondiale.

dans un magasin de Roberval. Élisabeth connaissait par cœur, au bout d'une semaine, les paroles pleines d'humour de *Ça va venir, découragez-vous pas*, qui promettait des jours meilleurs.

La truculente personnalité de la chanteuse, son accent appuyé et son langage simple déplaisaient dans les milieux huppés, ce dont ses admirateurs se moquaient éperdument.

— Découragez-vous pas ! fredonna Élisabeth.

Elle pensa soudain à Hermine, qui n'appréciait pas le répertoire de La Bolduc.

« C'est normal, notre Mimine a des goûts raffinés. Les sœurs lui ont appris les bonnes manières et donné une solide instruction. Je suis sûre qu'elle ferait la classe aussi bien que mademoiselle Alice Paget, sa grande amie », songea la jeune femme avec un brin de jalousie.

« *Découragez-vous pas, ça va venir* », chantait La Bolduc.

Soudain, on frappa à la porte. Élisabeth arrêta vite la musique. Elle n'attendait personne.

— Oui, j'arrive ! cria-t-elle, agacée.

Par mesure de prudence, elle regarda par la fenêtre et aperçut, à l'ombre de l'auvent, une silhouette féminine toute vêtue de noir.

« Qui est-ce ? Je ne connais personne en deuil au village. Et personne de si chic ! »

Elle se décida à ouvrir. La visiteuse était coiffée d'un large chapeau de paille, également noir, pourvu d'une voilette en tulle. Mince et petite, elle gardait la tête baissée.

— Madame, vous cherchez quelqu'un ? demanda Élisabeth.

— Je suis bien chez Joseph Marois ? répondit l'inconnue d'un ton gêné.

— Oui, mais mon mari s'est absenté. Il ne rentrera que ce soir. Pourquoi voulez-vous le voir, mon mari ? Seriez-vous de sa famille, une cousine éloignée ?

— Pas du tout, madame Marois. En fait, je préfère tomber sur vous. C'est le curé qui m'a indiqué votre maison.

Élisabeth lui fit signe d'entrer. Soudain, impressionnée par l'élégance de l'étrangère, elle crut bon de justifier sa tenue.

— Je faisais mon ménage. Alors, je m'étais mise à l'aise. Vous savez, la lessive, le balayage, la poussière... Asseyez-vous. Je parie que vous avez soif, l'air est tellement sec et chaud.

— C'est vrai, j'ai soif. Je suis trop émue, aussi.

Ces mots intriguèrent Élisabeth. Elle tentait de mettre un nom sur le visage que dissimulait la voilette noire. En vain.

— Si vous pouviez me dire qui vous êtes ? demanda-t-elle, à bout de curiosité. Je ne vous ai jamais vue à Val-Jalbert.

L'étrangère crispa ses mains gantées de dentelle noire sur un petit sac en cuir. Elle respira profondément et répliqua très vite.

— Je suis Laura Chardin, la mère de Marie-Hermine.

— La mère de Marie-Hermine ! répéta Élisabeth.

Elle était si peu préparée à une telle révélation que ses jambes se mirent à trembler. Son cœur s'affola.

— Je ferais mieux de m'asseoir, déclara-t-elle, interloquée. Vous me causez un de ces chocs !

Laura ôta son chapeau. Sa chevelure châtain, déjà

parsemée de mèches grises, était coupée à la mode, au ras des oreilles. Elle regarda bien en face Élisabeth qui, sous l'éclat des beaux yeux bleus, un bleu limpide, un bleu de pur azur, ne douta pas un instant de sa parole. C'était vraiment la mère de sa chère Mimine.

— J'ai osé frapper chez vous parce que je savais que ma fille n'était pas là, dit-elle tout bas. Quelqu'un du village m'a renseignée, après ma visite au presbytère. Une vieille dame, installée en bas de son perron, qui s'abritait du soleil sous un parapluie, m'a expliqué que Joseph Marois était monté à la chute Maligne avec la jeune fille qui loge chez lui. Mais, vous savez, j'ai déjà vu Marie-Hermine, quand elle chantait au grand hôtel de Roberval, samedi soir. Comme j'étais fière de mon enfant. Mon Dieu, quelle belle voix elle a !

L'exclamation exaltée tira Élisabeth de son abattement. Une colère subite l'envahit.

— N'en rajoutez pas ! cria-t-elle. Vous débarquez ici sans prévenir, sans même écrire une lettre, et vous parlez de votre enfant avec des mines de bonne mère. Et vous êtes tout sauf une bonne mère. Si vous pouvez m'expliquer pourquoi vous l'avez abandonnée, Hermine, il y a plus de quinze ans ! C'est un peu facile, madame, de laisser un bébé malade et de mener la belle vie ensuite. Vous n'avez pas l'air d'être dans le besoin, malgré la crise. Si vous croyez que votre fille a envie de faire votre connaissance, vous vous trompez. Hermine en a gros sur le cœur, d'avoir été jetée dans un ballot de fourrures à la porte du couvent-école, comme on abandonne un chiot encombrant. Ses parents, elle veut rien en savoir. Je l'ai élevée, la petite. Je lui ai cousu des robes, tricoté des bonnets, je lui ai donné ses premières bouillies. Vous n'avez pas intérêt à la réclamer, notre Mimine. Mon mari va même lui payer l'an prochain des leçons de chant chez un professeur. On est sa famille, maintenant, tous, mes fils, Jo et moi.

Élisabeth bredouillait, furieuse. Laura était blême.

— Si Marie-Hermine accepte de me voir, un jour, je lui raconterai mon histoire. Ce n'est pas rose, madame Marois, ce que j'ai vécu. Mais ça ne regarde que ma fille.

— D'abord, elle s'appelle Hermine à présent ! Et je suis sa Betty. Oui, elle me considère comme sa mère et n'essayez pas de me la prendre.

— Vu son âge, elle décidera toute seule, rétorqua Laura d'un ton sec. Mais n'ayez pas peur, je ne la forcerai pas à me suivre. Il y a une chose que je peux vous dire : j'ai perdu la mémoire pendant des années. Sinon, je serais venue à Val-Jalbert bien avant cet été. Et j'aurais pu profiter de mon enfant chérie.

Les deux femmes s'affrontèrent du regard. Élisabeth, les traits sublimés par l'indignation, parut très jolie à sa rivale.

« Voici celle qui a câliné mon bébé, qui lui a tenu la main le jour où elle a su marcher, pensait Laura. Marie-Hermine doit aimer ces gens qui ont pris soin d'elle et elle me déteste sûrement. »

— Je ne vais pas vous déranger plus longtemps, madame Marois, soupira-t-elle en se levant. La seule chose que je vous demande, c'est de parler de ma visite à ma fille et de lui donner les adresses où elle peut m'écrire.

Laura prit son sac, l'ouvrit et en sortit une carte postale. Au dos figuraient les fameuses adresses.

— J'ai passé la nuit à l'hôtel de Val-Jalbert, mais je

séjourne à Roberval tout l'été. Cet automne, je rentrerai à Montréal où je possède une maison. J'ai perdu des années de la vie de ma fille, je peux patienter encore.

Laura frissonna malgré la chaleur. Elle remit d'un geste délicat son chapeau à voilette. Rassurée, Élisabeth retrouva son sens de l'hospitalité.

— Buvez de l'eau bien fraîche avant de vous remettre en route, madame. Je me suis emportée, mais, à ma place, vous auriez peut-être réagi pareillement.

— Il ne faut pas me juger trop vite, affirma Laura. Le soir où mon mari a déposé notre enfant devant le couvent, c'était pour lui sauver la vie. J'étais malade, moi aussi, très malade. Je me croyais mourante. Mais j'ai survécu, et Marie-Hermine est devenue une ravissante jeune fille. Vous me prenez pour une mère indigne, mais j'ai souffert le martyre de l'abandonner. Un docteur m'a dit que cela avait dû provoquer mon amnésie.

— Amnésie ? interrogea Élisabeth, que le mot déconcertait.

— Je n'avais plus aucun souvenir de mon mari ni de mon bébé, j'étais comme une malheureuse folle. Il m'a fallu des semaines pour retrouver des morceaux de mon passé et les remettre en ordre. Enfin, je raconterai tout ça à ma fille. Au revoir, madame Marois. Je ne tiens pas à croiser Hermine aujourd'hui, ni votre mari.

Laura Chardin sortit précipitamment et dévala les marches du perron. Élisabeth la vit s'éloigner le long de la rue Saint-Georges et regretta tout de suite son coup de colère. Elle aurait volontiers écouté les confidences de la mère d'Hermine.

« Pour ça, il aurait fallu que je lui témoigne un peu d'amitié », déplora-t-elle.

La jeune femme passa l'après-midi à se morfondre. Elle cacha la carte postale dans sa chambre, entre deux pages d'un cahier où Joseph notait leurs dépenses et leurs gains. Quand le soleil déclina derrière le clocher de l'église, elle guetta, assise sous l'auvent, le retour de la carriole.

— Ils arrivent ! dit-elle très bas.

L'écho des sabots de Chinook au loin l'avait renseignée. Bientôt elle perçut le bruit caractéristique des roues cerclées de métal. L'attelage déboula. Hermine tenait les guides. Ses cheveux voletaient, légers, dorés par la lumière du soir. Elle riait en dévoilant de petites dents blanches.

— Coucou, ma Betty ! cria-t-elle en arrêtant le cheval devant la maison.

En chemise écossaise, les manches retroussées, Joseph, assis sur le siège arrière, sifflait un refrain de La Bolduc. Simon, le teint hâlé, sauta du véhicule. C'était maintenant un grand gaillard brun, le sosie en plus jeune de son père.

Élisabeth eut une réaction bizarre. Elle en voulut à Hermine d'avoir une mère bien vivante, qui de plus avait gâché sa journée. Comme l'adolescente accourait, un bouquet de fleurettes blanches à la main, elle lui reprocha sa tenue.

— Tu as l'air d'une traîne-misère dans cette salopette en toile. Une fille ne met pas de pantalons. Va te changer !

— Mais, Betty, c'est toi qui me l'as prêtée, la salopette. Tu disais que ce serait pratique, dans les bois. Je dois dételer Chinook et le nourrir. Je me changerai après. Qu'est-ce que tu as ? Regarde, j'ai cueilli de l'achillée millefeuille[1]. Tu m'as dit que cela faisait une bonne tisane.

Joseph posa sa main calleuse sur la nuque de son épouse qui, déjà honteuse de sa réaction, tenait le bouquet sous son nez. Il l'observa attentivement.

— Et alors, notre douce Betty est fâchée ? plaisanta-t-il. Nous ne sommes pas en retard, pourtant ?

— Ce n'était pas si amusant, de rester seule, mentit-elle, à faire votre ménage à tous et à laver vos hardes !

Simon haussa les épaules et pénétra dans la cuisine. Il ne sentit aucune odeur de soupe ou de viande rôtie.

— M'man, et le repas ?

— Je ferai une omelette ! s'écria Élisabeth qui fixait Hermine avec une expression de détresse.

— Moi, je n'ai plus faim ! rétorqua l'adolescente, vexée. Je dois m'occuper de Chinook.

Joseph avait commencé à défaire les boucles du harnachement. Il poussa la carriole en arrière, ce qui dégagea les brancards.

— Tu peux l'emmener à l'écurie, Mimine, dit-il. Il a sué. Frictionne-le bien avec de la paille. Donne-lui une grosse ration d'avoine, il a bossé dur.

— Je sais, Jo, dit la jeune fille.

Elle fut soulagée de contourner la maison et de se réfugier dans le bâtiment qui abritait la vache et le cheval.

Dès qu'il fut seul avec sa femme, Joseph l'interrogea.

— Qu'est-ce qui se passe ? Tu ne serais pas enceinte ? Un petit dernier, ça ne me déplairait pas. Faut pas te tracasser, nous avons de quoi l'élever.

---

1. Surnommée herbe à dinde. L'achillée est une plante aux nombreuses propriétés pharmaceutiques : vulnéraire, antiseptique et tonique.

— Mon Dieu, non, ce n'est pas ça ! bredouilla Élisabeth. Viens, montons dans la chambre.

Il la suivit, vraiment inquiet cette fois.

— Tu n'as pas l'habitude de faire tant de simagrées, Betty !

— J'en suis malade, Jo, commença-t-elle. Quelqu'un est venu chez nous, une dame tout en noir, très chic. Moi, polie, je la fais entrer. Elle était à peine assise dans la cuisine qu'elle dit d'un coup : « Je suis Laura Chardin, la mère de Marie-Hermine. » Mon Dieu ! J'ai cru que mon cœur allait lâcher.

Élisabeth raconta en détail la visite de Laura. Joseph crut recevoir une poutre sur le crâne. Abasourdi, il s'assit au bord du lit et se gratta vigoureusement le menton.

— Pour une catastrophe, c'est une catastrophe ! conclut-il après un temps de réflexion. Faut rien dire à la petite, Betty, tu as compris, rien de rien. Du moins pas cette année, ni la suivante. Cette bonne femme n'aura pas Hermine. Ce sont des mensonges, qu'elle t'a débités. La mémoire, on ne la perd pas comme ça. D'abord, a-t-elle des preuves ? As-tu vu ses papiers d'identité ? Non ! Je vais lui rendre visite à mon tour, et elle va m'entendre.

Élisabeth ne demandait pas mieux. Au bord des larmes, elle se grisait de la rage froide de son mari.

— Si tu l'avais vue en face de toi, tu aurais vite compris, Jo. Elle ressemble beaucoup à Mimine. Je l'aime, notre Mimine, même si je l'ai grondée tout à l'heure. Je n'ai pas eu de fille et je me suis attachée à elle de bon cœur. En plus, nous avons sa tutelle. La loi est de notre côté.

— Ah ! ça oui, ne t'inquiète pas, Betty ! De toute

façon, même si c'est sa vraie mère, elle ne veut pas la forcer, d'après ce qu'elle prétend. On garde la chose secrète. Hermine n'écrira pas, l'autre croira qu'elle n'a pas envie de la rencontrer. Et je veillerai à écarter cette bonne femme de Val-Jalbert, si jamais elle revient. Vu tout le mal que je me donne, personne ne me mettra des bâtons dans les roues.

Joseph serrait les poings. Cela n'avait pas été facile de convaincre le directeur du *Château Roberval*, un grand hôtel de luxe, d'engager Hermine. Elle avait dû chanter plus d'une heure, dans son bureau, malade d'appréhension. L'homme écoutait en fumant un cigare qui empestait la pièce. Finalement, séduit par sa voix de soprano et son talent d'interprète, il avait engagé la jeune fille. Depuis le mois de janvier, elle avait appris des airs du répertoire classique, extraits des opérettes viennoises ou des opéras italiens. Accompagnée par l'orchestre de l'établissement, elle donnerait un tour de chant tous les samedis soir de l'été.

— Et tu me disais que Laura Chardin était à Roberval quand Hermine a chanté pour la première fois dans la salle du restaurant. Je n'ai pas détaillé la mine des clients. Elle joue les espionnes, ta femme en noir. En tout cas, j'ai eu des frais. J'ai misé de l'argent sur Hermine. Je ne vais pas rendre ma poulette aux œufs d'or à une mère qui l'a abandonnée. Tiens, Betty, si je comptais le prix des affichettes que j'ai fait imprimer, la robe en soie, les souliers vernis...

Élisabeth approuva en silence. Son mari avait des idées qui la dépassaient, comme ces affichettes en papier rose vif sur lesquelles était inscrit en noir : « Le Rossignol des neiges chantera toute la saison d'été au

Château Roberval. » Elle en avait accroché à la porte du placard, dans la cuisine.

— Enfin, je devrais me rembourser d'ici quelques semaines, ajouta Joseph. Hermine touchera huit dollars chaque samedi. En un mois elle se fera trente-deux dollars. C'est un début.

— Les ouvriers de l'usine gagnaient vingt-deux dollars par semaine, Jo. Eux ils travaillaient tous les jours excepté le dimanche. Pour une fille de son âge, c'est déjà intéressant. Mais ne la laisse pas seule là-bas. Des clients peuvent lui tourner autour, et cette Laura est pensionnaire à l'hôtel. Elle paraît fortunée, je t'assure.

— Riche ou pas, elle n'approchera pas Hermine ! trancha-t-il. Ou elle attendra que je lui donne la permission.

— Quand même, c'est sa mère, rétorqua Élisabeth. Si l'abbé Degagnon apprenait la vérité, il ne serait pas content. C'est lui qui a indiqué notre maison à Laura. Crois-tu qu'il ne se posera pas de questions ?

— L'abbé va partir, Betty. Il est question de démolir l'église l'année prochaine. Il faudra se rendre à Roberval ou à Chambord pour écouter la messe et communier. Ce sera le coup de grâce. Val-Jalbert sans clocher !

— Non, ils ne feront pas ça, s'indigna la jeune femme. Ce sont encore des bavardages.

Joseph fit la moue. Il s'était préparé au pire, le jour où la compagnie avait placardé l'avis de fermeture de la pulperie. Le pire était derrière lui.

— Nous sommes des chanceux, Betty. Aie confiance. Si Laura n'a pas avoué son lien de parenté à l'abbé, c'est qu'elle n'a pas osé, par manque de preuve, ou par honte de son passé.

Le couple discuta encore, à voix basse. Affamé, Simon, depuis le rez-de-chaussée, rappela ses parents à l'ordre.

— M'man, tu la fais cuire quand, l'omelette ? tempêta-t-il.

— Coupe-toi du pain, paresseux ! brailla Joseph.

Hermine perçut leurs éclats de voix. Appuyée à la cloison de la stalle, elle s'attardait auprès de Chinook. Le cheval lui décocha un léger coup de tête affectueux. Elle le caressa à pleines mains, les paumes de chaque côté de la tête de l'animal.

— Toi, tu es toujours gentil et brave, dit la jeune fille en déposant un léger baiser sur le bout de son nez, où la peau était lisse comme de la soie. Je t'apporterai un morceau de sucre avant de me coucher, mon beau Chinook.

Elle noua ses bras menus autour de son encolure.

« Betty ne m'a jamais traitée ainsi, songea-t-elle. Peut-être qu'elle a des soucis. Qu'est-ce que je lui ai fait ? Elle semblait furieuse contre moi. Pourtant, je l'aide le plus souvent possible. J'avais balayé les chambres et lavé la vaisselle du matin. »

L'adolescente travaillait beaucoup. Elle secondait l'institutrice en période scolaire et entretenait le couvent-école. C'était elle qui surveillait les devoirs du petit Edmond.

« Et Joseph me pousse à répéter mes chansons chaque soir. Mais il a raison, je lui dois l'argent des affiches, de la robe et des souliers vernis. Sans compter ma pension. »

Hermine sortit du bâtiment et actionna le loquet. Elle contempla le ciel d'une teinte parme, semé de fins nuages pourpres. Les premières étoiles apparaissaient autour d'un quartier de lune d'un blanc nacré. La nuit serait douce.

« Douce aux amoureux », songea-t-elle avec audace.

Joseph et Élisabeth avaient beau se montrer pudiques et peu démonstratifs durant la journée, le sommier grinçait souvent dans leur chambre, située au-dessus du salon où elle dormait. Hermine avait appris d'une de ses camarades, l'année de ses treize ans, comment les hommes et les femmes faisaient des enfants. Cela lui semblait un univers extraordinaire, réservé à l'obscurité où se déroulait une cérémonie sacrée, impudique, mais qu'elle pressentait la plus naturelle du monde. Les chiens du village ne s'embarrassaient pas de convenances ; elle les observait parfois avec gêne, le mâle monté sur la femelle, les deux bêtes haletantes, un rictus de béatitude leur donnant un air un peu idiot.

La jeune fille, cependant, ne parvenait pas à associer le sentiment amoureux à l'accouplement des bêtes en tous genres. Intuitive, elle supposait que les humains se témoignaient en plus une délicieuse tendresse, qu'ils échangeaient des caresses, des baisers et des mots gentils.

Elle se demanda si la colère de Betty n'était pas liée aux étranges propos que Joseph leur avait tenus, à Simon et à elle, alors qu'ils déjeunaient au bord de la rivière près de la chute Maligne.

— Vous feriez un joli couple, vous deux, disait l'ouvrier en fumant sa pipe. Déjà, vous êtes bien amis, c'est suffisant pour fonder une famille. Hé, Mimine, tu t'appellerais Marois, y a de quoi marcher la tête haute. Le maire vous louerait une maison de la rue Saint-Georges, il n'y a plus que l'embarras du choix.

La jeune fille avait préféré rire, rouge de confusion. Moins timide, Simon s'était offusqué :

— Dis, papa, personne ne t'a forcé à épouser maman. Elle te plaisait. J'aime bien Hermine, elle est plutôt jolie, mais, si je me marie, ce sera avec une fille que j'ai choisie.

Âgé de seize ans, l'adolescent se rebellait fréquemment. L'autorité de son père lui pesait. Il prévoyait chercher un job dans une grande ville, à Québec ou à Montréal. Joseph l'ignorait, mais Hermine et Armand étaient dans la confidence.

« Jc n'épouserai jamais Simon ! Il ne me plaît pas », se dit-elle encore en entrant dans la cuisine par la porte de derrière.

Élisabeth se rua vers elle pour la prendre dans ses bras. Hermine vit qu'elle avait pleuré.

— Excuse-moi pour tout à l'heure, j'étais nerveuse, lui avoua-t-elle. J'ai eu trop chaud, à tordre le linge. L'air doit être orageux.

— Ce n'est rien, Betty. Je vais me changer.

Hermine décida d'oublier l'incident. Chaque soir, elle espérait croiser Toshan Delbeau dans le village le lendemain. Aussi avait-elle hâte de se réveiller au chant du coq et de quitter la maison sous n'importe quel prétexte.

*
* *

Le matin, à peine son café avalé, la jeune fille annonça qu'elle allait faire brouter Chinook dans la prairie du moulin Ouellet.

— Ne jase pas avec des étrangers, recommanda Joseph. La crise pousse les gens sur les routes, en quête d'un gîte et d'un job. Tu peux faire de mauvaises rencontres.

— Je croise surtout des chats errants ! répliqua Hermine. Je vais emmener Charlotte. Je le lui ai promis. Elle est si contente de monter sur Chinook.

— Tu vas la dégoûter de l'attelage, cette bête, à lui mettre quelqu'un sur le dos, grogna Joseph.

— Tu as bien besoin de t'encombrer de cette petite, renchérit Élisabeth. Tu finiras par attraper des poux ou la gale. La mère ne peut plus marcher, paraît-il. Elle passe ses jours au lit et se soucie peu de nettoyer sa fille. Le père fabrique de l'alcool avec tout ce qu'il trouve. L'enfant est livrée à elle-même. C'est du beau.

— Plus maintenant, Betty. Depuis le début des vacances, je fais la toilette de Charlotte dans le ruisseau, dit Hermine d'un ton ferme. Elle est toute propre dans les vêtements que tu m'as donnés pour elle. Elle y voit mal, sans doute, mais elle apprécie les balades. Lolotte entend avant moi un oiseau qui s'envole, une biche en fuite. Elle reconnaît qu'il y a des pissenlits fleuris rien qu'au parfum, qui est si âcre. Ça me fait plaisir de l'emmener. Son grand frère, Onésime, ne la promène jamais.

— Méfie-toi de lui, lui recommanda Joseph. Il n'a rien sous le crâne, ce gars. Une brute, voilà ce qu'il est. Quelle honte, de tolérer cette crapule ! Du temps du père Bordereau, les gars dans son genre ne traînaient pas à Val-Jalbert. Mais c'était la belle époque.

Simon trépignait. Il attendait son père pour partir à l'usine. Grâce à Joseph et à son fils qui se vantaient d'être les gardiens de la fabrique, les vastes bâtiments déserts demeuraient sains, les toitures résistaient aux tempêtes et la dynamo fonctionnait toujours.

Hermine s'empressa de sortir avant d'être sollicitée par Élisabeth. La jeune fille portait une jupe en lin qui lui descendait à mi-mollet, des sandales à semelles de corde et un chemisier bleu clair. Par coquetterie, elle avait noué un ruban assorti autour de son front. Ses cheveux, fins, ondulés et soyeux, frémissaient à chacun de ses pas. Elle se sentait légère, elle se sentait jolie.

Chinook la salua d'un hennissement joyeux. Elle le détacha et le fit reculer jusqu'à la porte double grande ouverte. La vache poussa un meuglement lamentable.

— Betty va venir te traire, lui dit Hermine. Après, tu iras brouter où bon te semble.

Le bétail se faisait rare, excepté celui des colons implantés dans les environs du village abandonné. Les Marois laissaient errer la grosse bête la plupart du temps, si bien qu'elle avait subi les ardeurs du taureau de la famille Potvin et qu'elle vêlerait à Noël prochain.

À la claire fontaine, m'en allant promener,
J'ai trouvé l'eau si belle que je m'y suis baignée !
Il y a longtemps que je t'aime,
Jamais je ne t'oublierai !

Hermine chantait à pleine voix en marchant vers la route du lac située un peu plus bas. La maison où vivait Charlotte lui apparut. La fillette était assise sur la dernière marche du perron. Dès qu'elle entendit le bruit des sabots de Chinook, elle tourna la tête, et sa mince figure s'illumina.

— Hermine ?

— Lolotte !

L'enfant trottina, les mains en avant. Elle devinait la

masse imposante du cheval et la silhouette claire de l'adolescente. Hermine la souleva par la taille.

— Papa est parti et maman dort, confia la petite. J'ai entendu ta voix de loin. Tu chantais *À la claire fontaine*.

— Eh oui, ma Lolotte ! Et ton frère ?

— Il a découché parce qu'il a trouvé un job à Roberval, sur un grand bateau à vapeur qui s'appelle *Le Nord*[1].

— Alors on se sauve, déclara joyeusement Hermine. Allez, grimpe à mon cou. Maintenant, prends la crinière de Chinook... et hop !

Elle installa Charlotte à califourchon sur le cheval. Comme la petite fille portait un vieux pantalon d'Armand Marois maintenu à la taille par une ceinture, elle était à son aise. Hermine guida Chinook sous le couvert des arbres les plus proches en le tenant par la corde attachée à son licou.

Depuis la fermeture de l'usine et le départ de huit cents habitants de Val-Jalbert, la forêt reprenait ses droits, lançant de jeunes pousses de diverses essences qui se développaient vite. On aurait dit des arbustes plantés là pour l'agrément des yeux.

— Es-tu contente, Charlotte ? demanda la jeune fille. Tu as de la chance. Figure-toi que l'autre jour, Edmond a voulu monter sur Chinook. Il était jaloux de toi, je lui avais raconté que tu le montais sans selle. Eh bien, j'ai dû le faire descendre en vitesse. Le cheval dansait la gigue et tapait du pied. Par contre, avec toi, il est tout sage, un vrai mouton. Joseph n'y comprenait rien. L'ancien propriétaire de Chinook lui avait garanti que

---

1. *Le Nord* transportait passagers et marchandises du port de Roberval Jusqu'à celui de Péribonka.

c'était une bonne bête docile. C'est vrai à l'attelage, pas quand il s'agit d'être à cru sur son dos. Moi, j'en ai parlé à monsieur Boulanger, le fermier. Il m'a expliqué que les chevaux préfèrent être sellés, souvent.

Charlotte écoutait, au comble du bonheur. Le discours de la jeune fille la berçait, accordé au parfum frais du sous-bois et aux pépiements des oiseaux. Ses yeux malades distinguaient des nuées de verdure ainsi qu'une magnifique lumière blanche et or.

— Il fait soleil, remarqua l'apprentie cavalière. Les feuilles font une petite musique.

— Exactement, ma chérie, affirma Hermine. Sais-tu, je crois que Chinook t'aime beaucoup. Il se dit : « Cette mignonne, il ne faut pas qu'elle tombe ni qu'elle se fatigue ! »

— Tu crois qu'il pense ça, ton cheval ? s'étonna l'enfant.

— Bien sûr ! Pourquoi il serait si gentil avec toi, autrement ?

Hermine continua à bavarder, sans se douter un instant qu'on la suivait dans le dédale des arbres. Elle savait très bien où aller. La veuve Douné, toujours contente de jaser, lui avait parlé du canyon de la rivière Ouiatchouan, en aval de la chute d'eau et du village.

— J'aimais flâner là-bas, quand j'attendais mon petit dernier, mais ça ne plaisait pas à mon mari, racontait la vieille femme. C'est que je m'y baignais, en jaquette et culotte. J'avais trente-six ans, nous venions d'emménager à Val-Jalbert. Et mon cher époux piquait des crises de jalousie à l'idée qu'un autre homme voie mes jambes et mes bras.

Mélanie Douné évoquait, le regard rêveur, des larges avancées de roches tout arrondies que le soleil tiédissait.

— Je m'allongeais là et je caressais mon ventre. Si monsieur le curé l'avait su ! Le bébé bougeait de contentement. Tu ne connais pas le canyon, Hermine ? Vas-y au cœur de juillet, c'est la meilleure époque. Tu n'as qu'à longer le chemin derrière le couvent-école.

La jeune fille avait menti à Joseph et à Élisabeth. Elle n'irait pas dans la prairie du moulin Ouellet. Déjà elle apercevait le miroitement de l'eau à travers les branches basses des érables.

— Que c'est beau ! s'exclama-t-elle en débouchant sur un promontoire de pierre d'un gris jaunâtre.

— Quoi ? demanda Charlotte.

Hermine se désolait d'être la seule à jouir du spectacle. Elle s'empressa de répondre à l'enfant.

— Nous sommes au bord de la rivière, mais ici elle coule entre de grosses masses de rochers. Certains sont très plats, on pourrait y danser. Les autres sont bombés et ils forment au-dessus de l'eau de jolis dessins, des formes douces. La surface de l'eau scintille au soleil et il y a de grands sapins d'un vert très sombre. Tout est tranquille. C'est un endroit merveilleux.

L'adolescente aida la petite à descendre du cheval, qu'elle attacha au tronc d'un orme gracile.

— Ne bouge pas, Chinook, sois sage, dit-elle doucement. Tu as un peu d'herbe à manger.

Avec prudence, Hermine chercha un passage sûr pour atteindre la rivière. Les roches superposées prenaient parfois des allures de marches géantes, mais Charlotte la ralentissait. Cramponnée à une de ses mains, la fillette, effrayée par la pente, trébuchait.

— J'ai peur de tomber, gémit-elle.

— Mais non, je te tiens bien, affirma Hermine.

Une voix s'éleva alors, toute proche. Un caillou roula sous la semelle d'une solide chaussure de marche.

— Vous auriez peut-être besoin d'aide ?

Hermine tourna la tête, surprise. Elle connaissait l'intonation chaleureuse, un brin moqueuse, et le timbre grave. C'était Toshan Delbeau. Debout sur un replat de pierre en surplomb, le jeune homme souriait.

« Il est encore plus beau que dans mon souvenir ! songea-t-elle. Il ne mentait pas, il est revenu dans le pays. »

— Vous me reconnaissez, mademoiselle ? demanda-t-il en la rejoignant. Il y a un moment que je vous suivais.

— Si je vous reconnais, ce n'est pas grâce à vos cheveux, ils sont tout courts à présent ! répliqua-t-elle, submergée par une joie presque douloureuse.

Son cœur cognait dans sa poitrine, ses joues devaient être roses ou écarlates, mais elle prenait un air distant pour l'impressionner.

— Je me suis coiffé à la mode des bûcherons du coin, parce que je ne trouvais pas de job avec mes cheveux longs.

Elle nota qu'il ne portait pas la moustache. Charlotte s'agrippait à sa jupe.

— Hermine, qui c'est ? demanda-t-elle.

— Un camarade, répondit l'adolescente. Il va t'aider à descendre au bord de l'eau. Tu te rafraîchiras les mollets, Lolotte !

Toshan désigna la fillette d'un signe de tête, puis il se toucha les paupières, les fermant sous ses doigts. Hermine comprit qu'il l'interrogeait ainsi par pure délicatesse vis-à-vis de la petite infirme, et elle en fut touchée.

— Oui, souffla-t-elle.

— J'avais cru le comprendre, dit-il.

Sans rien ajouter, il enleva Charlotte dans les airs et la jucha sur ses solides épaules. Avec une aisance de félin, il dégringola les étendues de pierre jusqu'à la rivière. Hermine le suivit au même rythme au risque de se tordre une cheville.

« Mon Dieu, merci ! se disait-elle. Toshan est revenu, le Toshan dont j'ai tant rêvé. Et, à peine là, il s'occupe de Charlotte, il lui montre du respect. Au moins, ça me prouve qu'il a un grand cœur, qu'il aime les enfants. »

Elle le vit asseoir la petite fille près d'un trou d'eau peu profond. Il lui ôta ses chaussures usées et sortit un bâton de réglisse de la poche de sa chemise.

— Voilà, jolie demoiselle, vous pouvez déguster une friandise en trempant vos orteils.

— Merci, monsieur ! claironna Charlotte.

— C'est bien gentil de votre part, dit Hermine. Je parie que vous avez une sœur plus jeune que vous.

— Non, je suis fils unique ! déclara Toshan d'un ton amer. Mais ça me fait de la peine, les enfants qui ne peuvent pas profiter de la beauté du monde.

Il avait parlé très bas. Hermine le contemplait à loisir. Elle redécouvrait ses traits harmonieux et virils, le dessin de ses sourcils drus, aussi noirs que ses cheveux, sa peau cuivrée et sans une ombre de barbe.

— Pourquoi vous m'avez suivie ? Vous cherchiez à me revoir ? l'interrogea-t-elle.

— Ah ! soupira-t-il. Vous êtes comme toutes les filles, à poser des questions. Je passais dans la région. J'ai fait le détour par Val-Jalbert, même si la patinoire ressemble à une mare de boue desséchée. Dites, il n'y a plus personne dans votre village ?

— Une dizaine de familles ont décidé de rester. Cela fait cinquante habitants à peu près, sans compter ceux qui ont acheté des terres aux alentours et qui les cultivent.

La jeune fille prit place sur un rocher qu'elle caressa d'une main. La tiédeur de la pierre la réconforta autant que les paroles de Toshan. S'il faisait allusion à la patinoire derrière l'hôtel, c'était qu'il n'avait pas oublié leur rencontre.

— Je voulais vous expliquer une chose depuis le printemps dernier, commença-t-elle. Quand vous avez rattrapé le petit Edmond Marois, à la cabane à sucre, j'ai eu peur que vous me preniez pour une menteuse. Ces gens ne sont pas mes parents. Ce sont les sœurs du couvent-école qui m'ont élevée, et Betty... enfin, Élisabeth Marois m'a servi de nourrice. Maintenant, ils ont ma tutelle.

— J'ai eu bien d'autres choses à penser depuis ce jour-là. C'est votre vie, pas la mienne ! répliqua-t-il.

Il ne la regardait même pas. Blessée par sa réponse, Hermine garda le silence un moment. Charlotte tapait dans l'eau avec ses pieds, le bâton de réglisse entre les dents.

— Vous êtes encore bien naïve ! lança Toshan.

Le jeune homme parut ne plus se soucier d'elle. Il se déchaussa, déboutonna sa jaquette en coton gris et retroussa sans hâte son pantalon jusqu'aux genoux.

— Mais qu'est-ce que vous faites ? s'écria-t-elle.

— Je dors dans les bois depuis une semaine et je viens me laver ici tous les matins.

Hermine se cacha les yeux, mais dès qu'elle entendit un clapotis, elle écarta les doigts pour observer Toshan. L'adolescente n'avait jamais vu un homme torse nu.

Une fois, Joseph s'était montré en gilet de corps, mais elle avait vite détourné le regard.

Toshan s'aspergeait, indifférent à sa présence. Il était musclé et bien bâti, la peau exempte de poils et dorée. Une onde de chaleur s'éveilla dans le ventre de la jeune fille. Elle s'imagina dans les bras de ce grand garçon, collée à lui. C'était très inconvenant, mais personne ne pouvait lire dans son esprit. Elle ne craignait rien.

Soudain, Charlotte éclata de rire. L'enfant avait reçu des gouttes d'eau. Puis ce fut le tour d'Hermine. Il les avait éclaboussées.

— Hé ! protesta-t-elle. Faites attention, ça va salir ma jupe.

— Vu le soleil, ça séchera vite !

Il s'étira et sortit de la rivière. Au passage, il chatouilla le menton de la petite. Chinook lança un hennissement nerveux.

— Le cheval s'impatiente ! s'inquiéta Hermine. Allez, Lolotte, je dois rentrer. Betty aura besoin de moi pour le ménage.

— Bon, à la revoyure, alors ! lança Toshan. Au fait, c'est une belle bête, votre cheval. L'herbe est bonne en cette saison. Faudrait l'emmener brouter cet après-midi, parce que ce matin il n'aura pas beaucoup mangé. J'ai vu une prairie bien grasse, près d'un vieux moulin.

Hermine se réjouit du conseil. Elle crut comprendre qu'il lui donnait rendez-vous.

— Peut-être que mon tuteur me laissera l'y conduire.

— Petit-être... dit-il. Je vais vous aider à la remonter.

Elle ne songea pas à refuser. Charlotte noua ses petits bras autour du cou du jeune homme. Il la portait sur son dos. Hermine fermait la marche.

« Si Toshan m'épousait, un jour, et que j'aie un

enfant de lui, tout serait pareil. Sauf que j'aurais préparé de quoi manger au bord de l'eau », rêva-t-elle.

Chinook s'était détaché. Un peu plus loin dans le bois, il mâchait une feuille d'érable.

— C'est un cheval plein de sagesse, dit le jeune homme. Il aurait pu s'en aller, mais il vous attendait.

— Je l'aime de tout mon cœur, répondit Hermine.

Elle disait vrai, en sachant que les mots pouvaient s'appliquer à ce beau et grand garçon, debout dans la clarté verte et or dispensée par les frondaisons.

La jeune fille rattrapa Chinook. Toshan hissa Charlotte sur l'animal.

— Au revoir et merci bien, souffla-t-elle.

— N'oubliez pas, la prairie près du vieux moulin, dit-il doucement.

Hermine fit le chemin du retour avec la sensation de ne pas toucher terre. Elle avait chaud et froid, envie de rire et de pleurer.

— Pourquoi tu me parles plus ? interrogea la petite. Dis, c'est ton amoureux ?

— Non, Charlotte, juste un ami.

— C'est ton amoureux ! claironna l'enfant. Comme dans ta chanson *La Claire Fontaine*... Lui, il a trouvé l'eau si belle qu'il s'est lavé, et toi tu l'aimes depuis longtemps.

L'adolescente fut sidérée. Elle leva la tête et observa la fillette.

— Tu raisonnes mieux que moi, Lolotte, conclut-elle. Pour huit ans et demi, tu te défends en intelligence. Mais, dommage, tu te trompes. On ne peut pas aimer quelqu'un si on ne le connaît pas bien. Toshan, je l'ai rencontré il y a un an et cinq mois exactement. Il patinait en sifflant. Nous avons jasé dix minutes.

— Il t'a donné rendez-vous ! dit encore Charlotte. Fais-toi jolie pour le revoir.

— Non mais, en voilà des manières, coquine ! s'écria Hermine. Je te raconterai ça demain.

— Alors, tu l'aimes ! gloussa la petite.

La jeune fille se souvenait du rire de sa protégée en sortant de l'écurie. Elle croisa Élisabeth dans la cour.

— Tu reviens à temps, lui dit-elle, je pétris du pain d'épice. Après le repas du midi, je voudrais qu'on vienne à bout du repassage. Tu feras les mouchoirs et les torchons, moi les jaquettes de Jo.

— Oui, Betty ! répliqua Hermine. Je m'y mettrai de bonne heure, j'ai prévu de retourner au moulin Ouellet. Des mouches piqueuses agaçaient Chinook. Il n'a pas brouté à son aise.

— Oh toi ! Tu as plus de souci pour ce cheval que pour nous autres. Tu ne t'en iras pas sans faire ton ouvrage.

Soudain, Élisabeth fronça les sourcils. Elle considéra Hermine d'un œil soupçonneux.

— Ce ne serait pas une histoire de garçon, ton idée de promener le cheval tous les jours que Dieu fait ?

« Pourvu que je ne rougisse pas ! » pensait en elle-même l'adolescente.

Elle se baissa brusquement et frotta une de ses sandales.

— Je me moque des garçons, Betty ! marmonna-t-elle, tête basse.

— Et tu ne parlerais pas à des étrangers, même si c'était une dame ? insista Élisabeth qui pensait à Laura Chardin.

— Je te l'assure ! mentit Hermine.

* * *

La prairie du moulin Ouellet semblait déserte, ainsi que les berges du ruisseau. Chinook broutait déjà depuis une demi-heure, piétinant le trèfle, les pissenlits et les marguerites. Hermine s'était assise sur une souche de frêne. Afin de ne pas éveiller la méfiance de Betty, elle avait gardé les mêmes vêtements et ôté son ruban bleu, ce qui excluait tout souci de coquetterie.

— Il faut que Toshan vienne ! répétait-elle. Il faut qu'il vienne vite, je ne pourrai pas l'attendre jusqu'au souper.

Hermine coupa une tige d'herbe avec ses dents. Elle était de plus en plus nerveuse.

« Peut-être qu'il me donnait un conseil, que ce n'était pas un rendez-vous. Il me prend encore pour une petite fille, naïve en plus, se disait-elle. Je ne lui plais pas. »

Un sifflement la fit sursauter. Vite, elle se retourna. Toshan approchait. Il ne souriait pas, il avait même l'air soucieux, les mains dans les poches de sa veste en toile grossière. Hermine fut soulagée, mais aussi très embarrassée. Le matin, la présence de Charlotte lui évitait un tête à tête avec le jeune homme.

— Vous êtes venue ! dit-il en s'asseyant près de la souche de frêne.

— Je serais venue de toute façon, répondit-elle. Je suis allée dans le canyon par curiosité. J'avais dit à mon tuteur que je faisais brouter Chinook ici.

Il se roula une cigarette et l'alluma en clignant une paupière. Fascinée, Hermine ne le quittait pas des yeux.

— Excusez-moi. J'ai menti, ce matin, ajouta Toshan. Je n'ai pas arrêté de penser à vous. Et je ne voulais pas revenir à Val-Jalbert à cause de ça, parce que vous n'êtes pas une fille pour moi. Mais je n'ai pas pu m'en empêcher. Quand je vous ai vue, dans le bois, j'ai ressenti de la colère. Vous étiez si jolie, avec le cheval et l'enfant. J'entendais votre voix. J'ai eu mal au cœur à cause de ce que je sais.

— Qu'est-ce que vous savez ? demanda-t-elle d'un air inquiet.

— Je sais que vous êtes une jeune fille sérieuse et instruite, et que je suis un métis, le fils d'une Indienne. Je ne possède rien et je n'ai guère d'argent de côté. Souvenez-vous, cet homme à la cabane à sucre qui est devenu votre tuteur, il n'avait pas envie que je traîne au village, ni dans son érablière. Je suis habitué. Ce jour-là, quand j'ai repris ma route, j'avais de la haine pour lui. Il m'avait humilié devant vous. J'étais content de vous revoir, en plein soleil, dans la lumière de la neige. Vous étiez triste, toute pâle et douce. La veille, à la patinoire, je vous avais déjà trouvé bien belle, même si je vous avais traitée de petite fille. Votre visage ne s'est pas effacé de mon esprit. Je vous avais dit que je reviendrais.

Hermine buvait ses paroles. Elle déclara, intimidée :

— Vous n'étiez pas méchant, ce matin, juste un peu moqueur. Le principal, c'est que vous êtes revenu. Moi aussi j'ai beaucoup pensé à vous.

— Vraiment ? J'ai donc eu raison de faire un détour.

Toshan leva la tête vers Hermine et la fixa avec attention. Elle soutint son regard jusqu'au vertige.

— Joseph, mon tuteur, je crois qu'il avait eu très peur pour le petit Edmond, ce fameux jour à la cabane à sucre, expliqua-t-elle. C'est quelqu'un de coléreux, d'autoritaire. Il vous a montré du mépris et j'ai eu bien de la peine. Pourtant, je vous assure qu'il est généreux, qu'il est bon. Je ne veux pas dire du mal de lui. Son épouse, Betty, espérait m'adopter. Mes parents m'ont abandonnée quand j'avais un an, à Val-Jalbert, devant le couvent-école.

Le jeune homme l'écoutait en continuant à l'observer. Il admirait la pureté de son visage, sa peau laiteuse, le modelé de ses lèvres d'un rose pâle. Les vêtements légers qu'elle portait révélaient un corps menu et souple, des seins bien ronds qu'il devinait sous le tissu. Toshan avait eu de nombreuses aventures. Les femmes le cherchaient et le provoquaient. Il répondait volontiers à leur jeu de séduction. Hermine avait peur de ce qu'elle éprouvait. Cela changeait tout. Il comprenait que l'adolescente subissait le pouvoir qu'il exerçait sur elle et qu'il n'avait pas le droit d'en profiter. À vingt-deux ans bien sonnés, il était las du plaisir rapide, des étreintes à la sauvette. Son cœur s'éveillait à des sentiments plus profonds face à cette jeune et jolie fille aux manières gracieuses.

— Maintenant, je sais votre nom ! dit-il. L'enfant vous a appelée Hermine, dans le canyon.

— Les religieuses préféraient Marie-Hermine, le prénom que mes parents avaient écrit sur un bout de papier. Moi aussi je me souvenais de votre nom indien, Toshan. Chaque fois que je pensais à vous, je chuchotais tout bas : Toshan, Toshan reviendra. Mais je sais que vous vous appelez aussi Clément.

Il eut un large sourire flatté. Elle lui raconta brièvement les circonstances de son abandon. Il parut touché.

— Ma mère est une Montagnaise baptisée. Le prénom Clément figure sur mon certificat de baptême, mais ma mère m'a toujours surnommé Toshan. Mon père avait acheté un lot au bord de la rivière Péribonka. Il était chercheur d'or. J'avais neuf ans quand ils ont décidé de m'envoyer à l'école, chez les frères de Kénogami. J'ai beaucoup pleuré. J'aimais mieux vivre dans la forêt. Là-bas, j'ai appris à lire et à écrire. Quand je suis revenu à la cabane de mes parents, j'étais presque un homme. Je me suis engagé comme bûcheron, des *runs*[1] de six mois, des premières neiges au printemps. Mon père n'avait pas trouvé assez d'or pour finir ses jours tranquille. Il aurait pu prendre de l'argent dont il avait hérité et qui était placé dans une banque. Mais il ne voulait pas. Il prétendait que c'était de l'argent maudit.

— Pourquoi ? demanda Hermine, passionnée par les confidences de Toshan.

— C'est une histoire bizarre, soupira-t-il. L'homme s'était suicidé et sa femme avait perdu la raison. Elle a passé la fin de l'hiver chez nous. Mon père l'a conduite dans un hôpital de Montréal. Pauvre p'pa ! Il n'a pas touché à l'argent maudit, mais ça ne lui a pas porté chance. Il est mort noyé, emporté par une crue de la rivière au dégel d'avril 1928.

La jeune fille fit un rapide calcul. L'accident avait eu lieu environ un an avant leur rencontre près de la patinoire.

— Je n'ai jamais parlé de tout ça à quelqu'un, lui confia Toshan. Ma mère dirait que ce n'est pas un hasard. Elle pense que nous suivons un chemin invisible tracé sur la terre, qui nous mène là où nous devons être heureux. Et libres.

1. Mot anglais qui désigne la durée d'un engagement dans un chantier forestier.

Ces derniers mots trouvaient un écho dans le cœur de l'adolescente.

— Moi, mon chemin fait le tour de Val-Jalbert ! Je ne peux pas être heureuse ailleurs qu'ici. En plus, j'attends mes parents. Je rêve d'eux, souvent. J'ai la certitude qu'ils sont vivants et qu'ils reviendront.

— Les rêves sont importants, concéda-t-il en hochant la tête. Vous devez leur faire confiance.

— Jamais personne ne m'a dit ça, dit-elle, émue. Merci.

— Venez, allons marcher un peu, proposa-t-il en se levant.

D'un geste très simple, il lui prit la main. Ils avancèrent dans la prairie dont les hautes herbes d'un vert bleuté ployaient sous leurs pas. Au bord du ruisseau, une haie de saules protégeait un banc de sable gris. L'eau chantonnait entre les berges.

— Je pars tout à l'heure, annonça le jeune homme. Je prends le bateau pour Péribonka. C'est un village qui porte le même nom que la rivière qui a tué mon père. Ma mère m'attend. Elle a besoin de moi. Je dois chasser pour qu'elle fume de la viande et lui couper du bois en prévision de l'hiver. Mais je reviendrai l'été prochain. Je resterai plus longtemps. Vous me dites que votre tuteur est un brave homme. Je lui parlerai mariage. Parce que, si je me marie, ce sera avec vous, et personne d'autre.

Hermine aurait pu être surprise d'une telle déclaration. Ils se connaissaient à peine, tous les deux. Elle fut surtout comblée. Si Toshan la voulait pour femme, c'était une preuve qu'il la respectait, qu'il l'aimait. Seules les filles de mauvaise vie voyaient des garçons sans qu'il soit prévu de fiançailles ou de mariage.

— Je n'épouserai que vous, répondit-elle en souriant. Un an, ça passe si vite ! Et si Joseph Marois vous cherche querelle, tant pis, je partirai avec vous. Je suivrai votre chemin invisible, pas le mien.

— Ma mère serait contente de vous accueillir.

Le jeune homme riait en silence en disant cela. Une fossette creusait son menton et son teint cuivré illuminait l'ombre des saules. La jeune fille se perdit dans le regard d'un brun intense, lumineux et fervent. Secouée d'un long frisson de désir, elle s'élança vers lui. Il la saisit par la taille et l'enveloppa de ses bras avec délicatesse. De crainte de l'effaroucher, car il la devinait inexpérimentée en amour, il ne la serra pas de trop près. Ses lèvres effleurèrent les joues de l'adolescente, le bout de son nez puis sa bouche. Leur baiser eut la saveur de l'été, le parfum des plantes sauvages de la prairie. Ils accostaient sur une île ensoleillée faite pour célébrer leur amour.

Hermine capitula la première. Haletante, elle cacha son visage bouleversé contre l'épaule du jeune homme qui, à présent, caressait ses cheveux. Elle aurait voulu demeurer à cette place des jours et des jours.

— C'était le baiser de nos fiançailles ! dit-il à son oreille. Tu es sûre que tu m'attendras ?

— Je t'ai déjà attendu des mois. Ne crains rien. Je serai là en juillet 1931, près du moulin. Je suis tellement heureuse. Moi qui croyais que tu m'avais oubliée, que je ne te plaisais pas.

Toshan prit son visage entre ses mains et le contempla longuement.

— Tu es ma petite Hermine, blanche comme la neige, aussi pure, mais toute chaude et tendre.

Elle se réfugia encore une fois contre lui.

— Va vite ! lui dit-elle tendrement. Je t'attendrai le temps qu'il faudra.

Ils se séparèrent. Toshan s'éloigna en agitant la main. Hermine ferma les yeux. Quand elle les rouvrit, il avait disparu.

Elle toucha ses lèvres du bout des doigts. Jamais elle n'aurait imaginé qu'un baiser fût si délicieux. Des milliers de picotements de joie pure parcouraient son corps, tels des signaux mystérieux, affolant son sang pour lui enseigner le grand-mystère de l'amour charnel.

Chinook ne broutait plus. Debout au milieu de la prairie, le cheval sommeillait, sa robe rousse enflammée par le soleil encore haut. Hermine l'appela. Il lui répondit d'un hennissement amical avant de s'élancer au galop pour la rejoindre.

Ses sabots foulaient la terre sèche ou froissaient l'herbe. De petits oiseaux s'envolèrent devant lui sans l'effrayer. Le spectacle du magnifique animal en pleine course fit sourire la jeune fille.

« Qu'il est beau ! songea-t-elle. Que le monde est beau, les arbres, le ciel immense, les nuages, chaque fleurette, chaque feuille ! Je suis heureuse ! Heureuse ! Parce que j'ai un amoureux ! Tu entends ça, Chinook, j'ai un amoureux, le plus beau, le plus gentil ! »

L'animal appuyait son chanfrein contre son épaule. Elle flatta de la paume son encolure et le gratta un peu sous la crinière.

— Je n'ai que toi pour me confier, dit-elle très bas. Si seulement Alice était de retour. Au mois d'août, je lui raconterai tout. Je lui avais parlé de Toshan.

L'institutrice, son aînée de deux ans, était devenue l'amie dont rêvent bien des adolescentes. Brune, frisée, les cheveux courts, la jeune enseignante envisageait de prendre le voile. Cela ne l'empêchait pas de bavarder avec Hermine, de la conseiller dans le choix de ses chansons ou de l'encourager à se marier.

— Je dois rentrer, Chinook ! Viens.

Elle noua la corde posée sur la souche de frêne au licou du cheval et prit la direction de Val-Jalbert. Elle avançait comme en extase, le cœur apaisé. L'attente ne l'inquiétait pas. Sans réfléchir, Hermine se mit à chanter, afin de libérer un trop-plein de bonheur.

Aux marches du palais, aux marches du palais
Y a une tant belle fille, lon la, y a une tant belle fille...
Elle a tant d'amoureux, elle a tant d'amoureux,
Qu'elle ne sait lequel prendre, lon la, qu'elle ne sait lequel prendre[1] *!*

La jeune fille se tut, transfigurée.

— Moi, je sais. Ce n'est pas un petit cordonnier qui aura ma préférence, non. J'ai choisi Toshan, le beau et tendre Toshan.

Elle se moquait de ce qui tracassait d'ordinaire les adultes. Son amoureux était métis, sa mère, une Indienne, son père, un chercheur d'or mort noyé. Peu lui importait !

— Il y aura toujours du travail pour un bûcheron, souffla-t-elle à Chinook qui la suivait. Tous les hommes du pays montent au bois.

Son avenir lui paraissait lumineux, de la même brillance que l'eau du canyon sous les reflets du soleil matinal. Une fois encore elle toucha ses lèvres d'un doigt. La bouche de Toshan s'était posée là, et là. Sur

1. Ancienne chanson française très populaire.

les joues aussi. Le souvenir du baiser échangé au bord du ruisseau Ouellet aiderait Hermine à prendre patience.

La belle, si tu le veux, nous dormirons ensemble,
Nous dormirons ensemble...
Dans un grand lit doré, orné de fleurs blanches.
Et nous y resterons jusqu'à la fin du monde.

Elle chanta ce couplet d'une voix affaiblie. Bien souvent, les paroles d'une chanson servaient à merveille ce que vivaient les gens. Hermine l'avait constaté. Attendrie, elle répéta :

Jusqu'à la fin du monde...

9

La dame en noir

Roberval, 15 juillet 1930

Assise sur le siège avant de la carriole, Hermine s'impatientait. Joseph parlementait avec un des *grooms*, comme disaient les Anglais et les Américains. Elle assistait à la scène d'assez loin pour ne pas comprendre un mot de la conversation. Son tuteur gesticulait, alors que le jeune employé levait les bras au ciel et secouait la tête.

« Qu'est-ce qui se passe encore ? s'inquiéta-t-elle. Jo fait trop le fier quand nous venons à l'hôtel. Parfois il en est ridicule ! »

Chinook tapait du pied sur le pavé. Le sabot ferré produisait un son désagréable en heurtant la pierre. Le cheval était nerveux. L'agitation de la ville et du port tout proche l'agaçait. Le bel animal, loin des prés paisibles de Val-Jalbert, manifestait son angoisse. Les bruits de moteurs, les odeurs d'essence et les coups de klaxon venaient à bout de sa docilité habituelle.

— Calme-toi, Chinook, dit doucement Hermine. Je sais que tu n'aimes pas venir ici. Sois sage, tu seras bientôt à l'écurie, devant un râtelier plein de foin. Je sais que tu es fatigué, mais tu vas te reposer.

« Samedi prochain, il faudrait prendre le train. Joseph

ne se rend pas compte. Chinook a trotté plus de dix-huit milles. Nous mettons trois heures pour venir ici[1]. »

Elle soupira de contrariété. Le trajet lui avait paru interminable, même si Joseph prétendait que ce n'était qu'une promenade. Durant le voyage, il avait jugé bon de révéler à Hermine une partie de ses projets en lui parlant souvent d'un peu trop près au goût de la jeune fille. Leur promiscuité sur le siège de la calèche lui avait causé un malaise imprécis, comme les déclarations fébriles de l'ouvrier, persuadé qu'elle deviendrait un nom de la chanson à l'instar de la fameuse Bolduc.

« Ce sera comme ça tout l'été, pensa-t-elle encore. Si au moins quelqu'un pouvait nous conduire en voiture depuis Val-Jalbert ! Maintenant, c'est trop tard pour annuler tout ça, le directeur m'a fait signer un contrat. »

Chinook secoua la tête et renâcla.

— Je t'en prie, mon beau, sois sage. Moi aussi, je m'ennuie.

Le son de sa voix finit par rassurer le cheval. Il s'ébroua et s'abîma dans l'observation d'un cycliste qui arrivait en sens inverse.

L'idée de chanter pour la clientèle du *Château Roberval* angoissait Hermine. C'était un établissement très luxueux, qui accueillait une riche clientèle. La première fois, le samedi précédent, elle avait réussi à mener à bien son tour de chant, mais, après sa prestation, elle avait failli s'évanouir d'épuisement dans le vestiaire mis à sa disposition.

— C'était ton baptême du feu, avait dit Joseph pour la rassurer. Tu avais un vrai public, des étrangers, des

1. Un cheval entraîné parcourt environ 18 kilomètres par heure, au trot.

gens de la haute société. Tu as charmé plus d'un client. Ça ne m'étonne pas, tu deviens jolie.

Le compliment, murmuré à son oreille, avait embarrassé Hermine. Elle gardait l'impression pénible d'avoir été livrée en pâture à une foule bigarrée, trop élégante, trop bruyante. Des femmes fardées fumaient de longues cigarettes, des hommes en costume noir et chemise amidonnée l'avaient observée avec des sourires de loups affamés. Elle n'avait récolté que très peu d'applaudissements.

« Je ne peux pas refuser de chanter, pourtant, se dit-elle. Joseph s'est donné tant de mal. »

La jeune fille avait répété ses chansons la veille, du matin au soir. Sa gorge la faisait souffrir, ce qui ne s'était encore jamais produit.

« On dirait un château, cet hôtel, oui, un château comme dans les livres d'histoire de France. Il y a une sorte de tour, des balcons, et les pierres sont ouvragées, songea-t-elle en détaillant l'architecture du luxueux établissement. La maison de Betty logerait dans la petite salle à manger. Ils sont drôles, ici ! Ils appellent petite salle à manger une pièce aussi vaste que notre église. »

Joseph revenait vers la carriole à grandes enjambées. Il prit Chinook par une des guides et l'entraîna vers l'arrière du bâtiment, où s'ouvraient les cuisines et les dépendances.

— Qu'est-ce que vous demandiez au *groom* ? dit-elle.

— Rien d'important, répliqua l'ouvrier. Un renseignement qui ne te regarde pas. Descends de là, je peux installer cette bête à l'écurie sans toi. Va t'habiller. Tu passes par la porte de service, surtout. Ne t'avise pas d'entrer par le hall d'honneur, les clients n'ont pas à te voir avant que tu chantes.

— D'accord ! Je n'y tiens pas, moi non plus.

Hermine mit le pied droit sur le marchepied en métal et sauta au sol. Elle tenait à la main une petite valise qui renfermait sa robe et ses chaussures vernies, emballées séparément dans du papier.

— Je te rejoins plus tard ! lui cria Joseph.

L'adolescente suivit l'attelage des yeux. Elle rêvait de rentrer à Val-Jalbert.

« Je suis bien difficile, se reprocha-t-elle. Avant, je voulais à tout prix voir le lac et les belles maisons de Roberval, le port et les bateaux. J'ai tout vu l'autre samedi, et ça ne m'intéresse plus, déjà. »

Malade de gêne, elle se glissa dans les cuisines où régnait une activité fébrile. Le personnel, au moins dix employés dont le chef, œuvrait dans des vapeurs de bouillon et des odeurs de viande rôtie. Des tintements métalliques résonnaient dès qu'un marmiton manipulait les ustensiles en aluminium ou en cuivre.

— Tiens, v'là le petit rossignol des neiges ! claironna un des commis.

— As-tu faim ? lança une des serveuses. Tu as droit à une assiette garnie, ordre du majordome.

— Non, merci, répondit timidement la jeune fille. Je voudrais une carafe d'eau fraîchc.

— Et peut-être une branche de millet, blagua le chef.

Hermine eut un faible sourire. L'instant suivant, elle se réfugiait dans le vestiaire réservé aux employés. C'était un local exigu et sombre. Il n'y avait pas de verrou ni de clef. Elle se changea en toute hâte, de crainte d'être surprise en culotte et chemisette. La robe en soie blanche, confectionnée par Élisabeth d'après un modèle de magazine, était doublée de satinette ivoire. Le tissu faisait sur la peau une sensation de frais. Cette toilette marquée à la taille par des pinces, au col de dentelle également blanc, lui déplaisait.

— Je montre mes mollets et ça m'embarrasse, maugréa-t-elle. Mais je ne suis pas du tout décolletée. C'est une robe de fillette.

Contrariée, elle enfila ses bas et enfin les souliers vernis, dont le noir tranchait avec l'allure virginale de l'ensemble. Elle sortit de la valise un miroir rond cerclé de fer et une brosse à cheveux.

— Je ne ferai pas de chignon, déclara-t-elle à son reflet, prise d'une soudaine révolte.

L'adolescente se brossa vigoureusement, laissant des mèches ondulées ruisseler dans son dos. Une boucle dansait sur son front.

— Je suis prête ! soupira-t-elle.

Afin de tromper l'attente et de lutter contre la peur qui l'envahissait, Hermine pensa de toutes ses forces à Toshan. Elle le revit au bord de la rivière, quand il ôtait les chaussures de Charlotte, ensuite assis près de la souche de frêne. Le moment où il avait levé son visage vers elle lui semblait un des plus bouleversants.

« Il avait l'air si inquiet, si content aussi parce que je ne l'avais pas oublié. Ce soir, je chanterai pour lui, rien que pour lui. Je l'aime, oh oui, je l'aime de tout mon cœur. »

Joseph Marois, lui, se tenait devant une porte double, peinte d'un vert amande luisant. Une plaque dorée, où était gravé le numéro 65, le narguait. Il hésitait à frapper. Cela n'avait pas été facile d'obtenir le renseignement. Le *groom* jouait les incorruptibles, refusant de lui dire dans quelle chambre logeait Laura Chardin. Le garçon d'étage prétendait même qu'aucune cliente ne portait ce nom. L'ouvrier avait dû décrire la personne, une dame assez jeune en grand deuil.

— Vous parlez sans doute de madame veuve Charlebois, avait chuchoté le *groom* en tendant sa paume ouverte.

« Quelle tête de mule, ce petit gars, et rapace en plus ! se répétait Joseph. J'ai dû me fendre d'un dollar, rien que ça, pour obtenir le numéro de la chambre. J'espère que Mimine n'a pas vu que je lui donnais de l'argent. »

Il frappa deux coups énergiques. Il y eut un pas feutré, suivi du déclic de la serrure. Une jolie femme encore jeune entrouvrit le battant et le dévisagea. Elle était habillée en noir.

— Monsieur ? dit-elle d'un ton surpris. Je pense qu'il s'agit d'une erreur.

— Je suis Joseph Marois, le tuteur de Marie-Hermine, rétorqua-t-il. Vous êtes bien Laura Chardin ?

— Oui. Entrez, monsieur.

Elle recula, la figure tendue et pâlie. Joseph n'était pas à son aise. Bien qu'endimanché, il se sentait gigantesque, pesant, rustre en face de l'inconnue mince et très distinguée. Laura embaumait le parfum de qualité. Sa gorge nacrée était parée d'un superbe collier de perles fines.

— Je vous écoute, monsieur Marois, déclara-t-elle tout bas en désignant un divan tapissé de velours rouge. Asseyez-vous, je vous prie.

— Non, je serai aussi bien debout, grogna-t-il. Mon épouse m'a raconté votre visite à Val-Jalbert. Il paraît aussi que, samedi dernier, vous avez écouté notre

Hermine chanter. Peut-être que vous êtes sa vraie mère, car vous lui ressemblez, ça saute aux yeux, mais je voulais vous avertir : ne cherchez pas à l'approcher. J'ai pas le pouvoir de vous faire quitter l'hôtel, hélas ! Seulement, si vous tentez de parler à la petite, je me fâcherai. Elle a une famille, maintenant, la mienne. Et ses parents, elle leur en veut beaucoup. Faut comprendre, madame : le directeur a signé un contrat, Hermine chantera tous les samedis jusqu'au mois de septembre. Je suppose que vous serez encore là à cette date ?

— Sans doute, monsieur Marois. Je suis libre de séjourner à Roberval ! répondit la jeune femme.

— Vous êtes surtout libre de garder vos distances. Je la connais, notre Mimine. Si elle savait que sa mère se trouve dans la salle à manger, tout élégante, riche à porter des perles, elle se sauverait et jamais elle ne remettrait les pieds au bord du lac.

— Et vous seriez très ennuyé, monsieur Marois ! coupa Laura sèchement. Cela vous plaît d'exhiber une fille de quinze ans comme un animal de foire. Marie-Hermine n'est pas prête à soutenir l'effort d'un tour de chant tout l'été. Elle manque de maîtrise. Votre épouse m'a dit que vous aviez prévu de lui payer des leçons. Je peux vous donner l'argent nécessaire. Réfléchissez, il y a un moyen de s'entendre.

Joseph plissa les yeux, les mâchoires crispées. Il venait de remarquer une chose : Laura Chardin s'exprimait comme une dame, sans une note d'accent québécois. Cependant, elle avait un léger accent étranger.

— Si j'accepte, je serai votre débiteur, vous me tiendrez par là ! rétorqua-t-il. Non, je ferai la dépense avec mon argent. Hermine a un bel avenir, je ne suis pas sot. Et son avenir dans la chanson, elle me le devra, à moi, rien qu'à moi. Quand je vous vois, je me demande bien pourquoi vous avez abandonné votre fille, en plein hiver. Vous n'en aviez pas grand-chose à faire ! C'est une honte, madame ! Des gens comme vous, ça devrait croupir en prison.

Laura tressaillit. Elle baissa les yeux, touchée au cœur.

— Le jour où je pourrai parler à mon enfant, elle saura la vérité et elle vous la dira si elle veut. Sortez, monsieur. Je vais être en retard pour le souper. En vous écoutant, je comprends que votre femme n'a même pas parlé de ma visite à Marie-Hermine. C'est cruel de votre part à tous les deux. Je vous le répète, je serai discrète, je resterai à l'écart, mais, par pitié, dites-lui que j'existe et que je l'aime. Si elle pouvait me pardonner, au moins !

— Jamais elle ne vous pardonnera, trancha Joseph. Une pauvre enfant qui a grandi comme une orpheline, dépendante de la charité des uns et des autres ! Gamine, elle priait pour voir ses parents revenir, mais personne ne se pointait à Val-Jalbert. Pardonner, Hermine ? Ça, non ! Vous me faites bien rire avec vos grands airs larmoyants. Ceci dit, moi je veux bien transmettre votre message, mais en temps voulu, et c'est pas ce soir ni demain. Faut pas être pressée, ma petite dame, à cause du contrat. Bref, ne vous mettez pas en travers de mon chemin.

— Monsieur Marois, je vous en supplie, je m'engage à ne rien exiger d'elle, ni de vous. Je sais que vous la considérez comme votre fille, votre épouse et vous. Je demande si peu, juste lui parler au moins une fois, lui expliquer ce qui s'est passé, pourquoi nous avons dû l'abandonner.

— Au mois de septembre, je veux bien, pas avant ! répliqua Joseph. Mais il faudra me rembourser l'argent que j'ai dépensé pour elle.

— Ce n'est pas un problème, s'écria Laura. Combien voulez-vous, je peux vous donner une somme intéressante, tout de suite même.

Fébrile, la jeune femme courut jusqu'à une commode et fouilla un des tiroirs. Elle revint vers l'ouvrier avec une liasse de billets de banque dont la vue le transporta d'une joie mauvaise.

— Tenez, prenez ça, déjà ! Je saurai patienter si je rencontre mon enfant chérie en septembre.

Joseph empocha les dollars. Laura lui tendit la main comme pour sceller leur accord, mais il fit celui qui n'avait rien vu et sortit sans même la saluer.

L'hôtel était si vaste, les couloirs et escaliers, tellement nombreux, que Joseph Marois pesta à plusieurs reprises contre le directeur. Il s'était égaré.

« Chez nous, enrageait-il, on ne perd son chemin que si la tempête de neige arrive d'un coup. Quelle idée de construire des bâtisses de cette taille ! »

Il croisa enfin un couple. L'homme était en smoking et la femme, en robe longue ; ils descendaient sûrement souper. Mine de rien, il les suivit.

Hermine n'osait pas sortir du vestiaire. Joseph tardait à se manifester et aucun employé ne venait la chercher. Soudain la porte s'entrouvrit de quelques pouces. Une serveuse, la main sur la poignée, discutait avec une de ses collègues.

— La gamine a dû sortir prendre l'air, disait la première. Elle me fait de la peine, cette petite. Son tuteur doit la mettre dans son lit. Il n'a pas l'air fin, ce vieux !

— Quand même pas, répondit-on. Mais elle ne verra pas la couleur de ses gages, cette pauvrette. Avec ça, elle est mal fagotée, sa robe ne l'arrange pas. Par contre, elle a une voix qui me donne la chair de poule.

— Moi, je préfère La Bolduc. On rigole quand elle chante !

Mortifiée par ce qu'elle venait d'entendre, Hermine redoutait l'instant où la serveuse entrerait et la découvrirait. Il valait mieux signaler sa présence le plus vite possible. Elle toussota, ce qui provoqua un silence de l'autre côté de la porte.

— Il y a quelqu'un ? demanda-t-on.

L'adolescente poussa le battant.

— Tu étais là ! s'écria une des filles. Oh là là ! Et toutes les bêtises que j'ai débitées.

— Je m'étais endormie, répliqua vite Hermine. Mais il y a eu du bruit et ça m'a réveillée.

— Tu dors assise ? plaisanta une des serveuses.

— Oui, le dos appuyé au mur. Comme ça, je suis reposée pour chanter.

Sur ces mots chuchotés, Hermine s'éloigna le long du couloir. L'orchestre jouait déjà. La musique des violons la guida vers la grande salle à manger où était dressée une estrade en planches de chêne encaustiquée. Joseph lui barra soudain le passage.

— Qu'est-ce que tu fabriquais ? grommela-t-il. Le pianiste est furieux, il a besoin de la liste de tes chansons.

— Mais vous ne veniez pas me chercher, protesta-t-elle. J'ai la liste. Je commence par *Un Canadien errant*, qui me permet d'échauffer ma voix.

— Fais au mieux, Mimine, fais au mieux. Je vais m'asseoir au bar, comme l'autre fois. Attention, je te surveille. Ne fais pas la coquette avec les serveurs.

— Ce n'est pas mon genre, dit-elle.

La jeune fille le regardait différemment, à cause de la réflexion de la serveuse. Comment pouvait-elle croire que Joseph était son amant ? Cela la révulsait. L'ouvrier grisonnait, il avait la face tannée par le froid et le vent, une bouche mince aux dents jaunies par le tabac.

— Qu'est-ce que tu as à m'examiner comme ça ? grommela-t-il.

— Rien, Joseph, mentit-elle.

Hermine traversa la grande salle à manger dont la moitié des fenêtres donnait sur le lac. La vaste pièce dotée de splendides miroirs resplendissait de l'éclat des lustres à pendeloques de cristal, équipés d'ampoules électriques. Les couverts en argenterie étincelaient autant que la vaisselle blanche bordée d'un liseré doré. Les dîneurs s'attablaient dans un brouhaha discret mais permanent. Serveurs et serveuses, en tenue noire et tablier blanc, distribuaient les menus et les carafes d'eau. Beaucoup de clients fumaient le cigare ou des cigarettes américaines, si bien que la salle, très haute de plafond, était équipée de ventilateurs en métal.

Hermine se faufila derrière le magnifique piano à queue et tendit au musicien, assis devant l'instrument, la page de cahier où figuraient ses chansons.

— Excusez-moi, monsieur, de vous mettre dans l'embarras. Mon tuteur m'a dit que vous étiez en colère.

— Il ne faut pas exagérer, mademoiselle, protesta-t-il. C'est vrai, je préfère savoir ce que je vais jouer un peu à l'avance, mais je ne vous gronderai pas, vous êtes trop jolie ce soir.

C'était un homme d'une trentaine d'années, aux courts cheveux blonds très frisés, à la face longue et au teint blafard. Il portait des lunettes cerclées de métal argenté.

— Vous allez chanter *Les Blés d'or* ! s'étonna-t-il après avoir étudié la liste. C'est un tour de force. Cela dit, vous avez une voix exceptionnelle, une voix de soprano. Il vous manque de la technique, mais à votre âge, vous possédez déjà un vrai talent d'interprétation. Le plus important, c'est d'émouvoir le public.

La jeune fille écoutait sagement. Les compliments du pianiste venaient à point pour lui redonner du courage.

— Je vous remercie, monsieur, dit-elle avec modestie.

Il se leva un court instant et s'inclina.

— Hans Zahle, mademoiselle. Je suis né ici, au Canada, mais ma famille est d'origine danoise. Mon père était musicien. J'ai moi-même étudié le solfège et le chant. Tenez !

Hans sortit une carte de visite de sa poche intérieure et la donna à Hermine. Elle lut ce qu'il y avait écrit sur le carton blanc.

Hans Zahle, pianiste de concert. Cours de chant et de musique.

L'adresse figurait en bas, à droite, en caractères minuscules.

— Vous habitez Roberval et vous donnez des leçons ? dit-elle. Mon tuteur cherchait un professeur. Je lui parlerai de vous.

— Mon prix est raisonnable, mais serais-je utile ? Vous vous en tirez très bien. Qui vous a appris à chanter ainsi ?

— J'ai grandi dans une école dirigée par des sœurs.

Nous chantions très souvent à la messe chaque vendredi.

— Je comprends mieux. En tout cas, je serais heureux de vous enseigner l'art d'utiliser sa voix, un instrument magique, peu encombrant.

Un des violonistes lui fit signe.

— C'est à vous, souffla Hans.

La jeune fille contourna le piano et marcha jusqu'au bord de l'estrade dont la rampe présentait des sculptures compliquées de fruits et de fleurs. Il n'était pas question d'imposer le silence aux nombreux convives de la grande salle à manger. Il fallait du cran aux chanteurs pour s'imposer, pour réussir à faire baisser le bruit des discussions. Quand l'orchestre jouait, cela créait un fond sonore agréable, mais la clientèle le samedi précédent n'avait guère prêté attention à l'adolescente en robe blanche.

— N'ayez pas peur, lui dit doucement Hans en parcourant le clavier du piano de ses doigts habiles.

Hermine s'enferma en elle-même. Les gens attablés près de la scène la scrutaient d'un air curieux ; Joseph devait la surveiller également.

« Il ne faut pas que je pense à eux tous, se dit-elle. Je vais imaginer que Toshan est assis tout près, qu'il m'écoute. »

Les mains le long du corps, le visage un peu levé vers le plafond, elle commença à chanter *Un Canadien errant*[1].

1. Chanson folklorique écrite en 1842 par Antoine Gérin-Lajoie (1824-1882), avocat et journaliste. La pièce a connu un grand succès populaire au Canada.

Un Canadien errant, banni de ses foyers,
Parcourait en pleurant des pays étrangers.

Hermine chantait de tout son cœur. Ce Canadien errant, c'était Toshan qui n'avait pour bagage qu'une sacoche en cuir, son beau métis au regard noir. La voix de l'adolescente s'élevait, puissante et vibrante d'une tendresse infinie. La rumeur des bavardages se mit à faiblir jusqu'au silence presque total. Dès la fin du dernier couplet, des applaudissements chaleureux retentirent. Au bar, Joseph songeait que le choix de ce titre en ouverture était rusé. Même les clients étrangers, le plus souvent des Anglais et des Américains, semblaient séduits, et même touchés. La jeune fille salua d'une flexion de genoux assez enfantine et entonna *Les Blés d'or*[1].

Mignonne, quand la lune éclaire
La plaine aux bruits mélodieux,
Lorsque l'étoile du mystère
Revient sourire aux amoureux,
As-tu parfois sur la colline,
Parmi les souffles caressants,
Entendu la chanson divine
Que chantent les blés frémissants ?

Joseph jubilait. La salle entière retenait son souffle. Hermine avait eu l'intelligence de varier son répertoire. Il se monta davantage la tête, se persuadant que la jeune fille pourrait avoir plus de succès encore que La Bolduc

1. Paroles de C. Soubise et L. Lemaître. Musique de F. Doria, 1882.

et qu'il devait à tout prix la tenir à l'écart de sa véritable mère, réapparue par malheur après des années de silence.

Tout au fond de la vaste salle, Laura essuyait ses larmes en soulevant sa voilette de tulle noire. Le consommé de tomates qu'elle avait commandé refroidissait dans l'assiette. Bouleversée par le talent de sa fille, la femme brûlait d'envie de se lever, de courir jusqu'à l'estrade et de se présenter.

« Je suis si loin d'elle, je vois à peine son visage. Qu'elle est menue, gracieuse ! Et bien faite. Que ferait-elle vraiment si j'arrivais à l'approcher, à lui dire : "Je suis ta mère !" J'ai eu tort de donner autant d'argent à son tuteur. Il m'en réclamera d'autre. Cet homme m'a paru cupide et sans scrupule. »

Ne pas approcher son enfant relevait du supplice. Pourtant, Laura ne voulait pas s'opposer aux Marois. Pas un instant, elle n'avait douté des déclarations faites par Joseph et Élisabeth qui concordaient sur un point : selon eux, Marie-Hermine méprisait ses parents ; pire, elle les détestait.

« C'est bien compréhensible. Elle a dû souffrir de ne pas avoir une vraie famille. Je ne sais rien de sa jeune vie, de ses chagrins d'enfant. Je voudrais tant la connaître. »

Ces amères réflexions la désespéraient. Laura en vint à prêter à l'adolescente un caractère dur et intransigeant.

« Rien d'étonnant si cet homme, ce Joseph Marois, l'a élevée. Il m'a l'air autoritaire, sournois, songea-t-elle encore. Mon Dieu, c'est la deuxième fois que je peux voir ma fille, et je dois me tenir à distance. »

Rassurée par l'accueil que lui faisait le public,

Hermine chanta *La Paloma*[1]. Joseph avait déniché le disque dans une boutique de Roberval. Ce n'était pas si simple, de trouver des chansons que la jeune fille pouvait interpréter. Elle n'avait que quinze ans et son répertoire ne devait pas choquer. Aussi, l'ouvrier recherchait des airs très connus, mais aux textes corrects. Cela prenait des allures de casse-tête, la majorité des paroles évoquant l'amour et ses tourments, quand ce n'était pas ses délices. Et quand il était question d'amour, il fallait s'assurer de respecter les limites de la décence.

La paloma, adieu, adieu c'est toi que j'aime
Ma vie s'en va mais n'aie pas trop de peine
Oh, mon amour, adieu !

Obsédée par le souvenir du baiser de Toshan, la jeune fille s'était entièrement abandonnée à la musique. Elle vivait les mots de la chanson, et le vibrato de sa voix exprimait un déchirement de femme. Cela troubla Joseph et la plupart des dîneurs. Un homme hurla bravo, et son exclamation fût suivie d'un tonnerre d'applaudissements.

Laura pleurait à l'abri de sa voilette. Elle venait de comprendre qu'une personne capable de chanter ainsi ne pouvait pas être rancunière et froide.

« J'ai tout l'été devant moi, se dit-elle. Je trouverai une occasion de l'approcher, ma fille. Si je peux lui parler, tout lui raconter, elle me pardonnera. »

---

1. La Paloma (La Colombe) est une chanson composée par l'Espagnol Sebastián Iradier vers 1863. Son rythme, celui de la habanera, la caractérise. C'est une des chansons les plus enregistrées au monde.

Après *La Paloma*, Hermine céda la place à un baryton français de cinquante ans, Gilles Fanzo. Petit et corpulent, l'homme faisait les beaux jours de la saison d'été à l'hôtel de Roberval. Il interprétait des airs connus tirés d'opérettes à succès, et quelques couples se dirigeaient déjà vers la piste de danse, car l'orchestre jouait une valse viennoise.

L'adolescente rejoignit Joseph au comptoir. Le serveur lui tendit aussitôt un verre de limonade bien fraîche.

— Merci, souffla-t-elle.

— Vous avez ravi mes oreilles, mademoiselle ! plaisanta le jeune employé.

Joseph ajouta, très bas :

— Tu m'as épaté, Mimine. Avec l'argent que nous allons gagner jusqu'en septembre, il y aura peut-être de quoi graver un disque.

— Mais cela servira à quoi ? demanda-t-elle du même ton de conspirateur. La Bolduc a eu du succès parce qu'elle écrit des chansons amusantes. Moi, je chante des airs déjà très connus.

— Ne t'en mêle pas, c'est mon affaire, coupa-t-il.

Hermine s'éloigna un peu. La présence de son tuteur la gênait. Dans le décor luxueux de l'hôtel, l'ouvrier lui faisait un peu honte. Son costume du dimanche datait de plusieurs années, son chapeau de feutre aussi. Il avait un regard étrange, ce soir-là, presque fiévreux. Elle alla siroter sa limonade derrière une plante verte au feuillage fourni.

De sa cachette, la jeune fille observa la clientèle attablée. L'abondance et la diversité des toilettes féminines composaient des gammes de couleur pastel que constellait le scintillement des bijoux. La mode était aux cheveux courts, aux sautoirs[1] de perles, aux robes droites descendant à mi-mollet. Certaines élégantes portaient néanmoins des fourreaux longs, au décolleté audacieux.

« Il y a quand même des dames habillées de façon plus convenable ! » remarqua-t-elle.

Hermine regarda au fond de la salle à manger. Des tables plus petites étaient disposées le long du mur opposé à la scène. Elle distingua une silhouette en grand deuil, coiffée d'une petite toque à voilette, installée près d'une fenêtre.

« Sans doute une veuve, conclut-elle. Ce ne doit pas être amusant de séjourner là, toute seule. La pauvre, que lui est-il arrivé ? Qui a-t-elle perdu ? Son époux, son enfant ou ses parents ? »

Son imagination prompte à s'enflammer inventa tout de suite une histoire qui mettait en scène la dame en noir. Joseph balaya le déroulement de l'aventure en secouant Hermine par l'épaule.

— Ne rêvasse pas, Mimine ! C'est à toi. Le directeur t'a entendue chanter. Il écourte le récital de Fanzo. Il veut même que tu chantes *Ô Canada* et *À la claire fontaine*.

— Déjà ! s'exclama-t-elle. Je viens.

Elle termina une heure plus tard, à bout de résistance nerveuse. La jeune fille avait toujours eu du plaisir à chanter, le dimanche, pour la famille Marois ou pour les paroissiens de Val-Jalbert. Ce qu'on exigeait d'elle ici dépassait ses forces. Elle fut soulagée de se retrouver en vêtements ordinaires dans l'écurie de l'établissement, une annexe de moins en moins utilisée, les

1. Très long collier que l'on portait en lui donnant deux ou trois tours.

automobiles détrônant depuis quelques années les attelages.

— En route, déclara Joseph, légèrement ivre. Ramène-nous à la maison, Chinook.

Hermine guidait le cheval. C'était une nuit tiède de juillet. La lune et des milliers d'étoiles se reflétaient à la surface du lac Saint-Jean. Ils quittèrent le port par une piste sablonneuse qui rejoignait ensuite la route conduisant à Chambord.

— Ta voix, c'est de l'or ! déclara Joseph. Mais, samedi prochain, tu chanteras quelque chose de La Bolduc. Il faut divertir le public.

— Ce n'est pas une bonne idée, répliqua-t-elle. Je serai ridicule.

— Ne discute pas, La Bolduc a vendu douze mille disques. C'est dire si ses refrains plaisent aux gens, trancha-t-il.

— Joseph, je vous dis que la clientèle de l'hôtel n'aimera pas ça. Je préfère encore apprendre des airs d'opéra.

— Oh toi, tu es toujours à me tenir tête, comme Simon ! renchérit l'ouvrier. Tu as de la chance d'être une fille, sinon tu goûterais de ma ceinture. Demande à Armand si c'est agréable. Moi, on m'obéit. Avec moi, on file doux.

Jamais Joseph n'avait parlé ainsi à la jeune fille. Son haleine empestait la bière. Grisé par l'argent de Laura, il s'était offert plusieurs consommations. Elle renonça à discuter.

— Je ferai ce que vous voulez, soupira-t-elle. Trotte, Chinook, allez, trotte, plus vite.

Hermine avait hâte de se retrouver à Val-Jalbert. Joseph n'arrêtait pas de lui sourire d'un air bizarre. Elle percevait dans son regard une menace imprécise dont elle refusait de déterminer la nature.

« Pourquoi me regarde-t-il comme ça ? s'inquiétait-elle. Et puis, il est assis trop près de moi. Non, je me fais des idées. Joseph m'a connue petite fille. Il ne m'a jamais manqué de respect. »

Elle s'écarta de lui imperceptiblement. L'ouvrier grommela et la prit par l'épaule.

— Au fond, tu as peut-être raison, Mimine, marmonna-t-il. Chante ce qui te plaît. Surtout, tiens-toi correcte là-bas. Un des serveurs te fait de l'œil. Je ne suis pas aveugle. Et le directeur m'a recommandé de la discrétion. Tu ne dois pas adresser la parole aux clients. Tu as bien compris ?

Joseph resserra son étreinte. Apeurée, Hermine tenta de se dégager.

— Si vous pouviez me lâcher, demanda-t-elle, gênée. Je ne suis pas à mon aise pour tenir les cordeaux.

— Oh, tu en fais, des manières ! grogna-t-il. C'est de l'affection, Mimine, tu es comme ma fille.

Il ôta son bras, au grand soulagement de l'adolescente. Bien reposé, Chinook trottait à vive allure. L'air frais dégrisa l'ouvrier qui pensa de nouveau à Laura Chardin. De la savoir à Roberval le tourmentait. C'était une ennemie de taille. Il chercha comment la mettre hors d'état de nuire. Enfin il eut une idée.

— Méfie-toi en particulier d'une cliente, Mimine, dit-il après un long temps de silence. J'ai beaucoup jasé avec un employé, le petit *groom* qui a des taches de rousseur. As-tu vu une dame en noir ?

— Oui, au fond de la salle, dit l'adolescente.

— C'est d'elle dont je dois te parler ! décréta Joseph. Figure-toi que cette femme est à moitié folle. Elle vient là pour attiser le souvenir de sa fille qui s'est noyée dans le lac l'été dernier. Et il paraît qu'elle espère la revoir cet été, à la date anniversaire de l'accident. Je t'assure, elle raconte au personnel que son enfant va sortir de l'eau pour la rejoindre. Une folle, je te dis. En plus, dès qu'elle croise une demoiselle, elle la prend pour sa fille, même si la personne n'a pas jailli du fond du lac. Si cette cliente-là t'approche en te racontant que tu es sa fille, sauve-toi vite. Elle se monterait davantage la tête si elle pouvait te toucher, et le directeur ne serait pas content. La dame est riche. Il ne tient pas à ce qu'elle plie bagage.

La fable que l'ouvrier venait d'inventer lui paraissait judicieuse, toute cousue de fil blanc qu'elle fût. Cela, croyait-il, constituait une protection supplémentaire, au cas où Laura déciderait d'aborder Hermine.

— Tu dis : « Non, madame, je n'ai pas le temps ! » Et tu cours me rejoindre. Surtout, tu ne l'écoutes pas.

— Mais c'est affreux ! s'écria Hermine. Je me demandais de qui elle portait le deuil. J'avais imaginé beaucoup de choses, mais pas ça. Sa fille s'est noyée dans le lac... Quelle horreur !

Hermine jeta un regard de rancœur à l'immense étendue d'eau, impassible au clair de lune.

— Ça n'a pas été mentionné dans le journal, remarqua-t-elle.

— Tu n'auras pas fait attention, dit Joseph. Tu ne les lis pas tous. La famille a peut-être étouffé l'affaire, aussi. Moi, si un de mes fils se noyait, j'aurais pas envie d'un article qui raconterait mon malheur à tout le monde. Je te dis de l'éviter. Je ne veux pas d'ennuis avec la direction.

— Soyez tranquille, je l'éviterai. Cela me ferait trop

de peine si elle me parlait en me prenant pour sa fille, soupira Hermine.

Chacun plongea ensuite dans ses pensées. Joseph calculait combien empocherait sa protégée et la somme à débourser pour aller à Montréal enregistrer un disque. Il en oubliait le moment où Hermine l'avait attiré, avec sa bouche en cœur, son joli minois et le parfum de son jeune corps.

Hermine plaignit de toute son âme charitable la malheureuse dame en noir. Afin de chasser le malaise que lui avait causé l'attitude bizarre de l'ouvrier, elle ne songea plus qu'à Toshan, son Canadien errant. Dans un an, il reviendrait, dans un an, elle le reverrait. Cela ne la consola pas longtemps. Une année entière sous le joug de Joseph lui parut tout à coup une épreuve insurmontable.

***

Val-Jalbert, 22 juillet 1930

La semaine s'achevait. Hermine fixait le calendrier avec appréhension. Elle n'avait pas envie de retourner à Roberval et encore moins de rentrer la nuit, seule avec Joseph. Il s'était comporté de façon habituelle ces derniers jours, mais la jeune fille avait pu constater qu'il était très différent loin de chez lui et de son épouse.

Élisabeth repassait sa robe en soie blanche, y appliquant un linge humide pour ne pas salir le tissu et lui garder un lustre impeccable.

— Demain, vous repartez à Roberval, Jo et toi, dit la jeune femme. Tu en as, de la chance ! Si tu savais comme ça me plairait d'entrer dans ce grand hôtel.

— Je préfère la prairie du moulin Ouellet, Betty, répondit l'adolescente. C'est plus joli et moins bruyant.

— Qu'est-ce qui ne va pas, Mimine ? s'inquiéta Élisabeth. Tu n'as pas beaucoup mangé ce matin et je ne t'ai pas entendue répéter tes chansons.

— J'ai mal à la gorge. Je ne sais pas si je pourrai chanter.

C'était un peu vrai, mais elle exagérait dans l'espoir insensé de pouvoir rester à Val-Jalbert.

— Je vais te préparer une tisane de feuilles de saule avec une bonne dose de sirop d'érable. Il ne manquerait plus que ça, une extinction de voix, maintenant que tu as un contrat. Il n'y a pas beaucoup de filles de ton âge qui gagnent de l'argent aussi facilement. Ce qui m'ennuie, moi, ce sont les gens que tu côtoies. Sois prudente, ne parle pas aux clients ni aux serveurs.

Joseph avait raconté à sa femme son entrevue avec Laura Chardin et il s'était vanté de sa trouvaille, la fable sur la fille noyée. Élisabeth désapprouvait son mari.

— Tu dépasses les bornes, Jo ! s'était-elle indignée. Quand même, cette dame a sûrement la loi de son côté. Imagine qu'elle prévienne la police !

— Elle ne m'aurait pas donné d'argent si elle pouvait se plaindre à la police. J'agis pour le bien de ta chère Mimine, qui est mieux ici, avec toi.

— Et que feras-tu en septembre ? avait insisté Élisabeth.

— Je lui dirai que j'ai parlé à Hermine, mais qu'elle refuse de la rencontrer.

Joseph semblait si confiant qu'elle avait promis de le soutenir. Pourtant, la jeune femme souffrait de trahir l'adolescente.

Hermine ne pouvait pas soupçonner ce que tramait le

couple. Elle venait de s'asseoir à la table, qu'un bouquet de marguerites égayait.

— Et si tu téléphonais à l'hôtel, Betty, du poste de la mairie ? J'ai peur de ne pas pouvoir chanter.

— Joseph serait fâché, Mimine ! Sois raisonnable, bois la tisane et tu iras mieux. Quand une chose de ce genre est décidée et qu'il y a eu des signatures de part et d'autre, on ne peut pas annuler. Avoue plutôt que tu n'as pas répété tes chansons !

— Mais si, Betty, affirma la jeune fille au bord des larmes, j'ai répété tout mon répertoire dans le canyon. J'y vais me promener avec Charlotte. Au moins, je ne dérange personne.

— Tu n'as pas besoin d'aller si loin ! Comment se porte-t-elle, ta petite aveugle ?

— Elle n'est pas encore aveugle, protesta Hermine. Hier, je suis entrée dans sa maison. Sa mère fait pitié. La pauvre femme a les jambes enflées et toutes violettes. Elle souffre le martyre.

— Ne t'occupe pas de ces gens ! coupa Élisabeth. Passe encore que tu balades Charlotte, mais les parents ont mauvaise réputation. Pareil pour le grand frère, Onésime.

Simon descendait l'escalier. Il cria aussitôt, blême de colère :

— Avec papa et toi, faudrait s'écarter de tous les nouveaux voisins ! Hermine a bon cœur, elle. Le village est quasiment désert, ceux qui restent là valent autant que nous. Onésime n'a pas d'instruction, mais c'est un brave gars.

— En voilà, des manières ! tempêta sa mère. Es-tu enragé, mon fils ? Une chance que ton père est au travail. Il te ferait passer l'envie de me parler sur ce ton.

Va donc rentrer la vache et la traire. Je l'ai parquée dans le pré d'Amédée. La clôture tient le coup.

Le jeune homme sortit en claquant la porte. Hermine l'envia, car il préparait son départ définitif en grand secret.

« Pourquoi est-ce que les choses changent si vite ? s'interrogea-t-elle. Avant, j'étais heureuse de chanter. D'être complimentée, ça ne me plaît plus. Simon veut s'en aller. Il cherchera un job sur un bateau, à Québec... Betty et Joseph sont bizarres. Ils ne veulent pas que je m'occupe trop de Charlotte, je ne dois jaser avec personne. S'ils savaient que j'ai embrassé Toshan... »

Elle pressentait que son amoureux serait très mal reçu par les Marois. Le délai d'un an la réconforta.

« Si je gagne beaucoup d'argent d'ici là, Joseph sera si content qu'il acceptera peut-être qu'on se fiance, Toshan et moi. »

Cette idée lui rappela l'imminence de son tour de chant à l'hôtel de Roberval. Elle but deux tasses de tisane et avala une cuillérée de sirop.

« J'ai lu ça dans un roman, pensa-t-elle encore. Le prix à payer pour sa liberté ! Moi, je dois chanter, et bien chanter. »

Élisabeth lui caressa les cheveux avec tendresse. Depuis la visite de Laura, la jeune femme tremblait de perdre celle qu'elle considérait comme sa fille adoptive.

— Ma Mimine, on te mène la vie dure en ce moment, avoua-t-elle. Mais on t'aime fort, Jo et moi. Et on étouffe de fierté, ça oui.

— Il ne faut pas, ma Betty, bredouilla Hermine en se réfugiant dans les bras d'Élisabeth. Sans vous, je n'aurais pas de famille. Je vous dois tant.

Elles avaient toutes les deux envie de pleurer, sans bien savoir pourquoi. Hermine se dégagea la première.

— Je vais donner son foin à Chinook et voir s'il a de l'eau ! déclara-t-elle.

— Ah ! Tu préfères la compagnie de Simon à la mienne ! plaisanta Élisabeth. Va vite le rejoindre.

L'adolescente sortit, douchée par l'allusion. Elle n'était pas dupe. Comme Joseph, Betty relâchait sa surveillance dès que les jeunes gens devaient passer du temps ensemble.

« Ils n'ont que ça en tête, nous marier ! pensa-t-elle en contournant la maison. On est libres de choisir quelqu'un à notre convenance, quand même ! »

Mal à l'aise, Hermine entra dans le bâtiment servant d'étable et d'écurie. Simon trayait la vache. Il jeta à la jeune fille un regard plein de tristesse.

— Son lait se tarit, maugréa-t-il. Faudra bientôt en acheter à la ferme des Boulanger.

Il lâcha les pis de la bête et s'essuya les mains à son pantalon de travail.

— Je n'en peux plus, Hermine, de cette vie-là. Le village est abandonné, ça me pèse sur le cœur. C'était plus gai, avant. Les parents s'en fichent, eux. Ils ont acheté la maison. Ils crèveront ici, même s'ils sont les derniers habitants de Val-Jalbert. Si tu savais comme j'ai hâte de m'en aller.

Elle s'assit sur un billot de bois et demanda :

— Tu veux vraiment le faire ?

— Oui ! Le mois prochain.

Ils se sourirent sans aucune joie. Leurs rapports étaient assez particuliers. Ils avaient grandi comme frère et sœur sans éprouver une réelle complicité. Jamais ils ne se témoignaient de l'affection. Pourtant, ils s'aimaient bien.

— J'espère que tu réussiras à trouver un job, Simon, avoua-t-elle. Tu me manqueras. En plus, tu es le seul qui ose contrarier Joseph.

— Maintenant que je suis aussi grand que lui, il ne me frappe plus. J'aime pas trop dire ça, mais, mon père, c'est une brute. Je me souviens, dès que je faisais une sottise, il ôtait sa ceinture et me fouettait. Armand en a pris, de belles corrections, aussi. Après, on était forcés d'obéir.

Hermine n'avait jamais assisté à ces punitions. Mais elle se souvenait des jours où Élisabeth appliquait des pommades sur le dos de ses fils, les paupières rougies d'avoir pleuré en cachette.

— Ton père me fait peur, parfois ! chuchota l'adolescente. Depuis que j'ai un contrat à Roberval, il devient sévère, ou...

— Ou quoi ? demanda Simon en s'approchant.

— Ou trop gentil à mon goût ! bredouilla-t-elle, écarlate. C'est qu'il boit, au bar de l'hôtel. Je n'ose pas me plaindre à ta mère.

Elle lui raconta le comportement de Joseph durant le trajet en carriole. Le jeune homme serra les poings. Il eut ensuite un premier geste de pure amitié à son égard en lui effleurant la joue du bout des doigts.

— Tu ferais bien de t'en aller le plus vite possible, dit-il. Je crois pas mon père capable de te manquer de respect, mais, quand il boit, c'est plus le même.

Hermine eut l'impression d'avoir enfin un allié.

— Simon, tu sais bien que je ne peux pas quitter le village. J'espère que mes parents reviendront.

— Tu as tort, Mimine. Ils seraient déjà revenus, s'ils

étaient vivants. Ou bien ils se moquent de toi et tu ne dois pas gâcher ta vie pour eux.

Elle savait qu'il disait vrai. Avec un geste de lassitude, elle revint à ce qui la préoccupait le plus.

— Aide-moi, Simon. Demain, Joseph me conduit en ville et il faudra rentrer la nuit. Tu te rends compte ? Tout l'été comme ça ! Je regrette bien de savoir chanter, ça ne m'apporte que des soucis.

Elle luttait contre les sanglots qui nouaient sa gorge.

— Papa s'est mis des idées en tête, concéda Simon. Tu veux mon avis ? Il est sûr que tu gagneras une fortune et, cet argent, il entend le garder pour lui. Sa volonté qu'on se marie, je pense que c'est pareil. Si tu es ma femme, il pourra engraisser son compte en banque. Je suis pas idiot. En partant, je lui dame le pion. Un camarade disait ça, à l'usine. Damer le pion à mon père, ça me venge.

— De toute façon, on ne se plaît pas, nous deux ! décréta l'adolescente. Moi, j'épouserai quelqu'un que j'aime de tout mon cœur.

— Même si tu me plaisais, je m'en irais ! décréta-t-il. Tu es devenue une belle fille, Mimine. Intelligente et douce. Mais je t'ai toujours considérée comme une sœur.

La soudaine gentillesse du garçon la bouleversa. Elle se mit à pleurer.

— Simon, par pitié, trouve quelque chose pour demain.

— Tu n'as qu'à jouer les malades ce soir, proposa-t-il. Il me faut un peu de temps.

— Non, Joseph m'emmènera, à cause du contrat.

Il lui étreignit les mains, songeur, puis s'illumina.

— L'abbé Degagnon ! s'écria-t-il. Va te confesser,

Mimine, parle-lui des gestes de mon père. Et tu lui demandes de trouver une solution. Il n'aura pas le choix.

— Tu as raison. Merci, Simon. J'y vais tout de suite.

La jeune fille l'embrassa sur la joue et sortit en courant.

Le soir même, après le souper, l'abbé Degagnon se présenta chez les Marois. Joseph fumait sa pipe, assis sous l'auvent. Des bruits de vaisselle s'élevaient de l'intérieur de la maison.

— Bonsoir, Joseph, vous profitez de la tiédeur des soirs d'été ?

— Bien sûr, monsieur le curé ! rétorqua l'ouvrier.

— Je voudrais vous parler. Si nous marchions un peu...

Les deux hommes s'éloignèrent vers le couvent-école. Joseph n'était pas tranquille. Laura Chardin avait pu rendre visite au religieux. Il fut soulagé en comprenant qu'il ne s'agissait pas de ça.

— Joseph, vous êtes un honnête paroissien. Je n'ai entendu que du bien sur vous. Nous ne sommes plus nombreux à Val-Jalbert. Cependant, il reste toujours des gens soucieux de la moralité de notre municipalité.

— Je ne fais rien de mal, grommela Joseph. Sans moi et mon fils, la dynamo serait hors d'usage ; on s'éclairerait à la chandelle comme par le passé.

— Je sais, je sais, reprit l'abbé. Mais il y a votre décision de conduire Hermine tous les samedis à Roberval. Cette enfant est privée du soutien de ses parents. Certains craignent pour son honneur. Ce n'est pas bien vu qu'elle rentre la nuit seule avec vous. Une jeune fille doit préserver sa réputation. Si on la soupçonne de quoi que ce soit, elle sera traitée comme une créature perdue. Mon prédécesseur, le père Bordereau, a lutté des années afin de préserver ce lieu des ivrognes et des blasphémateurs. Il vous dirait la même chose que moi. Il est regrettable de vous exposer au jugement de vos voisins.

Assommé par ce discours, Joseph se gratta la barbe avec rage. Il évitait le regard clair de l'homme d'Église, comme si Dieu en personne allait le percer à jour d'un unique coup d'œil.

— Comment peut-on croire que je compromettrais une gosse dont je suis le tuteur, s'emporta-t-il. Si Betty savait ça, elle serait la première à prendre ma défense.

— Joseph, insista l'abbé, le diable tend ses filets à sa guise. Vous n'êtes pas à l'abri de la tentation.

L'ouvrier voyait s'envoler la fortune tant espérée. Il leva les bras au ciel.

— Si je comprends bien, je dois rompre le contrat avec le directeur de l'hôtel ! Ce n'est pas correct. Je ne pensais qu'à établir l'avenir de notre Mimine, moi. Vous avez dit, le jour du départ des sœurs, que c'était un don divin, la voix de notre petite.

Il avait pris une intonation paternaliste qui agaça le religieux.

— Je ne m'oppose pas au fait qu'elle aille chanter devant un public ni qu'elle gagne ainsi sa vie. Mais vous ne devez pas être seul avec elle.

— Mais je fais comment ? s'exclama Joseph, dépité.

— Le problème est réglé, répondit l'abbé. J'en ai discuté avec notre maire. Il consent à me prêter son automobile. Je sais conduire ces engins. Je vous accompagnerai chaque samedi et vous ramènerai. Pas question que j'entre dans un établissement comme le *Château Roberval*, mais j'attendrai à l'extérieur.

— C'est beaucoup de dérangement, monsieur le curé !

— Cela ne me gêne pas, Joseph. Tant que je suis responsable de mes paroissiens, je ne faillirai pas à mes devoirs.

— Dans ce cas, c'est d'accord, marmonna l'ouvrier. J'économiserai mon cheval. Le trajet était rude pour lui et il usait ses fers.

Cela le rassurait, au fond. Malgré son amour de l'argent, Joseph ne tenait pas, après sa mort, à subir le châtiment divin.

Ils avaient fait demi-tour et se rapprochaient de la maison. L'abbé ajouta soudain, d'un ton sincèrement curieux :

— Avez-vous rencontré cette dame en noir qui m'a demandé le chemin de chez vous, il y a deux semaines environ ? Elle m'a paru très éprouvée, sans doute un deuil récent. Par discrétion, je ne l'ai pas interrogée.

Joseph devint livide. Il se frotta le visage avant de répondre, dans le but naïf d'effacer la moindre expression d'embarras.

— Oh ! C'était une lointaine parente, l'épouse d'un cousin du côté de Chicoutimi. Elle venait nous annoncer le décès de son mari. Betty l'a reçue et elles ont jasé un moment.

L'abbé fit signe qu'il comprenait. Joseph le salua et monta les marches de son perron. Hermine, qui surveillait leur retour de la fenêtre de sa chambre, recula vite dans la pénombre de la pièce.

— Je passe vous prendre demain à seize heures

trente, dit bien fort le père Degagnon. Ce sera un gain de temps précieux, vous verrez.

La jeune fille avait entendu. Elle ferma les yeux, infiniment soulagée.

— Merci, mon Dieu ! dit-elle, rassurée. Merci, Simon.

Confesser ses appréhensions à l'égard de l'ouvrier lui avait coûté. Elle avait dû braver sa pudeur, mais le résultat était là. L'abbé avait volé à son secours sans douter de ses paroles. Hermine saisit le cadre renfermant la photo de sœur Sainte-Madeleine et embrassa le verre.

— Mon Angélique, je sens que tu veilles sur moi. Merci...

*
* *

Joseph annonça la nouvelle le lendemain, au petit déjeuner.

— Chinook va chômer tout l'été, Mimine. Le maire prête son automobile à monsieur le curé qui nous conduira à Roberval et nous ramènera. Tout le monde se met à ton service, ma belle.

Le « ma belle » déplut à son épouse autant qu'à Hermine.

— N'appelle pas Mimine ainsi, Jo ! gronda Élisabeth. Tu prends des manières de crapule, à fréquenter les bars.

— Je ne voyais pas de mal, Betty ! protesta-t-il.

— Ces mots-là, on les dit à sa femme, et à personne d'autre, renchérit-elle.

Joseph piqua du nez dans son bol de café. Le monde

entier se liguait contre lui. Simon sifflota un air joyeux et adressa un sourire de triomphe à Hermine.

L'abbé Degagnon devint le chauffeur de la jeune chanteuse et de son tuteur. Cela écourtait tellement la durée des allers et retours que les départs furent retardés. L'adolescente partait déjà vêtue de sa robe blanche et n'utilisait plus le vestiaire. Les samedis soir se succédèrent sans incident.

Hermine prenait de plus en plus plaisir à chanter. Elle le faisait toujours d'une manière instinctive, mais avec une émotion si sincère que la clientèle, souvent renouvelée, l'applaudissait avec un réel enthousiasme. La renommée du rossignol des neiges se répandait dans les villes voisines. On se déplaçait pour venir l'écouter.

La dame en noir était toujours à la même table, au fond de la salle. La jeune fille, même si elle l'eût voulu, n'aurait eu aucune occasion de l'approcher. Mais, dès qu'elle apercevait sa fine silhouette noire et sa toque à voilette, une profonde compassion l'envahissait. La fable de Joseph avait eu l'effet contraire à celui espéré. Il croyait l'éloigner de Laura avec son gros mensonge, il n'avait fait qu'éveiller l'intérêt de l'adolescente pour le mystérieux personnage.

Bien souvent, à la fin d'une chanson, Hermine souriait à la femme en grand deuil, les yeux rivés au visage voilé. Laura ne s'y trompait pas : ce sourire lumineux et tendre lui était destiné. Elle le recevait comme le plus précieux des cadeaux, tout en s'interrogeant.

« Qu'est-ce que cela signifie ? Les Marois lui ont-ils enfin parlé de moi ? Dans ce cas, pourquoi ne vient-elle pas me voir ? Elle disparaît à peine son répertoire terminé. Et si elle me sourit sans savoir qui je suis, cela prouve qu'elle a bon cœur. »

En portant le deuil aussi ostensiblement, Laura avait coutume de susciter de la pitié ou de la curiosité. Elle n'avait pourtant pas l'intention de renoncer à ses toilettes noires qui la protégeaient des avances masculines.

Au milieu du mois d'août, l'abbé chargea dans la voiture les passagers habituels, mais aussi Élisabeth, Armand et le petit Edmond. La jeune femme portait sa plus jolie robe et des chaussures neuves. Malgré la présence de Laura Chardin, elle fut subjuguée par la prestation de la jeune chanteuse.

Joseph, lui, s'était arrangé pour rencontrer deux autres fois la mère d'Hermine et deux fois il avait empoché une liasse de dollars.

— En septembre, vous pourrez discuter avec votre fille, disait-il d'un air méprisant.

Laura en venait à détester ce grand bonhomme aux traits rudes et à la moustache poivre et sel. Elle se méfiait de lui, mais pas assez, dans sa fièvre de faire enfin la connaissance de son enfant chérie. Elle la nommait ainsi, lorsque d'interminables songeries la prenaient, au long des après-midi solitaires.

« C'est presque une bonne chose, de la revoir chaque samedi et de l'écouter chanter. J'ai l'impression que sa voix me console de tous mes chagrins. Mon enfant chérie, mon Hermine si belle. »

Sans regret, Laura avait supprimé le *Marie* du prénom de sa fille. Elle se sentait ainsi au même rang que Joseph et Élisabeth.

— Vivement septembre ! se répétait-elle chaque matin.

*
* *

Roberval, fin août 1930

Ce samedi-là, le maire de Val-Jalbert remplaça l'abbé Degagnon. Il se présenta chez les Marois en costume bleu foncé et chemise blanche assortie d'une cravate neuve.

— Monsieur le curé est appelé au chevet d'un mourant, le vieux Jules Potvin, expliqua-t-il en saluant la famille. Je prends le relais avec joie. Je pourrai entendre notre rossignol, notre gloire locale !

Hermine devint toute rouge. Joseph se sentit flatté.

— Vous êtes sûr que cela ne vous dérange pas ? demanda-t-il.

— Pas du tout, et je vous invite à souper, Joseph.

Les deux hommes discutèrent tout au long du voyage. Sur la banquette arrière, Hermine observait le paysage. Simon avait prévu de quitter Val-Jalbert lundi soir. Cela angoissait la jeune fille. Joseph serait furieux, Betty, très malheureuse. Des jours sombres s'annonçaient. Pour éviter d'y penser, elle relut la liste de ses chansons qui comprenait deux nouveautés, dont *Les Roses blanches*, un titre français créé par Berthe Sylva. Elle révisa les paroles d'une voix inaudible, du bout des lèvres.

C'est aujourd'hui dimanche, tiens ma jolie maman
Voici des roses blanches, toi qui les aimes tant
Va quand je serai grand, j'achèterai au marchand
Toutes ses roses blanches, pour toi jolie maman

« Cette chanson fera de la peine à ma dame en noir, songea-t-elle. Quand on a perdu un enfant, ce doit être terrible, ces mots : *tiens, ma jolie maman.* Betty a fondu en larmes quand je répétais. Je ne peux pas la supprimer, pourtant, je n'ai rien appris d'autre, et le directeur désire du neuf. Celui-là, quel prétentieux ! Tant pis, à la fin de la chanson, je ferai un grand sourire à la dame en noir. Elle n'a pas l'air si folle que ça. Je ne l'ai jamais vue bouger de sa table, alors qu'il y a des filles de mon âge assises près d'elle. »

Le maire se garait devant l'hôtel. Hermine colla son nez à la vitre et aperçut une silhouette en deuil, sur un balcon. Son cœur battit un peu plus vite. Cette femme l'attirait. Elle rêvait de la voir de près, sans sa voilette.

« Nous avons un point commun, se disait-elle souvent. Elle a perdu sa fille et moi, je n'ai ni père ni mère. »

Tout content d'être en bonne compagnie, Joseph prit place à une table proche du bar. Hermine se dirigea tout de suite vers l'estrade. Le pianiste, Hans Zahle, la salua avec une joie évidente. Comme chaque samedi, le musicien étudia la liste des chansons.

— Nous commençons un peu plus tard, mademoiselle, la prévint-il. Vous avez le temps de faire une promenade dans le jardin si cela vous tente.

— Oh non, je préfère attendre ici.

Il parut satisfait de sa réponse.

— J'aurai donc le plaisir de bavarder un peu avec vous, dit-il en baissant les yeux. Vous ne faites qu'apparaître et disparaître.

Hermine aimait bien cet homme encore jeune et très délicat. Il lui avait donné de précieux conseils. Elle lui sourit, puis observa les dîneurs qui s'attablaient.

— Votre tuteur n'est pas au bar, ce soir ? dit Hans.

— Il dîne avec notre maire, répliqua-t-elle.

— Ah ! Madame Charlebois est arrivée, ajouta-t-il. Vous l'avez remarquée, cette veuve qui a séjourné ici toute la saison ? Quand vous chantez, je l'ai vue soulever sa voilette et essuyer ses yeux, tant vous lui causez d'émotion.

— C'est à cause de sa fille, lui expliqua Hermine sur le ton des confidences tragiques. Vous devez être au courant ? Elle n'est pas veuve du tout. Sa fille avait à peu près mon âge et elle s'est noyée dans le lac Saint-Jean l'été dernier. Depuis que je sais ça, je la plains beaucoup. En plus, elle en est devenue à demi folle. La pauvre.

Hans Zahle écarquilla ses prunelles d'un bleu fade.

— Je travaillais ici l'année précédente et aucune jeune cliente ne s'est noyée dans le lac, affirma-t-il. Cet hiver, un bûcheron a voulu traverser trop tard ; les glaces lâchaient prise et le malheureux a sombré avec son traîneau.

— Oui, je m'en souviens, concéda Hermine.

— Madame Charlebois a perdu son mari voilà six mois. C'était un riche industriel de Montréal, assez âgé. Le majordome l'a su par le directeur lui-même. Et elle n'est pas plus folle que vous et moi. Au contraire, c'est une femme discrète et bien éduquée. Qui vous a raconté une chose pareille ?

— Mon tuteur ! dit-elle, saisie d'un malaise indéfinissable.

Joseph lui avait menti. C'était insensé.

« Pourquoi m'a-t-il raconté ça ? Pourquoi ? Il ne veut pas que j'approche cette femme. Pourquoi aurait-il inventé cette histoire affreuse, sa fille morte qui me ressemblerait ? »

— Vous êtes toute pâle, mademoiselle ! s'inquiéta le pianiste.

— C'est normal, soupira-t-elle. Mon tuteur m'a mise en garde contre cette dame. Il prétendait qu'elle prenait toutes les filles de mon âge pour l'enfant qu'elle pleurait. Enfin, il a tout inventé ! Pourquoi ?

Hans eut un geste d'impuissance.

— Je ne peux pas vous aider, hélas, conclut-il. Mais je dis la vérité. Madame Charlebois est une veuve, rien d'autre. Le personnel aime bien jaser. Si une cliente avait vécu un tel drame, j'en aurais entendu parler.

Hermine ne comprenait pas. Joseph avait des défauts, certes, il était coléreux, pingre et autoritaire, mais il lui avait toujours semblé honnête.

— Finalement, je vais sortir un peu, dit-elle.

— Ne traînez pas trop, maintenant, recommanda Hans.

La jeune fille approuva en s'éloignant. Elle prit soin de longer le mur de la salle à manger situé à l'opposé de la table de l'ouvrier. Celui-ci discutait avec le maire et ne se souciait pas d'elle. Hermine se figea un court instant.

« Je n'ai qu'à l'aborder franchement, la dame en noir. Je verrai par moi-même si elle est folle ou non. »

Sa décision prise, elle chercha des yeux la silhouette en grand deuil. La chaise ouvragée était vide.

« Où est-elle passée ? »

L'adolescente poursuivit son chemin et se retrouva dans un large couloir orné de miroirs et de plantes. Un *groom* en livrée rouge s'avança vers elle, la mine réjouie.

— Avez-vous besoin de quelque chose, mademoiselle ? Je suis à votre service. J'adore vous écouter chanter.

Poussée par une force irrésistible, Hermine s'obstina. Elle devait parler à la dame en noir, quitte à récolter des ennuis.

— Je voudrais un renseignement, s'enquit-elle. Vous n'avez pas vu passer une dame en deuil ?

— Si ! Madame Charlebois vient de remonter dans sa chambre. Elle avait oublié son éventail.

— Si vous pouviez me dire le numéro de sa chambre ? insista la jeune fille.

— Je croyais que vous le connaissiez, s'étonna le *groom*. Le monsieur qui vous accompagne tous les samedis lui a rendu visite plusieurs fois, à madame Charlebois. Chambre 65, au premier étage. Vous allez tout droit, puis à gauche.

Le *groom* désigna un escalier aux larges marches lustrées. Hermine hésitait, à présent. Elle était moins naïve que jadis depuis qu'elle lisait la presse et des romans pour adultes.

« Joseph rencontre cette femme en cachette ! Ce serait sa maîtresse ? Et il avait peur que je lui parle à cause de ça ! Mon Dieu, ma pauvre Betty, si elle l'apprenait. »

Afin d'échapper au regard admiratif du *groom*, elle s'engagea dans l'escalier. Un court raisonnement vint à bout de son soupçon.

« Non, c'est impossible, Joseph ne va jamais à Roberval la semaine et, le samedi, il ne quitte pas la salle. Il y a autre chose ! Tant pis, je vais frapper à la chambre, juste pour en avoir le cœur net. »

Bientôt, Hermine fixa la plaque dorée où figurait le nombre 65. Ses doigts heurtèrent le battant. Son cœur cognait dans sa poitrine avec une violence inouïe. La bouche sèche, la jeune fille eut envie de s'enfuir. Sa démarche audacieuse l'effrayait, mais moins cependant que ce qu'elle risquait de découvrir.

Tout son être frémissait, comme face à un abîme qui aurait pu l'aspirer. L'esprit vide de toute pensée logique, elle fut prise de tremblements soudains. La porte s'ouvrait.

Une jolie femme apparut, les cheveux grisonnants coiffés en chignon. Sans sa voilette de tulle. En robe noire, un collier de perles autour de sa gorge pâle, elle dévisageait Hermine avec émerveillement. Ses yeux étaient très bleus et son visage ressemblait à s'y méprendre au visage que l'adolescente voyait tous les jours dans le miroir de sa chambre, à Val-Jalbert. C'était sa réplique, à quelques détails près.

— Hermine ? s'écria la dame en noir. Mon Dieu, quel bonheur, tu es venue ! Alors ton tuteur t'a parlé de moi, enfin ? Entre, je t'en prie !

La jeune fille était sous le choc. Devait-elle vraiment comprendre ce qui lui paraissait évident ? Elle s'y refusa encore un instant.

— Mais qui êtes-vous, madame ? balbutia-t-elle.

— Je suis ta mère, Laura Chardin, veuve Charlebois. Entre, par pitié ! Tu dois m'écouter ! Je voudrais tant que tu me pardonnes.

Elle tendait une main gracile en implorant de tout son corps, de toute son âme. Hermine s'avança. Ses jambes la soutenaient à peine.

— Je vous ai déjà vue en rêve, madame, dit-elle faiblement. Dans mes rêves, je vous appelais maman. Maman...

Hermine eut un éblouissement. Elle s'effondra dans les bras de Laura et s'évanouit.

10

Retrouvailles

Hermine reprit conscience presque immédiatement. Elle eut l'impression étrange de vivre une scène familière. Sa joue sentait la douceur d'une poitrine de femme, des bras tendres l'enveloppaient et une respiration tiède caressait son front. C'était exactement comme dans son rêve.

— Maman ? balbutia-t-elle en ouvrant les yeux.

Laura était si proche que ses traits lui apparaissaient avec une précision étonnante. Elle tenait Hermine bien serrée contre ses seins, dans une étreinte passionnée.

— Ma petite, quelle peur j'ai eue en te voyant tomber ! Mais quelle joie aussi ! Tu es enfin venue !

Elles étaient toutes les deux sur le tapis, l'adolescente en partie allongée sur les genoux de la jeune femme.

— Est-ce que vous êtes vraiment ma mère ? interrogea Hermine.

— Mais oui, bien sûr ! Ton tuteur a dû te l'expliquer.

La jeune fille secoua la tête. Elle vivait un moment d'une gravité exceptionnelle et cela lui ôtait tous ses moyens. Des années, elle avait attendu ces retrouvailles. Elle éprouvait un tel sentiment de sécurité qu'elle aurait pu demeurer ainsi toute la soirée et la nuit aussi.

Laura devait ressentir la même chose, car elle pleurait

sans bruit en lui caressant les cheveux et le front. Parfois, d'un mouvement furtif, elle posait ses lèvres au hasard, effleurant l'arrondi de l'épaule, le dos, le bout du nez. Mieux que des mots, ces légers baisers, ce besoin de contact silencieux prouvaient à Hermine que sa mère n'avait jamais cessé de l'aimer. Cette certitude coula sur elle, apaisante et exaltante tout à la fois.

— Ma petite enfant chérie ! Merci, mon Dieu, merci ! disait-elle sans cesse.

Hermine, blottie contre elle, chuchota :

— J'ai toujours cru que vous viendriez me chercher à Val-Jalbert, un jour de neige. Mais c'est encore l'été et vous logez à l'hôtel. J'avais tort, alors. Dès que l'Épiphanie approchait, je me collais à un des carreaux et j'attendais.

Le discours bredouillé éclaira Laura sur un mince fragment du passé de sa fille. Elle l'imagina plus jeune, guettant son arrivée derrière une fenêtre de ce couvent-école qu'elle avait entraperçu avant de frapper chez les Marois.

— Tu peux me tutoyer, tu es ma fille ! s'écria-t-elle.

— Je voulais dire, vous, mes parents...

— Viens, installons-nous sur le divan. Je ne me sens pas très bien. C'est l'émotion, trop de bonheur. Tu comprendras quand nous aurons pu discuter. J'espère que tu me pardonneras. Tout est ma faute, tout.

Laura l'aida à se relever, mais, quand elles furent assises, elle ne lâcha pas sa main.

— C'est une histoire si compliquée, Hermine. Je ne sais même plus par où commencer.

L'adolescente perçut le discret parfum aux fragrances de rose qui se dégageait de la robe noire et de la chair laiteuse de sa mère retrouvée.

— Vous êtes une bien belle dame, s'émerveilla-t-elle. Si distinguée !

— Ne te fie pas aux apparences, ma chérie. Et ne sois pas timide, on dirait que tu as peur de moi. Je suis si heureuse de te voir enfin de près, de te toucher. Je t'appelle ma chérie, mais je voudrais trouver mieux. Si tu savais combien de fois, depuis un an, j'ai murmuré ces deux mots, la nuit, le jour. Ma chérie, mon enfant chérie !

Hermine écoutait, encore abasourdie. Elle aurait pu faire répéter plusieurs fois chacune de ses phrases à Laura, pour bien s'en souvenir ensuite.

— Vous avez dit : depuis un an ! balbutia-t-elle. Pourquoi ? Et avant, je ne comptais pas pour vous ?

— Je t'en prie, n'emploie plus ce *vous* qui me fait froid au cœur ! implora la femme. Je vais tout t'expliquer, même si cela prend des heures.

Au même instant, des éclats de voix masculines retentirent dans le couloir. Des coups de différentes forces furent frappés à la porte.

— Madame Charlebois, un monsieur souhaite vous parler, criait le *groom*. Il veut voir la demoiselle qui chante.

— Si elle ne laisse pas sortir Hermine, je dépose une plainte ! hurlait Joseph.

Se mêlaient au tintamarre les protestations du directeur et les appels au calme du pianiste Hans Zahle.

— Mon Dieu ! gémit Laura. On te cherche !

— Mon tour de chant ! dit Hermine, affolée. J'ai oublié l'heure. Joseph aura des ennuis.

L'adolescente prit peur. On allait la séparer de sa mère, alors qu'elles avaient tant de choses à se dire.

— Ne crains rien, affirma Laura. Personne ne s'en prendra à toi.

Elle ouvrit. L'ouvrier se rua à l'intérieur de la pièce.

— Oh vous ! clama-t-il en pointant un index menaçant sur la jeune femme. Vous n'avez pas de parole. Je vous avais dit de ne pas approcher Hermine. Espèce de...

— Monsieur, je vous en prie, coupa le directeur, vêtu d'un smoking et la face cramoisie. N'insultez pas ma cliente. Quel mal y a-t-il à ce qu'elle reçoive mademoiselle ? Je ne comprends rien à vos accusations. Déjà que vous faisiez un scandale dans le hall ! Restez calme, c'est la moindre des choses.

Laura se plaça devant Hermine, comme pour la protéger. Son fin visage s'était durci. Elle darda ses prunelles d'un bleu limpide sur Joseph, mais elle s'adressa au directeur.

— Tout va bien, monsieur. Je suis la mère de cette jeune fille, oui, la mère de votre chanteuse. C'est une longue histoire. Je l'ai abandonnée bébé, et l'épouse de monsieur Marois, devenu son tuteur légal, lui a servi de nourrice. Nous venons de nous retrouver après des années de séparation.

— Ah ! fit l'homme, stupéfait.

— Elle ment ! aboya Joseph. Oui, elle ment pour mettre la main sur une pauvre innocente, qui a dû gober ses discours.

Hans Zahle, aussi surpris que le directeur, observa tour à tour Laura et Hermine. Leur ressemblance lui parut une preuve suffisante.

— On voit bien qu'il s'agit d'une mère et de sa fille, déclara-t-il à mi-voix.

Personne ne lui prêta attention. Le musicien constata

alors un fait qui le marquerait longtemps, les deux femmes devant jouer un rôle important dans son existence jusqu'à présent tranquille. L'adolescente était vêtue tout en blanc, Laura tout en noir. Poète à l'occasion, Hans Zahle songea que l'une symbolisait la jeunesse et la grâce, tandis que la seconde incarnait la beauté prête à se ternir sous le poids des chagrins. Mais il nota le même port de tête, les traits similaires, et jusqu'à l'implantation des cheveux vaporeux et ondulés.

« La jolie veuve devait avoir exactement la teinte de sa fille au même âge ! » pensa-t-il.

Laura avait sorti un papier de son sac. Elle le tendit aux visiteurs.

— Voyez ! C'est un acte de mariage authentique. Il est écrit que les époux Chardin ont eu une fille née le 15 décembre 1915 à Trois-Rivières et baptisée Marie-Hermine.

— Mais ça ne prouve rien ! gronda Joseph qui avait blêmi.

— Je ne suis pas de votre avis, monsieur, trancha le directeur de l'hôtel.

— Marie-Hermine, la voici. Elle a frappé à ma porte et j'espérais sa visite depuis le début de l'été. J'avais contacté la famille qui a obtenu sa tutelle, les Marois, dès mon arrivée à Roberval. Ces gens habitent Val-Jalbert, là où mon mari a confié notre bébé aux sœurs d'un couvent. J'ai donc prié madame Élisabeth Marois de parler de moi à ma fille et j'ai fait la même demande à ce monsieur. Je lui ai donné de l'argent pour rembourser le moindre frais causé par mon enfant. Mais il s'en moquait. Il ne lui avait rien dit. Rien !

La voix de Laura se brisa. Le *groom* ne perdait pas une miette de la scène. Il en aurait des choses à raconter au personnel, des cuisines aux trois étages. Les femmes de chambre se régaleraient de l'histoire, autant que le chef cuistot et les marmitons.

— Madame, s'écria le directeur, je suis navré. Je peux appeler la police de la ville, si vous désirez régler cette affaire. Bien entendu, mademoiselle votre fille n'est pas dans l'obligation d'honorer son contrat. L'orchestre fera danser mes clients.

— Vous lui donnez raison parce qu'elle a de la fortune et un collier de perles, parce qu'elle paie sa pension rubis sur l'ongle, tonna l'ouvrier qui sentait la partie perdue. Mais elle a abandonné sa petite fille malade sans remords. Un bébé d'un an !

— Taisez-vous, Joseph, ordonna soudain Hermine d'un ton suraigu. Comment avez-vous osé me faire ça ? Vous n'avez aucune amitié pour moi, aucune affection. J'attendais le retour de mes parents depuis des années et, vous et Betty, vous m'avez caché la visite de ma mère ! Sortez ! Je vous déteste !

— C'était pour ton bien, Hermine, répliqua-t-il. Je n'étais sûr de rien, ni Betty. Je n'allais pas te laisser embobiner par la première bonne femme prétendant être ta mère ! Je voulais des preuves, par prudence...

— Eh bien, vous les avez, monsieur. Vous feriez mieux de quitter cette chambre, dit froidement le directeur.

Joseph regarda autour de lui, les doigts crispés comme des serres de rapace en quête d'une proie. Il avisa un superbe vase chinois sur une table d'angle, le saisit et le projeta de toutes ses forces aux pieds de Laura. La jeune femme ne broncha pas.

— Je m'en vais, mais ça ne se passera pas comme

ça, assura-t-il. Il y a des lois, dans le pays. Et la loi, elle est de mon côté.

L'ouvrier sortit en claquant la porte avec furie. Un cadre abritant un cliché du lac Saint-Jean se décrocha et tomba au sol. Hermine respirait très vite. La trahison des Marois achevait de la bouleverser. De grosses larmes roulaient sur ses joues.

— Je suis désolée, ma chérie, murmura Laura. Je ne pouvais plus me taire. Ton tuteur m'a fait de belles promesses, mais je crois qu'il n'avait pas l'intention de les tenir, de te transmettre mon message.

Le *groom* s'esquiva. Il en avait assez vu. Le directeur l'arrêta d'un geste sec.

— Albert, tu vas commander un souper pour deux personnes que tu serviras dans la chambre. Madame Charlebois pourra oublier ses déboires en partageant un excellent repas avec sa charmante fille. Et ajoute une bouteille de porto.

Laura remercia d'un sourire.

« Si cet homme m'avait croisée à une certaine époque, il ne m'aurait pas donné une seule piécette pour que je puisse manger, songea-t-elle amèrement. L'argent fascine, comme les vêtements coûteux et les bijoux. Pourtant, ce n'est qu'une façade brillante qui dissimule nos fautes. »

Hans s'approcha discrètement d'Hermine. Elle était malade de déception et ne parvenait plus à rétablir un ordre des choses cohérent. Elle se trouvait à trois pieds de sa mère sans pouvoir vraiment s'en réjouir. Malgré son désir de connaître la vérité sur son abandon, elle souffrait de ressentir autant de haine pour Élisabeth et Joseph.

« Ils n'avaient pas le droit ! » se répétait-elle sans cesse.

— Mademoiselle, dit Hans, je vous en prie, vous devez chanter ce soir. Je me doute, en raison du drame qui vous touche, que ce ne sera pas facile. Mais des gens sont venus de loin vous écouter. Chaque samedi, il y a une vieille dame au premier rang des tables ; elle vous admire. Je le sais, car il s'agit de ma mère. Vous êtes une artiste et vous deviendrez une grande artiste, j'en suis certain. Une artiste honore ses contrats, même si c'est pénible. Interprétez au moins trois chansons.

Hermine lut dans les yeux tristes du pianiste une prière sincère, plus convaincante que tout son désarroi.

— Vous avez raison, je dois chanter, admit-elle. Seulement, je ne veux pas croiser mon tuteur dans la salle à manger.

— Je vous accompagne. Il n'osera pas récriminer. Si madame votre mère m'y autorise... dit Hans.

— Si Hermine souhaite chanter, je serai heureuse de l'entendre, à la même table que d'habitude. Je suis tellement soulagée !

Le directeur approuva. Il aurait jugé parfaite n'importe quelle décision dans la mesure où cela convenait à l'une de ses meilleures clientes.

— Mon offre d'un souper servi dans votre chambre tient toujours, chère madame, insista-t-il en s'inclinant galamment.

— Je vous remercie, mais je paierai ce qu'il faut, monsieur, répliqua la jeune femme.

Hans Zahle emmena Hermine. L'adolescente jeta un regard angoissé à sa mère. Laura l'encouragea d'un beau sourire ravi. Elle descendit sans sa voilette, dans le sillage de son enfant chérie.

*
* *

Lors du trajet entre la chambre et l'estrade de l'orchestre, Hermine avait résumé très brièvement ce qui venait de se passer au pianiste. Hans Zahle lui inspirait confiance.

— Si j'avais pu me douter de tout ça ! avait-il soupiré.

Une rumeur d'approbation, peut-être de soulagement, parcourut l'assistance quand la jeune fille apparut sur la petite scène. Elle en fut touchée et même flattée. Dès que Hans effleura le clavier du piano, les deux violonistes jouèrent de leur archet et les premiers accords de *La Paloma* s'élevèrent.

Joseph avait repris place à sa table. Il venait de raconter toute l'affaire au maire de Val-Jalbert en mettant en relief la personnalité inquiétante de Laura Chardin. L'ouvrier s'emportait et parlait haut, si bien qu'une femme assise non loin de lui perdit patience.

— Moins fort, monsieur ! lança-t-elle, outrée.

Le maire renchérit dans un chuchotement gêné.

— Cette dame a raison, Joseph, nous discuterons de tout ceci plus tard, pendant le retour. Hermine a un tel talent, une voix d'ange.

L'adolescente interpréta ensuite *Les Blés d'or* et *Ô Canada*, comme l'avait exigé le directeur. Chanter l'avait en partie libérée de l'anxiété et de la colère qu'elle ressentait, extirpant du fond de son cœur toutes les souffrances de sa jeune vie qu'il était temps d'oublier. Ce soir-là, le rossignol des neiges insuffla à sa voix une telle puissance que des notes encore jamais atteintes firent vibrer d'extase tous ceux qui l'écoutaient.

Les applaudissements se déchaînèrent. Hans, à son piano, ne quittait plus des yeux la frêle silhouette en robe blanche. Hermine se révélait un phénomène, une exception de la nature.

« Elle pourrait être engagée au *Capitole* de Québec, pensait-il. C'est une soprano qui s'ignore. Avec du travail, elle éblouirait le monde entier. »

Le musicien voyait loin : la *Scala* de Milan, en Italie, le *Théâtre de la Monnaie* à Bruxelles, le prestigieux *Metropolitan Opera* de New York. Il s'imaginait aussi aux côtés de la jeune fille pour la guider dans sa carrière.

Soudain, Hermine recula et se précipita vers lui :

— Monsieur Zahle, je n'en peux plus ! J'arrête là. Mon tuteur me fixe, il me fait des signes pour que je vienne lui parler. Et je vois ma mère au fond de la salle, celle que j'appelais la dame en noir. Vous vous rendez compte ? Ma mère ! Je dis ça comme si c'était naturel, alors qu'elle m'a abandonnée des années.

— Soyez courageuse, mademoiselle, marmonna Hans. Vous avez chanté magnifiquement. Terminez votre répertoire, il n'y a plus qu'un titre. Je vous conseille d'écouter ensuite ce que votre tuteur veut vous dire. Prenez aussi le temps d'écouter votre mère. J'ai pu me faire une vague idée de la situation. Elle est délicate, mais la vérité est toujours bonne à entendre.

Leur conciliabule ne passait pas inaperçu. Le chef d'orchestre toussota à deux reprises en jetant vers eux des coups d'œil insistants.

— Elle n'a pas dit un mot sur mon père, ajouta Hermine, très bas. Pourquoi ?

— Demandez-le-lui, répondit-il. Et, maintenant allez chanter.

La jeune fille se laissa convaincre une fois de plus. Elle retourna affronter son public, ainsi que Joseph et Laura. Mais, à sa grande surprise, Hans la rejoignit. Il déclara, avec un timbre de voix sonore, en articulant parfaitement :

— La chanson que le rossignol des neiges va interpréter connaît un grand succès en France. Chez nous, elle n'a pas encore gagné ses galons d'air populaire, mais vous l'aimerez tous. *Les Roses blanches*, de Berthe Sylva.

Hermine le remercia d'un sourire. Elle commença à chanter. Au moment du refrain, sa voix se mit à trembler.

C'est aujourd'hui dimanche, tiens ma jolie maman
Voici des roses blanches, toi qui les aimes tant...

Elle se tut, haletante. Ses pensées se bousculèrent une seconde avant de s'ordonner miraculeusement.

« Je l'ai retrouvée, ma jolie maman ! J'ai prié de toute mon âme et elle est là. Comme dans mon rêve ! Le reste ne compte pas, tout s'arrangera puisque ma mère est revenue. »

L'assistance n'était plus qu'un unique souffle suspendu aux lèvres du rossignol des neiges qui enfin se remettait à chanter. Bien des femmes s'essuyèrent les yeux, très émues. L'histoire du petit garçon apportant des fleurs à sa mère agonisante avait de quoi toucher le cœur du public féminin.

Hermine salua et se réfugia près du piano. Joseph, suivi du maire, se rua vers elle. Il la saisit par le poignet, mais sans rudesse.

— Ma petite, ne te laisse pas aveugler, déclara-t-il

sous l'œil réprobateur de Hans. Crois-moi, si je t'ai empêchée d'approcher Laura Chardin, c'était pour t'éviter de souffrir. Alors, quoi ? Une femme riche, en deuil, prétend que tu es sa fille et nous devons lui faire confiance aussitôt ? Tu me connais, je suis méfiant. Monsieur le maire m'a compris. Et, de toute façon, pour l'instant je suis ton tuteur. Je te considère comme mon enfant, et mes fils t'aiment comme une sœur. Sans oublier notre Betty. Elle aussi a pris peur après la visite d'une étrangère qui te réclamait.

— Joseph dit vrai, coupa le maire de Val-Jalbert. On ne peut nier que cette dame s'est débarrassée de toi, Hermine, quand tu étais bébé. La prudence s'impose. Pourquoi s'intéresse-t-elle à toi maintenant ? Elle paraît fortunée. Ce n'est pas à son honneur, de t'avoir écartée de son chemin.

La jeune fille n'en pouvait plus. Hans Zahle écarta les deux hommes d'un grand geste :

— Ne lui brouillez pas les idées, dit le pianiste. Que craignez-vous ? J'ai appris à connaître mademoiselle Hermine. Je crois qu'elle est capable de juger par elle-même.

— Oui ! renchérit-elle. Et je veux souper avec ma mère. Elle m'a promis de tout m'expliquer.

— Tu vas rentrer immédiatement à la maison, maugréa l'ouvrier. Au pire, tu reviendras un autre jour.

Le ton montait. Laura s'était approchée sans bruit et écoutait. Elle n'était pas la seule : deux serveurs, le directeur et les clients attablés à proximité tendaient l'oreille.

— Joseph, déclara Hermine, je ne vous suivrai pas. D'abord je suis trop en colère après vous et Betty. Et j'ai le droit de passer la soirée avec ma mère, car je le sais, moi, que c'est ma vraie mère. Je dormirai sur le divan.

— Il est plus sage de la laisser ici, Joseph, intervint le maire. Je suis prêt à vous ramener demain pour tirer tout ceci au clair. Venez, mon ami, venez donc. Au fait, Hermine, félicitations, tu chantes à merveille, vraiment. Bravo, bravo...

Cette fois, Laura s'en mêla. Elle se glissa près de l'adolescente et l'entoura d'un bras câlin.

— N'ayez aucune crainte, monsieur Marois, nous nous reverrons demain.

Joseph tourna les talons et s'éloigna, suivi du maire. Hermine se sentit tout de suite beaucoup mieux. La présence de son tuteur lui était soudain intolérable.

— Montons dans ma chambre, dit Laura. Le souper est servi.

— Je vous souhaite bon appétit, mesdames ! s'exclama Hans.

Il les regarda traverser la salle à manger. Hermine lui avait souri avant de suivre sa mère, un beau sourire plein d'espoir qui l'embellissait encore.

« On dirait une fée ! songeait le pianiste. Une fée de lumière ! Comme elle est menue, légère ! Et ses yeux sont si bleus ! »

Hans Zahle soupira. Il était amoureux.

***

Hermine avait l'impression d'évoluer dans un univers différent de tout ce qu'elle avait connu auparavant. La chambre de Laura était spacieuse et d'un luxe éblouissant. La jeune fille se plongea dans l'examen minutieux des rideaux en velours doublés de satin jaune, des tapis moelleux et du mobilier en marqueterie. Couvert d'un tissu soyeux, le lit lui parut démesuré.

— Tu n'as pas d'autres vêtements ? demanda sa mère.

— J'ai oublié mon châle en laine dans la voiture du maire. Je n'en ai besoin qu'au retour, car il fait plus frais la nuit.

— Je vais te prêter quelque chose de plus confortable que cette robe en soie.

Laura semblait à l'aise, malgré la nervosité que trahissaient ses moindres gestes. Elle ouvrit l'armoire et choisit une jupe fluide, un corsage à manches et un gilet en tricot.

— Tiens, tu peux te changer derrière le paravent. Je suis navrée, je n'ai que du noir à te proposer.

Hermine admirait le couvert mis sur une table ronde. Des cloches en métal argenté protégeaient les plats. La vaisselle et les couverts rutilaient. De nouveau, une sensation d'angoisse l'oppressa.

« Je ne connais pas cette femme qui est ma mère, se dit-elle. Elle me parle comme si j'étais là depuis des jours, mais c'est une étrangère. Quand j'étais dans ses bras, je me sentais plus proche d'elle que maintenant. »

Laura s'était assise et sirotait un verre de porto. Les heures suivantes risquaient d'être pénibles, elle le savait.

« Pourvu qu'elle comprenne ! J'avais hâte de lui parler, mais à présent j'ai peur, terriblement peur. Et je ne pourrai jamais tout lui dire. »

L'adolescente réapparut, pâle et rose dans les habits noirs qui l'amincissaient encore.

— Viens souper, mon enfant chérie, tu dois être

affamée et assoiffée. Moi, je crois que j'ai un peu d'appétit.

— Je prendrais bien du porto, moi aussi, avança Hermine. Rien qu'un peu, pour me détendre.

— Une demoiselle de ton âge ? plaisanta la jeune femme. Tu as raison, il faut fêter nos retrouvailles.

Elles dégustèrent en silence des toasts de caviar et du rôti de bœuf aux oignons confits. Cette nourriture délicieuse et raffinée surprit Hermine. Les joues en feu à cause du vin et de la viande, elle finit par apprécier ces instants presque irréels.

— Si on m'avait dit ça, dit-elle timidement, que je mangerais avec ma mère, une dame très élégante, dans un grand hôtel de Roberval, je ne l'aurais jamais cru.

— Moi non plus, rétorqua Laura. Quand j'ai débarqué à Québec il y a vingt ans de cela, si on m'avait annoncé tous les bonheurs et les malheurs qui m'attendaient, j'aurais repris le bateau aussitôt. Je venais de Belgique, en Europe. Je suis née là-bas, à Roulers[1]. C'est une petite ville industrielle, à une vingtaine de milles de la mer du Nord. Ma famille s'y était installée après avoir quitté Bruxelles. Ces noms ne signifient rien pour toi sans doute ?

— Si, j'ai appris la géographie, au couvent-école. J'étais bonne élève, puisque je vivais avec les sœurs.

Hermine avait répondu sèchement. Elle s'armait contre les chagrins que lui causerait le récit de sa mère. Ses grands-parents n'étaient pas canadiens : il fallait l'accepter, remettre à plus tard les questions sur ses ancêtres.

---

1. En néerlandais *Roeselare*, ville de l'ouest de la Belgique, en Flandre occidentale.

— Toi aussi, tu as beaucoup de choses à me raconter, constata Laura. Veux-tu du dessert ? De la tarte aux myrtilles ?

— Ce sont des bleuets, précisa la jeune fille. Dans la région du Lac-Saint-Jean, on dit des bleuets. Non, merci, je n'ai plus faim.

— Hermine, qu'est-ce que tu as ? Tu sembles fâchée. Cela te déplaît que je sois originaire d'un autre pays ? Il y a toujours eu des immigrants. Et tu peux m'appeler maman, de temps en temps, cela fait tellement plaisir.

Elles échangèrent un regard attristé.

— Tant pis si tu n'y arrives plus, soupira Laura.

— Je m'étais évanouie. En me réveillant, je t'ai dit maman parce que j'avais l'esprit confus, expliqua l'adolescente.

— Je comprends... J'ai donc débarqué un matin du mois de juin à Québec. Mon père et ma mère étaient morts depuis peu de la tuberculose. Je n'avais plus qu'un frère aîné, Rémi, qui travaillait dans une usine à Trois-Rivières. Il m'avait envoyé de l'argent pour payer le voyage. Je n'étais pas rassurée de traverser l'océan toute seule, mais la perspective de vivre près de Rémi me plaisait. Il était gentil, sérieux, sobre. Hélas ! Quand j'ai pu me présenter à la papeterie, un des contremaîtres m'a appris que mon frère venait de mourir d'un grave accident. J'étais désespérée et je me sentais perdue dans ce vaste pays inconnu. Je n'avais plus ni soutien ni logement, car Rémi devait m'héberger.

Hermine écoutait sans répliquer ni douter, vaincue par les intonations douloureuses de Laura. Celle-ci poursuivit :

— J'ai demandé de l'aide partout, un emploi qui pourrait me sauver. Un hôtel m'a engagée comme femme de chambre. Je disposais d'une soupente pour dormir. J'avais faim, tout le temps faim. Le salaire était bien maigre, aussi maigre que moi. Mais un jour, j'ai rencontré Jocelyn Chardin. Ton père.

Laura se leva et éteignit le plafonnier, ne laissant que la lumière dorée d'une lampe d'ornement.

— Jocelyn Chardin ! répéta Hermine. Il était grand, barbu, et c'était un trappeur, n'est-ce pas ?

— Pas à l'époque où je l'ai connu ! Mais comment sais-tu qu'il est devenu trappeur ? Ce sont les religieuses qui te l'ont dit ?

— Oui, la converse. Et je l'ai vu en rêve, comme je te voyais. Ce rêve, je l'ai fait souvent. Un homme conduisait un traîneau tiré par des chiens ; une femme me berçait, m'embrassait, et je l'appelais maman.

— C'est bien étrange, ma chérie ! Quelqu'un prétendait qu'il se passe des phénomènes bizarres au Canada, à cause du vent glacé de l'hiver, de l'immensité et des âmes errantes des Indiens.

— Parle-moi de mon père ! supplia Hermine.

— Il était comptable dans une administration et très économe. Mais ce n'est pas ça qui m'a séduite chez lui. Jocelyn était un bel homme brun, fort, instruit, galant. Je l'ai aimé dès les premiers jours où il m'a fait la cour. Nous discutions littérature, peinture, des choses que j'avais étudiées en Belgique. Il a très vite parlé mariage et j'ai accepté. Nous avions tout pour être heureux. De l'argent placé dans une banque, un appartement et, au bout d'un an, un bébé. Une magnifique petite fille à la peau blanche et aux yeux bleus qui gigotait et gazouillait déjà à peine née. C'est moi qui ai voulu te baptiser Marie-Hermine. Marie pour que la Sainte Vierge te protège, Hermine en souvenir des ornements de fourrure dont les rois de France se paraient. Plus tard, j'ai vu le petit animal qui s'appelle ainsi, blanc et vif comme toi. C'était dans une forêt d'épinettes, au bord d'un lac. J'étais si fière de ce prénom.

L'adolescente baissa la tête, le regard perdu dans le vague. Elle imaginait Laura bien plus jeune, éprise d'un beau garçon, Jocelyn. Ils s'adoraient et ils adoraient sûrement leur fille.

« J'ai menti sur un point, songeait Laura, mais elle est encore innocente. De quelle façon avouer ma honte, ma terrible honte ? »

— Les ennuis ont commencé à cause d'un homme redoutable que j'avais éconduit. Je préfère ne pas t'en dire trop sur lui, mais il s'était entiché de moi et me harcelait. Que je sois mariée ne le gênait pas. Deux fois, en pleine rue, il m'a prise contre lui pour m'embrasser. Je n'osais pas l'avouer à ton père. Il pouvait se montrer violent si on s'en prenait à moi. Il était tellement jaloux. J'ai eu le tort de me confier à ma voisine, qui s'est empressée de tout raconter à Jocelyn. Je me souviens de ses mots exacts quand il a su : Laura, si ce gars-là te touche encore une fois, je serai capable de le tuer. Il vaut mieux partir. Si je me retrouve en prison, que deviendrez-vous, la petite et toi ?

Hermine tressaillit. Elle avait oublié le décor superbe de la chambre d'hôtel et l'odeur suave de la tarte aux bleuets dans l'assiette en fine porcelaine. Chaque parole de sa mère la projetait des années auparavant, dans ce passé dont elle ignorait tout et qui lui était révélé, enfin.

— Je crois que Jocelyn a profité de l'occasion pour changer de vie. Il se morfondait, assis à un bureau ; l'atmosphère de la ville lui pesait. L'industrie était en plein essor, à Trois-Rivières, mais ton père rêvait de grands espaces et de liberté. Il me disait que tu grandirais mieux dans les bois, au grand air. Il a acheté des chiens, un traîneau et tout le matériel pour bivouaquer. Et même une tente en toile imperméable. Mais nous avions de l'argent, cela facilitait notre existence. Le premier hiver, Jocelyn a loué une cabane près de Tadoussac. Tu étais si petite, ma chérie. J'avais peur du froid et des loups. Mais ces mois de neige ont été les plus heureux de ma vie. Ton père se débattait contre les éléments, il rentrait le soir, exhibant ses trophées. Le pauvre, il voulait tant réussir. J'ai su l'été suivant qu'il rachetait des peaux à d'autres trappeurs plus expérimentés que lui. Cher Jocelyn, il n'avait rien d'un coureur des bois. Oh, j'ai envie d'un thé. Je vais en commander.

Laura déambula dans la vaste chambre et tira sur un cordon près de la porte. Le *groom* frappa bientôt et s'informa de ce qu'elle désirait. Quelques minutes plus tard, il rapporta un plateau où trônaient un service à thé en argenterie et deux tasses en porcelaine de Chine.

— Je n'aimerais pas être servie comme ça, affirma Hermine. Ce garçon a dû courir pour faire aussi vite.

— Cela t'arrivera peut-être, répliqua sa mère, si tu séjournes dans des établissements de luxe, un jour. Quand je vivais au milieu des bois, dans une cabane de bûcheron, j'aurais bien ri de me voir dans ce grand hôtel, pareille à ces élégantes des quartiers riches de Bruxelles dont, fillette, je me moquais.

L'adolescente resta silencieuse. Les petits rires au bord des larmes de Laura la déconcertaient. Elle devinait aussi que sa mère tergiversait, retardant l'instant d'évoquer l'abandon de son enfant sur le perron du couvent-école.

— Et ensuite, maman ?

La jeune femme s'illumina. D'un geste tremblant, elle avala une gorgée de thé.

— Ensuite ? Notre bonheur a volé en miettes, Hermine. Nous avions passé l'été près de Tadoussac. Tu étais un superbe bébé, facile à élever. Au mois d'octobre, ton père m'a annoncé que nous devions retourner à Trois-Rivières pour vendre notre stock de fourrures et retirer nos économies de la banque. C'était ma faute. Je l'avais si souvent supplié de nous installer dans un village. Je savais bien coudre et il était instruit. Je pensais que nous pourrions gagner notre vie d'une façon ou d'une autre. Jocelyn comptait aussi revendre le traîneau. Il répugnait à se séparer de ses chiens. Surtout de Bali, une belle bête aux allures de loup. Bref, nous avons pris une chambre. Nous ne devions rester que deux jours. Le premier soir, nous t'avons confiée à la patronne de l'hôtel pour aller souper ensemble dans un restaurant. Pas n'importe lequel, celui où nous avions mangé en tête à tête une fois mariés. Au retour, l'homme a surgi d'une ruelle. Cet homme dont je t'ai parlé, déjà. Tout s'est passé très vite, je revois la scène. Il m'a attrapée à bras-le-corps, il m'a frappée puis embrassée. J'ai perdu connaissance. Quand je me suis réveillée, Jocelyn me portait à demi. Mes pieds heurtaient la cour pavée de l'hôtel. « Je l'ai tué, Laura ! Je l'ai tué ! répétait ton père. Il faut fuir, vite, vite ! »

Le cœur d'Hermine battait à se rompre. La bouche sèche, elle dévisageait sa mère d'un air incrédule.

— Et c'était vrai ? Il l'avait tué ? interrogea-t-elle tout bas.

— Oui, mais il m'a expliqué un peu plus tard que c'était un accident. Ils se battaient et l'homme est tombé à la renverse ; son crâne a heurté violemment les pavés. Jocelyn a tenté de le ranimer en vain. Il était mort et moi, je gisais à quelques pas, évanouie. Si tu avais vu la panique qui nous a pris. On a harnaché les chiens à toute vitesse, en faisant le moins de bruit possible. Tu dormais dans une sorte de panière en osier garni de coussins. J'ai réussi à donner le change en remerciant calmement la patronne de t'avoir gardée. Nous sommes partis avant minuit, malades de terreur. Jocelyn était défiguré par l'horreur de son geste, il était comme fou. J'avais l'impression de me sauver avec un étranger. Quand nous nous arrêtions, le soir, il refusait d'allumer un feu et, aux aguets, tenait son fusil sur ses genoux. Je l'implorais de se livrer à la police, d'expliquer ce qui s'était passé, mais il refusait.

Laura se tut. Elle sanglotait. Apitoyée, Hermine lui caressa la main.

— Bois un peu de porto, proposa-t-elle. Je te comprends, c'est difficile de me raconter tout ça.

« Difficile de continuer à te mentir, ma chérie, pensait, la jeune femme. Je sais bien, moi, pourquoi Jocelyn refusait. C'était pour me préserver du déshonneur, du jugement des gens. »

Elle ajouta, à voix haute :

— Ton père redoutait la prison. L'idée de nous laisser seules, toi et moi, lui était insupportable. En plus, il n'avait pas eu le temps de retirer son argent ni de vendre les ballots de fourrure.

Hermine approuva d'un signe de tête. Elle assemblait les pièces d'un puzzle[1], ce jeu qui la passionnait. Au

1. On doit l'invention du puzzle à l'Anglais John Spilsbury (vers 1760). C'était au départ un jeu éducatif.

final, sa propre histoire se composerait de tous les éléments.

— Sœur Victorienne, la converse, m'a dit que j'étais nichée dans un ballot de fourrures, déposé dans l'angle de la porte du couvent-école ! dit-elle.

Laura joignit les mains en se balançant doucement d'avant en arrière. Elle avoua :

— C'était sur mes conseils, ma chérie. Mais nous n'en sommes pas là. Lorsque nous avons fui, je n'avais pas pris conscience des dangers auxquels tu serais exposée. Il a commencé à neiger à la fin du mois d'octobre. En novembre, il a fait de plus en plus froid. Je te nourrissais de mon mieux, mais tu maigrissais. Je t'abritais sous mon manteau, pour que tu aies bien chaud. Je ne pouvais pas me résigner à passer le long hiver du Québec dans la forêt, sans un vrai toit. Si Jocelyn trouvait parfois une cabane de bûcheron en mauvais état, j'avais l'impression de loger dans un palais. Enfin, nous faisions du feu. Tu buvais du lait en poudre mélangé à de l'eau chaude. Je n'ai parlé à personne de cette triste époque, chaque détail me blesse. Ton père avait tellement changé. Il ne prenait plus soin de lui, il avait un air hagard. La nuit, il se réveillait en criant : « Je l'ai tué ! » J'étais à bout de résistance, Hermine. Une fois, j'ai pu convaincre Jocelyn d'entrer dans un petit village. Il a troqué des fourrures et nous avons pu avaler un bon repas. Mais, les jours suivants, je suis tombée malade. La fièvre me rongeait. Je souffrais de migraines atroces. Je n'avais plus la force de m'occuper de toi. Ton père le faisait avec une maladresse qui m'attendrissait. Mais la fièvre t'a prise à ton tour et j'ai cru devenir folle de chagrin. Jocelyn était persuadé que nous étions atteintes de la picote, cette terrible maladie. J'avais des rougeurs sur le corps et j'étais extrêmement faible, si bien que je ne pouvais plus me lever. Il me semblait que tu ne résisterais pas à la fièvre. Je te voyais dépérir. Tu ne me souriais plus, tu dormais en gémissant. Par chance, nous avons trouvé refuge dans une cabane. La nuit, j'ai entendu un son de cloche. Il y avait une église à proximité. Là encore, j'ai supplié ton père d'aller chercher du secours et de se livrer. Je rêvais d'être à l'abri dans un bon lit, avec toi.

— C'était l'église de Val-Jalbert ? interrogea Hermine, pourtant certaine de la réponse.

— Oui. Jocelyn s'est absenté le lendemain matin et, à son retour, il m'a décrit un village près d'une grosse cascade. Il paraissait presque joyeux. Je me souviens confusément de ce qu'il disait. Il avait lu dans un journal, du temps où il était un honnête comptable, comment ce village modèle avait été construit ; l'usine fabriquait de la pâte à papier, les ouvriers y gagnaient un bon salaire et disposaient de logements modernes. Malgré mon état de grande fatigue, malgré la fièvre, je l'ai encore supplié de demander du travail sous un faux nom. Il a refusé en prétextant qu'il était un hors-la-loi, un paria. Je crois, avec le recul, que je le détestais à ce moment-là parce qu'il nous mettait en danger toutes les deux. Le pire est arrivé. Ton père m'a parlé longuement. D'après lui, nous pouvions te sauver la vie en te confiant aux religieuses de Val-Jalbert. Il me jurait qu'il y avait un couvent, qu'il avait vu des sœurs en noir avec un voile blanc. J'ai protesté. Mais je me sentais mourir, j'avais des quintes de toux qui me déchiraient la poitrine. Toi, tu paraissais aussi à l'article de la mort.

Laura se servit un verre de porto et le but d'un trait.

Son joli visage était d'une pâleur inquiétante. Les yeux voilés de larmes, elle ne regardait même plus Hermine.

— Je n'aurais pas dû accepter, bredouilla-t-elle. Ou bien j'aurais dû exiger d'être déposée sur le seuil du couvent, avec toi dans mes bras. Oh ! mon Dieu ! Comme j'ai regretté, le soir même de ton abandon ! Je sanglotais sans cesse, tant j'avais envie d'être sous la protection du couvent et des sœurs avec toi.

— Maman, calme-toi ! s'écria l'adolescente.

— Ma chérie, je devais rester près de toi. Ne jamais te quitter. Penchée sur ton berceau, j'avais eu tant de beaux rêves. La douleur a été trop forte. Mon esprit n'a pas résisté au choc. Peu de temps après, j'ai perdu la mémoire. Je m'en veux, j'en veux à ton père. Même aujourd'hui.

Sur ces mots, Laura se leva de nouveau et arpenta la chambre. Hermine n'osait pas bouger, confrontée à cette femme torturée par le remords. Soudain elle bondit de sa chaise et la rejoignit.

— Tu m'as retrouvée, maman ! Ne sois pas triste, je vous pardonne, à toi et à mon père. Tu entends, je vous pardonne ! Vous étiez si malheureux.

Laura l'étreignit. La tenir bien serrée et respirer l'odeur de son jeune corps sain la transportaient de joie. Elle lui embrassa la joue et le front.

— Je veux que tu saches que je t'aimais de tout mon être. J'avais toujours voulu des enfants parce que j'avais vu enterrer deux petits frères et trois petites sœurs. Dès que je t'ai eue à mon sein, si belle et si parfaite, je t'ai aimée plus que moi-même, et je n'avais aucun mérite à le faire. Je n'ai guère d'estime pour ma méprisable personne.

Ces dernières paroles troublèrent Hermine. Elle caressa l'épaule de Laura, avant de dire gentiment :

— Il y a quelque chose qui m'étonne, au sujet de mon père. Il avait tué cet homme par accident, mais qui le savait ? Qui l'avait vu se battre avec lui ? Comment était-il sûr que la police le recherchait ?

— Les gens jasent beaucoup, dans ce pays. Et, à Trois-Rivières, Jocelyn était connu. L'autre homme aussi. Tout le monde était au courant de leur querelle. Je préfère ne pas en parler davantage.

Elles reprirent place à table. Laura jeta un coup d'œil sur une pendulette en bronze qui ornait le dessus de la cheminée.

— Bientôt minuit ! Je n'ai pas sommeil cependant. Et toi ?

— Oh ! moi non plus, affirma Hermine. Je veux savoir la suite. Tu as perdu la mémoire ! Quand ? Pourquoi ?

— C'est si compliqué, soupira la jeune femme. Récemment un docteur m'a expliqué qu'une violente détresse ou un grand choc émotionnel pouvait provoquer de l'amnésie. C'est un terme médical. Une fois guérie, j'ai pu ordonner mes souvenirs, ceux d'avant ton abandon et ceux d'après, mais certaines périodes demeurent floues. Comme les jours qui ont suivi le soir où ton père t'a posée sur le perron du couvent, dans un ballot de fourrures pour que tu aies chaud. Il avait guetté les allées et venues d'une sœur, celle qui a dû te trouver.

— Elle s'appelait sœur Sainte-Madeleine, précisa Hermine, la gorge nouée. C'était un ange descendu sur la terre. Elle est morte pendant l'épidémie de grippe espagnole. Elle voulait quitter le voile et m'adopter.

— Je sais, souffla Laura. Je n'ai pas frappé chez les Marois par hasard, au début de l'été. Comme je me souvenais de Val-Jalbert, j'ai fait quelques recherches et je me suis d'abord rendue à Chicoutimi, chez les sœurs de Notre-Dame-du-Bon-Conseil. Là, j'ai rencontré une religieuse très âgée, sœur Sainte-Apolline, la première mère supérieure du couvent.

— C'était un couvent-école, rectifia l'adolescente.

— Oui, mais ton père l'ignorait.

— Tu as parlé à sœur Sainte-Apolline ? interrogea Hermine, égayée. Je ne l'ai pas oubliée du tout. Elle était gentille. Sévère mais gentille.

— Cela m'a fait du bien de discuter avec cette sainte femme ! renchérit Laura. Grâce à sa bonté et à sa compréhension, j'ai su tout de suite que tu étais vivante, que tu avais été une bonne élève très douée pour le chant. J'ai su aussi que Joseph Marois avait obtenu ta tutelle légale après le départ des sœurs. J'avais hâte de te voir, mais j'avais peur de tes réactions. Sœur Saint-Apolline avait eu beau m'assurer que tu espérais le retour de tes parents, je pensais que tu m'en voudrais, que tu me repousserais.

— Mais mon père, où est-il ? J'ai compris que tu t'étais remariée. Il est mort ? Jocelyn est mort ?

— Je n'en sais rien, ma chérie ! répondit la jeune femme. C'est le drame de ma nouvelle vie, car je considère que j'ai recommencé à vivre vraiment en retrouvant la mémoire. Je suis Laura Chardin, celle qui a quitté la Belgique à dix-huit ans, qui a épousé Jocelyn le cœur plein d'amour. Celle qui a donné naissance à une petite fille, toi.

Hermine regarda par une des fenêtres. Un voilage blanc barrait le passage aux moustiques et autres insectes nocturnes, mais elle distinguait la surface paisible du lac Saint-Jean et les myriades d'étoiles du ciel d'un bleu profond.

— Que s'est-il passé, maman ? Pourquoi as-tu perdu la mémoire ?

— Cela s'est déclaré peu à peu. Nous t'avions abandonnée et je ne faisais que pleurer. Ton père devait souffrir également. Je crois me rappeler une tempête qui s'annonçait, une cabane habitée par un couple. Ils nous ont hébergés, combien de jours, je ne sais pas. Je m'obstinais à dormir pour rêver de toi. Une femme me donnait à boire. Il me semble que nous sommes repartis, que j'avais froid, et très faim. Je n'ai aucun souvenir de cette période, sauf celui d'une sensation de profonde terreur. Après, je me revois marchant à côté d'un homme, une sorte de géant, mais ce n'était pas ton père. Cet homme m'a conduite dans un hôpital. J'ai pu récupérer tous les détails de mon passé en Belgique, de ma rencontre avec Jocelyn, de notre amour, de ta naissance, mais cette époque, je ne peux pas. C'est comme si je tentais en vain d'enfoncer une porte.

— Et quand tu marchais près de cet homme, tu avais déjà perdu la mémoire ? demanda Hermine.

— Mais oui ! Je t'avais effacée de mon esprit, de mon cœur. Même Jocelyn. Je me souviens de l'hôpital. Les infirmières m'ont fait des piqûres, je devais être agitée. On m'a soignée à l'égal d'une folle, d'une démente. On m'administrait des calmants puissants et on m'enfermait. Un jeune médecin s'est occupé de mon cas. Il me posait des questions chaque matin. Plus tard, il m'a confié les rapports qu'il écrivait sur moi. En arrivant à Montréal, car c'était un hôpital de Montréal, je parlais de mon frère Rémi comme s'il était toujours vivant. Nous allons passer une nuit blanche si j'entre dans les détails. Ce médecin, Ovide Charlebois, a eu pitié de moi. Il a décidé de me sortir tous les dimanches. Je déjeunais chez lui avec son épouse, une charmante jeune femme. Ils sont décédés tous les deux de la grippe espagnole alors qu'ils attendaient un bébé. Mais j'avais fait la connaissance du père d'Ovide, Franck Charlebois, un très riche industriel. Il m'a épousée après avoir porté un an le deuil de son fils et de sa belle-fille. Franck avait trente-cinq ans de plus que moi. Il m'apportait la sécurité absolue, une splendide maison, des domestiques. Grâce à lui, je me suis instruite davantage, j'ai appris les manières des gens riches et leur langage soigné. Nous avons eu un fils, Georges, qui n'a pas survécu. Juste avant l'accouchement, la sage-femme m'a examinée. Elle a murmuré que ce n'était pas le premier enfant que je mettais au monde. J'ai protesté et elle n'a pas insisté.

Laura but un verre d'eau. Hermine vit sur son front d'infinies perles de sueur.

— Maman, tu n'es pas obligée de me raconter tout ça. Au fond, cela ne me concerne plus. Et mon père ?

— Attends, laisse-moi terminer, supplia sa mère. Je ne veux pas heurter ta pudeur de jeune fille, mais une sage-femme ne se trompe guère dans son domaine. J'étais bouleversée par ce qu'elle prétendait. La naissance de Georges s'est mal déroulée. Il avait le cordon ombilical autour du cou et cela l'avait étouffé. Un médecin a tenté de le ranimer, mais Franck a dû le faire inhumer le lendemain.

— C'était il y a longtemps ? s'inquiéta Hermine.

— En 1927 ! J'avais eu si mal que je ne voulais plus de bébé. Quant à mon pauvre mari, il déclinait. La perte de Georges l'avait atteint, en plein cœur. Moi, les paroles de la sage-femme m'obsédaient. Je savais bien qu'il me manquait une grande partie de mon existence, et c'était affreux de me dire que j'avais un enfant quelque part, un enfant conçu avec un homme dont j'étais sûrement amoureuse. Ma mémoire demeurait fermée. Et puis, l'année dernière, à Noël, il y a eu le drame du manchon. Un ravissant manchon en fourrure d'hermine. Un cadeau de mon second mari, parmi tant d'autres. Franck m'idolâtrait. Je lui dois des toilettes sublimes commandées à Paris et des bijoux de grande valeur. Dieu seul sait pourquoi il a eu cette idée de m'offrir un manchon en fourrure d'hermine. J'étais assise près du sapin, dans le grand salon. Je déballais mes paquets et soudain mes doigts ont touché une matière douce et soyeuse. J'ai contemplé le manchon, je l'ai essayé. J'étais ravie. « C'est de l'hermine ! a dit Franck. Cette bestiole se fait rare dans nos forêts. » Moi, j'ai caressé la fourrure et je l'ai portée à mon visage. Ce mot, hermine, résonnait dans ma tête. Je me suis mise à trembler et à pleurer. J'ai cru que j'allais mourir sur place. Mes lèvres articulaient tout bas : « La blanche hermine, la blanche hermine. » Et soudain j'ai vu le visage d'un homme. Il riait en tenant un bébé dans ses bras. Un autre mot a retenti en moi : « Marie-Hermine. » Si tu savais, ma chérie, comme ces instants m'ont paru étranges. J'ai tenté ensuite de les décrire à mon docteur. Ça ressemblait à une vitre embuée, opaque, sur laquelle on aurait séché un minuscule rond. Par ce rond, on voit une image. On essuie le reste de la vitre et d'autres images apparaissent. Franck m'épiait. Il m'a demandé ce que j'avais. Je n'ai pu que répondre :

« Je me souviens ! J'étais déjà mariée. J'ai eu une petite fille, elle se nommait Hermine. »

L'adolescente écoutait attentivement. Le récit de sa mère la fascinait tout en l'oppressant.

— Franck était furieux, je ne l'avais jamais vu comme ça. Il m'a arraché le manchon des mains et l'a jeté dans les flammes de la cheminée. Son geste, j'ai eu du mal à le comprendre. J'avais l'impression qu'il brûlait mon passé, ce passé qui m'envahissait. Il m'a questionnée comme si j'étais une criminelle. Il voulait savoir où était mon autre mari, mais je ne pouvais pas lui répondre. Nous avons eu une scène de ménage très pénible. Pourtant, en m'épousant, il n'ignorait pas que j'avais perdu la mémoire. Le lendemain, il était plus calme. Notre médecin est venu et je lui ai parlé plus de deux heures. Durant la nuit, j'avais eu le temps de retrouver bien des souvenirs. Je souffrais le martyre. Un calcul rapide m'avait indiqué que tu étais âgée de quinze ans. Et moi, ta mère, j'avais vécu loin de toi quatorze ans. J'étais si perturbée que j'ai proposé à Franck de divorcer. J'estimais que cela mettrait fin à une situation trop embarrassante. De plus, je souhaitais redevenir libre, je voulais vous chercher, Jocelyn et toi, surtout toi. Franck a consenti à une séparation, mais, une semaine plus tard, il s'est éteint dans mes bras. Son cœur n'avait pas résisté au drame qui nous frappait. Quelle ironie du sort ! J'étais veuve et j'héritais d'une solide fortune. Tu devines la suite... J'ai retrouvé ta trace, si bien que j'ai décidé de séjourner dans cet hôtel. Ma chérie, je suis épuisée. Viens, allongeons-nous un peu sur le lit.

Laura se leva, mince et digne. Sans attendre la réponse de la jeune fille, elle s'étendit, la tête sur un coussin. D'un mouvement gracieux, elle fit voler ses pantoufles en satin. Hermine se sentit fatiguée, elle aussi. La longue confession de sa mère avait provoqué une foule d'émotions contradictoires.

Avec un timide sourire, elle se coucha près de Laura qui, tout de suite, l'attira dans ses bras.

— Maintenant, nous aurons le temps de parler, toutes les deux. L'heure a tourné. Je ne suis pas entrée dans les détails. Et toi, mon enfant chérie, tu n'as pas eu l'occasion de me raconter ton enfance sous la férule des sœurs, ta vie chez les Marois.

— Et mon père ? demanda tristement Hermine. Tu ne sais vraiment pas ce qu'il est devenu ?

— Non ! Peut-être qu'il se cache encore dans le nord du pays, au fond des bois. Peut-être qu'il est mort. Je me suis résignée à ça. Pourquoi m'aurait-il laissée seule, autrement ? Car il m'a laissée seule. Quand et où ? Je n'arrive pas à m'en souvenir. Il m'aimait tant ! Quelque chose s'est produit, un accident sans doute.

Hermine se ranima. Appuyée sur un coude, elle fixa Laura avec ferveur.

— Maman, la police a pu l'arrêter. Est-ce que tu as cherché partout ?

— J'ai assez d'argent pour ce genre de démarches. J'ai téléphoné à toutes les administrations des grandes villes, aux hôpitaux, aux postes de police, dans les prisons. Personne n'a eu connaissance d'un Jocelyn Chardin, grand et brun. Je suis même allée à Trois-Rivières. Figure-toi que l'argent était toujours à la banque, ainsi que les papiers de notre mariage.

Laura effleura de ses lèvres le front de sa fille. Elle lissa une mèche de ses cheveux.

— Tu es là, toi, c'est le plus important, ma petite Hermine !

L'adolescente soupira. Elle réfléchissait intensément. Ses grands yeux bleus scrutaient ceux de sa mère, si proches.

— Maman, je crois que papa a disparu quand tu as perdu la mémoire, quand tu avais si froid et si faim ! Fais un effort. Ces gens qui vous ont hébergés, comment étaient-ils ? Et l'homme qui t'a emmenée à Montréal ? Tu devrais te souvenir de son nom, du nom de la femme. Avaient-ils des chiens, des enfants ? Et dans quelle région étiez-vous, mon père et toi ?

La jeune femme ferma les paupières pour échapper au regard insistant d'Hermine.

— J'ai essayé des dizaines de fois, ma chérie. Rien, rien ne me revient. Enfin si, un mot, Péribonka. J'ai pu retrouver ce mot-là, un jour. Je suis tellement épuisée que je n'y pensais plus.

— Péribonka ! répéta Hermine. La rivière Péribonka ? Elle est interminable.

— Je le sais. Ton père voulait remonter son cours pour se réfugier sur les contreforts des monts Otish. Au cœur de l'hiver, c'était comme traverser un désert blanc ! se souvint Laura.

— Sœur Victorienne, la converse, était très bavarde ! s'écria l'adolescente, heureuse d'évoquer son passé de fillette. Elle me faisait réviser uniquement les leçons de géographie. J'ai appris qu'il y avait des filons d'or au bord de la Péribonka, dans le sable.

Ce fut au tour de Laura de se redresser. Elle s'assit, le dos calé au dossier du lit. Son joli visage reflétait une joie éblouie.

— Ma chérie, tu as dit des filons d'or ! Oui, je me souviens, cet homme qui m'a conduite à l'hôpital, il était chercheur d'or. Si seulement je savais son nom ! Il saurait sans doute, lui, ce qui est arrivé à ton père. Je voudrais tant retrouver Jocelyn. Tu comprends, le fait d'avoir perdu la mémoire si longtemps, ce qui est rare, d'après les médecins, me perturbe beaucoup. En fait, j'ai parfois l'impression que je viens juste d'être séparée de ton père. Je l'aimais de toute mon âme et il me manque encore. Hélas, s'il était encore en vie, quelqu'un aurait eu de ses nouvelles. Surtout la banque, il me semble.

Hermine prit les mains de sa mère et les serra dans les siennes. Une idée insensée, extraordinaire lui venait.

— Maman, cet homme, il avait une femme, celle qui te donnait à boire ? Comment était-elle ?

— Je ne sais pas, gémit Laura.

La jeune fille revoyait Toshan Delbeau, son amoureux, son futur mari. Il avait pris un bateau pour Péribonka, il racontait que sa mère, une Indienne, vivait seule dans une cabane, et que son père, un chercheur d'or, était mort l'hiver dernier. La coïncidence lui paraissait impossible, mais Toshan avait parlé lui aussi d'un chemin invisible qui reliait les êtres destinés à se rencontrer.

— Nous ferions mieux de dormir, ma chérie ! décréta Laura. Demain, rien ne sera facile avec ton tuteur. Nous devons nous organiser.

Encore hésitante, Hermine approuva distraitement. Elle n'osait pas prononcer le nom de Delbeau. Si sa mère n'avait aucune réaction, la théorie du chemin invisible s'effondrerait.

— Maman, écoute ! J'ai entendu parler d'un chercheur d'or installé au bord de la Péribonka. Un certain Delbeau. En fait, j'ai rencontré son fils à Val-Jalbert, Toshan. Sa mère est indienne.

La voix de la jeune fille avait frémi de plaisir en articulant le prénom Toshan. Laura le remarqua, tout en marmonnant : « Delbeau, Delbeau... » Puis elle ajouta : « Henri Delbeau. »

— Mais oui, c'est lui, Henri Delbeau ! Oh ! ma chérie, grâce à toi, j'ai une chance de retrouver Jocelyn, ton père. Tu as raison, il y avait un enfant, un garçon très brun qui m'évitait.

L'adolescente se blottit contre sa mère. Elle était navrée de la décevoir.

— Il faudrait interroger la femme d'Henri Delbeau, parce que lui, il est mort noyé. Je suis désolée, maman.

Laura l'enlaça plus tendrement encore et l'embrassa sur le front à plusieurs reprises, des petits baisers pleins de vénération.

— Eh bien, nous irons le voir, si quelqu'un peut nous guider, ce Toshan dont tu as fait la connaissance. Il faut que tu dormes à présent, il est tard. C'est notre première nuit ensemble depuis quinze ans. Tu n'es plus un bébé, mais je t'aime aussi fort qu'avant. Je pourrais te couvrir de baisers jusqu'à l'aube. Je suis tellement heureuse d'être là, avec toi, infiniment heureuse.

— Moi aussi je suis heureuse, maman ! chuchota Hermine en cachant sa figure au creux de l'épaule de Laura.

Elle n'était plus un bébé, certes, mais, baignée par la tiédeur de sa mère et par son parfum, elle plongea dans une béatitude totale qui lui restituait, en plus merveilleux, la douceur absolue de son rêve.

— Maman, maman ! balbutia-t-elle encore. Tu es revenue, enfin. Maman, tu ne me quitteras plus, dis ?

— Repose-toi, mon enfant chérie ! prononça doucement Laura. Je ne te quitterai plus si la vie nous le permet.

Somnolente, la jeune fille ne l'écoutait plus.

11

Remous et colères

Roberval, le lendemain

Hermine s'était levée tôt, une habitude prise chez les sœurs. Elle fut surprise d'être réveillée par la lumière vive d'un soleil déjà haut dans le ciel. La chambre embaumait le café chaud et le pain grillé.

— Maman ? balbutia-t-elle aussitôt en voyant la place vide à ses côtés.

La jeune fille reprit ses esprits. Cette fois, elle n'avait pas rêvé. Toute la nuit, elle avait dormi près de sa mère, dans la chaleur de sa tendresse.

— J'ai commencé à prendre mon petit déjeuner en te regardant dormir, dit Laura, assise à table. Je n'avais pas eu aussi faim depuis des mois. J'ai eu un sommeil très agité. Je n'arrêtais pas de penser : « Elle est là, ma petite fille chérie est là, dans mes bras ! »

L'adolescente se redressa tout à fait. Elle se frotta les yeux et examina le décor somptueux aux couleurs charmantes de vert et de rose.

— C'est bizarre de me retrouver ici, avoua-t-elle à sa mère.

— Que fais-tu à Val-Jalbert, le matin ? Hier soir, tu n'as pas eu l'occasion de parler de toi.

— À cette heure-ci, normalement, je suis debout

depuis l'aube. En premier, je donne du foin à la vache et au cheval, Chinook. Je les fais boire. Après ça, je prépare le café pour Joseph et Betty, et je m'occupe d'Edmond, le plus jeune de la famille. Il est mignon. Il m'aime comme si j'étais sa grande sœur. Je pars ensuite au couvent-école où j'aide mademoiselle Alice, l'institutrice laïque, à remplir les encriers et à allumer le poêle de la classe quand il fait froid. Et c'est moi qui suis chargée du ménage. Chez Betty aussi. Je ne m'en plains pas, je dois payer ma pension chez eux.

Ces paroles lui rappelèrent la traîtrise du couple. Elle soupira.

— Que Joseph me mente, ça ne m'étonne pas trop, mais Betty ! Elle m'a servi de mère, je lui faisais confiance. J'étais vraiment en colère, hier. Maintenant, cela me fait de la peine.

Laura fronça les sourcils. Ce qu'elle redoutait le plus se profilait. Il faudrait compter avec les Marois, sur le plan légal, mais aussi sur le plan sentimental.

— Tu travailles dur, ma chérie ! fit-elle remarquer. En plus, tu dois répéter tes chansons.

— J'aime tant chanter que ce n'est pas ennuyeux. Je répète dans le canyon, avec Charlotte.

Hermine s'était levée. Elle ordonna ses cheveux en les coiffant avec ses doigts et s'installa à table. L'abondance de la nourriture la stupéfia.

— Mais il y a de quoi nourrir six personnes ! s'exclama-t-elle.

Elle dénombrait les pancakes nappés de sirop d'érable, les toasts dorés à point, les brioches, les coupelles contenant diverses confitures, du beurre, un pot de crème et un pot de lait. Une théière voisinait avec la cafetière et un sucrier.

— La marmelade d'orange est délicieuse, dit Laura. Sers-toi, ma chérie. Qui est Charlotte ?

L'adolescente se servit une tasse de café et goûta une brioche.

— Une fillette de huit ans et demi. Ses parents louent une maison au bord de la route régionale. Charlotte devient aveugle progressivement. Une maladie, semble-t-il. Quant à sa mère, elle ne peut plus marcher. Je prends donc soin de la petite. Elle vient à l'école pour écouter les leçons, à défaut de pouvoir lire.

— C'est généreux de ta part, ma chérie. Tu as un grand cœur. La preuve, tu m'as pardonné.

Hermine adressa un doux sourire à la jeune femme. La clarté du jour révélait d'imperceptibles rides au coin des yeux de Laura et accentuait les nuances grises de sa chevelure. Malgré tout, elle la trouvait très belle.

— Maman, je t'ai toujours aimée sans te connaître. Depuis hier soir, je t'aime encore plus fort.

— Oh ! c'est si gentil de me dire ça ! bredouilla Laura émue aux larmes.

Vive et gracieuse, elle bondit de sa chaise pour aller embrasser Hermine à nouveau en la serrant contre sa poitrine. Avec un rire de pur bonheur, elle retourna s'asseoir.

Toutes deux prirent le temps de déguster les toasts tièdes après les avoir beurrés et agrémentés de confiture. Des fenêtres ouvertes leur parvenaient les bruits de la ville, pétarades des moteurs de voiture, aboiements, coups de klaxon. La sirène d'un bateau à vapeur retentit au loin.

— Roberval est un lieu de villégiature bien agréable, déclara soudain Laura. As-tu remarqué ? On construit une église non loin de cet hôtel ; les travaux sont bien avancés. Elle sera magnifique une fois terminée[1]. Et je me promène souvent au bord du lac, sur le port. Quand le vent souffle, il y a des vagues à perte de vue. Cela me rappelle la traversée de l'Atlantique. J'étais rassurée de faire le voyage vers le Québec et de revoir mon frère.

— Tu as eu une vie bien triste ! avança Hermine.

— Sans doute, mais cela va changer. Grâce à toi, à tes sourires, à ta voix d'ange. Sais-tu, en attendant ton réveil, j'ai essayé de me souvenir d'autre chose au sujet de ce chercheur d'or. Rien à faire. C'est une chance que tu m'aies dit son nom. Raconte-moi comment tu as rencontré Toshan, son fils ?

Hermine devint écarlate. Tout en maudissant son émotivité, elle feignit de réfléchir.

— Je revenais de chez madame Mélanie, et lui, il patinait derrière l'hôtel de Val-Jalbert. J'ai entendu siffler et je suis allée voir. Nous avons discuté un peu. Je l'ai encore revu le lendemain, à la cabane à sucre de Joseph. Au début de l'été, Toshan est repassé par le village. Là, nous avons parlé davantage.

Consciente de sa rougeur insolite, Laura scrutait les traits ravissants de sa fille.

— Je suppose que c'est un beau garçon ?

— Disons qu'il est différent des autres, répliqua Hermine. Mais, oui, il est assez beau.

---

1. Il s'agit de l'église Saint-Jean-de-Brébeuf dont la construction commença le 15 mars 1930 sur le boulevard Saint-Joseph. Son nom lui fut attribué suite à la canonisation des Martyrs canadiens, dont le père Jean de Brébeuf, qui eut lieu le 29 juin 1930. De style gothique, l'église mesure 47,25 m de longueur sur 16,8 m de largeur. Elle sera terminée le 13 mars 1931. Le premier curé en fut le père Georges-Eugène Tremblay nommé le 24 août 1930 par l'évêque de Chicoutimi, Mgr Charles Lamarche.

Elles se turent. Chacune se perdit un moment dans des pensées intimes. Laura n'osait pas poser de questions trop précises afin de ménager la pudeur de l'adolescente. Et elle appréhendait le moment où son enfant chérie se montrerait plus curieuse. Il lui parut judicieux de parer à ce problème.

— Peut-être que je n'ai pas su bien t'expliquer certains points de mon passé, hier soir, dit-elle enfin. J'étais dans un état de tension extrême. Je dois préciser que Franck était veuf quand il m'a épousée. Sa fortune facilita les démarches, mais, grâce au nom de famille de mon frère dont je me souvenais, il put écrire en Belgique pour obtenir ma fiche d'état civil.

— Tu n'étais pas triste de te marier avec un vieux monsieur comme lui ?

— C'était la seule solution, soupira Laura. Je ne regrette rien.

— Et mon père ? ajouta la jeune fille. Est-ce que c'est lui qui avait écrit le message que les sœurs ont trouvé ? La converse me l'a montré un soir. Cela m'a fait du bien de le lire. Je me disais que mes parents avaient touché ce papier. C'était comme un lien entre vous deux et moi. Il y avait écrit que les fourrures étaient une avance sur ma pension. Pourquoi ? Vous vouliez revenir ?

— Jocelyn me l'avait promis. Il me poussait à te confier aux religieuses et il jurait que si je survivais à la maladie nous reviendrions à Val-Jalbert, l'été suivant, pour te reprendre. La fièvre me brouillait l'esprit, mais j'ai dû me raccrocher à cette promesse.

Hermine hocha la tête. Elle tartina un dernier toast de marmelade d'orange, goûta et fit la grimace.

— Je préfère la confiture de bleuets. Maman, j'ai une

idée. Mon père avait sûrement de la famille à Trois-Rivières. Est-ce que tu leur as rendu visite ?

— Ses parents habitaient là-bas, répondit Laura très doucement. Je ne les ai rencontrés qu'une fois.

— Mes grands-parents ! Je voudrais bien les connaître. Tu comprends, j'ai toujours rêvé d'avoir une famille, une vraie famille.

La jeune femme ne répondit pas immédiatement. L'air soucieux, elle fixa sa tasse de thé.

— Pour tout te dire, ma chérie, les Chardin n'ont pas approuvé notre mariage. C'était leur fils aîné. Tu as aussi des tantes et des oncles, éparpillés dans le Canada. Je me souviens avec une précision incroyable de l'époque où je portais la bague de fiançailles offerte par ton père. Nous passions des heures à bavarder au bord de la rivière, à l'ombre des saules. Jocelyn avait deux sœurs et trois frères. C'était une famille très pieuse, de fervents catholiques.

La voix de Laura, sur ces derniers mots, avait tremblé. Hermine s'inquiéta :

— Pourquoi étaient-ils contre votre mariage ? demanda-t-elle.

— Je ne leur convenais pas. J'étais trop coquette, moi qui n'avais presque rien à me mettre sur le dos, trop pauvre, surtout. Ces gens avaient des principes très stricts. Jocelyn a coupé les ponts avec eux. Il m'aimait passionnément. Cela dit, je pense que c'est à cause de son éducation, à cause de la religion, qu'il n'a pas supporté d'avoir causé la mort d'un homme, même par accident... Si nous discutions de l'avenir, ma chérie. Quand j'ai rendu visite à sœur Sainte-Apolline, elle m'a présentée à sœur Sainte-Eulalie, la dernière mère supérieure du couvent-école. Je n'en menais pas large devant cette religieuse. Elle avait un air sévère, presque revêche. La honte de t'avoir abandonnée bébé faisait de moi une coupable. Mais je n'avais que ce moyen de savoir ce que tu étais devenue. Bref, selon sœur Sainte-Eulalie, Joseph Marois, désigné comme ton tuteur, prévalait sur moi, la mère indigne. Du moins jusqu'à ta majorité.

Suffoquée, Hermine eut un regard de détresse.

— Tu veux dire que je dois rester encore des années chez Joseph ?

— Peut-être pas, ma chérie. Franck recourait souvent aux services d'un homme de loi, un de ses amis. Je pourrais sans doute, l'argent aidant, obtenir ta garde. Cela signifierait étaler mon histoire devant beaucoup de gens.

L'adolescente perçut l'embarras inexplicable de sa mère, qui ajouta :

— On me jugera mal. Je me suis remariée sans avoir de preuves du décès de Jocelyn. Qui croira que j'avais vraiment perdu la mémoire ? C'est un crime d'avoir deux époux vivants. On m'a déjà traitée d'intrigante, à Montréal. Des relations huppées de Franck...

— Huppées ? répéta Hermine sans comprendre.

— Des gens de la haute société, qui éblouissent par leur parure, comme l'oiseau qu'on appelle justement la huppe. Il n'y en a pas sur ce continent, mais c'est un joli oiseau bariolé. Je te montrerai une gravure. J'adore les oiseaux, ma chérie. Et j'ai donné naissance à un rossignol.

— Dis donc, tu es savante !

— Il fallait bien meubler d'interminables journées à ne rien faire dans la belle maison des Charlebois. Tu verras, c'est superbe, j'ai trois domestiques, une cuisinière, un jardinier et une femme de chambre.

La jeune fille retint une grimace de dépit. Ce côté-là de sa mère la déconcertait. Elle aurait sincèrement préféré la retrouver en humble fermière ou en modeste ouvrière. C'était comme si elle pressentait déjà, de façon inconsciente, que le changement de statut social de Laura Chardin mettrait en péril ses propres valeurs, inculquées par les sœurs et dictées par sa nature humble et charitable.

— Mais, quand même, tu es ma mère, déclara-t-elle, ce qui répondait à son désarroi et au différend prévisible avec les Marois.

— Oui, je suis ta mère et je ferai toutes les concessions pour vivre le plus près possible de toi.

Hermine se leva et marcha jusqu'à une des fenêtres. Elle s'accouda à la balustrade ouvragée. Le *Château Roberval* avait pignon sur l'angle des rues Saint-Joseph et Marcoux. La ville s'étendait alentour. Les sabots d'un cheval frappaient les pavés. Cela lui fit songer à Chinook qui devait guetter son entrée dans l'écurie. Tout de suite, sa pensée se reporta sur Edmond dont le jeu favori, ces derniers temps, était de lancer une balle contre le mur de l'appentis. Elle revit le garçonnet et ses cheveux blonds frisés qu'il tenait de Betty.

« Est-ce que je suis prête à quitter Val-Jalbert ? s'interrogea-t-elle. J'abandonnerais Charlotte, madame Mélanie, Edmond, Chinook ? Et même Betty ? »

La jeune fille crut sentir le vent parfumé par la fragrance balsamique des épinettes, le vent qui caressait le village à la saison chaude. Elle ferma les yeux, et les caprices étincelants de la chute d'eau de la rivière Ouiatchouan lui apparurent.

« Ma cascade, si belle, si puissante ! Son chant est le plus sauvage du monde, mais il me manque... » se dit-elle.

Laura l'observait en silence sans oser troubler ses pensées. Hermine poussa un gros soupir indécis.

« Et Toshan ? Il m'a promis de revenir l'été prochain. Si je partais vivre à Montréal, qui doit être une ville bien trop grande pour moi, je ne le reverrai pas. Il croira que je me moquais de lui. Maman aussi veut le rencontrer. Nous devons l'attendre. »

Après réflexion, Hermine fut soulagée de disposer d'une année pour faire un choix. Si elle épousait Toshan, elle serait libre. L'idée la réconforta.

— Maman, il faudra trouver un arrangement avec Joseph. Je n'ai pas du tout envie d'habiter chez lui, mais c'est parce que je lui en veux encore. Les Marois ont été si gentils à Noël. Ils m'ont offert un électrophone et des disques d'opérette. Un enregistrement de La Bolduc, aussi. Quoique je n'apprécie pas tellement ses chansons.

— Moi non plus, concéda Laura. Cependant, cette femme a redonné un peu de joie de vivre à beaucoup de pauvres gens réduits à la misère à cause de la crise économique.

— Je sais, approuva l'adolescente.

On frappa à la porte. C'était Albert, le *groom* au visage tavelé de roux. Il fit la courbette avant de tendre une petite valise à Laura.

— C'est un des messieurs qui était là hier qui m'a demandé de vous remettre ceci pour mademoiselle Hermine. Ce monsieur patiente dans le petit salon avec l'autre.

Le *groom* arborait une expression malicieuse. La jeune femme lui donna un pourboire et referma la porte.

— Ma chérie, ton tuteur est en bas. Et nous n'avons pas pris de décision.

— Moi si, maman ! répliqua Hermine en ouvrant la valise.

Des vêtements y étaient soigneusement pliés. Betty avait choisi une jupe en serge bleue, un corsage jaune à manches courtes et des chaussures de toile. Une pochette en tissu contenait sa brosse à cheveux, un petit flacon d'eau de Cologne et une enveloppe.

— Madame Marois t'a fait passer un message ? hasarda Laura.

Hermine lut rapidement à mi-voix : *« Ma Mimine, pardonne-moi. Je n'osais pas contrarier Joseph. Il se méfiait de ta mère. J''aurais bien voulu te dire la vérité. Simon, Armand, Edmond et moi, nous t'embrassons très fort. »*

— Mon Dieu ! Simon ! s'écria l'adolescente.

Confrontée à la vie de sa fille dont elle ignorait tout, Laura éprouva une mélancolie douloureuse. Mais elle se jeta dans la bataille, comme pour mieux prouver qu'elle était vraiment là et qu'elle jouerait son rôle de mère.

— Simon ? dit-elle. C'est l'aîné des enfants, je crois. Les sœurs m'en ont parlé. Il a ton âge !

— Six mois de plus, répondit Hermine en ôtant les habits noirs qu'elle avait mis la veille. Je t'en prie, garde le secret. Simon va s'enfuir demain. Il ne supporte plus de travailler avec son père, il ne supporte plus son père tout court. C'est vrai que Val-Jalbert devient désert. Les distractions manquent. Et il y a autre chose : Joseph tient à nous marier, Simon et moi. Il ne pense qu'à ça. Il nous a tenu de beaux discours en disant que je porterai le nom des Marois, que j'aurai une famille.

— Et tu es amoureuse de ce garçon ? interrogea Laura. Lui, est-ce qu'il t'aime ?

— Non, pas du tout, rétorqua la jeune fille. Nous avons grandi ensemble comme frère et sœur.

En combinaison de percale blanche, la jeune fille enfilait sa jupe et son corsage. Sa mère détourna la tête. Hermine lui était apparue dans toute sa féminité gracile d'adolescente, avec sa poitrine menue mais d'une rondeur adorable.

« Je la retrouve presque adulte, se désola-t-elle. J'aurais tant aimé la connaître petite fille, à trois ans, six ans, à tous les âges de sa vie. »

— Es-tu sûre que Simon s'enfuit pour éviter ce mariage ? s'étonna Laura. Dans tous les cas, il faut empêcher ça, ma chérie. Sa mère, Élisabeth, souffrira terriblement s'il part. Et Joseph aussi. Mon Dieu, ce garçon n'a pas dix-sept ans, il peut courir de vrais dangers.

— Maman, je t'en supplie, ne dis rien à ses parents surtout ! Je comprends Simon. Il a besoin de liberté, d'aventure. Je sais qu'il emporte ses économies et qu'il veut trouver un job sur les gros bateaux qui naviguent sur le Saint-Laurent.

Hermine était prête à se présenter devant Joseph et le maire. Laura se recoiffa et couvrit ses épaules d'un châle en soie violet.

— Je n'ai pas le temps de me changer. Cette toilette est froissée, j'ai passé la nuit avec. Tant pis ! Hermine, attends une minute. Tu vas sans doute rentrer à Val-Jalbert.

La jeune femme fouilla dans un sac en tapisserie. Elle tendit une carte de visite à sa fille.

— Franck possédait un bateau pour le transport des produits que son usine fabriquait. Un gérant a pris la relève. Que Simon se présente à cet homme de ma part ; il lui donnera du travail.

Laura sortit un stylo du même sac et rédigea quelques lignes au dos de la carte. Elle signa avec une aisance qui fascina Hermine.

— Il peut se rendre à Montréal en train. Cela lui épargnera les risques d'un voyage sur les routes.

— C'est ce qu'il compte faire, maman. Je te remercie.

— Me voilà complice d'une fugue ! Ça ne me plaît pas. Au moins, Simon sait où aller, mais à toi de garder le secret sur mon rôle. Je persiste à déplorer ce genre de fuite. Depuis que j'ai retrouvé la mémoire, la disparition de ton père me torture. Chaque homme que je croise dans les rues de Roberval, grand, brun et barbu, me fait palpiter le cœur.

Hermine embrassa Laura. C'était la première fois. Elle avait reçu des baisers, mais n'en avait pas donné un seul.

— Je te conviens un peu, comme mère, malgré mes cheveux gris ? Je tiens ça de mon père, qui a grisonné dès vingt-cinq ans. Moi, j'en ai trente-huit.

— Tu es très jolie, maman ! assura-t-elle. C'est bon que tu sois là, maintenant. J'ai l'impression que tu me protégeras de tout.

Laura eut un sourire songeur. Elle prit le bras de sa fille.

— Nous devons descendre affronter ton tuteur, ma chérie. Viens.

Elles suivirent le couloir sans cesser de discuter.

— Qu'est-ce que je dois lui dire, maman ? Que je reste chez eux ? Mais je ne te verrai plus si tu retournes à Montréal. J'aimerais tant que tu habites à Val-Jalbert !

La jeune femme s'arrêta, comme inspirée.

— Bien sûr, tu as raison. Je comptais louer un appartement à Roberval, mais tu ne pourrais pas me rendre visite à ta guise. Ce ne sont pas les maisons vides qui manquent, au village ? Je vais en parler au maire. Il sera sans doute ravi de me concéder un logement. Je proposerai un loyer alléchant, je mettrai le prix, j'achèterai s'il le faut. Hermine, tu en as dans la tête !

— Tu pourrais acheter une maison comme ça, sans souci pour la dépense ? s'étonna-t-elle. Ce serait merveilleux, maman !

— Il faut essayer ! s'exclama Laura. Si je pouvais m'installer avant Noël... Nous décorerons un immense sapin, toutes les deux. Il existe des accessoires lumineux du plus bel effet.

L'enthousiasme de sa mère et son vocabulaire de grande dame riche troublèrent l'adolescente. Laura était vraiment une personne exubérante, très différente de Betty et des femmes de Val-Jalbert en général. Hermine connaissait surtout des épouses discrètes, qui ne montraient jamais leurs émotions.

« Je me demande si mon père, Jocelyn, la reconnaîtrait, se dit-elle. Maman ne doit plus ressembler du tout à la jeune immigrée sans le sou qui venait de si loin, de Belgique. »

— Quand même, dit-elle à la suite d'un enchaînement d'idées, je voudrais écrire à mes grands-parents Chardin. Ils n'ont aucune raison de m'en vouloir. Je suis baptisée, sérieuse et je connais plein de cantiques religieux.

Cette pointe d'humour n'égaya pas Laura. Elle s'arrêta à nouveau et serra le poignet de l'adolescente.

— Je t'en prie, mon enfant chérie, laisse-les en dehors de notre vie. Tu comprends, ton père a tué cet homme qui me harcelait. Un témoin a pu voir la scène de sa fenêtre. Si le nom de Jocelyn a été associé à cette affaire, tes grands-parents ont dû quitter la région, ou bien ils ont dépéri de honte. Et nous ne leur avons pas annoncé ta naissance. Peut-être qu'ils se sont doutés que j'étais enceinte, mais le bébé que j'attendais ne les intéressait pas.

Hermine dut se contenter de cette amère déclaration. Mais elle n'en eut pas moins l'intuition que sa mère lui mentait, du moins en partie.

Joseph était vêtu de son pantalon de travail et d'une jaquette en coton écossais. Sans chapeau et le menton bleui par une barbe naissante, il semblait narguer le petit salon rouge et or du *Château Roberval* en affirmant sa condition d'ouvrier.

Le maire de Val-Jalbert, beaucoup plus élégant, jetait des coups d'œil navrés sur les grosses chaussures terreuses de Marois qui avaient laissé dans sa voiture des bribes de boue séchée.

— Messieurs ! dit Laura en les saluant d'un signe de tête.

Un *groom* apparut et disposa un service à café. Le directeur lui avait ordonné de surveiller l'entretien et de le prévenir si la rencontre tournait au drame.

— Ah ! Mimine ! s'écria Joseph en se levant de son fauteuil. Tu es pâlotte, dis donc ! Betty a eu la bonne idée de te préparer des habits.

Le ton se voulait humble, affectueux. L'ouvrier fit le geste d'embrasser la jeune fille qui recula d'un bond.

— Je vois bien que tu es fâchée, déplora-t-il. Tu te trompes sur moi, Mimine. J'ai mal agi, de peur de te perdre. Betty aussi avait peur. Je me disais qu'elle ne s'en remettrait pas. Je n'ai pas été bien malin, je te l'accorde.

L'air penaud, il reprit place devant la table ronde et pêcha un biscuit dans la coupelle de gourmandises servies avec le café. Le maire se décida à lancer la conversation :

— Joseph est un honnête homme, madame, dit-il à Laura qui le tenait sous le pouvoir de ses yeux bleu azur. Il m'a expliqué ses craintes. Que comptez-vous faire au sujet de votre fille ?

— J'avais pourtant précisé à monsieur Marois, dès notre premier entretien, que je ne souhaitais qu'une chose, raconter à Hermine dans quelles circonstances nous avions dû l'abandonner, son père et moi. Désormais, elle le sait. C'est une enfant généreuse, qui a su me pardonner. Je n'ai pas l'intention de contester la décision des autorités qui ont attribué la tutelle à monsieur et madame Marois.

Le maire regarda Joseph, totalement ébahi.

— Vous voyez, tout s'arrange, mon ami !

— C'est bien vrai ? insista l'ouvrier. Vous n'allez pas chercher à l'emmener je ne sais où ? Notre Mimine va continuer à vivre chez nous ! Ce qui était prévu, en fait. J'ai sa tutelle jusqu'à sa majorité ou jusqu'à son mariage.

Il avait insisté sur le dernier mot. Laura songea à ce que lui avait dit sa fille à propos d'une union hâtive avec Simon. Cela faisait partie d'un plan pour garder la mainmise sur Hermine. Elle ne comprenait pas bien pourquoi. Ou bien cet homme qu'elle jugeait assez rustre espérait vraiment s'enrichir grâce au talent de chanteuse de l'adolescente.

— Je sais tout ceci, monsieur Marois, assura-t-elle d'un ton froid. Je ne veux que le bonheur de mon enfant. Hermine est très attachée à votre famille qui a eu la bonté de l'élever et de la choyer. Elle se plaît à Val-Jalbert. Je crois que je m'y plairais également.

Hermine retint un sourire. Sa mère damait le pion à Joseph, comme aurait dit Simon. Elle regarda furtivement l'ouvrier qui assimilait la nouvelle, bouche bée. Après un été à observer la clientèle aisée de l'hôtel et à fréquenter les musiciens, tous aimables et bien éduqués, elle le trouvait grossier dans ses manières et son langage.

— Que voulez-vous dire au juste, madame ? demanda le maire avec un large sourire.

— Eh bien, je voudrais savoir si je peux louer ou acquérir une des maisons inoccupées. Ici, à Roberval, on déplore encore la fermeture de l'usine de pulpe. Je suis à contre-courant. Je souhaite m'installer à Val-Jalbert, alors que tout le monde s'en est allé.

— Tout le monde, c'est un peu exagéré, répliqua le maire. Des colons se sont établis sur les terres alentour, et des familles de cultivateurs tiennent bon. Quelques artisans demeurent, de même que un ou deux commerces qui continuent à fonctionner. Ceux qui habitent encore Val-Jalbert sont devenus propriétaires. Ainsi, la survie de notre municipalité est garantie. Vous serez la bienvenue, madame. La maison d'un des contremaîtres, rue Sainte-Anne, vous conviendrait peut-être. Elle est dotée d'un système de chauffage répartissant la chaleur dans chaque pièce. Vous l'obtiendrez pour un prix modique. Et l'épicerie de Stanislas[1] est toute proche.

Joseph écoutait en tambourinant du bout des ongles sur le cuir de son fauteuil. Il étudiait le profil de Laura, assise à sa gauche, comme un homme qui médite un mauvais coup.

« Cette femme est rusée et savante, elle parle haut à la façon des riches. La voilà qui veut acheter une maison comme ma Betty achète un sac de farine au magasin. Bien sûr, elle nous laisse Hermine, puisqu'elle vient habiter à côté. C'est malin, ça. »

L'ouvrier avait envie de nuire à Laura par tous les moyens, mais il parvint à donner le change. Il dit, en riant :

— Ce n'est pas une mauvaise idée. Mimine sera contente et Betty aussi. Elle se rongeait les sangs, la pauvre. Et maintenant, quel est le programme ?

— Je dois rentrer à Montréal régler certaines affaires, répondit Laura. Je viendrai à Val-Jalbert dans une dizaine de jours. Mais j'enverrai un homme de loi visiter la maison.

— Dix jours, c'est long ! chuchota Hermine à l'oreille de sa mère. J'ai passé si peu de temps avec toi. Et s'il t'arrivait un accident ?

— Ne crains rien, ma chérie. Aie confiance en moi. Je vais te laisser mon numéro de téléphone, tu pourras me joindre en cas de souci. Et, si je le peux, je reviendrai dans une semaine.

La présence des deux hommes de même que celle du

1. Stanislas Gagnon, personnage réel, tenant une épicerie rue Sainte-Anne dans les années 1920.

groom posté près d'une vasque débordante de végétation gênait l'adolescente. Elle aurait aimé étreindre Laura et lui parler encore.

— Sortons, Joseph, proposa le maire qui avait deviné l'embarras de la jeune fille. Ces dames se diront au revoir plus à l'aise. Nous t'attendons près de ma voiture, Hermine.

Elle le remercia d'un sourire, d'un soudain éclat de joie dans ses magnifiques yeux bleus. Laura était soulagée aussi. Elle enlaça sa fille, paupières mi-closes.

— Mon enfant chérie, je fais le plus vite possible. Ne crains rien, je ne vais pas t'abandonner une seconde fois. Je suis trop heureuse de t'avoir retrouvée. Nous allons passer des moments délicieux dans ma maison de la rue Sainte-Anne. Sois courageuse et ne te laisse pas impressionner par Joseph Marois. Au fond, il n'est peut-être pas si méchant, cet homme.

— Il est brutal, souvent, avoua Hermine. Mais il voulait vraiment s'occuper de ma carrière, comme il disait. Son projet, c'était de me faire enregistrer un disque ; il économisait sur mes gages à l'hôtel.

— C'est bon à savoir, renchérit Laura. Je lui proposerai de payer tous les frais. Cela dit, il faut que tu prennes des leçons de chant.

— Monsieur Hans Zahle en donne. Il est très gentil. Je crois qu'avec lui je serai en confiance et je progresserai. Déjà il m'a donné des conseils pour faire sortir ma voix du ventre quand je souffrais de la gorge, certains soirs.

La jeune fille étreignit sa mère encore plus fort. Elle n'avait pas envie de la quitter. Laura se dégagea délicatement et lui caressa la joue.

— Va, Hermine, et pardonne à Betty. Je pense que

cette femme t'aime de tout son cœur. Elle a eu la chance de te voir grandir. Je compte prendre le prochain train pour gagner du temps.

Elles se séparèrent enfin. L'adolescente prit la valise posée à ses pieds et sortit.

*
* *

Val-Jalbert, même jour

Vêtue d'une robe à pois, bien coiffée et maquillée avec soin, Élisabeth tournait dans sa cuisine. Ne sachant pas ce qui allait se passer, la jeune femme tenait à faire bonne figure si jamais Laura Chardin accompagnait Hermine. Aérée, balayée, astiquée, la maison avait un air pimpant.

Assis sur le seuil, Simon fumait une cigarette. Armand et Edmond, les cheveux humides soigneusement peignés, étaient assis à la table avec ordre de ne pas en bouger. Ils portaient une jaquette blanche et s'ennuyaient ferme.

— Pourvu qu'elle revienne, mon Dieu ! Pourvu que notre Mimine soit dans la voiture de monsieur le maire ! gémissait Élisabeth en soupirant.

— Si tout ce que raconte papa est vrai, lui cria Simon, Hermine serait sotte de revenir croupir dans un village désert et lugubre. Elle a retrouvé sa vraie mère, qui est très riche.

— Tais-toi ! hurla Élisabeth. Jo est son tuteur, il va me la ramener vite fait. Je l'aime comme ma fille, Mimine.

— On dirait même que tu l'aimes plus que tes propres enfants, persifla l'adolescent.

Un bruit de moteur leur imposa le silence. Une automobile noire arrivait, soulevant un nuage de poussière, car il n'avait pas plu depuis une semaine.

— Ce sont eux, Simon ? demanda la jeune femme.

— Oui, qui veux-tu que ce soit ? répliqua-t-il. Et tu t'es faite belle pour rien, ils ne sont que trois.

Assise à l'arrière de la voiture, Hermine admirait les grands arbres bordant la rue Saint-Georges. L'alignement des maisons ouvrières, la masse imposante du couvent-école, le clocher de l'église, tout lui paraissait incroyablement familier et précieux. Elle vit Simon qui se levait, appuyé d'une main à un des piliers de l'auvent.

« Je suis bien contente de rentrer à Val-Jalbert, mais si maman n'avait pas promis d'y habiter, je serais trop triste ! » se dit-elle.

Échappant à la surveillance d'Élisabeth, Armand et Edmond dévalèrent les marches en bois. Joseph se retourna un peu pour jeter un coup d'œil méfiant à la jeune fille.

— Tu n'as pas jasé pendant tout le voyage, remarqua-t-il. Essaie d'être plus aimable avec Betty. Elle a pleuré toute la nuit.

Hermine descendit du véhicule sans répondre. Le maire la salua. Elle le remercia d'une petite voix.

— Mimine ! claironna Edmond. J'avais peur que tu partes avec la dame de l'hôtel.

— Cette dame est ma mère, Ed ! s'écria-t-elle en l'embrassant. Mais je ne serais pas partie sans te dire au revoir.

Élisabeth patientait dans la fraîcheur de la cuisine. Elle avait observé Hermine par la fenêtre et s'était presque étonnée de la voir pareille aux autres jours.

Le maire redémarra et Joseph entra d'un pas lourd, la mine sombre. Sa femme se rua vers lui :

— Alors ? Comment est-elle ? Toujours fâchée ?

— Elle boude. Si tu voyais les regards méprisants qu'elle me lançait. Il n'y en a plus que pour sa mère, qui brasse l'argent comme toi le linge.

— Mais où est-elle, Mimine ? s'inquiéta Élisabeth.

— Mademoiselle a couru voir le cheval, et les garçons l'ont suivie. Ma pauvre Betty, si tu savais ce qui se trame. Je garde la tutelle, mais Laura Chardin va acheter une maison du village. On ne s'en débarrassera plus de la veuve. Je t'assure que je vais vite les fiancer et les marier, Simon et Hermine.

Livide, prise d'un vertige, Élisabeth s'affala sur une chaise.

— Laura Chardin va habiter ici, à Val-Jalbert ! s'exclama-t-elle. Ce n'est pas une mauvaise idée. Je continuerai à profiter de ma Mimine. Oh, Jo ! Je me sens mal. Conduis-moi au cabinet d'aisance, par pitié.

L'ouvrier l'aida à se lever. Il la soutenait par la taille en épiant les crispations de son visage blafard.

— Là, tu te fais trop de bile, constata-t-il. Hermine reste chez nous, ce n'est pas la peine de tomber malade.

La jeune femme s'enferma. Joseph l'entendit vomir et sangloter. Soudain il poussa un juron et tambourina à la porte.

— Dis, Betty ! Ce ne serait pas un petit dernier, qu'on a mis en route ? Réponds !

Elle ressortit, en larmes. Du fard bleu avait coulé au coin de ses yeux.

— C'est bien le petit dernier, Jo, hoqueta-t-elle. Je ne voulais pas y croire, j'avais eu tellement de problèmes de ce côté-là. Ne te tracasse pas, j'ai gardé toutes les affaires d'Edmond. Il ne nous coûtera pas cher, le bébé.

Joseph la prit dans ses bras. Il avait toujours été flatté de devenir père. Pourtant, il chuchota tout en frottant sa joue dans les cheveux de son épouse :

— Avant, j'étais content que tu me donnes de solides petits gars, l'usine tournait à plein rendement. Mais les choses ont changé. Je me fais déjà du souci pour Armand et Edmond. Ils devront chercher un job autour du lac, dans les centrales hydroélectriques ou les usines de papier. Bah ! Peut-être que ce sera une fille, ce coup-ci. Elle veillera sur nos vieux jours.

Ce triste constat acheva de désespérer Élisabeth. Blottie contre son mari, elle bredouilla

— Si Laura Chardin possède vraiment une grosse fortune, il faut être en bons termes avec elle, Jo. Nous avons élevé son enfant, elle nous est redevable.

L'ouvrier songea au joli paquet de dollars que lui avait remis Laura et dont il n'avait pas parlé à Élisabeth.

— Tu as raison, ma Betty. On s'arrangera au mieux. À force d'économiser, de toute façon, j'ai de quoi tenir un moment.

— Jo, j'en ai de la chance de t'avoir ! déclara-t-elle.

Hermine s'était perchée sur la barrière en planches qui fermait l'enclos de Chinook. Accoudé un peu plus loin, Simon regardait la sarabande que menaient ses frères dans un vaste pré en friche.

— Ils s'amusent comme des chiots, dit-il enfin. Armand va sur ses douze ans ; il ne devrait pas jouer à la course poursuite.

— Tu parles comme ton père, lui reprocha Hermine.

Le jeune homme se roulait une cigarette. Elle crut

voir Joseph avec quelques années de moins. Simon était aussi grand, aussi brun et avait les traits aussi durs.

— Alors, demanda-t-il, tu es heureuse d'avoir retrouvé ta mère ?

— Bien sûr ! Je me suis évanouie quand j'ai compris que c'était vraiment elle. Simon, je l'aime tant. En plus, j'ai l'impression de la connaître depuis toujours. Il paraît qu'elle me ressemble beaucoup.

— Et qu'elle est très riche. Papa a fait une de ces scènes, hier soir en rentrant. Il en a dit des horreurs sur ta mère.

— Je m'en doute, soupira Hermine. Mais il devrait avoir honte. Il m'a menti tout l'été. Je n'arrête pas de penser que j'ai perdu deux mois à cause de lui. Si j'avais su tout de suite que la dame en noir, c'était ma mère, nous aurions eu le temps de discuter des heures et des jours. Elle est tellement gentille, tellement douce, Simon. Et élégante, jolie. Tiens, regarde.

Hermine sortit de la poche de sa jupe un petit carton blanc.

— Je lui ai expliqué que tu voulais t'enfuir d'ici. Tu dois te présenter à ce monsieur. Maman a écrit une recommandation au dos et tu auras du travail sur un bateau. Elle veut t'aider... Elle veut que tu ne coures aucun risque.

Simon retourna entre ses doigts son passeport pour la liberté, pour une nouvelle existence au cœur d'une ville bruyante, qu'il imaginait grandiose et grouillante de vie. Le contraire de Val-Jalbert.

— Tu la remercieras de ma part, Mimine, dit-il en souriant d'un air triste.

— Simon, tu n'es pas obligé de partir demain, ni cette année. Attends un peu. Maintenant, tu as un motif de t'en aller, mais sans te cacher. Joseph n'aura rien a dire si tu lui prouves que tu as un job à Montréal. Je voudrais te présenter maman. Elle va habiter la maison d'un contremaître, rue Sainte-Anne.

Il parut stupéfait. Pleine d'enthousiasme, Hermine ajouta :

— Cela s'est décidé ce matin, à l'hôtel.

— Dis donc, elle a de la fortune ! C'est ton père, le riche industriel qui est mort ? interrogea-t-il.

— Ah ! Joseph a parlé de ça ? marmonna l'adolescente. Non, ce n'est pas lui mon père. Franck Charlebois, c'était son second mari. Elle l'a épousé quand elle avait perdu la mémoire. Mon vrai père, on ne sait pas où il est. Il s'appelle Jocelyn Chardin.

Dans sa fièvre d'évoquer le passé compliqué et tragique de Laura, Hermine résuma à Simon l'essentiel de l'histoire. Les jeunes gens n'avaient pas vu Armand et Edmond, tapis entre les herbes hautes. Les deux garçons s'étaient approchés en rampant, en ayant soin de se déplacer dans le plus parfait silence.

Ils s'éloignèrent de la même façon, à reculons. Mais dès qu'il le put, Armand se releva et fila en courant vers la maison.

Simon était sidéré par ce qu'il venait d'apprendre. En scrutant le gracieux visage de la jeune fille, il décréta :

— Tout compte fait, on pourrait se fiancer, nous deux, et se marier. Quand je disais que tu ne me plaisais pas, c'était surtout pour contrarier mon père.

— Qu'est-ce qui te prend ? protesta-t-elle. Je te plais parce que ma mère est riche ?

— Mais non, Mimine, coupa Simon. Si je t'épouse, tu ne seras plus sous la tutelle de papa. Tu feras une carrière de chanteuse, je t'accompagnerai dans tout le

Québec, peut-être même à New York. Tu n'auras pas honte de moi, certain !

Il déambula en imitant un élégant personnage, avec des mimiques supérieures. Hermine préféra en rire.

— Je t'aime bien, dit-elle, mais pas assez pour être ta femme. Mais, je t'en prie, reste encore six mois au village. Ou un an...

— Si je reste, tu veux bien être ma blonde ? On s'embrassera, on se tiendra par la main en cachette. T'es si jolie, Mimine.

Il se rapprocha brusquement et la saisit à la taille. Lèvres tendues, il l'attira contre lui.

— Non ! arrête ! explosa-t-elle en se débattant. Simon, tu veux une claque ?

Le garçon la lâcha, frustré du baiser qu'il espérait. Après avoir décoché un coup de pied dans un piquet de la clôture, il jeta un regard furieux à l'adolescente.

— Il n'y a plus une seule fille de mon âge à Val-Jalbert ! déclara-t-il en guise d'excuse.

— Ce n'est pas une raison pour te jeter sur moi, rétorqua Hermine. Tu n'as qu'à conter fleurette à mademoiselle Alice. Elle te trouve très beau.

Elle ne pouvait pas lui en vouloir. Simon appartenait à son enfance. Ils s'étaient chamaillés pour le ballon en baudruche, ils avaient volé des pommes au vieux père Potvin les jeudis de septembre, et quoi encore.

— Mademoiselle Alice ! maugréa-t-il. Elle a un an de plus que moi et tout le monde sait qu'elle veut prendre le voile bientôt.

— Tu es un frère, à mes yeux, ajouta Hermine. Et j'ai déjà un amoureux... Jure de garder le secret. L'été prochain, il viendra me demander à Joseph. Ton père refusera, mais ma mère aura son mot à dire.

— Qui est-ce ? Onésime Lapointe ?

— Imbécile ! Il se promène au clair de lune avec Yvette, la fille du charron.

— Eh oui. Monsieur le curé leur a fait la morale parce que Lapointe donne la moitié de son salaire à Yvette, qui monnaye ses charmes.

Hermine devint toute rouge. Simon insista :

— Qui est-ce ?

— Un étranger au pays. Je l'aime et il m'aime.

Élisabeth les appelait de la cour. La jeune fille fut soulagée. Elle n'aurait pas à en dire plus. Mais Simon la retint par le bras.

— Je ne comptais plus partir demain, Mimine. Je n'avais plus le cœur à ça. Maman est enceinte ; le bébé doit naître au printemps. On sera pas trop de deux à l'aider. Et j'ai peur pour elle. Ses accouchements se passent mal. Je m'en voudrais trop, si je la quittais maintenant et qu'on me télégraphie une mauvaise nouvelle au mois de mars.

— Betty attend un autre bébé ? s'étonna-t-elle. Tu es sûr ?

— Elle me l'a dit ce matin, dès que papa est parti pour Roberval avec le maire. Je ne sais pas pourquoi. D'habitude, elle dissimule, elle ne parle pas de ça avec moi.

Elle qui avait la ferme intention de bouder Élisabeth, elle fut désemparée. Se souvenant de la recommandation de Laura, elle décida de pardonner à la jeune femme.

— Viens, Simon, rentrons. C'est l'heure de dîner. Je suis contente que tu restes avec nous.

Ils n'avaient jamais été aussi bons amis.

*
* *

L'atmosphère de la cuisine paraissait tendue. Joseph trônait à la table, un verre de gin posé en face de lui. Élisabeth mettait le couvert. Assis par terre, Edmond pleurait. Armand, les joues en feu, lança un coup d'œil affolé aux deux adolescents qui entraient dans la pièce.

— Bonjour, Betty, dit Hermine.

— Bonjour, Mimine.

La jeune femme l'embrassa avec chaleur et se précipita vers le poêle.

— Vous en faites, une tête, tous ! crâna Simon. Il n'y a pas eu d'enterrement aujourd'hui !

— Il y a eu que j'en ai appris de belles ! s'exclama Joseph. Alors, Hermine, raconte-nous un peu qui est ton père, en fait ? Armand vous a écoutés, dans le pré. Je lui ai collé trois gifles parce que je n'apprécie pas les mouchards. Mais ça m'intéresse, ce qu'il m'a dit. Puisque ta Laura vient habiter le village, Mimine, où la moralité est de mise même à présent, je voudrais comprendre. Je croyais que ta mère portait le deuil d'un monsieur Charlebois, un riche industriel de Montréal. Un monsieur qui serait ton père. Mais non, ton vrai père, Jocelyn Chardin, on ne sait pas où le trouver ! Ce n'était donc pas son nom de jeune fille, Chardin, à ta mère. Madame a eu deux époux vivants ! Aucune loi ne permet ces fantaisies.

— Laisse-la, Jo, implora Élisabeth. On s'en moque de ça. Laura est veuve, tu ne prouveras rien.

Simon foudroyait Armand du regard. Hermine toisa Joseph. Elle se sentait de taille à défendre sa mère.

— Maman souffrait d'amnésie quand elle s'est mariée avec Franck Charlebois. Mais elle a retrouvé la mémoire, à Noël dernier. Elle s'est souvenue de moi et de mon père. Elle voulait vite divorcer. Elle n'a rien fait de mal !

— Peut-être, grommela l'ouvrier. Mais monsieur le curé peut s'opposer à son installation ici, si quelqu'un lui parle de ces choses contraires aux bonnes mœurs. C'est une chanceuse, cette dame. Elle serait pauvre si ce monsieur l'industriel n'était pas mort avant le divorce. On se demande comment et de quoi ?

— Jo, je t'en prie, laisse Mimine en paix, gémit Élisabeth.

— Vous soupçonnez maman de l'avoir tué ? cria la jeune fille. Vous devriez avoir honte de vous acharner sur elle. Qu'est-ce qu'elle vous a fait, à la fin ?

Joseph commença à taper du poing sur la table. Chaque coup faisait trembler Élisabeth, Armand et Edmond. Hermine ne cillait pas, droite et blême de rage. Simon se tenait à côté d'elle, prêt à la protéger.

— Je n'aime pas les bonnes femmes qui ont autant d'argent sans avoir jamais travaillé, clama l'ouvrier. Je n'aime pas les femmes qui travaillent non plus. Toi, ce n'est pas pareil. Chanter, ça n'a rien à voir avec trimer à l'usine ou ailleurs. Ta mère, elle est venue semer la pagaille, voilà.

Il frappa plus fort. Son verre se renversa.

— Je n'aime pas les jolies petites bonnes femmes qui abandonnent leur gosse en plein hiver, en plein froid. Tu crois que Betty serait capable de se débarrasser d'un de ses petits ? Ton père vaut pas mieux, sans doute.

— Maman se croyait mourante, expliqua Hermine d'une voix aiguë. Je lui ai pardonné : ça ne vous regarde pas ! Et ne dites rien sur mon père sans le connaître. Moi, je crois qu'il est honnête, lui !

— Lui ? répéta Joseph d'un ton inquiet.

— Vous avez soutiré de l'argent à maman en lui promettant qu'elle pourrait me parler au mois de septembre !

— Tu as fait ça, Jo ? demanda Élisabeth.

— Et alors ? Il fallait bien me rembourser ce que j'avais dépensé pour sa fille !

— Tu me dégoûtes, papa ! décréta Simon.

Joseph attrapa la bouteille de gin et la jeta de toutes ses forces à la tête du jeune homme qui l'évita de peu. Edmond se mit à hurler de terreur. Hermine courut vers l'enfant et le serra contre elle.

Un choc sourd ébranla le plancher. Élisabeth s'était évanouie et gisait devant le poêle. Son front avait heurté le coin du buffet, et du sang maculait ses cheveux blonds.

— Maman ! hurla Armand, épouvanté.

Simon tomba à genoux près de sa mère. Joseph s'approcha, la lèvre inférieure pendante.

— Mon Dieu ! Quel crétin je suis de faire des remous. Dans son état, ma pauvre Betty chérie !

Il souleva sa femme et la monta à l'étage. Hermine fut rassurée en entendant le couple discuter quelques instants plus tard. Il y eut des bruits de cuvette, de broc et d'eau versée. Puis des sanglots et des chuchotements.

— Nous n'avons plus qu'à manger, nous quatre, déclara la jeune fille en servant la poêlée de pommes de terre fricassées.

— Bravo, Armand ! lança Simon d'un air furieux. Tu n'es qu'un sale mouchard. Allez, arrête de renifler et mange.

Après cet incident, l'après-midi s'écoula tranquillement. Joseph envoya Simon à l'usine désaffectée surveiller la dynamo. L'ouvrier évitait Hermine qui fit la vaisselle et le repassage.

Quand la pendule sonna cinq heures, l'adolescente prépara un plateau avec du thé et des biscuits, et l'apporta à Élisabeth.

— Tu te sens mieux, Betty ?

— Oui, ma Mimine, mais je préfère rester allongée. As-tu trouvé mon message dans ta valise ?

— Bien sûr. Je ne t'en veux pas, à toi.

— Alors, je suis rassurée ! Je te promets d'être aimable avec Laura quand elle habitera Val-Jalbert.

Hermine prit la main de la jeune femme. Tout doucement, sans savoir ce qui la poussait à chanter, elle fredonna le refrain des *Roses blanches*. Enfin elle affirma, attendrie :

— Tu sais, Betty, je t'aime très fort, toi aussi, comme on aime une mère. Je ne vais pas te quitter avant longtemps.

— Je suis enceinte, Mimine, à trente-quatre ans ! Mon Dieu, cela me fait peur. J'ai tellement souffert à la naissance d'Edmond.

— Tout se passera bien, tu verras.

L'adolescente déposa un léger baiser sur le front d'Élisabeth et sortit de la pièce. Elle descendit l'escalier sans bruit et entra dans sa chambre. Un bouquet d'asters, dont la floraison mauve l'avait toujours ravie, ornait sa table de chevet. Elle supposa qu'un des garçons avait eu cette touchante attention et prit le cadre contenant le portrait de sœur Sainte-Madeleine.

— Mon ange gardien, ma première maman chérie,

implora-t-elle en fixant le visage serein de la jeune religieuse, je t'en supplie, veille sur Betty du haut du ciel. La vie n'est pas simple. Je suis folle de joie d'avoir retrouvé ma mère, mais je ne veux pas perdre Betty. Protège-moi, je t'en prie ! Fais que Toshan revienne, aussi, et que mon père ne soit pas mort.

Hermine embrassa le portrait. Le verre était froid sous ses lèvres. Elle ferma ses yeux où perlaient des larmes d'angoisse. Il lui sembla soudain revivre le baiser passionné qui l'avait unie à Toshan. Le souvenir intact de ce trop bref instant d'extase la bouleversa.

« Je n'aimerai que lui, toute ma vie ! » se dit-elle.

Forte de cette certitude, la jeune fille s'accouda à sa fenêtre et admira une cohorte de nuages en écharpe que le crépuscule teintait d'un rose orangé. Elle regarda d'un air songeur la façade sombre du couvent-école, le clocheton silencieux et, de l'autre côté, les maisons désertes de la rue Saint-Georges.

« Mon cher village ! pensa-t-elle encore. Comme je suis heureuse ici... Cet hiver, à Noël, je chanterai à l'église pour tous ceux que j'aime. Et maman sera là, près de moi. Enfin ! »

12

En attendant Laura

Val-Jalbert, 12 septembre 1930

Hermine n'avait eu aucune nouvelle de sa mère. Le délai d'une semaine était largement dépassé. L'adolescente était allée à la moindre occasion rôder près de la maison de la rue Sainte-Anne. Cela l'aidait à patienter d'imaginer les fenêtres éclairées, les soirs de neige, ou le jardin nettoyé des mauvaises herbes, regorgeant de légumes.

« Maman a vécu longtemps en ville. Elle sera contente si je l'aide à faire un potager, se disait-elle. Et il lui faudra du bois pour cet hiver. »

Chaque détail l'inquiétait. Elle se demandait comment la jeune femme, habituée au confort d'une luxueuse demeure, aux services zélés de trois domestiques, s'accoutumerait à Val-Jalbert. Mais, au fil des jours, elle se tourmenta pour une autre raison. Laura tardait beaucoup trop à son goût.

« Et si elle avait changé d'avis ? Si elle ne revenait pas ? »

Elle n'osait pas téléphoner au numéro que sa mère avait noté au dos d'une carte postale représentant le port de Roberval. Elle guettait le passage du facteur dans l'espoir d'une lettre. Si Élisabeth s'efforçait de la rassurer, Joseph marmonnait des sous-entendus comme quoi la riche veuve devait chercher un autre mari pour consolider encore sa fortune.

« C'est loin, Montréal ! » se répétait Hermine, qui luttait contre une affreuse angoisse, celle d'être à nouveau abandonnée.

Ce matin-là, elle se promenait avec Charlotte autour du couvent-école. Mademoiselle Alice ouvrait sa classe le lendemain. Les pupitres étaient encaustiqués, les sols balayés, les vitres nettoyées.

— Tu es triste, Hermine, déclara la fillette. Tu n'as pas chanté. Et pourquoi tu n'as pas emmené Chinook ? Il y a encore de la bonne herbe dans les champs ? Quand je marche, cela chatouille les jambes et, sous mes pieds, c'est épais et un peu mou.

Cela fit sourire l'adolescente. Charlotte développait avec acuité ses autres sens, sa vue ayant encore baissé.

— Je n'ai pas très envie de chanter, et je ne pouvais pas sortir Chinook, puisque je devais faire le ménage pour Alice, répliqua-t-elle. Tu imagines un cheval dans le couloir ou à l'étage ?

Charlotte éclata de rire et embrassa les doigts de la jeune fille.

— Je t'aime beaucoup, Mimine ! Tu m'as dit que le petit Edmond, il t'appelle Mimine. Moi aussi je peux t'appeler comme ça ?

— Bien sûr, si tu veux.

La chienne de l'institutrice, une petite bête frisée et toute noire, se mit à aboyer. Quelqu'un arrivait de l'arrière du bâtiment.

— Ah ! Hermine, je me doutais que tu étais là,

déclara le maire. Je suis chargé de te remettre les clefs de la maison. La maison que ta mère vient d'acheter.

— Maman ? Elle est là, au village ? s'écria-t-elle.

L'homme tendit un trousseau de clefs à l'adolescente. Il paraissait enchanté.

— Non, elle ne s'est pas déplacée, mais j'ai eu la visite d'un clerc de notaire qui représentait cette charmante madame Charlebois. Nous avons réglé tous les documents administratifs ensemble. Si tu veux aller ouvrir les fenêtres et donner un coup de balai, tu es chez toi.

— Mais avez-vous des nouvelles de maman ? insista Hermine.

— Je l'ai eue au téléphone, en effet, expliqua-t-il. Elle annonce son arrivée. Peut-être même qu'elle est déjà en route.

L'étau qui enserrait le cœur de la jeune fille lâcha prise brusquement. La joie et le soulagement illuminèrent ses traits. Ses grands yeux bleus étincelaient.

— Merci, monsieur le maire, merci.

Elle serrait les clefs dans ses mains.

— Je commençais à me tracasser, avoua-t-elle très bas.

— Il ne fallait pas, chère petite. Et ce brave Joseph, s'est-il assagi maintenant qu'il va être père pour la quatrième fois ?

— Tout va bien à la maison, répondit-elle, ne jugeant pas utile de révéler les malaises incessants de Betty.

— Bien, Val-Jalbert comptera bientôt un nouvel habitant. C'est la preuve qu'il ne faut pas baisser les bras. Je vais rendre visite à mademoiselle Alice, en cette veille de rentrée. Nous avons à discuter.

Le maire la salua et entra dans le couvent-école. Aussitôt Hermine se pencha et embrassa Charlotte sur la joue.

— Viens, ma Lolotte ! On court rue Sainte-Anne. Je suis trop contente. Ma mère a acheté une maison. Quand elle sera installée, nous irons goûter chez elle toutes les deux.

La fillette approuva, une expression d'extase sur le visage. Elles remontèrent toute la rue Saint-Georges. L'employé du bureau de poste leur adressa un signe de la main par la fenêtre ouverte. Devant le magasin général, deux femmes bavardaient, un panier au bras.

— Hermine, cria l'une d'elles, l'épouse du fermier établi près du moulin Ouellet, viens donc jaser un peu. Il paraît qu'une dame de Montréal va s'établir à Val-Jalbert. Es-tu au courant ?

— Oui, répondit la jeune fille qui s'était approchée.

— Comment la nomme-t-on, cette dame ? demanda Jenny, une Anglaise dont le mari était bûcheron. Monsieur le maire prétend que tu la connais bien.

— C'est Laura Chardin !

Au moment de proclamer fièrement qu'il s'agissait de sa mère, Hermine hésita. Il lui faudrait donner des explications.

— Je n'en sais pas plus. Excusez-moi, j'ai une course à faire pour Joseph, mentit-elle.

Elle pressa le pas, entraînant Charlotte. Quelques pieds plus loin, l'enfant heurta une des bornes-fontaines disposées à intervalles réguliers le long de la rue. Un petit cri de douleur lui échappa.

— Oh ! Tu t'es fait mal, Lolotte ?

— Non, mais tu marches un peu vite !

Confuse, Hermine examina la jambe de la fillette, égratignée et gonflée à l'endroit de la contusion.

— Je suis désolée. Je me dépêchais sans me soucier de toi.

Elles terminèrent le chemin plus lentement. Les logis déserts, avec le bas de leurs murs envahi de végétation, leurs fenêtres closes malgré l'air tiède de septembre, semblaient guetter le retour de ceux qui avaient vécu là des années. Du moins, Hermine en avait l'impression.

— Ma Lolotte, je voudrais tant que tu voies combien le village est agréable en cette saison. Il n'y a plus grand monde, mais les fleurs ont des couleurs merveilleuses, du mauve, du violet, de l'orange, du rose, du jaune. Les feuilles des érables virent au rouge, déjà. Cela nous annonce un hiver précoce. Et tous les arbres de Val-Jalbert ont encore poussé. C'est monsieur Dubuc qui avait eu l'idée de les planter. Les gens d'ici le surnommaient le roi du papier. C'était à l'époque où l'usine fonctionnait nuit et jour. Une locomotive tirait les wagons chargés de ballots de pulpe jusqu'à Roberval.

— Je le verrai jamais, ton village, dit Charlotte d'un air accablé. Tu n'auras qu'à raconter tout ça à ta maman quand elle viendra.

— Toi, tu as le cafard ! constata l'adolescente. Je t'en prie, ne sois pas triste. Tout à l'heure, c'était moi et, vois-tu, maintenant, je suis heureuse. Qu'est-ce qui ne va pas ?

— Tu n'auras plus le temps de t'occuper de moi, après. Si ta maman habite là, tu seras toujours avec elle.

— Pas du tout, Lolotte. Je n'oublie pas mes amies. Je compte faire visiter Val-Jalbert à ma mère et, promis, je t'emmènerai.

Elles arrivaient rue Sainte-Anne. Hermine regarda

la maison où Laura vivrait bientôt. C'était une belle construction, réservée jadis aux familles des contremaîtres qui pouvaient surveiller l'usine et s'y rendre rapidement. Si un profond silence régnait maintenant dans les vastes bâtiments, on entendait très bien le grondement de la cascade. L'endroit était vraiment désert, la maigre population ancrée à Val-Jalbert se regroupant autour de l'église ou le long de la route régionale.

— Je ne sais pas si maman appréciera le vacarme de la chute d'eau, soupira-t-elle.

— Moi, j'aime ce bruit-là, affirma Charlotte.

Hermine essaya à plusieurs reprises d'ouvrir la porte. Aucune clef ne fonctionnait.

— Le maire a dû se tromper ! pesta-t-elle, déçue. Ma Lolotte, je vais te porter sur mon dos. Je dois courir jusqu'au couvent-école. Cette fois, je ne passe pas par la rue Saint-Georges, j'irai plus vite en coupant par les jardins.

La folle cavalcade fit beaucoup rire la fillette. Elle criait : « Plus vite, Chinook ! Plus vite ! » Hermine imitait le hennissement d'un cheval, faisait des bonds et secouait la tête. Mademoiselle Alice, qui avait raccompagné le maire sur le perron, les vit débouler entre les arbres.

— Mais où as-tu couru, Hermine ! s'exclama celui-ci. La maison est à côté, pourtant.

— La rue Sainte-Anne n'est pas du tout à côté, monsieur ! haleta l'adolescente en posant Charlotte au sol. Les clefs ne vont pas. Vous avez dû vous tromper de trousseau.

— Mais où ai-je l'esprit ? se désola-t-il. J'ai oublié de te prévenir. Il y a eu un autre choix d'arrêté. Le clerc qui a visité le village avec moi et qui représentait ta mère a trouvé la maison de la rue Sainte-Anne bien trop isolée. Et l'électricité est coupée, là-haut. Finalement, nous avons décidé que la belle demeure de monsieur Lapointe[1] serait idéale pour une dame comme ta mère.

Hermine n'en croyait pas ses oreilles.

— La maison du surintendant ! dit-elle, éblouie.

— Mais oui, l'emplacement parfait, ajouta Alice Paget. Ta mère sera la voisine des Marois et la mienne. Comme tu travailles ici, Hermine, tu pourras lui rendre visite aussi souvent que tu en auras envie, en courant environ trente pieds, puisque tu galopes aussi vite que ton Chinook.

La jeune institutrice était ravissante. Ses cheveux bruns et frisés, coupés très court sur la nuque, mettaient en valeur un cou gracile qui lui donnait une allure hautaine. Pourtant, elle avait un caractère doux et une nature simple. Hermine se confiait volontiers à elle. Alice avait écouté avec intérêt le récit des retrouvailles entre Laura et l'adolescente.

Le maire redoubla d'excuses et prit congé. Charlotte, elle, paraissait soucieuse. Elle tapota l'avant-bras d'Hermine.

— Dis, Mimine, j'ai entendu mon nom, Lapointe ? Pourquoi ?

— Monsieur le maire parlait d'une autre famille que la tienne. Le surintendant surveillait les travaux de l'usine.

---

1. Le surintendant Joseph-Adolphe Lapointe quitta son poste en novembre 1926. La Compagnie de pulpe de Chicoutimi lui avait fait construire en 1919 une superbe demeure rue Saint-Georges. On peut observer les ruines de cette résidence dans le sous-bois près du couvent-école.

— Chez nous, ma petite Charlotte, expliqua l'institutrice, beaucoup de personnes portent le même patronyme. Des Lapointe, des Bouchard, des Marois pour te donner quelques exemples, il y en a plusieurs familles. Est-ce que je peux vous accompagner et visiter la future demeure de madame Laura ?

Hermine accepta de bon cœur. Toutes trois marchèrent sous le couvert des arbres, érables, ormes et sapins qui servaient d'écrin à une très belle construction. Elle n'était pas sans rappeler la structure du couvent-école. Le perron et son auvent pouvaient abriter une table et des chaises, le bois des murs extérieurs gardait une plaisante couleur dorée.

— Il en faudra des meubles, remarqua l'adolescente, presque intimidée par la taille de la maison. Et des rideaux ! Il y a plus de douze fenêtres.

Cette fois, elle trouva aussitôt la bonne clef. L'intérieur était vraiment spacieux. Les pièces vides paraissaient immenses.

— Pour une personne seule, c'est très grand, affirma Alice. J'espère que cela plaira à ta mère, Hermine. Elle aurait dû faire le voyage et visiter elle-même.

— Je crois qu'elle voulait surtout avoir une maison à Val-Jalbert, répliqua la jeune fille. N'importe laquelle. Vous savez, Alice, ce qui compte pour ma mère, c'est d'être près de moi.

Elle tenait la main de Charlotte, trop impressionnée pour lui décrire l'endroit.

— Le plancher grince, remarqua l'enfant. Il glisse et il a une odeur bizarre, comme dans la salle de classe.

— Tu as raison, dit l'institutrice. C'est un superbe parquet, qui a été souvent encaustiqué.

Hermine confia la fillette à Alice et monta à l'étage. Elle découvrit six chambres aux peintures impeccables.

« C'était bien entretenu, songea-t-elle. Quelqu'un a dû venir faire le ménage. »

Elle calcula que le surintendant était parti du village à la fin de l'année 1926, soit trois ans et demi plus tôt.

« Il doit regretter sa maison ! » se dit-elle en descendant l'escalier d'un pas léger. Alice avait ouvert les fenêtres du salon. Un frêle rosier aux fleurs d'un blanc rosé dansait au vent. Charlotte en perçut le parfum suave et fugace.

— Mimine, demanda-t-elle, je voudrais bien rapporter une rose à maman. Est-ce que j'ai le droit ?

— Mais oui, ma Lolotte. Je vais en couper un bouquet.

N'ayant pas d'outil, l'adolescente dut pincer les tiges entre ses ongles. Elle se piqua à une épine, soudain envahie par une sourde mélancolie. La mère de Charlotte dépérissait ; elle était condamnée à garder le lit. Les paroles de la chanson *Les Roses blanches* lui revinrent à l'esprit. Un frisson la parcourut.

« Mon Dieu, protégez cette pauvre femme ! » implora-t-elle en silence.

Une heure plus tard, elle ramenait l'enfant chez elle. Onésime Lapointe fumait la pipe, assis sur le seuil.

— Comment va votre maman ? interrogea la jeune fille.

— Y a pas de changement, soupira-t-il.

Hermine entra saluer madame Lapointe. Le contraste entre l'intérieur, mal tenu et sombre, et la belle demeure du surintendant lui causa un pénible malaise. Mais Charlotte était contente d'offrir des fleurs à sa mère, prénommée Aglaée. Assise au bout du matelas, elle raconta son après-midi.

— Mimine a joué au cheval, moi j'étais sur son dos. Elle courait vite, je me tenais à son cou. L'institutrice m'a dit que les Lapointe, il y en avait plein dans le pays.

— Vous êtes bien brave, mademoiselle, déclara la malade. Si je pouvais marcher, je m'en occuperais, de ma Charlotte. Elle vous aime, vous savez ?

— Moi aussi, je l'aime, madame Aglaée, affirma Hermine. Si je peux faire quelque chose pour vous ?

— Depuis le temps que ma petite dit que vous chantez mieux que tout le monde, j'aimerais bien vous écouter. Il paraît qu'il y avait des affichettes dans le village, avec, marqué dessus : « Le Rossignol des neiges chantera toute la saison d'été au *Château Roberval.* » Et que c'est vous le rossignol, mon fils me l'a dit. Hé, Onésime ?

Celui-ci répliqua d'un grognement indifférent. Hermine ne pouvait pas refuser. Elle recula un peu pour prendre place entre la table encombrée de vaisselle sale et le buffet.

La jeune fille entonna *Les Blés d'or.* Elle partit d'une note déjà haute, puis monta encore. Les sublimes inflexions de sa voix résonnèrent dans le modeste logement et ce fut soudain comme si l'infini moutonnement d'un champ de blé au soleil effaçait les murs bruns et la misère des lieux. La nature s'imposait au gré des mots « vallons assoupis » ou « bruyères ». Prise d'une douloureuse nostalgie, Aglaée Lapointe se mit à pleurer.

Quand Hermine se tut, la malade lui confia :

— Cela me rappelle le bon temps, quand j'avais

votre âge, ma chère demoiselle. Quelle belle voix vous avez !

— Merci, madame Aglaée. le reviendrai et je vous chanterai autre chose, assura l'adolescente. Je dois rentrer, Betty a besoin de moi pour préparer le souper.

Sous le regard ironique d'Onésime, elle s'empressa de quitter la maisonnette en planches grisâtres. Alors qu'elle passait près de lui, il observa :

— Voilà un joli petit rossignol que je croquerais à ma sauce !

Hermine fit celle qui n'avait rien entendu. Un vague remords l'oppressait. Laura et sa fortune allaient bousculer sa vie paisible, elle le pressentait.

« J'aurais préféré que maman ne soit pas si riche, s'avoua-t-elle. Les gens ne l'accueilleront pas à bras ouverts. Ils se méfieront, ils la critiqueront. Moi, si j'avais autant d'argent qu'elle, j'en donnerais aux pauvres. Je ferais soigner la mère de Charlotte, et Charlotte, peut-être... »

Chez les Marois, elle fut reçue fraîchement. Joseph, assis près du poêle, fumait sa pipe.

— Il paraît que ta mère va habiter la maison du surintendant ? lui dit-il. Dommage, rue Sainte-Anne, il n'y avait plus d'électricité, elle aurait dû s'éclairer à la chandelle, madame Laura. Mais il lui faudra quand même du bois pour l'hiver. Tu crois qu'elle en trouvera ? Non ! Et je ne l'aiderai pas.

Amaigrie et le teint blême, Élisabeth surveillait la cuisson d'une fricassée de lièvre. Elle jeta un coup d'œil fâché à son mari.

— Jo, ne sois pas méchant comme ça ! Nous serons voisins et, entre voisins, il faut se soutenir pendant l'hiver.

— Laisse, Betty, répliqua la jeune fille. Il y a toujours moyen de remplir une chaudière. La maison du surintendant dispose d'un bon système de chauffage. Je ne me fais aucun souci pour maman.

Le ton manquait de conviction. Hermine appréhendait autant qu'elle l'espérait le retour de Laura et son installation. Il lui semblait souvent avoir rêvé la soirée passée au *Château Roberval*, tous ces précieux instants de tendresse et de complicité spontanée. L'adolescente avait chanté dans l'établissement pour la dernière fois le samedi précédent. L'absence de la dame en noir à la table du fond avait un peu nui à sa prestation. Sans les sourires et les bonnes paroles du pianiste Hans Zahle, la jeune chanteuse se serait sentie très seule.

Hermine dut attendre encore trois jours avant de revoir sa mère, de pouvoir la toucher et lui parler.

*
* *

D'abord, il y eut l'arrivée de deux gros camions bâchés, qui se garèrent entre le couvent-école et l'église. Un des chauffeurs frappa au presbytère pour demander la maison de Laura Charlebois.

L'abbé Degagnon, dûment renseigné par le maire, indiqua la direction à suivre. C'était le début de l'après-midi. Hermine, qui se trouvait dans la classe de mademoiselle Alice, se rua dehors.

— Monsieur, cria-t-elle au nouveau venu, c'est bien une dame de Montréal qui vous envoie ?

— Oui, on a des meubles à déposer.

— J'ai les clefs, je suis sa fille, répondit-elle fièrement. Je vous précède et j'ouvre la porte.

Les camions reprirent leur lente progression. Simon accourut, avide de la moindre distraction qui romprait la monotonie du quotidien. Élisabeth suivit son fils. Sa grossesse la plongeait dans un état d'émotivité extrême. Elle n'était plus qu'amour pour l'univers entier et cela englobait Laura.

« Je voudrais devenir son amie, se disait-elle. Joseph ne le comprend pas, mais je suis heureuse pour Mimine, à présent. La chérie a tellement attendu ses parents, petite, elle a tant prié. Nous ne devons pas gâcher sa joie. »

D'autres curieux approchaient : le vieux charron, qui vivotait sur ses maigres économies, les carrioles et charrettes se faisant rares ; sa fille Yvette, trop fardée et moulée dans une robe en coton rose ; le patron du magasin général, alerté par le grondement des moteurs ; et même l'abbé Degagnon soutenant la veuve Mélanie Douné.

Hermine était aux anges, car Joseph travaillait à l'entretien des turbines de l'usine. Il ne viendrait pas mettre son grain de sel, ni lancer des remarques désagréables. Elle exultait, tous ses doutes balayés. Un homme descendit d'un des camions et, un doigt relevant sa casquette, vint se présenter. La moustache grisonnante, il devait avoir une cinquantaine d'années.

— Vous êtes bien mademoiselle Hermine, la fille de la patronne ? grommela-t-il.

— Oui ! Bonjour...

— Je suis Célestin, le jardinier de madame, son *factotum*, comme elle dit.

Il hocha la tête. Ses yeux gris firent le tour du paysage avant de se poser sur la maison baignée de soleil.

— Autant dire que madame vient vivre chez les Sauvages dans une cabane en planches, maugréa-t-il. À Roberval, encore, c'est civilisé, mais ici...

— Je vous demande pardon ? répliqua Hermine. Où voyez-vous une cabane en planches ?

Amusé par la réflexion de l'étranger, Simon la prit par l'épaule.

— Ne te fais pas de bile, répondit-il à l'adolescente. Ce monsieur parle d'une maison qui nous fait l'effet d'un palace. Pour les gens de la ville, on habite en pleine forêt, dans des contrées périlleuses. D'ailleurs, chaque hiver, les loups entrent dans le village.

Le jeune homme avait haussé le ton et riait de l'air inquiet qui plissait les traits de Célestin.

— Des loups ? maugréa le jardinier. Faudra que madame achète un fusil dans ce cas. Enfin, les meubles doivent être débarqués quand même.

Devant les quelques témoins réunis, un fort beau mobilier transita des camions aux différentes pièces. L'apparition du piano fit pousser des oh ! et des ah ! La veuve Douné compta six caisses de vaisselle et de vêtements.

— Est-ce que ma mère vient aujourd'hui ? demanda Hermine à Célestin, quand les véhicules furent entièrement vides.

— Madame devait prendre le train, affirma-t-il. Demain ou après-demain, le temps de boucler ses malles. Mais Mireille sera là avant la nuit. C'est la gouvernante, une cuisinière de premier ordre. Elle voyage dans le troisième camion.

Le patron du magasin général, aux aguets, divulgua la nouvelle. Yvette éclata d'un rire bas et voilé. Élisabeth dut s'asseoir sur une marche du perron.

« Laura est une vraie grande dame, songeait-elle. Elle nous dédaignera, c'est sûr. Et Hermine va vite apprécier une existence facile, où elle sera servie par des domestiques. Mon Dieu, on n'aura jamais vu ça à Val-Jalbert. Même le surintendant ne faisait pas tant de manières que ça. C'est bizarre ! Comment peut-on être aussi riche ? Je sais, elle a hérité de son mari, l'industriel, et Joseph a hérité de la cabane à sucre de son oncle Boniface. Moi, quand mes parents mourront, j'aurai le métier à tisser de maman. C'est déjà bien. »

Tout à sa méditation, elle ne s'aperçut pas immédiatement de la présence d'Hermine assise à ses côtés. L'adolescente, les joues roses, se reposait un peu. Elle avait insisté pour transporter des chaises rembourrées et une caisse de livres.

— Moi qui croyais que ma mère aurait besoin de mon aide, qu'elle habiterait toute seule ici ! confia-t-elle à Élisabeth. Cela fera jaser les gens. Regarde, la veuve Douné bavarde avec Yvette, elles ont l'air de se moquer. Et encore, elles ne savent pas qu'il s'agit de ma mère qui emménage.

— Elles le sauront bien assez tôt, coupa la jeune femme. Et ça n'a pas fini de jaser. Aujourd'hui, elles se régalent, ça les amuse, tout ce remue-ménage. Mais Laura ne serait pas venue à bout de l'entretien d'une belle demeure comme celle-ci sans domestiques. Souviens-toi, l'épouse du surintendant Lapointe avait engagé une fille de Chambord qui faisait le ménage et la cuisine.

Hermine n'osa pas confier son angoisse à Betty. Elle éprouva ce jour-là, de façon précise, la certitude que son chemin invisible se partagerait en deux voies distinctes. Sur l'une il y aurait Lolotte, les Marois,

Toshan ; sur l'autre, Laura avec son langage soigné, ses toilettes distinguées, ses relations de Montréal, ainsi que des artistes eux aussi bien éduqués, comme le pianiste Hans Zahle.

« Je serai obligée de choisir, se dit-elle confusément. Mais je ne veux pas y penser, sinon je vais être malheureuse. »

Deux heures plus tard, le troisième camion klaxonna devant le couvent-école. Les curieux étaient rentrés chez eux. Élisabeth et Simon tenaient compagnie à Hermine. Edmond sortirait de classe dans dix minutes et ils avaient décidé d'attendre le garçonnet.

La fameuse Mireille, à peine descendue du siège avant, s'étala de tout son long. C'était une petite femme bien en chair, même grasse, habillée à l'ancienne mode d'une ample jupe frôlant les pieds. Elle avait des cheveux blancs coupés au carré. Hermine courut la relever.

— J'étais engourdie et j'ai trébuché ! expliqua la gouvernante en riant d'elle-même. Je n'ai pas coutume de rester immobile des heures. Et je ne rajeunis pas, chaque année qui passe ! Dites, vous êtes le portrait de madame Laura, mademoiselle.

Mireille plut d'emblée à l'adolescente. La bonté et l'énergie se lisaient sur sa face poupine.

— Savez-vous quand ma mère arrivera ? interrogea-t-elle très bas. La maison n'est pas prête du tout. Aucune caisse n'est déballée.

La sortie animée des trente élèves du couvent-école empêcha Mireille de répondre. Elle considéra d'un air réjoui les enfants qui se dispersaient. Edmond courut vers Élisabeth et Simon qui marchaient à sa rencontre.

— Votre village abandonné ne l'est pas tant que ça !

conclut la brave femme. Madame Laura l'appelle ainsi, le village abandonné, mais je suis bien contente de vivre à la campagne. Je suis née à Tadoussac, j'ai grandi en plein air. Quand il a été question de quitter Montréal, j'ai été ravie. Au fait, la maison sera prête avant le coucher du soleil, foi de Mireille. Célestin ne se montre pas. Je le connais, il trime déjà. Votre maman devrait être là pour le thé. Une de ses relations de Roberval la conduit en voiture.

Hermine aurait sauté au cou de la gouvernante. Elle n'en fit rien, soucieuse de paraître posée et discrète.

— Je vais vous présenter à Élisabeth Marois, qui m'a quasiment élevée. C'est aussi notre plus proche voisine. Je l'appelle Betty.

Mireille salua la jeune femme, pinça la joue du petit Edmond et gratifia Simon d'un franc sourire.

— Reste avec cette dame, Mimine, conseilla Élisabeth. Nous rentrons. J'ai cru comprendre que Laura ne va pas tarder. Mais sois à l'heure pour le souper, sinon Joseph piquera une colère.

— Oui, Betty, c'est promis.

L'adolescente suivit Mireille jusqu'à la maison où s'entassaient caisses, sièges et matelas. Là, tout en espérant l'arrivée d'une automobile, elle assista avec émerveillement à l'aménagement rapide du logis sous la férule de la gouvernante. Mais chaque fois qu'elle voulait aider, on l'arrêtait d'un geste autoritaire.

— Mademoiselle, c'est mon affaire, pas la vôtre, disait Mireille.

— Et si la patronne apprenait que vous avez bougé un petit doigt, on aurait droit à un coup de semonce, renchérissait Célestin.

— C'est ridicule, protesta Hermine au bout d'un

quart d'heure. Je fais le ménage chez Betty et à l'école. Je ne suis pas en sucre ! Je trais la vache et je cure la stalle de Chinook, notre cheval, Moi, je n'ai jamais eu de domestiques. Je n'en aurai jamais non plus, sans doute, et je fais ce que je veux.

Elle souleva le couvercle d'une énorme caisse et commença à sortir une pile d'assiettes. Avec un air de défi, elle les rangea dans un vaisselier en chêne, placé entre deux fenêtres. Mireille capitula, pas si mécontente, au fond.

— Vous avez du caractère, mademoiselle Hermine, reconnut-elle, tandis qu'elles faisaient ensemble le lit dressé dans la chambre la plus propre et la mieux orientée. Il paraît que vous avez la plus belle voix du Québec, d'après madame.

Au comble du bonheur, la jeune fille caressa le tissu fin et parfumé de la taie d'oreiller qu'elle dépliait. Elle admira les doubles rideaux en velours rouge que Célestin accrochait.

— J'aime chanter, dit-elle, mais de là à prétendre avoir la plus belle voix du pays, non !

Afin d'épancher son exaltation, sans aucun préambule, Hermine entonna un air de circonstance, à son avis.

... Ô Magali, ma bien-aimée, fuyons tous deux sous la ramée, au fond des bois silencieux, au fond des bois silencieux ! La nuit sur nous étend ses voiles et les étoiles...

Réservées aux sopranos aguerries, les notes en crescendo à partir du mot *étoiles* résonnèrent de façon harmonieuse dans tout l'étage. Médusés, les deux domestiques n'osaient plus faire un mouvement. Ils écoutèrent religieusement la frêle adolescente capable d'un tel prodige.

— C'est un extrait de l'opéra intitulé *Mireille*, précisa Hermine, dès qu'elle eut terminé le morceau. En votre honneur, madame.

— Doux Jésus, elle me dit madame ! Faut m'appeler Mireille, ma jolie mademoiselle. Je comprends mieux pourquoi on vous surnomme le rossignol des neiges. C'est madame qui me l'a dit.

La gouvernante se figea à nouveau, ses prunelles d'un vert doré soudain agrandies. Elle dévisageait Laura et Hans Zahle qui se tenaient à l'entrée de la chambre et se mettaient à applaudir. Hermine se retourna vivement.

— Maman ! maman, enfin ! s'écria-t-elle.

L'instant suivant, Laura la serrait dans ses bras sous l'œil attendri du pianiste de l'hôtel.

— Ma fille chérie, j'avais tellement hâte de te revoir ! Mais je devais régler plusieurs détails avant de m'installer ici.

— Bonjour, mademoiselle Hermine, dit Hans. Vous venez de chanter magnifiquement. J'ai même l'impression que vous étiez plus à l'aise ici, dans votre village, qu'à Roberval devant la clientèle.

— Vous avez sans doute raison, monsieur Zahle, concéda l'adolescente.

— Vous pouvez m'appeler Hans, s'empressa-t-il de dire. Nous allons travailler ensemble tous les jeudis. Votre mère vient de m'engager ; je serai votre professeur de chant.

Hermine approuva d'un léger sourire. Elle n'avait qu'une envie, se retrouver en tête-à-tête avec Laura, ce qui lui semblait compromis.

— Est-ce que la maison te plaît, maman ? demanda-t-elle. C'est la plus belle de Val-Jalbert, à mon avis.

— J'en ai l'impression. Mais n'importe quelle maison me plairait, tant que tu es près de moi. Mireille, j'ai invité monsieur Zahle à boire un thé. Est-ce prêt ?

— Je m'en charge, annonça l'adolescente. Il y a tant de choses à terminer avant ce soir ; Mireille et Célestin font de leur mieux.

Elle dévala l'escalier et s'affaira dans la cuisine encombrée de trois nouvelles caisses. Un réchaud à alcool, flambant neuf, trônait au milieu d'une table.

« Je dois m'habituer à entendre maman donner des ordres à ses employés, se disait-elle. Mais je n'aime pas ça. Pourtant, cela me rassure qu'elle ne soit pas seule dans cette grande bâtisse, puisque je vivrai toujours chez les Marois. »

La cérémonie du thé fut très conviviale. Laura fit transporter un guéridon et des tabourets sur la terrasse protégée par l'auvent. Hans ne cessait de s'extasier sur l'agrément du lieu.

— Les érables seront bientôt de ce rouge superbe qui fait de nos forêts un enchantement ! s'exclama-t-il, un biscuit au gingembre entre les doigts. Le village ne dégage pas vraiment une atmosphère d'abandon, du moins pas autant que je l'imaginais.

— Tant que le couvent-école sonnera la cloche à huit heures du matin et à quatre heures, l'après-midi, Val-Jalbert continuera à vivre un peu, dit Hermine.

Une lumière orangée filtrait entre les feuillages. Laura ôta le chapeau de paille noire qui ombrageait son visage. Elle rejeta la tête en arrière, lissant du bout des doigts une mèche ondulée d'un jaune pâle.

— Mais, maman ! s'écria la jeune fille. Qu'est-ce

que tu as fait ? Tu es devenue blonde ? Comment est-ce possible ?

— Voyons, ma chérie, tu sais bien qu'on peut se teindre les cheveux ! J'en avais assez, de grisonner. Qu'en penses-tu ?

— Cela te rajeunit, c'est vrai, avoua Hermine. Il faudra que je m'habitue. Tu étais très jolie aussi avec tes cheveux gris clair. À mon âge, de quelle couleur étais-tu ?

— La même que toi, châtain. J'avais envie de changer. Ma coiffeuse m'a dit que je ressemblais à Mary Pickford[1], une actrice de cinéma. J'ai été flattée. J'ai vu un de ses films avec Franck, *Pauvre petite fille riche* de Maurice Tourneur. Hélas, à Val-Jalbert il n'y a pas de salle de cinéma, ni de salon de coiffure.

— Il y avait un barbier, avant, répondit l'adolescente.

Hans Zahle observait la mère et la fille. Il se sentait privilégié, en tant qu'unique représentant de la gent masculine, entre deux aussi ravissantes personnes.

— Cette demeure à l'orée des bois me semble un nid idéal pour un rossignol, avança-t-il sur le ton de la plaisanterie.

Son cœur battait en secret pour la jeune chanteuse. Laura s'en était aperçue. Elle eut un rire approbateur.

— Un rossignol qui n'ose pas déployer ses ailes, ajouta-t-elle. N'est-ce pas, mon enfant chérie, tu vas pouvoir apprendre le chant lyrique et le solfège. Tu en

1. Mary Pickford (1893-1979), de son vrai nom Gladys Louise Smith, actrice, productrice et femme d'affaires canadienne. Ce fut une des premières stars du muet ; on la surnommait la petite fiancée de l'Amérique.

as besoin. Je ne suis pas experte dans ce domaine, mais cela m'a paru évident, dès que je t'ai entendue chanter au *Château Roberval*. Une question d'oreille, sans doute. Dans un an ou deux, tu pourrais te présenter au *Capitole*, à Québec. Monsieur Zahle le pense aussi.

— Peut-être, souffla l'adolescente.

— Assurément ! rectifia le pianiste.

Ils discutèrent de la douceur de l'air et de l'horaire des leçons. Après avoir essayé le piano qu'il jugea d'excellente qualité, Hans Zahle prit congé. Hermine fut soulagée de le voir s'éloigner au volant d'une automobile brinquebalante.

— Demain, je te ferai visiter Val-Jalbert, dit-elle à Laura. Si tu n'es pas trop fatiguée...

— Même fatiguée, je te suivrai partout, affirma sa mère. Ma chérie, je vais être très heureuse dans ce village. Tous les matins, je verrai le couvent-école de mes fenêtres et je penserai à toi encore plus fort. Quand nous sommes passés en voiture devant le perron, j'ai eu un choc au cœur. Tu étais là en plein hiver, cachée dans un ballot de fourrures, mon bébé adoré, si fragile, malade en plus.

Laura frissonna, les yeux voilés de larmes. Hermine se serra contre elle.

— Maman, c'est du passé. Tu es là maintenant.

Elles parcoururent main dans la main chaque pièce, examinant les meubles. Mireille disposait des lampes et des bibelots extirpés de leur cocon de papier journal. La nuit tombait quand la gouvernante se soucia du souper.

— Vous restez avec madame pour le repas, mademoiselle ? s'informa-t-elle.

— J'aimerais bien, mais je dois rentrer chez mon tuteur. Cela ne t'ennuie pas, maman ?

— Un peu. Mais je tiens à établir des relations de bonne entente avec la famille Marois. Si tu ne les as pas prévenus, j'aurais l'air de te garder contre leur volonté.

Elles se séparèrent sur le perron. Hermine étreignit sa mère et l'embrassa à deux reprises.

— Je ne parviens pas à croire que tu es vraiment près de moi pour de bon. Si tu savais comme j'aurais voulu passer cette première soirée avec toi. La maison est tellement bien décorée, et tout éclairée.

La jeune fille jeta un regard éperdu sur la façade. Les fenêtres étincelaient, se dessinant dans la pénombre. Des pans de rideaux en lin donnaient une douce impression de confort.

— Tout est si beau, dit-elle encore. Le piano, les tableaux, les tapis.

— Ma petite chérie, coupa Laura, tu pourras en profiter une autre fois, un autre soir. Je ne m'en irai pas. Rentre vite. Il fait sombre déjà.

— Je ne risque rien, maman, assura Hermine.

Elle se mit à courir sur l'herbe tendre et se fondit dans le clair-obscur dispensé par le couvert des arbres.

« Ma nouvelle vie commence, pensait-elle. Une vie avec ma vraie mère ! »

Dans sa précipitation, la jeune fille bouscula quelqu'un. Elle reconnut Joseph à sa stature et à son haleine empestant le tabac et le gin.

— Je venais te chercher, ronchonna-t-il. Betty a servi la soupe. On ne va pas manger froid à cause de tes sottises.

— Mais je ne suis pas en retard ! protesta-t-elle.

L'ouvrier posa ses doigts noueux sur son épaule en enfonçant un peu ses ongles durs.

— Ne cherche pas à me berner, Mimine, menaça-t-il en lui parlant de très près. J'avais placé tant de beaux rêves en toi ! Tu devenais ma belle-fille, tu vendais des disques, on mettait de l'argent à la banque. Je voulais même louer pour Simon et toi la maison de mon vieux camarade Amédée. La famille Marois aurait établi sa bonne réputation. Une famille solide, une bonne famille.

Joseph bredouillait sans lâcher prise. Hermine devina qu'il avait bu plus que de coutume. Elle tenta de se dégager, mais il la saisit à la taille de l'autre main.

— Je t'ai vue grandir, Mimine, je t'aime fort, très fort. Si ta mère veut te récupérer, ce sera la guerre. J'y ficherai le feu, à la belle baraque du surintendant. Tu as intérêt à être gentille, si tu veux que ta madame Laura ne grille pas en enfer.

Il frotta sa joue mal rasée contre le visage frais et lisse de l'adolescente. Elle lui empoigna les cheveux et tira de toutes ses forces. La peur la rendait muette. Joseph étouffa un cri de douleur, mais il resserra son étreinte, la tenant contre lui d'un bras. Hermine s'affola, car il défaisait son ceinturon.

— Non, non ! supplia-t-elle. Il ne faut pas, pas ça, par pitié.

— Tu crois quoi ? haleta-t-il. Je veux pas prendre la future femme de mon fils. Mais voilà, tu mérites une punition. Depuis le temps que j'aurais dû te dresser !

L'adolescente se débattit, terrifiée. Elle se souvenait trop bien de l'impact de l'épaisse ceinture en cuir sur la chair tendre d'Armand, qui encaissait la douleur sans broncher, à six ans seulement et bien trop souvent depuis.

— Je n'ai rien fait de mal, gémit-elle.

Une voix s'éleva, toute proche :

— Laisse-la tranquille, papa ! ordonna Simon. Tu es ivre ! Tu me fais honte !

Le jeune homme libéra Hermine qui éclata en sanglots. Joseph tituba et disparut dans l'obscurité.

— Simon, implora l'adolescente, rattrape-le, il va mettre le feu chez ma mère.

— Mais non, ce sont des paroles en l'air, des menaces d'ivrogne. Viens, maman est malade d'inquiétude. Je suis désolé, Mimine. Mon père boit trop ces temps-ci.

— Même à jeun, il est violent et cruel, hoqueta-t-elle. Pourquoi déteste-t-il autant ma mère ?

— Elle est riche, ça le rend jaloux, soupira Simon.

Hermine se cramponnait à lui. Ils étaient arrivés devant la maison des Marois.

— Cette fois, je dis la vérité à maman, déclara-t-il. C'est la seule qui a encore de l'influence sur lui. Mimine, tu ferais bien de vite te marier. Mon père n'osera plus te chercher des histoires si tu as un homme pour te protéger. C'est un lâche, Jo, il frappe les enfants et les plus faibles que lui.

— Il n'a jamais frappé Betty ! déclara-t-elle.

— Non, ça non ! affirma Simon.

Élisabeth jeta un œil navré sur le corsage de la jeune fille, déchiré au niveau du premier bouton. Elle scruta son visage bouleversé. Comme Armand et Edmond avaient fini de souper, elle les expédia dans leur chambre. Simon raconta à voix basse ce qui s'était passé.

— Jo n'aurait pas dû s'en prendre à toi, Mimine, dit-elle simplement. Je l'avais mis en garde. Il a vidé une demi-bouteille de gin et bu de la bière. Mon pauvre Jo, qui était un si bon ouvrier, un si bon mari. J'en viens à regretter que tu aies su chanter, ma petite, ça l'a rendu comme fou, ses beaux projets.

Hermine n'avait pas le courage de répondre. Elle regardait sans cesse par la fenêtre, craignant de voir un incendie déchirer les ténèbres.

Simon obligea sa mère à s'asseoir. Élisabeth tremblait de tous ses membres. Elle posa ses mains sur son ventre à peine bombé.

— Je n'en peux plus, mes enfants, avoua-t-elle. Tu devrais faire ta valise et t'installer chez Laura, Mimine. Je m'en moque, de la loi. Jo n'est pas un tuteur digne de ce nom. J'aimerais retourner chez mes parents, à Chambord. Depuis que l'usine a fermé, Jo n'est plus le même. Ce soir, il a giflé mon petit Edmond parce qu'il avait renversé un peu de soupe sur la table. S'il ose me toucher, je partirai.

— Ce n'est qu'une sale brute ! décréta Hermine, tout bas. Je le craignais quand j'étais fillette et j'avais raison. J'ai eu très peur, Betty. Joseph dégrafait sa ceinture, c'était odieux.

— Ma pauvre mignonne, je suis navrée ! gémit Élisabeth.

L'adolescente observa la jeune femme qui avait le teint cireux et les yeux cernés de mauve. Apitoyée, elle s'approcha et lui caressa le front.

— Tu méritais mieux que cet homme, Betty chérie, affirma-t-elle. Ne te rends pas malade, Simon est arrivé à temps. Je m'en remettrai.

— Va-t'en dès ce soir, Mimine ! insista Élisabeth. Laura veillera sur toi, sur ta carrière. Demain je préviendrai l'abbé Degagnon et le maire. Ils sermonneront

Jo, ils le raisonneront. Il tient à sa réputation. Il ne fera plus de scandale.

— Non, je préfère rester ici pour t'aider, au moins jusqu'à la naissance du bébé, dit Hermine avec conviction. Tu es tellement fatiguée.

— Oh oui, je suis fatiguée. Je monte me coucher, j'ai le cœur brisé. La conduite de Jo me répugne.

Simon dut soutenir sa mère jusqu'à l'étage. Hermine débarrassa la table, lava la vaisselle et donna un coup de balai. Souvent, elle vérifiait par la fenêtre qu'aucune lumière insolite ne brillait dehors.

« Ce serait affreux, épouvantable, pensait-elle, si Joseph mettait le feu. Maman est si contente d'être là. Mais elle grillera pas en enfer, elle aurait le temps de s'enfuir. Célestin et Mireille la sauveraient. »

Comme bien des Québécois, Hermine avait une sainte frayeur des incendies. Elle n'avait jamais oublié le jour de février où Simon et elle, depuis le barrage de la Ouiatchouan, avaient assisté à la destruction de l'église. On lui avait raconté que l'hôtel de Val-Jalbert aussi avait été ravagé par les flammes[1].

« J'avais à peine trois ans, en 1918. Bien sûr, les gens se hâtent de reconstruire, mais bien des objets personnels sont détruits qu'il est impossible de retrouver. »

Cela la tourmentait. Simon redescendit. Il avait l'air anxieux.

— Je vais chercher mon père, lui dit-il. Maman a peur qu'il fasse une grosse bêtise.

---

1. Incendie du 22 mars 1918. L'hôtel est vite reconstruit et tenu par monsieur Duguay. La partie inférieure de l'établissement demeure occupée par le magasin général tenu par monsieur Wellie Fortin, marchand et maire du village.

— Quelle bêtise ?

— Du genre de se pendre à une poutrelle de l'usine. Il a emporté les clefs ! Papa a mauvais caractère, il cogne dur, mais, bizarrement, c'est un gars fidèle. Je sais bien qu'il t'a serrée de près, ce soir. Crois-moi, Mimine, demain matin, il en crèvera de honte. Ou bien avant.

Elle faillit répliquer que cela l'étonnerait beaucoup, mais elle n'osa pas. Simon paraissait vraiment inquiet.

— Va le chercher, j'attends ton retour.

L'adolescente considéra la silhouette musculeuse de Simon, son aîné de six mois. C'était un beau garçon, aux traits virils, brun et déjà barbu. Il sortit après lui avoir fait un clin d'œil amical.

« Il est bien plus gentil que son père, mais il ne me plaît pas. Même s'il n'y avait que lui sur terre, comme homme, je ne voudrais pas être sa femme... Non, j'exagère. »

Assise à la table, elle feuilletait le journal de la veille. Son esprit se perdait en réflexions sur les mystères du cœur féminin.

« Pourquoi Toshan m'a-t-il séduite d'un regard, d'un sourire ? Pourquoi deux êtres se sentent-ils attirés l'un vers l'autre même si tout les sépare ? C'est comme Hans Zahle : je vois bien qu'il me lance des regards pleins de tendresse. Peut-être qu'il m'aime. Mais moi, je n'aime que Toshan. »

Elle se répéta le prénom dont la consonance lui paraissait étrange comparée à celle des autres noms d'origine française ou anglaise.

« L'ancien maire, celui qui tenait le magasin quand j'étais petite fille, il s'appelait Wellie, Wellie Fortin !

Les fils de Betty portent des prénoms ordinaires, Simon, Armand, Edmond. »

Pour lutter contre la nervosité qui l'oppressait, l'adolescente continua à se remémorer des prénoms. Elle en était à Onésime, quand un cri retentit à l'étage, un cri strident de chagrin et de souffrance, provenant de la chambre des Marois.

— Oh non, non ! Mon Dieu ! hurlait Élisabeth.

Hermine en fut glacée. Elle resta immobile un instant avant de se ruer dans l'escalier. Armand se tenait au milieu du couloir, sous la clarté crue de l'ampoule électrique.

— C'est maman, Mimine ! Qu'est-ce qu'elle a ?

— Va te recoucher et rassure Edmond, je l'entends pleurer ! dit-elle en repoussant le garçon.

Elle entra dans la pièce. Élisabeth se tordait sur son lit défait. Le drap de dessous était maculé de sang.

— Hermine, j'ai mal ! Hermine, je perds le bébé. Toujours, toujours, je perds mes bébés. Pourquoi, mon Dieu, pourquoi ?

Hagarde, échevelée, la jeune femme haletait. Dans un sursaut de pudeur, elle remonta la couverture sur ses jambes dénudées.

— Qu'est-ce que je peux faire, Betty ? balbutia l'adolescente. Dis-moi, je t'en prie !

— Il n'y a plus de sage-femme au village, et pas de docteur ! hoqueta Élisabeth. Je perds beaucoup trop de sang, c'est venu d'un coup. Et j'ai mal, tellement mal.

— Calme-toi ! recommanda Hermine. Tu es en sueur ! Mon Dieu, et Simon est parti chercher Joseph. Pourvu qu'il le trouve !

— Ta mère, Laura, va la prévenir. Peut-être qu'elle pourrait téléphoner au docteur Milles, il aurait vite fait de venir de Roberval. Mimine, j'ai peur de mourir. Quand j'avais dix ans, à Chambord, une voisine s'est vidée de son sang, comme ça. J'en étais à quatre mois, presque. Je voulais une petite fille, une jolie petite fille bien à moi, parce que je savais que tu t'en irais.

Élisabeth triturait son oreiller et le mordait, alternant les cris et les sanglots.

— Tu veux que j'aille chez maman ? demanda Hermine, terrifiée. Mais je ne peux pas te laisser seule. Et si je reviens et que tu es morte, Betty ! J'ai une idée. Je vais envoyer Armand, d'accord ? Il sera vite habillé.

La jeune femme répondit par une plainte qui pouvait passer pour une approbation. Cinq minutes plus tard, muni d'une lampe de poche, Armand courait vers la maison où Laura écrivait, installée devant un ravissant bureau de style Louis XVI, un cadeau de Franck Charlebois. Épuisés par leur journée de déménagement, les domestiques dormaient déjà. Ils disposaient chacun d'une chambre aussi confortable que celle de leur patronne.

— Au secours, madame ! Au secours ! s'égosilla Armand en tambourinant à la porte double. Faut venir chez nous, les Marois !

Laura courut ouvrir. Elle se trouva nez à nez avec un garçon de douze ans, le crâne rasé.

— C'est Mimine qui m'a dit de toquer chez vous, madame. Ma mère est souffrante. Enfin, je crois qu'elle perd son bébé, je suis pas sourd, j'ai écouté... dans le couloir.

— Mon Dieu ! s'exclama Laura. Et ton père, que fait-il avec tout ça ? Pourquoi avez-vous besoin de moi ? Je ne suis pas sage-femme, ni infirmière.

— Papa était saoul, madame, il a disparu si j'ai bien compris. Mon grand frère le cherche.

— Je viens tout de suite. Attends-moi !

Laura tira Mireille de son lit et lui expliqua la situation. La gouvernante enfila des chaussons et une robe de chambre. Elle prit un flacon d'alcool camphré dans la pharmacie et un gros sachet de coton.

— Pour une première nuit, madame, ça commence fort, maugréa-t-elle. C'est quoi, cet endroit sans docteur ni sage-femme ! Et le poste de téléphone, il ne fonctionne pas ?

— Non, il faudra le réparer, je crois. Dépêchez-vous, Mireille. Ma fille a besoin de nous. Et cette malheureuse Élisabeth encore plus. Qui sait ? Peut-être que ma présence l'a désespérée ! Dans ce cas, je serai responsable s'il lui arrive malheur.

— Ne dites pas de sottises, madame. Les fausses couches se déclenchent comme ça, sait-on pourquoi ? Dieu merci, j'ai eu le bon sens de ne pas me marier. Je n'avais pas envie de souffrir mille morts, moi !

Sur ces mots, Mireille descendit l'escalier le plus vite possible, suivie par Laura. Armand trépignait sur place. Il guida les deux femmes en tenant bien haut sa lampe. Il s'apprêtait à grimper les marches du perron quand la gouvernante le retint par le coude.

— Toi, mon garçon, file donc réveiller quelqu'un qui a un téléphone en état de marche. Nous ne ferons pas de miracle, madame et moi. Il faut un bon docteur pour soigner ta mère. Comment t'appelles-tu ?

— Armand, madame.

— Eh bien, cours, Armand. Allez !

— Je vais chez monsieur le maire, répliqua-t-il.

Laura et Mireille entrèrent dans la cuisine. Des cris

et des gémissements résonnaient à l'étage, auxquels répondaient les supplications d'Hermine. Un enfant pleurait.

— Élisabeth Marois a un fils de cinq ans, il doit être effrayé, fit remarquer Laura.

— Je monte, madame, vous êtes blanche comme de la craie. Venez, vous n'avez qu'à vous occuper du petit.

— Je dois surtout soutenir ma fille, protesta-t-elle. Hermine n'a pas l'âge d'être confrontée à des choses pareilles.

— Sauf votre respect, madame, votre fille va sur ses seize ans. Elle ne tardera pas à devenir une femme, à porter des enfants et à les mettre au monde, soupira Mireille.

— Elle a bien le temps de se marier ! Surtout qu'elle possède une voix exceptionnelle. Je compte voyager en Europe avec Hermine, l'écouter chanter dans les meilleurs opéras du monde. Pas de mariage avant longtemps.

Elles gravirent l'escalier et longèrent le couloir. Hermine surgit d'une pièce sur leur droite.

— Oh, maman, merci d'être venue si vite. Mireille, merci à vous.

La gouvernante trottina jusqu'au lit d'Élisabeth. Laura désigna à sa fille la pièce en vis-à-vis, faiblement éclairéc par unc vcillcusc. En pyjama, Edmond sanglotait, la face contre le plancher. L'adolescente se précipita et le releva.

— N'aie pas peur, Ed chéri, ta maman va guérir, dit-elle avec douceur. Il faut te moucher et sécher tes yeux. Je ne pouvais pas venir te consoler. Tu vas dormir dans mon lit.

Plus bas, elle confia à Laura :

— Je n'osais pas laisser Betty seule. Elle souffre beaucoup.

— Armand est parti chez le maire téléphoner à un docteur, indiqua sa mère.

La jeune fille transporta Edmond dans sa chambre du rez-de-chaussée. Laura la suivit, mal à l'aise de parcourir la maison des Marois sans y être invitée.

— C'était le salon, ici, expliqua Hermine d'une voix frêle, les paupières meurtries par les larmes. J'ai eu la surprise à Noël dernier, les rideaux neufs, les peintures refaites, et l'électrophone. Il y avait un sapin décoré dans ce coin-là.

Avec des gestes tendres, elle installa Edmond dans son lit et le borda.

— Dors vite, mon chéri. Demain matin, je te ferai des pancakes tout chauds. Tu auras de la confiture de bleuets.

Laura observait Hermine. Sous ce toit, sa fille avait grandi, joué, veillé sur les enfants plus jeunes qu'elle. C'était une autre facette de l'adolescente qu'elle découvrait.

« Soit, elle chante à merveille, songea-t-elle, mais je la sens rompue à tous les travaux ménagers, à la cuisine, à l'éducation des petits. Et elle est attachée à ce village, à cette famille. Moi, je débarque dans sa vie à brûle-pourpoint. Pourquoi m'aimerait-elle ? »

Hermine promettait à Edmond de laisser la porte entrebâillée pour le rassurer.

— Je dois retourner près de Betty, maman ! Est-ce que tu veux bien m'accompagner ?

— Mais ce sera très gênant pour elle, avança Laura. Je suis une étrangère.

— Je t'en prie, viens avec moi ! J'ai peur qu'elle soit morte. On n'entend plus aucun bruit, pas un cri.

— Mireille serait descendue si un malheur était survenu. Ma chérie, on ne meurt pas d'une fausse couche.

Laura lut une telle prière dans les grands yeux bleus de sa fille qu'elle céda.

Élisabeth somnolait, les mains posées sur le repli du drap. Son visage était d'une pâleur cadavérique. Assise à son chevet, Mireille récitait son chapelet, maniant un bel assemblage de grosses perles en ivoire sculpté.

— Ellc sc rcposc, déclara la gouvernante. J'ai changé la literie. J'ai mis les draps souillés dans le réduit, là-bas. J'ai fait respirer de l'alcool camphré à cette jolie dame et ça l'a calmée.

Hermine effleura le front de la malade. La peau était moite, mais tiède, à son grand soulagement.

— Est-ce qu'elle perd encore du sang ? demanda-t-elle à Mireille.

— Oui, mademoiselle. Le docteur se prononcera, s'il se décide à faire son métier. Remplacez-moi, je descends préparer une boisson chaude. Ça lui redonnera des forces.

— Il reste du bouillon de poule dans une marmite bleue, dit doucement l'adolescente.

Laura sc sentait inutile. Elle resta debout près de la fenêtre qui donnait sur la rue Saint-Georges. L'éclairage public projetait des ombres et des zones lumineuses, selon la position des arbres et celle des maisons désertées.

Hermine gardait le silence en guettant la respiration ténue d'Élisabeth. Parfois, elle lui caressait le bras ou les cheveux.

— Ce serait horrible si notre Betty mourait, murmura-t-elle enfin. Edmond est trop petit pour perdre sa maman. Armand deviendrait méchant. Il a un caractère difficile.

— Toi aussi, tu serais désespérée, dit Laura. Je suis arrivée ici folle de bonheur, mais depuis que je te vois dans cette maison je doute de tout. Tu dois me haïr, au fond, Hermine. C'est Élisabeth qui t'a servi de mère, qui t'a bercée et choyée. Je ne pourrai jamais réparer le mal que je t'ai fait.

— Maman, tais-toi ! Il y a de la place dans mon cœur pour vous deux.

Élisabeth poussa une plainte. Elle ouvrit les yeux et aperçut Laura.

— Madame, j'ai reconnu votre voix. Hermine ne vous a jamais haïe. C'est une enfant si charitable. Protégez-la, je vous la confie. Il n'est pas trop tard, vous avez de longues années pour la chérir.

— Betty, ne parle pas comme ça ! s'écria l'adolescente. Tu ne peux pas me quitter. Tiens bon.

Hermine fixait avec angoisse le doux visage de la jeune femme et ses boucles blondes assombries autour du front par la sueur.

— Nous fêterons Noël tous ensemble. Tu entends, Betty ? Je chanterai à l'église et tu viendras goûter chez maman.

— Je voudrais bien, Mimine, mais je me sens si faible !

En larmes, Laura se tourna à nouveau vers la fenêtre. Joseph et Simon approchaient de la maison.

— Hermine, voici ton tuteur, souffla-t-elle. Mon Dieu, je n'ai pas le cran de l'affronter.

— J'ai perdu mon bébé par la faute de mon mari, madame, dit encore Élisabeth. Ne craignez rien.

Dans la cuisine, Mireille recevait Joseph et Simon Marois. L'ouvrier, dégrisé, fut stupéfait de voir une parfaite inconnue, dodue et coiffée d'un casque de mèches neigeuses, qui s'activait devant le poêle. Simon l'avisa qu'il s'agissait de la domestique de Laura.

— Et qu'est-ce qu'elle fabrique chez nous ? interrogea Joseph.

— Je prépare du bouillon de poule, corsé au poivre, monsieur ! rétorqua la gouvernante. Mademoiselle Hermine nous a appelées à l'aide, madame et moi, parce que votre épouse a des soucis de santé.

— Maman est malade ? s'inquiéta Simon.

— Pire que ça, mon pauvre jeune homme, soupira Mireille. J'ai envoyé votre frère trouver un téléphone pour avoir la visite d'un docteur.

Joseph se gratta le menton. Il émergeait d'un brouillard de colère et de rancœur imprécise. Soudain, le sort de Betty fut son unique préoccupation.

— Qu'est-ce qu'elle a, ma femme ? dit-il d'un ton peureux.

— Une fausse couche, monsieur. Je ne vais pas prendre de gants, il n'y a pas de honte à en parler.

Simon retint un cri de chagrin. Joseph s'assit lourdement à la table et cogna son front contre le bois. Il se savait responsable de tout ce gâchis.

— Vous pouvez monter la consoler, monsieur, plutôt que d'essayer de vous assommer, dit Mireille. Mais je vous préviens, ma patronne est à son chevet, avec mademoiselle Hermine. Je suis au courant de bien des choses, il serait peut-être temps de vous mettre d'accord, tous autant que vous êtes. Votre dame a dû en avoir, de la peine, pour perdre son bébé.

Joseph se redressa. Il paraissait vieilli de dix ans. Simon l'avait retrouvé dans la gare désaffectée de l'usine. Le jeune homme s'était montré dur, impitoyable.

— J'ai tout raconté à maman, disait-il, que tu voulais frapper Mimine, que tu la serrais un peu trop. Si tu recommences, je suis capable de te tuer, papa, quitte à faire de la prison. De toute façon, j'y suis déjà, en prison, dans ton village.

Mireille posait un bol fumant sur un plateau. Elle jeta un coup d'œil intrigué à l'ouvrier, puis à Simon. Un bruit de moteur fit diversion. Le docteur Milles se garait devant le perron. Armand sortit de la voiture et entra comme un fou :

— Maman, elle est pas morte, hein ? Dis, papa, dis, Simon ?

— Mais non, mon gamin, assura la gouvernante.

Le médecin avait vieilli. Il n'avait pas mis les pieds à Val-Jalbert depuis la terrible épidémie de grippe espagnole de 1918. Chauve et bedonnant, il portait des lunettes. En guise de préambule, il salua Joseph avec ces mots :

— Si l'hémorragie est importante, je ne pourrai rien faire pour sauver votre épouse, monsieur. Quelle idée de rester vivre ici, loin des facilités que nous offre le monde moderne !

L'ouvrier hocha la tête, hébété. On lui parlait d'une vie sans sa Betty. Cela le terrassait. Laura apparut en bas des marches. Les deux ennemis se croisèrent, tandis que le docteur montait d'un pas traînant.

— Je vous remercie, madame, de vous être dérangée, marmonna Joseph.

— Entre voisins, il faut se soutenir, répondit-elle.

La trêve paraissait signée. Hermine descendit à son tour. Elle avait évité de regarder son tuteur dans le couloir de l'étage.

— Mon Dieu, faites que Betty guérisse ! dit-elle.

— Elle guérira, mademoiselle. J'ai prié de toute mon âme ! dit Mireille.

La gouvernante disait vrai. Après un examen soigneux, le médecin affirma que la jeune femme était hors de danger. Il nota ses honoraires sur une feuille et repartit. Simon et Armand allèrent se coucher.

Hermine raccompagna Laura et sa domestique à mi-chemin. Elle leur prêta la lampe à piles. Toutes trois étaient si fatiguées qu'elles parlaient à peine et très doucement.

— Bonne nuit, maman, bonne nuit, madame Mireille. Je suis tellement soulagée. Merci encore d'être venues.

Laura embrassa sa fille avec ferveur.

— Tout s'arrangera, n'est-ce pas ? lui chuchota-t-elle.

— Bien sûr, maman, à demain.

L'adolescente fit demi-tour. Elle décida de cacher à sa mère la conduite ignoble de Joseph. Betty était sauvée, c'était bien tout ce qui comptait pour elle à ce moment.

L'automne approchait. Bientôt, l'hiver serait là avec son cortège de froidure et de tempêtes. Au fil des mois, la paix s'établirait, et peut-être l'amitié. Elle voulait s'en persuader. Son bonheur serait à ce prix.

13

Modus vivendi

Val-Jalbert, 30 septembre 1930

Les fenêtres du salon s'ouvraient sur un éblouissement de couleurs pourpres et or. Le sous-bois entourant la maison de Laura, composé d'arbres encore bien jeunes, constituait une toile de fond magnifique. Le soleil à son zénith illuminait la moindre feuille ; un vent tiède agitait les ramures.

Assise au piano, Hermine ne se lassait pas de contempler le spectacle que lui offrait la nature en toilette automnale. Soudain elle déclara, songeuse :

— Un *modus vivendi* ! Maman a de ces expressions savantes...

La veille, Laura était venue chez les Marois. Elle apportait pour Élisabeth qui se rétablissait lentement une bouteille de quinquina, une boisson tonifiante à base de cinchonine. Joseph s'était montré aimable avec la visiteuse. Ils avaient même bu un café ensemble. Par la suite, Laura avait confié à Hermine, dans la rue : « Nous avons trouvé un *modus vivendi*, en fonction de la santé et de la tranquillité de Betty. »

En revoyant l'air malicieux de sa mère, Hermine eut un petit rire satisfait. Elle posa ses doigts sur le clavier et joua maladroitement *La Lettre à Élise*. Hans Zahle était en retard et cela agaçait sa jeune élève.

« Après ma leçon, j'emmène maman visiter Val-Jalbert. Cette fois, rien ne nous en empêchera. Les outardes sont descendues vers le sud, il neigera bientôt. C'est aujourd'hui ou jamais ! Depuis qu'elle a emménagé, nous n'avons pas fait une seule promenade toutes les deux. »

Une automobile remontait le chemin. Hermine s'assura que c'était bien la Ford noire du musicien. Sans être coquette, elle était flattée de l'intérêt passionné que lui témoignait cet homme de trente-cinq ans. Il n'avait pas un physique très avantageux, mais Laura lui trouvait beaucoup de charme.

— C'est quelqu'un d'instruit et de bien élevé, disait-elle à sa fille. Il a un beau sourire et un regard intelligent.

Mireille introduisit Hans Zahle dans la pièce. Les mimiques de la domestique quand elle annonçait un visiteur amusaient l'adolescente, même si cela lui paraissait déplacé.

— Monsieur Zahle, mademoiselle !

L'adolescente se leva du tabouret et marcha d'un pas vif vers son professeur. Il la salua d'un air ravi, mais elle rattrapa la gouvernante par les cordons de son tablier blanc.

— La prochaine fois, Mireille, tu diras : « Hermine, c'est Hans ! » Sinon je prendrai mes leçons dans la forêt en faisant de la musique avec un harmonica.

— Ce serait tout à fait inconvenant, mademoiselle, protesta la domestique.

— Oui, et de ta faute en plus, plaisanta la jeune fille, d'humeur taquine.

Elle avait décidé de tutoyer Mireille, qui lui inspirait une vive sympathie. Toutes deux s'entendaient à merveille.

Hans s'installa au piano. Il parut réfléchir un moment avant de jouer le début de *La Marche turque*, de Mozart. Hermine aimait observer le musicien dont la maestria la fascinait. Les doigts fins aux ongles soignés couraient sur les touches, se soulevaient, frémissants, avant de se poser à nouveau. Elle avait souvent l'impression que les mains de Zahle étaient d'étranges oiseaux sans ailes aux pouvoirs magiques.

— Vous êtes un grand artiste. Vous me donnez envie de danser, lui dit-elle avant d'éclater de rire.

— Je ne vous avais jamais vue aussi gaie, constata Hans.

— Parce que je suis enfin heureuse, répliqua-t-elle. Je peux rendre visite à ma mère aussi souvent que je veux. Betty a fait quelques pas ce matin, elle mange de meilleur appétit. Joseph ne boit plus, il semble bien décidé à se conduire en honnête homme. Il a promis à sa femme de ne plus se mettre en colère. Je pense qu'il tiendra parole.

Grâce aux bavardages conjugués de Laura et de l'adolescente, Hans était au courant des récents événements.

— Et, le plus important, c'est que maman et Joseph soient en voie de réconciliation, ajouta Hermine, il y a un *modus vivendi* ! J'ai appris cette expression hier et je n'arrête pas de la répéter. Je me sens vraiment ignorante, comparée à ma mère. Même Alice Paget ne connaissait pas ces mots-là, parce que c'est du latin. Et vous ?

— Je le connaissais également, grâce à mon père qui

est un fin lettré. Alors, charmante demoiselle, par quoi commençons-nous ?

Le compliment fit rougir l'adolescente. Elle virevolta pour cacher ses joues écarlates et attendit un peu avant de se retourner.

Hans la dévisagea avec insistance, sans oser admirer son corps gracieux qu'une robe neuve en cotonnade fleurie mettait en valeur.

— Le bonheur vous embellit encore, si c'est possible. Vous êtes radieuse, souffla-t-il.

Il aurait voulu dire : exquise, délicieuse, d'une beauté de bouton de rose juste éclos. Vite, il se pencha sur le clavier, mais la vision subsistait : les lèvres au doux tracé, d'un rouge pâle, le nez fin, les superbes yeux bleus, le front bombé et lisse comme celui des statues de marbre, le flou des cheveux souples d'un châtain doré aux reflets lumineux.

Troublée par la passion qu'elle avait sentie chez Hans, la jeune fille s'absorba dans l'examen de son cahier de solfège. Reprenant le ton du professeur, le musicien déclara :

— Faites vos gammes, Hermine. Respirez bien avec le ventre.

Elle enchaîna les exercices qu'il lui avait appris. Sa voix prenait encore de l'ampleur, de l'aisance. Après un quart d'heure, Hans sortit une partition de son cartable.

— Je voudrais que vous appreniez ce morceau d'opéra, signé par Giacomo Puccini, un brillant compositeur italien ! Il s'agit de *La Bohème*[1], qui a remporté

1. L'opéra *La Bohème*, créé à Turin en 1896, fut le premier chef-d'œuvre de Puccini, à qui l'on doit aussi *Madame Butterfly*, *La Tosca* et *Turandot*.

un succès mondial. J'ai pu me procurer l'air de Mimi, l'héroïne, qui connaît une fin tragique, je vous en préviens. Dans cette scène, elle se présente à l'homme qu'elle a rencontré par hasard, un peintre, Rodolphe. Cela se passe à Paris. Bien sûr, ils vont tomber amoureux l'un de l'autre.

— Un prénom original, Rodolphe ! coupa la jeune fille.

— Il y a des notes très hautes dans ce passage, reprit Hans. Il faudrait que vous puissiez écouter un enregistrement, mais je n'en ai pas trouvé à Roberval. Cela dit, j'ai confiance, vous pouvez y arriver. Ce serait parfait pour une audition au *Capitole*, le grand théâtre de Québec. Votre mère tient beaucoup à vous y amener. Elle rêve de vous voir en cantatrice, sur toutes les scènes d'Europe et d'Amérique. Vous auriez du succès, Hermine. Les rôles des femmes dans les opéras sont souvent joués par des personnes plus âgées que ne le voudrait l'intrigue, et moins jolies. Mais vous, en costume, maquillée, toute fluette dans la lumière de la rampe, vous seriez magnifique. Le public serait enthousiasmé de voir une si ravissante soprano, dotée d'une voix pareille.

Hans s'enflammait en la fixant d'un air ébloui. Il y avait dans son regard autre chose que de l'admiration.

« Il m'aime ! » songea Hermine.

— Je vous remercie d'avoir une telle foi en mon talent, dit-elle, émue. Peut-être que je passerai une audition un jour, mais plus tard, bien plus tard. Je n'ai pas envie de quitter Val-Jalbert.

— L'été prochain, vous serez prête sur le plan vocal, et les voyages sont plaisants, par le Saguenay, en bateau.

Le pianiste se voyait déjà à bord, entre Laura et Hermine.

— Surtout pas l'été prochain ! déclara-t-elle.

Hans n'insista pas. Il sentait que la jeune chanteuse avait l'étoffe d'une artiste d'exception, à qui l'on devait pardonner tous les caprices.

— Excusez-moi, soupira-t-il. Dans deux ans, alors ?

— Cela me conviendrait mieux, répondit-elle en songeant à Toshan.

Pour rien au monde elle ne manquerait le rendez-vous qu'il lui avait donné.

« Je ne peux pas parler de Toshan à Hans, pensa-t-elle. Je lui ferais sans doute de la peine. »

Ils répétèrent pendant plus d'une heure l'extrait de *La Bohème* choisi par le maître. Après quelques échecs, Hermine interpréta enfin avec brio l'air de Mimi.

— Superbe ! Une performance ! s'écria Hans.

Laura entra sans bruit et se mit à applaudir ; elle fut imitée par Mireille et Célestin, irrésistiblement attirés par la voix de cristal de l'adolescente.

— Bravo, ma chérie, s'exclama la jeune femme. Quel brio, quelle facilité ! Franck m'avait emmenée à New York, au *Metropolitan Opera* à Broadway, et c'était pour assister à une représentation de *La Bohème*. J'avais pleuré. L'histoire est poignante.

Hermine approuva, embarrassée comme chaque fois que Laura évoquait son existence avec Franck Charlebois. Elle avait la vague impression d'être complice de l'infidélité involontaire de sa mère à l'égard de son père, ce mystérieux Jocelyn dont on avait perdu la trace.

Hans Zahle accepta une tasse de café. La gouvernante le servit sur la terrasse couverte, comme disait Laura.

Cet espace protégé de la pluie, mais ouvert sur le paysage flamboyant, enchantait la maîtresse de maison.

— Je n'avais pas de jardin, à Montréal, seulement un balcon. Je trouvais cela idiot, une si grande demeure et pas un carré d'herbe, expliqua-t-elle au pianiste. Ici, je vis dehors, je prends tous mes repas sous cet auvent. N'est-ce pas, Hermine ?

— Oui, maman, et dès que Hans sera parti, nous allons en balade, toi et moi. Tu me l'as promis.

— Et si ce cher Hans nous accompagnait ! suggéra Laura. Hans, cela vous intéresserait sûrement de visiter Val-Jalbert ?

Zahle refusa avec tact, malgré un pincement au cœur. Lucide, il devinait qu'il dérangerait la jeune fille dont il avait perçu la déception à un infime soupir.

— Bonne promenade ! leur souhaita-t-il en se mettant au volant.

— Il aurait aimé venir, souffla Laura. Ma chérie, tu as dû remarquer combien il t'admire. Je crois même qu'il est amoureux. Et cela date de tes premières prestations au *Château Roberval*. Quand tu chantais, il ne te quittait guère des yeux.

— Maman, Hans est très gentil, mais c'est presque un vieux garçon. Il a trente-cinq ans. Les hommes, à son âge, ont déjà trouvé une femme. Et moi, je veux me promener seule avec toi.

— Dans ce cas, oublions ce pauvre Hans. Mettons nos chapeaux et en route ! dit la mère en riant.

Hermine avait établi un itinéraire qu'elle estimait attrayant et qui avait la forme d'une boucle autour du village. Elle marchait au bras de sa mère et, s'il y avait eu des centaines d'habitants dans le village comme c'était le cas cinq ans auparavant, les gens auraient vite remarqué ces deux silhouettes féminines de même taille et de même corpulence, coiffées d'un chapeau en paille fine. Laura portait encore des vêtements noirs, mais elle les égayait d'un corsage violet ou gris clair. Il n'était plus question de voilette, car elle voulait pouvoir sourire à son enfant chérie aussi souvent que possible, à visage découvert.

Elles passèrent devant le couvent-école et s'engagèrent sur une route étroite.

— Nous allons remonter la rue Labrecque, qui suit le cours de la rivière. Il y a plusieurs maisons, toutes inoccupées. Elles se ressemblent à s'y méprendre. Avant, c'était là qu'étaient les baraques peu confortables où logeaient les ouvriers célibataires, dont le curé, le père Bordereau, n'appréciait pas les mœurs et le penchant pour la bière. Sœur Victorienne déplorait ce voisinage. Plus tard, monsieur Dubuc a fait bâtir des logements plus commodes qui incitaient d'honnêtes familles à s'y installer.

Laura écoutait, plus sensible aux accents de la voix d'Hermine qu'à ses paroles. L'alignement des maisons aux portes closes et aux fenêtres parfois béantes lui causait un malaise.

— C'est d'une tristesse ! avoua-t-elle. Mon Dieu, regarde, des citrouilles, des courges. Le potager continue à prospérer sans l'aide de personne.

— Il a beaucoup plu, cet été, et des graines ont germé.

L'adolescente était accoutumée à l'atmosphère de son village que des gens de passage trouvaient pleine de nostalgie. C'était aussi l'impression qu'en avait Alice Paget.

Hermine traversa un enclos envahi par de hautes herbes jaunies.

— Bien sûr, c'était plus gai, avant, dit-elle à sa mère. Les femmes étendaient du linge, les enfants jouaient sur les marches. Le bétail mettait de l'animation, aussi, les vaches, les moutons. Les cochons qu'on engraissait ne sortaient pas, mais on les entendait grogner ou couiner. Nous allons rattraper la rue Saint-Joseph, puis la rue Sainte-Anne. Nous monterons dans la haute-ville. Les sœurs disaient ça, la haute-ville ; ce n'était qu'un quartier de maisons doubles, sur le plateau en face de l'usine.

— Est-ce vraiment utile d'aller si loin ? demanda Laura. Tu voulais m'emmener chez une vieille dame, Mélanie Douné, je crois ?

— Quand nous rentrerons par la rue Saint-Georges.

Elles poursuivirent leur excursion en flânant devant l'usine. La chute d'eau scintillait au soleil, tel un monstrueux joyau d'argent en fusion.

— J'aimerais monter le long de la cascade ! s'écria Laura. Quelle force vive, quelle frénésie sublime !

— Du barrage, la vue sur le lac Saint-Jean est magnifique en cette saison, renchérit Hermine, Mais il faut être aguerri pour gravir la pente. Des arbustes repoussent, ainsi que des épinettes. Du temps où la fabrique tournait à plein, en bas de ce versant, là où descend l'énorme tuyau qui alimente les turbines, il n'y avait que des débris de bois. Nous venions en remplir des paniers, Simon, Armand et moi. La compagnie permettait à ses employés de récupérer tout ce qui pouvait brûler dans les poêles. Nous irons une autre fois, quand tu seras équipée de bonnes chaussures.

Laura s'aventura sur le quai où les wagons attendaient leur cargaison de ballots de pulpe. L'air chaud sentait toujours le goudron et la ferraille.

— J'avais écrit une rédaction, quand l'usine a fermé, en août 1927, lui confia la jeune fille. Je parlais d'un cœur éteint, en pensant à toutes les machines qui ne fonctionneraient plus. Malgré la cascade, c'est tellement silencieux, maintenant. La salle des écorceurs était la plus bruyante, celle du défibrage, aussi. Les beaux sapins de la forêt étaient réduits en miettes, et ils devenaient de la pâte à papier qui cheminait ensuite vers les États-Unis ou l'Europe.

— Ma chérie, comme c'est touchant ! Un cœur éteint ! répéta Laura. J'en ai des frissons. Viens, continuons.

Au moment de parcourir le quartier de la haute-ville, équipé de bornes-fontaines et de lampes fichées dans les troncs d'arbre, Laura s'arrêta.

— Hermine, cela me démoralise, tous ces foyers déserts ! Montre-moi plutôt les endroits où il reste un peu de vie.

L'adolescente embrassa sa mère sur la joue. Elles se retrouvèrent bientôt au départ de la rue Saint-Georges. Assise sur le pas de sa porte, Mélanie Douné les salua d'un geste de la main. Dès qu'elles furent assez proches, la vieille dame s'écria :

— Mais c'est mon petit rossignol !

Il fallut entrer chez la veuve Douné et accepter de l'eau fraîche coupée de sirop d'érable.

— Madame Mélanie, je vous présente maman, dit Hermine. Le jour de son emménagement, vous êtes rentrée chez vous trop tôt pour faire sa connaissance.

— Votre fille est une enfant charmante, dévouée et serviable, déclara Mélanie. Savez-vous que l'hiver, par grand froid, elle m'apportait du bouillon brûlant et me chantait quelque chose ? Et si vous l'aviez entendue, ce soir de Noël où elle a chanté dans l'église. Un bout de chou de huit ans, toute mignonne. Et une voix d'ange, une voix magnifique.

Laura remercia d'un signe de tête, trop émue pour réussir à parler. Elle enviait la vieille dame d'avoir assisté à l'événement. Jamais elle ne verrait Hermine âgée de huit ans, entourée des sœurs et chantant Noël.

— Ce devait être très beau, bredouilla-t-elle enfin.

— Ah oui, c'était inoubliable, affirma Mélanie Douné.

— Moi, j'avais peur de me tromper dans les paroles, dit l'adolescente.

Les trois femmes discutèrent ensuite de sujets plus ordinaires, comme la tournée du boulanger ou la difficulté de se procurer de la bonne viande, le boucher ayant fermé sa boutique[1]. Laura s'étendait sur des détails d'ordre ménager, afin d'éviter des questions sur son passé.

« Cette brave dame va finir par me demander pourquoi j'ai abandonné ma fillette d'un an à Val-Jalbert ! » s'inquiétait-elle.

Mais l'abbé Degagnon, informé par Élisabeth à qui il rendait de fréquentes visites de politesse, avait résumé toute l'histoire à ses paroissiennes les plus curieuses.

---

1. Un étal de boucher se trouvait dans un entrepôt à côté de l'hôtel. Cette remise servait à ranger le surplus de marchandises du magasin général. Vers 1920, le boucher de Val-Jalbert était monsieur Léonidas Paradis.

Mélanie Douné savait. Elle se montra d'une discrétion admirable.

— Revenez souvent me voir ; nous sommes voisines à présent, dit-elle quand Hermine et Laura prirent congé.

Devant le magasin général dont l'étage abritait toujours les chambres de l'hôtel, les promeneuses firent une courte halte. Joseph et Simon étaient attablés sur la terrasse en compagnie d'un homme chenu courbé par l'âge.

— Maman, affirma la jeune fille, je connais ce monsieur. C'est l'ancien cordonnier, Ernest. Les sœurs lui donnaient mes bottillons à ressemeler. Il avait un petit chien blanc, Jock, qui me suivait partout.

Elle salua le vieillard d'un signe de la main. Il souleva sa casquette et reprit la dégustation de son verre de bière. Simon adressa un sourire aux promeneuses. Joseph se contenta d'un imperceptible mouvement de tête. Entre la jeune fille et son tuteur, les relations demeuraient froides. Le premier avait honte de sa conduite, la seconde ne pardonnait pas l'étreinte violente à la faveur de la nuit ni la menace des coups de ceinture. Mais, pour Betty, ils respectaient la trêve. L'ouvrier se reprochait chaque matin le chagrin qu'il avait causé à son épouse, et surtout la perte du bébé.

— Bonjour, madame Laura, dit-il avec une amabilité exagérée. Votre quinquina a fait beaucoup de bien à Betty.

— J'en suis contente, répondit celle-ci.

Hermine entraîna sa mère de l'autre côté de la rue, vers le bureau de poste.

— Ce pauvre monsieur Ernest devient gâteux, souffla-t-elle. Il vit chez ses enfants, à Chambord. Ils doivent être au village, aujourd'hui, et ils l'auront emmené.

Debout sur le seuil de son officine, une solide construction dont les planches étaient repeintes de frais, le maître de poste prenait le soleil.

— Belle journée ! claironna Hermine.

— Pas pour tout le monde, répliqua l'homme. Monsieur le curé a reçu une lettre qui l'a mis de mauvaise humeur. Tenez, le voilà.

L'abbé Degagnon arrivait en effet. Il s'inclina à la vue de Laura, une fervente catholique, selon lui, puisqu'elle venait prier tous les matins et qu'elle assistait à la messe dominicale.

— Ah ! Madame, si vous saviez la nouvelle ! commença-t-il en prenant Hermine à témoin. Le service religieux va être suspendu. Je quitterai Val-Jalbert à la fin de décembre[1]. Et il y a pire encore, on m'annonce pour l'année prochaine ou dans deux ans la démolition de notre église. Les matériaux seront distribués aux paroisses de Saint-Edmond-les-Plaines et de Saint-Ludger-de-Milot. Je suppose que l'autel et les bancs seront vendus. Mais que puis-je y faire ? Cela sonne le glas de la municipalité.

— Mon père, s'écria Hermine, ce n'est pas possible. Nous avons besoin d'une église.

— Les paroissiens iront à Chambord, soupira l'abbé. Du moins ceux qui ont un moyen de transport. Mais que puis-je faire ?

---

1. En réalité, le service religieux fut suspendu en septembre 1929, et l'abbé Audet poursuivit son ministère à Mille-Vaches (Saint-Paul-Apôtre, Saguenay).

— Je suis vraiment désolée pour vous, ajouta Laura. Nous pourrons au moins célébrer Noël ici.

— Et je chanterai, mon père, ajouta la jeune fille. Je chanterai plusieurs cantiques, pour nous consoler du chagrin que nous éprouverons tous, surtout à cause de votre départ.

L'abbé Degagnon eut un sourire mélancolique. Il avait une profonde affection pour l'adolescente.

— Si j'ai la promesse de notre rossignol, dit-il, j'aurai le cœur moins lourd. Mais Noël est encore loin. Nous devons profiter de ce bel automne. Je ne veux pas vous retenir ni troubler votre promenade.

Il s'éloigna, longue silhouette noire et familière. Laura demanda à rentrer chez elle. La rencontre avec le curé l'avait découragée. Elle eut du mal à le cacher.

— Maman, ça ne va pas ? s'inquiéta Hermine. Tu es toute triste. Je sens que tu n'aimes pas trop Val-Jalbert. Après avoir vécu à Montréal, je peux le comprendre.

— Disons que je trouvais Roberval plus plaisant, reconnut sa mère. Le port fait vivre la ville, il y a des commerces, le va-et-vient des bateaux, de l'activité, quoi ! Mais je me plais ici parce que tu es près de moi. Quand viendras-tu t'installer à la maison ? J'ai commandé des meubles pour ta chambre, et Célestin la repeindra de la couleur que tu désires.

— Je préfère attendre que Betty soit rétablie et plus vaillante.

Laura n'osa pas insister. Elle craignait de commettre un faux pas, de relancer des querelles stériles avec les Marois.

— Bien sûr, tu as raison. Je suis sotte. Mais cela ne nous empêche pas d'aménager ta chambre. Si tu as une seule occasion d'y dormir, je serai comblée.

Hermine lui prit la main. Elles longeaient le couvent-école. Charlotte était assise sur la dernière marche du perron, son sac en toile bien rangé à ses pieds.

— Charlotte ! s'exclama l'adolescente. Onésime n'est pas venu te chercher ?

— Non, mon frère, il a un nouveau job, à Roberval, là où papa travaille. Personne ne peut me reconduire, à cette heure-là. M'man a dit que j'allais arrêter la classe.

— Pas question, Charlotte. Sais-tu ce que je ferai ? Je te ramènerai chez toi tous les soirs, avec Chinook. Tu monteras sur son dos. Donne-moi la main, je te raccompagne. Cela ne t'ennuie pas, maman ? On se revoit demain. J'ai dit à Betty que je préparerais le souper.

La jeune femme fit non d'un signe de tête trahissant sa lassitude. Elle observa sa fille et l'enfant qui tournaient le coin du presbytère.

« Combien de temps vais-je devoir habiter ce village qui sera bientôt rayé de la carte ? s'interrogeait-elle. Pourquoi Hermine tient-elle autant à vivre ici ? Elle semble décidée à passer son existence entière à Val-Jalbert, sans médecin, sans boutiques, et même sans église. Un jour prochain, le couvent-école aussi sera désaffecté. Dès que les derniers élèves auront grandi. »

La discussion fut relancée une semaine plus tard après la messe. Hermine avait assisté à l'office avec Laura. De l'autre côté de l'allée, les Marois occupaient un banc à eux seuls : Joseph en costume brun et cravate, Simon en bleu marine, Élisabeth dont c'était la première sortie, Armand et Edmond.

L'abbé Degagnon avait annoncé l'arrêt définitif du service religieux prévu le 1er janvier 1931, et la consternation régnait parmi les fidèles.

À la sortie de l'église, Joseph répétait au maire qu'il s'en doutait depuis des semaines. Pâle et mince, Élisabeth affichait un air absent. Hermine vint l'embrasser.

— Tu n'aurais pas dû te lever, Betty ! Tu es encore bien faible. Vraiment, ça ne t'ennuie pas que je déjeune chez ma mère ?

— Non, crois-moi. Tu as mis au chaud notre repas de midi. Je me recoucherai après le repas.

Elles échangèrent un regard de tendre complicité, dont Laura fut jalouse. « Comment lutter contre cette femme qui a tout partagé avec ma fille ? Elles sont si proches, elles se comprennent, elles s'aiment tant. Moi, j'ai abandonné une petite d'un an, que je viens seulement de retrouver. Nous sommes encore des étrangères l'une pour l'autre. »

Cela l'obsédait. Mais l'adolescente n'en avait pas conscience. Elle rejoignit Laura avec un beau sourire.

— J'ai très faim, maman. C'est à cause de ce froid humide. Le temps est en train de changer.

— Tu as raison, je suis transie, répliqua la jeune femme. Allons vite à la maison.

Mireille avait préparé du poulet à la crème, de la purée et une tarte aux pommes. La gouvernante cuisinait « à la française », se plaisait-elle à répéter. Hermine ne voyait pas une grande différence avec les plats de Betty, mais elle se gardait de le dire.

Laura avait fait mettre le couvert sur la table ronde du salon. L'argenterie étincelait, les verres en cristal aussi. Les serviettes, damassées et immaculées, s'accordaient avec la nappe.

— On se croirait encore au *Château Roberval*, lança gaiement Hermine. Enfin, je trouve que ton salon est aussi plaisant que ta chambre d'hôtel.

Elles étaient assises face à face, sous la clarté d'un lustre à pendeloques. De la cuisine leur parvint un bruit de casserole.

— Maman, pourquoi Mireille et Célestin déjeunent-ils à part, même quand je ne suis pas là ?

— Ils seraient gênés de s'attabler ici, ma chérie.

— C'est bizarre, ajouta Hermine, je n'arrive pas à croire que tu étais comme nous, à l'époque de ma naissance.

— Que veux-tu dire, par « comme nous » ?

— Comme Betty, madame Mélanie, Mireille... Des personnes simples, qui ne possèdent pas une fortune. J'ai l'impression que tu as toujours été riche, voilà ! Tu as des manières de dame, un langage de dame... Tiens, la preuve, le manteau de fourrure que tu portais à la messe. Je n'avais jamais vu un vêtement aussi élégant.

Désemparée par le constat de sa fille, Laura se mordilla la lèvre inférieure.

— Hermine, j'ai vécu presque douze ans dans l'ombre de Franck qui était issu d'une famille très fortunée. Grâce à lui, j'ai appris tant de choses. Comment t'expliquer ? Il m'a montré un autre univers, il m'a transformée. Je ne peux pas redevenir l'ancienne Laura. Au fond, étais-je si différente ? Je t'ai dit le premier soir que nous avons passé ensemble que j'avais étudié en Belgique et que ton père n'était pas un homme des bois. Je ne peux pas parler comme les gens de ce pays, puisque je suis étrangère. Il ne faut pas m'en vouloir, ma chérie.

— Mais je ne t'en veux pas, maman ! assura la jeune fille, un peu surprise par le ton sec de sa mère. Betty me dit souvent que les sœurs m'ont donné de bonnes manières et beaucoup d'instruction. J'espère que tu n'as pas honte de moi.

Mireille apportait le poulet luisant de graisse et le plat de purée. Elle avait entendu les derniers mots de l'adolescente et ne put tenir sa langue.

— Comment ta mère aurait-elle honte de toi, Hermine ? Tu en as des idées tordues ! Tu as toutes les qualités, ma petite, gentille, serviable, affectueuse, modeste.

Excédée par l'intervention de sa gouvernante, Laura lui fit signe de se retirer. Tout bas, elle demanda :

— Depuis quand Mireille te tutoie-t-elle ?

— Depuis que je le lui ai demandé, rétorqua Hermine. Je lui ai dit aussi de supprimer le « mademoiselle ». C'est trop cérémonieux pour moi. Comme je ne peux pas connaître mes grands-parents du côté de mon père, je m'imagine que c'est ma grand-mère.

— Et je suppose que Célestin joue le grand-père ? demanda Laura en souriant. Mon enfant chérie, pardonne-moi. Je sais que je suis sujette à des changements d'humeur imprévisibles. Je pense que c'est dû à ces années d'amnésie. Un médecin de Montréal m'a expliqué à quel point le mécanisme de la mémoire s'avère compliqué. Je me souviens de ma vie d'avant avec Jocelyn, mais aussi de ma vie près de Franck Charlebois. Parfois, j'ai l'impression d'être deux personnes différentes. Si je ne t'avais pas retrouvée, je crois que j'aurais fini par devenir folle.

Après cette déclaration, la jeune fille mangea du bout des lèvres. Elle réfléchissait et se faisait déjà des reproches.

« Pauvre maman, ce doit être pénible, en effet. Elle

n'ose pas se plaindre, mais elle souffre sûrement d'être seule, sans connaître la vérité sur mon père. »

Quand Mireille apporta la tarte aux pommes, servie tiède et nappée de crème fraîche, Laura regarda sa montre.

— J'avais invité Hans à partager le dessert avec nous. Il est en retard. C'est un de ses défauts. Disons son seul défaut, car je ne lui en trouve guère.

— Maman, j'aurais préféré passer l'après-midi en tête-à-tête avec toi. Si Hans vient, vous allez me demander de chanter ou de répéter l'air de *La Bohème*.

— Tu devras apprendre d'autres morceaux d'opéra, avant l'été prochain. Je tiens absolument à te présenter à des directeurs de théâtre. Ensuite, quand tu auras fait tes preuves, tu pourrais décrocher des contrats en Europe. Je rêve de visiter l'Italie en compagnie de ma fille adorée. Tu chanteras à la *Scala* de Milan et nous irons à Venise. Peut-être que Hans voyagera avec nous ? Il t'accompagnera au piano. Vous êtes habitués à travailler ensemble sur plusieurs morceaux.

Hermine soupira, tout de suite sur ses gardes.

— Je t'en prie, ma chérie, s'écria sa mère, n'aie pas tout de suite cet air agacé. Je retardais cette discussion, pour ne pas te brusquer, mais je dois absolument te parler. Surtout, ne le prends pas mal, car il s'agit de Hans. Je t'ai dit il y a quelques jours qu'il était amoureux de toi. C'est la vérité ; je lui ai posé la question. Mais il pense que ses sentiments t'importent peu, qu'il te déplaît. Il souffre en silence, si bien que je lui ai promis de te mettre au courant.

— Hans est très gentil, maman. Seulement, je le trouve trop âgé. Il pourrait presque être mon père !

— Je sais, lui aussi a évoqué ce point. Cela prouve

sa délicatesse. Il tient compte de ta jeunesse. Mais il est prêt à patienter encore un an ou deux. Ma chérie, réfléchis quand même. Si tu envisageais de l'épouser, tu aurais le mari le plus tendre, le plus respectueux du monde. Avoue qu'il est élégant, instruit et charmant !

— Tu me répètes ça tous les jours, maman, répliqua Hermine en jetant un regard désemparé vers une des fenêtres. Je l'aime bien, mais pas comme une femme aime un homme.

Le vent secouait les arbres. Il pleuvait. Elle se mit à souhaiter de longs mois de neige qui retiendraient Hans Zahle à Roberval et empêcheraient les leçons de chant. Le jeudi précédent, le timide pianiste avait multiplié les compliments et les œillades passionnées. Pour indiquer un exercice de respiration à son élève, il avait posé une main sur sa poitrine. La jeune fille en gardait un souvenir ambigu, mélange de trouble charnel et de répulsion.

— Maman, je n'ai vraiment pas envie de me marier avec Hans, déclara-t-elle d'un ton catégorique. Ni dans un an ni dans deux ans. Jamais ! Et je ne veux pas voyager non plus.

— Pourtant, à ton âge c'est agréable de découvrir le monde ; bien des jeunes en rêvent. Tu ne peux quand même pas rester toute ta vie à Val-Jalbert. Ce serait ridicule.

— Pourquoi pas ? Maintenant que tu as acheté une des plus belles maisons ! rétorqua l'adolescente. Ce serait agréable de passer des mois ici, tranquillement, toutes les deux. Parfois, tu te comportes comme Joseph. Il voulait que je chante dans tous les hôtels de luxe du Lac-Saint-Jean, et même de La Baie et de Chicoutimi. Je devais enregistrer un disque. Et toi, tu n'as qu'une idée en tête, me présenter dans des théâtres, me voir chanter de l'opéra sur scène. T'es-tu posé la question de savoir si ça me plaisait ?

— Allons, calme-toi, ma chérie, dit Laura d'un air embarrassé. Tout ce que je t'ai dit, ce ne sont que des suggestions ; les voyages aussi bien que le mariage avec Hans. Il n'y a rien d'urgent. Écoute, ma chérie, je ne veux que ton bonheur. Je ne t'obligerai jamais à quoi que ce soit. Même si tu décidais de renoncer à la chanson, je me ferais une raison. Mais tu as une voix merveilleuse. C'est un don du ciel.

La jeune femme contenait ses larmes. Hermine eut honte de s'être emportée. Sa mère ne pouvait pas comprendre son obstination à ne pas quitter le village. Elle lui proposait une existence passionnante, aisée, mais une existence dorée où Toshan n'aurait pas de place. Et cela, elle ne pouvait pas l'envisager.

— Je suis désolée, je ne voulais pas te faire de la peine. Moi aussi je dois te parler. Je t'ai caché une chose importante, avoua l'adolescente. Je veux rester à Val-Jalbert, parce que je suis amoureuse d'un homme, un étranger au pays. Nous nous sommes promis l'un à l'autre. Il reviendra ici au mois de juillet. Je pense à lui sans cesse. Je le considère comme mon fiancé. Je l'aime tellement. Il m'a dit qu'il n'épouserait que moi, qu'aucune autre fille n'a su gagner son cœur.

— Qui est-ce ? interrogea Laura, stupéfaite. Tu aurais dû me prévenir bien avant. Vous vous êtes rencontrés combien de fois ?

Rouge d'émotion, tremblante de nervosité, Hermine précisa :

— C'est le fils du chercheur d'or qui vous a hébergés, papa et toi. Toshan Delbeau ! Je l'ai vu quatre fois. Les deux premières, c'était il y a plus d'un an, mais, au début de l'été, il m'a retrouvée, dans le canyon. J'étais avec Charlotte. Il s'est occupé d'elle tout de suite, il l'a portée sur son dos.

Les yeux brillants de joie, l'adolescente évoqua une partie de leurs conversations et des confidences du jeune homme. Mais elle garda secret le fabuleux baiser qui les avait unis mieux que bien des promesses. Malgré sa déception, Laura songea qu'elle ne devait surtout pas déprécier le sentiment amoureux de sa fille. Il lui fallait peser chaque mot, être prudente. Hermine venait de lui prouver qu'elle était capable de se révolter. Une nature passionnée couvait sous son air doux et sage.

— Ma chérie, le mariage est une chose grave, commença-t-elle. Tu connais à peine Toshan et tu es très jeune encore. Vous devriez vous fiancer, dans un premier temps. Si mes souvenirs sont exacts, tu m'as dit, à l'hôtel, que ce garçon travaillait dans les chantiers comme bûcheron. Cela signifie qu'il s'absentera chaque hiver, qu'il te laissera seule. Tu auras vite un bébé, puis un autre. Dans ce pays, les femmes convenables mettent un enfant au monde chaque année. Elles n'ont plus d'autre rôle que celui d'élever leur progéniture, de laver le linge et les couches, de cuisiner, de faire le ménage et de coudre, cela pendant des années.

Hermine dévisagea sa mère avec incrédulité. La jeune femme avait pris un ton aigri.

— Mais, maman, c'est mon vœu le plus cher, répliqua-t-elle. Fonder une famille, une belle et grande famille. Déjà, petite fille, je me consolais en pensant au jour où j'aurais ma maison, mon mari et mes enfants. Au couvent-école, les sœurs s'occupaient bien de moi, mais je voyais chaque soir les élèves pressés de rentrer chez eux. Si tu savais combien je les enviais. Mes camarades me racontaient ce qui se passait chez elles, que leur mère avait brodé un col de robe pour le printemps ou que leur père avait réparé un meuble. Le soir, dans mon lit, j'imaginais des scènes qui me faisaient pleurer de dépit. Moi aussi j'avais un père assis près du poêle, fumant la pipe au retour de l'usine. J'avais une mère, une jolie maman en train de coudre ou de tisser un châle. Et c'était encore pire les semaines où Betty me gardait. Elle était douce avec moi, elle me berçait, me coiffait, me dorlotait avec tendresse, mais je ne pouvais pas lui dire « maman ». Armand pouvait, lui, Simon aussi. Si nous allions en promenade les dimanches, je poussais le landau d'Edmond et, dans ma tête, je jouais à être sa mère. Je choisissais une des maisons de la rue Labrecque et je me promettais d'y vivre plus tard, avec mes vrais enfants.

La voix de l'adolescente se brisa. Elle se leva avec brusquerie.

— Jusqu'à quinze ans, je n'ai pas eu de famille, pas de parents ! Je me moque d'être une grande chanteuse, de voyager, de gagner une fortune. Je veux me marier avec Toshan, lui donner un bébé. Et s'il s'absente chaque hiver, je l'attendrai. Je tricoterai pour lui, je ferai de la pâtisserie. Rien d'autre ne m'intéresse, tu comprends ? Et si je suis pauvre, tant mieux !

Hermine traversa le salon en retenant les sanglots qui l'étouffaient. Toujours assise à la table, Laura accusait le choc.

« Je l'ai encore blessée, se dit-elle. Mon Dieu, que je suis maladroite ! »

Elle se leva et chercha la jeune fille. Hermine s'était réfugiée sous l'auvent. Appuyée contre un des piliers, elle regardait la pluie s'abattre violemment sur le sol. Des rafales secouaient les arbres, arrachant les feuilles mordorées qui tourbillonnaient.

— Ma petite chérie, il fait froid, rentre, supplia Laura.

— Non, je suis mieux dehors.

— Hermine, je tentais de te mettre en garde. Rien d'autre. Si tu aimes Toshan, tu l'épouseras. J'ai sans doute eu peur de te perdre. Nous arrivons péniblement à faire connaissance. À l'idée de te voir mariée l'été prochain, je me suis affolée. Je t'aime tant !

— Tu n'avais par l'air affolée, quand tu me poussais à épouser Hans, tout à l'heure, riposta l'adolescente.

— C'est différent, protesta Laura. Je pensais à un mariage dans un an ou deux, avec quelqu'un capable de t'aider dans ta carrière, un homme sérieux qui t'accompagnerait partout. Hans ne se séparerait pas de toi.

— Et Toshan, oui ? s'écria Hermine. Maman, je te le répète, je ne serai jamais amoureuse de Hans. C'est Toshan que j'aime. Je n'ai pas eu besoin de le fréquenter six mois ou un an pour le savoir. Ce que j'éprouve pour lui, je ne l'ai jamais ressenti avant. Enfin, si, peut-être. J'aimais de toute mon âme sœur Sainte-Madeleine, bien qu'il s'agisse d'un amour tout à fait différent. Je n'avais que quatre ans quand elle est morte, mais je me souviens de l'amour infini que je lui portais. Elle, j'ai pu l'appeler maman quelques semaines. Et toutes les années qui ont suivi son départ. Je parlais à son portrait. Je n'arrêtais pas de lui parler.

Laura frissonna. Elle prit sa fille par l'épaule pour la ramener à l'intérieur.

— Viens, nous serons mieux au chaud.

Hermine pleurait toujours, grelottant, les paupières

meurtries. Ayant suivi la scène de la cuisine, Mireille patienta avant de servir le café.

— Ce n'est pas tout rose, entre madame et la petite, chuchota-t-elle à Célestin.

— Ne t'en mêle pas, grommela-t-il.

La gouvernante soupira, les mains sur les hanches. La pluie frappait les vitres de la fenêtre.

— Quand la neige sera là, ajouta-t-elle, on sera coupés du monde. Je suis d'accord avec madame sur un point : mademoiselle Hermine ne peut pas vivre ici, à l'avenir.

Le jardinier ne répondit pas. C'était un homme d'une totale discrétion.

Dans le salon, Laura avait fait asseoir la jeune fille sur un confortable divan garni de coussins en satin.

— Pardonne-moi, mon enfant chérie, dit-elle d'un ton suppliant. Je ne sais pas comment m'y prendre avec quelqu'un de ton âge. Je t'ai perdue bébé, je retrouve une presque femme qui m'avoue un grand amour secret. Je n'y étais pas préparée.

— Betty avait mon âge quand elle s'est mariée avec Joseph, hoqueta Hermine.

— Parlons-en ! Tu vois le résultat ! Elle n'a pas l'air très heureuse. Ma chérie, le village est quasiment désert, tu n'as jamais rencontré d'autres garçons que Toshan Delbeau.

— J'aurais pu tomber amoureuse de Simon, et Pierre Thibaut m'a embrassée, la veille de son départ.

Il lui fallut expliquer à sa mère qui était Pierre Thibaut et comment sa mère, Céline, était morte pendant l'épidémie de grippe. Laura embrassa les mains de l'adolescente.

— Ne pleure plus. Je vois bien que tu aimes Toshan

de tout ton cœur. Mais es-tu certaine qu'il reviendra ? Il a pu rencontrer une autre jeune fille.

— Non, il reviendra, gémit Hermine à bout de nerfs. Il pensait à moi sans cesse, il a fait un détour par Val-Jalbert pour me revoir. La première fois qu'il m'a souri, j'ai compris que c'était lui, l'homme que j'aimerais ma vie durant. Et il a dit qu'il n'épouserait que moi.

— D'accord, calme-toi, ma chérie, soupira Laura. Calme-toi, tu feras à ton idée. Tu me présenteras Toshan. Je le reconnaîtrai peut-être, puisque je l'ai vu petit garçon. Pour l'instant, je n'en ai aucun souvenir précis. Le hasard nous joue d'étranges tours. Tu aimes le fils de ce chercheur d'or qui a veillé sur moi. J'aurais dû me douter de quelque chose ; quand tu m'as parlé de lui, à l'hôtel, ta voix te trahissait, le rouge de tes joues aussi.

— Je sais, mais je croyais avoir donné le change, dit la jeune fille.

— En fait, j'étais destinée à le rencontrer, ton cher Toshan. C'est lui qui peut nous dire ce qu'est devenu mon Jocelyn chéri. Je brûle donc de faire sa connaissance. Quel dommage que tu n'aies pas d'adresse où le contacter.

Laura enlaça Hermine et lui caressa les cheveux. Rassurée, l'adolescente s'abandonna à la tendresse maternelle dont elle avait tant besoin.

— Et toi, maman, comment as-tu connu mon père ? Est-ce que tu as su tout de suite que tu serais sa femme ? demanda-t-elle en se blottissant contre Laura.

Elle ne vit pas l'expression de panique qui altérait les traits de sa mère. Très vite, Laura répliqua :

— Je le croisais en ville, à Trois-Rivières. J'ai dû te le raconter.

— Non, pas du tout, s'étonna Hermine.

— Je croyais ! En fait, il venait dîner dans le restaurant où j'étais serveuse, à Trois-Rivières. De fil en aiguille, il m'a abordée.

Laura avait repris de l'assurance. Aux aguets, Mireille décida d'apporter le plateau du café.

— Madame, je pense qu'il est inutile d'attendre monsieur Zahle. La pluie l'aura découragé. Célestin voudrait savoir s'il doit charger davantage la chaudière du sous-sol. L'humidité est plus désagréable qu'un bon froid sec.

— Qu'il fasse au mieux, dit Laura.

La gouvernante jeta un regard à sa patronne et à la jeune fille en larmes. Elle s'éclipsa, de crainte de nuire à leur réconciliation.

— Tu ne m'as pas répondu, maman, insista Hermine. Dans les livres, on parle du coup de foudre. Est-ce que tu as ressenti ça pour mon père ?

— Bien sûr, je le trouvais beau et sérieux, dit Laura. Il était surtout très gentil, très attentionné. Oui, dès que je l'ai vu, j'ai découvert le véritable amour. Maintenant, goûtons la tarte aux pommes, sinon Mireille se vexera. Nous avons tout l'hiver à passer ensemble, ma chérie. Il ne faut plus nous fâcher. Je suis désolée de t'avoir causé du chagrin. Chaque fois que tu viendras dîner ou goûter, nous discuterons du passé, de l'avenir...

L'après-midi s'écoula dans la chaleur douillette de la belle demeure. Laura écouta les confidences de sa fille, ses souvenirs d'enfance douloureux ou joyeux. Le nom de Simon revenait souvent.

— Il me taquinait tout le temps, disait Hermine. Je le détestais, parfois. Un jour, Betty avait tressé mes cheveux et elle avait noué de jolis rubans roses au bout.

Simon les a coupés avec des ciseaux de couture qu'il avait pris en cachette. J'étais désespérée, j'avais peur d'être grondée. Mais nous nous entendions bien malgré tout. Nous avions de nombreuses distractions. Celle que nous préférions, c'était de garder la vache. Les autres enfants du village faisaient brouter leurs bêtes, eux aussi, et Simon organisait le concours de la meilleure laitière, ou des plus longues cornes, ou d'autres bêtises du genre.

La voix claire et bien timbrée de l'adolescente évoquait toutes ces heures enfuies sous le toit du couvent-école et chez les Marois. Elle révélait des secrets puérils, un broc en porcelaine brisé par Armand dont les débris avaient été enfouis derrière la maison du charron, là où le tas d'ordures était le plus énorme du village.

— Mais, ce qui me plaisait le plus, quand j'étais petite, c'était la première chute de neige. Le paysage devenait tout blanc, et tellement beau. Autour de la cascade, la moindre branche, la moindre touffe d'herbe que l'eau éclaboussait se nappait de glace.

— Mais vous n'aviez sûrement pas le droit d'aller à la cascade, répliqua Laura.

— Mais oui ! Betty voulait bien, à condition que nous soyons très prudents. On chaussait nos raquettes. Moi, j'en avais une vieille paire que Joseph avait récupérée chez un voisin. Simon tirait Armand, perché sur un petit chariot que nous avions fabriqué avec une caisse. Il fallait rentrer à l'heure, sinon Joseph punissait les garçons. Cela me rendait malade.

— Est-ce qu'il les battait ?

— Il les fouettait avec son ceinturon. D'autres pères faisaient ça, seulement, moi, j'avais l'impression de souffrir autant que Simon ou Armand. Après, Betty pleurait beaucoup.

« Une brute, cet ouvrier ! » songeait Laura.

— L'hiver, je dormais toutes les nuits au couvent-école, reprenait l'adolescente. Sœur Victorienne me bordait et je devais réciter mes prières. Dès que j'ai commencé à chanter, la mère supérieure m'a appris des cantiques. Un jour, à la récréation, deux grandes filles m'ont perchée sur un tabouret. Elles me suppliaient de chanter *À la claire fontaine*. Les garçons ont fait une ronde autour de moi. J'avais sept ans. La converse m'a punie : elle prétendait que cette chanson n'était pas convenable et que je ne devais pas monter sur les sièges.

Hermine souriait. Laura la cajola, très émue.

— Peut-être que Dieu a voulu te consoler, en t'offrant une voix aussi magnifique... avança-t-elle rêveusement.

— Me consoler de quoi ? répéta la jeune fille. Tout à l'heure, j'étais en colère. J'ai dit des choses tristes juste pour te faire de la peine.

— Elles étaient vraies, ces choses-là, coupa sa mère. Sœur Sainte-Apolline m'a expliqué à quel point tu espérais notre retour, à ton père et à moi. Tu m'as pardonné, mais au fond tu m'en veux encore.

L'adolescente fixa Laura avec douceur.

— Maman, n'en parlons plus. J'ai eu de la chance d'être élevée par les sœurs, elles étaient affectueuses, elles prenaient bien soin de moi. Betty me gâtait. Je n'ai pas le droit de me plaindre. J'ai retrouvé une mère aimante, j'ai des amis, une sorte de famille, les Marois, et un amoureux, le plus beau de la terre.

« Un métis, pensa Laura, un bûcheron qui ira toujours

de chantier en chantier. Hermine gâchera sa vie si elle l'épouse. »

Elle répondit néanmoins, d'une voix apaisante :

— Ma chérie, je ferai tout pour que tu sois heureuse. Ne t'inquiète pas.

*
* *

Val-Jalbert, 24 décembre 1930

Le village paraissait enfoui sous la neige qui était tombée en abondance pendant une semaine. La couche cotonneuse, d'un blanc pur, atteignait trois pieds. Le nez à la fenêtre, Hermine admirait le spectacle de la rue Saint-Georges. Les toitures voisines et les auvents supportaient des amas de neige. D'énormes congères, formées par le blizzard, masquaient en partie les perrons et les trottoirs en planches.

Élisabeth préparait sans entrain le souper de Noël. Joseph avait tué un coq qui mijotait dans une sauce brune.

— C'est bizarre, Betty, il a tellement neigé que l'on ne voit plus le soubassement des maisons. On dirait qu'il n'y a plus de rue.

— Personne ne se soucie de déblayer, soupira la jeune femme. Avant, il passait beaucoup de véhicules ; les camions, les charrettes, ça damait la neige. Maintenant, nous pouvons bien être ensevelis, ce ne sont pas ces messieurs de la Compagnie qui vont venir creuser des passages.

— Je me demande comment les bûcherons peuvent rester dans la forêt par ce temps, reprit Hermine. Je n'y pensais jamais, avant. Ils doivent avoir froid, être mal chauffés et mal nourris.

Elle s'inquiétait pour Toshan. La vie dans les chantiers de coupe était dangereuse et pénible.

— Ils logent dans des cabanes, ils ont une truie pour cuisiner et sécher leur linge, grommela Betty. Mais la plupart abusent de l'alcool. Le père Bordereau, jadis, rendait visite aux bûcherons du village, et parfois, il était bien mal reçu. Ces gars-là n'avaient pas envie d'entendre la messe, encore moins des sermons !

La jeune femme avait changé depuis sa fausse couche. Elle ne reprenait pas goût à la vie et ne faisait plus preuve de coquetterie. On lui aurait donné, sous son foulard noué sur les cheveux et sa vieille robe grise, dix ans de plus que son âge. Hermine en était désolée.

— Betty, pourquoi tu n'as pas fait de sapin ? interrogea-t-elle gentiment. Edmond est très déçu. Nous avons encore le temps. Je peux t'aider.

— Ah oui ! Tu vas courir dans les bois, avec l'épaisseur de neige qu'il y a dehors, et couper un arbre ? ironisa la jeune femme. Joseph aurait dû y penser et le faire. Et je n'irai pas à l'église. La vache s'est couchée, elle souffle fort. Je crois qu'elle vêlera ce soir.

Hermine ne répondit pas tout de suite. Elle se disait que la belle flambée de joie qui avait suivi l'installation de sa mère à Val-Jalbert était réduite à un lit de braises rougeoyantes.

« Cela tient chaud quand même ! » songea-t-elle.

Comme si Élisabeth déchiffrait les pensées de l'adolescente, elle demanda soudain :

— Tout se passe bien pour Laura ?

— Cela dépend des jours, répliqua Hermine. La dernière tempête a terrifié la gouvernante. Pourtant, elle est du pays. Maman n'a pas eu peur. Je la crois très forte de caractère.

— En tout cas, le courrier a du retard à cause de la neige. Le facteur n'est pas venu ce matin. Ma pauvre Mimine, j'ai l'impression que les Chardin ne te répondront pas.

— J'ai posté ma lettre il y a trois semaines. Ils ne l'ont peut-être pas encore reçue. S'ils la reçoivent un jour ! Je n'avais pas d'adresse précise.

C'était leur secret. Seule Élisabeth savait que la jeune fille avait écrit à ses grands-parents, en indiquant sur l'enveloppe : Famille Chardin, Trois-Rivières.

— Si vous avez de la chance, avait dit le maître de poste, le facteur de là-bas connaîtra ces gens.

Hermine avait agi en dépit des avertissements de sa mère, dont certains propos l'intriguaient. L'adolescente flairait un mystère et, malgré sa crainte de contrarier Laura, elle avait décidé d'entrer en contact avec sa famille paternelle.

— Ne t'inquiète pas, reprit Élisabeth, personne n'est au courant, ici. De toute façon, Simon a la tête ailleurs. Sais-tu qu'il a prévu de nous quitter au printemps ? Comme j'ai perdu le bébé, il n'a plus de raison de rester au villagc. Jc n'aurai plus d'autre enfant, Mimine. Je suis sûre que je portais une petite fille. Je ne pense qu'à ça et j'ai pris Jo en horreur. Il ne me touchera plus, je l'ai juré sur ma croix de baptême.

La jeune femme avait transgressé la sacro-sainte pudeur dont devait faire preuve une épouse pieuse et discrète. Hermine en avait le rouge au visage. « Il ne me touchera plus ! » Ces simples mots levaient le voile sur l'intimité du couple, donnant une réalité choquante à l'acte qui engendrait un enfant.

— Betty, gémit-elle, est-ce que tu regrettes d'avoir choisi Joseph comme mari ? Je vois bien que tu es malheureuse. Peut-être qu'avec un homme plus tendre et moins autoritaire tu aurais eu une existence plus gaie ?

Élisabeth posa la cuillère qui lui servait à brasser la crème fraîche, dans laquelle elle incorporait des noix de pacane hachées et du sirop d'érable.

— Ce genre de choses, on ne peut pas les deviner à l'avance, Mimine. J'étais folle d'amour pour Joseph, à ton âge. Au début de notre mariage, j'ai cru découvrir le paradis sur la terre. Mais les années passent. Peut-être que Jo a raison quand il veut encore vous marier, Simon et toi. Vous êtes deux bons amis, vous avez du respect l'un pour l'autre et ça ferait sans doute une union solide. Tu es en âge de te marier, ma fille.

Hermine aurait voulu se boucher les oreilles. Betty tenait le même discours que Laura. Sa mère, un jeudi, après le départ de Hans Zahle venu pour la leçon de chant, avait déclaré qu'il ferait un compagnon idéal. « Un musicien, galant, instruit, bien éduqué, qui parle anglais. Il pourrait t'accompagner dans tous tes voyages », disait-elle.

La jeune fille se mit à essuyer la vaisselle. Edmond descendit l'escalier. Le petit garçon avait pris froid et gardait le lit. En pyjama et pieds nus, il courut vers Hermine.

— Qu'est-ce que tu as, Ed ? Veux-tu vite monter te recoucher !

— Non, Mine, je m'ennuie, en haut. Dis, je peux aller dans ta chambre ?

— Viens, galopin. Je vais t'apporter une tisane et je te mettrai un disque, des chants de Noël, promit-elle.

— C'est plus joli quand toi tu chantes ! s'écria Edmond. En plus, ce soir, je peux pas aller à l'église ; je pourrai pas t'écouter.

Hermine consola l'enfant et l'installa confortablement dans un vrai nid de coussins et d'oreillers. C'était la veille de Noël, elle avait envie d'être gaie et insouciante.

— Ed chéri, sois sage. Je vais à l'écurie donner du foin à Chinook et surveiller la vache. Ta maman pense que le veau naîtra cette nuit.

— Mais toi, tu seras pas là ! geignit le petit.

Il savait par les bavardages de ses frères que la jeune fille dormait chez Laura, après la messe.

— Armand, il a dit que ta mère, elle a décoré un grand sapin de Noël, tout éclairé à l'électricité avec des guirlandes en or qui brillent beaucoup. Il a regardé par une fenêtre, hier, dès qu'il faisait nuit.

— Si tu te reposes et que tu guéris, je t'emmènerai le voir et je crois qu'il y aura des cadeaux pour vous tous. Mais attention, il ne faut pas le dire. C'est une surprise !

Une fois certaine que le malade ne bougerait pas, l'adolescente enfila des bottes et une grosse veste en lainage. Élisabeth s'était assise et épluchait des pommes de terre.

— Mets un bonnet et une écharpe, Mimine. Il recommence à neiger. Val-Jalbert va disparaître, si ça continue. Je vis là depuis dix-huit ans, je n'ai jamais vu autant de neige en décembre.

— Moi, ça ne me déplaît pas ! avoua la jeune fille. Mais je plains Simon et Joseph. Ils auront du mal pour rentrer de l'usine, même en raquettes. On s'enfonce jusqu'aux genoux, par endroits.

— Ce sont des hommes, ils seront bientôt autour de cette table, affamés, les moustaches givrées et les doigts gourds. Et je devrai les nourrir, leur donner du linge propre, marmotta Élisabeth entre ses dents.

Hermine prit la fuite par la porte donnant sur la cour. Le froid lui fit du bien. La masse des bâtiments arrêtait le vent. Elle entra dans l'écurie. Chinook la salua d'un hennissement très doux, presque musical. La vache, que Joseph appelait Eugénie en souvenir d'une grand-tante qu'il détestait, gisait sur le flanc. Son ventre distendu se soulevait par saccades. En voyant Hermine, elle poussa un long meuglement.

— Tu as mal, ma pauvre Eugénie ! murmura-t-elle en se penchant sur la grosse bête. Betty va s'occuper de toi tout à l'heure.

La jeune fille caressa le cheval et lui donna de petits morceaux de cassonade. Elle gratta la vache entre les cornes.

— Quand j'aurai ma maison, je vous prendrai chez moi, leur annonça-t-elle très sérieusement. Enfin, surtout Chinook. Parce que toi, Eugénie, si tu donnes naissance à une demoiselle, Jo et Betty la garderont. Les bonnes prairies ne manquent pas, ici ; de quoi nourrir un troupeau entier.

— Tu jases avec qui ? claironna Armand en entrant dans le bâtiment.

Ses vêtements étaient couverts de neige fraîche, sa casquette fourrée givrée de flocons. Le nez rouge, l'œil joyeux, il secoua ses gants devant le visage d'Hermine.

— Arrête ça ! protesta-t-elle. Tu m'envoies des glaçons ! Je jasais avec Eugénie et Chinook. Où as-tu traîné, encore ? Tu espionnais ma mère par la fenêtre. Edmond me l'a raconté. Ce n'est pas bien. Je dirai à Mireille de tirer les rideaux à la tombée de la nuit. Aide-moi donc à distribuer du foin. Il faudrait de l'eau tiède, aussi, Chinook aura des coliques s'il boit trop froid.

Armand se débarrassa de ses raquettes. Il observa la vache avec une curiosité de scientifique.

— Elle perd du liquide, là où je peux pas dire le mot, pouffa-t-il.

— Idiot ! rétorqua l'adolescente, gênée. Le veau ne tardera pas.

Ils garnirent les râteliers. Armand courut chercher une bouilloire pour réchauffer l'eau des seaux. Sa besogne finie, il ouvrit son manteau.

— Au fait, Mimine, le maître de poste m'a donné une lettre pour toi. J'espionnais pas ta mère, j'ai acheté des boules de gomme à l'anis pour Edmond.

Le cœur de la jeune fille se mit à battre à toute vitesse. Elle espéra quelques secondes que Toshan lui avait écrit et, afin de prolonger l'incertitude, elle ferma les yeux.

« S'il m'avait envoyé une carte de Noël ou de bonne année ! Ce serait merveilleux ! »

Mais elle supposait qu'il s'agissait plutôt de la réponse de ses grands-parents.

— Tu ne la lis pas ? s'étonna Armand. Tu en as, des manières, de pas regarder ta lettre.

— Laisse-moi en paix ! s'écria-t-elle. Rentre à la maison, Betty est encore fatiguée.

— Si tu veux pas la lire devant moi, c'est de ton amoureux. Mimine a un amoureux, Mimine a un amoureux ! fredonna-t-il.

Furieuse, Hermine se rua dans la cour, roula de la neige, en fit une grosse boule qu'elle lança immédiatement sur Armand. Il la reçut en pleine figure et éclata de rire.

— File, garnement ! fulmina-t-elle. Tu as douze ans passés, mais tu es plus sot qu'un gosse de quatre ans. File !

Le garçon s'éclipsa. Soulagée, elle retourna près du cheval. Ses doigts rougis par le froid tremblaient en décachetant l'enveloppe.

— Mon Dieu, murmura-t-elle, qui a écrit l'adresse ? Qui ? Ils ont bien mis : Hermine Chardin, rue Saint-Georges, Val-Jalbert, Lac-Saint-Jean.

Elle était si bouleversée qu'elle dut s'asseoir dans la paille entre la vache et Chinook.

« Et si j'apprends que mon père est vivant, qu'il habite Trois-Rivières ! Dans ce cas, pourquoi n'aurait-il pas recherché maman ? Il s'est passé quelque chose entre eux qu'elle refuse de me raconter. »

Hermine se décida à déplier la feuille de papier. Cela lui rappela le court message que sœur Victorienne avait sorti d'un tiroir, un soir.

« Cela me troublait d'effleurer le papier que mes parents avaient forcément touché. Là, c'est pareil. Quelqu'un de ma famille a plié la feuille, a refermé l'enveloppe... »

Elle vit quatre lignes à l'encre violette, qui suivaient des traits tracés au crayon gris avec une règle. L'écriture en elle-même était minuscule, penchée en arrière, ce que sœur Sainte-Lucie appelait des « pattes de mouche ».

Mademoiselle, nous vous prions de ne plus jamais nous importuner à l'avenir. Vous avez retrouvé votre mère, grand bien vous fasse ! Quant à Jocelyn, nous n'avons jamais eu de ses nouvelles et c'était notre volonté, puisqu'il a épousé la personne de son choix et déshonoré ainsi notre famille. Constant Chardin.

Hermine, de plus en plus déconcertée, relut trois fois la lettre. Elle éclata en sanglots.

— Ces gens sont d'une méchanceté ! bredouilla-t-elle. Des monstres sans âme, des brutes. Grand bien me fasse ! Comment osent-ils traiter quelqu'un de leur famille si durement. Tout de même, je suis leur petite-fille !

L'intensité de son chagrin la terrassait. Hermine pleura longtemps, la feuille entre les mains, aveuglée par les larmes. Il lui sembla que le cheval piaffait, que la vache se plaignait, mais la jeune fille s'enfonçait dans ce sentiment d'être rejetée qui lui était insupportable depuis sa petite enfance.

Élisabeth apparut, emmitouflée et bottée, sanglée dans une veste imperméable, une écharpe rose dissimulant son visage.

— Mimine, qu'est-ce qui t'arrive ? Enfin, regarde donc ! Eugénie a eu son veau. Je me demandais pourquoi tu ne revenais pas. Armand m'a dit que tu avais reçu une lettre.

— Betty, tiens, lis-la ! bafouilla l'adolescente. Maman avait raison. Elle ne voulait pas que je leur écrive.

La jeune femme fit signe que cela pouvait attendre. Elle s'était agenouillée près du superbe petit veau.

— Mon Dieu, merci ! s'exclama-t-elle. C'est une femelle, une jolie petite taure toute blanche. Elle a juste une tache rousse sur le dos. Mimine, viens la voir. Elle grandira et nous donnera un jour un autre veau. L'argent pourra manquer, je ferai du beurre, du fromage, et nous aurons du lait.

Hermine se releva et tituba jusqu'à Élisabeth. Eugénie se contorsionnait pour lécher le nouveau-né poisseux et malhabile.

— Qu'elle est belle, Betty ! Et moi je n'ai rien vu, ni entendu. Les bêtes font moins d'histoires que les femmes.

— Je te remercie, plaisanta Élisabeth. Tu verras quand ce sera ton tour. Avec la voix que tu as, tu alerteras tout le voisinage en accouchant.

Elles éclatèrent de rire, même si Hermine reniflait encore.

— Fais voir cette lettre ! Tu es très chagrinée, ma mignonne ?

— Pire que ça. Lis, tu vas comprendre...

Élisabeth parcourut les lignes, sourcils froncés. Enfin, elle lui redonna la lettre.

— Tu n'as qu'une chose à faire, Mimine. Une fois à la maison, tu soulèves la plaque de la cuisinière et tu jettes ce torchon de cruauté dans le feu. Surtout, n'en parle pas à ta mère. Tu m'avais raconté que les Chardin étaient très pieux, mais ils ont l'air d'ignorer le pardon des offenses. Toi, tu n'as fait aucun mal. Même si ton père leur a désobéi, même si ta mère ne leur convenait pas comme belle-fille, toi, ma Mimine, tu ne mérites pas d'être traitée ainsi.

La jeune femme attira Hermine dans ses bras et la berça.

— Tant pis pour eux, ajouta-t-elle. Ils se privent de la compagnie d'un ange, de notre rossignol chéri.

— Ma Betty, que tu es douce, toi, et tellement gentille. Au fait, puisque le veau est né, bien portant en plus, tu pourras venir à l'église. Je t'en prie, viens.

— Mais Edmond, je ne vais quand même pas le laisser tout seul à la maison !

— Nous le couvrirons bien et je lui ferai une bouillotte. Le trajet est si court. Pour chanter après la messe, maman m'a acheté une robe neuve. En tissu écossais rouge et vert, un tissu fin et pourtant très chaud. Il y a un col blanc. J'ai aussi des bas en soie.

— Je viendrai, alors ! assura Élisabeth. Je ne peux pas manquer la dernière messe de Noël à Val-Jalbert.

14

Un soir de Noël

Val-Jalbert, 24 décembre 1930

Hermine quitta Élisabeth plus tard que prévu. Elles avaient bu un thé, assises autour du poêle de la cuisine, en cherchant un nom pour la petite génisse. L'adolescente n'avait pas pu se résigner à brûler la lettre venue de Trois-Rivières.

— Garde-la, Betty, avait-elle dit à la jeune femme. J'ai eu tort d'écrire à ces gens ; ma mère m'avait prévenue. Je ne les connais pas et je ne vais pas être triste à cause d'eux. Et c'est la veille de Noël, un jour saint.

L'adolescente avait caché l'enveloppe dans sa chambre, sous une pile de cahiers. Maintenant, équipée de raquettes, elle avançait vers le couvent-école. La neige craquait à chacun de ses pas. Elle eut une pensée émue pour Alice Paget qui séjournait à Chambord, chez ses parents. L'institutrice était partie la veille, avec son père, dans un vieux traîneau tiré par un énorme cheval gris.

« J'espère que la route n'a pas été trop pénible pour eux ! se dit-elle. Par chance, il ne fait pas encore très froid. »

Elle luttait contre une sourde tristesse, due au courrier plein de haine des Chardin, à l'humeur maussade de

Betty et au chagrin du petit Edmond de ne pas avoir d'arbre de Noël. Déjà, elle apercevait entre les érables la masse imposante de la maison du surintendant. Ce nom lui restait. Personne à Val-Jalbert ne l'appelait autrement.

« Oh ! Maman ou Mireille ont allumé des bougies sous l'auvent. Et, d'ici, je vois resplendir le sapin, dans le salon. »

Il était quatre heures et demie de l'après-midi, mais il faisait nuit. Hermine s'arrêta un instant pour admirer les monticules aux formes douces des congères, adossés au tronc des ormes et des frênes. Soudain, elle entendit, étouffés par la distance, de longs hurlements modulés. Un frisson la parcourut. Les cris s'élevèrent à nouveau, des clameurs farouches qui n'en finissaient plus. Un chien aboya avec fureur, quelque part dans la rue Saint-Georges.

— Ce doit être Volto, l'épagneul du maître de poste, se dit-elle en reprenant sa lente progression.

Une faible luminosité se dégageait des étendues neigeuses. Les hurlements s'étaient tus, mais ils reprirent aussitôt.

« Des loups ! pensa-t-elle. Ça fait bien longtemps que je ne les ai pas vus. »

La jeune fille eut beau se raisonner, les hurlements lui causaient un malaise. Elle n'avait plus l'insouciance de son jeune âge quand elle allait voir les loups avec Simon en cachette.

Assise sur la dernière marche, elle se débarrassa des raquettes. Célestin ouvrit la porte.

— Bonsoir, mademoiselle. Votre mère n'était pas tranquille ; vous deviez venir plus tôt.

Il se refusait à la tutoyer et à l'appeler par son

prénom. De guerre lasse, Hermine avait renoncé à le convaincre. Elle se retourna un peu et vit que le domestique tenait un fusil à la main.

— Qu'est-ce que vous faites avec une arme ? s'inquiéta-t-elle.

— J'étais derrière la maison, dans la remise à bois, et j'ai entendu les cris. Pas vous ?

— Mon pauvre Célestin, ce n'est pas la première fois que des loups hurlent à la tombée de la nuit, dit-elle pour le rassurer. Ils doivent rôder sur la colline. Ils vont repartir.

— Vous ne m'ôterez pas de l'idée qu'ils approchent de chez nous, qu'ils vont rôder près des maisons. Ce sont des sales bêtes, une engeance envoyée sur terre pour nuire aux braves gens, décréta-t-il en se signant.

— Il n'y a aucun danger, insista Hermine. Les loups iront surtout traîner du côté de la ferme d'Ovila Boulanger, qui a un petit troupeau de moutons.

Sur ces mots, elle entra dans le vestibule en enlevant bonnet, écharpe, manteau et gants. Laura accourut :

— Ah ! ma chérie, enfin ! J'étais inquiète. Il y a tant de neige, il fait si noir dehors. Et Célestin prétend que des loups sont entrés dans le village.

— Mais non, ils sont dans la forêt. Comme tu es belle, maman !

— Vraiment ?

Laura portait une robe près du corps en velours gris clair. Le corsage moulait son buste menu, l'ample jupe frôlait les mollets. Un col soutaché de galon noir était assorti à une rangée de faux boutons et à la ceinture. C'était une toilette très élégante qui n'en respectait pas moins le deuil. La jeune femme avait laissé ses cheveux détachés, retenus par des peignes au niveau des tempes.

Le blond artificiel, proche de la couleur des cheveux d'Élisabeth, éclairait ses traits ravissants.

En guise de réponse, Hermine la prit dans ses bras et déposa un baiser sur la joue satinée qui fleurait bon la poudre de riz. Elle aimait le parfum de sa mère, suave et capiteux à la fois. Laura eut un léger rire exalté.

— J'ai la plus jolie maman du monde, s'écria la jeune fille. Et c'est Noël ! Rien ne m'empêchera d'être heureuse.

— Tout à fait, renchérit Laura. Notre premier Noël toutes les deux ensemble.

Elles se dirigèrent vers le salon en se tenant par la main. La grande pièce resplendissait, baignée d'une douce chaleur. Le parquet ciré luisait, et des lampes disposées au gré des meubles diffusaient une lumière dorée. Quant au sapin, il était digne des gravures qui faisaient rêver Hermine, petite fille. Sa cime couronnée d'une étoile touchait le plafond. Ses branches rutilaient, alourdies de boules en verre multicolores, de décorations en métal argenté et de guirlandes.

— Comme c'est beau ! s'extasia Hermine.

Le contraste était saisissant entre l'intérieur luxueux de Laura et la maison des Marois. L'adolescente balaya du regard les tapis aux motifs compliqués, les doubles rideaux aux plis harmonieux, le lustre en cristal dont les pendeloques reflétaient le chatoiement des minuscules ampoules électriques de l'arbre de Noël.

« Si Charlotte pouvait voir le sapin, sentir les bonnes odeurs qui viennent de la cuisine ! songea-t-elle. Et mon petit Ed, il serait émerveillé, lui qui aime tant le conte de Saint-Nicolas. »

— Il faut te faire belle, toi aussi, dit Laura. J'ai hâte

de t'entendre chanter dans l'église. Hans t'accompagnera à l'harmonium. Ce sera magnifique.

Hermine savait que le pianiste séjournait depuis la veille à l'hôtel du village. Il était même venu à pied de Chambord, ce qui représentait une expédition pénible dont il n'avait pas l'habitude. Un tel courage avait forcé l'admiration de l'adolescente.

— Heureusement que Hans n'a pas dû affronter la tempête de la semaine dernière, fit-elle remarquer à sa mère.

— Tu as raison, il neigeait, mais le blizzard ne soufflait plus quand il a réalisé son exploit. Nous en ferons un coureur des bois, ajouta-t-elle ironiquement. Maintenant, ma chérie, va vite mettre ta nouvelle robe. Nous prendrons le thé ensuite.

Hermine se retrouva dans sa chambre où elle n'avait encore jamais dormi. Elle se demandait souvent comment sa mère s'arrangeait pour faire livrer à Val-Jalbert des tissus aussi beaux et des meubles d'une telle qualité.

— Chère maman ! soupira-t-elle en contemplant le décor raffiné de son havre douillet et confortable.

Les cloisons en planches avaient été repeintes en rose, et le plancher, en blanc. Un lit en cuivre se dressait sous un baldaquin. Une commode lui faisait face, équipée d'un miroir à trois pans. L'armoire abritait une garde-robe que la jeune fille n'osait pas étrenner. Elle caressa la manche du somptueux manteau de fourrure que Laura lui avait offert le 15 décembre, pour son anniversaire.

« Toutes ces dépenses..., s'effraya Hermine. Je n'ai pas besoin de tant de vêtements. »

Sur la courtepointe rouge, elle découvrit un carton

bleu. Il contenait une poupée en celluloïd, habillée d'un ensemble jaune. Elle avait des chaussures noires et des boucles rousses.

— Ce n'est quand même pas pour moi ? s'étonna la jeune fille.

Une carte pliée en deux, attachée au poignet de la poupée, la renseigna. Laura avait écrit : « Pour Charlotte. » La joie submergea Hermine. Elle imaginait le bonheur de sa petite protégée, mais surtout elle était comblée par le geste de sa mère.

— Je ne lui avais rien demandé, pourtant ! Maman a eu cette idée toute seule.

Elle enfila la robe écossaise avec entrain.

« Ce sera mon plus beau Noël ! » songea-t-elle, sans se douter de ce qui l'attendait ensuite.

Dans la cuisine, Mireille s'escrimait, sous l'œil soucieux de Célestin, à mener de front plusieurs opérations culinaires. Le jardinier avait calé son fusil près de la porte donnant sur l'arrière de la maison. Il tendait l'oreille, mais la gouvernante faisait tant de bruit qu'il ne percevait aucun son de l'extérieur.

— Je ne sais pas ce que prépare madame, s'étonna Mireille. Elle a établi un menu capable de nourrir un régiment. Je ne serai jamais prête pour la messe.

Les joues cramoisies, ses rondeurs soulignées par le tablier blanc qu'elle avait noué autour de sa taille, elle brassait des casseroles sur la plaque du poêle, ouvrait le four ou soulevait le couvercle d'une énorme marmite en fonte.

— Célestin, tu y comprends quelque chose, toi ? J'ai mis en route quatre canards rôtis que je dois accommoder avec une sauce aux écorces d'orange. Mes tourtes aux poireaux sont cuites, c'est déjà ça. J'ai beau compter, pour trois, ça fait beaucoup. À ma connaissance, il y aura madame, monsieur Zahle et notre demoiselle.

— Peut-être bien que madame va inviter l'abbé Degagnon. Ne te mets pas dans un état pareil. Combien la patronne t'a-t-elle annoncé de couverts ?

— Madame s'est montrée évasive. Elle m'a juste dit de sortir le service en porcelaine, le blanc et or. Tout le service.

La gouvernante poussa un gros soupir. Elle avait hâte d'être à l'église et d'écouter les cantiques que chanterait Hermine.

— Il faudra partir à l'avance, précisa-t-elle. Avec toute cette neige, je ne marcherai pas vite, moi.

— D'ici à l'église, on pourrait faire de mauvaises rencontres ! déclara Célestin avec une grimace. Je te dis, Mireille, que c'est infesté de loups, autour du village. J'avais prévenu madame, que l'on s'installait dans un pays reculé, qu'il nous faudrait un molosse pour garder la maison. Ces chiens-là, quand tu leur mets un collier à pointes, ils tuent tout ce qui bouge.

— Bravo ! persifla la gouvernante. Dans ce cas, on n'aurait plus de visites. Les gamins des Marois rôdent souvent aux alentours, ça ferait du beau travail si ton molosse leur dévorait une jambe ou un bras.

Laura fit son apparition. Elle huma les senteurs mêlées qui embaumaient la cuisine.

— Je suis déjà affamée. Mireille, tu n'as pas oublié les îles flottantes ? Elles doivent être fraîches, presque glacées. Le mieux serait de les stocker dans l'appentis.

— Elles y sont, madame ! Le gâteau au chocolat

aussi. Dites, je suis à votre service depuis six ans, je connais la musique.

Célestin piqua du nez, gêné par le franc-parler et les manières directes de Mireille. Laura ne se formalisa pas. Elle paraissait très gaie.

— Et ces loups, Célestin ? dit-elle d'une voix moins ferme.

— Je veille, madame ! Tant qu'ils ne grattent pas aux portes...

Laura ferma les yeux quelques secondes. Elle se revit au cœur de la forêt, blottie dans le traîneau de Jocelyn. C'était au cours de leur folle fuite, avant qu'ils n'abandonnent Hermine. Bali, le chien de tête de l'attelage, grognait et aboyait. Une meute de loups les suivait à distance respectable. La jeune mère qu'elle était alors tremblait de terreur, le bébé serré contre son sein, à l'abri de l'épais manteau qui les protégeait toutes deux du froid glacial. Elle avait prié Dieu de les épargner.

« Et Dieu m'a écoutée, se dit-elle. Un orignal a déboulé, une vieille bête affaiblie par la faim. Jocelyn voulait l'abattre, mais il a servi de repas aux loups, qui ne se sont plus occupés de nous. »

— Madame, appela Mireille, ne restez pas là, votre belle robe sentira la graisse chaude.

— En effet, concéda la jeune femme, l'air absent. Je retourne au salon.

Au vu des chutes de neige, l'abbé Degagnon ne célébrait qu'une seule messe, la vigile de Noël, ce qui permettrait à ses paroissiens de rentrer chez eux pour le repas de fête, et ce, bien avant minuit. Des nuées de flocons ruisselèrent du ciel à l'heure où les derniers habitants de Val-Jalbert quittaient leur maison pour se rendre à l'église.

L'éclairage public de la rue Saint-Georges dispensait un peu de luminosité voilée par l'averse de neige. Mélanie Douné, escortée par Simon et Armand, distingua trois autres silhouettes sombres qui tournaient l'angle du presbytère. Il s'agissait du patron de l'hôtel, de son épouse et de leur fille cadette.

— Regardez-nous ! avoua-t-elle aux garçons, nous ressemblons à des fantômes se déplaçant à tâtons dans un monde désert. Il n'y a aucun bruit, et toutes les fenêtres sont sombres. J'ai le cœur chaviré. Et, dans une semaine, nous n'aurons plus de curé !

— Mais Hermine va chanter, la réconforta Simon. Il faut profiter du moment présent, madame Douné.

— Oui, Élisabeth est bien gentille de vous avoir envoyés. Sinon, je n'aurais pas pu assister à l'office de Noël.

— Bien sûr que si, claironna Armand. Aucune bonne âme ne vous aurait laissée seule un soir pareil.

Des hurlements lugubres retentirent, tout proches. La vieille dame sursauta.

— Doux Jésus ! Ce sont des loups ! Quand le chien de l'hôtel aboyait, tout à l'heure, j'ai regardé à ma fenêtre. Des bêtes criaient au loin.

— Oui, grommela Simon. Mon père et moi, nous les avons vus sur la pente qui longe la dalle de l'usine. Ils sont quatre, un couple et deux jeunes. Quand j'ai dit ça à ma mère, elle s'est signée. Notre vache vient de vêler. J'ai cloué une planche en travers de la porte. On n'est jamais assez prudent.

Du coup, Mélanie Douné, qui se plaignait toujours de sa hanche et de sa jambe gauche, pressa le pas. Ses douleurs semblaient avoir disparu.

— Dépêchons-nous, les enfants, dit-elle. Les loups en chasse s'attaquent aux plus faibles, aux malades.

— La blague ! dit Armand, d'un ton assuré. Ils ne s'attaquent pas aux hommes. De toute façon, mon père a chargé le fusil.

— Une malheureuse vieille comme moi peut les allécher, rétorqua Mélanie.

— On vous défendra, assura Simon. Je n'ai pas peur des loups.

L'adolescent affirmait la même chose que son père, au même instant, à quelques centaines de pieds de là. Joseph raisonnait Élisabeth, qui osait à peine sortir de la maison. Bien emmitouflée, la jeune femme tenait Edmond contre elle. Ravi de partir pour la messe, le garçonnet trépignait d'impatience, apparemment guéri.

— Ne crains rien, Betty, répéta Joseph. J'ai mon couteau et un bâton. Que veux-tu ? Quand l'usine tournait à fond, cela faisait tant de chahut que les bêtes sauvages évitaient le village. La dernière fois que je suis monté à la cabane à sucre, j'ai croisé un lynx. Il a filé, mais je lui ai jeté une pierre, pour montrer qu'il empiétait sur mon territoire.

L'ouvrier témoignait un sincère repentir. Depuis des semaines, il tentait de se réconcilier avec son épouse. Ils dormaient ensemble, mais elle ne lui accordait ni caresses, ni relations amoureuses, ni même de tendresse. Frustré, Joseph redoublait de mots gentils en implorant son pardon. Élisabeth ne fléchissait pas.

— Pas un loup ne te cherchera de misères, ma Betty, insista-t-il. Pareil pour mon petit gars. Nous serons à l'église en cinq minutes.

Elle descendit les marches du perron après avoir parcouru les environs d'un regard anxieux.

— Et la vêle, Jo ? Si ces bêtes profitaient de notre absence pour s'introduire dans l'écurie ? J'y tiens, à ma vêle.

— Simon a consolidé la porte ; ne te tracasse pas.

Edmond se cramponna à la main de son père et à celle de sa mère. L'enfant jubilait. Il fixait l'église à travers des rideaux de neige, bien à l'abri entre ses parents. Il ne quittait pas leurs mains, car il imaginait les loups encerclant le village. L'enfant prêtait aux animaux surgis de la forêt des allures de monstres redoutables... Et se faire peur l'amusait au plus haut point.

— Tu les as vraiment vus, Jo ? interrogea Élisabeth.

— Comme je te vois, et Simon aussi ! répondit l'ouvrier. Sur la pente. Mais à quatre, ils ne feront de mal à personne.

La jeune femme courait presque. Les années passées à Val-Jalbert du temps où neuf cents habitants créaient une animation constante lui avaient fait oublier les immenses terres encore sauvages couvrant des milliers d'acres, au-delà du lac Saint-Jean. Les bois d'épinettes et d'érables servaient de refuge aux loups, aux renards, aux lynx et aux ours noirs. Élisabeth, qui évoluait de sa maison au magasin général et de l'église au couvent-école, n'avait même jamais aperçu un orignal, cette grosse bête que les étrangers nommaient élan.

— Tu vois bien qu'il n'y a pas de danger, déclara Joseph. Et tu aurais dû chausser des raquettes, comme moi. Tu t'enfonces jusqu'aux genoux dans la neige. Tu en auras dans tes bottes, et tes bas seront trempés. Allons, donne au moins ton bras, Edmond peut avancer tout seul.

— Non ! cria-t-elle. Je ne le lâche pas.

L'ouvrier s'arrêta, enleva ses raquettes et avança devant sa femme et son fils. Il creusa ainsi une sorte de tranchée qui facilitait la marche à Élisabeth.

Sous l'auvent de la maison du surintendant, Laura et Hermine s'impatientaient. Elles étaient prêtes, mais Mireille les retardait. La gouvernante voulait être élégante, elle aussi, et elle se préparait dans sa chambre. Coiffé d'un passe-montagne rouge ne montrant que son regard peureux, Célestin faisait les cent pas en bas des marches, son fusil à l'épaule.

— Je ne les entends plus, ces sales bestioles, bougonna-t-il. C'est mauvais signe, madame. Quand les loups ne font plus de bruit, ça veut dire qu'ils sont là, dans le noir, à nous épier.

Laura jeta un coup d'œil inquiet vers le sous-bois. Hermine la rassura :

— N'aie pas peur, maman. Il n'y a pas de danger.

Elle avait un sourire radieux, dans la lumière blafarde des lanternes à pétrole que le domestique avait allumées.

— Les loups, reprit le jardinier, ils sont cousins avec le diable, comme les Indiens, à la différence que les Indiens, on peut les baptiser et après ça, ils se civilisent un peu.

— Vous racontez n'importe quoi, Célestin, protesta Hermine. C'est une honte de comparer des hommes à des animaux. Vous n'avez pas dû rencontrer beaucoup d'Indiens, pour dire des choses pareilles.

L'adolescente cédait rarement à la colère. Surpris, le jardinier ne répondit pas. Laura s'en mêla :

— Ma fille a raison, Célestin, vos propos sont affligeants. Et indignes d'un bon chrétien qui se rend à la messe. Et rangez votre arme dans la remise. Vous n'allez pas entrer dans l'église un fusil à la main.

— Comme vous voudrez, madame. Mais, si les loups attaquent, je ne pourrai point vous défendre.

— Prenez un bâton, rétorqua Laura.

Mireille sortit enfin en donnant un tour de clef. Ils se mirent en chemin, remontant l'allée que le jardinier avait déblayée durant la journée. Mais il neigeait tellement que le travail serait bientôt à refaire. Chaussées de bottillons fourrés, les trois femmes avançaient prudemment pour ne pas tomber.

Laura portait une cape en renard argenté, la gouvernante, une veste en lapin. Hermine avait refusé d'étrenner son manteau de fourrure. Elle préférait garder sa veste en lainage bleu, doublée en peau de mouton.

— Ne te vexe pas, maman, avait-elle dit, mais je ne peux pas me présenter à l'église aussi distinguée. Cela pourrait causer des jalousies. Certains jugeraient que je t'aime parce que tu me couvres de cadeaux.

Elles avaient dû aussi se mettre d'accord pour le cadeau destiné à Charlotte. Laura voulait l'emporter à la messe et le donner à la fillette. Hermine craignait une réaction d'envie de la part des autres enfants. Elles avaient décidé d'inviter la petite à goûter le lendemain.

— Comme ça, Lolotte profitera du sapin, elle trouvera le paquet au pied de l'arbre, avait conclu l'adolescente.

En fait, elle ne pensait pas que Charlotte viendrait à la messe. Mais la famille Lapointe s'était déplacée. Onésime, les cheveux pommadés, arborait un costume en gros velours marron. Il était assis sur un des bancs, sa sœur à ses côtés. Hermine fut stupéfaite de reconnaître Aglaée, installée près de son mari, Jules.

— Vous êtes de sortie ! dit-elle à la malade.

— Jules a fabriqué une sorte de traîne et, avec Onésime, ils m'ont transportée jusqu'ici, expliqua la mère de Charlotte. Depuis le temps que je n'avais pas quitté mon lit !

Bien coiffée et vêtue d'une pèlerine brune, Aglaée avait les joues roses. Elle paraissait en extase. De la voir ainsi réconforta Hermine.

— J'aurai le plaisir de vous entendre chanter, mademoiselle, ajouta-t-elle.

— J'espère que vous ne serez pas trop déçue, rétorqua la jeune fille.

Après avoir embrassé Charlotte, elle rejoignit Laura, en grande conversation avec Hans Zahle à quelques pieds de l'autel.

Le pianiste la salua d'un sourire radieux. Pour la première fois, Hermine lui trouva de l'allure et du charme. Il portait un costume noir, une chemise blanche et une cravate. Ses cheveux avaient poussé, et des mèches souples frôlaient ses oreilles. Elle remarqua aussi qu'il avait de nouvelles lunettes, moins petites, qui mettaient en valeur ses yeux gris-bleu.

Il la complimenta sur sa toilette et chuchota :

— Mais vous êtes toujours ravissante ; la robe n'y est pour rien. Je pourrais en dire autant de votre mère, qui est très en beauté ce soir.

Laura remercia Hans d'un léger signe de tête. Elle alla s'asseoir sur le banc le plus proche de l'harmonium. L'abbé Degagnon paraissait ému. Même s'il n'avait pas été responsable de la paroisse aussi longtemps que son prédécesseur, le père Bordereau, il déplorait son départ et la suspension définitive du service religieux.

Ce fut avec une sincère tristesse qu'il parla aux fidèles réunis dans l'église.

— Mes chers paroissiens, nous sommes ensemble en cette veille de Noël, mais je dois vous dire au revoir. Comme l'a si bien chanté notre rossignol, Hermine, quand les sœurs ont quitté le village, ce n'est qu'un au revoir. Je vous engage à ne pas renoncer au secours divin, je vous engage à suivre les offices du dimanche à Chambord. Nous avons tous connu Val-Jalbert en de meilleurs jours. Je me souviens de mon impression, en arrivant ici, après un voyage en bateau sur le lac Saint-Jean, après avoir pris le train de Roberval à l'usine de pulpe, par une faveur spéciale des cheminots employés par la compagnie. J'ai tout de suite été conquis. Des enfants jouaient dans la rue Sainte-Anne, du bétail en abondance paissait dans les prairies bordant la rivière. Et il y avait foule à la terrasse de l'hôtel. Des ménagères en robe claire, panier au bras, discutaient devant le magasin général. J'étais heureux de devenir le berger d'une communauté éprise de bienséance, d'ordre et d'honnête labeur. Tout a changé. L'année prochaine, je serai loin de Val-Jalbert. Je vous demande à tous, vous, les derniers paroissiens, de continuer à vivre dans le respect des Saintes Écritures, dans la sobriété et la solidarité. Noël est l'occasion de faire une trêve, de tendre la main à son prochain, alors qu'en cette nuit bénie, cette sainte et douce nuit, vos cœurs s'ouvrent au message de Notre-Seigneur Jésus-Christ. Aimez-vous les uns les autres !

Son discours terminé, l'abbé Degagnon célébra la messe. Les deux enfants de chœur, Armand et un de ses camarades de classe, faisaient de gros efforts pour ne pas rire et grimacer.

De son banc, Joseph menaçait son fils d'un regard noir. Enfin, après la communion, Hans joua les premières notes de l'*Ave Maria.* Hermine marcha doucement jusqu'à l'autel et fit face à l'assistance. Une rumeur joyeuse parcourut les rangs.

La jeune fille crut revivre ce lointain Noël, lorsque la mère supérieure l'avait poussée en avant, l'assurant qu'elle chanterait sans fausse note et sans oublier les paroles. Depuis, elle avait beaucoup progressé. Sa voix puissante et limpide retentit dans l'église, d'une telle intensité, d'une telle ferveur que Laura eut aussitôt envie de pleurer. Elle sortit un mouchoir brodé et tamponna ses paupières.

Ave Maria
Reine des cieux
Vers toi s'élève ma prière...

Hans l'accompagnait à merveille. Hommes, femmes, enfants, tous écoutaient bouche bée, et c'était comme s'ils recevaient une preuve de l'amour infini de Dieu. Certains baissèrent la tête, les mains jointes, d'autres fermèrent les yeux et essuyèrent une larme.

Hermine avait mis toute son âme, tout son cœur dans l'*Ave Maria.* Une sensation étrange s'était emparée d'elle. Son corps lui paraissait d'une légèreté inhabituelle, presque inconsistant. Pour célébrer Noël, pour sa mère et Betty, pour Charlotte, elle avait essayé de se surpasser.

Quand elle se tut, Joseph se sentait le plus ignoble

pécheur de la terre. Il étreignit la main d'Élisabeth en lui adressant un regard désespéré.

— Ma Betty, si tu ne me pardonnes jamais, je ne t'en voudrai pas. Je ne te mérite pas. Mais je t'aime, je t'ai toujours aimée.

Elle se tourna vers lui, un faible sourire sur les lèvres.

— Sois patient, Jo !

— Je le serai, promit-il.

Soudain, Hans lança les mesures de *Il est né le divin enfant*. Le cantique plus joyeux sema l'allégresse. Hermine l'interpréta avec brio. Elle fut heureusement surprise quand deux fillettes reprirent le refrain, vite imitées par la plupart des gens. Charlotte chantait aussi, en se balançant. Mireille et Célestin n'étaient pas les plus timides. Partagée entre le rire et les larmes, Laura fredonna comme les autres. Elle éprouvait un bonheur enfantin, une paix bienheureuse. Sa fille, son enfant chérie, forçait son admiration. Hermine était si jolie, si simple. Sa voix charmait, subtile et suave dans les notes basses, forte et cristalline dans les aigus.

« Mon Dieu, pria la jeune femme, mon Dieu, par pitié, ne me séparez plus de mon enfant. Merci de me l'avoir redonnée, de lui avoir offert ce don unique, celui d'enchanter et de consoler. »

L'adolescente chanta encore *Douce nuit* et *Les Anges dans nos campagnes*. Son récital s'acheva par *Ô Canada*, que l'abbé Degagnon lui avait demandé de chanter.

— Merci de tout cœur, Hermine, dit ce dernier, tandis que des applaudissements discrets fusaient, de-ci de-là. Je n'oublierai jamais les années que j'ai vécues à Val-Jalbert, et je garderai un précieux souvenir du rossignol des neiges, dont ce village a eu la chance d'être le nid. Hermine nous a aujourd'hui à nouveau enchantés, pour la dernière fois en cette église, malheureusement.

Ce fut au tour de la jeune fille d'avoir les larmes aux yeux. Hans se leva et salua. Un brouhaha animé signala la fin de la messe. Il fallait quitter le chaud refuge de l'église et ses voisins pour affronter la neige, le vent glacé et les ténèbres.

— Je ne suis qu'un imbécile ! confia Joseph à son épouse. Je voulais que Mimine reprenne des chansons de La Bolduc. Ce n'est pas son genre. Elle a une voix tellement plus belle. Les cantiques, l'opéra, ça lui convient mieux.

Élisabeth le dévisagea d'un air apitoyé.

— Mon pauvre Jo, on dirait que tu deviens enfin raisonnable.

Ils franchissaient la porte. Laura les rattrapa.

— Joseph, Betty, commença-t-elle, je n'ai pas osé vous en parler tout à l'heure, mais j'aimerais vous inviter à souper. Je voudrais faire la surprise à Hermine. Elle serait si contente que vous partagiez notre repas. Mireille a fait des merveilles. Nous devrions apprendre à nous connaître. Et puis, c'est Noël !

— Dis oui, maman ! cria Edmond en secouant le bras de sa mère. Je veux y aller, moi.

Élisabeth fixait Laura d'un air incrédule. Elle voyait une jolie femme coiffée d'une toque de fourrure, tellement élégante dans sa capeline de renard argenté, et cette femme qui ressemblait trait pour trait à sa chère Mimine la suppliait de son regard bleu, de sa voix délicate. Elle se tourna vers Joseph, tout autant ébahi.

— C'est que nous sommes nombreux, madame, murmura-t-elle.

— Vous êtes cinq, précisa Laura en souriant. L'abbé Degagnon sera des nôtres, ainsi que Hans Zahle. Cela me ferait vraiment plaisir. J'ai l'impression que c'est mon premier vrai Noël depuis de longues années. Je vous en prie...

— Qu'est-ce que tu en penses, Jo ? demanda Élisabeth à son mari. Une invitation à souper, on ne m'en fait pas souvent, même jamais. Madame Laura dit vrai, nous sommes amenés à être voisins, autant faire mieux connaissance.

L'ouvrier réfléchissait. Simon donna son avis.

— Moi, ça me plaît, mais il faudrait se décider. On marchera tous ensemble. Les loups auront peur de nous s'ils rôdent encore autour du village, plaisanta le jeune homme.

Mireille et Célestin s'approchaient. L'église se vidait, Hermine ne se doutait de rien. Elle chuchotait à l'oreille de Charlotte.

— Demain, ma Charlotte, je viendrai te chercher avec Chinook. Tu monteras sur son dos et nous irons goûter chez maman. Tu verras, il y a un magnifique sapin, décoré de boules multicolores et de guirlandes. Et saint Nicolas, celui du conte que je t'ai lu en classe, t'aura peut-être apporté un petit cadeau.

Émue, l'enfant la prit par la taille et la serra très fort. Aglaée remercia l'adolescente.

— Vous êtes un ange descendu du ciel, mademoiselle, dit-elle. Je n'ai jamais entendu rien de si beau que votre *Ave Maria*.

Onésime approuva d'un signe de tête. Hermine leur souhaita un bon Noël. Elle savait que la situation de la famille s'améliorait, Jules Lapointe ayant enfin un emploi convenable.

L'abbé Degagnon éteignait les lampes. La jeune fille, suivie par Hans, sortit à son tour. Elle vit tout de suite la famille Marois en compagnie de Laura. Tous semblaient de très bonne humeur. Il neigeait à gros flocons, mais le froid demeurait supportable.

— Mimine ! piailla Edmond comme un moineau. On t'attendait. La dame nous invite à manger chez elle. La dame riche...

— Veux-tu être poli ! s'écria Élisabeth. Cette dame est la maman de Mimine.

— Ne le grondez pas, dit Laura. Il est si mignon.

— Vraiment ? dit Hermine, stupéfaite. Comme je suis heureuse ! Un souper de fête tous ensemble.

— Il faut croire qu'il y a des miracles, le soir de Noël, ajouta Joseph.

Il souriait lui aussi. « Je dois lui pardonner, pensa l'adolescente. S'il accepte de venir, c'est sûrement qu'il regrette tout le mal qu'il a fait. »

Armand se pendit à son bras. Il trépignait d'impatience. Le cortège se forma. Célestin fermait la marche. Le domestique jetait des coups d'œil anxieux derrière lui. Joseph avançait en tête, brandissant une lanterne.

Ils cheminèrent dans un concert de rires et de bavardages orchestré par Mireille qui jubilait. La gouvernante avait vu juste, le nombre de convives avait triplé.

— Quand même, déclara soudain Élisabeth, je suis un peu inquiète pour ma vêle. Simon, tu serais gentil de passer à la maison vérifier que tout va bien à l'écurie. Cela me rassurerait. Tu n'en as pas pour longtemps.

— De toute façon, nous attendons aussi l'abbé Degagnon, ajouta Laura. Il raccompagne madame Douné avec l'aide du fils Lapointe.

— Tu y tiens tant que ça, maman ? interrogea

Simon. Si tu crains les loups, à mon avis, ils sont déjà loin. On ne les entend plus.

— Hermine les a charmés, certifia Hans. Imaginons ces féroces bestioles assises devant l'église, qui écoutaient notre rossignol !

— Ils aiment la musique, les loups ? questionna Edmond d'une petite voix inquiète.

— Les loups ne sont pas féroces, affirma Hermine. Ils n'ont pas de maison, pas de garde-manger bien rempli. Le gibier se fait rare, l'hiver. Ils doivent parcourir la forêt, ils doivent sans cesse chercher une proie. Moi, je les plains, ces bêtes. Personne ne les aime, parce qu'ils sont sauvages, parce qu'ils sont libres. Comme les Indiens, jadis.

Depuis qu'elle s'était promise à Toshan, la jeune fille avait étudié l'histoire du Canada. Elle avait découvert que les colons français et anglais n'étaient pas arrivés sur une terre vierge. Des tribus vivaient là, proches de la nature, chassant et pêchant. Les Autochtones avaient appris aux nouveaux venus bien plus qu'à récolter l'eau sucrée des érables. Ils leur avaient appris comment survivre dans ce climat hostile, marqué davantage par les extrêmes que par la mesure. Dans le passé, il y avait eu des affrontements sanglants, aussi. Ses lectures avaient fortement marqué l'adolescente, qui n'en aimait que plus son beau métis au prénom étrange.

— Mimine, soupira Élisabeth, tu as des idées bizarres parfois...

Célestin bredouilla une vague approbation. Il avait pris pour lui le discours enflammé d'Hermine.

Simon faisait demi-tour. Joseph le héla :

— Sois prudent, fils. Rapporte-moi le fusil pour le retour. La nuit sera plus avancée, on ne sait jamais.

Mireille poussa un gémissement craintif. Elle fit en sorte de marcher très près de l'ouvrier qui lui semblait un homme assez robuste pour la protéger.

Laura discutait tout bas avec Élisabeth. Hermine avait beau tendre l'oreille, elle ne comprenait pas ce que disaient les deux femmes, mais de les voir ainsi presque complices lui plaisait.

« J'aimerais tant qu'elles deviennent amies ! songea-t-elle. Betty se sentirait moins seule, elle pourrait prendre le thé avec maman. »

Malgré la bonne ambiance qui régnait, la jeune fille appréhendait le repas qui les verrait tous réunis. Elle rêva que Toshan se joignait à eux, surgi des bois enneigé comme les loups.

« Je ne sais pas si les Marois et maman seraient contents. Je crois plutôt qu'ils n'auraient aucune envie de l'accueillir. »

Une chose en amenant une autre, elle imagina le Noël suivant.

« Nous serons mariés. Il n'ira pas au chantier, ça non. La première année, il peut bien rester avec moi. Mais peut-être qu'il ne sera pas du tout à son aise, dans la belle maison de maman. »

Hermine était assez lucide pour envisager les difficultés qui l'attendaient, surtout vis-à-vis de Joseph Marois. Elle n'avait pas oublié comment il avait traité Toshan, à la cabane à sucre. Attristée, elle pria en silence.

« Mon Dieu, faites que Toshan n'ait pas froid ni faim, car c'est Noël. Faites que sa mère ne souffre pas trop d'être seule, elle qui n'a plus que son fils au monde. »

Elle eut conscience tout à coup de l'isolement pénible où se trouvait la veuve du chercheur d'or. Son esprit voyagea loin de Val-Jalbert, survolant d'immenses contrées couvertes de forêts, le long de l'interminable rivière Péribonka qui avait donné son nom à un modeste village.

« Comment une femme peut-elle vivre dans une cabane tout l'hiver ? Elle doit dépérir, se morfondre. Quand nous serons mariés, Toshan et moi, il faudra qu'elle habite chez nous. »

Un cri de frayeur ramena Hermine à l'instant présent. C'était Mireille qui avait lancé une plainte terrifiée. Joseph agitait sa lanterne. Laura attira sa fille contre elle en lui montrant quelque chose du doigt. Entre l'ouvrier et la maison du surintendant plongée dans l'obscurité se tenaient deux gros loups, massifs, le poil gris fourni constellé de flocons. Ils épiaient le moindre geste de l'homme, leurs yeux dorés rivés à la lampe.

Edmond éclata en sanglots. Hans le percha sur ses épaules. Armand se cacha derrière Hermine pendant qu'Élisabeth se cramponnait au bras de Laura.

— N'ayez pas peur, assura celle-ci. Ils vont s'enfuir.

Hermine était fascinée. Elle devina deux autres bêtes de plus petite taille qui semblaient danser sur place.

— Allez, filez ! hurla soudain Joseph en faisant tournoyer son bâton. Du balai, vous autres !

L'ouvrier avança d'un pas, sans cesser de crier. Ce fut la débandade. Les loups s'enfuirent. Le plus grand émit un grognement de colère, mais il disparut aussi vite que ses compagnons.

— Le père, la mère et leurs rejetons, décréta Joseph. Si j'avais eu mon fusil ! Quatre peaux de loup, tu aurais eu un beau manteau, ma Betty. Je t'assure qu'à cette distance je les abattais tous.

— Tu aurais pu te faire mordre, s'affola Élisabeth qui tremblait de tout son corps.

— Les loups n'attaquent pas les hommes, dit Laura, nous venons d'en avoir la preuve.

Célestin crut bon de renchérir :

— Ils n'étaient pas assez nombreux, madame, sinon ils auraient croqué les enfants après nous avoir égorgés. Faut pas sortir sans son fusil. Si vous ne m'aviez pas interdit d'emporter mon arme à la messe, j'aurais réglé leur compte à ces bêtes du diable.

Joseph lança un regard méprisant au domestique.

— On dit ça, ironisa-t-il, mais vous restiez caché derrière les femmes et les enfants.

— Il pouvait en venir d'autres ; j'étais prêt à les recevoir ! cria le jardinier.

— Monsieur Marois s'est conduit en héros, déclara Laura. Le repas n'en sera que meilleur après toutes ces émotions. Dépêchons-nous, au cas où un ours noir déboulerait. Cela dit, ils ne sont pas plus méchants que les loups.

Encore malade de peur, Mireille n'apprécia pas la plaisanterie de sa patronne. Elle prit Joseph par le bras en le couvant d'un regard admiratif. Il l'escorta jusqu'à la porte.

— Vous n'avez plus à avoir peur, madame, déclara-t il, vous pouvez me lâcher. Quant aux ours, n'y pensez plus, ils hibernent tout l'hiver. Ouvrez donc.

Bouleversée, la gouvernante se trompa de clef. Laura lui arracha le trousseau des mains. Tout le monde se retrouva enfin à l'intérieur. Le large vestibule, une particularité de la demeure du surintendant, permettait de suspendre les vêtements chauds et de taper ses chaussures pour les débarrasser de la neige.

— J'aurais dû demander à Simon de rapporter nos chaussons, remarqua Élisabeth d'une petite voix, de plus en plus gênée.

Hermine s'occupait d'Edmond. Laura s'était éclipsée, sûrement afin d'allumer les lampes et le sapin.

— Ne t'en fais pas, Betty, maman est tellement heureuse de vous recevoir qu'elle ne va pas se soucier de ses parquets.

Mireille pointa son nez à la porte qui donnait dans le couloir. En tablier immaculé, elle avait repris son apparence de gouvernante zélée.

— Hermine, tu peux conduire les invités au salon, le souper sera bientôt prêt.

Aidée de Célestin, la domestique devait dresser la table dans la salle à manger, une pièce que Laura utilisait peu. L'occasion se présentait ; Mireille comptait soigner la présentation du couvert.

Edmond poussa un petit cri émerveillé en découvrant l'arbre de Noël, trois fois plus haut que lui. L'enfant osait à peine avancer, impressionné par le scintillement des guirlandes électriques, mais aussi par les tapis moelleux, les splendides rideaux, les meubles sculptés. Après avoir espionné par les fenêtres, Armand lui avait décrit la pièce, mais c'était bien plus beau encore.

Intimidés, Joseph et Élisabeth s'empressèrent de s'asseoir sur la banquette Louis XV où Hans avait déjà pris place. Hermine et sa mère s'affairaient près d'un guéridon où étincelaient des coupes en cristal.

— Célestin avait mis de la bière d'épinette au frais, expliqua Laura. Il est ressorti la chercher. J'en ai acheté deux bouteilles au magasin général, mais j'aurais préféré du champagne français. Espérons qu'il ne rencontrera pas de loups !

Armand pouffa en même temps que Joseph. Élisabeth les sermonna :

— Ne vous moquez pas de ce brave homme. Je le comprends d'être effrayé. Pour ma part, jusqu'à l'été prochain, je n'oserai plus traverser la cour, les nuits de grosse neige.

— Et vous, madame, demanda l'ouvrier à Laura, vous n'avez pas été impressionnée par ces bêtes ?

— Seule, j'aurais eu très peur, mais protégée par trois hommes et deux garçons courageux, je ne risquais rien.

La maîtresse de maison éclata d'un rire léger. Elle était très belle, dans sa robe en velours gris, ses cheveux blonds coiffés en chignon. Hermine crut bon d'ajouter :

— De toute façon, maman a vécu avec un trappeur, mon père Jocelyn. Elle connaît la forêt et les animaux qui y vivent.

— Il faudrait nous raconter tout ça, avança Joseph d'un ton trop aimable au goût de l'adolescente.

— Pas ce soir, coupa-t-elle. Ces souvenirs-là ne concernent que moi, n'est-ce pas, maman ? Ce sont les souvenirs de mes parents chéris, car j'espère que nous retrouverons papa un jour.

Un silence suivit cette déclaration. L'entrée de Mireille, une bouteille de bière entre les mains, fit diversion.

— Nous la déboucherons quand Simon sera de retour, dit Laura. J'espère que l'abbé Degagnon ne s'en offusquera pas. C'est une exception, pour le soir de Noël. Hermine, mets de la musique, je te prie. Savez-vous, ma chère Betty, que j'ai acheté un électrophone, moi aussi. L'idée m'en est venue quand j'ai vu le vôtre dans la chambre d'Hermine.

L'adolescente hésita dans le choix du disque ; elle se décida pour des chansons enfantines interprétées par une chorale québécoise.

« Cela amusera Edmond », se dit-elle.

Le petit garçon s'était assis sur le tapis au pied du sapin. Il fixait un monticule aux formes bizarres, couvert d'un tissu bariolé. Armand vint trouver Hermine et lui demanda, à l'oreille :

— Qu'est-ce que c'est, sous l'arbre ?

— Je me pose la même question que toi, répondit-elle tout bas. Je crois que ma mère a joué à saint Nicolas.

Elle posa avec précaution la pointe en diamant au bord du disque. Sur fond de piano, des voix de femme entonnèrent *Le bon roi Dagobert*.

Quand Simon entra, les joues rouges d'avoir couru, Edmond se balançait au rythme de *Nous n'irons plus au bois*.

— Tout allait bien dans l'écurie, maman, assura le jeune homme. La vêle tétait et Eugénie paraissait en pleine forme. Par contre, madame Laura, je dois vous dire de la part de monsieur le curé qu'il ne viendra pas. Il vous présente toutes ses excuses, mais, finalement, il a jugé plus charitable de souper en compagnie de madame Mélanie, qui était seule.

— Mon Dieu, que je suis sotte ! s'écria la jeune femme. J'aurais dû inviter cette pauvre dame aussi.

Rassurée sur le sort de sa petite génisse, Élisabeth intervint avec un doux sourire.

— N'ayez pas de remords, Laura, Mélanie Douné s'arrange tous les ans pour retenir l'abbé Degagnon à sa table. Je crois qu'il savait à quoi s'attendre en la raccompagnant.

— Ma femme dit vrai, renchérit Joseph.

— Bien, dans ce cas, nous sommes au complet.

Mireille commença à remplir les verres d'un fond de bière.

— Il faut trinquer ! affirma Hans. En hommage à Hermine, qui nous a enchantés encore une fois grâce à son talent.

— Oui, à Hermine ! renchérit Simon. Déjà, quand nous étions gamins et que je la pinçais bien fort, elle criait tant que j'en avais mal aux oreilles. Mais j'ai dû l'aider à développer sa voix. J'ai contribué à faire d'elle le rossignol des neiges.

— Je ne te remercierai jamais assez, répliqua la jeune fille en riant.

Joseph songeait qu'ils feraient vraiment un joli couple. Comme si sa femme lisait dans ses pensées, elle lui prit la main et chuchota :

— Qui peut prédire l'avenir ? Ne désespère pas, Jo.

Au même instant, Hans éprouvait un pincement de jalousie devant la complicité évidente qui liait Hermine et Simon. Laura lui avait confié le projet de l'ouvrier de marier les jeunes gens. Aussi fut-il saisi d'une véritable angoisse en les voyant si proches.

Mais il se retrouva à côté de l'adolescente pour le souper. Elle était assise à sa gauche, et Mireille avait installé Edmond à sa droite. Le repas fut très gai. Joseph prit garde de ne pas abuser du vin français, une cuvée de qualité. Élisabeth raconta son enfance à Chambord, et Hans évoqua l'arrivée de ses grands-parents, venus du lointain Danemark pour cultiver la terre canadienne.

— Cependant, conclut-il, mon père a délaissé l'agriculture au profit des études. Il a enseigné à Montréal, épousé une concertiste de talent et je suis né dans une famille passionnée de littérature et de musique.

Hermine l'écouta avec intérêt, ce qui conforta Laura dans son idée. Hans devait épouser sa fille.

Les domestiques furent conviés à partager le dessert. Les îles flottantes eurent beaucoup de succès. Le gâteau au chocolat nappé d'un fondant blanc comme neige régala Armand et Edmond. Hermine pria la gouvernante d'en garder une part pour Charlotte.

— Je n'ai jamais mangé de si bonnes choses et je n'ai jamais goûté d'alcool, avoua Élisabeth à l'heure du digestif, un cognac hors d'âge venu droit du bar de feu Franck Charlebois.

— C'est plus fin que notre caribou, avoua Joseph. En tout cas, madame Mireille, les canards avec cette sauce à l'orange étaient un délice.

— J'ai préféré la tourte aux poireaux, dit Simon. Quand j'aurai déniché une fille bonne à marier, il faudra me donner la recette, madame.

La gouvernante était aux anges. Rouge et rieuse, elle répliqua :

— Je ne veux plus de « madame ». Appelez-moi tous Mireille. Je cuisine à la française, jeune homme, je prêterai mon livre de recettes à votre fiancée, quand vous l'aurez dénichée, comme vous dites.

— Elle n'est peut-être pas si loin que ça, dit Joseph qui était un peu ivre.

— Alice Paget devient toute rose quand elle croise notre beau Simon, déclara Hermine, afin de contrer les paroles de son tuteur qu'elle avait très bien entendues.

— Mais elle se destine à prendre le voile, soupira Élisabeth. C'est dommage, j'aurais été fière d'avoir une belle-fille institutrice.

— J'attendrai mes vingt-cinq ans pour me marier ! s'écria Simon. Je ne suis pas pressé d'avoir la corde au cou.

Célestin ricana, et Armand imita le jardinier. Hermine était infiniment soulagée. Il n'y avait pas eu de fausse note au cours du souper.

« Je m'inquiétais pour rien, se dit-elle. Betty et Jo n'étaient pas du tout gênés, maman a su les mettre à l'aise. Nous nous sommes bien amusés, même. »

Laura jugea le moment venu de passer au salon, ce qu'elle annonça d'un ton mystérieux. Elle entraîna sa fille vers le sapin.

— Ma chérie, distribue les cadeaux. Il y a une étiquette avec le nom de chacun !

Stupéfaite, l'adolescente s'acquitta de son rôle. Rose d'émotion et de joie, elle pensait que sa mère avait tout préparé en secret dans le but de provoquer une réconciliation définitive avec la famille Marois.

Armand et Edmond ouvraient des yeux éblouis, mais Joseph et Élisabeth avaient pratiquement la même expression enfantine.

— Eh bien, il faut déballer vos cadeaux ! insista Hermine.

Ils paraissaient hésiter à défaire l'assemblage harmonieux des papiers colorés et des rubans pailletés.

— C'cst trop, vraimcnt trop ! murmura Élisabcth. Et si nous n'étions pas venus, Laura ?

— J'avais bon espoir de vous inviter demain pour le dîner ou le goûter, répondit celle-ci.

Hermine comprit, en découvrant la nature des présents, que Laura avait eu les informations nécessaires en la faisant parler les semaines précédentes. Elle se souvint aussi d'un voyage de sa mère à Roberval avant les premières neiges. Le maire en personne lui avait servi de chauffeur.

Joseph reçut une pipe en racine de bruyère, ainsi qu'une tabatière en cuivre. Élisabeth s'extasia devant un collier et une paire de boucles d'oreilles en jade, assortis à ses yeux. Jamais elle n'avait possédé de si beaux bijoux.

— Mais, je ne peux pas accepter ! bredouilla-t-elle.

— Betty, assura Laura avec bienveillance, vous avez veillé sur Hermine. Vous avez eu pour elle la tendresse d'une mère, je vous dois bien plus.

Les deux jeunes femmes, au bord des larmes, s'embrassèrent. Le cri de joie du petit Edmond les empêcha de céder davantage à l'émotion.

— Maman ! Mimine ! Papa ! J'ai un train ! Regardez la boîte ! Il y a un dessin de train !

— Il est électrique, précisa Laura. C'est une marque française, un JP[1]. Le courant est faible, du vingt volts. Tes frères t'aideront à le faire marcher.

Armand déballa un carton sur lequel était représentée une superbe voiture noire. Un modèle réduit de l'automobile, chromes étincelants, s'abritait sous une couche de papier de soie.

— Les portes s'ouvrent, les banquettes sont en cuir rouge ! s'émerveilla-t-il. Je l'avais vu dans la vitrine du magasin général. J'en rêvais !

Simon, lui, héritait d'une belle montre-bracelet et d'un étui à cigarettes en cuir.

---

1. De marque Le Jouet de Paris, grande entreprise fondée en 1902 à Montreuil-sous-Bois. La firme avait mis en vente des trains-jouets à faible voltage.

— Avec ça, je ne passerai plus pour un gosse, dit-il, radieux. Merci, Laura.

— Ce n'est pas moi, protesta-t-elle. C'est saint Nicolas ou Santa Claus.

— Le père Noël, rectifia Hans. Les Français l'appellent ainsi, ce bonhomme vêtu de rouge à la barbe blanche.

— Il vole dans l'air avec un traîneau tiré par des rennes, précisa Edmond. Hermine m'a lu l'histoire.

Joseph se gratta la tête, attendri. Il cédait à l'ambiance chaleureuse, somme toute très familiale, et il ne comprenait pas pourquoi il avait tant détesté Laura Chardin.

« Cette femme est riche, mais généreuse. Ma foi, si elle a perdu la mémoire, peut-on lui reprocher de s'être remariée ? Et elle paraît disposée à faire profiter tout le pays de sa fortune. »

Hans examinait son cadeau, toujours emballé. C'était carré, rigide et assez lourd,

— Ouvrez vite ! supplia Hermine, intriguée.

— Oui, dépêchez-vous ! insista Laura.

Le pianiste prit son temps. Enfin il montra à tous une pile de disques, dont il entreprit de déchiffrer les titres. Il lut même, à voix haute :

— *La Bohème*, *La Tosca*, *Paillasse*, *Manon Lescaut*, et *Madame Butterfly* ! Des opéras de Puccini, mes opéras préférés. Oh, Madame, comment vous remercier ?

— En apprenant les plus beaux airs à ma fille, bien sûr, rétorqua Laura avec un brin de coquetterie. Nous devrions en écouter un tout de suite. Lequel nous conseillez-vous ?

— *Madame Butterfly*, répliqua-t-il. C'est un drame

poignant, une jeune japonaise qui est amoureuse d'un soldat américain.

Simon s'occupa de mettre le disque. Hermine tendit alors à sa mère un paquet qu'elle avait caché derrière le sapin.

— J'allais faire remarquer, dit Élisabeth, que Laura n'avait pas de cadeau. Moi-même, je suis confuse. Je vous ferai un gâteau aux fruits confits, demain. Je les réussis très bien.

— Je deviens gourmande, avoua la maîtresse de maison. Rien ne me fera plus plaisir. Mais qu'est-ce que c'est, Hermine ?

Laura retournait le petit paquet entre ses doigts. Elle l'ouvrit avec précaution.

— J'ai pensé que tu serais contente, maman ! confia la jeune fille.

— Mon Dieu ! C'est toi, n'est-ce pas ? Sur les deux clichés ?

La jeune femme éclata en sanglots. Elle avait eu le temps de voir les photographies, encadrées de plâtre doré. Vite, elle se frotta les yeux pour mieux les détailler.

— Là, j'ai quatre ans. C'était avant l'épidémie de grippe espagnole. Un photographe avait pris des portraits des religieuses du couvent-école, et sœur Sainte-Madeleine lui avait demandé de faire un cliché de moi. Je ne m'en souviens pas bien ; c'est Betty qui me l'a raconté. Tu as vu comme je suis coiffée ? Le ruban blanc noué de côté, on dirait une grosse fleur.

— Sur la seconde photographie, Mimine pose en communiante, précisa Élisabeth.

— C'est un merveilleux cadeau, bredouilla Laura. Je me plaignais toujours de ne pas avoir vu mon enfant chérie petite fille. Que tu es mignonne ! C'est le plus beau Noël de ma vie.

— Betty a eu l'idée, dit Hermine. Elle avait ces clichés. Le patron du magasin général me les a fait encadrer à Roberval au mois d'octobre.

Laura ne pouvait plus s'arrêter de pleurer. Elle embrassa à plusieurs reprises les deux cadres. Si quelqu'un avait douté encore de l'amour qu'elle portait à sa fille, son attitude fébrile, presque impudique, apportait la meilleure preuve de sa sincérité.

— Tu peux m'embrasser, moi aussi, maman ! plaisanta Hermine. Tu as un portrait vivant de ta fille à l'âge de seize ans !

Cela fit rire Simon et Hans. Joseph, lui, tournait dans sa tête les derniers mots de Laura.

« Le plus beau Noël de sa vie ! Il y a un absent dans l'histoire, pourtant, Jocelyn Chardin. Est-ce qu'elle l'aime encore, son premier mari ? Un homme qui a disparu sans laisser de traces depuis quinze ans... Si elle l'aimait toujours, elle ne pourrait pas être si joyeuse. Ç'est quand même une femme bizarre... »

Comme la gouvernante lui proposait du thé, il refusa poliment.

— Je crois qu'il est assez tard, on va rentrer chez nous. Le poêle risque de s'éteindre, déclara-t-il en se levant.

Élisabeth jeta un coup d'œil mélancolique sur le salon illuminé et le sapin. Le disque de *Madame Butterfly* tournait ; une voix de femme aux accents déchirants chantait en italien.

— Vous reviendrez souvent, Betty, lui souffla Laura en l'embrassant affectueusement sur les joues.

Ces manières directes et chaleureuses déconcertaient

les Marois, mais la rendaient sympathique. Simon la salua avec ferveur. Edmond et Armand tendirent leurs joues.

— Au revoir, les garçons, amusez-vous bien avec vos jouets, et venez quand vous voulez.

— Mais oui, j'ai toujours des biscuits et des sucreries, ajouta Mireille.

Hermine les accompagna sur le perron. Il avait neigé toute la soirée.

— On ne voit plus du tout nos empreintes de tout à l'heure ! s'écria Armand.

— Et les loups, ils sont partis pour de vrai ? interrogea Edmond.

— N'aie pas peur, Ed, coupa Simon, je vais te porter sur mon dos.

La jeune fille les regarda s'éloigner entre les arbres. Élisabeth poussait de petits cris, car elle s'enfonçait dans la neige. Joseph la soutenait.

— La trêve de Noël ! chuchota-t-elle, le cœur en paix.

Elle regagna le salon avec l'impression de marcher sur un nuage de bonheur. Allongée sur la banquette, Laura écoutait *Madame Butterfly*. Hans s'était assis près du poêle, l'air songeur.

— Hermine, fit le pianiste, votre mère m'a offert un disque de valses viennoises. Si nous dansions ?

— Je ne sais pas danser !

— Tu dois apprendre la valse, ma chérie, dit sa mère.

Quelques minutes plus tard, Hermine tournait dans la pièce, la main de Hans posée sur sa taille. Elle aimait tant la musique qu'évoluer sur *Le Beau Danube bleu* de Strauss ne lui posa aucun problème.

— Vous êtes très douée, affirma son partenaire.

— Ma fille est douée dans tous les domaines, affirma Laura.

Hans s'immobilisa. Il s'inclina devant Hermine.

— Merci pour ces valses, mon cher rossignol, soupira-t-il. Je dois vous quitter, il est tard.

— Je crois que Mireille a préparé votre chambre, dit la jeune fille. Vous n'allez pas affronter la neige et les loups !

Elle avait apprécié la danse et l'éclat amoureux des yeux de Hans. Laura insista à son tour.

— Mais oui, dormez ici. Vous dînerez avec nous demain.

Le pianiste accepta volontiers. Hermine monta se coucher après avoir embrassé sa mère.

— Merci, maman, pour cette soirée magnifique, lui déclara-t-elle, émue aux larmes.

L'adolescente avait hâte d'être seule dans sa chambre. C'était la première fois qu'elle couchait chez Laura, et cela prenait des allures d'événement. Ravie, elle se déshabilla et fit une toilette rapide dans le réduit, aménagé avec goût, prévu pour cet usage.

« Je dors chez ma mère, j'ai une maison, une famille... » se disait-elle.

Hermine n'oublierait jamais ce Noël 1930. Elle avait compris ce soir-là qu'avec un peu de bonne volonté les gens de tous bords pouvaient trouver un terrain d'entente. Une fois allongée entre des draps soyeux, elle savoura l'extraordinaire sensation de plénitude, de sécurité, qui la consolait de tant de chagrins passés.

« Demain, j'irai chercher Charlotte avec Chinook. Elle aura sa belle poupée et du gâteau au chocolat. Même s'il a neigé, j'irai, car je le lui ai promis. Peut-être que je pourrai habiter là, bientôt, avec maman. Je suis sûre que Betty comprendrait. Je l'aiderai toujours, mais, le soir, je rentrerai dans cette maison, la maison de ma mère, la maison de maman. »

Elle s'endormit bercée par ces mots qui résonnaient au fond de son cœur.

15

Le silence de Toshan

Val-Jalbert, 15 août 1931

Hermine était assise sur une souche, au milieu de la prairie du moulin Ouellet, exactement à cet endroit où, un an et un mois plus tôt, elle discutait avec Toshan.

« Il a sorti son paquet de cigarettes et il en a allumé une. Et il plissait un peu les yeux. Ses cheveux brillaient au soleil. Il a levé la tête vers moi et il m'a regardée ! » se disait-elle avec le désir forcené de revivre les mêmes instants. Elle était prête à pleurer de dépit.

Chinook broutait non loin de là, sa robe rousse lustrée par le soleil. Des nuées de marguerites se mêlaient à l'herbe haute. Plus loin, couchée à l'ombre d'un pommier, la vache des Marois ruminait. La génisse blanche gambadait. Tout semblait en place pour une scène qui devait se jouer dans ce cadre idyllique, mais qui se faisait désespérément attendre.

« Rien n'a changé, mais Toshan n'est pas venu au rendez-vous. Peut-être bien que j'ai rêvé, qu'il n'existe pas, songea Hermine en regardant encore une fois vers le chemin. Oui, j'ai dû rêver tout éveillée. Toshan ne m'a pas dit qu'il m'épouserait, il ne m'a pas embrassée ! »

Depuis la fin du mois de juin, elle venait là tous les

jours. Chaque fois, elle se rendait sous la retombée des branches du saule, où Toshan lui avait donné un baiser.

Jusqu'à la mi-juillet, Hermine s'était enivrée d'une exquise impatience. L'attente la comblait d'une joie fiévreuse. Sans cesse, elle imaginait l'instant unique où son amoureux la rejoindrait. Ils se précipiteraient l'un vers l'autre, follement heureux. Elle reverrait son beau visage au teint cuivré et ses cheveux d'un noir de jais. Il la serrerait dans ses bras et lui chuchoterait des mots doux.

Il lui fallait toujours être prête pour les retrouvailles. Elle devenait coquette, inventait des coiffures et se mordillait les lèvres pour les rendre plus rouges.

L'attente s'était muée en inquiétude. Hermine avait dû se raisonner, lutter pour garder confiance.

En cette mi-août, le découragement l'accablait. Elle ne parvenait même pas à lire le roman que sa mère lui avait acheté. C'était un exemplaire relié de *Maria Chapdelaine*.

Laura vouait une sorte de culte à son auteur, Louis Hémon, un jeune Français venu au Canada en 1911 qui avait travaillé comme garçon de ferme dans la région du Lac-Saint-Jean.

— C'était pour pouvoir écrire ce livre, ma chérie, expliquait sa mère. Il observait les gens du pays, il les écoutait parler, car il voulait mettre en scène la vie des pionniers québécois. Il n'a pas pu voir la publication de son œuvre. Louis Hémon est mort en 1913, happé par un train. Quelle fin atroce !

Touchée par le destin de l'écrivain, la jeune fille avait commencé le livre, mais le retard de Toshan la bouleversait tant qu'elle n'avait plus le goût de continuer sa lecture. En fait, elle perdait aussi l'appétit et l'envie de chanter. Laura avait organisé un voyage à Montréal, en train jusqu'à Chicoutimi, puis en bateau, mais Hermine avait refusé de quitter Val-Jalbert.

« Maman se fait du souci, se dit-elle encore. Mireille prétend que j'ai maigri. Je m'en moque, je ne peux plus rien avaler. »

La marche inexorable du temps l'angoissait. Après le mois d'août viendraient septembre, puis octobre, et les premières neiges suivraient.

— Toshan, par pitié, tu dois arriver aujourd'hui, sinon, je suis perdue, murmura-t-elle. Prouve-moi que je n'ai pas rêvé. Viens vite !

Pleine d'un espoir insensé, elle se leva et se percha sur la souche. Son regard bleu, brillant de larmes, scruta le paysage d'un bout à l'autre de l'horizon. La rivière chantonnait et les arbres frémissaient au vent tiède. Il n'y avait pas âme qui vive, hormis les trois bêtes que des mouches assaillaient.

— Pourquoi ? cria-t-elle. Pourquoi tu ne viens pas ?

Sa voix résonnait dans le silence. Le cœur brisé, Hermine sauta sur le sol et fit les cent pas en se tordant les mains. Acharnée à revivre les courts moments passés avec Toshan, elle se remémora leur rencontre dans le canyon, leur conversation de l'après-midi, le baiser.

« Il m'a dit qu'il pensait à moi, qu'il n'épouserait que moi. Il m'a parlé de sa mère et de son père, de ce chemin invisible qui relie les êtres destinés à se connaître et à s'aimer. Il n'a pas pu me mentir à ce point. »

Elle doutait de plus en plus des sentiments du jeune homme, de la véracité de ses paroles.

« C'est si loin déjà, songea-t-elle. Une année entière

sans même recevoir de lettres. S'il a eu un empêchement, il aurait pu faire l'effort de m'écrire. »

Avec un soupir de dépit, la jeune fille s'étendit dans l'herbe. La jolie robe bleue à pois blancs que sa mère lui avait achetée serait peut-être froissée et tachée, mais cela lui était égal.

— Une année entière s'est écoulée, murmura-t-elle. Que s'est-il passé ici, à Val-Jalbert ? Beaucoup de choses tristes, et je croyais que Toshan me consolerait. Que je suis sotte !

Des images lui revinrent, avec leur poids de peine, d'amertume. Le départ de l'abbé Degagnon s'était fait cruellement sentir. L'église demeurait fermée, et le mobilier avait été vendu à d'autres paroisses. Il était question de la démolir, comme l'avait annoncé le curé.

« Au mois d'avril, la malheureuse madame Aglaée s'est éteinte, après des semaines d'agonie, se disait encore Hermine. Quand je pense que son mari voulait envoyer Charlotte à l'orphelinat de Chicoutimi... Et Onésime, ce grand dadais qui s'est marié avec Yvette, gémissait qu'il ne pouvait pas s'occuper de sa petite sœur. »

En se souvenant du terrible chagrin de Charlotte, elle eut honte de se lamenter sur son sort. La fillette avait pleuré sa mère nuit et jour. Elle s'était recroquevillée dans son lit, la belle poupée reçue à Noël serrée contre son cœur, en hurlant qu'elle voulait mourir aussi.

« Maman m'a tout de suite proposé de la recueillir. Chère maman, moi qui la jugeais peu charitable ! Je me trompais. Mais Betty nous a devancées. »

Laura, Mireille et elle se rendaient chez les Lapointe, bien déterminées à ramener Charlotte, quand elles avaient croisé Élisabeth, chargée d'une valise. L'enfant aveugle lui tenait la main. Edmond trottinait près d'elle, grave sous sa couronne de boucles blondes. Le garçonnet aimait bien la petite fille.

— Je la prends chez nous ! avait déclaré Betty, presque farouche. Joseph est d'accord. Et s'il n'avait pas été d'accord, il s'en allait.

Le couple Marois fonctionnait à l'envers, prétendaient les dernières commères du village. L'ouvrier filait doux devant sa femme.

« Maintenant, Charlotte partage la chambre de mon Ed chéri ; Armand dort dans le salon, à ma place. Et Simon se plaît bien à Montréal ; ses lettres sont sincères, il est content de son emploi. »

Le jeune homme était parti à la mi-avril. Il travaillait dans l'usine de feu Franck Charlebois, dont Laura avait confié la direction à un intendant très qualifié. Élisabeth avait beaucoup souffert du départ de son fils aîné, et cela n'était sûrement pas étranger à sa décision de recueillir Charlotte. D'autant plus que deux semaines après le Noël de la réconciliation, Hermine avait demandé aux Marois si elle pouvait habiter chez sa mère. Joseph s'était montré le plus enthousiaste. Élisabeth, attristée, avait cédé très vite.

« De toute façon, comme dit Mireille, c'était un mal pour un bien ! Maintenant, Betty est très attachée à Charlotte. Nous sommes loin d'être séparées. On s'invite sans arrêt à goûter ou à dîner. »

Hermine n'en finissait pas de réfléchir, de tirer des conclusions, de dresser une sorte de bilan des mois écoulés. L'existence qu'elle menait aurait paru agréable à bien des filles de son âge. D'enfant trouvée, elle était désormais une jeune personne aisée et respectée.

« Hans, lui, ne manque aucun rendez-vous, songea-t-elle soudain. Il n'exige rien de moi, il m'offre des roses et me fait des compliments charmants. Mon Dieu, si je n'avais pas connu Toshan, je pourrais épouser Hans. Mais tant que je n'aurai pas de nouvelles de mon amoureux, je resterai célibataire. Ce serait affreux s'il revenait et que je sois mariée à un autre. »

Mortifiée, elle se releva et courut vers Chinook. Surpris, le cheval tressaillit.

— N'aie pas peur, mon beau, dit-elle en le caressant. Viens, il faut rentrer. C'est l'heure de la traite d'Eugénie. Viens, viens.

Le soleil se couchait. La vache et sa petite trottinèrent côte à côte. Hermine jeta un dernier regard chagriné vers les murs du moulin et le saule au feuillage argenté.

— Demain, j'enverrai Armand garder les bêtes, marmonna-t-elle. Toshan ne viendra plus. Il m'a oubliée, il a trouvé une fille qui lui convient mieux. Oui, c'est ça la vraie raison.

Lorsqu'elle longea le couvent-école, une nouvelle vague de tristesse lui noua la gorge. Alice Paget était novice à Chicoutimi, chez les sœurs de Notre-Dame-du-Bon-Conseil. L'institutrice avait fait ses adieux à ses élèves, ainsi qu'à Hermine. Le couvent-école fermait définitivement ses portes, après l'usine, après tant de boutiques, celles du cordonnier, du barbier, du forgeron... Une enseignante laïque ferait encore la classe à la prochaine rentrée, mais dans une maison remise en état par la municipalité.

« J'ai perdu la seule amie qui avait presque mon âge. Enfin, je ne sais pas si nous étions vraiment amies. Alice était si sérieuse. Elle me déconseillait de placer trop d'espoir en Toshan. Elle avait même fini par me dire d'épouser Hans. Peut-être qu'elle était dans le vrai, comme maman. »

Affligée par ces pensées qui l'éloignaient davantage de son rêve d'amour, Hermine arriva devant la maison des Marois. Charlotte était assise sur la dernière marche du perron, sa poupée dans les bras. Élisabeth la pomponnait. Sa nouvelle protégée avait toujours les cheveux soyeux, divisés en deux nattes sombres. Elle portait une robe en cotonnade jaune à volants et des sandales en cuir blanc. La fillette redressa la tête et se mit à sourire.

— Tiens, j'entends les sabots de Chinook, dit-elle. Tu es là, Mimine ?

— Oui, je ramène les bêtes. Dis donc, tu es belle, Lolotte !

— Betty m'a amenée chez ta maman, expliqua la fillette. Mireille nous a donné un bon goûter. Des flans à la vanille.

— Veux-tu m'accompagner à l'écurie ? proposa Hermine.

Charlotte se leva et lui tendit la main. Dans la cour, du linge s'agitait mollement au vent léger du soir. Armand et Edmond déboulèrent du jardin potager. Élisabeth les suivait, un panier rempli de légumes calé sur la hanche.

— Je vais traire la vache, Betty, dit la jeune fille.

— Mais non, ce n'est pas la peine. Rentre vite chez ta mère, les garçons s'en chargeront.

Hermine se sentit de trop. Ce n'était pas la première fois depuis que la famille Marois avait trouvé un nouvel équilibre. Edmond s'occupait de Charlotte avec grand soin. Il était plus jeune que la fillette ; cependant, comme elle n'y voyait presque plus, il la guidait et lui décrivait tout ce qu'il avait la chance d'observer. Armand travaillait dur, succédant à Simon.

— Demain, Betty, je ne garderai pas les bêtes, déclara-t-elle.

— Eh bien, Laura sera contente ! s'exclama Élisabeth. Elle s'ennuie, l'après-midi, sans toi.

Hermine approuva en silence et s'éloigna après avoir embrassé Charlotte et Edmond. Elle marcha sans hâte vers la maison de sa mère. Un écureuil traversa le chemin ventre à terre et grimpa au tronc d'un érable. Le petit animal s'immobilisa au milieu d'une branche, son panache roux hérissé.

— Toi, je te croise tous les soirs, dit-elle. Ne fais donc pas semblant d'avoir peur de moi.

C'était une rencontre familière sans importance, mais la jeune fille ne l'oublierait jamais. Quelques minutes plus tard, elle entra dans le salon. Mireille se précipita avec des gestes affolés.

— Madame se repose ; elle a une terrible migraine. Ne fais pas de bruit. Je servirai le souper à huit heures. J'ai même consigné Célestin dans la cuisine. Tu le connais, avec sa manie de claquer les portes.

Mireille soupira et disparut. Hermine s'installa sur le divan. Elle était presque soulagée. Ces derniers jours, Laura insistait pour l'emmener à Montréal, lui affirmant que Toshan ne viendrait plus.

« Pauvre maman, pensa-t-elle, je la déçois sûrement. Si elle savait en plus que j'ai écrit aux Chardin contre son avis. »

Depuis Noël, elle gardait le secret sur le courrier reçu en retour, dont chaque mot haineux l'avait blessée. Souvent, elle avait été tentée d'avouer son geste à sa mère, mais elle avait renoncé chaque fois pour lui éviter du chagrin.

« J'aurais dû leur répondre, leur faire honte de me rejeter comme ça, sans raison valable ! » se dit-elle.

Soudain exaspérée, Hermine se leva et chercha de quoi écrire dans le bureau en marqueterie de Laura. Inconsciemment, elle avait envie de se venger de l'absence de Toshan, de signifier, en termes durs et méprisants, sa réprobation à la famille de Jocelyn. Comme elle prenait le bloc de correspondance, une coupure de journal s'en échappa. C'était une simple colonne. Le papier n'avait pas jauni, ce qui dénotait une parution assez récente.

Le gros titre lui sauta aux yeux : « Tragique accident sur un chantier forestier. »

Le cœur de la jeune fille s'accéléra. Elle lut le texte, envahie par une angoisse affreuse.

« Une équipe de bûcherons employés par la compagnie de chemin de fer d'Abitibi a péri carbonisée dans l'incendie qui a ravagé la cabane où elle logeait. On déplore trois victimes, Arsène Boislevin, Peter Mansfield et Clément Delbeau. »

Les caractères se brouillaient, les lignes devenaient floues. En larmes, Hermine essaya de déchiffrer la date.

— Oh non, pas ça ! Avril 1931 ! Et maman ne m'a rien dit.

Ses jambes la trahirent. Elle recula d'un pas, cherchant l'appui du fauteuil le plus proche. Une douleur aiguë martelait ses tempes. Maintenant, tout était clair. Toshan n'était pas venu au rendez-vous parce qu'il était mort depuis cinq mois. Le feu avait dévoré son corps et l'avait anéanti. Elle se souvint de la violence du brasier qui avait détruit l'église, sept ans auparavant. Bien peu de créatures terrestres prises au piège des flammes en réchappaient.

— Ce n'est pas possible, balbutia-t-elle. Il n'a pas pu mourir.

Elle revit son visage hautain, ses cheveux, l'éclat du regard sombre, la peau cuivrée. Un être en pleine jeunesse, au corps musclé, chaud, souple, capable de rire, de parler ! Cet être n'était plus qu'un tas de cendres.

— Mon Dieu, je l'ai perdu ! Je l'ai perdu pour toujours. Toshan, mon Toshan, celui que j'aimais.

Hermine se toucha les lèvres, espérant contre toute logique retrouver le goût de leur unique baiser. Cela lui fit comprendre avec acuité l'inéluctable. Toshan ne l'embrasserait plus.

« Comment maman a-t-elle pu me cacher ça ? » s'effraya-t-elle.

La veille, Laura l'avait de nouveau encouragée à rayer Toshan de sa vie, de son avenir. Elle lui avait pour la vingtième fois au moins vanté la constance de Hans et sa gentillesse.

— Elle espérait que j'épouse Hans dès que j'en aurais assez d'attendre Toshan, s'avoua-t-elle amèrement, la gorge nouée et la bouche sèche. En me faisant croire qu'il m'avait abandonnée, qu'il me dédaignait, elle supposait que je finirais par aimer Hans. Mais non, non, non et non !

Elle se releva brusquement et courut à l'étage. Ses pas saccadés ébranlèrent les marches de l'escalier. Elle ouvrit la porte d'un geste violent. Laura somnolait, un carré de linge imbibé d'eau fraîche sur le front.

— Je te déteste ! hurla Hermine. Tu n'avais pas le droit !

Sa mère se redressa, livide. Le linge blanc tomba à

la naissance de ses seins, dévoilée par l'échancrure de sa robe d'intérieur.

— Ma chérie, qu'est-ce qui se passe ?

— Il se passe que tu es un monstre d'égoïsme ! clama la jeune fille, folle de désespoir et de révolte. Tu calcules tout, tu veux organiser mon existence, me garder prisonnière, mariée à ton Hans. Je te préviens, je vais partir. J'irai n'importe où, tiens, chez la mère de Toshan, mais je ne resterai pas ici. Il est mort ! Toshan est mort et tu le savais ! J'ai lu la coupure de journal ; tu aurais dû la jeter. Comme ça, la supercherie aurait pu continuer...

Hermine suffoquait, défigurée par un rictus d'incrédulité ultime. Les cris avaient attiré Mireille et Célestin sur le seuil de la chambre. Ils virent la jeune fille s'effondrer en travers du lit, sur les jambes de Laura.

— Mon enfant chérie s'est évanouie ! déclara celleci. Aidez-moi, par pitié. Il faut des sels, du vinaigre. Vite, vite, dépêchez-vous !

La gouvernante expédia le jardinier au rez-de-chaussée en lui ordonnant de rapporter la bouteille d'eau-de-vie. Une seule gorgée suffit à ranimer Hermine. Elle reprit ses esprits, la joue contre la poitrine de sa mère.

— Ma petite, ma mignonne, je n'ai rien dit pour te préserver, murmura tout de suite Laura. Pardonne-moi, nous étions si heureuses. Je n'osais pas te l'annoncer.

La jeune fille souffrait trop pour se débattre. Les caresses et les baisers de sa mère la réconfortaient. Elle éclata en sanglots, de gros sanglots qui la libéraient d'une sensation d'étouffement intolérable.

— Laissez-nous, Mireille, dit Laura.

Elle étreignit Hermine qui pleura une heure entière dans ses bras, sans qu'aucune parole ne fût échangée.

— Pardonne-moi, répéta enfin sa mère. Mets-toi à ma place, tu étais tellement persuadée que c'était l'homme idéal, tu l'aimais si fort. Ma chérie, tu es une toute jeune fille et l'avenir t'appartient. Je suis vraiment désolée pour ce garçon, mais un jour tu pourras aimer à nouveau.

Hermine secoua la tête et pleura plus fort encore. Malgré la tempête de rage et de chagrin qui la bouleversait, elle ne pouvait pas s'éloigner de Laura.

— C'est terrible, hoqueta-t-elle. Je l'attendais, tu sais, depuis la fin du mois de juin, je l'attendais. Pourquoi tu n'as rien dit ? Pourquoi ? Tu as joué la comédie, tous les soirs, quand je rentrais de la prairie Ouellet en me demandant si Toshan était venu. Pourquoi ?

Laura tamponnait de son mouchoir les joues ruisselantes de sa fille.

— C'était une erreur de ma part, confessa-t-elle. Je craignais de te voir souffrir comme tu souffres en ce moment. J'avais peur d'être impuissante à te consoler. Et puis...

— Et puis quoi ? haleta Hermine.

— Cet accident s'est passé très loin d'ici. L'article cite Clément Delbeau, pas Toshan Delbeau. Il peut y avoir un autre homme portant le même nom. Je me disais que c'était inutile de te causer une peine atroce, si jamais Toshan apparaissait durant l'été, s'il se présentait à votre rendez-vous.

La jeune fille se dégagea de l'étreinte de Laura. Assise au bout du lit, elle parut réfléchir.

— Maman, je t'avais bien dit que Toshan s'appelait également Clément ?

— Oui, tu m'en as parlé un soir. Mais ce genre de détail peut tout changer. Là encore, je ne veux pas te donner de faux espoirs.

Hermine se leva. Elle tremblait de tout son corps.

— Je dois téléphoner à cette compagnie d'Abitibi ! s'écria-t-elle. Il y aura bien un employé pour me dire comment était Clément Delbeau, son âge, son allure.

Laura porta une main à son front. Sa migraine avait empiré.

— Fais à ton idée, ma chérie, mais tu devrais d'abord te calmer. Ta voix chevrote, tu as du mal à articuler.

— C'est un peu normal, non ? bredouilla Hermine. Je doutais des sentiments de Toshan, je pensais qu'il se moquait de moi, alors qu'il est sans doute mort. Brûlé ! Le feu m'a toujours terrifiée. La douleur doit être abominable.

La jeune fille vacilla. Elle se torturait en imaginant le beau visage de son amoureux rongé par les flammes. Avec un long cri d'horreur, elle commença à se griffer le visage, à se frapper les seins et le ventre.

— Ma chérie, arrête ! hurla Laura qui ne pouvait pas la maîtriser. Au secours ! Au secours ! Mireille ! Célestin !

Les domestiques entrèrent aussitôt ; ils guettaient la suite des événements dans le couloir.

— Il faut la gifler, madame ! conseilla la gouvernante. C'est le seul moyen de stopper la crise. Ses nerfs ont lâché.

— Je ne pourrai pas, sanglota Laura en ceinturant Hermine.

Célestin décocha une grande claque à la jeune fille. Elle se figea, les yeux exorbités, et se détendit enfin en poussant une plainte. L'instant d'après, elle s'évanouit à nouveau.

*
* *

Maison de Laura, quatre jours plus tard

Laura veillait Hermine, qui restait prostrée depuis sa crise de nerfs. Le docteur Milles était venu le soir même de Roberval et avait prescrit des somnifères. Mireille faisait barrage chaque fois qu'un membre de la famille Marois venait s'informer de la santé de la jeune fille. La gouvernante était dans la confidence et, sur l'ordre de sa patronne, elle avait inventé une histoire d'insolation.

— Ma fille espérait le retour d'un jeune homme qu'elle considérait comme son fiancé, avait expliqué Laura à la cuisinière. Il y a de fortes chances qu'il soit mort dans un incendie. Je lui avais caché la chose et je le regrette. Je ne croyais pas qu'elle réagirait aussi violemment, après un an sans l'avoir revu. Élisabeth et Joseph Marois ignoraient tout de cet amour. Inutile d'ébruiter le drame.

— Bien, madame, avait murmuré Mireille. Je serai muette comme une tombe.

C'était le propre de bien des domestiques d'obéir en tout aux lubies des patrons.

Hans Zahle avait reçu une courte lettre de Laura lui annonçant que la jeune fille était malade et qu'il valait mieux ne pas venir à Val-Jalbert. Le pianiste n'en tint pas compte. Il se présenta le quatrième jour et força la porte malgré les protestations de la gouvernante.

— Ma brave Mireille, je veux juste apporter mon soutien à Laura et offrir ces roses à Hermine, déclara-t-il une fois dans la place.

— Eh bien, montez, mais madame sera furieuse...

La gouvernante se trompait. Laura reçut le musicien avec un soulagement évident. Elle avait besoin d'un ami avec qui discuter.

— Ne m'en veuillez pas, s'excusa-t-il. J'étais si inquiet.

— Vous avez eu raison, assura-t-elle. Venez, nous allons veiller ma fille ensemble.

Elle posa le bouquet de fleurs sur la table de nuit. Elles étaient presque fanées à cause de la chaleur, mais elles n'en dégageaient pas moins un parfum capiteux. Hans fixa d'un air anxieux le mince visage d'Hermine, niché au creux de l'oreiller. Son teint lui parut cireux.

— Est-ce grave ? chuchota-t-il. Il faudrait peut-être la conduire à l'hôpital de Roberval. Je ne pensais pas la trouver aussi faible. Ma voiture est à votre disposition.

— Mon cher Hans, dit Laura, avez-vous oublié que j'ai acheté une automobile, moi aussi. Célestin la conduit très bien. Mais Hermine n'a rien de dangereux. Elle dort sous l'effet des calmants. Autant être franche, elle a subi un choc émotionnel.

Ils s'installèrent l'un près de l'autre au chevet de la jeune fille, pareille à ces gisants impassibles dont les traits étaient immortalisés dans la pierre. Hans ne pouvait détacher son regard de celle qu'il adorait.

— Je ne comprends pas, avoua-t-il tout bas. La découvrir ainsi, elle toujours vive, joyeuse, rieuse. Mais il est vrai que, ces dernières semaines, elle semblait mélancolique.

— Je vous dois la vérité, Hans, répliqua Laura du même ton feutré. Hermine a beaucoup d'amitié pour vous. Cependant, elle était amoureuse d'un garçon. Il s'appelait Toshan, un nom indien ; c'était un métis. J'ai tenté de la raisonner et de la mettre en garde, en vain. Elle prétendait qu'il l'aimait de toute son âme, qu'ils allaient se marier cet été. Et moi, en mère indigne, j'ai laissé ma pauvre chérie attendre son Toshan dans la prairie du moulin Ouellet chaque après-midi depuis la fin du mois de juin.

— Et, bien sûr, il s'agissait d'un gredin, d'un jean-foutre qui l'a abusée et lui a brisé le cœur ! gronda Hans. Il n'est pas venu, il a trouvé une autre innocente à tromper.

Laura l'apaisa d'une légère tape sur le poignet.

— Gardez votre calme, Hans. D'abord, je ne crois pas que Toshan ait abusé de l'innocence d'Hermine. Ils se sont vus deux ou trois fois seulement, cela remonte à un an. Le problème est tout autre. Ce garçon serait mort dans un incendie. J'avais lu dans un journal son nom, associé à ceux d'autres victimes. Quel choc j'ai eu, moi aussi ! J'ai découpé l'article et je l'ai caché pour éviter à ma fille un nouveau chagrin. Elle a tellement souffert, enfant. Pour être sincère, je ne souhaitais pas la savoir mariée à ce genre d'homme, un bûcheron, mais s'il était venu au rendez-vous, parler fiançailles, je n'aurais pas eu le courage de m'opposer à leur amour.

— Mon Dieu, Laura, balbutia Hans, que s'est-il donc passé ?

— Hermine a trouvé la coupure de presse et elle l'a

lue. Elle était outrée que je lui aie caché ce drame et elle m'a insultée. À bout de nerfs, elle a perdu connaissance. Elle a beaucoup pleuré, en reprenant ses sens, et nous étions presque réconciliées, quand elle a eu cette horrible crise de nerfs. Regardez ses joues : elle s'est griffée et frappée. J'ai cru la perdre, oui, j'ai cru qu'elle allait se détruire devant moi. Célestin l'a giflée, bien trop fort, à mon avis. Nous avons dû la coucher dans son lit, et le docteur est venu. Ce médecin n'a guère l'habitude de cas pareils. Il estime que, après un temps convenable de sommeil artificiel, Hermine ira mieux.

Le pianiste courba le dos. Les mains jointes et la tête basse, il avait l'allure d'un homme touché en plein cœur. Il soupira.

— Hermine devait profondément aimer ce Toshan pour en arriver là. Et moi qui espérais l'épouser bientôt. Elle se montrait si aimable, si douce. Quel imbécile je suis, quel prétentieux ! J'aurais dû deviner qu'elle aimait un autre homme, sûrement plus jeune et plus beau.

— Il est mort, à présent, reprit Laura tristement. En faisant preuve d'une infinie patience et de tendresse, vous saurez consoler Hermine. Elle s'est attachée à vous plus qu'elle ne le croit. Je sais mieux que personne qu'un mariage ne se construit pas sur un coup de foudre, sur une passion soudaine. J'ai commis tant d'erreurs que je paie encore aujourd'hui.

Le pianiste songea que Laura faisait peu de cas du deuil qui avait terrassé sa fille. Mais il n'en fut que plus déterminé à chérir Hermine tout le temps qu'il lui restait à vivre.

— Surtout, soyez discret, recommanda la jeune

femme. Les Marois ne savent rien de toute cette histoire. Ma fille n'a parlé de Toshan à personne d'autre que moi. Enfin, je crois qu'elle s'était confiée aussi à Alice Paget, l'institutrice.

— Mais la famille Marois doit s'inquiéter ! s'étonna Hans.

— Mireille les rassure, elle leur explique qu'il faut du repos et du silence à notre malade.

Non sans gêne, il approuva, avant de dire :

— Élisabeth m'a vu passer tout à l'heure, elle doit se douter que je suis entré chez vous. Vous ne pourrez pas mentir très longtemps à ces gens, Laura.

— C'est la volonté de ma fille, coupa-t-elle. Quand elle sera remise, tout va changer. Cette situation ne pouvait plus durer. Vous savez comme moi qu'elle a refusé de chanter à l'hôtel *Château Roberval*, alors que j'ai fait l'acquisition de cette voiture pour faire le trajet. Elle ne voulait pas voyager, de peur de manquer son rendez-vous avec Toshan.

— C'était donc ça, conclut Hans, de plus en plus dépité.

— Ne vous tracassez pas. Elle est jeune, elle se remettra, et nous allons vivre tous nos rêves. Elle chantera au *Capitole* de Québec et sur les scènes étrangères. Nous serons tous les trois, en Italie, en Angleterre, partout. Je prendrai ma revanche sur le sort.

Laura s'exaltait, les doigts crispés sur le bras du pianiste. Elle ajouta :

— Pour ma part, je n'ai aucune envie de m'attarder dans ce pays où je n'ai eu que des chagrins et des humiliations. Nous sommes vous et moi de souche européenne, le Danemark, la Belgique... À quoi bon vivre au

Canada ? Mourir ici ? J'emmènerai ma fille en France, n'importe où, là où plus rien ne pourra la blesser.

Hans lui fit signe de se taire. Hermine battait des paupières.

— Mon Dieu, elle se réveille ! chuchota Laura. Ce matin, selon les prescriptions du docteur, je ne lui ai pas donné de cachet. Il avait bien spécifié trois jours, pas plus.

— Maman ? appela la jeune fille.

— Je suis là, ma petite. Hans aussi est près de toi.

Le pianiste fit signe à Laura qu'il préférait partir.

— Revenez vite ! lui dit-elle. Et, je vous en prie, envoyez-moi Mireille.

Hermine considérait le décor de sa chambre avec une vague surprise. Elle tendit la main vers sa mère.

— Maman, ne me quitte pas. J'ai tellement rêvé avant d'ouvrir les yeux. J'étais près de Toshan. Il avait les cheveux longs comme le soir où il patinait. Il me souriait.

Elle n'osa pas préciser qu'ils avaient échangé un baiser ardent, magnifié par des nuées de lumière rose et or, au sein d'une forêt fantastique.

— Peut-être qu'il me disait au revoir, dans mon rêve, avança la jeune fille. Est-ce qu'il fait nuit ?

— Non, il y a même du soleil, dehors, mais les rideaux sont tirés. Tu es restée à demi inconsciente à cause des médicaments. Comment te sens-tu ?

— Très triste ! Je me souviens de l'article, de la scène dans ta chambre. Enfin, c'est un peu flou.

Hermine avait seize ans et demi. Elle reprenait pied dans la réalité, dans son quotidien réconfortant. Malgré la douleur de savoir Toshan mort, elle éprouvait le besoin de se rattacher à ce qui composait son existence ordinaire.

— Betty a dû venir me voir ? demanda-t-elle. Et Charlotte ?

— Le docteur avait déconseillé les visites, répliqua Laura. Si tu le souhaites, je les inviterai tous ce soir. Je n'ai pas dit la vérité. Mireille leur a raconté que tu avais eu une insolation. Joseph a ricané, paraît-il, en prétextant que ce genre de maux est rare au Québec.

— Tu as bien fait, soupira Hermine. Ce n'est pas la peine de leur parler de Toshan, puisqu'il ne reviendra jamais. Dès que je me suis réveillée, j'ai réfléchi à ça. C'est Toshan qui est mort brûlé dans la cabane de bûcheron, sinon il serait venu au rendez-vous. Rien ne l'en aurait empêché, je le sais, moi.

— Tu as raison. J'ai téléphoné à la compagnie de chemin de fer. Le patron ne m'a guère donné de précisions, mais il semble qu'en effet, il avait embauché un certain Clément Delbeau, un brun d'une trentaine d'années.

Laura craignit une nouvelle crise de sanglots, mais Hermine paraissait résignée.

— J'ai soif, maman, soupira-t-elle. Je voudrais du lait froid. Bien sucré. Mais, je t'en prie, ne me parle plus de Toshan, j'ai trop mal !

La gouvernante attendait derrière la porte demeurée ouverte.

— Je m'en occupe, claironna-t-elle.

Laura caressait les doigts de sa fille et les embrassait.

— Tu vas vite te rétablir, maintenant. Cela te plairait-il d'aller prendre le bateau à Chicoutimi et de descendre le Saguenay jusqu'au Saint-Laurent ? Nous avons largement le temps avant l'époque des glaces. Si cela peut t'aider à oublier ton chagrin ! Nous irions visiter Simon à Montréal.

— Peut-être...

Hermine ferma les yeux, luttant contre son envie de pleurer. Toshan appartenait à un passé révolu. Il demeurerait son premier amour, un amour cruellement éphémère. Intelligente et lucide, la jeune fille pressentait un avenir serein où elle serait entourée de sa mère, des Marois et de Hans. Ceux qu'elle côtoyait depuis des mois ou des années réussiraient à la faire sourire, à l'arracher à sa peine. Ils étaient tous intensément présents et réels, Armand, le roi des bêtises, le petit Ed aux boucles blondes, Charlotte et sa poupée, Betty au grand cœur, même Joseph, éternel grognon. Mireille, ronde et blagueuse, jouerait de plus belle les grands-mères, tandis que Laura tisserait autour d'elle une merveilleuse toile de bonheur, de luxe et de distractions.

« Toshan, je le connaissais si peu, songea-t-elle. Quelques paroles un jour de juillet, un baiser, des serments prononcés à la hâte. Est-ce que j'aurais vraiment été heureuse avec lui ? Je le trouvais beau et séduisant, mais quel caractère avait-il ? »

Le parfum des roses qu'avait apportées Hans lui parvint. Toujours à l'abri de ses paupières closes, elle songea au pianiste. C'était facile de revoir son regard gris-bleu et ses mimiques lorsqu'elle manquait une note. Il utilisait un savon de Chypre dont l'odeur imprégnait ses vêtements, il mordillait le stylo avec lequel il griffonnait en marge des partitions.

Leur complicité proche de la camaraderie n'était pas dépourvue d'instants équivoques. Hans s'enhardissait parfois à lui frôler la joue ou l'épaule. Au nouvel an, il l'avait embrassée à plusieurs reprises, bien près de la bouche.

— Dans un an j'épouserai Hans, déclara Hermine avant d'ouvrir les yeux. Pas avant. Si Toshan n'est pas le Clément Delbeau qui est mort dans l'incendie, il aura le temps de revenir ici, à Val-Jalbert. Ce serait un miracle, n'est-ce pas, mais au moins j'en aurai le cœur net. J'ai beaucoup d'affection pour Hans. Tu m'as assez répété que cela suffit à faire un bon mariage...

Laura tressaillit, touchée par le ton grave de sa fille. Elle perçut dans sa voix d'habitude légère et mélodieuse la trace du deuil qui l'avait mûrie en quelques jours.

— Hermine, tu n'es pas obligée d'épouser Hans. Je me contentais de te conseiller, quand je le présentais comme le gendre idéal. Mais tu es libre de tes choix. Est-ce que tu m'en veux encore ?

— Non, maman. J'aurais peut-être agi de la même façon... Moi aussi, je t'ai menti. Avant Noël, j'avais écrit aux Chardin, à Trois-Rivières. Je leur ai dit comment tu m'as retrouvée à l'hôtel, j'ai expliqué que tu avais perdu la mémoire des années et, bien sûr, j'ai souhaité les rencontrer ou juste correspondre avec eux. À la fin de ma lettre, je les interrogeais au sujet de mon père.

Livide, Laura croisa les bras devant sa poitrine dans un geste instinctif de défense.

— Et ils t'ont répondu ?

— Oui, j'ai eu un courrier la veille de Noël. Des mots pleins de dédain, de mépris, de haine. Ils n'en avaient rien à faire de moi ni de toi. Ni de papa. J'étais affreusement déçue. Betty m'a consolée, mais elle a promis de garder le secret. J'avais peur de te rendre davantage malheureuse, puisque ces personnes sans cœur t'avaient déjà rejetée.

— Mon Dieu, balbutia Laura. Dieu merci, ils n'ont pas déversé leur venin. Je t'assure, ce sont des fanatiques religieux, prêts à détruire ceux qui ne partagent pas leurs principes.

— Ne t'inquiète pas, je ne chercherai plus à les connaître, assura Hermine.

Mireille entra, un plateau au bout du bras. La gouvernante avait son bon sourire protecteur.

— Voilà du lait froid bien sucré pour notre demoiselle, ainsi que des toasts grillés à point, beurrés et nappés de confiture d'oranges.

— Hum, ça sent bon, dit la jeune fille.

Sa mère la fit asseoir, le dos calé contre deux gros oreillers. Mireille arrangea les draps et installa tant bien que mal le plateau en équilibre.

— Je me suis rongé les sangs, ma mignonne, affirma-t-elle. Madame n'a pas fermé l'œil ou bien elle somnolait à ton chevet.

Hermine but du lait et grignota une tartine. Elle s'allongea, dolente.

— Dors, conseilla Laura avec douceur.

Le lendemain, Élisabeth et les enfants furent conviés à rendre visite à la malade. Mireille avait préparé un goûter dans la chambre. Edmond et Armand se chamaillaient à voix basse, pendant que Laura discutait avec sa voisine. Charlotte se percha sur le lit et se laissa dorloter par Hermine.

— Tu vas guérir, dis ? murmura la petite à son oreille. Et tu mettras un chapeau, maintenant, pour pas que le soleil te donne la fièvre.

— Charlotte, sois tranquille, j'irai mieux bientôt et je m'occuperai de toi, promit-elle tout bas. J'avais surtout beaucoup de chagrin, à cause de Toshan. Tu te souviens de lui ?

— Oui, il était gentil.

— Il ne reviendra jamais. Ça m'a rendue très malheureuse ! C'est notre secret, d'accord ?

— D'accord ! souffla la fillette, impressionnée par la confiance que lui témoignait Hermine.

Élisabeth, une tasse de thé à la main, vint s'asseoir près d'elles.

— Mimine, tu as encore l'air fatigué. Jo t'envoie ses bons vœux de rétablissement, mais il prétend que tu as eu autre chose qu'une insolation, peut-être une fièvre due aux moustiques. Enfin, le principal, c'est que tu reprennes des forces.

— Vous êtes tous si attentionnés ; je me rétablirai vite.

La jeune fille resta couchée une semaine entière. Elle se complaisait dans sa chambre, feignant souvent le sommeil pour se retrouver seule. Rassurée sur son état de santé, Laura en profitait pour descendre au salon. Hermine pouvait pleurer à son aise, si le chagrin la terrassait, ou réfléchir sans être dérangée. Hans ne se montrait pas et elle en concevait une étrange exaspération.

« Je crois que j'ai besoin de son regard adorateur, de sa présence. Il a toujours su me faire rire », s'avoua-t-elle.

Zahle revint le dimanche suivant. Laura le conduisit au chevet d'Hermine.

— Voyez comme elle est bien installée, dit-elle. L'électrophone à portée de main, sur la table que

Célestin a montée exprès de la salle à manger. Des romans à volonté, une carafe de citronnade...

Laura s'éclipsa discrètement. Hermine lui avait demandé d'être un peu seule avec le musicien. Hans s'inclina, très élégant dans un costume en serge beige avec la cravate assortie.

— Ma chère Hermine, je suis content de vous voir en meilleure forme, dit-il en ôtant son chapeau. Vous êtes ravissante.

Il était sincère. La jeune fille, en chemise blanche brodée, avait les cheveux lavés de frais. Ils ondulaient en vagues mordorées le long de son visage amaigri. Elle avait le teint rose, et ses superbes yeux bleus reflétaient une timide pointe de joie, même s'il y demeurait une ombre profonde de tristesse.

— Merci, Hans. J'espérais votre visite, affirma-t-elle. Asseyez-vous, là, sur cette chaise. Que se passe-t-il à Roberval ? Vous jouez toujours à l'hôtel ?

— Oui, mais sans gaîté, car mon rossignol n'enchante plus mes soirées. De nombreux clients se désolent de ne plus vous écouter, Hermine. Le directeur également.

Elle eut un geste d'impuissance. Il ajouta aussitôt :

— Je me permets de vous le dire, juste pour vous prouver que vous aviez déjà un public et des admirateurs. Je sais la vérité, votre mère m'a tout raconté. Je suis vraiment navré pour ce jeune homme qui avait su gagner votre amour.

Comme elle faisait une moue d'incertitude, Hans insista :

— Vous l'aimiez et sa perte vous afflige. Or, je vous aime, à quoi bon le nier ? Le véritable amour, Hermine, passe par le sacrifice. Pour vous, j'aurais eu le courage d'applaudir à votre mariage, si Toshan était revenu sain et sauf. Au fait, pourquoi m'avez-vous caché son existence ?

— Je savais que vous m'aimiez et je ne voulais pas vous faire de peine. Et, par pitié, ne prononcez plus son nom. Je m'efforce depuis des jours d'accepter sa mort. Je vous en prie, parlez-moi d'opéra, de chansons, de musique, de la France, de l'Italie ou de votre pays d'origine, le Danemark. Je veux vivre, comprenez-vous ? J'ai rayé de mon esprit les ombres du passé, mon père disparu on ne sait pourquoi ni comment, et ce garçon que je connaissais bien moins que vous.

Elle lui tendit sa main diaphane et froide. Il s'en saisit pour la réchauffer entre ses doigts.

— Ma chère petite fée, lui confia-t-il, un soir d'été peut-être, de l'autre côté de l'océan Atlantique, nous nous promènerons sur une terrasse antique, en Toscane. Les cigales lanceront leurs cris si particuliers, le paysage sera un émerveillement pour vous. Des collines sèches, rousses, des ifs et des cyprès plantés ici et là, noires silhouettes sur le bleu intense du ciel. Vous découvrirez la douceur des crépuscules dans ces régions du Sud chaudes et parfumées. Ou bien nous visiterons Bruges, en Belgique, Bruges, ses canaux et ses anciennes maisons qui ont inspiré bien des peintres.

La voix de Hans berçait la douleur de la jeune fille. Elle ferma les yeux, se laissant emporter vers des terres inconnues.

— Au Danemark, il fait très froid, disait-il. Là-bas, un écrivain que j'apprécie beaucoup a rédigé des contes sublimes, à mon avis.

— Hans Christian Andersen[1], précisa-t-elle. L'auteur de *La Reine des neiges*, de *La Petite Sirène*. J'ai lu ces histoires quand j'étais enfant. Une élève du couvent-école m'avait prêté le livre.

Pendant plus d'une heure, Hermine se livra à lui. Elle égrena des souvenirs de sa vie d'enfant trouvée, choyée cependant par Élisabeth Marois et les sœurs. Hans ne lâcha pas sa main. Ce simple contact le bouleversait. Il déclara soudain, avec tendresse :

— J'ai l'impression de tenir là un frêle oiseau affolé, de sentir le moindre battement de votre cœur au creux de votre paume.

— Vous êtes trop romantique, répliqua-t-elle.

Au fond, elle était flattée, et même troublée.

Laura mit fin à leur tête-à-tête, non sans avoir frappé à la porte. Hans revint le lendemain et presque chaque après-midi. Il avait entrepris d'évoquer tous les pays étrangers pour Hermine. Il s'aida même d'un livre de géographie.

Un soir de pluie, il voulut allumer la lampe de chevet. Elle arrêta son geste.

— Hans, prenez-moi dans vos bras, chuchota-t-elle. Tout le monde se dévoue et m'entoure d'affection, mais j'ai besoin qu'un homme me tienne contre lui.

C'était un aveu surprenant de la part d'une jeune personne bien éduquée et réservée. Le pianiste hésita.

— Si votre mère arrivait ! s'inquiéta-t-il.

— Nous ne faisons rien de mal ! protesta-t-elle, agacée.

Il s'assit au bord du lit et l'enlaça avec maladresse.

---

1. Célèbre écrivain, à qui l'on doit de nombreux contes (1805-1875).

Elle posa sa joue sur son épaule. Hans tremblait en caressant ses cheveux.

— Mon petit cœur, ma douce chérie ! dit-il tendrement.

Hermine l'étreignit, avide d'éprouver des sensations, désir ou plaisir, afin d'être ramenée du côté des vivants. Mais son corps restait insensible. Furieuse, elle chercha les lèvres de Hans. Il répondit cette fois à l'invite directe et lui écrasa la bouche d'un baiser fébrile. Sa langue se glissa entre les dents nacrées de la jeune fille et s'imposa, dure et virile, à l'instar du sexe masculin.

On frappa. Ils se séparèrent brusquement. Le pianiste reprit place sur la chaise, le visage en feu, les lunettes de travers. Mireille pointa son nez dans l'entrebâillement de la porte.

— Madame voulait vous garder à souper, monsieur Zahle, annonça la gouvernante. Faut-il changer l'ampoule de la lampe ? Vous êtes dans le noir ou presque...

— J'ai la migraine, Mireille, la lumière me fait mal, rétorqua Hermine.

« La migraine a bon dos, pensa la domestique. Madame finira par avoir gain de cause. Ces deux-là se marieront. »

Laura était loin de prévoir des noces à Val-Jalbert. Elle avait lu et relu un courrier en provenance de Québec, signé par le directeur du théâtre du *Capitole*. Un de ses amis qui séjournait au *Château Roberval* l'été précédent lui avait parlé d'une jeune chanteuse dotée d'une voix exceptionnelle.

« On propose une audition à Hermine, se répétait la jeune femme, vibrante de fierté. Et je n'ai fait aucune démarche dans ce sens. Je préférerais qu'elle enregistre un disque, d'abord, des chants de Noël. Ce n'est pas pour l'argent, mais les cantiques apportent tant de douceur et d'espérance. »

Hans entra. Il paraissait au comble du bonheur.

— Dînez-vous avec moi ? demanda-t-elle. J'ai besoin de vous parler.

— Oui, j'accepte volontiers, répondit-il. Et j'ai une bonne nouvelle, Hermine s'habille et nous rejoint. Elle se sent prête.

— Vous avez l'air enchanté, s'étonna Laura.

— Hermine et moi, nous nous fiancerons en décembre. Je lui offrirai la bague que ma mère gardait précieusement pour cette occasion. Une aigue-marine montée sur un anneau d'argent.

— Mon Dieu, qui a pris cette décision ?

— Je n'aurais pas osé, Laura. C'est elle qui m'a suggéré la date. Je ne voulais pas précipiter les choses, vous vous en doutez !

Ils se regardèrent, stupéfaits. Vêtue d'une robe d'intérieur en satin bleu foncé, la jeune fille fit son apparition. Elle se réfugia dans les bras de sa mère.

— Je m'ennuyais, là-haut ! dit-elle en souriant. Demain, je me lève pour de bon. Je ferai une promenade avec Chinook et Charlotte. L'été est si court, il faut profiter des beaux jours.

« Mon Dieu ! Hermine se voile la face ! songea Laura. Elle nie son chagrin, son amour d'adolescente pour Toshan. Mais c'est peut-être mieux ainsi. À force, elle se prendra au jeu, elle oubliera ce garçon comme j'ai renoncé à retrouver Jocelyn. De toute façon, si je le revoyais après quinze ans, nous serions des étrangers l'un pour l'autre. »

Le repas fut animé. Hans s'avoua enthousiasmé par

l'offre du directeur du *Capitole*. Hermine consentit à partir pour Québec dix jours plus tard.

*
* *

La veille du départ, le 5 septembre, Hermine alla dire au revoir à Betty et aux enfants. Edmond et Charlotte écossaient des haricots rouges. Assis à la table de la cuisine, les deux petits bavardaient en riant. Les graines ruisselaient dans un gros saladier. Personne n'aurait pu deviner que la fillette était quasiment aveugle : ses gestes avaient autant d'assurance que ceux du garçonnet.

— Que tu es chic ! s'écria Élisabeth. Mimine, on dirait ces dames en couverture des magazines. Mais tu es maquillée !

La jeune fille portait un tailleur couleur lavande, la veste cintrée et la jupe évasée. Un petit chapeau couronnait son chignon composé de tresses serrées. Du rouge soulignait le dessin sensuel de sa bouche, alors que de la poudre de riz atténuait son hâle.

— Je pars à l'aventure, Betty ! répliqua Hermine. Je dois éblouir les passagers du bateau et les habitants de Québec.

Charlotte claironna, la tête levée :

— Et tu as mis du parfum ! Je le sens !

— Toi, ma Lolotte, on ne peut rien te cacher !

— Alors, c'est décidé, tu passes une audition au *Capitole*, dit Élisabeth d'un ton respectueux. Tu en as fait du chemin, Mimine.

Armand déboula dans la pièce, empêchant la jeune fille de répondre. À treize ans, l'adolescent ne ressemblait ni à son père ni à son frère aîné. Comme Edmond, il était blond, mais sa figure ronde lui venait de sa grand-mère.

— J'ai croisé le facteur, Mimine, claironna-t-il. Tu as du courrier. Un peu plus, tu n'aurais eu ta lettre qu'à Noël.

Betty devint écarlate. Elle barra le passage à son fils.

— Tu dois te tromper, Armand, dit-elle sèchement. Pourquoi Mimine recevrait-elle des lettres chez nous, puisqu'elle habite de l'autre côté du couvent-école ? Donne-moi ça !

— Mais non, m'man. C'est bien marqué Hermine Chardin, chez Joseph Marois, rue Saint-Georges, Val-Jalbert.

Le garçon jeta l'enveloppe sur la table. Edmond s'en empara.

— Fais voir, Ed, soupira la jeune fille.

Elle se raisonnait, car contre toute logique, son cœur s'accélérait. Malgré les baisers décevants échangés avec son futur fiancé, malgré la coupure de presse, elle espérait encore que Toshan lui écrive.

Élisabeth attrapa un torchon et, les traits crispés, commença à essuyer la vaisselle. Hermine comprit la nervosité de son ancienne nourrice en déchiffrant le cachet de la poste.

— Cela vient de Trois-Rivières, indiqua-t-elle.

Au dos figurait un nom. Elle lut tout bas : Marie Chardin. Armand sautillait autour d'elle, plus curieux qu'une fouine.

— Viens, Mimine, déclara Élisabeth.

Elles sortirent dans la cour. Le vent faisait claquer les jaquettes rayées de l'ouvrier. La génisse meuglait dans l'écurie.

— Betty, qu'est-ce que tu as ? interrogea Hermine. Pourquoi ces gens mont-ils écrit ?

— C'est moi, ma mignonne, avoua-t-elle. J'ai cru bien faire. Depuis Noël dernier, je suis devenue amie avec ta mère, et toi, je t'aime comme ma fille. L'autre jour, j'ai relu la lettre que tu avais reçue. Je ne sais pas ce qui m'a pris, j'ai écrit à mon tour. J'ai dit que Laura était une femme charitable, généreuse et agréable, que tu étais une merveilleuse jeune fille instruite et dévouée, qui chantait comme un rossignol. Je voulais les attendrir, plaider votre cause. J'avais précisé à la fin qu'ils n'avaient qu'à te répondre à toi, parce que tu avais besoin de leur affection. Jo n'est pas au courant, ni personne ici. Si Armand ne t'avait pas apporté cette lettre, je l'aurais lue la première en décollant l'enveloppe à la vapeur. Et, dans le cas d'une réponse plus gentille que la précédente, vous auriez eu une belle surprise, ta mère et toi !

— Ma Betty, chuchota Hermine, il ne fallait pas te tracasser pour maman ni pour moi. Nous ne sommes pas malheureuses. Les Chardin n'ont pas dû changer d'avis.

Elle décacheta la lettre. Élisabeth tenta de la reprendre.

— Laisse-moi la lire ! Mimine. Tu t'en vas, toute belle, toute contente. Je ne veux pas que ces gens gâchent ta joie.

— J'ai appris à me réjouir de minuscules détails, à profiter de l'instant présent. N'aie pas peur, plus rien ne peut m'atteindre.

La jeune fille jeta un coup d'œil sur la corde à linge et observa la danse d'un mouchoir à carreaux, survolé par une guêpe. Comme l'écureuil trois semaines auparavant, l'image resterait gravée dans sa mémoire, symbole de ces moments où le destin va frapper.

Élisabeth rentra dans la maison en repoussant Armand qui les épiait. Edmond pleurait, il s'était coupé avec un couteau.

Hermine déchiffra le texte en guettant les cris plaintifs du petit garçon.

Mademoiselle,

Vous pensez être ma nièce, mais je n'en aurai jamais aucune preuve, sauf au Jugement dernier. Je suis la sœur de Jocelyn, dont je n'ai jamais eu de nouvelles, pas plus que mes pauvres parents. Ils m'ont priée de vous faire comprendre une bonne fois pour toutes de ne plus nous écrire.

Je partage leur indignation. Nous sommes une famille pieuse, honorable, et il est hors de question de correspondre avec vous ou de rencontrer une fille comme vous, née de la chair corrompue d'une femme de mauvaise vie, d'une créature sans moralité, une dévoyée qui s'est roulée dans la fange et la luxure. Nous supposons qu'elle vous a soigneusement caché son passé. Elle vendait son corps dans un quartier honteux de notre ville et nous n'avons pas cru un seul jour que l'enfant qu'elle attendait était bien de Jocelyn. Aveuglé par la passion, mon frère a choisi d'épouser cette pécheresse, et devant Dieu, encore, abusant ainsi un homme d'Église. Par bonté, mes parents vous avaient tu cela dans leur lettre, mais j'estime qu'il est de mon devoir de vous expliquer notre position. Certes, vous n'êtes pas coupable personnellement et je prierai pour votre salut. Vous portez notre nom, un affront dont je souffre, mais il est sali à jamais par votre mère. Que Notre-Seigneur Jésus ait pitié de vous.

Marie Chardin

Hermine replia la feuille. Elle n'entendait plus Edmond ni le vrombissement de la guêpe. Le monde alentour était silencieux et ouaté. Elle crut pénétrer dans un brouillard gris qui l'égarerait pour l'éternité. Des coups sourds résonnaient dans chaque parcelle de son corps. Elle mit quelques secondes à réaliser que c'étaient les battements désordonnés de son cœur. Des mots lui revinrent, les mots de Laura.

— Dieu merci, ils n'ont pas déversé leur venin !

Maintenant ce venin se répandait, contaminant son sang et son âme. Incapable de bouger, la jeune fille fixa le linge et les murs en planches repeints en blanc par Joseph.

« Maman se prostituait, se dit-elle enfin. Ma mère que j'ai tant regrettée, qui m'a manqué des années ! Elle couchait avec des hommes et recevait leur argent. Et Jocelyn Chardin l'a épousée quand même. Jocelyn qui n'est peut-être pas mon père ! »

Quelqu'un la secouait par l'épaule. La voix de Betty s'infiltra dans le silence et le brouillard.

— Minime, tu es blanche à faire peur ! Mimine, qu'est-ce qu'ils ont répondu ?

« Betty ne doit pas savoir, pensa-t-elle. Surtout pas ! »

Elle rangea la lettre dans la poche de sa veste et recula vers l'écurie.

— Ils n'ont pas envie de nous connaître, articula-t-elle avec peine. Cela ne servait à rien de leur écrire, Betty. Je m'en vais, c'est l'heure. Célestin nous conduit à Roberval. Hans nous attend là-bas.

Élisabeth vit Hermine s'éloigner d'une démarche rapide. Elle n'osa pas la rappeler, mais cela avait tout d'une fuite.

— Mon Dieu, qu'est-ce que j'ai fait ? gémit-elle.

Armand la rejoignit avec un sourire en coin.

— Où elle est, Mimine ? demanda-t-il.

— Idiot, abruti ! rétorqua sa mère en le giflant de toutes ses forces. Il ne fallait pas lui donner cette lettre.

— C'était sa lettre, pas la tienne !

Elle leva la main pour décocher une seconde claque, mais Armand bondit en arrière. Élisabeth se mit à pleurer.

Vingt minutes plus tard, Célestin klaxonnait devant la maison des Marois. Laura, en chapeau de paille fine, était assise à l'arrière du véhicule. Deux malles étaient fixées sur le toit.

— Hermine est bien chez vous ? cria la jeune femme quand les enfants sortirent sur le perron. Nous avons chargé l'automobile, j'ai son sac à main. Il est grand temps de partir pour Roberval. Je ne voudrais pas manquer le train.

— Non, elle est pas là ! hurla Edmond, un doigt enrubanné d'un pansement sanglant.

Élisabeth sortit à son tour, l'air soucieux. Elle descendit les marches et s'approcha de la voiture.

— Mimine a filé chez vous, affirma-t-elle sans conviction. Vous ne l'avez pas vue ?

— Mais bien sûr que non, dit Laura.

Les deux femmes échangèrent un regard inquiet. Élisabeth baissa les yeux la première.

— Betty, dites-moi ce qui se passe ! Vous semblez bouleversée...

— Mimine a reçu une lettre des Chardin de Trois-Rivières, par ma faute. Elle l'a lue et elle a changé de figure. On aurait dit un fantôme. Après elle a prétendu qu'elle rentrait chez vous, mais j'étais sûre qu'elle mentait.

— Oh ! Mon Dieu ! gémit Laura. Il faut la retrouver. Vite. Armand, cherche-la, je t'en prie.

L'adolescent promit de faire de son mieux. Célestin fut chargé d'expédier un télégramme à Hans Zahle, comme quoi le départ était retardé.

Le train quitta Roberval sans Laura Chardin, sans Hans. Une heure s'était écoulée. Hermine avait disparu.

16

Le saut de l'ange

Val-Jalbert, même jour

Hermine s'était réfugiée dans une maison abandonnée du plateau dont la porte avait été fracturée des mois auparavant. C'était le quartier le plus proche de l'usine de pulpe, mais aussi l'endroit le plus désert de Val-Jalbert. Les constructions résistaient encore aux tempêtes de neige et aux grosses pluies du printemps, mais les peintures s'écaillaient. L'humidité imprégnait les planches ; elle montait des soubassements souvent inondés par les crues pluviales.

Recroquevillée dans la cuisine au plancher couvert de feuilles mortes qui dataient de l'automne précédent, la jeune fille sanglotait. Elle avait fui les yeux anxieux de Betty, les rires de Charlotte et l'odeur familière de la cour des Marois en cette fin d'été, mélange de paille, de terre binée, de linge savonné et humide. Le contenu de la lettre avait ravagé ce qui subsistait de confiance et d'innocence dans l'âme d'Hermine. Elle se sentait salie, souillée, impure.

« Moi qui rêvais d'une famille, d'avoir des parents comme les autres, que j'étais naïve, stupide ! Au moins, Élisabeth et Jo faisaient une mère et un père convenables », se disait-elle, malade de rage impuissante.

Sans cesse, elle revoyait le joli visage de Laura, sa bouche fardée d'un rose vif, ses cheveux soigneusement teints en blond chaque trimestre par une coiffeuse de Roberval. Elle se remémorait aussi la forme arrogante de sa poitrine, sa taille fine, ses hanches un peu lourdes. Cette femme encore très séduisante avait monnayé ses charmes à l'âge de vingt ans. Bien qu'ignorante dans son corps de l'acte sexuel, Hermine en savait suffisamment pour l'imaginer. Et imaginer sa mère se livrant à la débauche lui soulevait l'estomac.

Elle se releva et, en titubant, alla vomir dans l'ancien évier maculé de traînées grisâtres. Une fois soulagée, elle s'adossa à la cloison voisine et parla tout haut, le regard fixe :

— Je te hais, maman. Je te hais pour de bon cette fois. Tu m'as abandonnée, tu m'as trahie, menti. Tu m'as toujours menti. J'aurais dû le deviner à tes hésitations, à ta façon d'éviter de répondre à certaines questions. Tu m'interdisais d'écrire aux Chardin ? Je comprends mieux pourquoi, maintenant.

La jeune fille n'eut plus qu'une idée, mettre la plus grande distance possible entre Laura et elle.

« Je ne supporterai pas de la voir ni de l'entendre. Quand je pense qu'elle m'embrassait sans arrêt, que j'ai dormi près d'elle, parfois. Mon Dieu, elle me dégoûte ! Que j'ai honte d'elle ! »

Hermine quitta la maison après avoir scruté les alentours. Elle se dirigea vers l'usine, au risque de croiser Joseph, seul désormais à entretenir les locaux et à veiller au fonctionnement des turbines. Aussi discrète qu'un chat en maraude, elle contourna un hangar.

La chute d'eau de la rivière Ouiatchouan couvrait le moindre bruit de sa puissante voix grondeuse. En cette saison, les environs de la fabrique étaient envahis par la végétation. Des herbes jaunies recouvraient en partie les rails de la voie ferrée. Plusieurs arbustes poussaient près du quai de chargement où, naguère, les hommes entassaient les ballots de pulpe sur les wagons.

Le ciel demeurait d'un bleu limpide, intense. Hermine fixa d'un regard désespéré les mille caprices de l'eau argentée, précipitée en cascade d'une hauteur de deux cent trente-six pieds vers le village. Bordée de grands sapins qui poussaient sur chaque berge, la masse sombre du barrage se dessinait tout en haut.

Prise d'une frénésie soudaine, la jeune fille contourna le bâtiment abritant la salle des écorceurs et s'attaqua à la pente. Là encore, la nature reprenait ses droits, semant ronces, orties et folles graminées. Des arbres déjà de bonne taille s'accrochaient à la terre brune. Les ouvriers avaient aménagé un sentier, fait de marches surtout, qui suivait à peu près le tracé de la dalle où flottaient les troncs débités en amont, à la scierie de la chute Maligne. Des milliers de pas avaient laissé leurs empreintes, et Hermine pouvait grimper jusqu'au barrage sans crainte de s'égarer ou de faire un détour.

Elle montait, haletante, les yeux embués de larmes. Il lui fallait l'espace, la solitude, pour échapper à Laura.

— Qu'est-ce que je vais devenir ? répétait-elle.

La côte était rude. Chaussée d'escarpins, elle trébuchait et devait s'accrocher à une pierre ou à une repousse d'épinette. Une branche morte déchira un de ses bas de soie. Soudain, elle ôta la veste de son tailleur et la jeta dans les broussailles d'un geste furieux. Elle avait l'impression de porter un déguisement. Chaque vêtement était un cadeau de sa mère.

Moite de sueur, la face rougie par l'effort, la jeune

fille parvint à la hauteur du barrage. C'était cela qu'elle voulait, retrouver le paysage extraordinaire qui s'étendait à ses pieds, à perte de vue, tout le tour de l'horizon.

Mais elle ne regarda d'abord que la surface bleue du lac Saint-Jean. Très loin, un bateau blanc sillonnait la petite mer intérieure nourrie par les rivières venant se perdre dans ses profondeurs, comme la Ouiatchouan, la Mistassini, la Péribonka, la Mistassibi et l'Ashuapmuchuan. Hermine avait appris leurs noms à l'école, mais elle prenait conscience de leur étrangeté, de leur musicalité.

— Qui m'a dit que ce sont des mots de langue indienne ? Je ne sais plus...

Fascinée par la silhouette du bateau qui s'amenuisait, elle s'assit à même le sol.

— Il s'en va vers Alma, vers la source du Saguenay... Je n'irai pas à Québec, je ne chanterai plus, plus jamais.

La vision de l'immensité qui lui était offerte comme sur la paume d'un géant invisible l'apaisait. La multitude infinie des arbres créait une palette de couleurs somptueuses, allant du vert fané à toutes les nuances de jaune, d'orange, de pourpre. Un vent frais soufflant du nord calmait le feu de ses joues, tandis que la cascade lui envoyait son haleine cristalline, sans cesser de gronder, de chuinter, de rugir.

Hermine respirait lentement, absorbée par la beauté du monde qui l'entourait. Elle déplora de ne pas être montée au barrage en plein hiver, pour jouir du même paysage nappé de neige, perlé de givre et de cristallisations glacées. Il lui semblait que tout était perdu, qu'elle ne pourrait plus profiter de rien.

« Qu'est-ce que je dois faire ? » se demanda-t-elle.

Elle avait un tel chagrin, une telle horreur de sa mère, qu'il lui paraissait insensé de rentrer à Val-Jalbert, de continuer à vivre dans la maison du surintendant, luxueuse et confortable.

« Laura Charlebois, la dame en noir, a dépensé sans compter, pensa-t-elle, ivre de mépris. Je comprends mieux pourquoi elle a épousé un vieillard très riche. C'était encore une forme de prostitution. Mon Dieu, pardonnez-moi, car je la hais, je hais ma mère. »

La jeune fille tendait vers le ciel son visage ravagé par le chagrin. Des images affreuses s'imposaient à elle, des hommes nus, grossiers, poilus, vautrés sur les seins de Laura, sur son corps menu à la chair de nacre.

« Ce soir, je dormirai chez Betty et demain je partirai, décida-t-elle. J'enverrai Armand porter un message à cette femme, qu'elle me donne de l'argent, et je m'installerai à Chicoutimi. Je trouverai bien du travail... ou j'entrerai au couvent, comme Alice Paget. »

L'idée la rassura. Elle prendrait le voile, elle serait à nouveau près de sœur Victorienne, de sœur Sainte-Eulalie dont elle pourrait dorloter la vieillesse.

— Puisque je salis le nom des Chardin ! hurla-t-elle. Puisque je suis impure et souillée, le service de Dieu me lavera de tous les péchés de ma mère !

Hermine se leva. L'à-pic vertigineux qui s'ouvrait en contrebas du barrage lui poigna le cœur autant que le fracas de la cascade. Elle se figura sa propre chute dans l'abîme.

— Ce serait mieux, bredouilla-t-elle. Toshan est mort, ma mère m'a trahie, Hans ne compte pas ou si peu. Betty aura du chagrin, mais elle reportera son amour sur Charlotte, qui en a tant besoin.

Elle approcha du vide où bouillonnaient les tourbillons neigeux de la rivière.

— On m'appelait le rossignol de Val-Jalbert ! Si je suis un oiseau, je n'ai qu'à m'envoler ! cria-t-elle aux flots impétueux de la rivière.

Une expression glanée dans une revue lui vint aux lèvres : le saut de l'ange.

— Un ange ! chuchota-t-elle. Est-ce qu'au paradis je serai un ange ? Si je pouvais être sûre qu'après la mort, on retrouve ceux qu'on aime.

Hermine évoqua sœur Sainte-Madeleine, de son prénom Angélique, la si belle Angélique que la grippe espagnole avait fauchée en pleine jeunesse, comme les flammes avaient détruit Toshan. Un flot de larmes la suffoqua et l'aveugla. Elle se rapprocha encore du ravin.

*
* *

Laura était assise à la table des Marois. Elle pleurait. Hermine était introuvable. Armand et Célestin avaient parcouru les rues du village pendant plus de deux heures sans résultat. Les traits tirés et les yeux rouges, Élisabeth faisait les cent pas de son fourneau à son buffet.

— Je vais aller du côté du canyon, proposa l'adolescent. Mimine aimait bien s'y promener.

— Non, coupa sa mère, va plutôt prévenir ton père à l'usine.

— J'y suis passé, m'man, soupira Armand. Papa ne comprend pas pourquoi tu t'affoles. Il pense que Mimine rentrera quand elle en aura envie. J'ai interrogé le patron de l'hôtel. Il ne l'a pas vue.

— Quand même, dit Élisabeth, je me demande ce

qu'ont pu écrire ces gens, les Chardin, pour la mettre dans un état pareil. Et votre beau voyage tombe à l'eau. Elle était si élégante, si contente. C'est ma faute.

Armand ne comprenait rien à cette histoire de lettre, pas plus que Charlotte et Edmond qui écoutaient depuis le perron. Très inquiets, ils n'osaient ni bouger ni parler.

— Mon mari a peut-être raison : nous nous faisons sans doute du mauvais sang pour rien, ajouta Élisabeth. C'est grand, Val-Jalbert, et Mimine connaît le village mieux que personne. Elle a très bien pu rentrer chez vous, Laura.

— Si c'était le cas, Mireille viendrait nous avertir ; elle se tourmente autant que nous.

La jeune femme se cacha le visage entre les mains. Le pire était arrivé, ce qu'elle redoutait depuis des mois. Sa fille savait la vérité sur une page honteuse de sa vie. C'était la seule explication possible à sa disparition. Laura en avait la certitude et cela la glaçait d'effroi.

« Mon enfant chérie souffre à cause de moi. Elle doit me haïr, me maudire. Mon Dieu, quel gâchis ! Pourquoi Betty s'en est-elle mêlée ? »

Un pas pesant ébranla le plancher. Joseph se racla la gorge.

— Faut pas vous miner, Laura, grommela-t-il d'un ton qui se voulait amical. Qu'est-ce qui s'est passé, au juste ? Armand m'a dit que Mimine avait reçu une lettre.

— Jo, coupa Élisabeth, le plus important, c'est de la retrouver. Quelque chose l'a contrariée, qui concerne uniquement Laura, Hermine et moi.

— Ah, encore une affaire de femmes, de cachotteries ! maugréa l'ouvrier. De toute façon, je venais vous dire que la gosse est montée jusqu'au barrage. Je me tracassais, moi, après la visite d'Armand. Je suis sorti devant l'usine et, selon mon habitude, j'ai levé le nez vers la chute d'eau. Le soleil donnait en plein. Et j'ai vu une silhouette de fille, habillée en bleu clair. Je la connais bien, Hermine, ce n'est pas la première fois qu'elle grimpe là-haut pour aller admirer le paysage et le lac.

Laura n'attendit pas la suite du récit. Elle se rua dehors et se mit à courir le long de la rue Saint-Georges. Un petit attroupement se tenait devant le magasin général. Un homme la héla :

— Avez-vous retrouvé Hermine ?

— Oui ! clama-t-elle. Tout va bien !

Elle ne voulait pas d'aide, ni d'escorte. Son cœur battait follement. Laura devait rejoindre son enfant et lui avouer enfin ce qui pesait sur sa conscience depuis des années. Chaque minute comptait. Elle traversa l'esplanade de l'usine, cherchant le sentier qui menait au barrage.

« J'en mourrai, si elle me raye de sa vie, oui, j'en mourrai ! » se répétait-elle.

Pas plus que sa fille, Laura n'était équipée pour une marche forcée sur un terrain accidenté, hérissé de plantes et de souches. Elle portait, ornée d'un col marin, une robe légère dévoilant ses jambes. Elle était chaussée de sandales. À mi-pente, ses bas étaient déchirés, un de ses mollets saignait, égratigné, et une lanière de ses chaussures avait cédé. Mais, poussée en avant par une volonté farouche, elle n'en avait pas conscience. Elle se sentait prête à parcourir des milles dans la forêt, s'il le fallait.

— Hermine ! appela-t-elle, affolée de n'apercevoir

aucune silhouette vêtue de bleu lavande parmi la végétation et les troncs d'épinette, en haut de la cascade.

Laura guetta une réponse, le temps de reprendre son souffle. Soudain elle vit la veste de sa fille à trois pieds en contrebas.

« Au moins, Joseph ne s'est pas trompé, elle a bien pris ce chemin », se dit-elle en se remettant à grimper.

Dissimulée derrière un buisson, Hermine observait la progression de sa mère. La jeune fille avait renoncé à mourir. Après avoir subi l'attrait de l'abîme, debout au bord du ravin, elle s'était étendue à même le sol pour réfléchir. Son éducation religieuse lui faisait juger le suicide comme un acte de lâcheté, répréhensible au regard de Dieu. Elle s'était exhortée au courage.

« Je n'ai pas le droit de me tuer, avait-elle pensé. Trop de gens meurent alors qu'ils aimaient la vie, malgré la souffrance, le chagrin, la pauvreté. Ce serait le plus grave des péchés. La pauvre madame Aglaée s'est éteinte dans d'horribles douleurs, Toshan a péri dans les flammes. »

Laura appela de nouveau, d'une voix suraiguë, au paroxysme de l'angoisse. Hermine attendait, indécise. Elle pouvait encore s'enfuir plus loin, en longeant le barrage et en s'enfonçant sous le couvert des épinettes et des bouleaux. Mais, pleine de haine et de colère, elle aspirait soudain à un face-à-face qui lui permettrait de meurtrir la coupable, de l'insulter avant d'asséner le coup fatal.

— Plus jamais je ne te dirai maman, plus jamais tu ne me reverras, à partir de ce jour ! déclara-t-elle tout bas entre ses dents. Je t'ai reniée, je n'éprouve plus aucun amour pour toi.

Hermine se prépara à l'affrontement. Pourtant, tout

au fond de son cœur, elle espérait entendre un démenti. Quand Laura arriva à quelques pieds de sa cachette, l'air hagard, échevelée, les traits profondément marqués par la peur, elle se releva d'un bond et se montra.

— Oh ! Ma chérie ! Merci, mon Dieu ! Merci ! balbutia sa mère.

— Ne m'approche pas, menaça la jeune fille. Comment m'as-tu retrouvée ?

— Joseph t'a vue monter jusque-là, haleta Laura. Tout le monde te cherchait, j'étais malade d'anxiété. Mon enfant chérie, je t'en prie, écoute-moi. Je sais que tu t'es enfuie à cause de la lettre des Chardin. Je suppose qu'ils ont enfin craché leur venin.

— Oui, tu emploies le bon mot, du venin ! Je suis empoisonnée par ce que j'ai appris, j'ai failli en mourir, répliqua durement Hermine. Tu m'as menti depuis des mois, depuis que j'ai eu le malheur de frapper à la porte de ta chambre d'hôtel. Il y a une heure, je ne supportais même pas l'idée de te revoir. Alors, va-t'en ! Ou bien jure-moi que Marie Chardin, la sœur de Jocelyn, a menti. Jure-le, si tu oses.

Laura fit un pas en avant, les bras tendus.

— Reste où tu es ! cria Hermine en sortant la feuille de papier qu'elle avait pliée en deux et cachée dans son corsage.

Elle la jeta à sa mère. Celle-ci la ramassa et lut en toute hâte.

— Marie Chardin dit la vérité, du moins, ce qu'elle croit être la vérité, ma chérie, je n'ai pas à jurer le contraire. Je voudrais seulement que tu m'écoutes, que tu saches pourquoi j'en étais arrivée à cette déchéance, déclara Laura.

— Ne m'appelle plus ma chérie, parce que moi, je suis incapable de te dire maman !

La jeune fille pleurait, la bouche déformée par un rictus d'amertume.

— Je t'en supplie, écoute-moi. Hermine, je me suis prostituée pendant deux mois, je l'avoue. Les deux mois les plus odieux de ma vie, les plus abominables. C'est comme ça que j'ai connu ton père, car Jocelyn est vraiment ton père.

Elles se tenaient à trois pieds l'une de l'autre, le visage fouetté par un vent frais soufflant du lac Saint-Jean. Des nuages voilèrent le soleil. Laura haussa le ton à cause du bruit assourdissant de la cascade.

— Quand je suis arrivée à Trois-Rivières, mon frère Rémi venait d'être enterré. Nos parents étaient morts, j'étais seule au monde dans un pays étranger. Je devais travailler, trouver où me loger. Les trois premières semaines, j'ai pu habiter chez Rémi. J'ai fini ce qui restait dans le garde-manger, sans oser sortir dans la rue. Mais le propriétaire m'a priée de partir ; il avait reloué l'appartement. J'ai erré dans les rues, le cœur brisé par la mort de Rémi, affamée et terrifiée. Un homme m'a abordée. Il s'est montré aimable, il m'a même offert une place de serveuse dans un hôtel-restaurant. L'établissement était situé dans un quartier sinistre. Je n'ai pas compris tout de suite ce qu'on exigeait de moi. Quand j'ai compris, je me suis révoltée et j'ai refusé. L'homme m'a frappée si fort et si longtemps que j'ai dû garder le lit quinze jours. Et, bien sûr, il m'a violée. Dès le lendemain, il menaçait de me tuer si j'essayais de lui échapper. Je suis désolée de te raconter de telles horreurs qui heurtent ta pudeur de jeune fille, je le vois bien.

Sidérée, glacée de répulsion, Hermine ne répondit pas.

— Cet homme s'est pris de passion pour moi. Il me surveillait et usait de moi comme d'un jouet. Mais cela ne l'empêchait pas de faire monter des clients dans ma chambre. Un soir, Jocelyn est entré, timide, embarrassé de sa personne. Il ne faut pas le juger. Bien des hommes ont recours à ce genre de femmes. Mais lui, il paraissait gentil, attentionné. Et c'était si vrai qu'il ne m'a pas touchée. Je le trouvais beau, différent des autres, aussi. J'ai pleuré dans ses bras, je lui ai confié mon histoire, ma honte d'être salie pour toujours, moi qui rêvais d'une existence honnête et d'un foyer tranquille.

Laura frissonna. Le soleil déclinait et l'ombre du barrage se déployait sur la pente.

— Hermine, Jocelyn m'a aimée aussitôt. Il m'a promis de me sauver, de m'emmener. Il prétendait avoir des économies, de quoi quitter Trois-Rivières. Comprends-tu, enfin ? C'est à cause de moi que sa famille l'a renié, qu'il a quitté son emploi pour devenir trappeur. Il a joué les clients une semaine en payant son dû, mais sans rien me demander en échange. Il m'apportait des pâtes de fruit, des caramels. Nous avons préparé mon départ. Pour cela, il me fallait des vêtements corrects. Jocelyn a réussi à m'en procurer. Le soir béni où il m'a entraînée hors de ce bouge, l'homme qui me tenait sous sa coupe a tout découvert. Ton père et lui se sont battus. Mais personne n'était de taille contre Jocelyn, c'était une force de la nature. Peu de temps après, nous nous sommes mariés. Tu es née un an plus tard. Comme nous étions fiers de toi, et heureux. Tu es la fille d'un honnête homme, épris de justice, ça, je peux te le jurer !

Ce fut au tour de la jeune fille de trembler. Le récit ébranlait son mépris et sa haine.

— Tu n'étais pas attachée, quand même ? questionna-t-elle cependant. Tu pouvais te réfugier dans un couvent, des religieuses t'auraient protégée, il me semble ? Tu pouvais mettre fin à tes jours pour éviter d'être déshonorée ainsi ? Moi, j'aurais préféré mourir...

— Mais je n'avais pas envie de mourir, Hermine. C'est le contraire, j'avais peur de mourir si je m'enfuyais. Regarde !

Laura retroussa sa robe et sa combinaison en satin très haut, jusqu'aux épaules, en tournant le dos à sa fille. Des cicatrices rosées marquaient la chair pâle des reins.

— Un matin, je m'étais rebellée, ajouta la jeune femme. L'homme, une brute, m'a fouettée de toutes ses forces à coups de ceinturon. Ce que j'ai enduré, je n'oserai jamais te le raconter.

Le tissu retomba, au grand soulagement d'Hermine. Des appels retentirent en provenance de l'usine. Perchés sur la dalle à l'endroit où elle débouchait dans la salle d'écorçage, Joseph et Armand agitaient les bras.

— Mon enfant chérie, rentrons, supplia Laura. Je ne veux pas me donner davantage en spectacle. Les Marois doivent se demander ce que nous faisons ici. Nous en discuterons encore à la maison et tu prendras ta décision, comme il y a un an, à l'hôtel. Mon Dieu, tout recommence ! Mais tu sais la vérité et, même si tu ne peux pas me pardonner, je suis soulagée. Cela me rendait folle de craindre le jour où les Chardin te donneraient leur version. Ils voyaient en moi la plus ignoble des créatures, la pécheresse à lapider. Ton père, lui, n'a pas hésité à sacrifier sa réputation et son honneur au nom de l'amour, pour m'arracher des griffes du monstre qui m'a volé mon innocence. Tu peux imaginer à quel point j'adorais Jocelyn ? Il m'avait sauvée. Nous étions profondément amoureux, je t'assure.

Un sanglot la fit taire. Hermine ne parvenait pas à accepter la version de sa mère. Elle se méfiait, redoutant un piège, une ruse suprême.

— Ma chérie, reprit Laura, accorde-moi un dernier soir toutes les deux. Ensuite, je m'en irai, je retournerai vivre à Montréal, je te laisserai la maison. Je te répugne, je le sens. Mais tu dois savoir encore une chose : l'homme que ton père a tué par accident, c'était mon bourreau. Nous avions pris le risque de revenir à Trois-Rivières, et le destin nous a joué un sale tour. Il a suffi d'une minute, cette rencontre dans la ruelle, et notre vie a été détruite. Jocelyn m'idolâtrait. Pourtant, il souffrait aussi : c'était un homme très jaloux, bien que très pieux. Je l'avais précipité dans le chaos. Te rends-tu compte des renoncements auxquels il a dû consentir pour m'épouser, sachant que j'avais été souillée par d'autres hommes avant lui ? Quand nous avons prononcé nos vœux, à l'Ermitage de Lac-Bouchette, je me suis engagée à ne jamais le trahir et à le respecter. Mais il a disparu, j'ai perdu la mémoire et je me suis parjurée en devenant madame Franck Charlebois.

— L'Ermitage de Lac-Bouchette ? répéta Hermine.

— Oui, c'est un lieu merveilleux où l'on éprouve une sensation de ferveur religieuse inouïe. Un prêtre a découvert une grotte pareille à celle de Lourdes, en France, là où la Vierge Marie est apparue à une bergère de treize ans, Bernadette Soubirous. Ce prêtre a fait construire une chapelle, une copie réduite de la basilique française. Il s'y est produit des miracles, comme à Lourdes. Jocelyn et moi, nous avons prié longtemps là-bas, juste après la bénédiction de notre union. Dieu nous a accordé le plus beau cadeau : toi. Si tu veux, nous pourrions y aller ensemble, ce serait une sorte de pèlerinage.

— Nous n'irons nulle part toutes les deux, c'est fini, coupa Hermine qui retenait ses larmes, les bras croisés sur sa poitrine. Tu m'as fait trop de mal.

Elle avait l'air d'un tout petit enfant vulnérable et malheureux. Laura n'y tint plus. Elle s'avança, prise du besoin désespéré de la consoler.

— Ma chérie, qu'est-ce que ça change ? Je t'aime ! Je ne pouvais pas te raconter une chose aussi affreuse le premier soir ! Je me disais : « Plus tard, quand elle sera femme, ou jamais ! » L'amour de Jocelyn m'avait lavée de tout péché, ta naissance m'avait purifiée.

Elle voulut prendre Hermine contre elle. La jeune fille se débattit avec violence.

— Non ! Ne me touche pas ! Je ne te crois pas, tu peux me raconter n'importe quoi, personne ne dira le contraire. Je suis maudite, c'est tout. Mon père est un assassin, un vicieux, et ma mère, une putain. Je dois toujours te pardonner, j'en ai assez...

Laura la secoua par les épaules en criant plus fort encore.

— C'est faux ! Ne dis pas ça !

Furieuse, presque hystérique, Hermine réussit à se dégager de l'étreinte de sa mère et la poussa de toutes ses forces en arrière. Surprise, Laura trébucha en battant des bras pour garder l'équilibre. Elle perdit une sandale, se blessa le pied sur un caillou et recula avec une plainte étouffée. Tout se passa très vite. L'instant suivant, titubante, elle basculait dans le ravin.

Hermine eut le temps de voir l'expression d'épouvante et d'extrême étonnement qui figeait le visage de sa mère. Elle n'oublierait jamais comment son corps s'était arqué dans un sursaut affolé avant l'effroyable chute.

— Maman ! maman, non ! hurla-t-elle.

Après avoir souhaité ne plus jamais revoir Laura, après l'avoir insultée, la jeune fille était sidérée par l'atrocité de la situation. Désespérée, elle bredouilla :

— Maman, pardon, c'est ma faute. Je t'ai tuée !

Elle hurla encore de terreur incrédule. Ses jambes lui paraissaient rivées dans la terre, son corps était entièrement paralysé. De l'urine coulait entre ses cuisses.

Alors qu'elle souhaitait mourir sur place, il lui sembla percevoir un appel, très faible, s'élevant de l'abîme. Tout de suite, il y eut des exclamations qui se rapprochaient. Hermine tourna la tête et aperçut Joseph et Hans. Les deux hommes longeaient le tracé de la dalle à toute vitesse. Ils la rejoignirent en quelques minutes.

— Maman est tombée ! gémit-elle, hystérique. Je l'ai tuée !

Cette fois, Hermine entendit distinctement une voix qui criait au secours, couverte en partie par le fracas de la cascade. Le teint blême, Hans se rua au bord du vide et se mit à genoux.

— Je la vois ! s'exclama-t-il. Elle est vivante ! Laura, tenez bon, je descends.

Joseph attrapa la jeune fille par le poignet. Il la regarda de très près.

— Je vous ai vues d'en bas. Vous vous battiez ! Tu as poussé ta mère dans le vide. Et tu ne fais pas un geste pour l'aider. As-tu perdu l'esprit ?

— Je ne peux plus bouger, Jo ! geignit-elle.

L'ouvrier lui broya l'avant-bras en l'entraînant de force vers l'avancée caillouteuse semée d'herbes jaunies. Ils se penchèrent à leur tour et virent Laura. Elle gisait douze pieds plus bas, sur un étroit replat de pierre grisâtre. Le front ensanglanté, elle restait recroquevillée, les mains agrippées à la souche de cèdre qui lui avait sauvé la vie.

Hans commençait à se glisser dans l'à-pic, cherchant des prises entre les aspérités du rocher.

— Comment allez-vous la remonter ? s'époumona Joseph. Il vaudrait mieux se servir d'une corde. Là, vous risquez de provoquer un éboulis et vous tomberez tous les deux. C'est déjà une chance que la rivière n'ait pas un débit trop fort. Sinon, l'eau vous emporterait comme un brin de paille.

— Quand je serai près de Laura, tendez-moi une branche, un arbuste, je ne sais pas, moi, n'importe quoi, répondit Hans.

Hermine était incapable de pleurer ni de dire un seul mot. Mais elle priait intérieurement, de toute son âme.

« Merci, merci, mon Dieu, d'avoir épargné maman. Je l'aime et j'ai failli la tuer, par bêtise, par colère. Je ne vaux pas plus que cet homme qui la frappait. Merci, mon Dieu, de l'avoir sauvée. Je la chérirai toute ma vie, je la respecterai, je lui obéirai. Quoi qu'elle ait fait par le passé, c'est ma mère, ma petite maman adorée. »

Elle comprenait à une vitesse effarante le côté inéluctable de certains actes et elle demeurait stupéfiée par les conséquences du geste presque involontaire qu'elle avait commis.

« Si maman était morte, aujourd'hui, j'aurais dû porter cette faute toute mon existence. Je serais devenue folle de remords, de culpabilité. Mon père a dû ressentir ça, après avoir tué cet homme, à Trois-Rivières. C'était un accident, un mouvement de fureur aux effets dramatiques pour lui aussi. »

Serrée dans un étau de chagrin infini, sa poitrine lui faisait mal. Elle guettait, les yeux écarquillés, le moindre geste de Hans qui s'accroupissait près de Laura. De gros cailloux se détachèrent du replat et dévalèrent la pente abrupte, trempée par les éclaboussures de la chute d'eau.

— Sapristi ! Ils ne sont pas tirés d'affaire ! brailla Joseph.

— Elle va bien ! hurla le pianiste. Un bras cassé, je crois, et une blessure à la tête.

— Je vous conseille de ne plus bouger d'un pouce, tonna l'ouvrier. Je vais redescendre chercher une corde et du renfort.

Hermine s'était redressée.

— Moi, j'y vais ! déclara-t-elle. Oh ! regarde, Jo, Armand...

Par chance, l'adolescent avait désobéi à son père, ce dont il était coutumier, et avait rôdé autour de l'usine. Témoin du drame, il accourait avec une corde enroulée sur l'épaule. Célestin peinait à le suivre.

— Le bon Dieu est avec nous ! soupira Joseph.

*
* *

Une heure plus tard, Laura était couchée dans son lit, le crâne bandé. Mireille lui avait prodigué les premiers soins, lavant la plaie avec de l'alcool dilué. Toute la maisonnée attendait l'arrivée du docteur Milles.

Armand et Joseph s'étaient assis sur le perron, alors

qu'Élisabeth et les enfants avaient investi le salon. Ils observaient Hans qui, très ému, ne cessait d'arpenter la pièce. Le pianiste ne se remettait pas de son exploit.

— Calmez-vous donc, lui dit la gouvernante. Prenez un autre verre de brandy.

— Non, sans façon, rétorqua-t-il. Les événements me dépassent. Dès que j'ai reçu ce télégramme, j'ai eu un mauvais pressentiment. Je me précipite ici et madame Marois m'annonce que Laura et Hermine sont montées au barrage ou près du barrage. Mais qu'est-ce qui a provoqué cette tragédie ? Je me demande encore comment j'ai pu descendre dans cet affreux ravin sans me briser le cou.

— Vous avez été admirable, répliqua Élisabeth. Mais c'était un accident. Je sais que Laura et sa fille se sont querellées, et...

— Querellées ! coupa Hans. Le mot est faible, madame ! Pendant que nous transportions Laura, Hermine n'arrêtait pas de répéter qu'elle avait failli tuer sa mère. La pauvre enfant est dans un état lamentable. Quand je pense que nous devrions être dans le train, à déguster du thé anglais et des biscuits ! Nous serions déjà près de Chicoutimi.

Le pianiste s'affala sur une chaise et but d'un trait le second verre de brandy que Mireille venait de remplir.

— Laura est miraculeusement saine et sauve, ajouta Élisabeth. Nous devons remercier Dieu, rien d'autre ne compte vraiment. Surtout pas du thé anglais et des biscuits. Vous semblez regretter ce voyage à Québec, monsieur Zahle, mais imaginez comme nous serions accablés si l'irréparable s'était produit.

— Vous avez raison, madame, concéda-t-il. Mais je suis en état de choc.

Au chevet de sa mère, Hermine pensait la même chose que sa chère Betty en scrutant les traits harmonieux de Laura qui somnolait. Une tache rouge apparaissait sur le pansement. La jeune fille éclata en sanglots.

— Maman, je t'aime ! Je suis désolée, murmura-t-elle. Je ne sais pas pourquoi j'étais si furieuse, pourquoi je te haïssais autant. Tu aurais pu me dire que Marie Chardin mentait, mais non, tu as eu le courage de me raconter la vérité. C'est à moi de te demander pardon. Je t'ai insultée, je t'ai poussée dans le vide. Mon Dieu, si tu étais morte, je serais morte aussi.

Elle se jeta à genoux au pied du lit pour pleurer tout son saoul, le visage caché dans la couverture. Laura étendit la main et lui caressa les cheveux.

— Ne pleure pas, ma fille. Tu vois bien que Dieu nous a protégées. Ce n'était pas le bon endroit pour une dispute, juste au bord de la faille, si près de la cascade, tu en conviendras. Je suis vivante, Hermine. Et je t'aime plus que j'ai jamais aimé personne. Je veux que tu le saches, même si on n'avait pas pu me sauver, je serais morte heureuse : cette année que j'ai passée avec toi m'a comblée de bonheur. T'écouter chanter, prendre le petit déjeuner avec toi, passer mes soirées en ta compagnie quand la tempête secouait les murs et le toit ont été un enchantement. Maintenant, il n'y a plus aucun secret entre nous. Si tu m'aimes encore, le reste n'a pas d'importance.

Hermine leva sur sa mère un regard éperdu de tendresse, qui n'était pourtant pas exempt de honte.

— Finalement, je m'en moque, du passé ! J'ai eu si peur de te perdre ! Je revois sans cesse le moment où tu es tombée. J'ai cru que j'allais mourir, moi aussi, la seconde suivante. Et j'étais paralysée, je ne pouvais que hurler.

Hermine couvrit de baisers les doigts menus de Laura.

— Tout ça était sans doute nécessaire. Il fallait crever l'abcès, comme on dit. Cette lettre odieuse t'avait blessée au-delà du possible, mais, au moins, je n'avais plus le choix, je devais te parler. Tout est bien.

— Oui, tout est bien. Tu ne souffres pas trop ? Hans croit que tu as le bras droit cassé.

— J'ai très mal à l'épaule, mais je crains bien plus les douleurs morales que physiques. J'ai dû me rompre quelque chose en m'accrochant à cette racine. Et mon front a heurté la roche. C'était tellement bizarre de tomber en arrière dans le vide, d'être sûre de mourir et de lutter pour survivre à tout prix. Je ne comprendrai jamais comment j'ai pu m'en sortir.

— Tu as sûrement un ange gardien, affirma Hermine qui riait et sanglotait à la fois.

— Peut-être... En tout cas, Hans s'est conduit en héros. Je ne le pensais pas capable de faire ça, descendre le long des rochers au risque de tomber lui aussi.

— C'est vrai qu'il n'a pas hésité, renchérit la jeune fille. Je ne l'ai pas encore remercié. Je n'ose pas le regarder en face. Ni lui ni Betty. Ils savent tous que je t'ai poussée. Je le leur ai dit.

— J'arrangerai tout ça, ne t'en fais pas. Je mentirai une dernière fois.

Mireille frappa et fit entrer le médecin. Tremblante à l'idée qu'il faudrait sans doute transporter Laura jusqu'à l'hôpital le plus proche, Hermine patienta sur le palier le temps de l'examen.

« Je la veillerai, je lui ferai la lecture, se disait-elle.

Les asters sont encore fleuris, je vais en cueillir pour faire des bouquets dans sa chambre. »

Toute sa rancœur, tout son mépris s'étaient envolés. Elle avait même l'impression d'aimer davantage sa mère. Le docteur Milles sortit enfin de la pièce, un sourire rassurant sur le visage. Le praticien avait belle allure pour ses soixante ans. Il tapota la joue de la jeune fille.

— Soyez tranquille, mademoiselle. Votre mère en est quitte pour deux semaines de repos complet. Il n'y a pas de fracture. Mais les muscles de l'épaule sont froissés. Je lui ai fait un bandage. Elle ne doit pas trop bouger son bras droit. Quant à la blessure au front, c'est plus impressionnant que grave. Un gros hématome et une coupure. J'ai laissé mes prescriptions à votre gouvernante. Je repasserai après-demain.

Un flot de joie submergea Hermine. Elle remercia le médecin avec chaleur et se précipita dans la chambre. Mireille mettait de l'ordre dans la literie en interrogeant Laura sur ce qu'elle désirait manger au souper. Elle s'éclipsa la mine réjouie.

« La vie continue, pensa Hermine, notre douce petite vie quotidienne. Je vais avoir tout le temps de dorloter maman et de lui parler. Elle a enduré tellement d'épreuves depuis son arrivée au Québec ! »

Laura était assise, le dos calé dans les oreillers. Elle accueillit sa fille avec un petit rire et plaisanta.

— Je suis solide, hein ! Mon père disait souvent que la mauvaise graine, on ne peut pas s'en débarrasser.

— Je t'en supplie, ne dis pas ça ! protesta Hermine.

— Assieds-toi à mon chevet, tiens. J'ai demandé à Mireille de faire monter tout le monde. Après, je dormirai un peu.

— Tu ne vas pas leur avouer la vérité ?

— Non, cela aurait des conséquences pénibles sur nos relations avec les Marois, et même sur nos rapports avec Hans. Tu brûleras la lettre de Marie Chardin. Tout à l'heure, je n'ai pas pu tout t'expliquer. En fait, ton père, dès qu'il m'a connue et aimée, a commis l'erreur de parler de moi à sa famille. Il espérait leur soutien, leur compassion. Mais le contraire s'est produit. Les Chardin ont été horrifiés, ils lui ont ordonné de ne plus jamais m'approcher. Il y a eu des disputes mémorables, des menaces, même. Le patriarche, le vieux Gédéon, aurait volontiers mis le feu au repaire d'infamie où j'étais prisonnière en me brûlant avec. Mais ton père était obstiné. Juste après notre fuite, il m'a emmenée chez ses parents. Nous n'avons pas eu le temps de franchir le seuil : Marie m'a craché au visage.

La voix de Laura vibrait de chagrin rétrospectif. Hermine lui mit un doigt en travers de la bouche.

— Chut ! Ne t'épuise pas. Nous avons tous les mois d'hiver pour en discuter.

— Mais ils étaient catholiques, insista sa mère, et Jésus a dit devant Marie-Madeleine : « Que celui qui n'a jamais péché lui jette la première pierre ! » Il faut croire que les Chardin s'estimaient purs, irréprochables.

On frappait. Laura se ressaisit, prête à défendre son enfant. Joseph, Élisabeth, Armand, Edmond et Charlotte, ainsi que Hans et les deux domestiques, entourèrent le lit.

— Mes chers amis, commença la jeune femme, je vous ai réunis pour clarifier une situation qui vous paraît sûrement bizarre, sinon inquiétante. En effet, une lettre a mis le feu aux poudres, une lettre de ma belle-sœur Marie Chardin. Cette femme me détestait parce que j'étais une étrangère, une immigrée, et que j'avais soi-disant gâché la vie de son frère Jocelyn. Hermine a lu des choses qui l'ont profondément blessée. Elle s'est enfuie, fâchée contre moi. C'est que je lui avais menti dans le but de la tenir à l'écart d'une famille aigrie et prompte à la calomnie. Bref, je voulais me justifier auprès de mon enfant adorée et je l'ai rejointe près du barrage. Je conçois que des témoins, deux cent trente pieds plus bas, ont pu croire que nous nous querellions, mais non. Ma sandale était endommagée, de sorte que la lanière ne tenait plus. Je souffre du vertige. J'ai trébuché et j'étais si proche du vide que j'ai perdu le contrôle de mes nerfs. Prise de panique, j'ai crié que j'allais sauter. Hermine a essayé de me retenir, de me calmer, mais je lui ai échappé et j'ai perdu l'équilibre. Bien sûr, ma fille a eu l'impression d'être responsable, mais il n'en est rien. Nous étions toutes les deux dans un état second, cela arrive aux femmes un peu passionnées, ce que nous sommes, ma fille et moi. Ne tenez pas compte des paroles de notre Hermine après l'accident. Elle ne savait plus ce qu'elle racontait, tant elle avait eu peur. Maintenant je suis hors de danger et je vais profiter de ce repos forcé pour vous recevoir, tricoter, broder, lire...

— Ma chère Laura, dit Élisabeth en souriant, vous aurez du mal à tricoter ou à broder d'une seule main.

Mireille éclata de rire, mais sa gaîté sonnait un peu faux. Joseph se frottait la barbe. Il ne croyait pas un traître mot du récit de Laura.

— Moi, j'ai eu du nez de rappliquer avec une corde, intervint Armand. Je vous ai vue tomber, madame Laura, et Hermine n'a pas pu vous rattraper à temps, c'est sûr.

La jeune fille gardait la tête baissée, fixant ses doigts entrelacés dans un pli de sa jupe. Elle avait envie de démentir les propos de sa mère, de s'accuser en public.

« Je dois respecter la volonté de maman, se raisonnait-elle. Son histoire ne tient pas debout, mais tant mieux si on s'en contente, même juste à moitié. Elle a quand même évoqué cette affreuse lettre. Ça donne du poids à ses propos. Tous, ils préféreront sans doute ne pas trop creuser. »

Hans poussa un énorme soupir de soulagement que chacun entendit. Le pianiste signifiait ainsi son acceptation de la version donnée par Laura.

— Je me doutais que notre chère Hermine n'avait rien fait de mal ni de violent, balbutia-t-il.

— C'était évident, renchérit Élisabeth. Les enfants, allez embrasser Laura, elle a besoin de calme, maintenant.

Le petit Edmond extirpa de sa poche de pantalon une marguerite racornie et la tendit à la jeune femme.

— C'est pour toi, madame, mon cadeau.

— Merci, bonhomme, elle me servira de marque-page !

Guidée par Hermine, Charlotte déposa un léger baiser sur la joue de Laura.

— Vous sentez bon la poudre de riz, nota la fillette, comme Betty. J'aime bien ça.

— Je t'en donnerai une boîte, dit Laura. Tu en mettras à ta poupée.

Joseph quitta la chambre, suivi par Célestin. Le jardinier le salua en soulevant sa casquette et dévala vite l'escalier, comme pour échapper aux commentaires de l'ouvrier.

« Ouais, pensa celui-ci, tout le monde gobe la fable.

Si je m'écoutais, je cuisinerais Hermine et elle finirait par me dire le fin mot de l'affaire. Après tout, ça ne me concerne pas. »

Il alla fumer sa pipe sous l'auvent. Son unique souci, désormais, était de préserver son mariage. Pour garder l'amour de sa Betty, Joseph pliait l'échine. Il s'accommodait de la présence de Charlotte et relâchait la bride en matière d'éducation vis-à-vis de ses deux fils.

« Hermine va épouser Zahle, je ne serai plus son tuteur. Je m'en lave les mains, de ces dames Chardin. »

Élisabeth rejoignit son mari. Elle glissa un doigt dans le col de sa chemise pour chatouiller sa nuque.

— Rentrons chez nous, Jo. Je ne tiens plus sur mes jambes. Toutes ces émotions, aussi...

Il la dévisagea, alarmé.

— Tu n'es pas malade au moins, Betty ?

— Non, mais j'ai du retard ce mois-ci, souffla-t-elle. Beaucoup de retard et j'ai eu une nausée ce matin.

Joseph se leva du rocking-chair où il se balançait et il enlaça sa femme.

— Tu veux dire que...

— Mais oui, vieux nigaud ! répliqua Élisabeth en frottant sa joue lisse contre celle, poilue et tannée, de son homme. Je n'ai pas eu un enfant tous les ans, comme les femmes du pays, mais je fais pourtant de mon mieux.

— Rentrons vite, ma Betty, bredouilla-t-il.

L'ouvrier en avait les larmes aux yeux.

Seul Hans s'attarda. Hermine le retrouva dans le salon. Les soirées fraîchissaient. Célestin avait allumé le poêle en belle fonte hollandaise.

— Maman s'est endormie, dit-elle aussitôt. Vous devriez rester souper avec moi.

Le pianiste la considéra avec une très vague suspicion. La jeune fille s'approcha et lui prit les mains qu'elle étreignit entre les siennes.

— Jamais je n'oublierai votre courage, Hans. Vous vous êtes conduit en héros. Moi, j'étais terrifiée.

Elle se revit paralysée par l'horreur de la tragédie, les jambes souillées d'urine. Elle ressentait toujours la gêne extrême d'avoir été victime d'une telle réaction incontrôlée.

— Ma petite Hermine, dit doucement Hans, il faut oublier ce triste après-midi. Je déplore vraiment ce qui s'est passé. J'étais enchanté de voyager en votre compagnie. Et votre audition à Québec ? Nous pourrions nous y rendre dans quelques jours ?

Hermine fit non de la tête et se blottit contre lui. Il caressa son dos et sa taille en prenant ses lèvres. La jeune fille accepta le baiser, mais son corps ne répondait pas, ni son cœur. Par gratitude, bien décidée à devenir l'épouse de cet homme, elle joua un peu la comédie. Déjà exalté par sa prouesse dans le ravin, Hans se montra plus entreprenant que les autres fois où ils flirtaient, selon l'expression à la mode. Elle feignit d'éprouver le même élan, la même confusion fébrile.

— Mon joli petit rossignol, lui dit-il à l'oreille, que j'ai hâte d'être votre mari.

Ces mots pénétrèrent l'esprit de la jeune fille : elle s'avisait tout à coup de leur sens exact. Elle prit du recul, sous le prétexte de tirer les rideaux.

« Je ne sais pas si je pourrai aller jusqu'au bout de mon engagement avec Hans. Dans ses bras, je ne ressens rien. »

Elle songea à sa mère. Bien que peu renseignée sur la prostitution, elle en comprenait l'essentiel : des relations sexuelles sans aucun sentiment.

« Comment peut-on supporter ça ? s'étonna-t-elle. Elle a dû se résigner, parce que l'homme qui l'avait piégée la frappait. Mais moi, quand je serai dans le lit de Hans, je devrai lui abandonner mon corps, le laisser agir à sa guise. »

Hermine lutta contre une terrible envie de pleurer. Elle venait de se souvenir des merveilleuses sensations éprouvées avec Toshan.

« Dès que ses mains se sont posées sur moi, j'ai cru être au paradis. Mon ventre palpitait, j'avais chaud, je brûlais, et son baiser m'a grisée, étourdie. J'aurais pu l'embrasser des heures. J'ai eu l'impression de communier avec lui, de partager un rite sacré, celui du véritable amour. »

Hans la vit trembler tout entière, avant d'éclater en sanglots convulsifs.

« Toshan est mort, jamais plus je ne serai heureuse. Aucun homme ne me donnera ce qu'il m'a offert en quelques secondes », se disait-elle.

— Hermine, qu'avez-vous ? s'inquiéta le pianiste.

Il l'enlaça, mais elle se dégagea un peu brusquement.

— Je crois que mes nerfs me trahissent, mon cher Hans. Vous devriez rentrer à Roberval. Moi, je vais me coucher. Mireille m'apportera un bouillon.

— Bien sûr, je comprends, soupira-t-il. À demain, donc.

Hermine guetta le bruit décroissant du moteur. Lorsqu'il cessa tout à fait, elle se dirigea vers le poêle, ouvrit la trappe et confia aux flammes la lettre de Marie Chardin. Elle regarda brûler le morceau de papier et tomber en cendres sur les braises ardentes. La chaleur du feu lui fit penser à la mort odieuse de Toshan.

— Vraiment, son beau visage a été consumé, ses cheveux noirs, ses dents petites et très blanches ! Ses lèvres si douces... Vraiment, un incendie l'a effacé de ce monde, lui que j'attendais, lui que j'aimais par-dessus tout.

Mireille la trouva assise dans la pénombre, à même le tapis.

— Eh bien, marmonna la gouvernante, que fais-tu toute seule ? Madame est réveillée. Monte donc bavarder. En voilà, des manières de t'installer par terre comme une Indienne !

Frémissante, Hermine se releva.

— Je voudrais bien être une Indienne, Mireille. Vivre dans la forêt, libre de mes choix. Mais c'est trop tard.

Hermine sortit du salon. La domestique, perplexe, alluma les lampes.

— Notre demoiselle a de ces idées ! s'étonna-t-elle. Si elle a du goût pour les Sauvages, pourquoi donc va-t-elle épouser un grand dadais blafard, fade comme un jour sans sel ? Enfin, ce ne sont pas mes affaires. Dieu merci, je suis restée vieille fille !

***

Roberval, 24 décembre 1931

L'église Saint-Jean-de-Brébeuf resplendissait de l'éclat des cierges et des lustres électriques qui dispensaient une clarté dorée. En cette veille de Noël, une foule animée emplissait les bancs et les allées latérales.

— La première messe de Noël dans notre église toute neuve, dit une femme à sa voisine, depuis le mois de mars qu'on attendait ça. Déjà, j'ai trouvé que les travaux de construction n'en finissaient pas. Mais ça valait le coup, c'est un bâtiment superbe ! Le plus beau de la région.

Une crèche était dressée près des fonts baptismaux. Le bœuf et l'âne en terre cuite peinte trônaient derrière les statues de Marie et de Joseph, sur une litière de paille. Seul manquait le petit Jésus que le curé placerait à minuit.

Soudain des chuchotements parcoururent l'assistance. Certains tendirent le cou. Bousculé par son frère, un enfant pleura.

— Le rossignol des neiges va chanter !

— Là, regardez, c'est cette jeune personne, devant l'autel.

— Qu'elle est belle !

Hermine souriait dans le vague, indifférente à l'enthousiasme qu'elle suscitait, tandis que le prêtre lui laissait la place en ordonnant aux enfants de chœur de se tenir sagement autour de la chanteuse. Assis sur le banc le plus proche, Laura et Hans s'impatientaient.

— Sa robe lui va à merveille, dit la jeune femme au pianiste.

— Ma fiancée est magnifique, répliqua-t-il. Et tellement douée.

Plus que la toilette de velours bleu nuit au corsage cintré et à l'ample jupe, Hans admirait la forme douce de la poitrine ainsi que le cou fin et blanc orné d'un collier de perles. Coiffée d'un chignon bouclé piqueté de fleurs en nacre, Hermine était d'une beauté émouvante, d'une séduisante féminité. Laura, en fourreau noir brodé de strass, attirait aussi les regards masculins. Elle s'était fait couper et friser les cheveux, toujours d'un blond platine, ce qui la rajeunissait encore.

Enfin, l'harmonium égrena quelques notes. Hermine entonna le *Minuit, chrétiens !* qu'elle avait répété la veille avec Hans. Le futur couple avait repris les leçons de chant et de musique pendant la convalescence de Laura, qui savourait de sa chambre les gammes de sa fille.

Minuit, chrétiens,
C'est l'heure solennelle
Où l'homme Dieu descendit jusqu'à nous...

Le miracle se renouvelait. La voix puissante et limpide de la jeune fille, amplifiée par la voûte du sanctuaire, imposa le silence parfait, puis le respect et l'admiration totale. On observait sa silhouette menue mais gracieuse, en s'extasiant que des sons aussi beaux et harmonieux naissent de ce corps gracile.

Peuple, à genoux, attends ta délivrance !
Noël ! Noël !

Hermine s'abandonnait entièrement aux paroles du cantique. Ses larges prunelles bleues fixaient le christ en croix, près de l'autel, le Rédempteur qui avait versé son sang pour le salut des hommes. Même quand elle eut terminé, elle ne put détacher ses yeux de la statue.

Elle devait enchaîner avec *Les Anges dans nos campagnes* et finir sa prestation sur *Douce nuit*. L'harmoniste tardait à jouer. C'était un septuagénaire myope qui n'avait pas voulu céder son rôle à Zahle. Hans préférait être spectateur, pour une fois. Il savourait son bonheur, fier de son élève, flatté de parader aux côtés d'une personne élégante comme Laura.

La musique retentit et Hermine chanta à nouveau. Assise avec sa famille deux bancs plus loin, Élisabeth fut sensible aux accents bouleversants de la voix de la jeune fille. « On dirait qu'elle va pleurer, ma Mimine. Quel talent, quelle beauté ! Un ange nous ravirait tout autant. »

Charlotte serra le bras de sa mère adoptive en lui murmurant que c'était un beau Noël. Laura les invitait tous à réveillonner, après la messe. Il avait neigé, le thermomètre descendait à moins quinze, mais la route était praticable. Célestin avait équipé la luxueuse automobile de sa patronne de pneumatiques adaptés aux conditions hivernales. Envieux, Joseph avait promis pendant le trajet de s'acheter, sur ses vieux jours, un tel véhicule.

Hermine reprit son souffle avant de chanter *Douce nuit*. Elle regarda encore une fois le visage du christ, paupières closes, le front couronné d'épines. Elle qui avait souvent lu les Évangiles, le message d'amour de Jésus la hantait en ce soir de Noël.

« Mon Dieu, donnez-moi le courage de rendre Hans heureux », pria-t-elle sans oser regarder son fiancé. Elle portait l'aigue-marine à monture d'argent offerte le 15 décembre par le jeune homme, le jour anniversaire de ses dix-sept ans.

Pour l'occasion, Laura avait organisé un repas de fête.

« Mon Dieu, j'ai promis de l'épouser le 21 mai et de partir en lune de miel en France. Mais je n'ai que de l'amitié pour lui... »

Douce nuit, sainte nuit !
Dans les cieux, l'astre luit.
Le mystère annoncé s'accomplit.
Cet enfant sur la paille endormi,
C'est l'amour infini...

Au fond de l'église, appuyé à un des piliers, un homme écoutait, pénétré d'émotion. La voix exceptionnelle de la jeune chanteuse l'entourait d'un halo de nostalgie. Les dames bien pensantes de Roberval lui jetaient des coups d'œil réprobateurs, à cause de son accoutrement. Excédé par les chuchotements qu'il suscitait et les sourires en coin d'un jeune élégant, il sortit de l'église et alluma une cigarette.

Une demi-heure plus tard, les cloches sonnèrent à la volée. Les gens se pressèrent vers le portail. Il gelait. La nuit était claire et étoilée. La foule se dispersait. Hermine et Laura sortirent en se tenant le bras, toutes les deux en manteau de fourrure et toque assortie. Les bijoux qu'elles portaient scintillaient sous la lumière des réverbères. Coiffé d'un haut-de-forme et en pelisse d'astrakan, Hans complimentait sa fiancée.

— Mon petit rossignol, vous nous avez encore une fois ravis, transportés au paradis, disait le pianiste.

La famille Marois suivait le mouvement.

— Je suis affamé, se plaignit Joseph.

— Vous ne pourrez plus marcher, monsieur, après mon souper, se vanta Mireille, rutilante de rouge à lèvres bon marché.

Hermine écoutait, rêveuse. Elle vit un chat roux traverser le boulevard Saint-Joseph, sur lequel donnait le parvis de l'église. L'animal courut droit vers un homme debout dans l'encoignure d'une porte. Elle observa l'inconnu. Il avait de longs cheveux noirs et le teint sombre. Il portait une étrange veste en peau ornée de franges et des bottes en cuir. Au minuscule rougeoiement de la cigarette, elle devina qu'il fumait. Les phares d'une voiture éclairèrent enfin son visage.

Le cœur de la jeune fille se mit à battre follement. Elle en perdit le souffle.

« Toshan ! C'est lui, je le reconnais ! Toshan, il est vivant ! »

Sans plus réfléchir, elle s'élança vers son amour qu'elle croyait perdu et que la nuit d'hiver venait de lui redonner.

17

L'envol du rossignol

Roberval, 24 décembre 1931

Hermine s'immobilisa à trois pieds du jeune homme. Elle étudia soigneusement sa physionomie afin de s'assurer qu'elle ne rêvait pas. Un instant, elle crut avoir été victime d'une hallucination car, sans doute, Toshan, en la revoyant, aurait souri, aurait fait un geste vers elle. Il pouvait s'agir d'un inconnu de passage, métis lui aussi, qui eût ressemblé à s'y méprendre à Toshan.

— C'est bien toi ? demanda-t-elle d'une petite voix. C'est toi, n'est-ce pas, Toshan ?

En guise de réponse, il jeta son mégot dans le caniveau et l'examina des pieds à la tête sans prononcer un mot.

— Tu me reconnais ? s'exclama-t-elle. J'ai peut-être changé, mais c'est normal, après un an et demi.

Plus elle scrutait ses traits altiers et le dessin de sa bouche, moins elle doutait. Même s'il lui était apparu défiguré, elle n'aurait pas pu se tromper, à cause du regard très sombre, brillant d'une ardeur triste.

— Oui, c'est bien moi, dit-il enfin, mais je ne suis pas sûr d'avoir quelque chose à faire ici avec vous, mademoiselle.

Il la vouvoyait. Il avait insisté sur le « mademoiselle » avec une intonation méprisante. Cela ne découragea pas Hermine. Elle se rapprocha encore, émerveillée de le retrouver.

— Je me souvenais d'une fille en simple robe de lin au milieu d'un pré, ou d'une gamine en bonnet de laine, dit-il. Mais tu as l'air d'une grande dame chic, en fourrure, couverte de bijoux et maquillée en plus.

— Mais c'était pour la messe de Noël, protesta-t-elle. Je chantais, j'étais obligée de m'habiller ainsi... Ça n'a pas d'importance.

Hermine jugeait leur conversation stupide. Elle et Toshan venaient de se rejoindre par miracle et ils causaient vêtements et fards.

— Toshan, gémit-elle, je te croyais mort ! Il y avait ton nom dans un journal, en avril dernier. Il y était écrit que Clément Delbeau avait péri brûlé dans l'incendie d'une cabane de chantier, en Abitibi. J'étais désespérée. Pourtant, tout au fond de moi, j'avais la certitude de te retrouver un jour. Depuis quand es-tu là, à Roberval ? Est-ce que tu m'as cherchée à Val-Jalbert ? Mais parle donc !

Elle l'aurait secoué par les épaules pour l'arracher à son mutisme ironique.

— Donne-moi des ordres, tant que tu y es, maugréa-t-il. J'ai eu tort de venir. On m'avait dit que tu chantais à l'église Saint-Jean-de-Brébeuf. J'ai fait le détour.

— Tu n'as pas fait un détour, rétorqua-t-elle. Tu es venu juste pour me voir. Pourquoi compliques-tu tout ?

— Parce que tu as trop changé. Je regrette d'être là. Dans l'église, on me regardait de travers. Mais je suis baptisé, j'ai le droit d'entendre la messe comme les autres.

Désemparée, la jeune fille se retourna vivement. Le groupe composé de la famille Marois, de Laura et de Hans n'avait pas bougé du parvis de l'église. Ils semblaient se concerter, mais le pianiste agita la main, comme pour lui dire de revenir. Elle lui fit signe de patienter.

— Toshan, il s'est passé tant de choses depuis l'été précédent. Je voudrais tout te raconter, mais là, je n'ai pas le temps. Toshan, tu es vraiment revenu, tu es vivant ! Je suis tellement heureuse. Laisse-moi te toucher.

Il la dévisagea et dut lire sur son visage qu'elle ne mentait pas, car il se radoucit. Elle effleura sa joue et son bras. Une joie immense, proche de l'extase, l'envahit. Des ondes de chaleur faisaient vibrer son corps et le rendaient léger.

— Mon Toshan, je n'ai pas cessé de t'aimer...

— Tu n'es pas mariée ? interrogea-t-il.

— Non, non, non ! répliqua-t-elle en se jetant à son cou.

Au fond de son cœur, une petite voix plaignait le malheureux Hans qui ne comptait plus du tout.

Joseph pointa l'index en direction du couple. Consternée, Élisabeth le supplia :

— Tu dois intervenir, Jo. Ce gars est un vagabond. Il a bu et s'en prend à Mimine.

— Attendez un peu, coupa Laura. Hermine appellerait à l'aide si c'était le cas. Elle a peut-être reconnu un ancien camarade du couvent-école. On grandit vite, une fois adolescent.

Hans affichait une face cramoisie de surprise et de vexation. Il prit sa future belle-mère à témoin :

— Depuis quand une demoiselle convenable étreint-elle un camarade d'école en pleine rue un soir de Noël ? Devant moi, son fiancé !

— Ce type-là me paraît louche, ajouta Joseph. Encore un traîne-misère, un métis venu semer la pagaille.

Métis ! Le terme injurieux dans la bouche de l'ouvrier fit sursauter Laura. Elle comprit en une seconde qu'il s'agissait de Toshan Delbeau.

« Mon Dieu, il n'est pas mort ! Hermine n'aurait jamais couru aussi vite vers un étranger », songea-t-elle, effarée par la suite des événements.

— Regardez, Mimine revient, s'exclama Armand.

La jeune fille s'arrêta au milieu de la rue, à égale distance de sa mère et du jeune homme. Elle rayonnait, comme nimbée d'une lumière surnaturelle. Aucun d'eux ne l'avait jamais vue ainsi, son charme et sa beauté sublimés par un bonheur infini.

— Je vous en prie, accordez-moi un peu de temps, dit-elle d'une voix vibrante de passion. C'est Toshan, Toshan Delbeau. Je dois lui parler. Maman, je t'en prie, explique-leur...

Laura improvisa. Pleine d'entrain, elle prit Hans par le bras.

— Nous t'attendrons au *Château Roberval*, ma chérie, un bon thé nous réchauffera ! Célestin, laissez la voiture ici, je vous invite aussi. Mireille, porte donc le petit Ed ; il a déjà sommeil. Joseph, venez.

L'ouvrier se répétait le nom : « Toshan Delbeau. » Les yeux plissés et inquisiteurs, l'air mauvais, il fixait l'étranger aux longs cheveux noirs.

— Je l'ai déjà vu, ce gaillard, grommela-t-il.

— Joseph, intima Élisabeth, viens, ne t'en mêle pas.

Hermine les vit s'éloigner. Hans se retourna et lui lança un regard poignant qui exprimait toute sa détresse. Mais elle refusa de s'apitoyer et rejoignit Toshan.

— Combien ta famille t'a-t-elle accordé de minutes ? persiffla-t-il. Je ferais bien de me méfier, ils sont capables de prévenir la police.

— Ne sois pas si dur, lui dit-elle doucement. Te revoir est un miracle. Tout à l'heure, quand je chantais dans l'église, je regardais la statue du Christ en croix et, avant de terminer le cantique, je l'ai imploré de m'aider. De t'avoir reconnu de l'autre côté de la rue, ça a été comme un rêve fabuleux, un signe divin, comme si tu étais ressuscité pour moi toute seule.

Elle glissa ses mains sous la lourde veste frangée qui sentait le cuir humide. Malgré l'épaisseur d'un tricot en laine, elle perçut la chaleur du corps de Toshan. Il se pencha un peu vers elle et la contempla. Ses doigts nerveux caressèrent la fourrure de martre qui la protégeait du froid glacial.

— Tu es vraiment contente que je sois venu ? dit-il tout bas.

— Oh oui ! gémit-elle en se réfugiant dans ses bras. Je t'en prie, serre-moi fort, très fort contre toi.

Il la prit contre lui et frotta son nez dans ses cheveux soyeux parfumés à l'essence de rose. L'instant suivant, leurs lèvres se frôlaient, s'unissaient dans un interminable baiser. Hermine ne se sentait plus malhabile ni prude comme avec Hans. La moindre fibre de son être savait donner la réplique à celui qu'elle n'avait pas cessé d'espérer. Leurs langues jouaient ensemble, complices, leurs bouches s'accordaient, gourmandes. Un désir impérieux fit bientôt trembler Toshan, ébloui par la fougue de la jeune fille. Elle ne pouvait plus se détacher de lui, lascive, offerte, ravie par l'éveil brutal de sa chair vierge. Ses seins s'étaient durcis, son ventre vibrait de mille sensations délicieuses.

— Viens avec moi, murmura-t-il en reprenant son souffle. Viens tout de suite. Sinon, ta famille te retiendra. Je veux te présenter à ma mère. Je lui ai dit que je te ramènerais.

— Nous devons parler, d'abord, dit-elle en lui touchant les joues, le front et le bout du nez.

— Parler de quoi ? Les gens des villes, les colons du pays, ils ont trop parlé juste pour dire des mensonges. Ils construisent des centrales électriques et des scieries, ils coupent des arbres et détournent le cours des rivières. Leurs voies ferrées détruisent les chemins invisibles qui sillonnent notre terre. Je ne travaillerai plus pour ceux qui ravagent les forêts. C'est vrai, j'ai failli mourir dans l'incendie. Mon nom était écrit dans le journal, mais j'ai pu sortir à temps de la cabane. Ma mère m'a prévenu en rêve. « Lève-toi, mon fils, disait-elle, le feu va vous dévorer. » Je me suis réveillé au milieu des flammes. J'ai secoué mes deux collègues. C'était soir de paie et ils avaient bu. Mes compagnons étaient déjà morts, asphyxiés, je ne pouvais plus les sauver. Le toit s'est effondré. Mes habits ont pris feu, mais je me suis glissé à l'extérieur en rampant et en roulant sur le sol. J'ai arraché tout ce que je portais et j'ai couru vers la forêt. J'ai enfoui mon corps dans la neige pour vaincre la douleur des brûlures. J'ai des cicatrices dans le dos, sur une de mes cuisses aussi.

Hermine rougit violemment. Imaginer le jeune homme nu la troublait au point de lui faire oublier le côté tragique du récit.

— Mais pourquoi ce journal a-t-il écrit que tu étais

mort dans l'incendie ? Ta mère a dû être très malheureuse.

Toshan eut un petit rire amusé qui le rendit encore plus beau.

— Ma mère ne lit pas les journaux et, même si elle les avait lus, son cœur lui aurait dit que j'étais vivant ! répliqua-t-il. Mon grand-père était un chaman ; il lui a légué des pouvoirs qui paraissent mystérieux aux Blancs, mais pas à moi.

— Quand même, on n'écrit pas qu'une personne est morte si ce n'est pas la vérité, insista Hermine. J'ai eu tant de chagrin.

— Nous étions inscrits sur des listes, par équipe, sur le chantier. Avec un numéro de cabane. Je suppose qu'on a cru que j'avais brûlé moi aussi. Les journaux aiment bien les gros titres qui font vendre. Plus il y a de morts, plus ils sont contents.

La voix de Toshan contenait une amertume inexplicable pour la jeune fille. Elle se blottit contre lui et l'étreignit.

— Alors, rien ne t'empêchait d'être au rendez-vous ? osa-t-elle demander. En juillet, tu étais guéri...

— Les plaies du corps cicatrisent rapidement, pas les blessures de l'âme ! répliqua Toshan. Ma mère m'a soigné. Mais la route était longue jusqu'à elle. Quelque chose s'était brisé dans mon cœur à cause de l'incendie. Les deux autres hommes, ils avaient une épouse et des enfants.

— Je comprends, dit-elle. Tu aurais pu m'écrire, cela m'aurait évité de te pleurer des jours et des jours.

— C'était inutile de t'écrire, puisque je n'étais pas prêt à te revoir.

Ils auraient pu en discuter toute la nuit. Hermine

regarda sa montre-bracelet, le cadeau d'anniversaire de Laura, et soupira d'exaspération. Elle devait rejoindre sa mère au *Château Roberval* et n'en avait aucune envie.

— Je ne peux pas rester plus longtemps. Maman organise un repas chez nous, à Val-Jalbert. Les Marois sont invités. Si je ne les rejoins pas au bar de l'hôtel, ils vont s'inquiéter. Tu comprendras mieux quand je te raconterai ce qui m'est arrivé depuis un an et demi.

Toshan hocha la tête, mais il avait l'air irrité.

— Je suis passé à Val-Jalbert avant la nuit, avoua-t-il. Je te cherchais. Le village était comme mort, éteint. Les Lapointe, des gens qui habitent au bord de la route de Chambord, m'ont renseigné. Ils te connaissaient. Ils m'ont dit que tu chantais à l'église de Roberval... J'ai caché mon traîneau derrière un entrepôt, sur les quais, et j'ai attaché mes chiens. Je peux dormir là-bas, avec eux, mais je préférerais partir tout de suite. Partir avec toi, puisque tu m'aimes toujours.

Hermine était stupéfaite. Elle avait beau éprouver un bonheur démesuré, il lui semblait impossible de quitter sa mère et sa maison, la veille de Noël, pour une expédition insensée, au début de l'hiver.

— Mais, Toshan, il faut faire les choses dans les règles. Je dois te présenter à maman, et nous devons nous marier. De toute façon, je ne peux pas m'en aller en robe du soir, sans bagages.

Il la toisa, de nouveau hautain et méfiant.

— Tu es tout équipée ! Une fourrure, des bottines... Tu n'auras pas froid dans le traîneau. J'ai des couvertures et des peaux. Inutile de me conduire chez toi. Personne de ta famille ne m'acceptera.

Comme pour lui donner raison, quelqu'un appela. La

rue était déserte depuis longtemps. Hermine vit Joseph arriver à grandes enjambées.

— Maintenant, ça suffit ! hurla l'ouvrier. Mimine, tu files à l'hôtel ! Je suis encore ton tuteur et tu n'es pas majeure. Toi, l'Indien, ne t'avise plus de lui tourner autour. Les femmes blanches, ce n'est pas pour des gars de ton espèce. Sauve-toi en vitesse, sinon...

— Joseph, s'indigna la jeune fille, taisez-vous ! Comment pouvez-vous dire des choses pareilles ? J'aime Toshan.

Célestin approchait, une barre de fer entre les poings. Au même titre que Joseph Marois, le jardinier n'appréciait pas la couleur de peau du jeune homme. Hermine prit peur. C'était un cauchemar éveillé. Elle voulut protéger Toshan en se plaçant devant lui, mais il la repoussa. Heureusement, Laura et Élisabeth accouraient. Entourée des enfants, Mireille trottinait derrière elles. Armand se rua vers son père et le saisit par le bras.

— Papa, arrête !

L'ouvrier se retourna et leva la main pour gifler son fils. Le regard furibond de Betty le stoppa net. Laura, elle, sommait Célestin de jeter son arme de fortune.

— Vous êtes congédié ! lui dit-elle d'un ton froid et tranchant. Demain vous quittez ma maison. Je ne tolère pas ce genre de comportement.

Toshan profita de l'agitation pour chuchoter à Hermine :

— Je serai demain matin dans la prairie du moulin. Si tu n'es pas là à midi, je m'en irai et je ne reviendrai jamais.

Sur ces mots, il s'éloigna et disparut à l'angle d'une petite rue adjacente. La jeune fille ressentit une atroce impression de vide. Elle sut alors que son existence allait basculer, qu'elle serait au nouveau rendez-vous que lui donnait Toshan.

Le retour vers Val-Jalbert ne s'annonçait pas des plus gais. Laura avait acheté une voiture très spacieuse, avec deux rangs de banquettes à l'arrière. Tout le monde y prit place ; Célestin était déjà assis au volant, l'air penaud.

Hermine remarqua l'absence de Hans. Elle interrogea sa mère tout bas avant de monter dans le véhicule.

— Il a préféré rentrer chez lui, souffla Laura. Ta conduite lui a brisé le cœur. Je ne te fais aucun reproche, mais comprends-le. Il était au courant pour Toshan, il n'a plus aucune illusion.

— Le pauvre ! dit la jeune fille. Je suis désolée pour lui.

Elle ôta un de ses gants et retira de son doigt la bague de fiançailles qu'elle rangea dans son sac.

— Tu la lui rendras, maman.

Mireille et Élisabeth bavardaient sur le ton de la confidence. Les deux femmes avaient deviné la nature du drame. Installée à côté de Charlotte, Hermine attira la fillette contre elle.

— Pardon, ma chérie, d'avoir un peu gâché ta soirée de Noël, lui dit-elle à l'oreille. J'ai retrouvé Toshan, celui que j'aime. Oui, ma Lolotte, j'ai retrouvé mon seul et unique amour.

— Je te l'avais bien dit, qu'il reviendrait, répliqua l'enfant, très doucement.

— Oui, je m'en souviens.

Réconfortée par sa présence câline, elle embrassa le front de Charlotte. Le trajet jusqu'à Val-Jalbert lui parut interminable. Les phares éclairaient les arbres dénudés par décembre, au ramage recouvert de neige gelée. Les pneus faisaient crisser la glace. Au moment où ils allaient tourner en direction du village, un orignal traversa la route, suivi de trois jeunes. Edmond poussa un cri de joie.

« C'est un signe, songea Hermine. Je dois partir avec Toshan, malgré le froid, malgré tout ce qui me retient ici. »

Elle n'avait jamais eu ce genre de pensées auparavant et l'attribua à l'atmosphère particulière qui entourait chacune de ses rencontres avec le jeune métis. Il ne disait jamais rien de banal ou de plat. Ses mots la touchaient, ainsi que ce qu'ils sous-entendaient.

Laura l'observait, les traits altérés par l'angoisse. Le poids de son regard alarmé obligea plusieurs fois Hermine à se tourner vers sa mère.

« Est-ce que maman m'en veut ? se demandait-elle. Ou bien a-t-elle un pressentiment ? »

Joseph était assis à l'avant de l'automobile. Quand le clocher de Val-Jalbert se dessina sur le ciel nocturne, l'ouvrier grommela :

— Je suis fatigué, je ferais mieux de me coucher. Déposez-moi à la maison, Célestin, ça ne me dit rien de réveillonner.

— D'accord, Jo, marmonna le domestique. Moi, je dois boucler ma valise pour me rendre jusqu'à la gare de Chambord demain matin, même à pied s'il le faut. Je passerai vous faire mes adieux.

Les deux hommes avaient sympathisé au fil des mois. Laura, elle, n'apprécia pas les jérémiades de son jardinier.

— Vous n'aviez qu'à réfléchir avant d'agir, Célestin ! s'écria-t-elle. Ma fille discutait avec un ami, vous n'aviez pas à suivre monsieur Marois qui ne cache pas ses idées racistes, ce que je déplore. Je déteste la violence et l'intolérance.

— Et je suis de votre avis, Laura, renchérit Élisabeth.

— J'ai quand même le droit de surveiller les fréquentations de Mimine, bougonna Joseph. D'autant plus qu'elle est fiancée à Hans. Sans moralité, il deviendra beau, notre Québec. Pas la peine d'aller communier à Roberval et de s'afficher avec un inconnu ensuite !

— Ce n'est pas un inconnu, protesta Hermine. Enfant, Clément Toshan Delbeau a connu mon père, Jocelyn. Toshan est baptisé, catholique, honnête et travailleur. Nous avons fait connaissance à Val-Jalbert.

Charlotte pressa les doigts de la jeune fille, comme pour lui donner du courage.

— Je le croyais mort dans un accident, sinon je ne me serais pas fiancée à Hans. J'aime Toshan, il va m'épouser.

— Pas question ! rugit Joseph. Tu seras malheureuse en ménage avec un individu comme lui, toujours à courir les bois, sûrement illettré.

— Jo, je pense que c'est à Laura d'en juger, avança Élisabeth.

— Non ! Tant que je suis le tuteur légal d'Hermine, je peux m'opposer à ce mariage. On verra bien si ce gars patiente jusqu'à sa majorité, auquel cas je n'aurai plus rien à dire.

Célestin freina un peu rudement pour immobiliser la voiture devant le perron des Marois. L'ouvrier descendit et claqua la portière.

— Nous voilà bien, soupira Mireille. Je vous avais

prévenue, madame, qu'il fallait faire appel à un homme de loi pour régler la situation vis-à-vis de votre fille.

Edmond se mit à pleurer. Les adultes oubliaient que c'était Noël. Hermine le consola :

— Saint Nicolas a dû poser ton cadeau sous le sapin. Et il y a du gâteau au chocolat.

Un peu plus tard, Charlotte et le petit garçon, confortablement nichés dans un large fauteuil en cuir, écoutaient un disque de chansons enfantines. Des fumets délicats leur parvenaient de la cuisine. L'arbre décoré de boules en verre rouges et argentées embaumait le grand salon tout illuminé.

— Une soirée entre dames, cela me rassure, déclara Élisabeth à Laura. Au moins, il n'y aura pas de querelles ni d'éclats de voix.

— Et moi, je suis quoi ? plaisanta Armand.

— Tu es encore mon fiston chéri, sans moustache ni poil au menton, répliqua-t-elle.

Laura s'excusa auprès de la jeune femme et monta rejoindre Hermine qui se changeait dans sa chambre. Elle découvrit ainsi que sa fille étalait toute sa garde-robe sur son lit.

— Comment te sens-tu, ma chérie ? demanda-t-elle. Tu as dû éprouver tout un choc en reconnaissant Toshan.

— C'était la plus merveilleuse surprise de ma vie, maman. Il est revenu juste à temps. Si tu savais comme j'appréhendais mon mariage avec Hans ! Mais c'est fini, Toshan est là et il m'aime.

Hermine inspecta sa paire de bottillons fourrés en peau de castor réservée aux périodes de très gros froid. Elle palpa l'épaisseur d'une écharpe en laine.

— Tu pourrais peut-être me dire ce que tu mijotes,

chuchota Laura en souriant. Soit, Toshan est de retour, il a survécu à cet incendie, mais nous sommes civilisés, il me semble. Ce jeune homme peut se présenter ici dès demain, je parlerai avec lui. Il faut aussi trouver comment persuader Joseph de donner son autorisation. Il est raciste, la pire abomination qui soit. Il t'empêchera d'épouser Toshan pour la simple raison qu'il a du sang indien.

— Et toi, maman ? Cela ne te dérange pas ? Tu n'es pas raciste du tout ? s'inquiéta Hermine.

— Personnellement, je n'ai jamais éprouvé de mépris on d'aversion à l'égard de personnes d'une autre couleur de peau que la mienne. J'ai trop souffert d'être mise au ban de la société, par les Chardin surtout. Quand j'ai compris qu'à leurs yeux j'étais un objet répugnant, à peine un être humain, j'ai su ce que ressentent les gens rejetés, les parias. Ceux à qui on crache à la figure ou qu'on tente d'assommer à coups de barre de fer. Mon Dieu, si j'avais pu chasser Célestin immédiatement ! Je suis sûre qu'il s'était mis d'accord avec Joseph.

Soudain, Hermine se jeta dans les bras de Laura. Elle la serra aussi fort qu'elle avait serré Toshan.

— Merci, maman chérie, d'être celle que tu es. Merci de ne pas mépriser celui que j'aime, d'être charitable et loyale. Je te demande encore pardon pour le jour où j'ai failli te tuer. Je ne méritais pas une mère comme toi, aussi intelligente, aussi belle et bonne.

Elles sanglotèrent ensemble, bouleversées par l'amour immense qui les unissait, envers et contre tout.

— Tu vas t'enfuir avec Toshan, n'est-ce pas ? dit enfin Laura en s'essuyant les joues. Je le sais, je l'ai senti tout de suite.

— Oui, maman. C'est celui que je veux aimer jusqu'à ma mort. Il m'attendra jusqu'à midi dans la prairie qui borde la rivière Ouellet. Je dois le suivre pour lui prouver à quel point je l'aime. Il prétend que ma famille ne l'acceptera pas. Manifestement, il n'a pas complètement tort, malgré ton attitude à toi. Il m'emmène chez sa mère. Je ne t'ai jamais confié à quel point j'ai souffert après avoir appris sa mort. Très vite, j'ai nié la douleur qui me rongeait, j'ai cherché du réconfort auprès de Hans, je l'ai laissé m'embrasser, mais rien ne pouvait me réchauffer ni me consoler. J'avais l'impression d'être froide et insensible.

— Mon Dieu ! s'écria Laura. Je l'ignorais. Tu n'as pas...

— Non, je n'ai pas couché avec lui, maman. Je suis croyante. Même avec Toshan, il ne se passera rien si nous ne sommes pas mariés par un prêtre. Vraiment, tu me laisses partir ?

Laura ne répondit pas. Elle souleva la veste imperméable doublée de fourrure de chèvre blanche qu'elle avait achetée à sa fille l'hiver précédent.

— Bien sûr, que je te laisse partir. Si je te l'interdisais, tu te sauverais en cachette, à l'aube, sans même me dire au revoir. Je préfère veiller à tes préparatifs, c'est le rôle d'une mère. Il faut que tu sois bien équipée. Descendons souper. Je t'aiderai à choisir tes vêtements demain matin. Accorde-moi une soirée de fête, la dernière avant longtemps.

Sa mère s'exprimait sans véritable tristesse, avec une sorte de résignation paisible. Partagée entre le regret de l'abandonner et une joie délirante, Hermine l'étreignit à nouveau.

— Tu as raison, nous devons passer une soirée merveilleuse avec Betty et les enfants. Je mets une robe plus pratique et je te rejoins au salon.

Une fois seule, la jeune fille se débarrassa de la somptueuse toilette en velours bleu nuit et du collier de perles. Elle se frotta le visage à l'eau froide dans sa salle de bain. Elle défit son chignon et libéra ses cheveux. Le miroir lui renvoya l'image d'une jolie personne aux joues roses et au nez humide. Ses larges prunelles de saphir brillaient de joie.

— Je pétille de bonheur, chantonna-t-elle. Mon Dieu, merci ! Mon Dieu, faites que mon Toshan n'ait pas trop froid ni faim, tout seul avec ses chiens. Mais je saurai vite le consoler et le réchauffer : demain soir, je serai près de lui. Nous allumerons un feu dans les bois et nous ferons un repas de fête.

Vite, elle enfila une jupe en lainage bariolé, un gilet beige, des bas et des chaussons. Sans bruit, elle dévala l'escalier et se faufila dans la cuisine. Son intention était de dérober quelques conserves, les plus fines, que Mireille entreposait dans un placard de la réserve. Elle tomba nez à nez avec la gouvernante qui garnissait une sacoche de boîtes en fer et de paquets en carton.

— Ah, Hermine, puisque tu es là, dis-moi si ça te plaît. Madame m'a chargée de préparer des provisions. Je ne suis pas née de la dernière pluie, j'ai compris. Tu vas me manquer, petite ! Il faudra vite revenir.

La domestique regarda la jeune fille en soupirant. Les joues rebondies, l'œil humide sous le front couronné de bouclettes grises, Mireille avait tout de la grand-mère idéale.

— Comme tu es gentille, chuchota Hermine en l'embrassant.

— Surtout, méfie-toi, nous avons un espion dans la maison, souffla la gouvernante. Célestin serait capable de courir chez ton tuteur et de vendre la mèche. Sais-tu, si j'avais ton âge et un amoureux aussi beau, je ferais comme toi, parole ! Mais ne sois pas trop docile, traîne-le dans une chapelle, ton Indien.

— Mireille, je t'adore, murmura-t-elle. Ce soir, je t'en supplie, dîne à table avec nous.

— Jamais ! Ce n'est pas ma place. Moi, je fais le service et je picore dans les plats. Mais attention, seulement quand je les rapporte en cuisine.

Hermine entra dans le salon toute joyeuse. Elle esquissa un pas de danse, chatouilla Edmond et frappa dans ses mains en s'apercevant qu'une table ronde était dressée près du sapin.

— Une idée de Charlotte, précisa Laura. Armand et Betty ont travaillé en sourdine pour nous faire la surprise.

— Je mangerai les bons plats de Mireille en voyant les lampes de toutes les couleurs de l'arbre ! affirma la fillette.

Personne n'osa la contredire. Élisabeth lui caressa les cheveux.

— Ne sois pas triste, maman Betty, ajouta Charlotte. Je les vois un tout petit peu, les lumières de Noël. Et je sens le parfum du sapin. C'est tellement beau.

Hermine marqua une légère surprise en entendant le *maman Betty.*

— Bientôt elle m'appellera maman tout court et je serai comblée, avoua Élisabeth.

Laura les fit asseoir. Armand paradait, jouant les jeunes coqs, quand Edmond le pinça sous la nappe, en claironnant :

— T'es pas le seul monsieur, moi aussi je suis un homme !

Cela provoqua un éclat de rire général, qui donna le ton du réveillon. Mireille avait fait des merveilles : des truffes importées de France en papillotes, du saumon frais à la vapeur nappé d'une sauce au vin blanc et à la crème, des beignets de pommes de terre et des oignons confits. Suivait une dinde rôtie dorée au beurre et une fricassée de navets.

Entre chaque mets, les bavardages allaient bon train. Élisabeth évoquait ses souvenirs d'enfance ; Laura ne tarda pas à l'imiter, racontant ses jeux dans les rues de Roulers, sa ville natale, dans la lointaine Flandre. Hermine écoutait, émue, en se promettant de ne rien oublier de ces heures tendres et chaleureuses.

« Comme elles sont gracieuses et drôles, maman et Betty ! Je n'ai pas à m'inquiéter, elles se tiendront compagnie quand je serai partie. »

Cela lui paraissait un peu irréel, ce départ. Dès le lendemain, elle ne quitterait plus Toshan. Ils avaient tant de choses à se dire, à découvrir ensemble. Une angoisse délicieuse la troublait.

« J'ai hâte d'être près de lui, songea-t-elle. S'il a survécu aux flammes, s'il est revenu me chercher, c'est que nous étions destinés l'un à l'autre. »

— Tu es bien rêveuse, Mimine ! fit remarquer Élisabeth. Pourquoi tu ne m'as jamais parlé de ce Toshan, petite cachottière ?

— Je n'osais pas à cause de Jo.

— Il n'est pas souvent à la maison, tu aurais pu te confier à moi ! Maintenant je sais tout, grâce à Mireille. Tu n'as jamais eu d'insolation, mais tu avais appris sa prétendue mort. Quelle histoire ! Je me disais, aussi...

Armand guettait l'arrivée du dessert. Laura, qui n'était pas dupe, l'envoya chercher le gâteau.

L'adolescent aimait beaucoup Hermine. Il déclara, en se levant de table :

— Ce n'est pas juste, si mon père empêche Mimine et Toshan de se marier. Vous devez les aider, madame Laura.

— Ne t'inquiète pas, Armand, répondit-elle en lui souriant gentiment.

Le gâteau au chocolat, enrobé d'un fondant rose et décoré de violettes confites, eut beaucoup de succès. Mireille consentit à s'asseoir pour boire une tasse de thé. La gouvernante reçut un paquet enveloppé de papier de soie mauve. Elle en extirpa un poudrier en porcelaine à motifs floraux.

— Saint Nicolas a pensé à moi ? s'étonna-t-elle. Doux Jésus, peut-être que je retombe en enfance.

Edmond pouffa. Il déballait une superbe toupie, d'une taille impressionnante. Lorsqu'elle tournait, une musique guillerette s'élevait, tandis que le décor peint sur le fer disparaissait en créant des lignes multicolores. Charlotte avait eu un banjo.

— Oh ! J'en avais tellement envie, bredouilla-t-elle. Je t'en jouerai, maman Betty.

Hermine avait brodé des mouchoirs en percale aux initiales de chaque invité. Pour sa mère, elle avait composé un dessin représentant un rossignol sur une branche.

— C'est magnifique, ma chérie ! s'écria Laura. Tu en as, des talents.

La jeune fille admirait son coffret à bijoux en marqueterie.

« Il restera ici, dans ma chambre, se disait-elle. Si j'ai

une fille, plus tard, je le lui offrirai. Chère maman, elle ne savait pas, en me faisant ce cadeau, que je n'en aurais pas besoin au fond des bois. »

Elle doutait de plus en plus de l'imminence de sa fuite. Avait-elle vraiment revu Toshan devant l'église Saint-Jean-de-Brébeuf ?

« Que je suis sotte ! Ce n'était pas une hallucination, nous nous sommes embrassés et il m'a parlé. Tout le monde l'a vu aussi. »

Élisabeth prit congé à minuit passé. Armand portait Edmond sur son dos, car le petit garçon somnolait.

— En temps normal, j'aurais demandé à Célestin de vous accompagner, Betty ! dit Laura. Mais, d'après Mireille, il dort déjà.

— Nous ne risquons rien, répliqua la jeune femme. La distance est ridicule et, la nuit de Noël, Dieu veille sur nous plus que les autres nuits.

Hermine embrassa Charlotte plusieurs fois. Elle fit de même pour Élisabeth, qui parut surprise.

— Eh bien, que tu es affectueuse ! On se revoit demain pour le dîner, Mimine, ne crains rien.

La jeune fille les regarda s'éloigner vers le couvent-école. Le faisceau jaune de la lampe que tenait Armand dansait entre les arbres, jetant des reflets sur la neige scintillante. Laura la prit par l'épaule.

— Rentrons, ma chérie, il fait si froid. Et nous devons nous lever tôt.

— J'aimerais bien coucher dans ton lit avec toi, maman ! En plus, le mien est tout encombré.

— Rien ne me fera plus plaisir !

Hermine ne saurait que bien plus tard que sa mère l'avait regardée dormir une partie de la nuit.

« Ma petite fille adorée, pensait Laura, je m'impose

le plus grand sacrifice qui soit, en te confiant à ce garçon. Mais tu l'aimes tant. J'avais fait le serment de te rendre heureuse, si je te retrouvais ; je ne trahirai pas cette promesse. Le destin tire les ficelles, le hasard n'existe pas. Comment expliquer notre histoire, à toutes les deux ? Le père de Toshan nous a hébergés, Jocelyn et moi. J'ai le vague souvenir d'un garçonnet très brun, silencieux comme sa mère aux longues nattes noires. Je côtoyais celui que tu choisirais un jour pour mari, alors que je venais de t'abandonner. Mon enfant chérie, mon trésor, mon rossignol, je vais trembler pour toi à l'avenir, car j'ai vécu dans la forêt, au cœur du cruel hiver canadien. »

Laura avait prié pour avoir le courage de se montrer forte et souriante au moment de la séparation. Au lever du soleil, elle s'était assoupie, épuisée. Hermine, elle, s'éveillait, fébrile et impatiente.

— Maman, il faut que je prépare mes affaires.

— Oui, je viens ! Il faut nous dépêcher, Joseph est capable de venir rôder autour de chez nous.

La maison, bien chaude, embaumait le café frais. Mireille faisait cuire des brioches. L'odeur ténue de levain envahissait l'étage.

Dans la chambre de sa fille, Laura s'agitait entre le lit et l'armoire et se perdait en recommandations :

— N'oublie pas de te munir de plusieurs paires de gants et de bonnets en laine. La neige détrempe le tissu qui est long à sécher près d'un feu. Je vais te donner de l'argent. Vous pourrez loger à l'hôtel. Mon Dieu, je crois que la distance est immense entre Val-Jalbert et la cabane des Delbeau. En traîneau, avec cinq chiens, nous avions mis plus d'une semaine, Jocelyn et moi.

Hermine enfilait un pantalon en velours côtelé et un gros gilet rose.

— Toshan aussi possède un traîneau, il me l'a dit hier soir. Mais il n'a que trois chiens. Ce sera comme dans ce rêve que je faisais toujours, avant de te retrouver à Roberval. Je vais vivre la même chose que toi.

Laura poussa un petit soupir et se détourna. Elle se frotta les yeux, tandis qu'un frisson la parcourait.

— Maman, qu'est-ce que tu as ? Tu pleures ?

— Rien de grave, ma chérie ! répondit-elle en la regardant de côté. Deux ou trois larmes, parce que je trouve cela étrange, moi aussi, presque surnaturel. J'y réfléchissais en m'endormant, cette nuit. On dirait que cela forme un cercle autour du lac Saint-Jean, de la rivière Péribonka à la Ouiatchouan.

— Toshan t'expliquerait que nous suivons tous des chemins invisibles, qui réunissent ceux qui sont destinés à se rencontrer, déclara la jeune fille. À ce propos, je voudrais te demander quelque chose.

— Dis-moi, ma chérie.

Hermine attira sa mère vers la fenêtre. Elles discutèrent à voix basse. Le soleil montait dans le ciel. Les arbres resplendissaient, décorés de cristallisations en forme de larmes et de givre.

Une porte claqua au rez-de-chaussée.

— Célestin s'en va, bon débarras ! dit Laura.

— Mais qui fera son travail ? demanda Hermine. S'occuper de la chaudière, du poêle, de l'entretien.

— Armand est costaud et très bricoleur. Betty m'a confié qu'il voudrait gagner de quoi s'acheter une motocyclette dans un an ou deux. C'est un bon garçon et je suis sûre qu'il sera enchanté de me dépanner quelques mois. Ne te soucie pas de ça, ne te soucie pas de nous tous. Je ne suis pas seule, avec Mireille et les Marois.

La jeune fille retenait ses larmes. Elle attacha ses cheveux sur sa nuque et mit ses bottillons les plus chauds.

— Je prends mon petit déjeuner et je pars, dit-elle d'une voix faible. Si jamais Joseph se doute... Célestin a peut-être compris ce qui se préparait.

— Je ne crois pas, mais on ne sait jamais. Ma chérie, tu m'écriras, dis, tu reviendras ?

— Bien sûr, maman !

Hermine descendit dans le salon encombrée d'un sac en cuir plein à craquer, sa veste fourrée sur le bras. Mireille lui apporta une tasse de café et une brioche encore fumante.

— Ma petite aventurière, dit gentiment la gouvernante, j'ignore où tu vas et comment, mais j'ai rempli une bouteille thermos de café brûlant ; j'ai emballé le reste des brioches dans du papier.

Elle désigna la sacoche posée à ses pieds.

— Tu as là de quoi nourrir un régiment : du pain, du fromage, des saucisses, des biscuits. C'est Noël !

— D'accord, merci beaucoup, Mireille.

Laura s'était habillée chaudement. Elle mit son manteau de fourrure et des bottes.

— Je veux juste t'accompagner un bout de chemin, ma chérie.

La jeune fille aurait préféré partir seule, mais elle n'osa pas contrarier sa mère. Soudain, pour la première fois depuis la veille, elle songea à son malheureux fiancé.

— Maman, n'oublie pas de redonner sa bague à

Hans. Dis-lui que je suis désolée. J'avais de l'affection pour lui, mais ça ne suffit pas.

— Sortez par la porte de derrière, conseilla la domestique en les voyant prêtes. Que Dieu te protège, Hermine, ma mignonne.

Hermine ne respira à son aise qu'une fois dehors. Le froid sec mordait son visage. Elle en fut exaltée. Laura lui dit au revoir à la lisière du bois d'érables dépendant de leur maison.

— Tu vois, je ne suis pas allée trop loin, mon enfant chérie, souffla-t-elle. Va vite !

— Maman, merci ! Surtout, tiens tête à Joseph. Tu iras caresser Chinook de ma part et tu consoleras ma Lolotte, et Betty aussi.

— Je te le promets. Maintenant pars, envole-toi, mon rossignol !

Elles s'envoyèrent des baisers. Hermine s'éloigna d'un bon pas, sans se retourner. Les sacs pesaient lourd, mais la neige gelée facilitait la marche.

« J'ai tant espéré, j'ai eu tant de chagrin dans la prairie du moulin, pensait-elle. Mais, ce matin de Noël, Toshan sera au rendez-vous ! »

Elle avançait, minuscule dans le vaste paysage blanc, pétri de silence et de froid. Soudain, au milieu du pré enneigé, elle vit un traîneau, trois chiens au poil gris et un homme qui agitait les bras.

— Toshan ! murmura-t-elle.

Hermine aurait voulu crier ce prénom qui avait hanté ses nuits et ses jours pendant plus d'un an. Mais elle s'enfuyait et la prudence s'imposait.

De loin, la jeune fille devina que Toshan lui souriait, fou de joie. Il sauta sur le marchepied du traîneau. Elle crut percevoir un sifflement. Les chiens s'élançaient, gueule ouverte, sans aboyer cependant.

« Il vient me chercher, se dit-elle. Il a dû voir que je suis chargée. »

L'attelage paraissait voler au-dessus du sol. En deux minutes, Toshan rejoignit Hermine. Il se rua vers elle, la prit par la taille et la fit tournoyer en l'air.

— Tu es venue, ma promise, ma beauté ! Tu es venue !

— Chut, ne crie pas, Toshan, si on t'entendait !

— Il n'est que neuf heures. Les derniers habitants de ton village fantôme sont enfouis sous leurs édredons, déclara-t-il.

Elle le fit taire d'un baiser sur la bouche en nouant ses bras autour de son cou et ses jambes autour de ses reins. Il continua à tourner en la serrant de toutes ses forces. Hermine riait, heureuse à en mourir, le visage enfoui dans le cou de Toshan.

Cachée derrière le tronc d'un vieux pommier, Laura ferma les yeux. Elle se sentait indiscrète, même si le bonheur des jeunes gens apaisait sa peine et atténuait le choc qu'elle venait d'éprouver.

« Le traîneau ! se répétait-elle. On dirait vraiment le traîneau de Jocelyn, qu'il avait payé très cher, pour moi. Je me souviens, il disait : un traîneau de reine pour ma princesse Laura. »

Paupières closes, elle revoyait la frise sculptée du dosseret, représentant des pommes de pin et des feuilles de chêne. Le bois verni était sombre, les patins étaient très recourbés. Toshan enlevait Hermine grâce au traîneau que son mari disparu avait acheté un bon prix, des années auparavant.

« Le premier soir, dans la forêt, Jocelyn a gravé nos

initiales sur les poignées, à gauche, du côté du cœur, un L, à droite, un J. »

Un vol de corneilles déchira le silence à coups de battements d'ailes et de croassements rauques. Laura luttait, pour ne pas fondre en larmes. Elle ouvrit enfin les yeux. Toshan regardait dans sa direction. Hermine accourait, toute rouge de confusion.

— Maman ! Tu m'as suivie ? Mais pourquoi ?

— Je n'en sais rien. Je voulais m'assurer que tu n'étais pas seule, que vous partiez pour de bon.

— Alors, viens, je vais te présenter mon futur mari. Je n'ai pas eu le temps de lui parler de toi, tant pis.

Toshan s'approchait par politesse. Laura lui tendit la main, en balbutiant :

— Ne craignez rien, monsieur, je ne suis pas là pour retenir ma fille. J'ai marché sur ses traces sans réfléchir. C'était plus fort que moi, peut-être que je n'avais pas le choix. D'où tenez-vous ce superbe traîneau ?

Le jeune homme la dévisagea avec insistance.

— Il ne m'appartient pas en propre, madame, mais je l'ai soigneusement entretenu durant des années. Un homme l'avait laissé chez nous.

— Jocelyn Chardin ! précisa Laura d'une voix presque inaudible. C'était mon époux bien-aimé.

Hermine écoutait, le cœur battant la chamade. Elle observa le traîneau en prenant conscience que c'était celui de son père. Un des chiens jappa, sans doute pressé de reprendre la course.

— Je vous ai connu petit garçon, ajouta sa mère en fixant Toshan. Hélas ! Je crois que vous aviez peur de moi. J'ai perdu la mémoire et tout ceci demeure flou. Ma fille vous racontera.

Toshan semblait très ému. Il effleura le front de Laura du bout des doigts et souleva une mèche blonde.

— Vous étiez plus foncée, jadis.

— En effet... Je suis coquette. Comme je grisonnais, j'ai fait une teinture. Quelle sottise de vous expliquer ça, Toshan, le temps presse. Je ne voudrais pas gâcher votre joie à tous les deux. Dites-moi seulement si vous savez ce qu'est devenu mon mari ? Je l'ai recherché sans résultat depuis deux ans, en fait depuis que j'ai retrouvé la mémoire.

Le jeune homme parut hésiter. Il jeta un coup d'œil gêné à Hermine. Elle attendait, très digne.

— Je suis bien désolé pour vous, madame. Il est mort il y a longtemps, à l'époque où vous habitiez chez nous. Mon père l'a enseveli et il a planté une croix sur sa tombe. J'étais gamin, mes parents ne m'ont pas dit ce qui s'était vraiment passé.

Hermine gardait l'espoir de connaître son père un jour. Elle réprima toutefois un sanglot et s'empressa de réconforter Laura en la prenant par l'épaule.

— Maman, quel malheur ! Je ne peux pas te laisser maintenant, tu dois avoir tant de chagrin.

Mais Laura se dégagea avec délicatesse.

— Je m'en doutais, ma chérie ! Seize ans sans un signe de lui, c'était tristement éloquent. Au moins, je sais la vérité. Je pourrai faire mon deuil. Partez, maintenant, partez vite. Ma petite fille adorée, ta vie de femme commence. Moi, je vais chérir les souvenirs que j'ai de mon Jocelyn, et penser à toi sans cesse.

Sa mère l'embrassa. Après une courte hésitation, elle déposa un léger baiser sur la joue de Toshan.

— Je vous confie le seul trésor que j'ai sur terre, lui dit-elle. Au revoir, mes enfants. Soyez prudents !

— Maman, sois courageuse ! implora la jeune fille.

— Si tu es heureuse, j'aurai tous les courages, répliqua Laura. Par pitié, sauvez-vous.

Toshan ne demandait que ça. Il chargea les deux sacs ; il aida Hermine à s'asseoir dans le traîneau avant de s'installer à l'arrière, debout sur l'extrémité des patins. Les chiens se mirent à trotter, poussant du poitrail contre leur harnais.

Laura vit l'attelage s'élancer à vive allure sur le champ de neige étincelante. Les épinettes des collines voisines, poudrées d'un blanc pur, se dessinaient sur le ciel d'un bleu intense. Le soleil ressemblait à un disque d'or pur.

Hermine se pencha un peu pour adresser un dernier signe de la main à sa mère. Toshan poussa un grand cri de joie. C'était le jour de Noël et ils étaient libres de s'aimer.

***

Le paysage n'était que lumière. Hermine riait en silence, éblouie, enivrée par l'air vivifiant. D'abord agitée de mille pensées confuses, elle se sentait à présent l'esprit léger, tout entière réfugiée dans la contemplation de ce monde magique qui semblait n'exister que pour Toshan et elle.

Le dos hirsute des chiens ondulait au rythme de leur trot régulier, alors que leur queue en panache paraissait battre la cadence.

— Je fais un grand détour pour rejoindre le lac Saint-Jean, lui dit le jeune homme. Je connais un endroit où nous pourrons traverser, où la glace est suffisamment épaisse. Nous gagnerons beaucoup de temps.

Elle se retourna en prenant appui sur les genoux. Ils étaient presque nez à nez.

— Arrête-toi un peu, demanda-t-elle.

— Déjà ? s'étonna-t-il. Nous n'avons fait qu'un petit bout de chemin.

— Je t'en prie, supplia Hermine avec un sourire qui en disait long sur ses intentions.

Il jeta un ordre à ses bêtes. La jeune fille se mit debout et l'attira dans ses bras.

— J'ai besoin d'un baiser, d'une dizaine de baisers, supplia-t-elle. Et toi, ça ne te ferait pas plaisir, du café chaud et des brioches ?

— Je n'ai rien mangé ce matin ; sûr, que ça me plaît !

Elle s'empressa d'explorer le contenu de la sacoche. Elle le servit en savourant chaque geste qui lui était consacré.

— Tu feras une brave petite femme, décréta Toshan, l'appétit aiguisé par l'odeur tiède des brioches à la croûte dorée. Oh, ce café, je n'en ai jamais bu d'aussi bon !

Hermine le regarda manger et boire, sidérée de le voir là, assis au bord du traîneau, à ses côtés, en chair et en os, vivant, transfiguré par un sourire muet et d'une beauté qui la rendait fragile et malade de langueur.

— Viens plus près ! murmura-t-il.

Elle se blottit contre lui, docile. La joue cuivrée de Toshan la tentait, ainsi que ses lèvres d'un rose pâle.

— Je t'aime, balbutia-t-elle. Je t'aime si fort que cela me fait peur.

— Peur ! répéta-t-il, amusé.

— Oui, peur que tu disparaisses encore. Cette fois, j'en mourrais.

Il l'embrassa très tendrement, partout sur le visage, puis sur la bouche. Enfin, il se leva.

— Nous devons repartir, Hermine, avancer du temps qu'il fait grand soleil. N'aie pas peur, je n'ai pas l'intention de me séparer de toi une seconde.

— Toshan, répliqua-t-elle en le regardant droit dans les yeux, je voudrais aller jusqu'au lac Bouchette avant la nuit. Ce n'est pas très loin, une quinzaine de milles au sud.

— Mais c'est à l'opposé de ma route. Je compte traverser le lac Saint-Jean après une halte à la hauteur de Pointe-Bleue. Ensuite, nous remonterons la Péribonka vers le nord. J'ai une carte ; je peux t'expliquer le trajet. Pour le moment, le temps est au froid sec, il faut en profiter. S'il se remet à neiger ou si une tempête se lève, le voyage sera bien plus dangereux pour toi.

Il avait l'air sincèrement ennuyé. Hermine rangea la bouteille thermos et boucla la sacoche. Elle se leva à son tour et prit les mains de Toshan dans les siennes.

— Je suis si heureuse que je préfère te parler tout de suite. Je m'étais fiancée à un ami, le pianiste qui me donnait des cours de chant. Je te croyais mort et, en me mariant avec lui, je me libérais de la tutelle de Joseph Marois. Tu as dû apercevoir Hans, hier soir, à la sortie de l'église. Il savait que je t'aimais encore et il a compris que je te suivrais.

Toshan respirait très vite, la mine grave. Apparemment, cette histoire de fiancé lui déplaisait.

— Ne sois pas fâché, ajouta-t-elle. Tu es le seul homme que je veux. Je ne pourrai pas dormir toute la nuit près de toi en restant sage, mais je suis croyante et respectueuse des sacrements. Toshan, maman pense qu'un prêtre demeure à l'Ermitage Saint-Antoine, au lac

Bouchette, pendant toute l'année. Il bénira notre union et je serai ton épouse devant Dieu. Plus personne n'aura de prise sur moi et, tu comprends, cette nuit, enfin, cette nuit, je... tu... nous deux... je pourrai devenir ta femme.

Hermine avait les joues en feu. Toshan devina ce qu'elle essayait de lui dire malgré sa pudeur de jeune vierge. Il l'embrassa sur le front, touché par le don qu'elle lui faisait.

— Je te comprends. J'avais l'intention de patienter le temps qu'il faudrait. Mais si tu es impatiente, je le suis mille fois plus... Tu es certaine qu'un curé acceptera de nous marier, comme ça, sans nos familles ?

— S'il nous évite ainsi de commettre le péché de chair, oui, sans doute, dit-elle en se serrant contre lui, pour cacher son visage écarlate.

— Je veux bien changer de cap dans ce cas. Droit sur le lac Bouchette, mon oiseau chanteur !

Soulagée, elle éclata de rire et, enveloppée d'une des couvertures, se nicha dans le traîneau. Au moment de prendre les poignées, il remarqua pour la première fois les lettres gravées dans le bois.

« Je n'avais jamais fait attention à ça, pensa-t-il. Un L et un J ! Laura et Jocelyn. »

— Hermine, le prénom de ta mère, c'est bien Laura ! s'écria-t-il.

— Oui ! Comment le sais-tu ? Je crois que je n'ai même pas eu le temps de te le dire.

— Eh bien, ça m'est revenu en mémoire. Quand ta mère vivait chez nous, maman l'appelait Laura.

Les chiens aboyèrent avec frénésie. Toshan les encouragea d'un claquement de langue. L'attelage filait vers le sud. Il fallait franchir le lit gelé des ruisseaux, contourner des blocs de rochers, louvoyer entre les troncs d'épinette. Le terrain montait puis descendait, et des bancs de neige obligeaient l'équipage à virer de bord.

Hermine jubilait, pareille à une enfant que l'on aurait conduite au manège de chevaux de bois. L'expédition au sein de cette nature déserte la ravissait. Elle fredonna quelques-unes de ses chansons, poussant les notes de plus en plus haut.

— Tu as une très belle voix ! déclara le jeune homme après avoir écouté *Les Blés d'or* et *Les Anges dans nos campagnes*. Quand je suis entré dans l'église, hier, tu chantais l'*Ave Maria* ! C'était magnifique, j'avais des frissons, j'aurais pu en pleurer ! Je n'y comprenais rien, tu ne m'avais pas dit que tu étais chanteuse.

— Toshan, nous n'avons pas discuté assez longtemps dans la prairie du moulin, ce bel été où tu m'as juré de revenir ! répliqua-t-elle avec un brin de taquinerie.

— Et celle de l'alouette, coupa-t-il, tu la connais ?

Aussitôt elle entonna :

Alouette, gentille alouette !
Alouette, je te plumerai,
Je te plumerai la tête...

D'une voix grave, il reprit le refrain avec elle. Hermine se retourna pour le regarder. Ils passaient dans une zone d'ombre, Toshan lui parut très grand, dressé au-dessus d'elle, les cheveux noirs et le teint sombre. Elle eut, comme un choc au cœur, l'impression d'avoir déjà vécu ce moment.

« C'était dans mon rêve, le traîneau, l'homme qui le

conduisait, les chiens aux yeux de loup. Peut-être que je ne voyais pas mon père, mais Toshan ! C'était une prémonition, ce phénomène dont parle souvent maman. »

Bizarrement, Hermine fut totalement confortée dans son amour fou pour le jeune métis. Elle s'en remettait au destin, à toutes les divinités du ciel, quand Toshan chuchota :

— Regarde, là-bas, sur la pierre : un lynx ! Il guette une proie.

Elle admira le bel animal à l'épaisse fourrure tachetée et au regard d'émeraude qui feula à leur approche, bondit de son perchoir et détala.

— Est-ce que tu as un fusil ? interrogea la jeune fille.

— Un fusil ? Pour quoi faire ?

— Mais il y a des bêtes dangereuses, dans la forêt. Au magasin général, quand je faisais les commissions, le patron racontait toujours des histoires effrayantes. Il prétendait que les élans mâles, les vieux solitaires, sont des géants et qu'ils attaquent les hommes parfois.

— Je n'aime pas les armes à feu, marmonna Toshan. Je chasse ce qu'il faut pour nourrir ma mère, mais je n'ai jamais eu d'ennuis avec les animaux dans les bois. Je les respecte et je n'ai pas peur d'eux. Ils le sentent.

Hermine retint la leçon. Elle était affamée. Cependant, son compagnon semblait se satisfaire de la brioche du matin. Discrètement, elle sortit un paquet de biscuits de la sacoche et, à l'abri de sa capuche, grignota.

— Entends-tu ? s'exclama Toshan une heure plus tard.

— Mais oui, des cloches sonnent !

— Il y a un village devant, c'est celui de Lac-Bouchette. Mais il est encore loin et ce n'est pas son église que nous entendons. Ho, ho, les chiens, on s'arrête. Duke, stop !

Le traîneau s'immobilisa. La jeune fille descendit et courut jusqu'à un promontoire tout proche. Une vision enchanteresse lui arracha un cri de surprise. Une maison, flanquée d'une petite chapelle, se dressait au flanc de la pente. Une seconde chapelle, de plus grande taille et de style gothique, semblait la protéger de son ombre bleutée. Le plus étonnant, c'était une basilique miniature, pareille à une maquette de pierre blanche, qui se dressait sur un fond de sapins d'un vert sombre aux lourdes branches poudrées de neige. Les clochetons et le dôme captaient les rayons de soleil.

— Ce doit être l'Ermitage Saint-Antoine, dit-elle à mi-voix.

Des gens gravissaient le sentier menant au sanctuaire. En contrebas s'étendait la surface gelée d'un lac sur laquelle progressaient d'autres silhouettes, et même une carriole tirée par un cheval.

Toshan la rejoignit. Il tendit la main, lui désignant l'ouverture d'une petite grotte sous l'esplanade de la basilique miniature. La cavité n'était pas obscure, mais illuminée par des cierges.

— C'est la grotte où coule une source miraculeuse, expliqua Hermine. Maman m'a raconté que l'abbé DeLamarre[1] l'a aménagée comme la célèbre grotte de Lourdes, une ville de France où se rendent les croyants du monde entier, car il y a eu de nombreux miracles. Et

1. L'abbé Elzéar DeLamarre avait acheté un lot de terrains à Lac-Bouchette en 1906. Il découvrit une grotte qui lui fit songer à celle de Lourdes et qu'il aménagea en conséquence. Il veilla à l'édification de deux chapelles. Naquît ainsi l'Ermitage Saint-Antoine, qui attire toujours de nombreux pèlerins.

ici aussi, il y a eu des guérisons, paraît-il. Des centaines de pèlerins viennent prier au bord du lac Bouchette. Comme c'est le jour de Noël, il y a foule.

Ils restèrent silencieux, contemplant l'harmonie mystérieuse qui imprégnait ces lieux consacrés, semblables à un îlot de foi et de pureté, au sein de l'immensité glacée.

— Nous allons geler sur place, dit enfin Toshan. Je vais trouver un chemin pour descendre au bord du lac.

— Je crois qu'il y a une auberge, dit Hermine. Regarde cette grande bâtisse, là-bas, près de la route.[1] Elle ne devait pas exister à l'époque où mes parents sont venus se réfugier là. Je voulais t'en parler ce soir. Mon père et ma mère voyageaient comme nous, dans un traîneau tiré par six chiens. Ils avaient eu beaucoup de soucis ; personne n'approuvait leur amour. Ils se sont mariés dans la chapelle de l'Ermitage, qui contient à peine soixante personnes, mais où l'on dit des messes.

Le jeune homme parut songeur. Il traça une figure géométrique dans l'espace, avant de remarquer :

— Tout ceci compose un cercle, la forme première de l'univers. Les miens le savent depuis des siècles. Tu as raison, nous devons être unis au même endroit que tes parents.

Hermine l'enlaça, avide de sa force et de sa chaleur. Il la surprenait sans cesse avec ses paroles mûrement réfléchies.

— Je ne peux pas t'épouser habillée en garçon, soupira-t-elle. Je vais me changer. Toi, tu tournes le dos. Tu ne regardes pas, promets-le !

---

1. Une hôtellerie fut aménagée en 1922. Elle comportait 50 chambres.

— Moi, je garde ces vêtements, affirma-t-il d'un ton ferme.

— Si tu veux. Je m'en moque. Tu es le plus bel homme de la terre !

La jeune fille n'avait pas songé au froid pénétrant qui régnait dans le bois d'épinettes. Une fois débarrassée de son pantalon et de ses trois gilets de laine, elle ne tarda pas à claquer des dents. Mais, dans son obstination à porter une toilette convenable, elle tint bon. Occupée à enfiler des bas et un jupon, le buste seulement protégé d'une chemisette en linon, elle ne vit pas Toshan épier ses gestes d'un bref coup d'œil.

— Tu vas attraper la mort ! s'écria-t-il. La coquetterie te perdra.

— Comment sais-tu où j'en suis ? s'affola-t-elle. Tu n'as pas regardé, au moins ? Tu avais promis !

Elle s'exprimait d'une voix chevrotante. Il souriait, attendri, l'esprit plein de l'image volée, composée des jambes fines d'une teinte ivoirine, de la chute de reins, de l'arrondi des fesses, des épaules menues. Le sang échauffé, stupéfait à l'idée de caresser bientôt tout ce joli corps, Toshan s'éloigna de quelques pas.

— Je suis prête ! appela-t-elle.

Hermine avait mis un tricot moulant en fin lainage blanc à col roulé et une longue jupe de velours noir qui dissimulait ses bottes à lanières. Elle se pelotonna dans sa veste doublée de fourrure. Un béret blanc, posé de guingois sur ses cheveux brossés, lui donnait un air malicieux.

— Est-ce que je te plais ? lui demanda-t-elle. J'ai vu, dans mon miroir de poche, que j'avais le nez un peu rouge. Tant pis !

— Tu es une fille étrange, dit-il simplement. La fille

que j'aime. Bien sûr que tu me plais. Demain, je te mettrai de la graisse d'ours sur le nez et le visage, sinon tu risques d'avoir des engelures. J'en ai un pot, que ma mère a préparé pour toi.

— De la graisse d'ours ! répéta Hermine en faisant la grimace. Ce n'est pas très romantique.

Toshan lui embrassa le bout du nez et les joues en l'enveloppant d'un bras câlin. Il la trouvait ravissante. D'une main, il caressa sa poitrine à travers le lainage angora. Elle ferma les yeux, envahie par une vague brûlante qui dissipa ses frissons et répandit dans ses veines un désir forcené.

— Allons vite nous marier, murmura-t-elle.

Ils se retrouvèrent face à un frère capucin une heure plus tard, sur le seuil de la chapelle où le prêtre allait célébrer la messe. Il s'agissait d'une seconde chapelle de plus grande taille, de style gothique, que le jeune couple avait découvert en quittant l'esplanade de la forêt. Toshan avait laissé le traîneau et ses chiens sous le hangar de l'hôtellerie, en recommandant à Hermine de garder sur elle ses bijoux et son argent.

— Il vaut mieux être prudents, avait-il dit. Les gens viennent prier et implorer une guérison, mais une crapule peut traîner dans la région.

La jeune fille serrait son sac à main sous son bras droit. Ils avaient visité le site, mêlés aux pèlerins. Une femme d'environ soixante ans, petite et replète, coiffée d'un chapeau rouge orné de plumes de pie, avait joué les guides en précisant qu'elle venait là chaque année célébrer Noël. Si Toshan n'avait guère apprécié ses commentaires ponctués de *doux Jésus* et de *mon doux*, Hermine s'était montrée une auditrice intéressée.

— Je fais le pèlerinage depuis bientôt vingt ans, ma petite, avait commencé la dame au couvre-chef emplumé. J'étais parmi ceux qui ont prié les premiers à l'Ermitage Saint-Antoine, avec les Enfants de Marie de Lac-Bouchette, le village où je suis née. C'était en 1912. Après, ce cher abbé Elzéar a découvert la grotte, qui ressemble tant à celle de Lourdes qu'il avait vue, jeune homme, en France. Au fait, saviez-vous que l'abbé est enterré ici, sous le plancher de la petite chapelle, celle de gauche, quand vous êtes devant la porte de la plus grande. En 1915, n'est-ce pas, j'ai pratiquement vu bâtir la réplique miniature qui rappelle la basilique française, celle de Massabielle, construite au-dessus de la grotte où la Sainte Vierge est apparue à Bernadette Soubirous.

Toshan avait réussi à emmener Hermine à bonne distance de la femme, trop bavarde à son goût, mais la jeune fille s'était mis en tête d'étudier les menus de l'hôtellerie affichés sous l'auvent orné de branches de sapins et de grelots.

— Si nous prenions une chambre pour ce soir ! avait-elle chuchoté. On souperait tous les deux, ce serait notre repas de mariage.

Il n'avait dit ni oui ni non, une moue perplexe plissant sa bouche au dessin parfait.

Après une promenade main dans la main près du lac changé en une vaste patinoire, ils affrontaient le regard sévère d'un frère capucin en bure brune, le crâne chauve, à qui Hermine venait de demander si le prêtre pouvait leur accorder quelques instants.

— Prenez patience, mademoiselle, le père Paul doit célébrer l'office, rétorqua-t-il.

— Nous voudrions lui parler tout de suite, avant la

messe ! insista la jeune fille. C'est très important, mon frère.

Le religieux leur fit signe d'entrer dans la chapelle où brûlaient des cierges, au pied de la statue de saint Antoine. Une crèche de taille modeste, présentée sur une table, était éclairée par une ampoule à filament. Intimidés, les jeunes gens marchèrent d'un pas glissant pour ne pas troubler le silence du sanctuaire.

Le père Paul affichait un âge respectable. Sa face sillonnée de rides était entourée d'un collier de poils blancs. Déjà en chasuble brodée, il posa sur Hermine des yeux gris piquetés de jaune. Il étudia les traits de Toshan et fronça les sourcils à la vue des cheveux noirs qui couvraient le col de sa veste frangée, comme en portaient souvent les Indiens du sud et les cow-boys américains.

— Que voulez-vous, mes enfants ? grogna-t-il. Je n'ai pas trop de temps à vous consacrer. Nous sommes seuls, parlez sans crainte.

— Mon père, commença Hermine tout bas, pourriez-vous nous marier après la messe ? Toshan et moi, nous nous aimons de tout cœur, et notre souhait le plus cher est de nous unir devant Dieu.

— Et pourquoi vous adresser ici, mademoiselle ? Le curé de votre paroisse peut seul juger du bien-fondé de votre demande. Le mariage est un sacrement important et sérieux, qui mérite un temps de réflexion et des fiançailles convenues par les familles.

— Nous le savons, mon père, répondit Hermine d'un ton très doux. Et nos sentiments sont sincères. Nous n'avons rien fait de mal. Je vous en prie, vous devez me croire. C'est ma mère elle-même qui m'a conseillé de venir ici où un curé l'a mariée à mon père il y a dix-huit ans.

— Il y a dix-huit ans, dites-vous ? Dans ce cas, il ne pouvait s'agir que de l'abbé DeLamarre. À cette date, les pères capucins n'avaient pas encore pris en charge l'Ermitage.

Le vieux prêtre soupira. Il étudia le joli visage de la jeune fille et scruta attentivement les traits de Toshan, qui n'avait pas dit un seul mot encore.

— Mes enfants, je vous conseille d'être raisonnables, déclara-t-il enfin. Je ne mets pas en doute l'histoire de votre mère, mademoiselle, mais votre hâte d'épouser ce jeune homme me laisse penser que vous avez commis l'irréparable et que vous êtes contraints, tous les deux, par les lois de la nature...

Hermine comprit qu'il la supposait enceinte et, par conséquent, en grave danger d'être mise au ban de l'Église catholique. Elle aurait pu en profiter, mais elle ne voulait pas mentir.

— Non, mon père, je suis restée sage ! souffla-t-elle.

Toshan semblait embarrassé. Il se décida à intervenir :

— Je n'ai pas manqué de respect à celle que j'aime depuis plus d'un an, mon père. Je la conduis chez ma mère, loin vers le nord, et il nous a paru nécessaire de nous marier.

Le jeune homme dénoua son foulard et montra la chaîne au bout de laquelle était accrochée une croix en argent.

— C'est vous, mon père, qui avez passé ceci à mon cou, dans la chapelle de Kénogami, le jour de ma communion. J'étais très triste parce que mes parents n'avaient pas pu assister à la messe.

Le prêtre, plus petit que Toshan, le toisa d'un air ébahi.

— Quel est votre nom ? interrogea le religieux.

— Toshan Clément Delbeau. J'étais pensionnaire chez les frères.

— Mais oui, je m'en souviens, ta mère était une Indienne montagnaise qui avait reçu le baptême, et ton père cherchait de l'or le long de la Péribonka. Le petit Clément !

Stupéfaite, Hermine vit le père Paul se radoucir et sourire à Toshan en lui prenant les mains.

— Si cette jeune personne t'avait appelé Clément, je t'aurais reconnu plus vite. Ton visage m'était familier. Mènes-tu une vie honnête ?

— Oui, je suis bûcheron. Les jobs ne manquent pas ! L'été, je reste avec ma mère qui est veuve depuis plus d'un an.

Le prêtre se signa. Intrigués par le trio en grande discussion devant l'hôtel, des gens entraient sans bruit.

— Mes enfants, reprit-il, vous me paraissez dignes de confiance. Je ne serais pas au service de Dieu si je me détournais des brebis égarées que citent les Évangiles. Je consens à vous marier après l'office. Ce ne sera qu'une bénédiction, mais je vous ferai un certificat.

— Merci de tout cœur, mon père ! s'écria la jeune fille en saluant d'une légère génuflexion.

Ils s'installèrent près du bénitier en se tenant par la main. Les pèlerins se pressaient dans la modeste chapelle.

— Nous avons de la chance que tu l'aies reconnu, chuchota Hermine. Dès qu'il a entendu ton nom, il s'est montré moins sévère. Au début, je pensais qu'il n'accepterait jamais.

— Je n'étais pas vraiment sûr, répondit Toshan à son oreille. C'est pourquoi j'ai préféré prendre mon temps et bien étudier sa figure et ses gestes. En fait, il s'occupait du réfectoire, à Kénogami.

La messe s'achevait. Les frères capucins entonnèrent un cantique en latin, repris par l'assistance. Il se dégageait une telle ferveur joyeuse de ce chœur improvisé que la jeune fille, émue aux larmes, se mit à chanter aussi, dès les premières notes de l'*Ave Maria*.

Ave Maria
Reine des cieux
Vers toi s'élève ma prière
Je dois trouver grâce à tes yeux
C'est en toi, oh ! C'est en toi que j'espère !

Au comble du bonheur, Hermine mit tout son cœur et sa gratitude infinie envers Dieu dans sa voix qui s'éleva, limpide, sublimant les aigus, résonnant au-delà des murs de la petite chapelle. Le père Paul chercha parmi la foule qui possédait un timbre aussi exceptionnel, une telle puissance vocale. Comme la plupart des gens s'étaient tournés vers la jeune chanteuse, le vieux prêtre eut un air émerveillé, comme si un ange était venu sur terre pour offrir aux pauvres humains un petit bout de paradis.

— Encore ! cria un enfant quand Hermine se tut.

— Oui, encore ! renchérit un homme.

— Chante pour moi aussi, lui dit Toshan.

Elle choisit *Il est né le divin enfant*, vite accompagnée par des dizaines de voix enthousiastes. Ensuite, les pèlerins présents allèrent communier. Le jeune couple se dirigea en dernier vers l'autel où le prêtre les attendait.

— Mademoiselle, dit-il, Notre-Seigneur vous a fait un don précieux. Votre voix nous a tous ravis.

— J'en suis heureuse, mon père.

Hermine le fixait d'un regard bleu, brillant d'émotion.

— Prends bien soin d'elle, Clément ! ajouta le religieux.

Ils reçurent l'hostie consacrée et se signèrent. La bénédiction fut des plus simples. Toshan et Hermine n'avaient pas d'anneaux à échanger, mais, agenouillés face à face, ils entrelacèrent leurs doigts en prononçant leurs vœux de fidélité et d'amour. Enfin, ils entendirent les mots tant espérés, qui résonnèrent en eux avec une force bouleversante.

— Je vous déclare mari et femme !

Un quart d'heure plus tard, ils sortaient de la chapelle. Il faisait nuit.

— Je voudrais prier dans la grotte, Toshan, supplia-t-elle.

La petite caverne s'ouvrait à flanc de falaise. Une niche creusée dans le roc abritait une statuette de la Vierge Marie en robe bleue. Des chandelles disposées sur un présentoir éclairaient une fontaine où bruissait une source. Ils n'étaient pas seuls ; des pèlerins égrenaient leur chapelet, discrets et recueillis.

« Merci, mon Dieu ! Merci, Sainte Vierge mère de Dieu ! disait Hermine dans une prière muette. Faites que ma chère maman ne soit pas trop triste ce soir, ni ma Betty. Protégez tous ceux que j'aime, Armand, Simon, Edmond et surtout Charlotte que vous éprouvez durement. Un jour, je viendrai ici avec elle implorer sa guérison. »

Toshan attendit patiemment. Bien que baptisé et de conviction catholique, il s'entretenait souvent avec les esprits des bois et des rivières, ou bien avec les âmes de ses ancêtres montagnais, qu'il estimait présentes dans le corps d'un caribou, d'un loup ou d'un corbeau.

Comme un chien aboyait du côté du lac, il s'inquiéta :

— Je crois que c'est Duke. Il faudrait aller voir ce qui se passe.

Hermine le suivit. De grave et digne, elle devint vite d'une gaîté surprenante à mesure qu'ils s'éloignaient de la grotte et des chapelles. Elle leva la tête vers le ciel d'un bleu sombre, presque noir, où brillaient les premières étoiles, et respira l'air glacé du soir.

— Toshan, je suis ta femme ! s'écria-t-elle en lui sautant au cou. Regarde comme c'est beau, la cime des sapins, le croissant de lune, et tout cet immense paysage blanc.

— Ma femme, ma si belle et si douce femme ! souffla-t-il au creux de son cou.

Ils s'embrassèrent devant l'hôtellerie aux fenêtres pimpantes, illuminées et ornées de guirlandes argentées.

— Je meurs de faim, déclara-t-elle. Tu rends visite à tes chiens, ensuite nous dînons là. Je t'invite, j'ai de l'argent.

— Mine chérie, répondit-il, nous serons bien mieux dans la forêt. Nous n'avons pas besoin d'argent pour être heureux et fêter notre mariage. Je sais que tu es habituée au confort, à une maison bien chaude, à un lit douillet, mais pas moi. Cet endroit me déplaît. Il y a trop de gens, trop de bruits.

— D'accord, je ferai à ton idée, murmura Hermine, renonçant à ses envies d'un bon repas et d'une chambre tiède à la pénombre complice, d'une toilette à l'eau chaude avant de se glisser entre les draps qui ménageraient sa pudeur.

Il l'avait appelée Mine chérie, elle ne pouvait pas le contrarier. Toshan distribua des filets de poisson séché à ses chiens. Il vérifia les harnais.

— Couvre-toi bien, conseilla-t-il. Il n'est que six heures, le froid va empirer. Mais demain, nous aurons encore du soleil.

Elle reprit sa place dans le traîneau, assise le dos appuyé au dosseret garni de cuir. Elle remit son bonnet en laine ainsi que ses mitaines, puis remonta la couverture jusqu'à son menton.

— Où m'emmènes-tu, ô mon mari ? demanda-t-elle en riant.

— Tu verras bien, petite curieuse ! coupa-t-il en menant son attelage vers la berge du lac.

Toshan emprunta la route glacée qui longeait la rive. Il obliqua bientôt et s'enfonça sous le couvert d'une érablière. Hermine écoutait le crissement des patins sur la neige et la respiration régulière des trois chiens, de race malamute[1], comme le lui avait appris le jeune homme en les nourrissant.

« Comment se passera la nuit de mes noces ? songeait-elle. J'ai peur de ne pas savoir me comporter. Est-ce que je vais devoir me déshabiller complètement ? Si nous dormons dehors, nous aurons beaucoup trop froid. »

Pleine d'appréhension, elle regrettait de ne pas être

1. Chien esquimau originaire de l'Alaska.

blottie contre Toshan. Près de lui, tout paraissait simple. Dès qu'il la touchait, son corps s'éveillait au désir et elle n'avait plus le temps de réfléchir.

— Si on s'arrêtait pour manger quelque chose ? proposa-t-elle. Je t'assure, j'ai vraiment très faim.

— Un peu de patience, répliqua-t-il. Je dois trouver le meilleur endroit.

— Mais quel endroit ? protesta-t-elle. Toshan, nous sommes en pleine forêt. Il n'y a aucune lumière à des milles à la ronde, pas un village.

— Nous avançons sur une piste forestière. Des attelages sont passés récemment, je le vois aux traces des patins ! Ce n'est pas assez isolé. Je connais mal la région par ici.

La jeune fille retint un soupir. Elle ferma les yeux et s'enfonça sous la couverture, la tête calée contre un des sacs. Elle finit par s'endormir.

Une brindille qui chatouillait sa joue la réveilla bien plus tard.

— Mine chérie, oiseau chanteur !

Elle se redressa sur un coude et découvrit le visage de Toshan, tout proche du sien. Le contour de sa tête et de ses épaules était nimbé d'une clarté dorée, éblouissante.

— Mais où sommes-nous ? balbutia-t-elle. Oh ! Tu as allumé un feu.

Une fois assise, elle put admirer les hautes flammes jaunes qui montaient d'un foyer proche du traîneau. Délivrés de leur harnachement, les chiens s'étaient couchés dans la neige. Des troncs roux énormes se dressaient autour du traîneau dont le fût très droit semblait se fondre dans l'obscurité.

— J'ai établi notre bivouac au milieu d'un bois de

mélèzes, expliqua Toshan comme si c'était d'une importance capitale. Ces arbres sont très âgés et pleins de sagesse. À quelques pas, un ruisseau coule encore sous sa carapace de glace. J'ai creusé un trou où je puiserai de l'eau tout à l'heure.

Hermine se leva, impressionnée par le ton solennel de son mari. Elle marcha autour du feu pour se dégourdir les jambes. Poussée par un sentiment de plénitude qui bousculait son ancienne façon de penser, elle toucha l'écorce d'un mélèze avec une sorte de tendresse farouche.

— Tu as raison, dit-elle soudain, nous serons mieux ici qu'à l'hôtellerie. Tout est paisible.

— Une chouette blanche m'a guidé, répondit Toshan qui s'affairait, penché sur le traîneau.

Le jeune homme déposa près du foyer une caisse et un baluchon lui appartenant ainsi que les bagages d'Hermine. Elle le vit secouer et déployer un lourd tissu qui s'avéra une couverture bariolée.

— Je fais notre lit ! ajouta-t-il. Es-tu toujours affamée ?

— Oh oui ! Je m'occupe du souper.

Elle se mit à genoux sur la peau d'ours étalée sur la neige gelée. Avec une joie enfantine, elle disposa les provisions que Mireille avait entassées dans la sacoche. La gouvernante avait pensé à joindre deux serviettes de table à carreaux vert et blanc, un torchon en lin, des fourchettes et des cuillères.

« Comme la maison me paraît loin ! se dit Hermine. J'ai l'impression d'être partie depuis des jours, alors que ce matin, je prenais mon café dans le salon, à Val-Jalbert. Si maman me voyait ! Je n'arrive pas à croire qu'elle a vécu ainsi, avec mon père dont je ne verrai jamais le visage. Je n'ai pas eu trop de chagrin en apprenant sa mort, mais c'est normal. Je ne l'ai pas connu... »

Toshan vint s'accroupir à ses côtés. Il déboucha la bouteille de bière d'épinette qui trônait entre deux boîtes de conserve.

— Il faudrait faire griller les saucisses, lui dit Hermine. Je ne sais pas comment.

— Piques-en une au bout d'une branche. Il suffit de la tenir au-dessus des braises, elle sera vite grillée. Mais te brûle pas. Je ne veux pas que tu éprouves cette douleur-là. Le feu est une chose étrange. Aussi bénéfique que dangereuse.

Elle approuva d'un sourire tremblant, fascinée par la beauté du jeune homme. Sa longue chevelure noire qu'il n'avait pas attachée adoucissait ses traits un peu hautains. Elle admira le dessin des yeux, l'éclat sombre du regard, les lèvres charnues. En comparaison, elle s'estima bien ordinaire.

Pourtant, Toshan, qui la dévisageait lui aussi, la trouvait plus jolie que jamais. Il luttait pour ne pas la manger de baisers, elle, si rose, si pâle, au nez minuscule et à la bouche rouge et rieuse. Il aimait surtout les larges prunelles couleur de ciel, ourlées de cils d'un brun doré.

— Je suis sûr que ton corps ressemble à un coquillage, doux et nacré ! souffla-t-il. Je rêve de lui toutes les nuits depuis longtemps, mais, cette nuit, je pourrai le caresser et l'embrasser.

Hermine n'était pas prête à entendre des paroles aussi explicites. Elle se détourna, osant à peine respirer. Pour se donner une contenance, elle essaya d'ouvrir le pâté de lièvre, mis en conserve par Mireille très loin du cercle des mélèzes, au pays des gens convenables qui ne montraient pas leur amour au grand jour et ne se livraient pas à des effusions en public, qui concevaient des enfants dans le noir total, dans des lits aux draps lessivés chaque mois.

— Qu'est-ce que tu as ? demanda-t-il. Tu ne ris plus du tout ?

— J'ai été élevée par des religieuses, répliqua-t-elle d'un ton dépité. Tu me fais peur, à dire ces choses-là. Enfin, pas vraiment peur, cela me gêne.

Toshan ne se moqua pas. Il ne fit aucun commentaire, mangeant en silence le pain tranché, le pâté et les saucisses. Hermine se détendit, parce qu'il souriait gentiment. Elle se rassasia en oubliant l'histoire du coquillage nacré et doux. Ils burent de la bière dans le même gobelet.

Dès que les flammes dansaient au ras des braises, le jeune homme posait des bouts de bois avec délicatesse sur le feu mourant qui se ranimait aussitôt.

— Comme dessert, il y a du chocolat en tablette et des biscuits, annonça-t-elle. Que nous sommes bien, Toshan ! Je n'ai pas froid, je n'ai plus faim, et la bière me tourne la tête.

— Je ne veux pas de dessert, dit-il d'une voix changée. Je te veux, toi, parce que je t'aime très fort, depuis longtemps. J'ai tellement rêvé de ce moment, jc n'en peux plus d'attendre.

Hermine débarrassa vite la peau d'ours des restes de leur souper et s'allongea les bras en croix. Son cœur cognait comme un fou et ses seins se soulevaient au rythme saccadé de sa respiration haletante. Elle redoutait ce qui allait suivre, pleine de curiosité, cependant.

Toshan commença par lui ôter ses bottes, puis ses bas en coton noir. Il passa ses mains tout le long des jambes fuselées, dont la peau soyeuse scintillait à la lumière du foyer. Elle ferma les yeux. Une langueur délicieuse l'envahissait qui la fit soupirer de bien-être.

— Ne crains rien ! dit-il tout bas d'un ton rassurant.

— J'ai confiance en toi, répondit-elle.

Il caressa du bout des doigts l'intérieur de ses cuisses et effleura son ventre.

— Un jour, Mine chérie, tu porteras mon enfant, déclara-t-il avec un rire joyeux.

La jeune fille approuva d'un signe de tête en gardant toujours les paupières closes. Elle le devina expert en vêtements féminins, tant il se montra habile à dégrafer sa jupe et à la faire glisser jusqu'à ses pieds. Il ne toucha pas à la culotte en satin rose, de peur de l'effaroucher.

« Moi qui redoutais d'être nue devant lui, ce n'est pas si terrible. Mais je voudrais qu'il m'embrasse... »

Toshan s'attaqua au gilet blanc. Elle l'aida en se soulevant un peu.

— Alouette, je te plumerai, chantonna-t-il après avoir baissé les bretelles de sa chemisette en linon.

Il se pencha et déposa un baiser sur la pointe de ses seins, qu'il enferma au creux de ses paumes.

— Ils sont chauds, gonflés de sève ! murmura-t-il. Tu es belle, Mine chérie. Toute nue, tu es plus belle encore que dans mes rêves.

— Viens, balbutia-t-elle, embrasse-moi, je t'en prie embrasse-moi et ne dis plus rien.

Mais il se releva et se mit nu à son tour. Hermine, qui avait osé un regard, se cacha le visage de ses deux mains.

— Regarde-moi ! s'écria-t-il. Je t'en prie, regarde-moi. Une épouse n'a pas honte de son mari. Nous sommes seuls dans la forêt, au milieu du cercle des mélèzes. Je t'aime et tu m'aimes. Regarde-moi.

Elle se résigna à obéir, apeurée. Une magnifique statue de chair cuivrée lui apparut, musculeuse, les épaules carrées, les hanches étroites, les cuisses et les jambes droites et galbées.

La jeune fille comprit tout à coup ce que Toshan voulait dire. Si elle acceptait de renier le poids des interdits, le rempart de la pudeur, sa nuit de noces serait inoubliable, parce qu'elle n'aurait ni peur ni mal. Elle deviendrait femme dans la moindre fibre de son être, qui consentirait au plaisir infini de l'amour total, corps, cœur et âme confondus.

— Je te regarde ! dit-elle enfin. Et partout...

Toshan eut un rire comblé. Il s'allongea près d'elle et l'embrassa sur la bouche. Hermine éprouva un soulagement indicible. Le baiser fougueux qui les unissait enflamma tout de suite ses sens. Elle commença à le toucher, d'abord les épaules, puis le creux des reins. Leur nudité lui parut soudain très naturelle, d'une simplicité éternelle, comme celle d'Adam et Ève au jardin d'Éden. Peu importait la neige gelée, l'air froid qui parfois les faisait frissonner.

— Je t'aime, je t'aime tant ! s'étonna-t-elle dès qu'il abandonna ses lèvres pour goûter à ses mamelons durcis par le désir.

Bouleversée par les ondes de joie qui naissaient au plus profond de son être, Hermine poussa un gémissement surpris. Il perçut sa reddition totale et n'eut de cesse de la mener au seuil de l'extase. Pas un carré de peau n'échappa à ses mains, à ses baisers brûlants.

— Mine, Mine, répétait-il en la contemplant. Tu es ma petite femme adorée, la plus belle, la plus douce. Le feu éclaire ton corps, le plus joli coquillage du monde.

— Toshan, appela-t-elle, reste près de moi, viens.

Il pesa sur elle, chaud et lourd. Son sexe frôla la toison d'or brun qui dessinait un triangle parfait en bas du ventre. Avec d'infinies précautions, il s'abîma en elle. Elle eut un bref cri de douleur.

Très loin, des loups hurlèrent. Une chouette blanche se posa dans le plus vieux des mélèzes et observa le feu.

18

« Là où l'eau tourbillonne »

Cercle des mélèzes, 26 décembre 1931

La nuit ne finirait peut-être jamais. Hermine ne savait plus très bien où elle était, qui elle était. Depuis des heures, son corps et celui de Toshan se mêlaient, s'apprivoisaient, peau contre peau, doigts entrelacés, lèvres meurtries par les baisers. Elle venait de succomber encore une fois à un paroxysme d'extase qui avait arraché un gémissement au jeune homme. Ils ne pouvaient pas se détacher l'un de l'autre. Leurs étreintes étaient douces et câlines le plus souvent, puis fébriles, presque violentes dans le plaisir partagé.

L'instant où elle était devenue femme lui paraissait très lointain. Elle aurait volontiers supporté à nouveau la même souffrance pour ressentir la jouissance inouïe qui avait suivi. Ces instants où ils ne formaient plus qu'un, éblouis, elle ne les oublierait jamais.

« Lui dans moi, nous n'étions plus qu'un, nos âmes vibraient ensemble, comme si mon sang coulait dans ses veines et que le sien se répandait dans les miennes », songea-t-elle en reprenant conscience.

— Tu n'as pas froid ? chuchota-t-il.

— Oh non, je suis brûlante, dit-elle en lui embrassant l'épaule. Tu me tiens chaud.

Il la tenait enlacée, mais à ces mots, il la serra plus fort. Elle ne se souvenait pas du moment exact où Toshan l'avait portée dans le traîneau, entre les épaisseurs de couvertures, le baluchon servant de traversin.

— Nous allons voir le soleil se lever, indiqua Toshan. Il apparaîtra entre ces deux mélèzes, là, de ce côté. Notre premier matin ensemble, notre première aube. Je t'aime fort, Mine chérie.

— Je t'aime encore plus fort ! répliqua-t-elle.

Il avait garni le feu d'une souche humide, qui protégeait les braises et séchait peu à peu.

— Je vais réchauffer du café. J'ai faim. Beaucoup plus qu'hier soir.

— Reste, nous avons le temps.

En quelques heures de joute amoureuse, Hermine avait oublié la signification du mot pudeur. Elle ne craignait plus le regard adorateur de son mari qui l'avait contemplée à son aise, des pieds à la tête.

— Petite sauvage ! plaisanta-t-il. Je dois ranimer le feu, laisse-moi.

Mais elle éclata de rire et se coucha sur lui en enserrant ses cuisses de ses genoux, en plaquant ses seins contre son torse. La provocation eut l'effet espéré. Émoustillé, Toshan la souleva un peu par la taille pour la guider vers son sexe. Ils apprécièrent tant la nouveauté de la position que le plaisir éclata très vite, fulgurant.

Les chiens se mirent à grogner, comme à l'approche d'un intrus.

— Oh non ! souffla Hermine. Peut-être qu'on nous épiait.

Elle se cacha sous la couverture. Lui, assis, observa les environs.

— Regarde, Mine ! chuchota-t-il. Vite !

La jeune femme émergea de son refuge. Une clarté mauve baignait le sous-bois. Tel un fantôme gigantesque, ployant sous le poids de sa ramure, un orignal marchait à pas lents entre les arbres. La neige gelée craquait sous ses sabots.

— C'est un vieux solitaire, murmura Toshan.

La taille de l'animal stupéfia Hermine. Il était bien plus grand qu'un cheval. Les jappements des malamutes durent l'agacer, car il s'éloigna au trot en secouant sa tête massive, alourdie aux naseaux par une sorte de goitre disgracieux.

Toshan en profita pour fuir sa jeune épouse. Entièrement nu, il gratta les braises à l'aide d'un bâton. Il se munit ensuite d'un pot en fer-blanc et partit puiser de l'eau dans le ruisseau.

— Mais comment fais-tu ? s'écria Hermine. Avec ce froid ?

— Tu n'as qu'à essayer ! répliqua-t-il. Viens, respire à fond, cours, saute, gambade.

— Sans chaussures ni vêtements ? hurla-t-elle.

« Il m'impose des épreuves, pour juger de mon endurance, de mon courage, se dit-elle. J'ai intérêt à être à la hauteur si ma belle-mère a les mêmes habitudes que lui. »

Ce n'était pas la première fois qu'elle pensait avec un peu d'angoisse à l'Indienne baptisée qui avait donné naissance à son beau Toshan et qu'elle rencontrerait bientôt.

« Je dois lui prouver que je ne suis pas une poule mouillée ! » décida-t-elle en sortant de son nid de lainages.

D'abord, elle ne sentit rien, encore toute chaude de

leurs ébats, mais quand ses pieds nus se posèrent sur la neige durcie par le gel, un terrible frisson la traversa. Elle faillit abandonner tout de suite.

Il l'appela au même instant. Ce qu'elle vit la sidéra. Toshan s'aspergeait d'eau glacée.

— Viens, si tu fais comme moi, tu n'auras plus froid de tout l'hiver.

Hermine courut vers lui qui, manifestement, ne se privait pas pour savourer le spectacle. Elle percevait le mouvement de ses seins et de ses fesses agités par la course et se mit à rire également.

— Ton corps ressemble vraiment à un coquillage, ma Mine ! cria-t-il. Blanc comme nacre !

Il versa plusieurs fois de l'eau glacée sur elle et la frictionna vigoureusement. Elle poussa des plaintes déchirantes avant de sentir une chaleur vivifiante sous sa peau.

— Tu as raison, je n'ai plus froid du tout, s'étonna-t-elle.

Le soleil, énorme boule orangée, dispersa la pénombre grisâtre. Dans la lumière rose de l'aurore, Hermine aperçut la marque des flammes qui avait blessé la chair de son amour, en bas des reins et tout le long d'une cuisse. Ces plaques rosies contrastaient avec la chair cuivrée d'un satin parfait. Attendrie, elle se serra contre lui et couvrit son torse de baisers.

— Mon petit mari... lui souffla-t-elle.

Il la poussa vers le campement.

— Il faut vite t'habiller. Et manger un peu avant de partir.

La jeune femme rangea sa toilette de mariée et s'équipa en garçon, avec pantalon chaud et gros chandail. Elle servit le café, radieuse, et fit tiédir les brioches sur les pierres de l'âtre.

— J'aime cette vie-là, déclara-t-elle en le dévorant de ses beaux yeux bleus.

— Je ne saurais pas quoi faire d'une épouse qui n'aimerait pas cette vie-là, répondit Toshan.

— Mais, quand même, nous habiterons dans une maison ensuite ?

Il la regarda, l'air sérieux.

— Non, pourquoi ?

Hermine eut une expression si inquiète qu'il éclata de rire.

— Je blaguais, oiseau chanteur ! Mes enfants ne vont pas naître au fond des bois. Nous aurons une maison.

Ils n'abordèrent plus le sujet. En dépliant une carte de la région, Toshan expliqua à Hermine le trajet qu'ils allaient suivre.

— Nous devons rejoindre le quai de Péribonka, mais je préfère longer la rive du lac Saint-Jean, à bonne distance des villages. Notre cabane est par là, droit vers le nord.

— Tu pourrais m'emmener n'importe où, pouffa-t-elle. Je n'ai jamais quitté Val-Jalbert, sauf pour aller à Roberval. Et je te suivrai au bout du monde.

Ils mirent moins de deux jours pour atteindre Péribonka, à l'embouchure de la rivière du même nom. Le froid sec persistait, si bien qu'ils bénéficiaient de courtes journées de franc soleil. La nuit, la température descendait à moins vingt. Enfouis sous les fourrures et les couvertures, ils connaissaient le meilleur moyen de se réchauffer.

Cette étrange lune de miel transformait la jeune

femme. Elle ne se regardait plus dans son miroir de poche et se passait sans rechigner de la graisse d'ours sur le nez et les lèvres. Allumer le feu à la halte du soir l'amusait.

Hermine avait toujours hâte de voir tomber la nuit. Elle était follement amoureuse de son mari, et leur désir mutuel ne faisait que s'exacerber. Ils prenaient cependant le temps de discuter autour du foyer. Toshan racontait son enfance heureuse auprès de ses parents et la période honnie où il était pensionnaire chez les frères de Kénogami. Elle lui fit le récit détaillé de l'histoire de ses parents, mais sans avouer le passé honteux de Laura. D'ailleurs, de découvrir l'amour physique et ses délices avait fait réfléchir Hermine. Elle comprenait mieux le martyre de sa mère, livrée de force à des inconnus.

Toshan jugea le destin de Jocelyn bien triste, mais il parut impressionné par la force de caractère de Laura. Il lui reprochait juste d'être devenue aussi riche, sans aucun effort.

— Mon père est mort à cause de sa fièvre de l'or, parce qu'il espérait faire fortune, expliqua-t-il à la jeune femme. Cela l'obsédait. Il nous promettait une vie luxueuse. Résultat, il n'a pas tenu compte des colères de la rivière, grossie par la fonte des neiges et devenue folle furieuse. Elle l'a bousculé et noyé, emportant son corps en aval.

— C'était un tragique accident, Toshan. Mais ma mère aussi a souffert d'être pauvre, précisa Hermine. Elle se montre généreuse avec tous, et charitable. Au début, quand je l'ai retrouvée, elle me paraissait très grande dame, presque arrogante. Moi aussi je maudissais son argent. Tu verras, elle est très gentille.

Un soir, Toshan l'interrogea sur Hans Zahle. Alors qu'il exigeait des détails, la jeune mariée coupa court à la conversation.

— Je me moque des filles que tu as rencontrées avant. Tu as bientôt vingt-cinq ans, sept ans de plus que moi, et ton doigté me laisse supposer que tu as de l'expérience. Hans m'embrassait, oui, mais cela me dégoûtait un peu. Es-tu content ?

Toshan ne posa plus de questions. Il plaisait beaucoup à la gent féminine, et ses aventures se comptaient sur les doigts des deux mains.

Lorsqu'ils s'arrêtaient vers midi pour dîner, assis dans le traîneau, ils ne pouvaient pas s'empêcher de s'embrasser, de se caresser et, si le paysage semblait désert, ils faisaient l'amour en plein soleil, à demi dévêtus.

« Si Joseph me voyait ! se disait alors la jeune femme. Il me traiterait de créature perdue, de dévoyée ! »

L'irruption de l'ouvrier dans ses pensées la dérangeait. Elle chassait vite le souvenir de son tuteur, mais Toshan le fit resurgir le matin où ils approchaient de Péribonka. L'air soucieux, il lui demanda où elle avait rangé leur certificat de mariage.

— Si nous croisons la police, je veux pouvoir prouver que tu es mon épouse. Un métis qui voyage avec une très jeune fille blanche, ça ne passe pas inaperçu. J'ai des amis à Péribonka, mais il y a aussi des gars comme ton tuteur ou comme le domestique de ta mère, prêts à me briser les reins avec une barre de fer. Certains me croient mort dans l'incendie du chantier, en Abitibi. Plusieurs de ceux-là s'en réjouissent, justement.

Hermine sortit de son sac l'unique livre qu'elle avait

emporté, dans un esprit de revanche contre le sort. Il s'agissait de l'exemplaire de *Maria Chapdelaine* qui lui tenait compagnie dans la prairie du moulin Ouellet, l'été où elle désespérait de revoir Toshan. Elle avait plié le document entre deux pages.

— Tiens, je te le confie, mais je ne risquais pas de le perdre. Toshan, nous avons des provisions. Rien ne nous oblige à nous arrêter à Péribonka, soupira-t-elle, apeurée. Si on s'en prenait à toi, je serais trop malheureuse.

— Ne crains rien, Mine chérie. Nous resterons juste le temps que je fasse des achats pour ma mère et pour nous. En remontant la rivière, nous ne croiserons plus personne. Le désert blanc commence à la sortie du village.

Toshan loua une chambre dans une auberge près du port, dont il connaissait bien les patrons. Le jeune homme put loger ses trois chiens dans un bâtiment adjacent, séparé en plusieurs enclos. L' établissement, très fréquenté, disposait de tout le nécessaire pour accueillir les voyageurs en transit qui arrivaient là par bateau, en voiture ou en traîneau.

Hermine fut déconcertée de se retrouver sur un plancher lessivé, entourée d'une armoire à glace, d'un lit en cuivre et d'un lavabo. Elle actionna le commutateur en bakélite marron, et deux lampes s'allumèrent d'un coup, l'une au plafond, la seconde sur la table de chevet.

« Je vais écrire à maman, se dit-elle. Je suis partie depuis près d'une semaine. Elle doit s'inquiéter. Après, je ne sais pas si je pourrai poster des lettres. »

La jeune femme fit sa toilette, rinça du linge de corps à l'eau tiède et l'étendit sur le radiateur en fonte. L'auberge était dotée d'un chauffage central.

— Pourvu que Toshan ne fasse pas de mauvaises rencontres ! marmonna-t-elle en enfilant une robe confortable en lainage vert.

Elle brossa ses cheveux, debout près de la fenêtre qui donnait sur la rue et le quai. C'était un va-et-vient permanent de badauds, de voitures à moteur et de carrioles, malgré la neige durcie par le gel et souillée de suie et de sciure. Amarrée à un ponton, une embarcation vétuste, prisonnière du lac changé en une épaisse chape de glace, tendait sa proue. Des enfants patinaient à quelques pieds de l'épave.

« Val-Jalbert n'est qu'à dix-huit milles, en traversant le lac Saint-Jean, songea Hermine. Quand nous reviendrons l'été prochain, je voudrais prendre un bateau. Mon Dieu, j'espère que tout va bien à la maison. Joseph ne doit pas décolérer. Pourvu qu'il ne cherche pas d'ennuis à maman. »

La chambre se trouvait au premier étage. Un rire aigu monta de l'extérieur. Elle tira le rideau davantage pour observer les passants. Toshan était en grande conversation avec deux filles qui pouffaient ; elles étaient vêtues de vestes en peau de mouton retournée. L'une était rousse et frisée, alors que l'autre, brune, arborait une coupe à la garçonne et des boucles d'oreilles dorées. Elles semblaient bien le connaître. Il leur souriait, superbe, en roulant une cigarette. La veille, il avait natté ses cheveux, mais son col relevé cachait les deux tresses noires.

En quelques secondes, Hermine fit l'apprentissage de la jalousie et de ses tourments.

« Elles travaillent sans doute ici, ou alors elles sont de la famille des patrons ! » se dit-elle pour se rassurer.

Mais la rousse toucha l'épaule de Toshan. La brune lui caressa la joue.

— Pourquoi se laisse-t-il faire ? s'indigna-t-elle, furieuse. C'est mon mari.

Malade d'angoisse, Hermine continua à surveiller Toshan. Elle faillit descendre en courant pour le rejoindre et faire valoir ses droits, mais elle était trop bien éduquée pour se donner en spectacle. Enfin, les deux filles s'éloignèrent.

Presque aussitôt, la jeune femme devina un pas léger dans l'escalier. Toshan entra dans la pièce après avoir frappé trois petits coups à la porte.

— Je suis remonté pour t'embrasser, Mine chérie. Je dois aller à la quincaillerie et à l'épicerie. Repose-toi. Ce soir, nous dînons ici, la cuisine est bonne. Il y a du civet de lièvre et des pommes de terre à la crème.

Elle le dévisagea d'un air malheureux. Il la prit contre lui et chercha ses lèvres, mais Hermine recula.

— Non ! Je t'ai vu de la fenêtre ! Avec deux laiderons qui riaient aux éclats. Elles se dandinaient devant toi et elles t'ont touché ! bredouilla-t-elle en fondant en larmes.

Toshan n'avait pas l'habitude de rendre des comptes à une épouse. Déconcerté, il se frotta la joue, comme pour effacer toute trace de sa faute.

— Je t'avais prévenue, j'ai des amis à Péribonka. Je passe là chaque fois que je vais chez moi.

— Je croyais que c'étaient des amis hommes ! gémit-elle. Qui sont ces filles, pour toi ? Je ne supportais pas de les voir si près, si familières.

Le silence de son mari l'affola. Plongé dans une profonde méditation, il s'était assis au bord du lit.

— Toshan, je n'avais jamais eu l'occasion d'être

jalouse. Quand j'étais gamine, Betty surveillait Joseph. Elle pleurait quand il s'attardait au bar de l'hôtel. Un jour, elle a tenté de m'expliquer ce qu'elle ressentait dès qu'il parlait à une autre femme. Je ne comprenais pas. Mais là, j'ai mal au cœur et je suis en colère !

Il la regarda, de plus en plus surpris.

— Mine, c'est toi que j'aime. Jane et Anna étaient serveuses ici, il y a cinq ans. Je les ai croisées par hasard. Elles sont mariées maintenant. Quand je leur ai annoncé que moi aussi j'avais une femme, elles ne me croyaient pas. Cela nous faisait rire. C'est bon de rire.

Il n'expliqua pas les gestes affectueux. Hermine protesta, voulant en avoir le cœur net :

— Elles t'ont caressé la joue et l'épaule !

— Je n'ai pas de barbe. Je tiens ça de mon sang indien. Anna, la brune, vérifie toujours si elle ne sent pas du poil qui pousse. Jane a des manières amicales, c'est l'aînée de six garçons. C'est une Anglaise déjà maman d'une petite fille. Alors, tu es encore fâchée ?

Confuse, Hermine enfila ses bottes.

— Non, je te crois, mais je viens avec toi en ville. Je ne suis pas fatiguée et je veux acheter un cadeau pour ta mère ! répondit-elle.

Toshan eut un fin sourire de malice. Il avait deviné qu'elle comptait le surveiller. Cela lui plaisait.

— Tu es très belle en colère ! constata-t-il. Tu n'as pas à t'inquiéter, Mine, je t'ai choisie pour épouse et je serai fidèle.

Elle le regarda, ses grands yeux bleus encore brillants de larmes contenues. L'instant suivant, ils étaient enlacés, bouche contre bouche.

— Nous avons le temps d'essayer le lit avant d'aller en ville, chuchota Toshan.

Jamais Hermine n'oublierait la modeste chambre, l'étroite fenêtre laissant entrer une lumière grise. L'auberge résonnait de bruits divers, cris, galopades dans les escaliers, qu'elle écoutait, nue dans les bras de son amour. Il faisait chaud et les draps sentaient bon le savon. Elle n'accordait plus d'importance à l'incident qui avait éveillé sa jalousie, consciente d'entrer vraiment dans sa vie de femme. Son plaisir avait été différent, plus confus, mais d'une intensité éblouissante. Une main sur son ventre, elle eut la certitude qu'ils avaient conçu un enfant.

— J'ai eu l'impression de m'envoler, confia-t-elle à Toshan. Comme si je flottais, invisible, très haut dans le ciel. J'ai cru entendre une musique merveilleuse.

Il la fixa gravement, avec une immense tendresse. Le jeune homme comprenait qu'elle avait beaucoup souffert sans se plaindre a quiconque ou rarement. Sous son air sage et doux, elle cachait une profonde révolte, une soif intense de justice et d'équité.

— Il n'y a pas de hasard ! répondit-il. Je me souviens du soir où tes parents sont arrivés devant la cabane. Une terrible tempête menaçait. J'avais huit ans. Je n'ai pas pris garde à l'homme, ton père, mais Laura... Elle était très jolie et très malade. Maman l'a couchée près du poêle et elle l'a soignée de son mieux. Moi, j'ai prié de toute mon âme pour qu'elle guérisse. Après la mort de Jocelyn, nous l'avons gardée chez nous jusqu'à l'été. Elle chantonnait, assise à la fenêtre. Je passais mon temps à l'observer. Je savais qu'elle partirait. Une nuit, elle a parlé dans son sommeil. Elle a parlé de Val-Jalbert. Ce nom m'a marqué. C'est pourquoi un jour j'ai fait le détour pour voir le village. J'étais devenu un homme, je cherchais du travail. Le soir j'ai patiné derrière l'hôtel et une fille m'épiait. Je lui ai parlé et son visage me paraissait familier. J'ai eu confiance en elle et j'ai eu envie de la protéger. Mais j'ignorais qu'elle était l'enfant de Laura.

Hermine caressa les cheveux noirs de son mari. Elle pleurait de bonheur.

— Je crois que je t'ai aimé à l'instant où je t'ai vu patiner dans la nuit, seul. Tu sifflais si bien ! J'étais prisonnière et tu étais libre. Toshan, emmène-moi vite dans la forêt, loin d'ici. Vers le nord, d'où viennent les tempêtes.

— Demain matin, nous repartirons, dit-il en l'embrassant sur le front.

*
* *

Val-Jalbert, 10 janvier 1932

Laura passait la plus grande partie de ses journées à lire près du poêle en fonte où ronflait un bon feu.

Ce jour-là, elle tenait entre ses doigts la lettre de sa fille qu'elle avait couverte de baisers après l'avoir lue deux fois. Mireille, qui apportait le plateau du thé, soupira.

— Madame, vous avez encore pleuré ! Ce n'est pas bien, vous allez devenir l'ombre de vous-même, à rester enfermée ici. Invitez Betty et les petits. Déjà, nous sommes rassurées pour notre Hermine puisqu'elle a écrit.

— Je sais, ma chère Mireille, mais que veux-tu ? Cette lettre a été postée il y a plus d'une semaine. Il peut s'en passer, des choses, en huit jours. Je voudrais être sûre que ma fille va bien, qu'elle ne souffre pas du froid ou de maladie ! Nous avons eu une tempête ces derniers jours, et aujourd'hui, il neige sans arrêt.

La gouvernante versa du thé à la bergamote dans une tasse en fine porcelaine de Chine. Un parfum délicat se dégagea du liquide fumant.

— Madame, ne vous inquiétez pas. Les tempêtes, elles font peur, mais il y a toujours moyen de s'abriter. Son mari, à notre Hermine, il a du sang indien. Moi, je lui fais confiance, à ce bel homme. Il doit connaître la vie sauvage.

D'un geste amical, Laura tendit la lettre de sa fille à Mireille.

— Tiens, lis-la si cela te fait plaisir !

— Madame, vous n'êtes pas obligée, c'est une lettre personnelle.

— Tu en meurs d'envie. Hermine te considérait comme la grand-mère qu'elle n'a jamais eue. Et une grand-mère doit lire les lettres de sa petite-fille.

Rose d'émotion et les larmes aux yeux, la gouvernante frotta ses mains sur son tablier blanc et s'empara de la feuille avec des précautions exagérées. Elle parcourut les lignes à voix basse.

Ma chère maman,

Je t'écris d'une auberge, près du quai de Péribonka, d'où l'on peut admirer le lac Saint-Jean pris par les glaces. Je tenais à te rassurer le plus vite possible. Nous sommes mariés, un certificat le prouve, et cela s'est passé à l'Ermitage Saint-Antoine du lac Bouchette. Un vieux prêtre qui avait connu Toshan enfant a consenti à bénir notre union. J'ai même chanté dans la chapelle, tant j'étais soulagée de pouvoir épouser celui que j'aime.

Je suis très heureuse, maman, tellement heureuse que j'ai honte parfois, car je t'oublie un peu, accaparée par ma nouvelle vie de coureuse des bois, même si cela n'existe pas au féminin.

Toshan est sorti acheter des marchandises, des outils, que nous transporterons sur le traîneau. C'est vraiment un homme différent des autres. Il m'a appris tant de choses sur la forêt et les animaux. Près de lui, je n'ai peur de rien. Il m'appelle sa Mine chérie et je trouve ce surnom très doux. Sois tranquille, je suis en excellente santé. Demain nous repartons en longeant le cours de la rivière Péribonka, jusqu'à la cabane de sa mère. Je suis tout émue en songeant que tu as dû suivre à peu près le même itinéraire il y a dix-sept ans.

J'espère que tu ne t'inquiètes pas trop, que ma chère Mireille se porte bien, ainsi que Betty et les enfants. Si Joseph t'a causé des tracas, dis-lui qu'il n'a plus à se mêler de nos affaires, puisque je suis mariée.

Là où je vais, je pense qu'il est difficile d'envoyer du courrier, mais, si j'en ai l'occasion, je t'écrirai une autre lettre prochainement. De toute façon, nous reviendrons à Val-Jalbert au début de l'été prochain.

Ta fille qui t'aime, Hermine, le 2 janvier 1932

P.-S. : Maman, en écrivant la date du jour, je viens de m'apercevoir que nous avons changé d'année. Toshan et moi, nous n'y avons pas pris garde. Je dois avouer que, pour lui, ce genre de choses n'est pas du tout important.

— C'est une jolie lettre, madame, déclara Mireille. Votre fille est vraiment heureuse, on le sent.

— Je n'en suis pas sûre, grommela Laura. Tu vas te moquer de moi, Mireille, mais je me tracasse aussi pour leur nuit de noces. C'est un moment délicat qui détermine bien des choses. Je n'ai rien expliqué à Hermine. Je regrette un peu de l'avoir laissée partir si vite. Je n'ai rien contre Toshan, qui me semble honnête et très amoureux, mais lui et sa mère mènent une existence différente de la nôtre. Quel confort lui offrira-t-il ?

— Madame, je crois que notre Hermine se moque du confort et qu'elle est assez futée pour savoir ce que font un homme et une femme ensemble, répliqua sagement Mireille. Je la connais un peu, votre fille, elle est dure à l'ouvrage, courageuse, et je la crois même éprise d'aventure et de grands espaces. Vous savez, une enfant élevée par des sœurs apprend la discipline et l'endurance.

Laura approuva d'un signe de tête.

— Tu as raison, Mireille. Je devrais me réjouir d'avoir reçu de bonnes nouvelles au lieu de me tourmenter. J'ai eu tendance à trop gâter Hermine, à trop la protéger pour rattraper le temps perdu. La savoir si loin, en plein hiver...

Les deux femmes étaient le plus souvent seules, sauf aux heures où Armand Marois venait travailler en remplacement de Célestin, bel et bien congédié. Le soir, elles veillaient. L'une tricotait, l'autre brodait, et une relation d'estime mutuelle se créait, de plus en plus étroite. Mireille écoutait certaines confidences inattendues, sans broncher, attendrie par la confiance que lui accordait Laura.

— Tiens, on dirait qu'une voiture approche, remarqua soudain la gouvernante.

Contre toute logique, Laura espéra que sa fille revenait. Elle se jugea stupide. Hermine voyageait en traîneau à chiens et devait déjà être arrivée à bon port, chez la mère de Toshan.

— Madame, c'est monsieur Zahle ! annonça Mireille qui avait regardé par la fenêtre.

Le pianiste ne s'était pas manifesté depuis la dramatique veille de Noël où Hermine avait retrouvé Toshan.

— Allez vite lui ouvrir ! s'écria Laura.

Hans avait tout du fiancé éconduit. Plus maigre que jamais dans un long manteau noir, il était livide. Des flocons parsemaient son chapeau en feutre marron. Il entra dans le salon et s'inclina devant Laura qui se tenait près du piano.

— Chère madame ! J'ai manqué à tous mes devoirs ces derniers jours. Je voulais vous écrire, mais j'ai renoncé.

— Je vous en prie, appelez-moi Laura, désormais. Nous sommes amis depuis longtemps, n'est-ce pas ?

Il regarda discrètement dans la pièce, comme s'il cherchait quelque chose ou quelqu'un. Elle comprit et avoua :

— Hermine est partie, Hans. Joseph Marois faisait valoir ses droits de tuteur et s'opposait à son projet d'épouser Toshan Delbeau. Je l'ai aidée à s'enfuir. Disons plutôt que je les ai aidés.

— Mon Dieu, quelle folie ! Mais où sont-ils allés ?

— Loin d'ici, en sécurité, je l'espère. Je suis tellement navrée, mon cher Hans, de ce coup du sort. Vous étiez si heureux d'être fiancé. Le retour de Toshan était imprévisible. Il faut me pardonner d'avoir soutenu

Hermine. Comment l'empêcher d'aimer ce garçon ? De le suivre ? Croyez bien qu'elle regrette de vous avoir humilié, de vous avoir brisé le cœur.

Le pianiste alla s'asseoir dans un fauteuil en face du rocking-chair. Il paraissait accablé.

— Dans ce cas, Hermine risque de vivre dans le péché ! souffla-t-il.

— Non, ils se sont mariés à l'Ermitage du lac Bouchette.

Cette fois, Hans sembla mortifié.

— Alors, c'est bien fini. Je ne comptais guère !

— Pardonnez-moi, je vous assène la nouvelle sans prendre de gants, mais je l'ai su moi-même ce matin seulement. Ma fille m'a écrit. Hans, nous devons être courageux. Je vous avoue que je me sens très seule. Et je crains toujours une visite de Joseph Marois qui ne décolère pas. Sans Élisabeth qui a réussi à le calmer, il m'aurait causé de gros ennuis.

— Quand même, je pensais revoir Hermine, discuter avec elle ! s'écria-t-il. C'est un coup terrible pour moi, ma chère Laura. Ma vie avait changé, grâce à vous et à votre fille. Chaque fois que je prenais la route pour Val-Jalbert, j'avais l'impression d'aborder un univers de douceur, de beauté, de musique. Les heures que j'ai passées ici entre vous deux resteront les plus charmantes de mon existence solitaire.

— Mais je ne vous ai pas interdit ma porte ! s'étonna-t-elle. L'hiver va me sembler interminable sans Hermine. Venez aussi souvent que vous voudrez, Hans. Nous écouterons vos disques d'opéra.

— Que vous avez eu la gentillesse de m'offrir, un merveilleux soir de Noël, précisa-t-il.

— Mireille sera contente de nous préparer des pâtisseries et des sucreries, dit encore Laura. J'appréciais vos visites, moi aussi.

Elle faillit ajouter : « Vous me manquez. » Cela la surprit de prime abord, mais elle prit conscience que c'était un cri du cœur.

Hans ôta ses lunettes et les nettoya avec un mouchoir immaculé qui garnissait l'étui. Ses yeux bleu pâle étaient embués.

— Je ne suis pas fier, encore moins orgueilleux. Laura, je viens de verser des larmes sur mon amour perdu, les dernières, je pense. Notre joli rossignol a le don de chanter et d'enchanter les âmes. Je me suis imaginé dans la peau du chevalier qui la défendrait, décidé à voyager à ses côtés et à me réjouir de ses succès tout en vivant dans son ombre. Mais elle était si jeune, comparée au vieux garçon de trente-six ans que je suis. Je m'en remettrai comme on se réveille d'un rêve trop beau.

Il toussota, remit ses lunettes et la dévisagea en souriant tristement. Il s'aperçut alors que, dans tous ces rêves dont il parlait, Laura était présente : sur le bateau qui traversait le lac Saint-Jean, dans le train sillonnant les plaines de France ou d'Italie, et même dans une loge du Palais Garnier, à Paris.

— Ma pauvre amie ! soupira-t-il. Comme vous êtes aimable et attentionnée ! Je vous prêterai des livres, je vous jouerai du piano. Que dites-vous du jeudi ?

— Oui, le jeudi, dit-elle, rassurée à l'idée de le revoir.

Mireille, qui venait débarrasser le plateau du thé, recula sans bruit et regagna sa cuisine. Elle préférait ne pas déranger Laura et Hans. Cela deviendrait une habitude, tout au long de l'hiver.

*
* *

Bord de la rivière Péribonka, 12 janvier 1932

Des rideaux de gros flocons duveteux aveuglaient Hermine. Recroquevillée sur le traîneau, emmitouflée dans les couvertures, elle distinguait à peine les chiens blancs de neige qui avançaient l'échine basse, épuisés par la distance parcourue depuis le matin.

— Toshan, appela-t-elle, tu as dû te tromper de direction. Il fera bientôt nuit. On ne voit rien. Comment vas-tu retrouver la cabane de ta mère ?

— N'aie pas peur ! hurla-t-il pour couvrir le sifflement du vent. Reste à l'abri.

Mais elle n'en pouvait plus et se mit à pleurer de nervosité. Ses vêtements étaient trempés et glacés. Il neigeait sans arrêt et cela lui paraissait insupportable. Elle se disait que personne ne pouvait se diriger dans cet univers opaque qui semblait avoir gommé le moindre détail du paysage alentour.

Ils avaient pris du retard que Toshan s'efforçait de rattraper. Pour s'abriter de la tempête qui avait balayé la région pendant deux jours, ils avaient dû s'accommoder d'une petite baraque de bûcherons délabrée. Le feu fumait sans brûler au fond d'un bidon rouillé qui avait servi de truie. Réfugié sous un pan du toit à demi effondré, le jeune couple s'était contenté de biscuits ramollis et de café tiède. Hermine en gardait un souvenir affreux. Ils avaient dormi la plupart du temps, assourdis par les rugissements du blizzard, sans faire l'amour ni bavarder.

— Nous ne sommes plus loin de chez moi, avait dit Toshan le matin du troisième jour. La tempête s'éloigne.

Ils s'étaient donc remis en route sous un déluge de neige. La jeune fille avait l'impression tenace que son mari se dirigeait au hasard, sans aucun repère possible.

« Il n'ose pas me dire qu'il s'est égaré, songea-t-elle en mordant le col de sa veste pour étouffer le bruit de ses sanglots. Nous serons obligés de dormir sous la bâche cette nuit, et demain, ça recommencera. Nous n'arriverons jamais ! »

Elle serra les poings, ce qui la fit grimacer de douleur. Ses doigts étaient gelés, engourdis. Leur lune de miel se muait en cauchemar.

— Mine ! cria Toshan. Les chiens sont fatigués. Descends du traîneau, il vaut mieux que tu marches un peu.

« C'est le comble ! se dit-elle. Je ne pèse rien par rapport à tout ce matériel qu'il a chargé. »

La colère la fit sortir de sa torpeur. Elle rejeta les couvertures et la peau d'ours. Au moment où elle tentait de quitter le traîneau, ses jambes ankylosées la trahirent et elle tomba sur le côté. La neige l'enveloppa aussitôt, humide, lui glaçant le visage.

Hermine se releva péniblement. Toshan courut l'aider après avoir crié à ses bêtes de s'arrêter. Elle le repoussa.

— C'est ta faute ! bredouilla-t-elle.

— Non, c'est la tienne, tu n'as pas attendu que le traîneau ralentisse, répliqua-t-il. Mine, courage ! Je te promets que nous serons au chaud ce soir.

— Je ne te crois pas. J'en ai assez, gémit-elle.

— Pour une petite tempête de rien du tout et un jour de grosse neige ? dit-il tendrement en la prenant dans ses bras. Allons, calme-toi. Cela faisait un moment que je marchais derrière le traîneau, pour soulager les chiens.

— Ah bon ? s'étonna-t-elle.

— Tu vas prendre ma place, dit soudain Toshan.

Il lui montra comment s'installer sur l'extrémité des patins, en se tenant aux poignées. Presque consolée, Hermine pensa à son père, Jocelyn Chardin. Il avait posé les mains là où elle posait les siennes. Cela la réconforta.

— En avant, Duke ! hurla Toshan.

Le traîneau s'ébranla avec une légère secousse qui faillit déséquilibrer la jeune fille. Mais elle se rétablit, toute fière de mener l'attelage, comme son père jadis.

— Va, Duke, va ! claironna-t-elle.

Les rideaux de flocons et le vent ne la dérangeaient plus. Elle riait et son mari courait doucement à ses côtés.

— Mine ! lui dit-il en secouant ses longs cheveux noirs.

— Oui ?

— Je ne me suis pas égaré. Et mes chiens connaissent par cœur le chemin. Regarde !

Malgré la neige et la pénombre du crépuscule, Hermine crut voir un carré de lumière jaune. Elle poussa une clameur de joie et de soulagement. Quelques minutes plus tard, ils arrivaient devant une cabane de belle taille au toit couvert de neige. La porte s'ouvrit aussitôt. De taille moyenne, mais droite et mince, une femme apparut. Deux grosses nattes brunes encadraient un visage impassible au teint de pain brûlé. Elle souriait, posant sur les jeunes gens un regard noir mais serein.

— Mère, dit Toshan, je te présente mon épouse.

— Bienvenue, ma fille, dit l'Indienne d'une voix musicale.

— Bonsoir, madame, murmura Hermine, très intimidée. Je suis contente de faire votre connaissance.

— Appelle-moi Tala, ce qui signifie « louve » dans la langue de mon peuple. Mon mari me nommait Rolande. Un prêtre m'a baptisée ainsi. Mais mon mari est mort et je ne vais plus prier à l'église. Entre, ma fille. Tu as les yeux plus bleus que le ciel d'été.

Toshan dételait les chiens sous un hangar où le traîneau serait à l'abri. Sans même embrasser sa mère, il commença à ranger les marchandises et à trier les sacs.

— Entre te réchauffer, insista Tala. Mon fils viendra dès qu'il aura terminé. Je suis heureuse de t'accueillir.

Hermine la suivit à l'intérieur où elle découvrit un havre de lumière et de chaleur. Un feu dansait en crépitant dans une cheminée faite de galets. Sur le plancher, des peaux de bête servaient de tapis. Deux lampes à pétrole suspendues à des clous éclairaient la pièce où régnaient l'ordre et la propreté, ainsi qu'une harmonie étrange. Il y avait peu de meubles, mais ils étaient en beau bois clair. Des tissus bariolés, ornés de symboles mystérieux, étaient suspendus aux murs. Au bord de l'âtre, une marmite, dégageant une bonne odeur de viande et de légumes en pleine cuisson, chantonnait sur un lit de braises.

— Je t'ai préparé dans la chambre un baquet d'eau chaude, du savon et des serviettes, expliqua la mère de Toshan.

— Mais comment saviez-vous que nous serions là ce soir ? La tempête nous a retardés !

Tala éclata de rire. Hermine la trouva très belle, sans âge, brune et dorée. Toshan lui ressemblait beaucoup.

— Si vous n'étiez pas arrivés, j'aurais pris l'eau chaude pour moi. J'ai préparé ce baquet trois soirs de suite. Que t'a raconté mon fils, encore, à mon sujet ?

— Rien de particulier, mais il parle de vous sans cesse, répliqua Hermine en riant à son tour.

Tala l'accompagna dans la chambre et la laissa seule. Il y faisait bon, mais moins chaud que dans l'autre pièce. À la clarté d'une chandelle, la jeune fille ôta ses bottes et ses habits avec empressement. Toute nue, elle se lava en soupirant de bien-être, debout dans le baquet. Tala avait pensé à tout, un petit broc pour s'asperger, un carré de tissu pour se frotter.

« C'est une jolie petite maison, pensait-elle, éperdue de satisfaction. Ma belle-mère semble très gentille. Puisque je ne peux pas poster de lettres à maman, je lui raconterai tout ce que je vis dans un cahier et je le lui offrirai cet été, à mon retour. »

Encombré de leurs bagages, Toshan entra sans frapper. Hermine le supplia tout bas de vite refermer la porte.

— La nudité ne gêne pas ma mère, protesta-t-il.

— Moi, je ne veux pas me montrer nue à quelqu'un d'autre que toi !

Il jeta son chargement par terre et l'embrassa sur la bouche et dans le cou. Elle ne l'avait jamais vu aussi gai. Ses traits étaient détendus.

— Je suis content d'être chez nous enfin, dit-il. L'hiver, je travaille sur les chantiers et je reviens là au début du mois de mai. Ça me plaît d'attendre le printemps avec toi, cette fois.

Hermine enfila des vêtements secs et se coiffa.

Encore étonnée d'être à l'abri, elle mit des chaussons en laine. Toshan lui désigna le lit aux montants composés de troncs à peine écorcés ; il était couvert d'un patchwork aux vives couleurs.

— Mon père avait construit le meuble, ma mère a cousu la couverture. C'était leur chambre. Maintenant, c'est la nôtre.

— Et où va dormir ta mère ?

— Il y a une petite pièce que j'ai construite l'été dernier, au cas où je te ramènerais ici un jour. Ne t'inquiète pas, maman en a fait son domaine.

Ils étaient affamés et rejoignirent vite Tala qui avait mis le couvert et les attendait. En l'observant, Hermine conçut une admiration sans bornes pour cette femme qui vivait seule durant des mois, au cœur d'une nature sauvage.

« Comment fait-elle ? On dirait qu'elle ne souffre pas du tout de sa solitude, de son isolement. Elle a un sourire si paisible ! Moi, je m'ennuierais. »

Tous trois mangèrent en silence des galettes de farine de maïs et de la viande de cerf cuite longuement dans un jus brun et gras. Tala apporta une cruche en émail remplie de café brûlant.

— Merci, Hermine, dit-elle avec une sincère gratitude. Mon fils m'a donné ce cadeau de ta part, un gros sac de café. C'est ma gourmandise, et je n'en avais presque plus.

Toshan disposa seulement deux tasses sur la table. Il caressa les cheveux de sa jeune épouse et annonça qu'il se couchait. Comme Hermine cachait mal sa déception, Tala la rassura d'un sourire.

— Mon fils sait que je veux te parler. Tout à l'heure,

pendant que tu te lavais, il m'a très vite expliqué qui tu es. Je dois te dire ce que je sais sur tes parents.

— Nous aurons tout notre temps les jours prochains, souffla la jeune fille.

Hermine ne voulait pas savoir la vérité ce soir-là. Elle se sentait trop fatiguée. De toute manière son père était mort... Elle était pressée de se réfugier près de son mari, de recevoir ses caresses et de lui en donner.

— Ma fille, les mauvaises choses, il faut s'en débarrasser. Ensuite tu auras le cœur et l'esprit en paix. Si tu es avec moi, c'est pour écouter l'histoire de ton père, qui ne peut plus la raconter.

— D'accord, répondit Hermine en remarquant que Toshan avait la même manière directe d'imposer sa volonté.

— Quand tes parents sont arrivés en traîneau, on était à peu près à cette date, commença Tala. J'étais bien plus jeune. J'avais reçu le baptême le jour de mon mariage avec Henri Delbeau, qui tenait à m'appeler Rolande. Tout ceci, je l'avais accepté par amour pour cet homme. Nous étions heureux ici, la cabane que nous avions construite ensemble me plaisait, comme les provisions que je gardais précieusement. Et j'avais un fils, Toshan, que je devais nommer Clément devant son père. Ma famille me manquait ; je ne riais pas souvent. Un soir, il y a eu ce couple devant notre porte, dans un beau traîneau tiré par six chiens. Je me méfiais d'eux. Henri les a hébergés de bon cœur, ce que je comprenais. La femme, Laura, était très malade. Pas tellement son corps, mais son cœur et son esprit. Un peu jalouse de sa beauté, je l'ai soignée. Tu lui ressembles beaucoup.

— Mais vous êtes belle, vous aussi, coupa Hermine.

— Pas de la même manière. J'enviais ses yeux bleus

et sa peau blanche. Cela n'a pas duré. Elle souffrait tant que j'ai pris peur. Je l'entendais pleurer la nuit. L'homme, Jocelyn, avait les gestes et le regard d'un animal traqué. Il était grand, presque autant qu'Henri, il avait des cheveux drus très bruns, une figure carrée et virile, une barbe frisée qui cachait sa bouche et le dessin de ses joues. Il n'a pas eu un sourire, même pour Toshan qui nourrissait ses chiens et lui servait ses repas. Peu après, ton père a voulu partir plus au nord. Il fuyait, mais je ne savais pas quoi, il ne se souciait pas de ma présence et ne parlait qu'à mon mari, tard le soir. Henri les a conduits dans un baraquement, à six milles de notre cabane. Il leur a donné de la nourriture et des couvertures. Laura n'avait plus de fièvre, mais elle refusait de manger et de parler. J'étais soulagée de leur départ.

Tala but sa tasse de café d'un trait. Elle poursuivit :

— Plus tard, Henri s'est inquiété pour eux. Il a pris son fusil, du café et du sucre et il s'est mis en route. Je te l'ai dit, Hermine, j'étais plus jeune et je n'aimais pas voir mon mari s'éloigner. Il est revenu avec Laura. Il tirait le traîneau où elle était assise, l'air changé. Elle souriait comme une enfant, mais sans nous reconnaître, Toshan et moi. Henri s'est confié à moi. En arrivant au baraquement, il n'avait pas vu de fumée. Des loups hurlaient au loin. Et là, avant d'entrer, il avait trouvé le corps de Jocelyn, à moitié dévoré.

— Oh ! mon Dieu ! balbutia Hermine. Quelle horreur !

— Les loups n'étaient coupables de rien, juste d'être affamés. Ton père s'était tiré une balle dans la tête après avoir voulu tuer ta mère qui était devenue folle, privée de sa mémoire. Laura a raconté la scène à Henri quand il l'a trouvée cachée sous le lit, décharnée, sale et hagarde. Elle parlait de son mari comme d'un étranger qui l'avait menacée de son arme avant de prendre la fuite. Nous avons supposé que ton père, horrifié par l'idée de voir dépérir celle qu'il aimait, s'était décidé à abréger ses souffrances. Mais il a préféré se détruire. Henri savait aussi que Jocelyn avait causé la mort d'un homme, à Trois-Rivières. Ton père s'est puni d'un acte qu'il ne pouvait pas se pardonner. C'était une bonne personne, et tu n'as pas à rougir de lui. Au printemps, nous irons sur sa tombe.

La jeune fille sanglotait, choquée par ce qu'elle venait d'entendre raconter sans ménagement. Tala ajouta :

— Laura est restée chez nous jusqu'au début de l'été. Henri l'a conduite dans un hôpital, comme le lui demandait Jocelyn dans une lettre. Il était question aussi d'une somme d'argent qu'il nous léguait, mais Henri n'a pas voulu y toucher. Il avait peur que ce legs lui porte malheur... Pleure, ma fille. Demain tu seras libérée de ton chagrin.

— Je ne crois pas. Je vais y penser souvent, protesta Hermine. Cette histoire est désespérante. Mon père aurait dû lutter, se dénoncer à la police. Maman m'a tout expliqué, sauf ce qu'elle avait oublié. La mort de cet homme, à Trois-Rivières, c'était un accident.

Elle pleura sans bruit. Tala lui prit la main et ajouta :

— Je sais maintenant ce qui a rendu ta mère si malade. Elle venait de t'abandonner. La nuit, quand elle rêvait, des souvenirs se frayaient un passage dans le brouillard de son esprit. Elle parlait de Val-Jalbert.

— Toshan me l'a dit, renifla Hermine.

— Ce sont les cauchemars de Laura qui ont guidé

mon fils vers toi. Vous allez être heureux, tous les deux, et cela effacera la douleur de ton cœur, du cœur de ta mère, et aussi du mien.

— Vous n'avez pas l'air triste, pourtant ?

— Mon mari me manque beaucoup, avoua Tala. Je n'ai pas été une bonne épouse pour lui, toujours à bouder et à me plaindre de ses absences. Même quand il a emmené Laura, je lui ai fait des reproches, je croyais qu'il ne reviendrait pas, qu'il vivrait loin de nous avec elle.

Cela fit sourire Hermine qui essuya ses larmes.

— Tu te moques, dit la mère de Toshan, mais, assise près de cette fenêtre, là, toujours à chanter doucement une histoire de feuille d'érable, elle fascinait Henri et Toshan.

— Maman chantait ?

— Oui, c'était joli à entendre... À son retour, Henri s'est entêté à chercher de nouveaux filons d'or. Jusqu'à sa mort, quand il a été emporté par la crue de la rivière. Depuis, je m'efforce d'avoir bon caractère, je savoure chaque instant de la vie et j'ai retrouvé mon sourire, comme si mon mari me surveillait du ciel. Maintenant, tu es là, mon fils t'aime et tu lui donnes de la joie. Tout est bien, en forme de cercle.

Une immense fatigue pesa brusquement sur Hermine. Tala l'aida à se lever et la soutint jusqu'à la chambre. Avec des gestes habiles, elle lui enleva sa jupe et son gilet.

— Passe une bonne nuit. Demain matin, tu seras en paix.

— Oui, sans doute, marmonna la jeune fille, hébétée.

Elle s'allongea à tâtons près de Toshan qui dormait. Tel un petit animal frileux, elle cala sa joue au creux de son épaule et posa un bras en travers de sa poitrine. Qu'elle était bien, là, tout contre celui qu'elle aimait ! Sa présence muette la consolait.

Dehors, il continuait à neiger. Des hurlements rauques se mêlaient aux grondements du vent. Une meute de loups errait, des bêtes au ventre creux en quête de gibier. Les chiens aboyèrent, inquiets. Tala s'enroula d'un grand châle et sortit s'assurer que le hangar était bien fermé. Elle jeta des restes de viande aux trois malamutes.

— Silence, Duke ! ordonna-t-elle. Il n'y a pas de danger. Ne réveillez pas mon fils et la fille qu'il m'a amenée.

Tala souriait, offrant son visage à la nuit d'hiver.

*
* *

Bord de la rivière Péribonka, 9 avril 1932

Les bras en croix, Hermine s'étira dans le lit. Toshan s'était levé tôt sans la réveiller. Toute nue, la jeune femme se lova entre les draps avec une souplesse féline. C'était le moment qu'elle préférait. L'odeur du café lui parvenait de la pièce voisine, celle du feu de bois aussi. Elle se sentait reposée, prête à commencer une journée qui serait pareille à toutes celles passées ici depuis son arrivée, d'une délicieuse régularité.

« Le matin, cérémonie du café et bavardage avec ma belle-mère, récita-t-elle en pensée. Selon le temps qu'il fait, une petite promenade toutes les deux autour de la cabane. Enfin, la préparation du repas. Le repas avec Toshan, qui n'en finit pas de réparer, de reclouer, de scier je ne sais quoi... L'après-midi, une petite sieste avec mon mari chéri. »

Elle ne se lasserait jamais des heures où ils se rejoignaient au creux du lit, nus, ardents, joyeux, complices, avides de plaisir.

« Tala doit nous entendre, souvent, mais cela la fait rire. Les Indiens ne voient aucun mal à ça, paraît-il. Toshan tient peu de son père qui ne se livrait à aucune effusion, jugeait les baisers indécents, comme bien des gens à Val-Jalbert. Je préfère les mœurs indiennes... Après la sieste, Tala m'apprend la langue montagnaise et moi, je lui apprends à lire. Viennent le souper et la veillée près du feu. Je chante pour Tala, pour Toshan qui fume une cigarette. Nous allons au lit et je me réveille seule, toute chaude et douce. »

Ses mains glissèrent de ses seins plus ronds à son ventre un peu plus bombé. Elle ne s'était pas trompée à l'auberge de Péribonka : un enfant, né de la semence de Toshan, avait pris vie au plus intime de sa chair.

— Notre bébé ! dit-elle tout haut.

Quand elle avait annoncé la nouvelle à son mari, au fond du hangar où il disposait d'un établi, il s'était arrêté net de raboter une planche. Elle revoyait encore son visage bouleversé et l'éclat fier de ses yeux noirs.

« Il m'a soulevée du sol, il m'a embrassée partout en criant qu'il m'adorait, que j'étais sa petite femme coquillage, son oiseau chanteur ! »

Hermine se complaisait à ces rêveries matinales. Même affamée, alléchée par le fumet familier de la cafetière, elle s'attardait au lit pour le simple plaisir d'analyser son bonheur quotidien. Cet état de béatitude durait depuis le premier jour où elle s'était réveillée dans la cabane, après avoir écouté la veille le terrible récit de la mort de son père. Tala ne lui avait pas menti ; après une nuit de profond sommeil, elle s'était tournée uniquement vers le présent enchanteur et l'avenir riche de promesses.

« Je ferais bien de réviser mes leçons de montagnais, décida-t-elle soudain, en frottant sa joue contre l'oreiller de Toshan, qui gardait l'odeur de ses cheveux. Tala sera contente. Alors... le nom des rivières, qui doit m'aider à comprendre d'autres mots. Chicoutimi, "jusqu'où c'est profond". C'est souvent en rapport avec l'eau. Kénogami, "le lac long", et, mon préféré, le plus dur à dire : Ashuapmushuan, "là où on guette l'orignal". Métabetchouan, "là où la rivière se recueille..." Mistassini, "la grosse roche". Et Péribonka, "là où la rivière est bordée de sable". Le Saguenay, "d'où l'eau sort", Tadoussac, "les mamelons". Et Ouiatchouan, "là où l'eau tourbillonne". Ouiatchouan, ma rivière, ma cascade. »

Une onde doucereuse de mélancolie dissipa un instant sa joie d'être là, alanguie, enceinte des œuvres de son amour. Elle eut envie de revoir sa mère, Betty et Charlotte, le petit Ed, Mireille et Chinook, le beau cheval roux que personne ne savait brosser et dorloter mieux qu'elle.

« L'hiver s'achève. Même s'il neige encore, le dégel s'annonce. Tala m'a dit que l'eau gronde sous la glace de la rivière. Les petits rongeurs ont attaqué la viande fumée dans le grenier. Dès les premiers beaux jours, je demanderai à Toshan de partir. Je veux accoucher chez maman. »

Hermine n'avait pas prévu avoir un bébé aussi rapidement, mais cela la comblait de bonheur. Elle se leva et s'habilla. Tala cousait de fines peaux de daim.

— Paresseuse ! lui dit-elle en riant. Tu n'es pas une vraie hermine, qui court dès l'aube chercher une proie. Tu te lèves de plus en plus tard.

— Je révisais les noms des rivières, Tala. Je m'entraîne à bien les prononcer pour éviter que tu te moques de moi.

La belle Indienne plissa les yeux, tira l'aiguille et coupa le fil avec ses dents.

— Je travaille pour l'enfant. Il naîtra à la fin du mois de septembre, il lui faut des vêtements chauds pour l'hiver prochain. J'ai des perles de couleur pour décorer la tunique. Pendant l'été, je tresserai une panière en osier qui servira de berceau.

Hermine n'osa pas dire le fond de sa pensée. Ni Toshan ni Tala n'évoquaient la possibilité d'un retour à Val-Jalbert. La jeune femme estima qu'ils avaient encore largement le temps d'en parler. Elle s'habituait à l'insouciance dont ils faisaient preuve sur certains points, uniquement préoccupés de la nourriture et du bois de chauffage.

« Si nous partons à la fin juin ou au début de juillet, je pourrai voyager sans problème. J'ai à peine dépensé l'argent de maman. Nous prendrons le bateau pour traverser le lac Saint-Jean », se dit-elle déjà joyeuse à cette perspective.

Une heure plus tard, Hermine se promenait, seule. Tala voulait terminer sa couture. La neige, encore épaisse, était spongieuse et gorgée d'eau. Un murmure persistant, ponctué de craquements sourds, intrigua la jeune femme. Cela venait de la Péribonka. La glace se fendait, l'eau chantait en profondeur, prête à se libérer, à bondir vers les terres plus basses.

L'air avait une soudaine douceur printanière. Une hache sur l'épaule, Toshan sortit du bois de sapin. Ses chiens le précédaient, leur épaisse fourrure trempée.

— Mine, cria-t-il, viens voir...

Elle marcha vers lui. Il tenait une fragile fleur mauve entre ses doigts, un frêle crocus jailli de la terre réchauffée.

— Regarde, la première fleur. Elle est petite, mais forte, comme toi.

Toshan souriait, plus doré qu'un soleil, les dents plus blanches que la neige. Hermine songea qu'il était le plus bel homme du monde et qu'il l'aimait. Dieu les avait réunis. Elle le désirait dès qu'il s'approchait, et il ne pouvait pas se lasser de son corps de femme, mais sans jamais rien exiger. Si elle était fatiguée, il se contentait de la bercer contre lui.

— Je vais garder la fleur ; je la ferai sécher entre les pages de mon livre.

— Cet été, tu vas voir, les prairies au bord de la rivière seront couvertes de fleurs. Les caribous viendront boire. Les Montagnais suivaient les troupeaux, jadis. Ils chassaient les bêtes les plus faibles, sans rien gaspiller, utilisant la peau, les tendons et les os. Ce soir, je demanderai à ma mère de te raconter l'histoire de mon peuple. Je me sens plus Indien que Blanc, même si j'aimais beaucoup mon père. Je suis tellement heureux d'élever notre enfant sur ces terrains qui m'appartiennent. Il grandira libre, entre la forêt et la rivière. Fille ou garçon, il n'ira pas dans une école tenue par des frères ou des sœurs. Tu seras son institutrice.

Sur ces mots, Toshan lui donna un long baiser passionné. Hermine n'eut plus qu'une envie : vivre éternellement dans la cabane de Tala, au bord de la Péribonka.

Avril céda la place au mois de mai lumineux et ensoleillé. Les arbres reverdirent, l'herbe poussa dru, étoilée par les corolles jaunes d'or des pissenlits. Des nuées d'oiseaux chantaient du matin au soir. Un ours noir s'aventura près du hangar, mais il fut vite mis en fuite par les chiens.

Le ventre de la jeune femme s'arrondissait. Tala sortit un coupon de satinette fleurie d'un placard et lui tailla une robe ample, mieux accordée à sa nouvelle silhouette.

Le premier jour de juin, Hermine demanda à Toshan comment écrire à sa mère.

— Je voudrais la rassurer et lui annoncer que j'attends un bébé. Il y a bien un village où tu pourrais poster une lettre ?

— Non, pas à moins de dix jours de marche. Un de mes cousins passe chaque été nous rendre visite. Prépare une lettre, je la lui confierai. Là où il habite, il y a un bureau de poste.

— Mais ce sera trop tard, durant l'été, puisque nous serons déjà partis ! s'écria Hermine. Je veux lui écrire tout de suite. J'ai promis à maman de revenir en juillet. Comme ça, le maire de Val-Jalbert nous mariera civilement, ce sera vraiment officiel. De toute façon, je ne peux pas accoucher ici !

Elle le fixait de son regard bleu limpide. Ses cheveux dansaient au vent tiède et sa peau claire scintillait au soleil. Toshan l'attira contre lui et caressa son ventre tendu.

— Mine, nous ne pouvons pas aller jusqu'à ton

village. L'hiver, en traîneau, c'est possible, mais là, il faudrait marcher des jours et des jours. Seul, j'ai l'habitude. Tu serais épuisée. Je croyais que tu étais heureuse, près de moi et de ma mère qui t'aime comme sa propre fille.

— Je suis heureuse, soupira-t-elle, mais je voudrais rentrer à Val-Jalbert.

— L'été prochain, nous irons. Le bébé aura un an. Je le porterai sur mon dos. N'aie pas peur, la naissance se passera bien. Quand il repartira, mon cousin préviendra une de mes tantes et ma grand-mère. Elles arriveront à temps. Les femmes du peuple montagnais connaissent les plantes qui soulagent la douleur. Mon enfant ne viendra pas au monde dans ton village fantôme.

Il avait jeté ces derniers mots d'une voix dure.

La jeune femme se dégagea doucement des bras de son mari. Elle se réfugia dans leur chambre et, une fois couchée, pleura des heures. Tala écouta, songeuse, la triste musique des sanglots.

Toshan passa la nuit dans la forêt. Le lendemain matin, il partit à la chasse, emportant un sac de provisions.

— Il fait toujours ainsi, expliqua sa mère. Quand il traque le gros gibier, cela peut prendre plusieurs jours.

— Il aurait pu me dire au revoir, répondit-elle très déçue par l'attitude de son mari.

— Ne te rends pas malade, recommanda Tala. Ton enfant a besoin que tu sois gaie et que tu aies l'esprit en paix. Oublie ta colère.

— Je n'ai rien fait de mal ! s'écria la jeune femme. Je voudrais écrire à maman. Elle va commencer à attendre mon retour. Tala, je me plais ici, je ne m'ennuie jamais. Je t'aime beaucoup, je t'admire, même, mais je croyais que Toshan vivrait à Val-Jalbert, près de moi. J'ai grandi là-bas.

— Et lui, il a grandi ici, rétorqua Tala. Il faut le comprendre, ma fille bien-aimée. Toshan a découvert la souffrance une fois adulte, l'humiliation au goût amer. On se méfiait de lui, on s'étonnait parce qu'il savait lire, grâce à l'entêtement d'Henri à l'envoyer à l'école. Il n'y a pas d'un côté les bons et de l'autre les méchants. Les gens de ce pays sont le plus souvent amicaux avec les Indiens, mais certains refusaient de lui donner du travail ou de le loger.

« Comme Joseph ! » se dit Hermine.

— Toshan en est devenu ombrageux, hautain parfois. Il s'est obstiné à porter ses cheveux longs, à mettre les vêtements que sa grand-mère Odina[1] lui cousait. Quand il m'a parlé de toi, c'était sans espoir de t'épouser un jour, parce que tu étais une jeune fille blanche instruite. Il ne se trompait guère, puisque tu as dû t'enfuir de ton village pour imposer votre amour à ta famille. Qui te dit qu'il sera bien accueilli dans ton Val-Jalbert ?

Hermine soupira. Les paroles de sa belle-mère sonnaient juste, hélas. Hormis Laura et Mireille dont elle était sûre, qui verrait d'un bon œil la présence de Toshan dans cette communauté réduite, privée de service religieux ? En y réfléchissant, elle se ravisa pourtant. Seul Joseph Marois pouvait se montrer hostile, mais Betty saurait l'empêcher de nuire.

— Les tiens te manquent, c'est normal, assura Tala. Mais une épouse doit suivre son mari, comme moi j'ai suivi Henri. Tu as promis ta foi à Toshan. Ma fille,

---

1. Prénom algonquin signifiant montagne.

réfléchis bien. Qu'est-ce qui est le plus important pour toi ?

— C'est Toshan et l'enfant que je porte, son enfant, répliqua Hermine sans hésiter.

— Ne songe donc plus à partir. Profite de l'été, la saison des fleurs et des fruits, la saison des eaux vives.

— Mais Toshan m'a laissée seule. Il m'en veut.

— Il reviendra vite, attiré vers toi comme l'abeille par le miel.

Ce matin-là, Tala peigna longuement les cheveux châtain doré de sa belle-fille. Elle lui fit deux tresses qu'elle noua d'un lien en cuir rouge. Ses mains étaient adroites et caressantes.

— Tu devrais aller chanter au bord de la rivière, lui dit-elle ensuite. Tu ne chantes plus assez. Le bébé t'écoutera.

La jeune femme alla s'allonger sur un banc de sable, au bord de la Péribonka. Le ciel d'un bleu intense se reflétait dans ses yeux tout aussi bleus. Des mésanges à tête noire pépiaient au sommet d'un jeune saule. Tout n'était que clarté et harmonie.

— Tala a raison, se ravisa Hermine en posant les mains sur son ventre. Une épouse consacre sa vie à celui qu'elle a choisi.

Le soleil était doux et d'une bienfaisante chaleur, la rivière roulait des flots transparents. Quelqu'un marchait sur le sable d'un pas glissant. Elle se redressa un peu et, tout de suite, se mit à sourire.

— Toshan, tu es déjà revenu ?

Il s'allongea à ses côtés.

— J'irai chasser une autre fois. J'ai fait demi-tour tout de suite. Ton image me poursuivait. Je vais prendre soin de toi.

Ils partagèrent dès lors un bonheur simple. Ils se baignaient nus dans une crique de la Péribonka et faisaient l'amour avec une douceur passionnée. Quand le bébé bougeait, Hermine prévenait vite Toshan qui collait sa joue contre le ventre de plus en plus rond de sa femme. L'indienne conseillait à sa belle-fille de marcher beaucoup, ce qui rendrait l'accouchement facile, selon elle.

Le soir, Tala allumait un feu devant la cabane, elle dressait une table de fortune et ils prenaient leur repas tous les trois sous les étoiles. Le fameux cousin annoncé leur rendit visite à la fin du mois de juillet. C'était un homme d'une trentaine d'années qui montait un poney. Il avait les cheveux courts et la peau bien plus sombre que Toshan. Il s'appelait Chogan[1]. Hermine chanta pour lui à la demande de son mari et de sa belle-mère. Sa voix, qu'elle travaillait moins que les années précédentes, n'avait pas perdu de sa puissance.

Sa pipe entre les dents, Chogan écouta *Les Blés d'or* et *Un Canadien errant*. Quand la jeune femme, qu'il considérait comme sa parente, exécuta avec une réelle émotion un extrait de *Madame Butterfly*, dont les notes hautes constituaient une prouesse vocale, Tala essuya une larme.

— Maintenant, cousine, je te nommerai Kanti, « celle qui chante » dans notre langue, déclara Chogan.

Il partit au bout de trois jours. Hermine lui confia une longue lettre adressée à Laura. Elle racontait à sa mère l'existence saine et joyeuse qu'elle menait au bord de la rivière Péribonka et parlait de l'enfant qu'elle portait, dont la naissance aurait lieu en septembre. Sa main avait

1. Oiseau noir, en langue algonquienne, souche de la langue des Montagnais.

tremblé en écrivant qu'elle ne reviendrait pas à Val-Jalbert avant l'été suivant.

« Maman sera très malheureuse, mais elle comprendra », se disait-elle.

Toshan avait profité du séjour de Chogan pour lui emprunter son poney. Hermine s'était retrouvée perchée sur la bête brune.

— Je t'emmène sur la tombe de ton père, avait dit son mari.

Le baraquement s'était effondré depuis longtemps sous le poids des neiges successives. La tombe, un modeste tas de pierres, était recouverte de mousse et de fleurettes roses et jaunes. La croix fabriquée avec deux bouts de planche penchait un peu.

La jeune femme s'était mise à genoux et avait prié pour l'âme tourmentée de Jocelyn Chardin.

« Mon cher papa, je n'ai jamais vu ton visage ni entendu ta voix, sauf quand j'étais toute petite, mais, hélas, je ne m'en souviens pas du tout. Peut-être que tu m'es apparu en rêve. Je voudrais te dire que je t'aime sans te connaître, que j'ai mené ton traîneau et que je caresse souvent les deux initiales que tu avais gravées dans le bois des poignées. Maman et moi, nous ne t'oublierons jamais. »

Ce fut à cet instant qu'elle décida, si elle donnait naissance à un garçon, de le baptiser Jocelyn. Toshan ne la contraria pas. Il effaça les traces de larmes sur ses joues et baisa ses lèvres avec respect.

— Rentrons chez nous, avait-il dit en souriant.

***

Le matin du 13 septembre, Hermine ressentit un élancement pareil à une brûlure au creux de ses reins, suivi d'une douleur sourde au bas du ventre. Elle buvait son café assise près de la cheminée, car il pleuvait. Tala surprit son expression inquiète.

— Qu'est-ce que tu as, ma fille ?

— Je ne sais pas, peut-être que le bébé a bougé trop brusquement. Il s'agitait beaucoup ces derniers jours.

Opina, une vieille femme aux cheveux gris et à la figure sillonnée de rides profondes, hocha la tête. Elle était arrivée la veille avec sa deuxième fille, Aranck, dont le nom signifiait « étoile ». Tala jeta un coup d'œil interrogateur à sa mère et à sa sœur.

— Petite, va t'allonger sur ton lit, je vais t'examiner, dit Opina. J'ai mis au monde une cinquantaine d'enfants. Je suis ce que les Blancs appellent une sage-femme. Aranck, prépare les tisanes.

— Mais c'est trop tôt, protesta Hermine. Je pensais que cela viendrait à la fin du mois.

— Les enfants décident du moment en frappant à la porte de ton corps. Accepte ce qui se passe en toi, Hermine, déclara Tala.

Toshan fendait du bois en prévision de l'hiver. Quand il vint prendre le repas de midi, la pièce principale était vide. Un concert de discussions retentissait dans la chambre. Il entra, affolé.

— Mon neveu, l'informa Aranck, le bébé sera là avant la nuit.

— Vraiment ? s'étonna-t-il, un peu inquiet. Mais ce n'est pas trop tôt ?

— Le bébé a décidé, coupa Opina.

— Toshan, sors tout de suite d'ici ! hurla Hermine.

Mange et retourne travailler. Tu ne dois pas me voir accoucher !

Elle tentait de rester calme, d'accepter les spasmes qui la parcouraient tout entière. Opina lui massait le ventre en chantonnant. Des herbes aromatiques brûlaient dans un récipient en terre cuite.

— Sors, mon fils, insista Tala. Ta femme dit vrai, tu n'as rien à faire dans cette chambre.

Toshan ne put rien avaler. Il passa ses nerfs sur les bûches qui volaient en éclats, coupées en deux d'un unique coup de hache.

Hermine suivait les conseils des trois Indiennes réunies autour du lit. Elles s'exprimaient parfois en langue montagnaise. Elles riaient, enchantées d'accueillir un nouveau-né.

— Respire à fond, ma fille, répétait Opina. Souffle, respire, chante si tu veux. Chogan nous a cuit les oreilles en vantant ta voix. Il nous a tant appâtées avec ton talent que nous sommes venues plus tôt que prévu, et c'est une chance.

— Je... ne peux... pas... chanter ! haleta la jeune femme, suffoquée par une contraction bien plus ample que les précédentes.

Elle dut subir encore une fois un examen qui malmenait sa pudeur. Aranck, une réplique plus dodue et moins jolie de Tala, sa sœur cadette, lui fit boire une quatrième tasse de tisane. La future mère ignorait que la boisson contenait des plantes aux vertus analgésiques et apaisantes.

— L'enfant arrive, je sens son crâne bien rond, affirma la vieille Indienne. Pousse, petite, pousse maintenant. Tenez-la, vous deux ! Dans le dos, aux épaules.

Hermine eut la sensation d'être écartelée vivante. Le

bas de son corps sembla se disloquer, tandis qu'une chose visqueuse, chaude et animée d'un mouvement propre, sortait de son ventre. Opina reçut le bébé entre ses larges mains brunes. L'enfant lança un cri vigoureux, suivi de bruits qui ressemblaient à des miaulements de colère.

— Toshan a un fils ! hurla Tala. Un beau garçon.

— Tu es faite pour donner la vie, remarqua Opina. La naissance a été facile et douce.

La jeune femme n'était pas vraiment de cet avis, mais, épuisée, elle contempla, tenu à bout de bras par Aranck, puis par Tala, le petit être rouge qui gesticulait.

— Quel nom portera-t-il ? demanda sa belle-mère.

— Jocelyn ! répondit Hermine avec tendresse.

Toshan frappa à la porte. Il avait entendu les vagissements du bébé et, d'une voix vibrante d'impatience, il demanda s'il pouvait entrer.

— Qu'il attende encore un peu, implora Hermine. Il faut me couvrir, me laver et laver l'enfant.

— Tu as un fils, mon neveu, claironna Aranck, prise d'un fou rire.

Toshan poussa une clameur de fierté victorieuse. Un peu plus tard, Tala lui présenta le bébé. Un duvet doré couvrait sa tête bien formée. Il ouvrit des yeux très sombres et fixa son père.

— Je crois que sa peau sera plus foncée que celle de ta femme, dit Tala. Il est magnifique !

— Mon petit, Mukki[1] ! murmura Toshan en embrassant le front de son fils. Merci, Mine chérie, de m'avoir donné un si beau petit garçon.

---

1. Enfant en algonquin. Prénom.

Hermine garda le lit une semaine. Elle dormait avec le bébé, qui tétait plusieurs fois par jour et au milieu de la nuit. Un cercle magique l'isolait du reste du monde lorsqu'elle admirait la perfection du nouveau-né. Toshan couchait sur le plancher, se contentant d'une couverture et d'une paillasse. Il savourait chaque instant de sa vie d'homme et de père. Quand la jeune maman chantait une berceuse, il fermait les yeux et remerciait Dieu et les âmes de ses ancêtres montagnais.

Opina et Aranck ne paraissaient pas décidées à reprendre le chemin de leur village, situé à deux semaines de marche, en pleine forêt. Tala se réjouissait de leur compagnie rieuse et bruyante. Comme Toshan, les trois Indiennes appelaient le bébé « Mukki » malgré les protestations d'Hermine.

Dès qu'elle était seule, elle couvrait le visage de son fils de légers baisers, en répétant :

— Mon mignon Jocelyn, Jocelyn, pas Mukki. Jocelyn, écoute, je vais te chanter *Nous n'irons plus au bois*.

Le bébé avait deux mois. Les grandes oies sauvages étaient descendues vers le Sud.

Nous n'irons plus au bois, les lauriers sont coupés,
La belle que voilà...

Hermine ne put continuer. Un flot de larmes la submergea. Elle pleura longtemps, tout en allaitant son bébé. Afin de cacher la grave mélancolie dont elle souffrait, la jeune femme se réfugiait dans sa chambre pour sangloter en cachette.

Opina et Aranck, bien que très gentilles, ne se souciaient

plus d'elle. Elles s'occupaient trop du nourrisson, cependant, comme Tala. Toshan s'absentait du matin au soir afin de rapporter assez de gibier pour l'hiver, de quoi nourrir cinq personnes. Les Indiennes fumaient la viande dehors, sur des feux d'herbages humides. L'odeur envahissait la maison. Hermine put ainsi justifier ses yeux rougis et sa tendance à rester enfermée.

« Je voudrais tant passer Noël chez moi, à Val-Jalbert, mon village ! se désolait-elle chaque jour. Je veux présenter Jocelyn à maman et à Betty. Je veux retourner là où l'eau tourbillonne. Je veux entendre la chanson de la cascade. »

Il neigea au début du mois de décembre. Un soir, Tala entraîna Toshan sous le hangar. Elle distribua des restes de viande aux trois chiens.

— Mon fils, tu dois reconduire Hermine près des siens. Elle maigrit, elle n'a plus d'appétit, elle perd le goût de vivre. Son lait risque de tarir. Je vois bien que ses paupières sont meurtries par les larmes qu'elle nous cache.

— Je lui ai promis d'aller à Val-Jalbert l'été prochain, répondit Toshan.

— Oui, et elle s'est soumise à ta volonté. Mais Laura Chardin, malade de chagrin, a perdu la mémoire. Hermine a peut-être l'esprit fragile de sa mère. Si tu l'aimes, conduis-la auprès des siens. Mon petit-fils est assez solide pour faire le voyage. Seul le vent violent et glacé peut présenter du danger pour un petit. Il ne fait pas encore très froid, juste assez pour que la neige tienne au sol. En traîneau, tu seras là-bas pour Noël ; j'ai regardé sur ta carte.

— Mais qu'est-ce que je ferai dans la belle maison de Laura ? protesta le jeune homme.

— Nigaud, la même chose qu'ici ! Tu aideras ta belle-famille, tu iras dans les bois. Tu dormiras près de ta femme.

Le lendemain, sans rien dire à Hermine, Toshan fabriqua un auvent en peau de caribou huilée, monté sur des arçons d'osier qu'il accrocha solidement sur le traîneau, à la hauteur du dosseret. Son installation protégerait Hermine et leur fils du vent, de la neige et du soleil. Quand ce fut terminé, il vérifia les harnais de ses chiens et l'état des patins.

La nuit tombait. Toshan trouva son épouse couchée. Elle donnait le sein à Jocelyn.

— Mine, quand notre fils sera rassasié, prépare ton bagage. Nous partons au lever du jour.

— Mais où ? demanda-t-elle sans un sourire, l'air inquiet.

— Là où l'eau tourbillonne, à Ouiatchouan.

Hermine eut un long frisson de joie incrédule. Elle souleva le bébé pour s'asseoir. Toshan vit son joli visage s'épanouir, ses beaux yeux bleus briller à nouveau. Elle riait, comme revenue à la vie.

— Merci, mon amour, merci ! Que je suis heureuse !

***

Val-Jalbert, 22 décembre 1932

Laura achevait de décorer le sapin de Noël sans aucun enthousiasme. Elle le faisait pour Betty, devenue une précieuse amie, pour le petit Ed et surtout pour Charlotte qui avait retrouvé en partie la vue après une opération réalisée par un chirurgien réputé de Montréal. La fillette recevrait le plus beau cadeau, elle verrait enfin scintiller les guirlandes argentées, et les minuscules lampes électriques de couleurs vives.

« Hermine ne sera pas là, songea Laura avec amertume. Elle serait si contente de trouver sa petite Charlotte presque guérie. Et de faire la connaissance de la fille d'Élisabeth, qui est née le 15 août, le jour de l'Assomption, une ravissante petite Marie. »

Mireille entra dans le salon. Une voix d'homme, assez grave mais douce, remercia pour le thé et les pancakes. Un parfum de sirop d'érable chaud fit se retourner Laura.

— Hans, tu avais apporté des pâtisseries de Roberval ! Mireille, je t'avais bien dit de ne rien préparer.

— Rien ne vaut une bonne pile de pancakes, madame.

— Et qui les mangera ? Betty et les enfants ne viennent que demain pour le goûter. Armand a dû accompagner Joseph jusqu'à Chambord. Ce garçon dévore, mais il a pris congé.

— Ma chère Laura, ne te fâche pas, intervint Hans. Je peux aller proposer à Betty de nous rendre visite aujourd'hui. Edmond se régalera avec mes éclairs au café.

Le pianiste se leva et prit les mains de la jeune femme entre les siennes. Il les couvrit de baisers en effleurant la bague du bout des lèvres, une aigue-marine montée sur argent.

— Ma tendre fiancée, ajouta-t-il, l'absence de notre rossignol gâchera ce Noël. Moi-même, j'aimerais la revoir pour lui expliquer comment mes sentiments ont évolué. Je faisais fausse route, je l'admirais, je l'adorais, mais tu m'étais indispensable.

Laura fondit en larmes. Elle se réfugia dans les bras de Hans.

— Nous ne pouvons pas nous marier tant que ma fille vit au fond de la forêt, loin de tout. Sa longue lettre m'a rassurée, mais je ne peux pas m'empêcher d'être en colère. Son enfant a dû naître et je ne le verrai pas avant l'été prochain. Je ne sais même pas si c'est une fille ou un garçon. C'est inadmissible. Si je tenais ce Toshan, je lui tirerais sa tignasse noire.

Hans éclata de rire.

— Quel caractère de feu ! s'exclama-t-il. Regarde, il neige, mais le froid reste supportable. L'arbre de Noël est encore plus beau que les autres années. Dans bien des familles, la distance où chacun vit cause des séparations inévitables, souvent pénibles. Hermine reviendra, il te suffit d'être patiente. Et tu as fait un si beau geste en finançant l'opération de Charlotte, tu seras récompensée devant la joie de ta fille quand elle le découvrira.

— Oui, tu as raison, soupira Laura. Je ne dois plus me lamenter. Va chercher Betty. Nous ferons un bonhomme de neige avec les enfants.

Hans mit un manteau et une écharpe. Il s'éloigna en agitant la main comme un grand gamin. Laura s'enveloppa d'un châle et guetta son retour. Elle jeta un regard de reproche au couvent-école qui avait abrité les premières années de son enfant chérie. Des chiens aboyaient au loin.

— Ce sont sûrement ceux de la ferme des Boulanger, se dit-elle à mi-voix.

Les jappements déchiraient le silence qui pesait sur

le village presque désert. Laura descendit les marches du perron pour regarder entre l'alignement des arbres, vers les étendues de neige, au nord.

*
* *

Hermine reboutonnait son gilet de laine. Jocelyn avait tété, nullement dérangé par le mouvement continu du traîneau. Le bébé avait semblé apprécier le long trajet depuis la rivière Péribonka jusqu'à la Ouiatchouan, dont le grondement furieux résonnait déjà.

— Toshan ! cria-t-elle. Nous sommes arrivés. Encore un peu et je verrai le clocheton du couvent-école. Mais il n'y a plus le clocher de l'église[1]. L'abbé Degagnon nous avait avertis, elle devait être démolie. Quel dommage ! Les hommes sont fous...

Son mari, plein d'appréhension à l'idée d'être confronté à la famille Marois et à Laura Chardin, répondit d'un ton inquiet.

— J'espère que ta mère habite toujours ici. Peu de cheminées fument. C'est de plus en plus un village fantôme !

— Ne dis pas ça, Toshan. C'est mon village.

Elle emmitoufla bien Jocelyn dont les yeux noirs, larges et ourlés de cils dorés, observaient le ciel et la lente pluie de flocons. Un duvet blond recouvrait toujours son crâne, mais sa peau était très mate.

— Doucement, Duke, ralentis ! ordonna le jeune homme au chien de tête.

1. L'église et le presbytère de Val-Jalbert furent démontés en 1932, et servirent de matériaux pour reconstruire des bâtiments dans les paroisses voisines.

Hermine se tendait en avant, scrutant la cime des ormes de la rue Saint-Georges et la masse claire des bâtiments de l'usine.

— La cascade ! dit-elle en riant. Elle coule fort, je l'entends, Toshan, je l'entends bien cette fois, ma cascade dont l'eau tourbillonne. Jocelyn, mon mignon, tu vas faire la connaissance de ta grand-mère, Laura.

Ivre de bonheur, elle serra le bébé contre elle. Le voyage à travers le pays que l'hiver s'apprêtait à endormir avait eu des allures de nouvelle lune de miel.

— Mukki a été très sage pendant le trajet, dit soudain son mari, comme s'il lisait dans ses pensées.

— Oui, Mukki est un petit ange.

Toshan arrêta le traîneau. Il désigna à Hermine une silhouette de femme qui accourait en appelant. Il lui prit le bébé des bras.

— Maman ! cria la jeune femme. Maman !

Laura avait perdu son châle, elle était en chaussons de cuir. La neige molle détrempait ses bas, mais, courant le plus vite possible vers son enfant chérie, elle pleurait et riait.

— Hermine ! Oh ! mon Dieu ! Merci, merci ! C'est Noël !

Elles se retrouvèrent à mi-chemin et s'étreignirent. Éperdues d'une tendresse infinie, elles se grisaient du parfum de l'autre. Mais Laura se dégagea la première pour se pencher sur l'enfant que tenait Toshan.

— Voici ton petit-fils, maman. Je l'ai appelé Jocelyn. Mais son nom indien, c'est Mukki.

— Mon Dieu, qu'il est beau ! s'extasia sa mère. J'avais tellement hâte de le voir. Merci, Toshan, d'avoir bravé la neige et parcouru une telle distance. Grâce à vous, je vais passer un merveilleux Noël, avec ma fille et votre magnifique bébé. Tenez, je vous embrasse...

Elle se hissa sur la pointe des pieds et déposa un baiser sonore sur la joue de son gendre, un peu gêné mais soulagé d'être si bien accueilli.

D'autres cris s'élevèrent. Hans marchait vers le traîneau, un grand sourire aux lèvres, suivi de Betty qui portait un bébé dans ses bras, du petit Ed et d'une fillette d'une dizaine d'années, brune et vive.

C'était Charlotte. Elle devança tout le monde.

— Mimine, que tu es belle ! criait-elle. Toute rose et blonde, avec des yeux bleus comme le ciel.

Laura poussa doucement Hermine en avant. La jeune femme s'élança en pleurant de joie.

— Ma Lolotte ! Tu me vois ? Mon Dieu, c'est un miracle !

— Oui, je te vois. Tu es si jolie !

Elle souleva un peu Charlotte et la fit tourner par la taille. Elle la serra dans ses bras.

— Que tu as grandi ! Mais comment as-tu guéri ? Je voulais t'emmener à la grotte miraculeuse de l'Ermitage Saint-Antoine. Ce n'est plus la peine...

— Nous te raconterons tout ça. Je te présente Marie, ma fille, née cet été, dit Élisabeth avec fierté.

Hermine admira le nourrisson. Elle se pencha ensuite sur Edmond qui restait à l'écart, comme intimidé.

— Mon petit Ed, dit-elle. Tu ne me dis pas bonjour ? Toi aussi tu as grandi !

— C'est que tu es une dame, maintenant, décréta le garçonnet.

Elle l'embrassa en riant. Il s'enhardit et se jeta à son cou.

— As-tu déjà vu une dame toute décoiffée et le nez aussi rouge ?

Hans s'approcha. Hermine, un peu surprise par son expression joyeuse, lui serra la main. Elle ne s'interrogea pas davantage, car Laura les invitait tous à déguster la pile de pancakes que Mireille avait fait cuire.

Intriguée de trouver la maison vide, la gouvernante était sortie sur le perron. Elle vit débouler une troupe bourdonnante de rires et de bavardages, chacun ayant son mot à dire. Derrière venait un traîneau, tiré par trois gros chiens gris. Mireille aperçut Hermine, un bébé contre son cœur.

— Doux Jésus ! gémit la gouvernante en pleurant elle aussi de joie. Je rêve ! Viens vite que je t'embrasse, mignonne, et ton nourrisson aussi. Quel bonheur ! Juste à temps pour Noël...

Tout s'ordonna à la perfection, alors que rien n'était organisé. Toshan enferma ses bêtes dans l'appentis. Il n'éprouvait plus la crainte confuse qui l'avait oppressé en approchant de Val-Jalbert. La maison de Laura, entourée d'arbres, épinettes, érables et bouleaux, aurait pu ressembler à une très grande cabane. On voyait à peine le village derrière la masse imposante du couvent-école.

Le salon était bien rempli quand il y pénétra. Hermine vint à sa rencontre. Elle tenait toujours leur fils dans ses bras.

— Ne crains rien, murmura-t-elle aussitôt. Tout le monde se réjouit de notre arrivée.

Toshan fixait le sapin décoré de boules brillantes, de guirlandes et de petites lampes colorées. Enfin, il observa le gros poêle en fonte, le piano et les lourds rideaux.

— C'est ma maison, dit Hermine. Si tu savais comme je suis contente d'être ici, avec toi et notre bébé.

L'animation qui régnait dans la vaste pièce laissait présager ce que seraient les jours de fête à venir. Toshan se mit à sourire d'un air presque enfantin.

— Ta famille est aussi bruyante que la mienne, avoua-t-il. Mais ça me plaît.

Charlotte poussait des exclamations émerveillées devant l'arbre de Noël scintillant. Edmond réclamait du lait chaud. Betty berçait Marie en écoutant la recette des pancakes de Mireille, différente de la sienne. Laura orchestrait le goûter sans quitter des yeux sa fille enfin de retour.

C'était un vrai concert de rires et d'éclats de voix. Hans donna la touche finale en se mettant au piano. Une suite de notes délicates s'éleva, comme un écho au bonheur qui régnait là.

Le jeune couple s'isola quelques instants près d'une fenêtre. Hermine, les larmes aux yeux, dit tout bas :

— Toshan, mon amour, merci d'être là, près de moi. Tu ne pouvais pas me faire un plus beau cadeau ! Je ne sais pas combien de temps nous resterons ici, mais, le plus important, c'est de les avoir revus, tous. Surtout ma chère maman. Je suis si heureuse !

Elle baissa encore la voix et lui confia :

— Hans l'a demandée en mariage ; ils sont fiancés. Elle a cinq ans de plus que lui, mais cela ne se devine pas. Betty m'a assuré que Joseph s'était résigné et ne nous chercherait pas d'ennuis. Elle est si contente d'avoir enfin une fille. Cet été, Hans et maman ont emmené Charlotte à Montréal ; un médecin a pu l'opérer, et ma mère a payé les frais. Cela me touche beaucoup. C'était mon rêve, que Lolotte retrouve la vue. Le monde est si beau, Toshan, le tien, le mien. Tu m'as aidée à tracer un nouveau cercle.

— Lequel ? interrogea-t-il, attendri par la lumière bleue de ses yeux.

— Je suis revenue là où l'eau tourbillonne, dans le traîneau de mon père, avec mon précieux petit garçon dans les bras. Et, tellement heureuse à l'idée que rien ne pouvait m'obliger à abandonner mon bébé, un soir de neige, comme maman a dû le faire, j'ai regardé avec soulagement le perron du couvent-école en arrivant.

— Je comprends, murmura-t-il avec une profonde tendresse empreinte de respect.

Toshan entoura les épaules de sa femme d'un bras câlin. Elle se blottit contre lui. Leur fils s'endormait.

Plus tard, Hermine raconterait à Laura la fin tragique de Jocelyn Chardin. Plus tard, elle lui avouerait la dangereuse mélancolie qui avait suivi la naissance du bébé. Rien ne pressait. Noël serait célébré sans ombres ni chagrins.

— Regarde comme il neige fort, dit enfin Toshan. Comme tout est calme ici ! Peut-être qu'un certain village fantôme me plaira plus qu'un autre ?

— Pour moi, il vit de tout l'amour que je lui porte. Ce lieu m'a protégée, il a bercé mes jeux d'enfant. Je garde le souvenir de tous ceux qui ont vécu là, qui s'y sont mariés, qui y sont morts, qui y ont eu des enfants. Les maisons pourraient toutes s'écrouler, la rivière continuera à se précipiter du haut de la colline, entre les rochers. C'est peut-être la Ouiatchouan qui m'a appris à chanter...

Hermine se tut pour ne pas se remettre a pleurer de joie.

— Et si tu chantais, maintenant, mon petit rossignol des neiges ! lui dit Toshan avec ce sourire radieux qui la bouleversait.

— Ce soir, mon amour, je chanterai ce soir. Notre Mukki dort, il ne faut pas le réveiller.

Ils se penchèrent sur le bébé d'un même mouvement ébloui. Derrière les vitres, la précoce nuit de décembre bleuissait le paysage. Il continuait à neiger sur Val-Jalbert, des milliers de flocons légers, qui peu à peu effaceraient le dessin des chemins et des rues, qui recouvriraient les jardins à l'abandon ainsi que les toits de l'usine et des maisons. C'était un doux soir d'hiver, là où les eaux tourbillonnent.

Remerciements

Je voudrais remercier de tout mon cœur, mes chers amis québécois, Lucienne Bergeron et Clément Martel dont l'amitié ne s'est jamais démentie.

Je n'oublierai jamais ce beau jour de septembre où ils m'ont fait découvrir Val-Jalbert. Ils ont partagé mon émotion en me guidant avec amour, patience et gentillesse, sur ce site vraiment exceptionnel.

Je n'oublierai jamais que c'est en leur compagnie que j'ai parcouru le village abandonné qui, heureusement, a su revivre pour des milliers de visiteurs enchantés par la poésie et le charme grandiose du lieu. Merci encore à Clément pour ses recherches historiques, ses précieux conseils tout au long de la rédaction de cet ouvrage, merci aussi pour son écoute.

Je tiens à remercier aussi Dany Côté, qui a su me communiquer tous les renseignements et les documents nécessaires à l'écriture de ce roman, le tout avec une amabilité et une disponibilité dont je lui sais gré.

Merci aussi à tous ceux qui ont tenu à faire revivre Val-Jalbert, en restaurant les plus belles maisons, si pittoresques et en organisant des festivités dont profitent les amoureux du passé et de la nature.

Sources bibliographiques

Bouchard, Russel. *Val-Jalbert, un village-usine au royaume de la pulpe.* Chicoutimi, Société historique du Saguenay, collection Histoire des municipalités nº 2, 1986, 42 p.

Cossette, Maurice. *J'ai vécu Val-Jalbert en passant le pain*, s.l., 1976, 23 p.

Côté, Dany. *Histoire de l'industrie forestière du Saguenay-Lac-Saint-Jean*, Alma, Société d'histoire du Lac-Saint-Jean, 1999, 350 p.

Girard, Camil et Perron, Normand. *Histoire du Saguenay-Lac-Saint-Jean*, Québec, IQRC, 1989, 665 p.

Larouche, Jean-Claude. *Alexis le Trotteur*, Chicoutimi, Les éditions JCL, 1987, 358 p.

Harvey, Anny. *De Ouiatchouan à Val-Jalbert, Guide d'interprétation historique*, site Internet.

Revivez les années 1920... au village historique de Val-Jalbert, s.l., s.d.

Composition et mise en pages réalisées
par Étianne Composition
à Montrouge.

Achevé d'imprimer
en septembre 2009
par Printer Industria Gráfica
pour le compte de France Loisirs, Paris

Numéro d'éditeur : 57063
Dépôt légal : juin 2009
Imprimé en Espagne